奥匈帝国史

［法］保罗·路易·莱热 —— 著　　李为为 —— 译

Histoire de l'Autriche-Hongrie

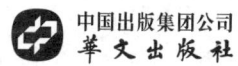

图书在版编目（CIP）数据

奥匈帝国史：全二册 /(法)保罗·路易·莱热著；李为为译. -- 北京：华文出版社，2021.12
（华文全球史）
ISBN 978-7-5075-5466-3

Ⅰ.①奥… Ⅱ.①保… ②李… Ⅲ.①奥匈帝国—历史 Ⅳ.①K521.41

中国版本图书馆CIP数据核字(2021)第114003号

奥匈帝国史（全二册）

作　　者：	[法]保罗·路易·莱热
译　　者：	李为为
选题策划：	华文盛世
插图供应：	029—85504182
责任编辑：	景洋子　张磐
出版发行：	华文出版社
社　　址：	北京市西城区广外大街305号8区2号楼
邮政编码：	100055
网　　址：	http://www.hwcbs.com.cn
电　　话：	总编室010—58336239
	发行部010—58336212
经　　销：	新华书店
印　　刷：	三河市燕春印务有限公司
开　　本：	710×1000　1/16
印　　张：	54.75
字　　数：	560千字
版　　次：	2021年12月第1版
印　　次：	2021年12月第1次印刷
标准书号：	ISBN 978-7-5075-5466-3
定　　价：	215.00元

版权所有　侵权必究

出版前言

随着中国开放的大门越开越大,关注世界各国尤其是西方国家文明的源流、发展和未来已经成为当下世界史研究的一个热点。为了成系统地推出一套强调"史源性"且在现有世界史出版物中具有拾遗补阙价值的作品,我们经过认真论证,推出了"华文全球史"系列,首次出版约一百个品种。

"华文全球史"系列从书目选择到译者的确定,从书稿中图片的采用到人名地名的规范,都有比较严格的遴选规定、编审要求和成稿检查,目的就是要奉献给读者一套具有学术性、权威性和高质量的世界史系列图书。

书目的选择。本系列图书重视世界史学科建设,视角宽阔,层级明晰,数量均衡,有所突出。计划出版的"华文全球史"中,既有通史,也有专题史,还有回忆录,基本上是世界历史著作中的上乘之作,填补了国内同类作品出版的空白。

人名地名规范。本系列图书中人名地名,翻译规范,重视专业性。在人名翻译方面,我们坚持"姓名皆全"的原则,加大考据力度,从而实现了有姓必有名,有名必有姓,方便了读者的使用。在注释方面,书中既有原书注,完整地保留了原著中的注释;也有译者注,体现了译者的研究性成果。

书中的插图。本系列图书的一个重要特点是书中都有功能性插图,这些插图全方位、多层次、宽视角反映当时重大历史事件,或与事件的场景密切相关,涉及政治、军事、经济、社会、外交、人物、地理、民俗、生活等方面的绘画作品与摄影作品。功能性插图与文字结合,赋予文字视觉的艺术,丰富了文字的内涵。

译者的确定。本系列图书的翻译主要凭借的是一个以大学教师为主的翻译团队,团队中不乏知名教授和相关领域的资深人士。他们治学严谨,译笔优美,为确保质量奉献良多。

"华文全球史"系列作为一套具有较高学术价值的优秀的世界历史丛书,对增加读者的知识,开阔读者的视野,具有积极的意义。同时要看到,一方面很多西方历史学家的观点符合事实,另一方面不少西方历史学家的观点是错误的,对于这些,我们希望读者不要不加分析地全盘接受或全盘否定,而是要批判地吸收外国文化中有益的东西。

华文出版社
2019年8月

作者前言

迄今为止，与哈布斯堡王朝统治下的人民命运问题相比，奥地利各时期的历史更多地聚焦在哈布斯堡王朝与诸国之间的关系问题上。德意志皇帝①的头衔使哈布斯堡王朝君主们忘记了算不上显赫却更真实的波希米亚国王和匈牙

哈布斯堡王朝的徽章

---

① 法语为"le titre de l'empereur allemand"，尽管作者认为的头衔明显是指神圣罗马帝国皇帝。——原注

利国王的头衔。奥地利的历史发源于瑞士、意大利和低地地区。事实上,除这些地区之外,奥地利总能将自己的权力触角伸向世界各地。在目前所着手进行的这本书中,我尽量不去对这一传统解读进行阐述。因此,本书删除了有关哈布斯堡家族与在本质上并不属于奥地利的国家之间的关系史内容,将其重点聚焦于形成今日奥匈帝国雏形的三个成员——各世袭省、匈牙利王国和波希米亚王国。我曾尝试尽可能清晰地阐述这三个成员中每个成员所发挥的重要作用,并曾研究过大的种族群体——斯拉夫人、马扎尔人和德意志人——的不同秉性。中世纪时,这三个种族群体被阿尔卑斯山脉、上易北河和多瑙河分隔。我对自己的研究内容进行了严格限定,因此,凡不属于奥地利历史的内容,就都留给德国、比利时王国和意大利王国的历史学家去研究吧。十五年的研究与所见所闻使我兴趣广泛并获得了更完整的知识体系。

保罗・路易・莱热

编者前言

保罗·路易·莱热教授于1895年出版的《奥匈帝国史》(第四版)一书有助于我们了解奥匈帝国的现代史。在翻译该作品时,我不得不对原作进行灵活处理,并经常重塑或重写某个部分。为了确保历史的准确性和公平性,我尽可能地规避保罗·路易·莱热教授作品中渗透的强烈的亲斯拉夫语气。保罗·路易·莱热教授的主要观点是,从"国家"一词具有的真实内涵来看,哈布斯堡家族统治下的国家从任何时候看来都绝对不能称为一个"国家"。对此,我完全同意。自1867年实行二元君主制以来,奥匈帝国与实行专制政权下的奥地利帝国如出一辙,更多算是一种政治体系,而非一个国家。这一事实使论述方法变得非常重要。正如爱德华·奥古斯塔斯·弗里曼教授指出的那样,我们要花费大量篇幅反复讲述在奥地利诸侯统治下不同时期的领地历史、每片领地自身的历史及所有领地与共同权力的相关历史,但这是唯一一种对所有领地历史进行正确评价的途径。1889年,爱德华·奥古斯塔斯·弗里曼教授说:"没有任何主题,普通读者更需要获得对事实的清晰而明确的解读,而非保罗·路易·莱热教授所做出的阐释。人们需要思考事实本身,需要理清思绪理解事实本身。但人们往往会混淆思想和语言,使理解变得更困难。现代语言的一种小小风向的改变就足以造成大麻烦……英国或法国的'利益'意味着英国人或法兰西人的利益。英国或法国的'朋友'也就意味着英国人或法兰西人的朋友。但当我们听到这么一句话'一位土耳其人的朋友'时,这是指生活在地图上那块标有'土耳其'的土地上的人的朋友,还是指人们的外国压迫者土耳其人的朋友?土耳其的利益是指土耳其人的利益,还是与土耳其统辖下的各国截然相反的利益?'奥地利'的情况亦是如此。有人听过'奥地利利益''奥地利政策';我也见过'奥地利国家荣誉'这样的字眼。我还曾遇到这样的人,认为'奥地利'是'奥地利人'所居住的那片土地,而且'奥地利人'是说奥地利语的。所有这些说法都算不上恰当。可以这么认为,在这些表述中,'奥地利'一词所具有的含义比真实存在的奥地利更丰富。人们通常所说的'奥地利'是指奥地利君主统治下的所有领地。人们认为,这些领地的居民拥有一种共同存在和共同利益,正如英国人、法兰西人或意大利人拥有的共同存在和共同利益一样。

"现在没有必要停下来证明不存在奥地利语,也不需要证明在奥地利统治的所有领地存在着多种语言——德语、匈牙利语、意大利语、罗马尼亚语及以斯拉夫语为主的各种方言变体。每一种语言都是某一个民族的语言,该民族或全部或部分处于奥地利诸侯的统治之下,然而,不存在奥地利语,亦不存在奥地利这个国家。因此,并不存在'奥地利国家荣耀'之类的说法。同样,'奥地利政策'也不存在,因为'奥地利政策'与英国或法国政策并不具有相同意义。英国或法国政策是指英国或法国政府执行的是英格兰或法兰西民族的意志。奥地利君主统治下的所有领地共同的'奥地利利益'不存在,因为以德意志和匈牙利为一方,斯拉夫和罗马尼亚为另一方,双方的利益总是不同,甚至常常对立。事实上,像'奥地利利益''奥地利政策'之类的表述完全不代表任何一个民族的利益或政策,而仅仅指某一特定的统治家族的利益和政策。这一利益或政策常常与某一特定统治阶层的利益和愿望一致,但部分人的利益和愿望并不能代表全体人民的共同利益或共同愿望。

"因此,以目前常见的方式集中展现'奥地利'会很混乱,就像对'土耳其'进行集中展现会很混乱一样。然而,我们的祖先避免了这样的混乱。他们会说'土耳其''大土耳其''苏丹'。这些名称准确地甄别出各领地和所统治国家的外来压迫者。因此，他们采用了'奥地利哈布斯堡王朝'的说法。这种形式就准确地区分了统治家族与其他诸侯国、公爵领地和县郡等概念，因为诸侯国、公爵领地和县郡等都处于各王朝君主的统治之下。我们必须永远记住，奥地利哈布斯堡王朝统治的领地是因各种偶然因素而聚集在一起的诸侯国、公爵领地而已。各部分之间不存在任何共同之处，也没有共同的语言、情感和利益。仅举一例来说，奥地利哈布斯堡王朝统治着匈牙利王国的马扎人族，而其他诸侯国、公爵领地不对各民族拥有完全统治权。这些民族彼此没有联系，但与其他几个邻近民族有非常密切的联系，尽管这些邻近民族受控于其他政权。各部分之间唯一的纽带就是一系列的联姻、战争和条约等。正是联姻、战争和条约赋予它们一个共同的君主。因此，一个君主可以拥有匈牙利国王、奥地利大公、蒂罗尔伯爵、的里雅斯特勋爵等百余个头衔。仅此而已。

"奥地利哈布斯堡王朝的崛起和长期统治是欧洲历史上最精彩的华章之一。在此之前，曾出现过两个类似的权力王朝，但这两个王朝的寿命都很短，而奥地利哈布斯堡王朝则持续了好几个世纪。12世纪的安茹王朝和15世纪的勃艮第王朝算是这种昙花一现的王朝。这两个王朝同样是历史碎片的集合体，王朝中各国之间没有任何天然联系，因战争、联姻或外交而产生交集。现在的问题是，这两个王朝为什么会在各自诸侯的统治下于顷刻间就灰飞烟灭，而奥地利哈布斯堡王朝能长久不衰呢？原因有二：一是奥地利与神圣罗马帝国和德意志帝国存在长期联系。众多奥地利诸侯被选为神圣罗马帝国皇帝和德意志帝国皇帝，使奥地利哈布斯堡王朝本身看起来既伟大又具有帝国气质。我相信这一点对奥地利哈布斯堡王朝的存续来说意义重大，但我相信另一个原因更重要，那就是，尽管奥地利权力算不上一种民族权力，但正如人们已经注意到的，奥地利本身就孕育着一个民族。奥地利虽然只包含其他零零散散的民族，但囊括了整个马扎尔民族。因此，奥地利获得了某种强有力的民族力量。对匈牙利的占有不止一次地挽救了奥地利，使其免于四分五裂。因此，可以确信的是,迄今为止,奥地利哈布斯堡王朝的政策绝不仅仅是一个家族的政策,而是匈牙利王国的政策。"

爱德华·奥古斯塔斯·弗里曼教授的这些评述可以在伯克贝克·希尔夫人翻译的保罗·路易·莱热教授《奥匈帝国史》(第一版)的英译本的前言中找到。在创作本书过程中,我得到了很多帮助。对此,我不胜感激。有时,我会灵活处理伯克贝克·希尔夫人的译文。

在地理和专有名词拼写这一难题上,我没有遵循保罗·路易·莱热教授的做法,去给出人们自身所使用的语言表达方式,因为这样就会引入许多较难理解的斯拉夫语和马扎尔语语言形式。相反,我采用了历史和地理词汇的标准英语用法。因此,如果该词尚未被英语化,通常情况下,我就会采用德语形式,而不用马扎尔语和捷克语。

在撰写奥匈帝国历史的十二年里,我一直尽最大努力客观而公正地描述着标志此时期奥地利历史上那些引人注目的政治冲突事件。为了做到这一点,就像曾撰写国家经济和社会发展及国际关系问题概况时一样,自始至终,我都不会妄加评判,而是坚持用事实讲述历史,并努力通过合理筛选和安排来确保重点内容的选取。

威廉·埃兹拉·林格尔巴克
宾夕法尼亚大学

目 录

第1部分 奥匈帝国各成员国的起源与形成

（远古时期—1272年）

003　**第 1 章**
　　君主政体：性质与组成

011　**第 2 章**
　　远古时期、罗马占领时期和日耳曼入侵（公元前 365 年到 565 年）

031　**第 3 章**
　　斯拉夫人的扩张与民族信仰（450 年到 650 年）

045　**第 4 章**
　　摩拉维亚起源和斯拉夫使徒（658 年到 903 年）

067　**第 5 章**
　　匈牙利王国的建立（892 年到 1038 年）

083　**第 6 章**
　　圣斯蒂芬的继任者统治下的匈牙利（1038 年到 1301 年）

109	第 7 章
	波希米亚的起源与普热米斯尔王朝（894 年到 1278 年）

149	第 8 章
	奥地利的早期历史——巴本堡王朝（973 年到 1246 年）

165	第 9 章
	哈布斯堡王朝统治下的奥地利（1273 年到 1493 年）

第2部分　国王选举制下的波希米亚和匈牙利

（1310年到1526年）

185	第 10 章
	卢森堡王朝统治下的波希米亚（1310 年到 1415 年）

207	第 11 章
	波希米亚的宗教与胡斯战争（1415 年到 1437 年）

231	第 12 章
	波杰布拉德和雅盖隆统治下的波希米亚（1437 年到 1526 年）

245	第 13 章
	安茹王朝统治下的匈牙利及君主选举制（1308 年到 1444 年）

261	第 14 章
	匈雅提·亚诺什及匈牙利与土耳其战争（1444 年到 1526 年）

第3部分 奥地利哈布斯堡王朝兼并波希米亚和匈牙利及君主统治下的政体统一

（1493年到1740年）

285　**第 15 章**
　　奥地利君主（1493 年到 1740 年）

325　**第 16 章**
　　波希米亚的第一批哈布斯堡王朝国王（1526 年到 1619 年）

341　**第 17 章**
　　三十年战争与波希米亚王国的衰败（1618 年到 1648 年）

357　**第 18 章**
　　匈牙利大分裂（1526 年到 1564 年）

377　**第 19 章**
　　匈牙利摆脱土耳其统治与奥地利重归于好（1629 年到 1746 年）

第4部分 争取君主政体的统一

（1740年到1792年）

397　**第 20 章**
　　玛丽亚·特雷莎（1740 年到 1780 年）

419	**第 21 章**	
	玛丽亚·特蕾莎统治时期的奥地利（1740 年到 1780 年）	

435	**第 22 章**	
	约瑟夫二世与约瑟夫主义（1780 年到 1790 年）	

第5部分　反法同盟战争时期与拿破仑时代的奥地利

（1792年到1815年）

457	**第 23 章**	
	弗朗茨二世与反法同盟战争（1792 年到 1804 年）	

477	**第 24 章**	
	弗朗茨二世与反拿破仑战争（1804 年到 1815 年）	

第6部分　奥地利的反革命时期与各民族的觉醒

（1815年到1848年）

529	**第 25 章**	
	弗朗茨二世与克莱门斯·冯·梅特涅（1815 年到 1835 年）	

547	**第 26 章**	
	匈牙利王国和斯拉夫人的国家（1790 年到 1835 年）	

569	**第 27 章**	
	斐迪南一世与 1848 年革命前夕的奥地利（1845 年到 1848 年）	

第7部分　奥地利的革命与反革命运动

（1848年到1867年）

591　第 28 章
　　　奥地利本土革命运动（1848 年到 1849 年）

601　第 29 章
　　　匈牙利革命（1848 年到 1849 年）

613　第 30 章
　　　1848 年维也纳革命

621　第 31 章
　　　弗朗茨·约瑟夫一世统治初期——反动时期（1848 年到 1860 年）

635　第 32 章
　　　奥地利的宪政尝试（1860 年到 1867 年）

第8部分　奥匈帝国的建立与发展

（1867年到1910年）

651　第 33 章
　　　二元制的确立（1867 年到 1871 年）

665　第 34 章
　　　争取联邦制的议会之争（1871 年到 1878 年）

683	**第 35 章**	
	奥匈帝国兼并波斯尼亚与黑塞哥维那（1878 年到 1894 年）	

697	**第 36 章**	
	近代奥匈帝国（1894 年到 1910 年）	

737	**考据 1**	
	神圣罗马帝国历代皇帝	

751	**考据 2**	
	法国历代君主	

765	**考据 3**	
	俄罗斯历代君主	

781	**考据 4**	
	历代教皇	

809	**译名对照表**	

第1部分　奥匈帝国各成员国的起源与形成

（远古时期—1272年）

第1章

君主政体：性质与组成

尽管奥地利哈布斯堡王朝有着古老的传统，但奥匈帝国仍是欧洲最年轻的国家之一。目前来看，奥匈帝国历史只能追溯至1867年，即奥地利帝国与普鲁士王国那场注定会失败的战争[①]之后的那一年。这场战争结束后，奥地利从德意志分离出来，被迫在多瑙河流域的民族和领土中寻找自己的命运。在多瑙河流域的所有民族中，匈牙利人强有力地发展了自己的民族。从第一次与奥地利帝国建立联盟时起，匈牙利人与波希米亚人就开始表现得与众不同。他们享有各种权力和特权，并受到所有哈布斯堡王朝统治者的尊重，至少从原则上讲是这样的。

因此，奥匈帝国的历史并不是统一的、同一民族的历史。几个世纪以来，各民族间仅靠一条纽带相连，那就是哈布斯堡王朝。然而，即便哈布斯堡王朝的历史也不能为伟大的奥匈帝国的辉煌历史钩织一针一线。不管这些王室家族有多么辉煌显赫，各国都是独立于这些王室家族而存在的。

16世纪初（1526年），匈牙利王国和波希米亚王国把王冠献给奥地利大公斐迪南一世之际，并不知道自己正将本国之独立交付给一个外国"伪集团"。

[①] 普奥战争（又名七星期战争或德意志战争），发生于1866年，原因是普鲁士王国与奥地利帝国争夺统一德意志的领导权。普鲁士的胜利使其称霸德意志，最后完成统一大业。在德国和奥地利，此战称为德意志之战或兄弟之战。——译者注

斐迪南一世

在经历了曾经的自由和辉煌后，匈牙利王国和波希米亚王国在各自君主的带领下分别与奥地利大公国建立了联盟，以寻求抵抗奥斯曼土耳其帝国入侵所必需的力量。无论是在奥匈帝国还是在神圣罗马帝国的统治下，这两个王国都未考虑过会丧失自由。斐迪南一世只带来了一些世袭州，即上奥地利和下奥地利、施蒂里亚、卡林西亚、卡尼奥拉、戈里察、格拉迪斯卡及伊斯特里亚半岛和蒂罗尔的部分地区。即便现在，这些地方的日耳曼人和斯拉夫人人口总数也只有约七百万，不及奥匈帝国总人口的六分之一。由日耳曼人和斯拉夫人组成的群体并不能因其重要性、辉煌的历史或文明的优越性而声称有权吞并或同化波希米亚王国和匈牙利王国。在接过圣瓦茨拉夫和圣斯蒂芬王冠之际，斐迪南一世承诺会尊重两个王国的权力和特权,并对克罗地亚做出类似保证(克罗地亚之前被匈牙利王国兼并)。因此,波希米亚王国、匈牙利王国和奥地利大公国各世袭省彼此按照自由意愿达成了一系列协议,并宣布服从同一君主的统治。但我们不应忽视这样一个事实,即当时形成今日奥匈帝国的几个省依然属于诸邻国,比如说,加利西亚仍是波兰王国的一部分,直到1773年才从波兰脱离出来,达尔马提亚仍由威尼斯共和国管辖。1859年和1866年,奥地利帝国因战败而分别丧失了占领半个多世纪的伦巴第和威尼西亚。

因此,不难看出,从本质上说,奥匈帝国是一个基于历史权力建立的国家。这些权力并未因征服或压制一些并未获得成功的叛乱而被放弃。

与法兰西或德意志不同,奥匈帝国这个复杂国度在其历史上并未出现一个伟大民族稳步崛起的现象。地理统一是影响民族发展的重要因素,意大利的情况便是如此。奥地利也不像瑞士那样存在永久的共同利益和抱负。奥匈帝国没有自然疆界。在领土扩张过程中,奥地利之前由海洋、山脉和河流形成的自然边界在很大程度上都可忽略不计。多瑙河的中部盆地及其周围的迪纳拉山脉形成了一大片地形良好的地理单元。从地理角度看,这里很可能成为紧密团结的同一种族的栖息地。然而,奥匈帝国几乎向四面八方拓展其地理边界。埃利泽·勒克吕说:"从水文角度看,多瑙河及其支流确实将奥地利的山脉和匈牙利的平原汇聚于一个盆地之中,但奥匈帝国统辖下的大部分地区都位于多瑙河流域外,位于易北河、维斯瓦河、第聂伯河和阿迪杰河的盆地。"

至于山脉体系,则很少与奥匈帝国的边界相吻合。与奥匈帝国东北边界毗邻的喀尔巴阡山脉并未将布科维纳、加利西亚和西里西亚环抱在内。因此,这些地方完全暴露在北方,受到德意志人或俄罗斯人的攻击。波希米亚周围几乎全是小山脉,因此,其自身形成了一个地理单元,成了易北河盆地的一部分。西南方向的阿尔卑斯山脉、亚得里亚海和同向而流的萨瓦河与德拉瓦河则更好地界定了奥地利边境。但即便这里,也不包括伊斯特里亚半岛。

从人种学角度看,由于缺乏地理上的统一性,奥匈帝国呈现出复杂又无序的特征。奥匈帝国靠地理环境难以界定，它不归任何一个种族所特有，但这里的人团结一致，恪守相同的习俗，为共创未来随时准备做出牺牲。奥匈帝国有很多种族，其中四个种族代表欧洲四大民族，对欧洲历史做出了巨大贡献。第一个民族是各世袭省的德意志人；第二个民族是斯拉夫人，根据在波希米亚、加利西亚或奥匈帝国东南部各省的居住情况，这些斯拉夫人又分成几个族群；第三个民族是匈牙利突雷尼族的马扎尔人；第四个民族是拉丁人，包括特兰西瓦尼亚的罗马尼亚人、蒂罗尔南部和亚得里亚海岸的意大利人。

奥匈帝国不同民族的人数优势在不同时期存在很大差异。根据1900年的人口普查报告，各民族人口总数约为四千五百四十万，其分布如下：

德意志人		11,306,795	
马扎尔人		8,751,877	
拉丁人	罗马尼亚人	3,030,442	3,757,544
	意大利人	727,102	
斯拉夫人	波兰人	4,252,483	20,673,447
	罗塞尼亚人	3,811,017	
	斯洛文尼亚人	1,192,780	
	塞尔维亚人和克罗地亚人	3,442,129	
	捷克人和斯洛伐克人	7,975,038	
吉卜赛人和其他民族		915,604	
总人口		45,405,267	

这种不协调的比例并没有随时间的推移而得到调整。这些民族保留着各自的语言和习俗。他们虽然共同生活，但并未相互融合。奥匈帝国的人们的生活建立在各民族小心翼翼维持的平衡上。这种平衡总是或多或少带有某种不稳定性。因此，必须维持这种平衡，否则，这个国家就会分崩离析。

人们普遍认为，德意志人在奥匈帝国扮演了非常重要的角色。原因有很多，其中一个便是德意志人在政治上占据主导地位。在18世纪和19世纪早期，由于知识的匮乏，人们不了解本民族在数量上的劣势，也不清楚其分散各处这一事实。被认为是德意志国家的奥地利帝国其实并不存在。德意志人的人口仅九百多万，即便这一数字在包括了分散在奥匈帝国各地的两百万犹太人后有所增加——这些以德语为母语的犹太人对其居住地的经济产生了一定影响，这一千一百万人也远不足以形成团结一致的族群。奥匈帝国中完全属于德意志的省是两个奥地利区（上奥地利和下奥地利）和萨尔茨堡公爵领地。在这个大族群中，有来自施蒂里亚、卡林西亚和蒂罗尔的德意志人。这些德意志人与所在省份的斯拉夫人和意大利人共同生活。在这五个省的族群中，德意志人的人口最多有五百五十万，但这一族群是唯一可以被视为泛德意志群体中大德意志的合法成员。未来，这些人可能会按照民族原则加入大德意志，但蒂罗尔的意大利人或亚得里亚海沿岸的斯拉夫人不会根据这一原则加入大德意志。不过，在的里雅斯特，有近三十个族群将德意志人驱逐出去，因为他们认为的里雅斯特是自己在亚得里亚海的重要海港。

至于波希米亚的德意志人，其人口占比不足波希米亚王国目前人口总数的五分之二。波希米亚的德意志人分布在巴伐利亚和萨克森边界，从地理上讲，他们并未形成一个族群。在摩拉维亚，大约有五十万德意志人居住在该省北部，其余人口主要是斯拉夫人。波希米亚和摩拉维亚的德意志人的人口总数约有三百万，但与将近六百万的捷克人口相比，这一数字就显得微不足道了。然而，正如阿尔萨斯的情况，德意志人对波希米亚宣称拥有主权，一方面基于其民族性，另一方面基于一种源于神圣罗马帝国的虚假的历史权力。此外，有人说，波希米亚直入德意志腹地，截断了德意志的自然边界，因此是德意志人的眼中钉，必须拔掉。

在奥匈帝国其他地区，德意志人无足轻重，不享有特殊政治权力。特兰西瓦尼亚的萨克森人就是另一番情况了：由于其传统习俗和科学工业具有的先天优势，这些萨克森人享有特殊的权利。因此，综合来看，德意志民族的人口优势非常明显，但由于该民族分布在斯拉夫人、马扎尔人和罗马尼亚人之间，其重要性就被大大削弱了。

马扎尔人

与德意志人一同统治奥匈帝国的另一个民族就是匈牙利人,或称马扎尔人。马扎尔人遍布整个匈牙利王国,但并非独自占领,而是与斯拉夫人、德意志人和罗马尼亚人一同占有整个王国。在奥匈帝国中,尽管超过百分之八十的人都说匈牙利语,并且这一比例正稳步增加,但只有大约百分之五十的人是纯正的匈牙利人,或者说马扎尔人。马扎尔人之所以能够取得政治上的优势,既是因为其在多瑙河流域处于中心地位,也是因为其巨大的群体规模和群体同一性,还是因为其具有某些特殊的政治和军事特质。正是这些特质解释了马扎尔人征服匈牙利大平原上不团结的民族并使它们马扎尔化的原因。

斯拉夫民族占据着奥匈帝国的北部和南部：捷克人居住在波希米亚的大部分地区或上易北河盆地、摩拉维亚和西里西亚；斯洛伐克人居住在匈牙利北部；波兰人居住在加利西亚西北部；罗塞尼亚人及其他民族则居住在布科维纳的部分地区和匈牙利东北部。

北部的斯拉夫人与南部的斯拉夫人被德意志人、马扎尔人和罗马尼亚人隔开。这种地理上的分隔，再加上斯拉夫民族对建立一个强大政府的厌恶，常常被认为是斯拉夫人从不统治德意志人和马扎尔人的原因，尽管斯拉夫民族在人数上占优势。斯拉夫人甚至不会强迫人们去接受其享有与王朝中其他民族同等的政治权利。南部斯拉夫人分为两个族群：塞尔维亚-克罗地亚人和斯洛文尼亚人。塞尔维亚-克罗地亚人占据克罗地亚以东地区，包括波斯尼亚诸省和黑塞哥维那；斯洛文尼亚人则居住在卡林西亚、卡尼奥拉、施蒂里亚及伊斯特里亚部分地区。

罗马尼亚人居住在匈牙利东南部的特兰西瓦尼亚和布科维那。意大利人在蒂罗尔南部聚集，并在伊斯特里亚和达尔马提亚沿岸的主要城市建立了居住地。

这些不同民族元素的生命力和多样性在多种语言中都有所体现，并显示出独特的文学性。正如德意志或意大利的情况一样，这些不同民族元素的生命力和多样性不仅仅体现在方言或当地习语中，更体现在那些在文学中固定下来的表达方式中。教会神职人员使用这些表达方式，在政治集会中使其神圣化，并每日发表在报刊上以使人们熟悉。奥地利是一座名副其实的"巴别塔"：它出版德语、匈牙利语、波兰语、罗塞尼亚语、捷克语、斯洛伐克语、塞尔维亚-克罗地亚语、斯洛文尼亚语、罗马尼亚语和意大利语报纸。通常来说，这些报纸使用的语言，一般人无法理解，只有懂相关语言的人才能看懂，并且这些报纸表达的观点常常十分犀利。某些民族的目光更加长远，会到奥匈帝国之外去寻找民族理想。德意志人把目光投向更大的德意志帝国，波兰人把目光投向新生的波兰，意大利人把目光投向意大利，南方的斯拉夫人把目光投向其在土耳其的同族，罗马尼亚人把目光投向其在罗马尼亚的同族，只有捷克人和马扎尔人在奥匈帝国内部寻找他们的民族理想。

  根据各民族的不同情况，《大臣协议章程》规定，奥地利的皇帝拥有以下头衔：奥地利皇帝、匈牙利国王和波希米亚国王、达尔马提亚、克罗地亚和斯拉沃尼亚国王、加利西亚与洛多梅利亚国王、伊利里亚国王、奥地利大公、布科维那大公、施蒂里亚大公、卡尼奥拉大公、卡林西亚大公、西里西亚大公、摩拉维亚侯爵、哈布斯堡伯爵和蒂罗尔伯爵。这些头衔中，最能代表君主实权的是波希米亚国王和匈牙利国王。然而，"圣瓦茨拉夫"和"圣斯蒂芬"这两个王国的历史，以及在哈布斯堡王朝统治下的领地的民族构成问题，完全被旧派的历史学家忽视了。

第 2 章

远古时期、罗马占领时期和日耳曼入侵

（公元前 365 年到 565 年）

很少有人知道，奥匈帝国这片领土在公元前被哪个民族占领。奥匈帝国的历史实际上始于罗马征服。然而，这一时期的历史给我们传达的信息都是模糊和不准确的。罗马人和希腊人一样，对野蛮民族抱有偏见。罗马人毫不关注自己的早期历史，也不关注本民族的语言，并且对此一无所知，但能接受各种各样的奇异传说。然而，有一点不容置疑，那就是奥匈帝国这片领土在石器时代就有人类居住。在上奥地利和下奥地利、波希米亚、摩拉维亚、匈牙利和加利西亚发现的燧石片证实了这一点。当时的青铜制品数量众多，并且铁制品也被人们发现，我们完全有理由相信，这些不同地层的物品展示了远古时期居民及其文明连续不断的承继。然而，我们又很难确定这一时期到底是哪个民族在这片领土上定居。芬兰人、伊比利亚人，还是雅利安人？无人知晓。

如果我们不去理会那些有关伊利里亚和亚得里亚海沿岸的希腊传说，那么占领今日奥地利这片土地的第一个民族似乎就是凯尔特人。紧随远古时期的移民浪潮，在纷纷涌入欧洲西部后，大批凯尔特人又如潮水般涌入欧洲中心和东部。按照某一传统说法，凯尔特人分布在莱茵河和维斯瓦河之间的区域，在首领西格维苏斯的带领下于公元前4世纪占领阿尔卑斯山脉和多瑙河流域。我们很清楚，公元前335年，亚历山大大帝在多瑙河下游接见了凯尔特人的代表，以示和平友好。就这样，凯尔特人在各地安顿下来。波伊人占领了波希米亚，并将"波伊"这个名字赋予波希米亚；陶里斯克人在萨尔茨堡、施蒂里亚和卡林西亚扎根；斯科迪斯奇人①在克罗地亚和斯拉沃尼亚定居；阿姆布昂人在靠近维斯瓦河河口的地方定居。发现于波希米亚的著名的青铜野猪被认为是凯尔特文明的遗物。

亚得里亚海沿岸的伊利里亚人部落并没有与凯尔特人融合。这些海上居民的海盗行为引发了与罗马人的冲突。在伊利里亚国王阿格隆及其遗孀伊利里亚的特塔统治期间，这些海上居民被征服并被迫朝贡。公元前180年，阿奎莱亚②得以建立，伊斯特里亚成了罗马的一个行省，的里雅斯特城用以封锁被征服的人。公元前168年，与马其顿国王珀尔修斯联盟的伊利里亚国王根修斯

马其顿国王珀尔修斯

---

① 斯科迪斯奇人，是凯尔特人的一支，公元前3世纪上半叶入侵希腊，定居于萨瓦河流域。——译者注
② 阿奎莱亚，曾属于罗马帝国的一部分，是当时伊斯特里亚的主要城市。——译者注

日耳曼人

被罗马帝国征服,其领土成为罗马帝国的属地。古典文化的持续存在和今日达尔马提亚海岸意大利语言的使用便可以追溯至此次罗马征服。

曾是亚得里亚海沿岸主人的罗马人逐渐深入内陆,不久便与居住在蒂罗尔山脉偏远地区的陶里斯克人和雷蒂人有了来往。公元前115年,执政官马库斯·埃米利乌斯·斯卡鲁斯进攻陶里斯克人并推翻了陶里斯克人的统治。一路北伐,他又遇到了日耳曼人。也就在这时,辛布里人一路南下击败了罗马人。此前,罗马人曾试图在卡林西亚的诺雷亚牵制辛布里人。十年后,即公元前102

艾克斯战役

韦尔切利战役

年,在艾克斯,野蛮的辛布里人惨败;公元前101年,又失利于韦尔切利。从此,阿尔卑斯山脉、波希米亚和多瑙河流域不断受到日耳曼民族的威胁。苏维汇人、马科曼尼人和赫蒙杜里人不断攻击凯尔特人。最后,凯尔特人被条顿人和罗马人包围,但凯尔特人并未联合抵御这场威胁,相反,内部纷争使他们分裂,力量也被逐渐削弱。

当马科曼尼人逼近到波伊时,居住在多瑙河下游的达契亚人已经建立了强大的国家。该国一直延伸到匈牙利东部、泰梅什堡、瓦拉几亚、摩尔达维

日耳曼人

被罗马帝国征服,其领土成为罗马帝国的属地。古典文化的持续存在和今日达尔马提亚海岸意大利语言的使用便可以追溯至此次罗马征服。

曾是亚得里亚海沿岸主人的罗马逐渐深入内陆,不久便与居住在蒂罗尔山脉偏远地区的陶里斯克人和雷蒂人有了来往。公元前115年,执政官马库斯·埃米利乌斯·斯卡鲁斯进攻陶里斯克人并推翻了陶里斯克人的统治。一路北伐,他又遇到了日耳曼人。也就在这时,辛布里人一路南下击败了罗马人。此前,罗马人曾试图在卡林西亚的诺雷亚牵制辛布里人。十年后,即公元前102

艾克斯战役

韦尔切利战役

年，在艾克斯，野蛮的辛布里人惨败；公元前101年，又失利于韦尔切利。从此，阿尔卑斯山脉、波希米亚和多瑙河流域不断受到日耳曼民族的威胁。苏维汇人、马科曼尼人和赫蒙杜里人不断攻击凯尔特人。最后，凯尔特人被条顿人和罗马人包围，但凯尔特人并未联合抵御这场威胁，相反，内部纷争使他们分裂，力量也被逐渐削弱。

当马科曼尼人逼近到波伊时，居住在多瑙河下游的达契亚人已经建立了强大的国家。该国一直延伸到匈牙利东部、泰梅什堡、瓦拉几亚、摩尔达维亚、布科维那和特兰西瓦尼亚。人们对达契亚人属于哪个民族仍有争议。众所周知，这是一个好战的民族，尽管他们以农耕为主，但擅长冶金，并且他们都是狂热的信徒，相信灵魂不朽。大约在公元前1世纪中期，达契亚人由布雷比斯塔统治。布雷比斯塔是一位野心勃勃的君主，一心渴望征服，并随时准备从邻国的冲突中获利。此时，斯科迪斯奇人为他提供了良机。斯科迪斯奇人和波伊人爆发了一场冲突。在布雷比斯塔的帮助下，斯科迪斯奇人打败了波伊人。就这样，波伊人被迫离开了很长一段时间被称为"荒芜之地"的家园，而马科曼尼人和夸迪人则逐渐在"荒芜之地"定居下来。

马科曼尼人

在罗马统治时期，在屋大维的带领下，亚得里亚海各民族比以往更团结。人们在位于萨瓦河边的西斯卡城建立了一处罗马驻地，并打通了一条通往阿奎莱亚的军事要道。后来，该驻地便成了罗马人主要的军事据点之一，也是罗马人对抗占领萨瓦河、多瑙河和阿尔卑斯山脉领土的潘诺尼亚人的军事基地。不久，达尔马提亚人也被征服。紧接着，罗马人进攻了生活在阿尔卑斯山脉周围的部落。公元前13年，经过一番苦战，雷蒂人和温德利奇人被征服，成了罗马帝国的臣民。诺里库姆①没有进行任何抵抗就被纳入了罗马帝国的行省。多瑙河成了罗马帝国的边疆。

屋大维

---

① 诺里库姆，罗马帝国诸行省之一，领土范围大致在今天奥地利和捷克部分地区。——译者注

在多瑙河这个边界后方，罗马帝国重整了被征服的领地，在这些领地上推行罗马的法律和语言，并及时让罗马的法律和语言成为使这些领地皈依基督教的工具。潘诺尼亚和诺里库姆分别由一名行省总督管理。现在的卡尼奥拉是意大利、潘诺尼亚和诺里库姆边界的交会处。六七万人的庞大驻军确保被征服地对罗马帝国的服从。在防御良好的城镇中，有一个叫文多博纳的城镇（即今日的维也纳），由一个罗马军团驻守，到罗马帝国末期，则由多瑙河舰队的一个中队驻守。早在51年，萨瓦河和多瑙河就由一支舰队守卫，该舰队由文多博纳最高统帅统领。在韦斯巴芗①统治时期，舰队人数大大增加。阿奎莱亚的三条

韦斯巴芗

---

① 韦斯巴芗（9—79），罗马帝国弗拉维王朝的第一位皇帝。他统治罗马帝国期间（69—79），积极改革内政，重建经济秩序。——译者注

主干道通往各省，许多次干道则在莱巴赫交会。在阿奎莱亚、米兰、锡尔米乌姆、布雷根茨和奥格斯堡的许多地方，仍能看到由石头砌成的军事边界线。

罗马人占领潘诺尼亚后，东边的近邻就是马科曼尼人。起初，罗马人与马科曼尼人友好相处。马科曼尼人一个诸侯的儿子叫马罗博杜斯，曾被送到奥古斯都宫廷接受教育。然而，在诺里库姆和雷蒂亚被征服后，罗马人与马科曼尼人之间逐渐猜忌，不再友好。马罗博杜斯急于壮大自己的势力，占领了波希米亚、摩拉维亚和德意志大部分地区，并加强首都工事防御，使之成为所有谋反罗马的人的庇护之地。提比略①率领一支罗马军团攻打马罗博杜斯，试图迫使他和谈，但由于潘诺尼亚和达尔马提亚发生了起义，便不得不放弃此计划。事实上，17年，日耳曼人在阿米尼乌斯②的领导下最终摧毁了马罗博杜斯的势

提比略

阿米尼乌斯

---

① 提比略（公元前42—37），罗马帝国的第二任皇帝，14年到37年在位。——译者注
② 阿米尼乌斯（公元前18或17—21），罗马时代著名的日耳曼政治家、军事家，策划了日耳曼起义。——译者注

力。19年，为了躲避哥特人的入侵，马罗博杜斯在拉韦纳找到了一处避难所，但此地是提比略指定的行宫所在地。一段时间后，在达契亚国王戴凯巴路斯的带领下，一些定居在泰斯盆地的流浪民族在达契亚王国这片废墟之地聚合起来。戴凯巴路斯请来一些罗马建筑师和工匠筑造防御工事，并命人开发特兰西瓦尼亚的丰富矿场资源。随着权力的日益扩大，戴凯巴路斯开始公开挑衅罗马人。戴凯巴路斯摧毁了图密善①派来对付他的两支军队，并迫使图密善在90年与其达成颜面尽失的和约。按照和约，罗马帝国要向野蛮人戴凯巴路斯进贡，并为其提供所需工匠。

像这样的条款是不太可能让图密善的继任者图拉真兑现的。图拉真拒绝进贡，并在多瑙河（离现在的奥尔绍瓦②不远）上架起两座桥，率领罗马军团渡

图密善

图拉真

---

① 图密善（51—96），罗马帝国弗拉维王朝的最后一位皇帝，在位期间（81—96），严酷处决许多元老，因此被罗马元老院视为专横独裁的暴君。——译者注
② 奥尔绍瓦，罗马尼亚城镇，位于罗马尼亚西南部多瑙河畔。——译者注

过河流，在泰梅什堡平原上打败了戴凯巴路斯。紧接着，图拉真步步逼近特兰西瓦尼亚，迫使戴凯巴路斯在首都萨米泽盖图萨的城外与其进行第二次决斗。于是，101年，达契亚国王戴凯巴路斯便不得不与图拉真讲和，并将那些包括首都在内的曾占领的领土全部交出。104年，戴凯巴路斯重新发动战争，但再次被打败，之后便自杀身亡了。最后，达契亚成了罗马帝国的一个行省。图拉真留在多瑙河下游的居民被认为是今日罗马尼亚民族的祖先。

图拉真的征服标志着罗马势力在多瑙河流域达到了顶峰。从2世纪开始，曾一度因害怕罗马人而一直不敢有所行动的日耳曼民族开始再次入侵罗马。到2世纪下半叶，这场洪水般的入侵浪潮渐渐淹没了整个罗马帝国，并开始冲破帝国疆界。大约在165年，这群野蛮人入侵了诺里库姆、潘诺尼亚、雷蒂亚，并

戴凯巴路斯战败自杀

马可·奥勒留

康茂德

深入阿奎莱亚。170年,罗马帝国指挥官温德克斯接连失利,损失了两万多名士兵。不过,175年,马可·奥勒留①成功阻止了这股入侵洪流,甚至还达成了一项对自己有利的和约。但两年后,即177年,马科曼尼人和夸迪人起义。马可·奥勒留随即远征,后在锡尔米乌姆驾崩,也有人说,是在文多博纳驾崩的。马可·奥勒留的儿子康茂德允许汪达尔人在多瑙河上游河岸定居。多瑙河上游这片土地形成了现在的巴伐利亚和上奥地利。很长一段时间,这股入侵主力似乎会重返多瑙河上游和美因河。然而,罗马的威望已大大受损,武力为王的时代已经到来。雷蒂亚和诺里库姆再次遭到马科曼尼人的袭击,达契亚省的部分地区被哥特人占领,匈牙利和特兰西瓦尼亚的北部地区则被格皮德人和勃艮第人占领。274年,罗马帝国被迫把达契亚省全境交给哥特人。于是,哥特人成了达契亚省

---

① 马可·奥勒留(121—180),是罗马帝国最伟大的皇帝之一,其统治时期(161年到180年)被认为是罗马黄金时代。——译者注

的主人，并在多瑙河下游和黑海沿岸建立了一个二元王国①。西哥特人建立的王国包括特兰西瓦尼亚、瓦拉几亚、摩尔达维亚和比萨拉比亚；东哥特人建立的王国则位于德涅斯特河和第聂伯河之间的土地上。这片土地现在成了俄罗斯帝国的一部分。当时，日耳曼民族似乎注定要控制这些现在属于斯拉夫人的土地。

从1世纪开始，在亚得里亚海沿岸、萨瓦河和多瑙河沿岸都出现了狂热的基督教教徒。依照惯例，圣马可将福音传播到阿奎莱亚，并为阿奎莱亚的第一个主教圣赫曼戈拉斯封圣。至今为止，斯洛文尼亚人中依然盛传着圣赫曼戈拉斯的名字。据说，使徒圣路加曾在达尔马提亚传道。安德罗尼柯是耶稣的七十

圣马可　　　　　　　　　　　　　　　　　　　　　　使徒圣路加

---

① 这里指哥特人在西罗马帝国境内建立的西哥特王国（位于高卢西南部和西班牙、卢西塔尼亚）和东哥特王国（位于意大利和克罗地亚）。——译者注

戴克里先

君士坦丁大帝

个门徒之一，被认为是锡尔米乌姆的第一个主教。不管怎样，4世纪初，在雷蒂亚、诺里库姆、潘诺尼亚和达尔马提亚的所有大城镇中都设有基督教社区和一个神职人员管事。戴克里先①统治时期，这些基督教社区因教徒狂热的信仰和殉道者的坚贞而格外引人注目。根据《米兰敕令》，君士坦丁大帝向基督教教徒保证，他们享有自由从事宗教活动的权利，并可公开组织教会活动。4世纪，阿奎莱亚和锡尔米乌姆成了大主教的主教区，周围的主教都要服从于大主教。380年和381年，锡尔米乌姆和阿奎莱亚分别召开宗教会议。在会上，人们谴责了曾在潘诺尼亚取得重大发展的阿利乌派学说。

君士坦丁大帝统治时期，由劳西蒙德国王率领的萨尔马特人从亚速海海边到多瑙河下游定居，并在319年到322年多次入侵罗马帝国诸行省。君士坦丁大帝击退了这群萨尔马特人。后来，萨尔马特人又向罗马帝国寻求帮助。君士

---

① 戴克里先（244—312），罗马帝国皇帝，284年到305年在位。他实行了很多改革，使罗马帝国的存在延长了一个世纪。——译者注

坦丁大帝帮他们击退了哥特人。后来，我们还发现了一支被萨尔马特人追赶的雅济吉斯人。这群雅济吉斯人渡过多瑙河，来到色雷斯和马其顿，并在这里定居。从此，这些野蛮人缓慢而稳定地进入罗马境内，并一直持续到斯拉夫人、阿瓦尔人和匈牙利人的大规模入侵为止。356年，在君士坦提乌斯二世带领下，阿勒曼尼人、夸迪人和萨尔马特人开始入侵雷蒂亚和潘诺尼亚，但遭到驱逐，伤亡惨重。

君士坦提乌斯二世

瓦伦提尼安一世　　　　　　　　　　　　　　　　　　瓦伦斯

364年，潘诺尼亚人瓦伦提尼安一世被选为罗马帝国皇帝。瓦伦提尼安一世和弟弟瓦伦斯瓜分了罗马帝国。瓦伦提尼安一世保留了西部的三个省，将米兰和锡尔米乌姆作为首都，而瓦伦斯则占领了东部，并在君士坦丁堡定居。两人都很难阻止哥特人的进攻。哥特人进攻潘诺尼亚，瓦伦提尼安一世将之击退。但在驾崩前，即375年，由于锡尔米乌姆情势危急，瓦伦提尼安一世不得不与哥特人签订了条约。

多亏罗马强大的组织力量及基督教和文明的影响，使其能阻止并吞并从四面八方朝其进攻的民族。但现在，又有一个新民族加入了这些民族。当时，该民族在欧洲尚不为人所知。该民族与生俱来就力量无穷，令人生畏。他们有严明的纪律，比其他野蛮民族更令人恐惧。这个新民族就是匈人。匈人长期生活在顿河和里海之间的大平原上。在瓦伦提尼安一世驾崩的那年，匈人袭击了邻居东哥特人，并越过德涅斯特河进入西哥特王国，将西哥特人逼到了多瑙

狄奥多西一世　　　　　　　　　　　　　　　　　　　　霍诺留

河。在摧毁哥特人的两个王国后，匈人又占领了位于第聂伯河和多瑙河之间的地区；紧接着，他们跨过多瑙河，占领了潘诺尼亚部分地区。匈人的入侵驱走了沿途遇到的各民族，但在那个永远变化无常的时代，他们并没有时间组建一个新的国家。此后，匈人步步逼近意大利。公元395年，狄奥多西一世[①]弥留之际，罗马帝国被他两个儿子霍诺留和阿卡迪乌斯一分为二。两兄弟争吵不断，匈人便利用这些争吵，看谁为他们提供的报酬最高，就为谁提供服务。因此，狄奥多西二世[②]不得不每年向这些匈人进献三百五十磅黄金，之后该数额又增加到七百磅。

---

① 狄奥多西一世（347—395），最后一位统治地中海全境的罗马帝国皇帝。统治期间（379—392），他将基督教定为国教。——译者注
② 狄奥多西二世（401—450），狄奥多西一世的孙子，阿卡迪乌斯的长子，东罗马帝国皇帝。——译者注

437年，匈人的指挥权落在了阿提拉或者说艾策尔①身上。中世纪的人们诚惶诚恐，称阿提拉为"上帝之鞭"。阿提拉将人民更紧密地团结起来，在入侵意大利和高卢前，带领人民疯狂掠夺潘诺尼亚、默西亚、色雷斯和马其顿。447年，狄奥多西二世把锡尔米乌姆拱手让给阿提拉，并承诺向其进贡大量物品。阿提拉对意大利和高卢的两次远征举世皆知。然而，远征后，阿提拉便在位于多瑙河和蒂萨河之间的营地驾崩了。匈牙利人和匈人同属一个民族分支，他们都将阿提拉视为著名的英雄之一。一些历史学家对阿提拉大加赞扬。直到今天，"阿提拉"民族服饰成了马扎尔贵族的服饰。

阿提拉帝国的寿命并不比阿提拉本人长。由于阿提拉的儿子无法抵抗日耳曼人的攻击，匈人不得不返回黑海海岸。就这样，东哥特人依旧是潘诺尼亚的主人，西哥特人依旧是蒂萨河流域的主人，格皮德人也依旧是特兰西瓦尼亚的主人。然而，意大利和罗马就成了日耳曼侵略者的目标。在这群侵略者的攻击下，罗马帝国不久便灰飞烟灭：476年，潘诺尼亚的东哥特人逼近默西亚，奥多亚塞②摧毁了西罗马帝国。

493年，狄奥多里克大帝③占领了意大利，并将统治范围扩展到达尔马提亚、诺里库姆和雷蒂亚。在雷蒂亚定居的日耳曼人认可了狄奥多里克大帝的王权。要不是这群日耳曼人，雷蒂亚只会是一片废墟。6世纪，查士丁尼一世④为西罗马帝国报了仇，重新征服了达尔马提亚、诺里库姆、雷蒂亚和意大利。在远征中，一个新的民族伦巴第人助查士丁尼一世一臂之力。这些伦巴第人被查士丁尼一世安置在潘诺尼亚和诺里库姆，不得不在这里抵御格皮德人的入侵。战争

---

① 阿提拉（406—453），也称艾策尔，匈人国王，经常被称为匈王阿提拉，是匈人的统治者，也是由匈人、东哥特人、阿兰人及中欧和东欧人组成的部落帝国的首领。——译者注
② 奥多亚塞（435—493），意大利的第一个日耳曼蛮族国王（476年到493年在位）。——译者注
③ 狄奥多里克大帝（454—526），东哥特人的领袖（471年起），东哥特王国（其疆域大部分位于今日的意大利）的建立者（493—526）。从511年开始，他还是西哥特王国的摄政。——译者注
④ 查士丁尼一世（约483—565），全名是弗拉维·伯多禄·塞巴提乌斯·查士丁尼，罗马帝国皇帝（527—565）。他收复了许多丢失的领土、重建圣索菲亚大教堂并编纂《查士丁尼法典》，功不可没，因此，也被称为查士丁尼大帝。——译者注

阿卡迪乌斯

狄奥多西二世

阿提拉驾崩

阿提拉

奥多亚塞

狄奥多里克大帝

查士丁尼一世

期间，伦巴第人国王阿尔博因寻求阿瓦尔人的帮助。阿瓦尔人是一个与匈人相似的民族。在阿瓦尔人的帮助下，阿尔博因于565年赶走了格皮德人。不久，伦巴第人移居意大利。这样，阿瓦尔人就成了多瑙河流域的唯一主人。随着伦巴第人移民意大利，日耳曼民族在多瑙河这片土地上无休止的流浪也结束了。日耳曼民族如浪潮般接连席卷了多瑙河流域，摧毁了罗马文化和文明的痕迹，但日耳曼民族绝不会长久在此停留来建立自己的帝国。在这场摧毁罗马的入侵中，只有一两个肥沃的地区，即蒂罗尔及其山谷和山脉、萨尔茨堡和上奥地利，诱使一些日耳曼人留了下来。阿瓦尔人本来可以创建一个更永久的国家，但日耳曼人退出后，又出现了新的移民大潮，这将对易北河和多瑙河周边及斯拉夫人的国家产生巨大而长久的影响。

第 3 章

斯拉夫人的扩张与民族信仰

（450 年到 650 年）

尽管人们在20世纪做了大量历史研究，但斯拉夫人的民族起源仍是个谜。基于文献归纳，我们做了一系列推测。只有一个事实是肯定的，那就是斯拉夫人不是一个爱好征服的民族，他们第一次出现在历史舞台时，以不同的部落形式呈现。斯拉夫人占领了绵延在喀尔巴阡山脉、维斯瓦河和第聂伯河后面的广阔平原。很长时间以来，斯拉夫人一直不为人所知。斯拉夫人既没有高卢人那样的运气拥有优秀的统治者提比略，也没有日耳曼人那样的运气拥有伟大的历史学家塔西佗。因此，他们无法讲述自己的历史或书写自己的史册。随着日耳曼人逐渐向南、向西前进，斯拉夫人占领了被日耳曼人遗弃的土地，甚至一路向前直达位于易北河和奥得河之间的地区。

不知何时，但可能是5世纪中期，斯拉夫人的一个分支——捷克人，离开加利西亚，一直深入到一处"四边形山脉"地区。此地区后来被称为波希米亚。关于此次迁移，历史上鲜有确切的记载，只有一些传说，但这些传说仍被捷克民族珍视，并在为民族生存而进行的斗争中发挥了巨大作用。即使现在，这种作用依然在发挥效力。因此，我们决不能对这些传说一笔带过。根据传说，捷克民族曾有三兄弟——莱赫、切赫和罗斯①。莱赫，斯拉夫部落首领，离

---

① 一些传说认为，莱赫是早期波兰的创始人，切赫是捷克创始人，罗斯建立了罗塞尼亚（许多流行传说认为"罗斯"与俄罗斯有关）。——译者注

开自己的部落来到波希米亚,并将自己的名字赋予这片新土地。从切赫开始,历史便采用了该民族的名字——捷克,尽管没有人能解释为什么这样。说来也奇怪,中世纪的拉丁编年史家完全不知道"捷克"这个名字,并坚持把使用"捷克"的人称为波希米亚人,因为是这些人占领了波伊人曾占据的土地。

毋庸置疑,摩拉维亚的斯拉夫人很快就跟随他们同族的足迹。继而,一直待在喀尔巴阡山脉后的斯拉夫人也随之而来。他们先是入侵了上匈牙利和下奥地利,之后入侵了瓦拉几亚、摩尔达维亚和特兰西瓦尼亚,并在这些地方与当地留下的少数达契亚人和罗马人融合,形成了最初的罗马尼亚民族。虽然这些斯拉夫人的迁徙历史尚不清楚,但他们似乎具有自己的鲜明特征,从而使他们有别于来自日耳曼的移民。

日耳曼人入侵了罗马人曾占领的国家,并统治着这些土地上的民族。然而,斯拉夫人又占领了被日耳曼人遗弃的土地。斯拉夫人并没有过多使用武力来占领这些土地,他们的入侵很顺利。但不久,斯拉夫人就无法再安心占有这些轻易得来的土地了。面对残酷无情的入侵者,斯拉夫人不得不发起保卫战。阿瓦尔人首先征服了位于加利西亚的斯拉夫部落——杜利比人。后来,阿瓦尔人在他们的可汗,"可怕的伯颜一世"——又一个阿提拉——的带领下,越过喀尔巴阡山脉,征服了摩拉维亚和波希米亚的斯拉夫人。在这些侵略战争中,斯拉夫人不得不忍受阿瓦尔人,就像日耳曼人以前不得不忍受匈人一样。位于多瑙河和蒂萨河之间的匈牙利大平原成了阿瓦尔王权所在地,被称为"堡垒"的坚固防御工事使阿瓦尔人不会遭到攻击。斯拉夫人不得不向阿瓦尔人进贡,并为其提供士兵,有时还不得不从一个地区迁移到另一个地区。

就这样,潘诺尼亚和诺里库姆到处是斯拉夫移民。这些斯拉夫移民便成了斯洛文尼亚人的祖先。这些阿瓦尔化的斯拉夫人——如果可以这样称呼他们,一直来到弗留利①。后来,我们仍可在此地发现他们的后代。这些阿瓦尔化

---

① 弗留利,是意大利东北部的一个历史地区,有着自己独特的文化和历史特征。——译者注

的斯拉夫人的语言仍有一些受阿尔泰语影响的痕迹。那些在埃姆斯河流域和穆尔河流域定居的斯拉夫人则被称为卡林西亚斯拉夫人。

在确保斯拉夫人归顺并能得到他们帮助的情况下,伯颜一世开始进攻东罗马帝国。584年,伯颜一世征服了斯雷姆,使之成为对抗拜占庭的军事基地。后来,斯雷姆又成为攻打达尔马提亚和伊斯特里亚的军事基地。599年,伯颜一世到达君士坦丁堡。要不是军队内部爆发了瘟疫,他就有可能攻取君士坦丁堡。603年,"第二个阿提拉"伯颜一世驾崩。伯颜一世的继承人之间发生了争执。被征服的斯拉夫人要求自由,并做好了反抗的准备。就在此时,一个叫"商人萨莫"的神秘人物登场了。

商人萨莫

据《弗雷德加尔编年史》记载，商人萨莫是法兰克人，与斯拉夫人做生意。后来，一个不知名的历史学家，将巴伐利亚人和卡林西亚人归为同一民族，称商人萨莫为卡林西亚斯拉夫人。然而，所有真实可靠的文件都无法确定商人萨莫的国籍。但不管商人萨莫是斯拉夫人、法兰克人，还是罗马人，他都与人民共建了大业。人民将领导权赋予他。商人萨莫统治着文德人①和斯拉夫部落。《弗雷德加尔编年史》记载："在他二十五年统治期间，文德人与匈人打过几次仗。他行事谨慎、有勇有谋，总能取得胜利。萨莫有十二个妻子，都是从文德人中选出来的。他们育有二十二个儿子，十五个女儿。"渐渐地，商人萨莫对邻近的法兰克人构成了威胁，发生冲突在所难免。《弗雷德加尔编年史》记载："630年，斯拉夫人杀死了萨莫王国的一些法兰克商人，并抢走了他们的货物。于是，达戈贝尔特一世②和萨莫开始争吵。达戈贝尔特一世派西卡里乌斯去见萨莫，要求伸张正义。萨莫不愿见西卡里乌斯。西卡里乌斯只能穿上斯拉夫人的服装作为掩饰，设法找到萨莫并把达戈贝尔特一世的要求陈述给他。然而，萨莫不会弥补所犯的任何错误。他只说会审判此事，为这些问题和其他已出现的问题伸张正义。愤怒的特使西卡里乌斯便发出威胁，并宣布萨莫和他的人民应该服从法兰克国王。萨莫生气地回答说：'我们住的土地是达戈贝尔特一世的，我们是他的人，但前提是他与我们友好相处。'西卡里乌斯回答说：'神的基督教教徒仆人不可能成为狗的朋友。'萨莫回答说：'如果你是上帝的仆人，我们就是上帝的狗，你不断违背上帝的意愿，我们已得到上帝的许可，要用我们的牙齿把你撕碎。'于是，萨莫下令把西卡里乌斯赶了出去。"达戈贝尔特一世向商人萨莫宣战，并与伦巴第人结盟。达戈贝尔特一世攻击捷克人。伦巴第人对斯洛文尼亚人发动了战争。商人萨莫在波希米亚西部边境的沃加斯蒂堡

---

① 文德人，是生活在日耳曼人聚居区附近的斯拉夫人的历史名称，曾在中世纪德语中用来指代"斯拉夫人"。——译者注
② 达戈贝尔特一世（602—639），法兰克王国墨洛温王朝的国王（629—639），达戈贝尔特一世是最后一位拥有实权的墨洛温王朝君主，亦是第一位葬于巴黎圣但尼圣殿的法兰克王国君主。——译者注

达戈贝尔特一世

集结兵力，并在此大战三天。关于此次战役，《弗雷德加尔编年史》记载，"法兰克人被砍成了碎片"。法兰克人慌忙逃回自己的国家，连帐篷和行李都丢下不要了。

此次战役的成功使商人萨莫声名大噪。易北河流域的一位斯拉夫首领因此依附于商人萨莫。658年，商人萨莫的驾崩让他的政权灰飞烟灭。各斯拉夫部落首领不认可中央政权，因此，这些部落开始各自为政。现代斯拉夫历史学家倾向于夸大商人萨莫这位神秘人物的重要性，希望在他身上看到统一斯拉夫的第一个代表。对此，他们只能猜想过去的情况或梦想未来的情形。不过，商人萨莫是一位真正具有政治天赋和组织才能的君主。这种政治天赋和组织才能对斯拉夫民族来说很陌生，因此，这似乎要证明商人萨莫并不是斯拉夫人。在多瑙河斯拉夫人的历史上，商人萨莫可能与远古时期罗斯的留里克①一样扮演着同样的角色。

商人萨莫的征服并没有完全摧毁阿瓦尔人的力量。被商人萨莫封锁在西部的阿瓦尔人，反倒获得了更多的精力来对抗东罗马帝国。他们攻击了君士坦丁堡。不过，在一边受阿瓦尔人威胁、一边受穆斯林威胁的情况下，东罗马帝国皇帝希拉克略决心让新的民族定居在亚得里亚海沿岸及萨瓦河附近的荒无人烟之地，以保卫占领的土地。毋庸置疑，这些新民族将会皈依基督教。

应该选哪个民族呢？希拉克略很自然地将目光转向那些被阿瓦尔人征服和羞辱的民族。就这样，斯拉夫的两个民族，即克罗地亚人和塞尔维亚人成了东罗马帝国政策的工具。这两个民族在喀尔巴阡山脉以北定居，不断受到日耳曼人和蒙古人的威胁。他们先是向克罗地亚人提出支援请求，有一个部落响应了这一请求，希拉克略便派该部落去攻打达尔马提亚。阿瓦尔人遭到突袭，乱作一团，被迫撤退。就这样，一场持续了几年的战争，最终摧毁了大部分阿瓦

---

① 留里克（830—879），根据12世纪《往年纪事》一书记载，留里克是瓦良格人首领，在862年时掌权旧拉多加，在大诺夫哥罗德附近建立了营地，并建立了基辅罗斯。他是留里克王朝的创立者。——译者注

希拉克略

尔人,剩余的阿瓦尔人则成了奴隶。希拉克略继而攻击塞尔维亚人,并诱使该民族的一个酋长把位于多瑙河北部部落的一半人口带到塞萨洛尼基部分地区定居。然而,这位酋长并不满意这种安排,便返回自己的部落。不过,与阿瓦尔人之间可能存在的斗争让酋长不得不更机敏谨慎。后来,这位塞尔维亚酋长恳求希拉克略大发慈悲,原谅自己。希拉克略便将默西亚、下达契亚和达达尼亚的荒芜之地赐给了他。

就这样,两个新民族就在阿瓦尔族的废墟上扎稳根基,并建立了繁荣的国家。这些国家尽管历经种种变迁,却一直存续到了今天。我们并没有关于此次迁移日期的可靠资料,但此次迁移似乎发生在635年或638年。按他们自己的语言,这两个民族被称为"塞尔比"和"赫瓦提"。他们占领的那片土地边界大致分明,西临亚得里亚海,南临德林河的三条支流,北临萨瓦河,东临摩拉瓦河。尽管塞尔维亚人和克罗地亚人之间的边界不够清晰并且时时变动,但其语言具有相似性。他们之间目前存在的差异很大程度上是由历史事件造成的。对塞尔维亚民族来说,其基督教信仰是从罗马引入的,而克罗地亚民族的基督教信仰从拜占庭引入。拉丁语成了罗马教廷的语言,而拜占庭教会使用的语言仍忠实于斯拉夫语的表达习惯。两个民族的这段历史反映了罗马教廷和拜占庭教会之间的斗争。

达尔马提亚还留有一股罗马势力,没有被阿瓦尔人完全摧毁。在新移民到来之前,该势力已经逐渐失势,向沿海岛屿和城镇寻求庇护。克罗地亚人在名义上受控于拜占庭帝国宗主国,即便他们获得解放,这些岛屿和城镇依然继续效忠于拜占庭帝国。直到今天,在意大利的影响下,古老的罗马传统习俗依然在达尔马提亚保留。

皇帝和教皇不失时机地将新移民转变为基督教教徒,比预想的还要顺利。大约二十五年时间,克罗地亚人都信奉了基督教。斯帕拉托①成了第一个大都市。萨瓦河上的克罗地亚人不可能比达尔马提亚的克罗地亚人更早皈依基督教,因为萨瓦河上的克罗地亚人仍忙于与法兰克人和阿瓦尔人的斗争。只有当基督教从遥远的阿奎莱亚教堂传到萨瓦河时,他们才接受了基督教。

随着克罗地亚人和塞尔维亚人的到来,大批斯拉夫人迁徙到形成今日奥匈帝国的土地上。正如我们说过的那样,这些迁徙因其呈现出的和平特质而与众不同。斯拉夫人并没有因肥沃的土地、对征服的渴望和温和的气候而冲向这片开垦过的土地。他们一路向前,占领那些被当地居民遗弃的土地。他们离开遥远的喀尔巴阡山脉家乡,沿着多瑙河和维斯瓦河,占领了波希米亚的马科曼尼人、摩拉维亚的赫鲁利人和格皮德人的居住地。有时,就像生活在卡林西亚和卡尼奥拉的斯洛文尼亚人一样,斯拉夫人自愿加入征服者的军队;有时,又

---

① 斯帕拉托,即斯普利特,是克罗地亚第二大城市,也是达尔马提亚地区最大的城市,位于亚得里亚海的东岸。——译者注

像塞尔维亚人和克罗地亚人一样，他们只占领那些赐予他们的土地。在斯拉夫人身上，我们找不到任何掠夺的精神及对征服的渴望。除了商人萨莫，斯拉夫人对基于民族统一或宗教思想而建立一个强大的政权毫无想法。大约7世纪中期，斯拉夫人几乎占据了整个奥匈帝国，即易北河流域、位于多瑙河流域的中央河谷区及亚得里亚海海岸。他们在这些土地上抵御阿瓦尔人和日耳曼人，直到马扎尔人从乌拉尔草原抵达这些地区，这个地区才出现了一个意想不到的新民族。

正如前文所述，第聂伯河和维斯瓦河河谷似乎是斯拉夫民族的摇篮。我们现在赋予斯拉夫人的名称并不是整个民族的原始名称。这个名称只属于今天居住在俄罗斯瓦尔代高地的北方部落。住在喀尔巴阡山脉附近的斯拉夫人被称为塞尔维亚人。如果我们回想日耳曼历史上经常提到的索拉比人，那么"塞尔维亚人"这个名称的重要性将使我们震惊。土耳其的塞尔维亚人及他们在萨克森和普鲁士卢萨蒂亚的远亲依然在使用"索拉比人"这一名称。包岑和贝尔格莱德的方言区别很大，如果来自这两个城镇的两名斯拉夫人面对面交谈，他们会无法理解对方说的话，但他们都自称是塞尔维亚人。历史或多或少不正确地保留了大量斯拉夫部落的名称，我们在此无须一一列举。然而，不可忽视的是，在拉丁编年史中，日耳曼人称斯拉夫人为"文德人"。

如果我们对一些文件宣言或现在依然存在的某些现象多加思考，就会发现，斯拉夫人的家庭呈现父权制特征。各家庭共同生活在酋长或长者周围。男人耕地，女人持家。长者代表部落的所有利益，向众神献祭，并向每个人分配劳动。部落成员都有相同的名字，采用的是部落创建者的名字。这个名字总是以"ici"结尾，发音为"itsi"，这一结尾在地理学名称中仍具有重要作用。例如，Lobek的后代被称为Lobkovici（洛布科维茨）。Lobkovici是波希米亚历史上一个著名家族的名字。家族名字有时会变成家族居住的村庄的名字。随着一个家族的扩大，就会衍生出族群，这些族群会以其领袖的名字命名，并建立新的群落。一定数量的群落又联合起来组成一个部落。部落通常根据居住地的某些特征命名。因此，波兰人是在波兰居住的人；里耶卡人是河边"Rieka"的居民；德雷夫利安人是森林"drevo"的居民。有时，部落名称来自该部落从事的一些实践活动，如矿工劳德尼茨。部落的共同利益会在部落首领会议上进行讨论。所有重要的职位都由酋长负责。酋长是长老、法官和军队领袖。在斯拉夫人中，对自由的热爱似乎比追求任何法律或秩序的愿望都要强烈。普罗科匹厄斯①说："斯拉夫人并非由一人统治，而是以民主的方式共同生活。""他们没有政府，彼此憎恨。"东罗马帝国皇帝莫里斯说。用塔西佗的一句名言描述斯拉夫人很合适，"我更喜欢充满危险的自由，而不是受到奴役的和平"。"自由否决权"的惯例不知给波兰带来多少麻烦，也就是说，议会的每

东罗马帝国皇帝莫里斯

① 普罗科匹厄斯（约500—565），东罗马帝国晚期一位杰出的希腊学者。——译者注

一项决定都必须得到一致表决，哪怕只有一个声音反对，所有立法便无效！这种惯例也可在其他斯拉夫民族中找到。

每个部落都设有坚固的城墙，用作战时避难所或进攻的基地。该城墙被称作"Grad"（坚固之意）。神圣罗马帝国的一些城镇城墙仍在使用"Grad"这个词。这些城墙起初用斯拉夫语命名，后来逐渐被日耳曼化，就好像施蒂里亚的格拉茨一样。在斯拉夫人的土地上，城镇、河流、部落及地形的名称几乎是一样的，不管彼此相隔多远。

渐渐地，这些部落开始团结起来，有时是出于自我防卫，有时则是因战争而走到一起，因为战争会让被征服者顺从。这样，民族便得以形成。于是，捷克人占领了整个波希米亚。诺夫哥罗德的俄罗斯人最终用自己的名字命名了一个庞大的帝国。随着国家的诞生，君主制逐渐形成，并最终成为统治家族的垄断工具，民族王朝由此建立。但对斯拉夫人来说，平等思想简直太珍贵了，不可能让君主政体轻易形成。王室成员纷纷获得封地，并靠这些土地保持完全独立，这也是内部战争能使早期斯拉夫君主统治的历史丰富多彩的原因。当时，长子继承权概念尚未出现。

正如我们已经说的，第一批斯拉夫人算不上征服者，至多算是土地的耕耘者。斯拉夫人居住的那片广阔平原具有的特征决定了他们的发展方向，并引导他们种植玉米和饲养牲畜。斯拉夫人对山里的生活没什么兴趣。他们很早就学会使用农具，如犁和铲子，也学会了养蜜蜂，懂得如何酿造啤酒和蜂蜜酒。

通过对斯拉夫人各种方言的比较研究，我们能猜测家庭艺术在斯拉夫达到何等完美的程度。所有或大多数方言的共同词汇足以表明，斯拉夫人不仅耕种土地，而且知道如何从事一些野蛮民族所不知道的行业（当然是比较笨拙地从事这些行业）。斯拉夫人熟悉铁和用铁制成的普通工具，熟悉金、银、铜和用这些金属制成的器皿，甚至还熟悉使用玻璃制品，也知道如何编织亚麻布衣服。有些斯拉夫人熟悉一种粗犷风格的文字。"他们用画笔和刻痕来记事和计算。"一位历史见证者说。

尽管对战争不感兴趣，但斯拉夫人知道如何发动战争。我们已经了解到，斯拉夫人建造了坚固的城墙来保卫边界。他们知道如何使用剑、长矛、弓、头盔和盾牌。历史学家在谈到斯拉夫人爱好和平时，很少提到他们中有征服部落存在。这些历史学家告诉我们，斯拉夫人善良、勤劳、好客、贞洁、热爱音乐。斯拉夫人中，女性受人们尊重。她们有时还会被选来统领家族、部落，甚至国家。我们偶尔会听到斯拉夫人有一夫多妻的情况，但这种情况很罕见。斯拉夫人有自己的法律、法庭和严酷的审判。此外，早期斯拉夫人的法律允许私底下报仇；如今，科西嘉和黑山还保留着这样制度。

斯拉夫人本身的宗教体系虽然不足以让人产生盲目信仰，但已经发展得十分完善。这种宗教及时地为基督教的传入铺好了道路。新宗教信仰直接通过友好的使徒而不是通过传教士的征服传到斯拉夫人那里。在易北河和俄罗斯的斯拉夫人中，"异教"形成了一个复杂体系。然而，要想了解"异教徒"万神庙的所有神灵，还是要花很长时间。不过，在波希米亚、摩拉维亚和卡尼奥拉的斯拉夫人中，我们却很难找到这些神灵的蛛丝马迹。没有任何踪迹表明，斯拉夫人崇拜那些亵渎神灵的人或者说相信命运的冥冥之力。

康斯坦丁·约瑟夫·伊雷克说："古斯拉夫人的宗教是对自然的真正崇拜。在他们看来，世界上住着超级生灵，要么是善神，要么是恶神。善神更强大，恶神只能在善神允许下行动。健康、幸福和胜利都是善神创造的，疾病、不幸和失败都是恶神造成的。冬季来临，恶神就占上风。祭物和誓约被供奉给众神以抚慰它们。这些神灵和人类一样形成了一个庞大的社会。他们都属于那个比诸神更强大的神的儿子。最高之神斯瓦罗格是天堂之神。太阳和火都是斯瓦罗格的儿子，都采用父亲的名字，叫斯瓦罗基茨。其他诸神中，重要的还有羊群之神韦莱斯及掌管春天和丰收的女神韦斯纳，又称西瓦或拉达。在恶神中，我们必须得提一下莫拉纳，掌管冬季和死亡的女神；都赖，恐怖恶魔；斯特里博格，暴风雨恶魔。在低等生灵中，我们应提到，住在天上的仙女维拉斯和维吉迪及住在人间的巫师杰兹迪芭芭。日食和月食应该是仙女维吉迪的杰作。"

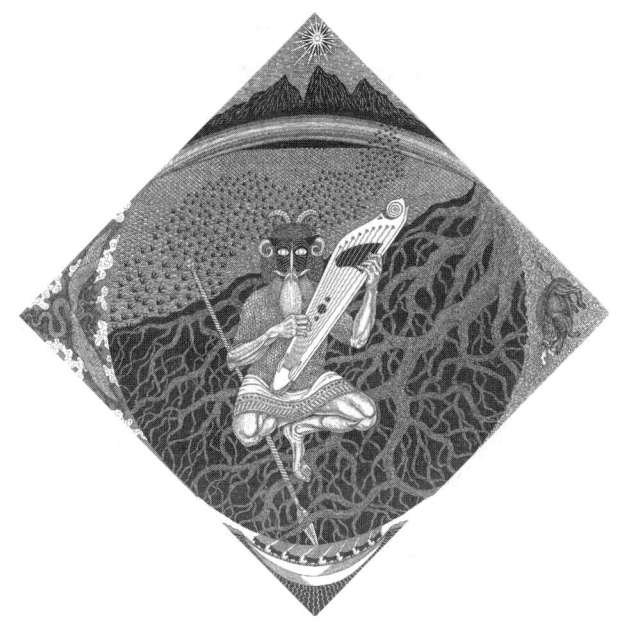

羊群之神韦莱斯

莫拉纳

"所有斯拉夫人都相信吸血鬼，并相信灵魂不朽。灵魂在离开肉体后，会从一棵树飞到另一棵树，直到肉体被烧毁，然后再飞到'影子之家'，斯拉夫人将此地称为'纳夫'，并把这个地方想象成一片绿色的田野和树林。在'纳夫'，每个人都占据着一个和他生前所处职位相似的职位。如果此人先于其他家庭成员而死，他就会发现自己孤苦伶仃并被遗弃，因此，就出现了妻子在丈夫火葬礼上自焚的习俗。也有迹象表明，斯拉夫人相信既存在一个恶魔之地，也存在一个众神之家。"

除了易北河的斯拉夫部落，没有一个斯拉夫部落设有神殿或司祭。家族或部落首领，会通过焚烧动物，尤其是牛，把祭物献给众神。祭祀之火在山顶或其他高地点燃。森林通常是祭拜之地，祭品被放在树下，众神之像渐渐于火中升起。一年中最重要的节日是冬至。冬至，人们向大地之神和水之神献上丰盛的祭品。复活节那天，当莫拉纳（掌管冬季的女神）的模型被烧掉时，韦斯纳（掌管春季的女神）便荣耀登场。夏至时，祭品要献给太阳和火。此外，夏天还经常有各种节日庆典来纪念太阳和火，并悼念死者。

第 4 章

摩拉维亚起源和斯拉夫使徒

（658 年到 903 年）

在奥匈帝国这片未来之地上发生的一系列长期迁徙活动并未随斯拉夫人在这些地区的定居而结束。几个世纪后，来自多瑙河上游的另外两个民族马扎尔人和德意志人入侵了这片土地，共同占领了奥地利多瑙河的两岸。然而，从7世纪商人萨莫之死到9世纪匈牙利人入侵的这两个世纪，在有关捷克人、摩拉维亚人及他们的近亲斯拉夫人的编年史中通常会包含许多有趣的场景。这些场景虽鲜为人知，但值得一提。

商人萨莫驾崩后，他曾于顷刻间成功建立的斯拉夫帝国一分为三：地理边界清晰的波希米亚；摩拉维亚（包括摩拉维亚省外的多瑙河中部地区）；卡林西亚斯拉夫人居住的卡林西亚、卡尼奥拉、施蒂里亚北部地区及下奥地利的一些地方。

这些地方7世纪下半叶和8世纪上半叶的历史非常模糊。在拉丁语和捷克语编年史中关于波希米亚崛起的描述非常精彩。波希米亚具有的真实要归功于由爱国主义和诗歌激发的宗教信仰。令人奇怪的是，波希米亚的传说竟然没有提到任何关于商人萨莫的事，尽管他曾在波希米亚的历史中扮演重要角色。这些传说提到的第一个君主是一个叫克罗克的人。据说，他在7世纪下半叶统治波希米亚。克罗克有三个女儿。至今，人们对她们记忆犹新。其中一个女儿叫莉布丝。在父亲去世之际，她被选中将统治父亲的土地。尽管莉布丝拥有先人赋予她的智慧，但她觉得自己太过软弱，无法独自统治一个动荡不安的民族，于是让丈夫——劳动者斯塔迪斯的普热米斯尔统治。

关于让这个斯拉夫人的辛辛纳图斯[①]放下自己的犁头接受邀请并在13世纪之初为之竖起丰碑的地方，历史仍有记载。斯塔迪斯的普热米斯尔成了普热米斯尔王朝的创始人，该王朝统治波希米亚一直到1306年。编年史者们称赞斯塔迪斯的普热米斯尔及妻子莉布丝的智慧，并把莫尔道河右岸布拉格的建立归功于莉布丝。德意志的编年史向我们提供了一些史料。791年，捷克人与查理

莉布丝

[①] 辛辛纳图斯，即卢西乌斯·昆提乌斯·辛辛纳图斯（公元前519—公元前430）。罗马共和国时期的英雄。在此，用来比喻"斯塔迪斯的普热米斯尔"的功劳和事迹可以堪比古罗马时期的辛辛纳图斯。——译者注

查理曼大帝

曼大帝结盟对抗阿瓦尔人。大约在806年,法兰克人率领三支大军入侵了波希米亚,并强迫当地居民进贡。845年,十四名波希米亚贵族在雷根斯堡接受了洗礼。然而,波希米亚的历史其实开始于波希米亚公爵博日沃伊一世的统治。9世纪末,博日沃伊一世接受了洗礼。三个世纪以来,基督教几乎没有取得什么进步,据说,主要是因为捷克人与德意志人之间进行了多次斗争,因而不大愿意温和地接受神圣罗马帝国的使徒给他们传播福音。由于查理曼大帝和教皇结成了联盟,基督教对斯拉夫人来说,除了征服和奴役,并不具有什么意义。刀光剑影激起了人们对十字架的仇恨。同样,萨克森人和易北河的斯拉夫人也不大可能鼓励捷克人去信奉新的宗教。然而,当基督教通过斯拉夫传教士从摩拉维亚传到捷克人那里时，没有受到丝毫征服嫌疑就轻而易举地对捷克人产生了良好的影响，就像对西部和南部各民族已经产生的良好影响一样。

波希米亚的邻居摩拉维亚就没那么幸运了。它甚至没有自己的传奇历史。9世纪初，摩拉维亚这个名字第一次出现，采用了斯拉夫语形式——摩拉瓦。据人们所知，摩拉维亚的第一个公爵叫莫伊米尔一世，于9世纪初创建大摩拉维亚公国。与波希米亚的斯塔迪斯的普热米斯尔一样，莫伊米尔一世也创立了一个王朝。在莫伊米尔一世统治期间，基督教在摩拉维亚有了长足发展。据摩拉维亚人的相关记载，萨尔茨堡大主教在尼特拉为摩拉维亚最古老的基督教会封圣。也是在摩拉维亚，直到基督教拥有一名国家神职人员，新宗教才得以迅速发展。正如我们曾说的，人们并不信任神圣罗马帝国的传教士。由于不懂拉丁语，摩拉维亚人既听不懂神圣罗马帝国的布道，也理解不了罗马的礼拜仪

莫伊米尔一世

"德意志人路易"

式。早在852年，美因茨宗教会议就指出，大摩拉维亚公国仍是一个对基督教知之甚少的国家。莫伊米尔一世试图反抗德意志人，但没有成功。846年，法兰克国王"德意志人路易"入侵了莫伊米尔一世统治的摩拉维亚，废黜了莫伊米尔一世，并让其侄子拉斯蒂斯拉夫取而代之。编年史家将拉斯蒂斯拉夫称为拉斯蒂斯。

新公爵拉斯蒂斯拉夫下定决心确保摩拉维亚的政治和道德自由，在稳固边界后便向"德意志人路易"宣战。拉斯蒂斯拉夫大获全胜。摩拉维亚实现和平后，他就开始有计划地改变子民的宗教信仰。之后就出现了斯拉夫人及其教会历史上最伟大的事件之一，即使徒西里尔与美多迪乌的传教活动。

多瑙河流域的斯拉夫人早已接触了罗马和君士坦丁堡这两个伟大的基督教中心，而这两个中心之间此时还没有发生大的分裂。然而，尽管罗马满腔热

米哈伊洛三世

血,却只能把外国传教士派往斯拉夫。这些传教士要么是无名之辈,要么就难以获得人民的信任。相反,君士坦丁堡则全是斯拉夫基督教教徒,并且这些基督教教徒已经拥有了一位国家神职人员。因此,拉斯蒂斯拉夫给米哈伊洛三世①写信道:"我们的人民已经放弃'异教',接受了基督教,但我们没有可以用自己语言向我们宣讲基督教真理的神父。给我们派一个这样的神父吧。"当

---

① 米哈伊洛三世(840—867),拜占庭皇帝(842—867),他是米哈伊洛二世的孙子,皇帝狄奥菲洛之子。——译者注

时，君士坦丁堡住着康斯坦丁两兄弟。这两兄弟早已是因学识和传教工作而闻名的神父。在教会，这两兄弟被称为西里尔和美多迪乌。他们是希腊人还是斯拉夫人？无人知晓。两兄弟出生在塞萨洛尼基——一个多语种城市，他们的父亲在该地担任重要职务。两兄弟都曾对自然科学和各种语言有所研究，在拜占庭宫廷那群博学的人中鹤立鸡群。两兄弟一个成了修士，一个成了神父。两人皆因向阿拉伯人和哈扎尔人传教而声名大噪。两人熟悉各种语言，并因在传教方面取得的成就而令人称奇。西里尔被称为哲学家。美多迪乌拒绝了东罗马帝

西里尔和美多迪乌

国皇帝和牧首给他提供的大主教职位。所有这些似乎表明两人是神父职位的合适人选。最后，两人以使徒身份接受了摩拉维亚人赋予他们的荣耀之职。西里尔在传教工作开始前就为斯拉夫语创造了前所未有的字母表，如今该字母表还在使用西里尔的名字（西里尔字母表）。他还用斯拉夫语翻译了《新约》，并将译文带到了摩拉维亚。两兄弟在863年年底，或者说864年年初抵达摩拉维亚，并受到拉斯蒂斯拉夫的热情接待。两兄弟很快就把一心向教的年轻人聚在一起，教他们新的字母表。与此同时，他们继续进行圣书和礼拜仪式的翻译工作。某斯拉夫传说记载："之后，遵照先知的话，聋人的耳朵听见了，哑巴的舌头也松开了。"

西里尔和美多迪乌这两名新使徒的名字及他们获得成功的消息很快就传到教皇阿德里安二世耳朵里。于是，教皇阿德里安二世传唤两兄弟到罗马。两

教皇阿德里安二世

人也遵命前往。两兄弟经过潘诺尼亚南部时，拜访了斯拉夫君主科采尔[①]。科采尔请他们对年轻神父多多关照。在罗马，两人受到了最高规格的接待。教皇阿德里安二世让他们担任主教，并将他们带来的几个门徒封圣为神父、执事或子执事。除准许他们用斯拉夫语进行礼拜仪式庆祝外，教皇阿德里安二世还批准他们翻译《圣经》。869年2月，西里尔在罗马去世，并被葬于此，只剩美多迪乌进行传教工作。教皇阿德里安二世已把所有斯拉夫国家指派给他作为教区，并写信把他推荐给拉斯蒂斯拉夫及其高贵的邻居——斯瓦托普卢克[②]和科采尔。教皇阿德里安二世赞成使用斯拉夫礼拜仪式，但建议以拉丁语阅读福音书，以此表示教会的团结。从罗马回来后，美多迪乌又在潘诺尼亚的科采尔宫廷待了一段时间。

当美多迪乌再次抵达摩拉维亚时，拉斯蒂斯拉夫已经无法接待他了。在成功抵抗德意志人一段时间后，拉斯蒂斯拉夫被其属下，即侄子斯瓦托普卢克出卖，落入了卡洛曼手中。卡洛曼是卡林西亚公爵，即"德意志人路易"的儿子。卡洛曼蒙住拉斯蒂斯拉夫的双眼，把他关在一座修道院中。斯瓦托普卢克认为既然自己付出了背叛的代价，肯定就能够获得继承权。然而，他白费心力，而且遭到了报应。卡洛曼并不相信斯瓦托普卢克忠于德意志人，把他囚禁了起来。后来，斯瓦托普卢克又被卡洛曼释放了，因为卡洛曼希望斯瓦托普卢克能帮自己镇压摩拉维亚人的叛乱。然而，斯瓦托普卢克加入了摩拉维亚人，成功袭击了德意志人。摩拉维亚获得了独立。874年通过的《福希海姆条约》使摩拉维亚得到了认可。

德意志主教看到西里尔和美多迪乌的成功及教皇阿德里安二世对二人的偏爱，很忌妒。新斯拉夫教区的建立大大缩小了德意志主教的司法管辖范围并

[①] 科采尔（833—867），下潘诺尼亚的斯拉夫统治者，下潘诺尼亚在历史上被称为巴拉顿公国。他是东法兰克王国封臣。——译者注

[②] 斯瓦托普卢克（840—894），也被称为斯瓦托普卢克大帝，是大摩拉维亚的统治者，在其统治期间实现了最大的领土扩张。——译者注

降低了什一税的价值。德意志主教把美多迪乌看成一个篡位者,并传讯他,然后将其关进一座修道院囚禁了两年。从此,美多迪乌把与德意志神职人员进行长期斗争作为人生目标。德意志神职人员不断密谋陷害美多迪乌,试图使其不再受教皇阿德里安二世的偏袒。尽管如此,美多迪乌依然坚守自己的事业。大约在874年,美多迪乌给波希米亚公爵博日沃伊一世施洗礼,并借此将斯拉夫礼拜仪式引入波希米亚。对美多迪乌的指控不断传到教皇阿德里安二世那里。现在美多迪乌被指控为"异端邪说"的传播者,并因使用斯拉夫礼拜仪式而受到谴责,同时,他并未得到斯瓦托普卢克的支持。因此,美多迪乌不得不去罗马为自己辩护,并最终取得了审判的胜利。教皇约翰八世承认了他的正统信仰,并再次确认赋予他的那些特权。然而,如果我们在此讲述美多迪乌的敌人是

教皇约翰八世

如何用虚假文件替代了教皇约翰八世起草的文件,那将会花很长的时间。美多迪乌不得不再次向教皇约翰八世上诉。教皇约翰八世在给集会人群的一封公开信中批准了美多迪乌的做法。美多迪乌一生坎坷,在生命的最后几年完成了《圣经》的翻译,于885年去世。美多迪乌去世后,他的门徒遭到敌人的迫害,因此不得不向保加利亚人寻求庇护,并受到保加利亚人的热烈欢迎。

美多迪乌门徒的离去使斯拉夫教会陷入彻底的混乱。900年,邻近教区的德意志主教起草了一份文件,并将其呈给教皇约翰九世。在文件中,这些主教称对摩拉维亚人的国家拥有管辖权,并说:"这是一个在基督教礼拜和朝贡方面一直听命于我们的国王和人民的国家。不管摩拉维亚人是否愿意,都要服从我们。"这些争论没有受这些主教追求的宗教精神的鼓舞,反倒在马扎尔人的

教皇约翰九世

入侵中以一种出乎意料的血腥方式终止了。摩拉维亚陷入混乱，斯拉夫礼拜仪式也随之消逝。在孕育斯拉夫礼拜仪式的国家的历史中，几乎找不到该仪式的任何痕迹。斯拉夫礼拜仪式在摩拉维亚遭到禁止，却一度在保加利亚兴盛起来，此后又传到塞尔维亚人、俄罗斯人和克罗地亚人那里，之后就逐渐销声匿迹了。

目前，在整个奥地利帝国，拉丁语是天主教教会使用的语言。在加利西亚，只有大约三百万罗塞尼亚东仪天主教教徒使用斯拉夫礼拜仪式，有三百万塞尔维亚人和罗马尼亚人及亚得里亚海沿岸的约八万天主教教徒也在使用斯拉夫礼拜仪式。虽然这些人都多多少少愿意再次使用拉丁语的礼拜仪式，但采用西方礼拜仪式的斯拉夫人绝不会忘记他们民族中那些伟大的使徒。1863年，斯拉夫人隆重庆祝了他们的千禧之年。那些伟大使徒仍被认为是斯拉夫人文学和宗教统一的代表，而文学和宗教的统一是许多斯拉夫人的梦想。西里尔和美多迪乌在宗教史上理应享有比目前历史赋予他们的更高的地位。与神圣罗马帝国的使徒相比，西里尔和美多迪乌那广博的学识、对福音的热情及不屈不挠的毅力毫不逊色。

我们现在必须再回到斯瓦托普卢克及其短暂的大摩拉维亚公国上来。《福希海姆条约》确保了摩拉维亚的独立。之后，在统治期间，斯瓦托普卢克与"德意志人路易"一直和平相处。斯瓦托普卢克对摩拉维亚享有绝对的掌控权，手握统军大权，并且拥有众多说斯拉夫语的神职人员。因此，他有可能会把自己当作斯拉夫人的代表和捍卫者来对抗德意志人。但他并不知道采取这种对抗行动的可能性有多大。相反，他明显很同情德意志人，并邀请德意志人到宫廷做客。当斯瓦托普卢克在统领的各省积极传播斯拉夫礼拜仪式时，自己却采用罗马礼拜仪式，这样就为那些装腔作势的德意志神职人员打开了大门。斯瓦托普卢克的统治始于错误，终于疏忽。斯瓦托普卢克才华横溢，却没有与之相称的性情。他推行的政策只能说明他很幸运，并不能证明他有能力。斯瓦托普卢克曾是斯拉夫历史上最强大的君主。罗马与他缔结条约，波希米亚以摩

"胖子查理" 　　　　　　　　　　　　　　　　潘诺尼亚的阿努尔夫

拉维亚为中心。摩拉维亚控制着神圣罗马帝国的野心。神圣罗马帝国皇帝"胖子查理"亲自到东罗马帝国,试图化解斯瓦托普卢克与来自潘诺尼亚的阿努尔夫①的斗争。884年,"胖子查理"在此接见了斯瓦托普卢克,后者承诺会尊重神圣罗马帝国的领土。888年,斯瓦托普卢克与阿努尔夫签订友好联盟条约,并于891年更新了该条约。当时,大摩拉维亚公国是一个强大的国家,除今日的摩拉维亚之外,还包括奥地利的西里西亚、波希米亚本土、斯拉夫部落居住的从易北河、维斯瓦河直到马格德堡的附近地区、西加利西亚的部分领土、斯洛伐克人聚集地及潘诺尼亚南部。

然而,像斯瓦托普卢克和阿努尔夫这样具有雄心壮志的人并不会彼此信任,他们的友谊只是建立在对彼此的恐惧上。阿努尔夫一旦确信自己已经找到

---

① 阿努尔夫(850—899),卡林西亚公爵,推翻了叔叔"胖子查理"的政权,从887年起成为东法兰克王国的加洛林国王,从894年起成为有争议的意大利国王,从896年2月22日起成为有争议的神圣罗马皇帝,直至在巴伐利亚的雷根斯堡去世。——译者注

了足够强大的盟友，就会再次攻击斯瓦托普卢克。阿努尔夫与斯洛文尼亚公爵布拉科拉夫结盟，向保加利亚国王求助。更重要的是，他们还召集了刚刚在多瑙河下游定居的马扎尔人以助自己一臂之力。士瓦本人、巴伐利亚人、法兰克人、马扎尔人和斯洛文尼亚人同时向摩拉维亚进军。斯瓦托普卢克寡不敌众，并未反抗：他把军队关在城堡内，把广阔的国土留给敌军，任由他们践踏蹂躏长达四周。之后，敌对行动结束，但两个对手之间不可能长久处于和平态势。892年，战争再次爆发。死神终于让阿努尔夫摆脱了斯瓦托普卢克。但那些喜欢将传奇般的荣耀环绕在伟人身上的人，并不相信斯瓦托普卢克会像普通人一样死去。从10世纪开始，人们就开始讲述有关斯瓦托普卢克的传奇故事。据说，一天晚上，这位伟大的摩拉维亚统治者离开营地，趁无人注意，骑上他那匹忠诚的骏马，来到尼特拉附近的佐博山——一个著名的隐居之地。在这里，他将马杀掉，把剑埋入土里，来到大山隐士面前，成了一个修士，并在此生活了很长时间，直到临死前才向世人透露自己的身份。历经诸多变迁后，斯瓦托普卢克的名字在摩拉维亚依然很受欢迎。直到今天，当人们想要"寻求正义"时，仍会使用这样一句谚语："去问斯瓦托普卢克吧。"历史学家曾犀利地批判这位统治者。但我们不要忘记，有关斯瓦托普卢克的一切几乎都是他的敌人传给我们的。《富尔达年代记》记载："他是背信弃义之徒，他贪得无厌，推翻了众多国家，并渴望吸干人类的鲜血。"普吕姆的雷吉诺写道："他禀赋卓越，聪明异常。"君士坦丁七世说："他勇猛强壮，邻国都怕他。"在斯拉夫民族历史中，现代斯拉夫作家给予斯瓦托普卢克很高的地位，将他视为商人萨莫的接班人及西方斯拉夫统一事业的第二位伟大领袖。

斯瓦托普卢克去世后留下了三个儿子。他将大儿子莫伊米尔二世选为继承人，并给其他儿子分了封地。临终时，斯瓦托普卢克恳求三个儿子要和睦相处，但没人聆听他的遗言。大摩拉维亚公国并没有形成统一的民族整体。捷克公国拒绝继续成为附庸国。马扎尔人入侵了摩拉维亚的潘诺尼亚，并迫使莫伊米尔二世与之结盟。阿努尔夫挑起了莫伊米尔二世和斯瓦托普卢克二世之间的

布拉格的科斯马

不和。900年,巴伐利亚人和波希米亚人一起入侵摩拉维亚。903年,莫伊米尔二世退出历史舞台。布拉格的科斯马[①]向我们描述了摩拉维亚任由德意志人、捷克人和匈牙利人摆布的惨状。之后,历史陷于沉寂,摩拉维亚的城镇和城堡倒塌,教堂被推翻,人民被驱散。波希米亚历史学家弗兰基谢克·帕拉茨基说:"摩拉维亚一片荒凉,笼罩在肃穆之中。我们不知道这种惨状何时结束、如何结束。"大摩拉维亚公国的昙花一现,恰如暴风雨来临前堆起的沙丘,在暴风雨的吹打后消散了。这迅速形成的国家甚至没有给我们留下任何残砖断瓦。我们不知道斯瓦托普卢克的首都——那座了不起的韦莱赫拉德城的城址在哪里。但正是在韦莱赫拉德城,美多迪乌为波希米亚公爵博日沃伊一世洗礼。只有人民的诗歌依然存在,为一个消逝的世界的记忆唱着挽歌:

[①] 布拉格的科斯马(1045—1125),出生于波希米亚的一个贵族家庭,是一位神父、作家和历史学家。1086年,科斯马斯被任命为布拉格议会主席,这是一个很有声望的职位。作为议会主席,他因公务而游历欧洲。——译者注

"在广阔的多瑙河边，在摩拉瓦的浪花中……斯拉夫人那颗受伤的心在滴血。啊，我们高贵祖先的土地！剧院里回荡着我们古老的斗争！你躺在广阔无垠的空间里，不幸的箭刺穿了你的胸膛。你的时代已经过去，你的荣耀也已沉睡。你的儿子们只能看到先父的荣耀之影。

"莫伊米尔二世之剑沉睡了，废墟埋葬了斯瓦托普卢克的头盔。很长时间以来，只有一次，一段记忆从这遗忘的怀抱中唱着歌飞向天堂。

"尼特拉，亲爱的尼特拉，伟大的尼特拉！你的繁荣时代在哪里？尼特拉，亲爱的尼特拉！你是斯拉夫人的母亲，当我想起你，我必定会哭泣。从前你是整个多瑙河、维斯瓦河和摩拉瓦河的母亲。你是斯瓦托普卢克的宝座，让他伸出有力之手去统治；你是美多迪乌的圣城，让他将神的道传授给我们的祖先。现在你的荣耀蒙在阴影里，时代就这样改变！世界就这样过去了！"

历史早期，斯洛文尼亚人，或者说卡林西亚和卡尼奥拉的斯拉夫人所起的作用并不重要。商人萨莫驾崩后，这些人从捷克人中分离出来，建立了一个国家。众所周知，他们的第一个公爵叫博鲁特。748年，博鲁特向法兰克国王"矮子丕平"求助来对抗阿瓦尔人，并取得了胜利，但代价是要臣服于法兰克君主。博鲁特的继任者卡拉特不得不继续签订封臣条约。博鲁特的亲戚舒蒂米尔在巴伐利亚长大，是个基督教教徒，并且是斯洛文尼亚人中狂热的福音使徒。在萨尔茨堡主教维尔吉尔的帮助下，舒蒂米尔一心致力于使其臣民皈依基督教。这项工作完全依赖于德意志神职人员，结果是萨尔茨堡和蒂罗尔的斯拉夫人被彻底德意志化。因此，这些斯拉夫人的历史整体上算是属于东罗马帝国和神圣罗马帝国的历史了。

这里，只有一件事需要重申，那就是卡林西亚人使他们公爵登基时的奇特方式。继承公爵之位的仪式在克拉根福附近举行。一位农夫站在一块大石头上，等待新公爵的到来。随后，一身乡下人打扮的新公爵出现了。农夫问："来者是谁？"大家回答说："是这块土地的公爵。"农夫接着问："他是个好审判官吗？他是真理的朋友吗？"农夫在得到肯定回答后，把自己待的地方让给新公

法兰克国王"矮子丕平"

爵。新公爵站在石头上，挥动利剑，发誓要保卫斯洛文尼亚。这种习俗一直延续到15世纪。那些能想象出这种仪式的民族值得我们为他们书写华丽篇章。

从历史上看，克罗地亚人比斯洛文尼亚人具有更鲜明的个性。我们已经见识了克罗地亚人到新国家时，是如何毫不费力地接受基督教的。德意志人不可能以皈依为借口来证明他们征服克罗地亚人的企图是合理的，但克罗地亚与神圣罗马帝国接壤，足以为德意志人的野心找到充分理由。796年，查理曼大帝攻占阿瓦尔人的要塞营地，大败阿瓦尔人。822年后，阿瓦尔人的名字甚至从史志中消失了。因此，作为位于多瑙河和蒂萨河之间的国家的主人，查理曼大帝的领地拥有众多依然独立的克罗地亚人。弗留利侯爵被派去攻打克罗地亚人的海岸。就这样，达尔马提亚和斯拉沃尼亚的克罗地亚人从拜占庭的枷锁中走到了神圣罗马帝国的枷锁中。但克罗地亚人并不愿接受法兰克人的统治。823年，克罗地亚人首领柳代维特开始反抗神圣罗马帝国的枷锁，但没有成功，不得不逃往塞尔维亚，后来被暗杀。我们在此无法讲述达尔马提亚与萨瓦河流域的克罗地亚人错综复杂的历史。到9世纪末，这两个地区的克罗地亚人终于联合起来。伟大的首领穆蒂米尔借助上帝恩典宣布自己是克罗地亚人的领袖，并借鉴其他欧洲宫廷模式组建自己的宫廷。

与摩拉维亚的情况一样，西方的影响力使克罗地亚的斯拉夫礼拜仪式被摒弃。克罗地亚人发现自己逐渐摆脱了塞尔维亚人，而拉丁语的引入为威尼斯人进入克罗地亚铺平了道路。这些威尼斯人逐渐占领了亚得里亚海的整个海岸；威尼斯总督拥有达尔马提亚公爵的头衔。在克罗地亚其他地区，斯捷潘·德尔日斯拉夫[①]不再依赖拜占庭所赋予的权力。斯捷潘·德尔日斯拉夫的继任者之一——佩塔尔·克雷希米尔四世收复了达尔马提亚诸城及岛屿，并获

---

① 斯捷潘·德尔日斯拉夫（？—997），克罗地亚国王（969—997），特尔皮米尔王朝克雷希米尔二世的儿子。在位期间，与拜占庭关系融洽，并帮助拜占庭共同对付强大的马其顿皇帝萨穆伊尔。作为报答，拜占庭把达尔马提亚诸城及岛屿的治理权交给了斯捷潘·德尔日斯拉夫，承认他是达尔马提亚的国王。——译者注

教皇尼古拉二世

得了达尔马提亚国王的称号。佩塔尔·克雷希米尔四世发起进攻，从保加利亚人手中夺取了斯雷姆地区，从塞尔维亚人手中夺取了波斯尼亚的部分地区。此外，他还占领了卡尼奥拉、施蒂里亚和伊斯特里亚的部分地区。

在佩塔尔·克雷希米尔四世统治期间，人们在斯帕拉托举行了一次集会，以反对斯拉夫礼拜仪式。尽管遭到万人唾骂，但斯拉夫礼拜仪式仍广受欢迎。佩塔尔·克雷希米尔四世支持教皇尼古拉二世关于禁止教堂使用民族语言斯拉夫语所采取的措施。此后，斯拉夫语便在亚得里亚海的几个小岛上寻求庇护之地，并一直持续到我们这个时代。

1075年，国王沙维尼米尔或称狄米塔·兹沃尼米尔，因与教皇格列高利七世的关系而闻名。当时，为了使既不依靠神圣罗马帝国又不依靠东罗马帝国

教皇格列高利七世

的小国家直接依附于罗马教廷，教皇格列高利七世与神圣罗马帝国展开了一场激烈的斗争。教皇格列高利七世把主教盖比森派往克罗地亚，并把王室徽章授予狄米塔·兹沃尼米尔。1076年，狄米塔·兹沃尼米尔以教皇的名义在斯帕拉托圣·彼得教堂大厅封圣，并从使者手中接过王冠、剑和权杖。为了回报这一荣誉，狄米塔·兹沃尼米尔承诺效忠并服从于罗马教廷，征收什一税，使神职人员过上体面的生活，并且只要教会法律所禁止的婚姻一律不予批准，禁止所有奴隶买卖。狄米塔·兹沃尼米尔还承诺每年向教皇支付二百达克特[①]金币。克罗地亚编年史把狄米塔·兹沃尼米尔的统治看作是国家权力的鼎盛时

[①] 达克特，达克特金币是第一次世界大战以前的欧洲贸易专用货币。——译者注

期,"在善良的狄米塔·兹沃尼米尔的带领下,全国人民生活幸福美满,城市里到处是金银财宝。穷人不怕富人冤枉,仆人不怕主人作恶。有国王为他们辩护,除了怕触怒上帝,他们什么也不怕"。狄米塔·兹沃尼米尔驾崩时没有留下子嗣。克罗地亚和达尔马提亚的贵族们便选了狄米塔·兹沃尼米尔的亲戚——斯蒂芬二世继承王位,但斯蒂芬二世在位时间很短。斯蒂芬二世是德尔日斯拉夫家族最后一位国王。在他驾崩后,经过长时间的讨论,克罗地亚人最终将王冠献给了匈牙利国王拉斯洛一世。拉斯洛一世欣然接受了王冠。

克罗地亚王国及其机构的运作情况值得一提。像其他斯拉夫民族一样,克罗地亚人以家族为单位聚集在一起。一定数量的家族组成一个邦,邦的领导者称为首领。在早期,首领中会有一人被认可为国家元首,头衔为"伟大的首领"。首领没有至高无上的权力,而要与同僚共同议事。这些首领在拉丁语中被称为"Zuppani",外国人将他们称为"duces""comites""principes"。

在"伟大的首领"或者说国王的周围,聚集着一群贵族伯爵和男爵。"伟大的首领"具有的权力与后来国王行使的权力并没有什么不同,并且这一最高权力是世袭的。与此同时,我们还发现,在没有合法继承人的情况下,由人民行使选举权利:因此,总督狄米塔·兹沃尼米尔就被公众共同推选为国王[①]。国王在国民议会的协助下行使立法、行政和司法职能。当时,克罗地亚王国的首都是贝尔格莱德。

除了国王,克罗地亚王国最重要的官员就是总督。总督一职相当于中将。起初只有一名总督,后来发展到七名。每一名总督都因其管理的省的名字而为人所知。直到今天,克罗地亚的皇家副将仍被称为总督。所有有关立法、和平与战争及王位选举的重大问题都会在议会中讨论,但对议会组织机构的定义并不明确。达尔马提亚沿岸的城镇保留了具有罗马历史的市政机构,这些机构独立于克罗地亚王国内的其他组织。

---

① 原文为"concordi totius cleri et populi electione.",大意是:由公众共同推选。——译者注

教堂的领袖是斯帕拉托大主教。斯帕拉托是克罗地亚王国的大都市之一。拜占庭的正统基督教在克罗地亚几乎没有任何发展。我们已经了解罗马神职人员和罗马教廷对斯拉夫礼拜仪式是多么不信任，尽管斯拉夫礼拜仪式具有天主教性质。罗马法庭在克罗地亚仍具有至高权力。教会非常富有。修道院尤其是本笃会修道院数量众多。由于受罗马影响，拉丁语成了政治、文学和宗教的官方语言。与此同时，有一些仍留存的手稿可以证明，民族语言偶尔会在法律诉讼中使用。

第 5 章

匈牙利王国的建立

（892 年到 1038 年）

匈牙利民族曾以两个名字出现在历史上，一个是自己所使用的"马扎尔"，另一个是外国人所使用的"匈牙利"。据说，马扎尔人第一次被世人了解时，他们还生活在伏尔加河和乌拉尔山脉附近，靠打猎为生。马扎尔人的游牧部落在罗斯东部的广阔平原上来回游荡，并逐渐向西迁移，最终在黑海海岸定居。据说，在黑海海岸有七个部落，由一位叫阿尔帕德的年轻首领统领。阿尔帕德后来成了阿尔帕德王朝的缔造者。就像意大利曾吸引了德意志人一样，欧洲的财富似乎也吸引了这七个游牧部落。西方君主的轻率为这些游牧部落开辟了一条通往富饶土地心脏的道路。先是东罗马帝国皇帝恳求他们帮助对抗保加利亚人，继而是阿努尔夫向他们求助以对抗斯瓦托普卢克。

这些游牧部落来到多瑙河流域。他们的祖先或族群已经踩躏和占领多瑙河流域达两个多世纪。阿提拉的匈人曾在这里安营扎寨，继而是阿瓦尔人。阿瓦尔人从6世纪末起就一直在此定居，直到查理曼大帝于796年摧毁了他们位于多瑙河和蒂萨河之间的大本营。

892年，马扎尔人第一次攻击大摩拉维亚公国，但并未取得成功。然而，894年，马扎尔人又回来了。这次他们下定决心要在任何能征服的地方安顿下来。在野蛮人入侵的历史上，很少能发现如此大规模迁徙的例子。根据匈牙利历史记载，身穿盔甲的男子大约有二十一万六千人。这意味着迁徙的总人口可能接近一百万。据说，马扎尔人花了近三年时间才穿越喀尔巴阡山脉。

马扎尔人纪律严明，足智多谋，引起了一位东罗马帝国杰出批评家的高度赞赏。爱德华·萨尤说："他们体格健壮，习惯了沙漠的贫瘠，忍得了冷热饥渴。他们习惯了各种艰难困境，似乎没有什么能难倒他们。他们对每种武器都得心应手，不管是剑、弓或长矛，因为他们知道如何徒步和骑马作战。然而，他们是骑兵而不是步兵，更喜欢骑着娇小和敏捷的马战斗。他们不知疲倦，最喜欢的武器是箭。当列队作战时，他们会分成许多队列，每队一千人，随时准备集合，或者迅速组成中队对敌人发起全面进攻。箭如雨下意味着一场猛烈进攻即将开始。通常情况下，当敌人以为胜券在握时，他们假装溃逃以彻底截断敌人的退路。"

马扎尔人的传奇故事会让我们了解一些不太知名的斯拉夫统治者的名字。894年，马扎尔人入侵摩拉维亚。在这次可怕的入侵到来前，不太知名的斯拉夫统治者成了第一批投降的人。但这些传奇故事并没有告诉我们大摩拉维亚公国如何被征服。到10世纪末，我们发现，马扎尔人已经摧毁了大摩拉维亚公国，并在整个摩拉维亚地区确立了统治。摩拉维亚中心有多瑙河流过，北部和东部则是喀尔巴阡山脉。

马扎尔人入侵摩拉维亚对这些被占领土地的历史产生了非常重要的影响。"这不仅仅是一次芬兰民族的迁徙运动。正如匈人和阿瓦尔人的消失一样，芬兰民族也注定会销声匿迹，或者就像保加利亚人一样被征服的民族所吞噬。作为阿尔泰族中最优秀的民族，马扎尔人天生聪颖，身强体壮，人口众多，再加上那股强烈的爱国情怀，确保自己不会被缓慢或迅速地毁灭或吞噬。"

马扎尔人的入侵及其在废墟之地摩拉维亚定居对斯拉夫人来说是一个致命的打击。波希米亚历史学家弗兰基谢克·帕拉茨基说："匈牙利人入侵是我们民族有史以来最大的不幸。斯拉夫部落分布在荷尔斯泰因到伯罗奔尼撒半岛之间的广大地区。斯拉夫人虽然不太团结，风俗礼仪也不尽相同，但充满活力,随时准备好迎接文明的到来。在斯瓦托普卢克的努力下,这片广阔土地的中心地带已经形成一个核心。围绕该核心,一个伟大的斯拉夫文明可能已经发展起来。然而,斯拉夫人的希望因马扎尔人的出现而无情破灭。"

  斯拉夫人居住的这些土地并不能满足新征服者马尔扎人的需要。马扎尔游牧部落有四处游牧和好战的天性。唯有时间和基督教的影响才能使这些天性发生改变。马扎尔人入侵了威尼斯共和国。但威尼斯这个潟湖之城就像击退匈人一样击退了马扎尔人。907年,阿尔帕德去世。按照习俗,他的遗体被安葬

阿尔帕德

在布达城堡山的山脚下,因为这里曾是阿尔帕德所建公国的首都或安营扎寨之地。在阿尔帕德之子匈牙利的佐尔坦统治时期,马扎尔人继续入侵。907年,德意志人在普雷斯堡惨败;910年,在奥格斯堡附近又接连失利。但德意志人在韦尔斯城前击退了马扎尔人。如果德意志人的记载可信,当时只有八十六名马扎尔人得以逃脱。一首古老的德意志诗歌对这一胜利大加赞扬:"他们打了一场可怕的仗。许多匈牙利人丢掉了性命,巴伐利亚人为他们的妇女和孩子报

匈牙利的佐尔坦

955年发生的奥格斯堡战役

了仇。有那么多的匈牙利人被杀,没有人能说出也没有人能数清到底死了多少马扎尔人。他们日夜逃亡,一直到莱塔河。然而,他们并未厌倦这场战斗。"

924年,马扎尔人再次袭击意大利。人们甚至在普罗旺斯和香槟边境也发现了可怕的马扎尔人的骑兵。然而,马扎尔人的入侵步伐最终还是在955年发生的奥格斯堡战役中被完全中断了。此后,马扎尔人被迫往回撤退,不得不在多瑙河流域获得的土地上安分守己。盖萨大公是"异教国家"匈牙利公国的第一个和平统治者。

一个新的军事国家就这样诞生了。这个国家注定要在多瑙河流域的土地上扮演重要角色。在匈牙利公国的统辖范围内,各处都生活着大量的斯拉夫人。这些斯拉夫人的语言和法律将会一直影响匈牙利人。在匈牙利公国东南部,斯拉夫人与罗马人交往密切。从图拉真在罗马设立居民区时起,这些罗马人就一直在匈牙利公国不断发展壮大。与斯拉夫人和罗马人的通婚逐渐改变了原始马扎尔人。马扎尔人早已失去祖先那高高的颧骨和细小的眼睛，并且由于种族混合，他们已经成为欧洲最美丽的种族之一（也许是最美丽的）。

现在，很少有人能看到马扎尔人的"异教信仰"痕迹。因此，我们很难从流行的迷信传说中辨识马扎尔人的神话体系。马扎尔人似乎都认可一位至高无上的神，即人类之父伊什泰恩①。伊什泰恩手下有许多小神，如恶魔厄尔德

恶魔厄尔德格

---

① 伊什泰恩，是匈牙利语"Isten"的音译，意为"上帝"。——译者注

格和邪恶精灵马诺。在这些小神下面又有以各种方式影响人类命运的雷神、仙女和幽灵。爱德华·萨尤说:"在特兰西瓦尼亚的某个地方,坐落着雷神的宫殿。宫殿里住着雷神和他的王后及许多美丽的少女。这座宫殿用银铜建造,由一只金狮守卫。宫殿倒映在波光粼粼的湖面上,周围森林茂密,回荡着鸟儿歌声奏出的美妙旋律。豪特郡的历史告诉我们,现在这个荒无人烟、到处是石头并且处处散落老树树桩的地方,之前住着仙女。天亮时分,她们会在豪特郡的每一处梳理自己的金色头发,让每个人变得富有。然而,有一个守财奴抓住了其中一位仙女,想要剪掉她的头发。见此情景,其他仙女仓皇而逃。就这样,这片土地变得一片荒凉。贫穷取代了富足。过去,在代瓦,善良的仙女每七年出现一次,而其他仙女则为人类建造城墙,使人类变得富有。后来,人类忘恩负义,不断让仙女失望,迫使她们离开了代瓦。除了陆地上有仙女,天空和水中也有仙女。德利巴布是马扎尔人最富有诗意和最独特的仙女之一。德利巴布是一位南方仙女,是海市蜃楼的化身、平原的女儿、海洋的妹妹和风的宠儿。湖泊和河流中全住着神秘的精灵。这些精灵是人们祭拜的对象。此外,在所有创造的生灵中,只有人类灵魂是永恒不灭的。灵魂可以重返人世,特别是杰出勇士的灵魂。灵魂骑在马背上从死亡墓穴下穿过,跨过一座通向另一个世界的幸福之桥——这是属于一名勇士的幸福,因为葬礼曾属于这名勇士。"

权力在神父和君主之间进行分配。神父在树林的祭坛上献歌、祈祷,甚至提供人类祭品。一个游牧民族,如马扎尔人在皈依基督教之前,可能存在一种非常不完善的政府形式。这种政府是军事政府,而不是政治政府。最高酋长的权力没有边界。权力边界由每个部落所拥有的自治政府的权力来界定。最高酋长由部落人民来选择。这一选择方式在阿尔帕德家族中似乎已成世袭,尽管当时并不存在受习俗或法律认可的长子继承权。这种选举要获得大多数人的认可并由最高司法官和酋长大会批准。

一个家族甚至一个部落的所有成员都会把彼此视为兄弟。所有人都是自由而高贵的。我们就是从这一点发现了众多小贵族的历史起源。这些小贵族一直都是匈牙利公国的坚实力量。"这些家族和部落的领导权部分世袭,部分经选举获得。由公爵或民族议会分配给部落或家族的土地归全体人民所有,尽管各个家族分支又分割了这些土地。一开始,人们在这些土地上建造棚屋,后来逐渐变成了建造房子,并牧养牲畜,继而开垦种植,但土地依然是属于部落财产。酋长没有特定的领地。直到后来,当匈牙利公国成为一个农业国时,国家财产才得到明确界定。酋长成了一部分土地的主人,封建领主则成了另一部分土地的主人。早期,那些由公爵直接管辖下的公爵领地,都集中在佩斯和施图尔韦森堡附近的中心地带。"

马扎尔人天生就对城镇生活没什么兴趣。他们要么把城镇留给城镇的老居民,要么就把外国移民安置在这些城镇。马扎尔人的游牧生活使他们很少有机会发展文化知识或培养艺术气息。匈牙利考古学家没有发现这个无宗教信仰时代鲜有遗迹留下。我们也没发现吟游诗人在盛大节日和婚礼上为纪念他们的英雄而作的狂想诗。我们唯一知道的是,音乐在这些庄严的场合发挥了很大作用。吉卜赛人的怪异旋律或许保留了一些早期歌曲微弱的回响。

上文提到的盖萨大公,作为"异教国家"匈牙利公国的第一位爱好和平的君主,娶了波兰公爵梅什科一世的姐姐阿德莱德做第二任妻子。阿德莱德已皈依基督教,就像法兰西的克洛蒂尔德①一样,知道如何利用自己的影响力支持宗教信仰。阿德莱德说服丈夫盖萨大公接受那些来马扎尔人国家传播福音的传教士。洛尔希大主教皮尔格林开始有条不紊地在全国实施传教计划以使人们信仰基督教。洛尔希大主教皮尔格林把本教区的神父派到匈牙利。974年,他向教皇本笃六世宣布已有五千名宗教皈依者。当时,那些私底下信奉本国宗教的外国人已开始公开宣称自己的宗教倾向,让他们的孩子接受公开洗礼,并建造了教堂。盖萨大公本人也同意接受洗礼。但一段时间后,盖萨大公仍把"异

---

① 克洛蒂尔德,勃艮第王国的公主,被认为是哥特国王阿塔纳里克的后裔。493年,她成为法兰克国王克洛维一世的第二任妻子。她在丈夫克洛维一世皈依基督教的过程中发挥了重要作用。——译者注

盖萨大公

教皇本笃六世

教仪式"和基督教仪式混杂起来。捷克使徒兼布拉格主教圣阿达尔贝特继续洛尔希大主教皮尔格林开启的事业。大约在994年，圣阿达尔贝特到格兰——当时匈牙利公爵的居住地，给盖萨大公的儿子举办了庄严的洗礼仪式，并为他起名斯蒂芬①。此后，公爵宫廷变成了所有邻国骑士的避风港，尤其是神圣罗马帝国骑士的避风港。这些骑士与本地贵族建立了亲密联系，使匈牙利公国和神圣罗马帝国联系更紧密。王位假定继承人②圣斯蒂芬娶了巴伐利亚公爵亨

圣斯蒂芬

---

① 即下文中的圣斯蒂芬。——译者注
② 假定继承人，一般是指非君主长子（女）的王位第一顺位继承人。他们的继承顺序会随君主子嗣的诞生而退后。——译者注

欧托内·奥赛欧罗

利二世的女儿吉塞拉公主,而盖萨大公的其中一个女儿成了波兰公爵、波希米亚公爵波列斯拉夫一世的妻子,另一个女儿则嫁给了威尼斯总督欧托内·奥赛欧罗。通过联姻,匈牙利公国获得了欧洲国家的认可。由盖萨大公开始的基督教皈依工作进展顺利,后来由圣斯蒂芬完美收官。因此,确立匈牙利公国在欧洲的地位及完成国家宗教皈依的荣耀全归圣斯蒂芬。997年,当圣斯蒂芬登基时,匈牙利公国周边国家都由一些著名君主统治。奥托三世统治着神圣罗马帝国,波列斯拉夫三世统治着波希米亚公国,波列斯拉夫一世统治着波兰公国,弗拉基米尔大帝统治着罗斯,巴西尔二世统治着东罗马帝国。匈牙利公国为了能在这些繁荣发达的国家中占有一席之地,就必须达到同等程度的文明,而这是圣斯蒂芬要做的事。圣斯蒂芬被匈牙利人誉为匈牙利王国的第二创始人。

在执政初期,圣斯蒂芬不得不与反对基督教的科帕尼做斗争,因为科帕尼认为基督教的引入对本国体制构成了威胁。圣斯蒂芬在维斯普雷姆城外打败了科帕尼。一摆脱科帕尼这个可怕的敌人,圣斯蒂芬就把所有精力放在向人们传播基督教上。他对传播基督教热情满满。"匈牙利王国变成了天主教国家,"马扎尔历史学家伊什特万·沃博茨说,"不是通过使徒的教义传播,也不是通过罗马教廷的邀请,而是通过圣斯蒂芬国王的法律完成的。"圣斯蒂芬并不总是满足于用说服引导臣民走向新的宗教信仰,他在犹豫要不要使用威胁手段。他派一位大使前往罗马,直接与教皇西尔维斯特二世接洽。教皇西尔维

战败后,科帕尼被圣斯蒂芬处决

教皇西尔维斯二世

斯特二世欣然接受了这份王国臣服之礼，并在一封签署日期为1000年3月27日的信中宣布将匈牙利王国的人民置于罗马教廷的保护之下。

1000年8月15日，圣斯蒂芬戴着罗马教皇西尔维斯二世送来的王冠在格兰加冕。圣斯蒂芬的加冕确保了国家权力一直延续到阿尔帕德王朝时期。不过，圣斯蒂芬还是遇到了一些阻力，尤其是在特兰西瓦尼亚，因为当地统治者朱莱拒不接受基督教。于是，圣斯蒂芬进军特兰西瓦尼亚，将朱莱打败，并把特兰西瓦尼亚授予阿尔帕德家族的一位总督。圣斯蒂芬从波希米亚公国手中重新夺取了摩拉维亚的部分领土，甚至敢从巴伐利亚一侧进攻神圣罗马帝国，但遭到回击，于是不得不进行和解。

在圣斯蒂芬这位伟大国王的统治下，匈牙利王国成了神圣罗马帝国与东罗马帝国之间的独立王国，它完全能在这两个野心勃勃的对手建立的平衡中保

埃默里希

持独立。匈牙利王国实现了全部统一，没有诸多封地的划分。国王拥有至高无上的权力，但他有一个议会。议会由年长的智者组成，随时为国王提供建议。圣斯蒂芬在写给儿子埃默里希的信中指示说："每个人都应忙于最适合自己的事，这才正确。年轻人要拼搏努力，老年人则要为他人提供忠告。"圣斯蒂芬将这种体制称为：元老院、参议院、第一议院和联合议院。匈牙利历史学家从中看到了匈牙利议会的雏形。毫无疑问，这是一个艰难的开端，因为议会几乎不受固定规则的约束，就像之前平原上的部落集会不受固定规则约束一样。

从教会方面来看，匈牙利王国被分成了十个主教区。这些教区都服从于格兰大主教的管理。圣斯蒂芬还创立了几个修道院，并将这些修道院授予本笃会修士。这些修士开设了教会学校，但这些教会学校是由意大利和拜占庭建筑师建造的。

从政治方面来看，匈牙利王国被分为许多"郡"。这种划分方式早就存在于斯拉夫人中，但斯拉夫人不得不让位于马扎尔人。和匈牙利使用的大多数政治术语一样，"郡"这个名字是从斯拉夫语中借用的；其他如"zhupan"（首领）在马扎尔语中成了"ispan"（总督）。"ispan"这个词在匈牙利王国历史上有重要意义。每个郡都设一有个堡垒。这些堡垒共同形成了一个完整的防御体系。各郡由一名伯爵管理。伯爵由将军、城堡主或总督、百夫长和什长辅佐，以国王的名义行使民事权利和军事权力。

圣斯蒂芬开始统治时，匈牙利王国的财产分为两种——国家财产和部落财产。圣斯蒂芬保留了国家财产，废除了所有部落享有的财产权利。圣斯蒂芬宣布，每个公民都有权保留自己拥有的或从国王那获得的财产，并享有将财产遗赠子女的权利。但我们不能把皇室馈赠的领地视为世袭领地。贵族由高级官员组成，分为两个阶层。第一阶层包括伯爵、主教、军队指挥官，或许还包括马扎尔部落酋长的后代。第二阶层更多的是由武士组成。在这两个阶层之后是城镇的士兵和市民。很早以前，我们就在某些城镇居民中发现了大量德意志人。这些德意志人被称为"hospites"①。这些城镇在伯爵和主教的控制下实行政治自治。人民没有土地。工匠艺人是连接贵族和农奴的纽带。圣斯蒂芬没有打压农奴制，而是改善了农奴的处境。

国王是最高法官，在某些情况下会亲自执法。主教和修道院院长、达官显贵和军事要人只能经传唤才能出现在由国王主持或由巴拉丁伯爵主持的国王法庭上。这个法庭还可以作为上诉法庭，判决城镇、主教区或修道院、伯爵递交的案件。法庭允许证人提供口供，也允许通过决斗进行裁决。刑法法典非常严厉。凡密谋反叛国王和国家的人，不得享受庇护权；凡在人民中挑拨离间的，就要被割掉舌头；做假证的要把他的手臂砍掉；杀人犯必须重罚。与此同时，杀害奴隶的凶手只需向奴隶主赔付与奴隶同等价值的货币即可。杀妻者根

---

① Hospites，（古罗马庄园的）主人、业主之意。——译者注

据凶手身份定罪处罚：伯爵需向妻之家属赔付五十头小牛，而勇士只需赔付十头小牛即可。人的生命一文不值。然而，让人失去一条肢体要付出昂贵的代价，凶手也要用同一边肢体来偿还。因此，践行了《圣经》箴言："以眼还眼，以牙还牙。"强奸罪会依据罪犯身份的不同而对罪犯处以十头或五头牛的惩罚。小偷赔付不起所偷物品的价值就要被当作奴隶卖掉。这样，匈牙利王国不完善的立法就把摩西原则[①]与野蛮人的习俗结合起来。

国王的收入来源于工匠和下层阶级，由城镇税收、矿盐生产、铸币业的垄断及部分罚款组成。此外，当国王四处征战时，臣民还必须维持王室的开销。人人都要服兵役。国王让人带着一把沾满鲜血的剑游走于各郡，来召集全国的士兵。城堡是贵族的聚集之地。圣斯蒂芬制定的法律载于两本书中，内容共五十六章。圣斯蒂芬对所有政府管理事务的看法也记录在他写的或为儿子埃默里希而写的法律文本中。这些文本引起了我们浓厚的兴趣。

---

① 摩西（公元前1400—？），生于埃及，犹太教先知。据记载，摩西遵照神的旨意，将以色列人带出埃及进入旷野，往迦南地去。起初，所有事务都由摩西一人审断，百姓从早到晚都站在摩西左右。后经其岳父建议，从以色列人中选出有才能的人，让他们作百姓的首领，给他们审判的权力，只有难断的案件才呈送摩西。这就是摩西授权分级而治的原则。——译者注

第 6 章

圣斯蒂芬的继任者统治下的匈牙利

（1038 年到 1301 年）

伟大的国王圣斯蒂芬为儿子埃默里希写下箴言。然而，1031年，圣斯蒂芬的儿子埃默里希却先他而去，并被教会尊为圣人。圣斯蒂芬的最后几年不断受竞争对手和阴谋的骚扰。1038年，就在加冕整整三十八年的那天，圣斯蒂芬驾崩了，死后被安葬在施图尔韦森堡。圣斯蒂芬驾崩前就选择了外甥奥尔塞奥罗·彼得，即欧托内·奥赛欧罗之子为继承人。奥尔塞奥罗·彼得——一个不为匈牙利人熟知的陌生人，因傲慢和对圣斯蒂芬遗孀的粗鲁行为而不得人心。匈牙利人发动起义反抗奥尔塞奥罗·彼得，并想让一个部落首领萨穆埃尔·奥鲍取代他。见此，奥尔塞奥罗·彼得逃到神圣罗马帝国，恳求亨利三世助自己一臂之力。他向亨利三世承诺，如果亨利三世能助自己夺回王位，就向亨利三世朝贡。于是，神圣罗马帝国向匈牙利王国宣战。神圣罗马帝国大军深入格兰。萨穆埃尔·奥鲍不得不以耻辱性条件赎买和平。但比较幸运的是，他在第二次战役中击退了神圣罗马帝国大军。萨穆埃尔·奥鲍实施的暴政丝毫不逊色于奥尔塞奥罗·彼得，因而引发了一场新的起义。奥尔塞奥罗·彼得再次向亨利三世求助，为了匈牙利王国，借庄重的节日庆典之际，向他朝贡，从而获得了匈牙利王国的王位授权。然而，这是一种自取其辱的行为。在乔纳德举行的民众大会宣布废黜奥尔塞奥罗·彼得，并于1046年宣布由"秃子瓦祖尔"之子安德烈一世取代奥尔塞奥罗·彼得。

奥尔塞奥罗·彼得

萨穆埃尔·奥鲍

安德烈一世统治时期,"异教徒"激烈反对基督教教徒和外国人。但安德烈一世还是成功保住了自己的王位,得以封圣,并最终能不惜一切代价禁止举行任何"异教仪式"。安德烈一世受亨利三世的攻击,但在弟弟贝拉一世的帮助下,成功抵御了亨利三世的进攻,并成功与他缔结了一项和约。然而,1061年,安德烈一世被贝拉一世废黜,并战死在蒂萨河畔。与此同时,贝拉一世不得不压制"异教徒"对基督教的新一轮反抗。长期纷争使匈牙利王国陷入非常糟糕的境地。贝拉一世试图通过采取一些明智的经济措施来拯救匈牙利王国,但在1063年的一次意外中驾崩了①。按照至今仍在土耳其盛行的一个亚洲惯例,贝拉一世的侄子所罗门②继承了王位。当时,所罗门只有十二岁。神圣罗马帝国皇

神圣罗马帝国皇帝亨利三世　　　　　　　　　　　神圣罗马帝国皇帝亨利四世

---

① 据说,贝拉一世死于意外事故,被自己御座上突然倒塌的华盖压死。——译者注
② 所罗门(1053—1087),贝拉一世的侄子,安德烈一世的长子,在叔叔贝拉一世于1060年废除其父之王位后,逃出匈牙利,之后在德意志军队的帮助下,于1063年返回匈牙利并被加冕为国王。——译者注

帝亨利四世想利用所罗门的年幼无知，却因此受到谴责。当时，正与亨利四世斗争的教皇格列高利七世鼓动所罗门："匈牙利王国只服从于罗马教廷。"

1077年，拉斯洛一世继任匈牙利王位，既不受制于神圣罗马帝国皇帝也不受制于教皇。所罗门试图从拉斯洛一世手中夺回王位。但拉斯洛一世成功遏制了所罗门的所有企图，并与罗马教廷保持良好关系。罗马教廷同意将圣斯蒂芬和他儿子埃默里希封为圣徒。在与不断入侵匈牙利的库曼人和佩切涅格人的斗争中，拉斯洛一世运气很不错。在蒂米什河河岸战胜了库曼人和佩切涅格人后，拉斯洛一世承诺，只要他们成为基督教教徒，就可以获得永久居住地。

所罗门

库曼人和佩切涅格人接受了拉斯洛一世的提议，可以移居到蒂萨河河谷部分地区，但必须为王室军队提供弓弩手。此外，1090年，克罗地亚国王斯蒂芬二世驾崩后，拉斯洛一世迫使克罗地亚接受盖萨一世的儿子马扎尔公爵阿尔莫什成为他们的新国王，这样就为两个王室的结合铺好了道路。不久，两个王室正式联合[①]。

和圣斯蒂芬一样，拉斯洛一世也是国家法律的制定者。1092年，在索博尔奇举行的由教士、贵族和市民组成的大型集会中，拉斯洛一世颁布了重要法律，对相关宗教事务做了规定。尽管教皇格列高利七世决定采取教会禁欲主

拉斯洛一世

[①] 为保有领土完整，克罗地亚于1102年以个人王朝的地位并入了匈牙利，但仍保有一定的自主权。——译者注

义，但拉斯洛一世制定的相关规定还是准许神父结婚，并对什一税的征收做了详细规定。法律对如何惩罚最后一批"异教徒"做了如下规定：凡在树木或泉水旁献祭的，都要被没收一头牛；凡在周末工作的犹太人、重新信仰伊斯兰教的穆斯林都要受到惩罚。拉斯洛一世制定的法律对司法管理、偷窃行为相关惩罚措施及财产保护也做了规定。这些法律非常严厉。偷鹅者要以失去一只眼睛作为惩罚。所有的暴力行为都会受到严厉制裁。罗马教廷已经向拉斯洛一世表达了感激之情，并把他列为"圣徒"之一；拉斯洛一世也以诸多功绩证明他对罗马教廷的依附和顺从。

奄奄一息的拉斯洛一世选择侄子卡尔曼①作为继任者。卡尔曼这位年轻人，注定为罗马教廷而生，并在那个时代算是非常博学多才的，被同时代人称

卡尔曼

① 卡尔曼（1070—1116），拉斯洛一世的哥哥盖萨一世的私生子。拉斯洛一世驾崩后，他继承了匈牙利王位。——译者注

为"学者"。卡尔曼即位后不久,匈牙利境内就出现了十字军。这些人精力旺盛、无法无天,犯下了滔天大罪,是几乎不可能让马扎尔人尊重他们的东征大业的。在第一批十字军踏上匈牙利领土后,卡尔曼不得不命令臣民武装起来,以反抗这些肆意践踏其国家的掠夺者。布永的戈弗雷①抵达匈牙利边境后,便要求与卡尔曼进行会晤。卡尔曼为了稳定国内秩序及维护国家和平,确定了十字军的行军路线并向对方索要人质。通过采取这些手段,匈牙利王国成功避免了由第一批十字军带来的烦恼和混乱无序。

布永的戈弗雷

---

① 布永的戈弗雷(1060—1100),法兰西贵族,也是第一次十字军东征的杰出领袖之一。1099年到1100年,布永的戈弗雷是耶路撒冷王国的第一位统治者。——译者注

拉斯洛一世统治时期，他最重要的功绩就是吞并克罗地亚。1090年，拉斯洛一世被选为克罗地亚国王。驾崩前，他把政权交给侄子阿尔莫什[①]。不久，阿尔莫什就失去了人们的爱戴。卡尔曼把阿尔莫什赶出克罗地亚，并自立为克罗地亚国王。接着，卡尔曼着手从威尼斯人手中争夺达尔马提亚。他夺取了达尔马提亚的主要城镇，并授予这些城镇充分的自治权。1102年，卡尔曼在贝尔格莱德加冕为克罗地亚和达尔马提亚国王。此时，克罗地亚王国相对于匈牙利王国的地位与后期匈牙利王国相对于奥地利帝国的地位很相似。匈牙利王国和克罗地亚王国的命运紧密相连，但克罗地亚王国或多或少保持着一种鲜明的个性。克罗地亚总督是与某个马扎尔地区有关的斯拉夫地区的自治代表。这种情况一直持续至20世纪。此时，克罗地亚人可自由选择一位能承诺尊重克罗地亚法律的人成为国王，而他们本身保留管理内政的权利、选举自己主教和领袖的权利及将公民权随意赋予任何人的权利。克罗地亚人保留了自己的铸币权、军队权和税收权。匈牙利王国和克罗地亚王国的关系仍会受这一旧有惯例的制约。克罗地亚人自豪地引用了出自公共法律的格言：不受惩罚的法律[②]。

卡尔曼继续圣斯蒂芬和拉斯洛一世的立法工作，并改进了拉斯洛一世制定的刑法，使之更人性化。卡尔曼非常开明，废除了所有的巫术审判，"直到不存在一个巫师"。他增加了法院数量，对通过决斗进行裁决的司法实施管控，并严格区分宗教和非宗教纪律，不再要求神职人员禁欲。

在统治末期，卡尔曼受弟弟阿尔莫什的反叛和阴谋的困扰，便剥夺了他在克罗地亚的政治权力。在几次赦免阿尔莫什后，卡尔曼不得不使用野蛮的手段，最终挖掉了阿尔莫什和五岁小侄子贝拉的双眼。这是历史记载中这位开明君主卡尔曼唯一的一次野蛮行径。卡尔曼将匈牙利疆界扩展到大海边际，并最终在文明的欧洲站稳了脚跟。12世纪，登上匈牙利王国王座的国王中，没人能与卡尔曼和拉斯洛一世相提并论。

---

① 阿尔莫什（1070—1127），拉斯洛一世的哥哥盖萨一世的儿子，卡尔曼的弟弟。——译者注
② 原文为 "regnum regno non prascribit leges."。——译者注

"盲人贝拉二世"

　　卡尔曼的儿子伊什特万二世十三岁继承王位,于1131年驾崩,统治期间风平浪静。伊什特万二世任命被卡尔曼致盲的阿尔莫什的儿子贝拉为继任者,后者以"盲人贝拉二世"的头衔统治匈牙利王国。"盲人贝拉二世"残忍地报复了所有他怀疑造成自己不幸的人。据说,1132年的一天,在阿拉德举行的集会中,他下令将六十八名敌人处死。1141年,"盲人贝拉二世"之子——十岁的盖萨二世继承王位。相对而言,盖萨二世的统治还算令人满意。匈牙利历史上发生了一件具有重要意义的标志性事件,那就是萨克森人来到匈牙利北部和特兰西瓦尼亚。忠实于圣斯蒂芬教义的盖萨二世把萨克森人安顿在喀尔巴阡山脉脚下的齐普斯郡、穆列什河河谷及蒂萨河下游左岸。萨克森人很轻易地就获得了塔特拉山周围茂密的森林地区，并在那里建立了二十四个城镇。这些城镇有权根据自己语言写成的律例选出自己的神父和地方行政官。这些萨克森人向匈牙利王国国王履行的义务很简单，只需向匈牙利王提供一定数量的军队，并承认匈牙利王国国王在司法事务上具有的最高权威。特兰西瓦尼亚的萨克森人享有完全的自治。作为这片土地的唯一所有者，他们可以阻止马扎尔人或塞凯伊人在此定居。他们的国民议会也单独享有制定法律的权力。

盖萨二世的儿子伊什特万三世统治期间，匈牙利动荡不安，两位叔叔相互开战[①]。伊什特万三世曾多次试图将匈牙利置于东罗马帝国的统治之下，却没有成功。伊什特万三世的弟弟贝拉三世因接受的是拜占庭式教育，起初并不受人

伊什特万三世

贝拉三世

---

① 伊什特万三世于1162年6月初加冕为匈牙利国王。之后，他的两个叔叔拉斯洛二世和伊什特万四世开始挑战其王权，伊什特万三世被迫逃往奥地利。1162年7月，拉斯洛二世加冕，但于1163年1月14日逝世，伊什特万四世遂继承王位。后来，伊什特万三世得到神圣罗马帝国皇帝腓特烈一世的批准又将伊什特万四世驱逐出匈牙利。——译者注

民信任，但他才华横溢，处事有度，最终赢得了人民的信任和爱戴。贝拉三世娶了法兰西国王路易七世的女儿法兰西的玛格丽特为妻，并撰写了一份非常有趣的关于匈牙利王国收入的文件。

盖萨二世、伊什特万三世和贝拉三世统治期间，发生的最主要的事件就是匈牙利与加利西亚的俄罗斯人和威尼斯人之间的战争。然而，贝拉三世强迫加利西亚部分地区向他进贡，并借此称匈牙利对加利西亚享有主权。匈牙利国王安德烈二世则希望通过采用加利西亚国王和洛多梅里亚国王的头衔使这种主权宣称更加有力。在第一次瓜分波兰时，奥地利帝国就重申了匈牙利王国对加利西亚享有的主权。

安德烈二世

与此同时，匈牙利王国在亚得里亚海沿岸建立了强大的统治，威尼斯共和国对此非常震惊。威尼斯总督法利埃罗请求获得君士坦丁堡的联盟和帮助；君士坦丁堡的势力也因匈牙利的发展壮大而受到威胁。在接下来的战争中，贝尔格莱德——这个卡尔曼曾为自己加冕的地方被彻底摧毁，亚得里亚海上的扎拉也被威尼斯人占领。达尔马提亚其他地区仍掌控在贝拉三世手中。贝拉三世对达尔马提亚管理有方，并将它的防御重任托付给弗兰吉斯帕内家族。此后，达尔马提亚青史留名。

匈牙利王国与东罗马帝国和神圣罗马帝国的关系使自己闻名于整个欧洲。1147年，法兰西国王路易七世和罗马人民的国王康拉德三世在十字军东征

法兰西国王路易七世

康拉德三世

时途经匈牙利。路易七世在给叙热①的信中高度评价自己受到的热烈欢迎；尽管德意志编年史家弗赖辛的奥托对匈牙利王国的描述不太讨人喜欢，把马扎尔人描绘成纪律严明的野蛮人："当你看到一个具有正义的国家拥有这样的野蛮人时，你可能会怪罪命运，或者对上帝遭受的长期苦难感到惊讶。"贝拉三世与法兰西的玛格丽特的联姻加强了匈牙利王国与法兰西王国的联系。匈牙利学生踏上了前往巴黎求学的道路。1189年，神圣罗马帝国皇帝腓特烈一世带领十字军第三次途经匈牙利时，受到了隆重接待。匈牙利王国特地为他举行了

神圣罗马帝国皇帝腓特烈一世

① 叙热（1081—1151），法兰西修道院院长，法兰西国王路易六世和路易七世的顾问，他监督圣丹尼斯修道院教堂的重建，对哥特式建筑风格的发展起到重要作用。——译者注

一场盛大仪式。贝拉三世的女儿匈牙利的康斯坦丝也与波希米亚的普热米斯尔·奥托卡一世达成婚约。然而,匈牙利与拜占庭的关系就没那么友好了。君士坦丁堡曾多次试图将匈牙利置于自己的控制之下。在波希米亚公爵弗拉迪斯拉夫二世的帮助下,匈牙利才得以维持独立。

贝拉三世驾崩后,两个儿子埃默里希和安德烈二世相互争斗。安德烈二世很不受欢迎,因为妻子梅兰的格特鲁德把声名狼藉的亲信带到了宫廷。百姓对宫廷的污秽生活感到愤慨,便发动起义攻击梅兰的格特鲁德,并趁安德烈二世不在加利西亚时将她处死。安德烈二世试图保护梅兰的格特鲁德,却无能为力。很快,安德烈二世又结婚了。1217年,安德烈二世带领十字军东征,但因身体状况不佳只好返程,并未到达圣地耶路撒冷。

回国后,安德烈二世发现匈牙利一片狼藉。自从卡尔曼统治时期以来,王室权力就被大大削减了。封建寡头政治已经形成,神职人员可拥有世俗财产。阿尔帕德家族对王位的继承仍存在争议,就连家族内部的长子继承法也没有得到接受认可。我们已经看到在几个统治时期一些非常强大的对手争夺王位的情形。对君主来说,大领主、教会和非教会人员的支持已变得非常重要。为了获得王位,君主逐渐失去了自己的领地,把领地分给强大而贪婪的少数群体。小的土地所有者被忽视,议会也不再频繁召开。罗马教廷的显贵因王室的赏金而更富有。这些显贵已经在匈牙利形成了自己的小团体,依靠教皇来抵制王室的命令。忠于教皇格列高利七世教规的罗马教廷试图在匈牙利王国行使与国王同等的权力,即使这种权力算不上高于国王权力。整个王国都要求迅速采取措施。然而,安德烈二世非但没有采取有力措施,反倒不断向眼下曾触及每位前任君主利益的抵制王室的洪流屈服。1219年,安德烈二世颁布了一项敕令,规定所有由历代国王授予的礼物和荣誉都不会撤销并且可以世袭。颁布敕令的结果就是可能会形成真正的寡头统治政府。此后,国王和臣民都将依赖这种寡头统治。

然而,这一法令引起了诸多不满。1222年,安德烈二世召开了一次会议,颁布了《金玺诏书》①，即《匈牙利大宪章》。根据《金玺诏书》，安德烈二世称自己为匈牙利、达尔马提亚、克罗地亚、塞尔维亚、加利西亚和洛多梅里亚的世袭国王，并郑重而详细地列出了人民享有的特权，或者更确切地说是小地主享有的特权。他承诺每年都在施图尔韦森堡郑重召开一次集会；未经他常规审判和定刑，任何贵族都不得受到监禁；不得向贵族或神父的土地征税；不得传唤王国疆界之外的贵族牺牲自身利益来守护国王；在国王不知情的情况下，不允许巴拉丁伯爵审判任何涉及生命或财产损失的诉讼案件；为那些在战争中失去亲人的贵族家庭提供赔偿；未经议会同意，不允许任何宾客或移民在匈牙利领土内享有贵宾待遇；授予各郡或各职能部门的财产不再世袭；允许用实物支付什一税；禁止将土地赠予外国人。《金玺诏书》共有三十一条法令，以上这些是其中一些主要法令。《金玺诏书》的最后一条规定，法令应复制七份，分发给国王、教皇、医院骑士团、圣殿、格兰的牧师会礼堂、考洛乔的牧师会礼堂及巴拉丁伯爵。巴拉丁伯爵负责监管国王和贵族对《金玺诏书》的遵守。如果国王试图违反《金玺诏书》，王国的主教和贵族都有权抗议并抵制君主，也就是说，如果这些主教和贵族不这样做，就会受到叛国罪的指控。《金玺诏书》的最后一条法令在匈牙利历史上发挥了重要作用，正是这条法令引发了诸多叛乱。这些叛乱让一个国家具有了革命性而非保守性。

对实现现代理念来说，安德烈二世的《金玺诏书》还远远不够。然而，这在当时已经是一次重大突破了，因为颁布的法令避免了权力的世袭继承及由此导致的将匈牙利王国分裂为若干公国的现象，维护了匈牙利王国的统一。《金玺诏书》保障了匈牙利王国，也可以说保障了贵族对政府的指控权；国王的所有举动都要受控于巴拉丁伯爵，以迫使国王尊重民族享有的权利。因此，从某种程度上说，巴拉丁伯爵相当于首相。

---

① 1222年，安德烈二世在贵族的要求下颁布了《金玺诏书》。诏书对中小领主和大封建主做了很多妥协，确立了匈牙利贵族的权力，特别是在国王违法时反抗国王的权力。类似于《英国大宪章》。——译者注

《金玺诏书》颁布后不久，安德烈二世就为特兰西瓦尼亚的萨克森人颁布了一份特别宪章，以保证其特权。特兰西瓦尼亚的萨克森人的政治和宗教自治得到认可。除国王选定的法庭之外，他们不受任何权力的管辖。作为回报，萨克森人在防御性战争发生时需向国王提供五百名士兵，并派一百名士兵参加远征。1231年，《金玺诏书》再次得到郑重认可，同时又增加了一些新的法令。这些新法令规定主教可以出席施图尔韦森堡的年度集会；如果巴拉丁伯爵不好好统治，各地可以任选一名更有能力的人来进行管理。此外，犹太人或穆斯林不得担任政府职务。

《金玺诏书》的颁布使安德烈二世的统治成了匈牙利历史上值得纪念的一段时期。此外，这段历史并不算幸运。和英格兰国王约翰一样，安德烈二世的名字与一份至关重要的立法文件有关，同时，安德烈二世留下了软弱和缺乏个性的名声。1235年，安德烈二世之子贝拉四世获得大量支持后开始了统治。贝

贝拉四世

拉四世顶住了来自国内外的敌人，其中包括曾向匈牙利王国索要贡品的神圣罗马帝国皇帝腓特烈二世。然而，贝拉四世很快就不得不面对比德意志人更残忍无情的敌人。拔都①带领一支强大的军队，强行穿过喀尔巴阡山脉峡谷，进入蒂萨河河谷。

蒙古人与马扎尔人属于同一人种，但马扎尔人已经成为基督教教徒和欧洲人。这些蒙古人狂热地攻击着欧洲。这种狂热可与撒拉逊人的狂热相抗衡

神圣罗马帝国皇帝腓特烈二世

---

① 拔都（1207—1255）是蒙古的统治者和金帐汗国的创始人，金帐汗国是蒙古帝国的一个分支。拔都是术赤的儿子，成吉思汗的孙子。——译者注

蒙古人进入匈牙利

了。然而,当穆斯林建立新国家并且该国家已实现高度文明时,蒙古人还只是征服者而已。

  蒙古人步步逼近,在匈牙利各地引起恐慌。蒙古人从一座城镇攻到另一座城镇,从一座城堡攻到另一座城堡。库曼人组成了抵抗先锋队,但无法抵挡蒙古人的攻击。魏岑镇沦陷了。在一片恐慌中,库曼人被指控叛国罪,其酋长和众首领均被处死。这激怒了库曼人,于是他们倒向蒙古人一边。匈牙利王室军队在蒂萨河支流绍约河河岸遇到了拔都的军队,结果惨败于此。据一些历史学家描述,在这场战役中,有十万人丧生,也可能是六万人。神圣罗马帝国皇帝腓特烈二世写道:"消灭匈牙利民兵力量。"① 远在多瑙河的匈牙利人任由凶猛的蒙古人摆布。佩斯被攻占,瓦拉德在英勇抵抗后投降,乔纳德被摧毁。蒙古人继续向前推进直至克罗地亚。1241年,克罗地亚人在格罗布尼克获胜,阻止了蒙古人继续前进。在经历重重磨难后,贝拉四世在奥地利找到了避难所,并把家

---

① 原文为"Fere extinguitur militia regni Hungaria."。——译者注

人和财富托付给了奥地利大公腓特烈二世,但后者可耻地利用了贝拉四世的不幸遭遇。奥地利大公腓特烈二世强迫贝拉四世把离奥地利最近的三个匈牙利郡让给他,以作为提供庇护的回报。最后,基督世界沸腾了。波希米亚国王瓦茨拉夫二世号召各公爵前来帮助匈牙利王国,教皇格列高利十世也下令进行一场十字军东征的传教运动。通常来说,神圣罗马帝国的君主对十字军东征运动并不感兴趣。神圣罗马帝国皇帝腓特烈二世提出要拯救匈牙利王国,但前提是匈牙利王国要向其进贡。与此同时,冬天来临,冰冻的河流为蒙古人提供了有利条件。蒙古人渡过多瑙河占领了格兰。贝拉四世逃到达尔马提亚。蒙古人紧追其后,但未能成功抓获贝拉四世。达尔马提亚的斯拉夫人和意大利的移

教皇格列高利十世

民最终在激战中击退了蒙古人。蒙古人被击退后,又一路深入拉古萨。如果没有接到撤回的命令,他们还会继续前进。这群蒙古人返回了亚洲。最后几天的占领行动暴露了他们最恐怖的残暴行径。

匈牙利慢慢从蒙古人造成的荒凉废墟中恢复过来。来自神圣罗马帝国的移民填补了匈牙利的人口空缺,城镇得以重建。城镇周围修筑了更加坚固的防御工事。更加精美的建筑装点着这些城镇。但从此,在奥地利大公国,匈牙利王国多了一个更恐怖的敌人。我们已经看到,不够仗义的奥地利大公腓特烈二世趁匈牙利遭受苦难之际夺取了匈牙利王国的三个郡。刚刚摆脱蒙古人进攻的贝拉四世开始尝试再次征服奥地利人。1246年,贝拉四世向奥地利大公腓特烈二世宣战,并在莱塔河河岸将奥地利大公腓特烈二世击败。奥地利大公腓特烈二世在战斗中阵亡。至此,巴本堡王朝就随着奥地利大公腓特烈二世的驾崩走到了尽头。波希米亚国王和匈牙利国王都宣称要继承奥地利大公之位。贝拉四世虽然无法阻止波希米亚国王占领奥地利,但还是成功地使儿子伊什特万五世在施蒂里亚确立了政权。随后,波希米亚王国和匈牙利王国之间爆发了战争,并以波希米亚王国获胜而告终。事实证明,波希米亚国王普热米斯尔·奥托卡二世这个对手很大度。按照他自己的说法,他不会"使伟大的匈牙利王国一蹶不振,因而再次向蒙古人打开了通往匈牙利王国和波希米亚王国的道路"。不久,普热米斯尔·奥托卡二世娶了贝拉四世的外孙女加利奇的库妮贡达①为妻。

然而,第三个参战者很快就登场了。他知道如何利用波希米亚王国和匈牙利王国的敌对关系,从而坐收渔翁之利。这个人就是哈布斯堡的鲁道夫。哈布斯堡的鲁道夫把拉斯洛四世拉入联盟。普热米斯尔·奥托卡二世在马希费尔德战役中阵亡,当时五万六千名匈牙利人和库曼人为奥地利而战。于是,匈牙利王国在摧毁波希米亚的同时,建立了奥地利政权,但这种政权很快就将矛头转

---

① 加利奇的库妮贡达(1245—1285),母亲是匈牙利国王贝拉四世的女儿匈牙利的安娜。1261年,与普热米斯尔·奥托卡二世结婚。——译者注

向自己。此时,哈布斯堡的鲁道夫的信中对匈牙利人表现出了最大的柔情:"我亲爱的儿子们,我的骨中骨,肉中肉。"十几年后,哈布斯堡的鲁道夫以神圣罗马帝国皇帝身份声称有权处置匈牙利王冠,使匈牙利王国成为宗主国。

贝拉四世的儿子伊什特万五世发起叛乱,使贝拉四世统治的最后几年处于动荡不安中。事实上,伊什特万五世是实际的掌权者。为确保匈牙利王国由安茹王朝统治,安茹公爵的使者来匈牙利谈判婚姻事宜时都是与伊什特万五世交涉的。1272年,伊什特万五世的儿子拉斯洛四世继承王位。拉斯洛四世是

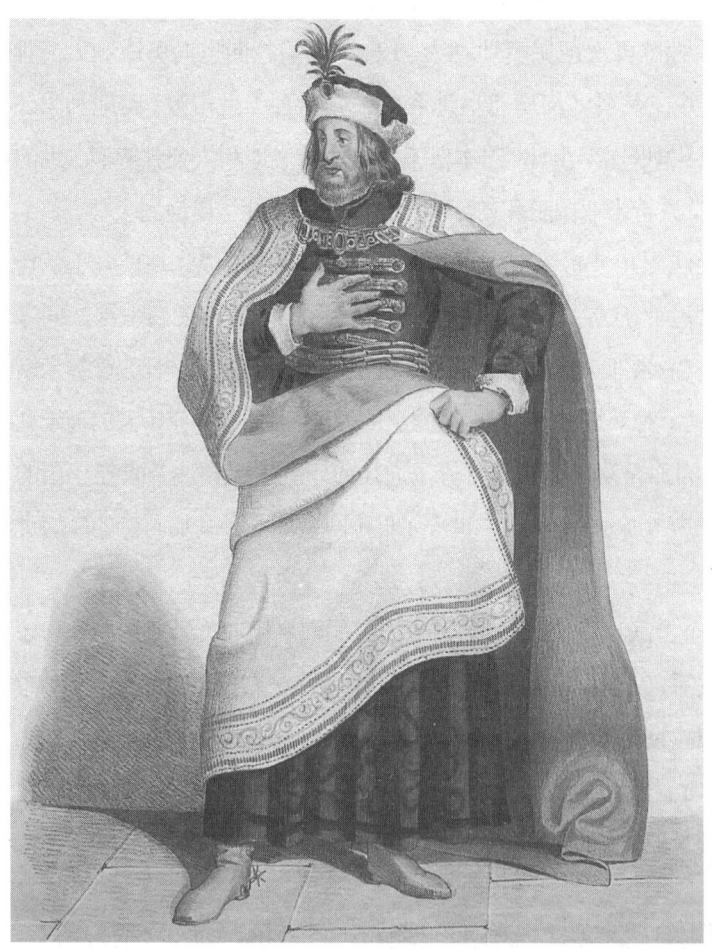

伊什特万五世

拉斯洛四世

一位愚蠢而放荡的君主，因沉溺于和库曼情妇享乐而遭到人们嫉恨。流浪和具有"半异教"性质的库曼人仍被其他国民视为外国人。拉斯洛四世决心让这些库曼人皈依基督教，过上安稳的生活。于是，他把多瑙河和蒂萨河之间的地区分给了库曼人。20世纪，这片地区被称为大库曼尼亚和小库曼尼亚。拉斯洛四世背叛王后西西里的伊丽莎白，迷恋库曼女性。这对他来说，未免得不偿失。1290年，拉斯洛四世遭库曼人暗杀。他没有留下子嗣，但生前收养了安德烈二世的孙子[①]。这位君主以安德烈三世之名加冕登基。安德烈三世强烈反对哈布

[①] 即安德烈三世，匈牙利国王（1290—1301年在位），阿尔帕德王朝最后一位统治者，安德烈三世是安德烈二世的孙子，拉斯洛四世的叔叔。——译者注

斯堡王室和罗马教廷的主张，击退了奥地利大公阿尔布雷希特一世的入侵，并围攻维也纳。罗马教廷支持安茹王朝的那不勒斯诸侯，绝不承认安德烈三世。安茹王朝的查理·罗贝尔在统治期间强行进入克罗地亚，并在阿格拉姆由教皇加冕。1301年，安德烈三世的驾崩结束了这些对手之间的竞争。安德烈三世是阿尔帕德家族的最后一位君主。

匈牙利王国仍要感谢这些过渡时期的君主。正是这些君主奠定了马扎尔民族的发展方向。在很多情况下，这些君主都曾试图扩大对邻国的统治，但

安德烈三世

塞尔维亚国王、波斯尼亚国王、加利西亚国王、洛多米里亚国王和保加利亚国王的头衔从来都不能代表任何真正的主权，最多只能唤起人们对短暂占领或转瞬即逝的保卫的记忆而已。阿尔帕德王朝唯一重要的收获就是吞并克罗地亚，使匈牙利多了一个海岸。我们已经说明克罗地亚如何保持自治。匈牙利王国存在的另一极端情形就是，特兰西瓦尼亚也有自己特有的宪法。特兰西瓦尼亚议会成员由三个民族组成：匈牙利人、塞凯伊人和萨克森人。特兰西瓦尼亚的古老居民瓦拉几亚人已经被马扎尔人和萨克森人征服了。这些老居民只是农民，其他什么都不是。塞凯伊人都是自由民和贵族。他们组建了一支特殊的骑兵队去保卫边境。作为对这种服务的回报，他们可以免交税款。

我们已经看到，安德烈二世的《金玺诏书》防止寡头贵族和领土领主的权力增长，也看到《金玺诏书》意在阻止匈牙利王国的分裂。小贵族总是时刻保持警惕以保留自己的特权，并时刻防范大领主的侵犯。大约在此时，我们第一次看到大权贵和小官员之间出现的差异。各郡定期召开会议，为公共自由提供了最佳保障。市民阶层主要由外国人（犹太人、德意志人和意大利人）组成，不具有政治影响力。在欧洲其他地区受到严重虐待的犹太人被赋予了非常大的特权。在此期间，匈牙利也开始种植葡萄，并生产优质葡萄酒。

匈牙利贵族逐渐模仿欧洲其他国家的贵族，将骑士精神和习俗引入匈牙利。匈牙利贵族开始采用世袭庄园的名字，也开始使用臂章。用战斗进行裁决成了一种时尚。

这些艺术成为展现文明的最微妙形式，但在匈牙利王国取得的进展不大。哥特式建筑风格在匈牙利盛行。当时，匈牙利聘请法兰西的建筑师。法兰西人维拉尔·德·奥内库尔在卡萨建造了哥特式教堂。阿拉斯的马蒂亚斯则在布拉格建造了教堂。神职人员的地位有所提升。这与其说是因为他们学识渊博，不如说是因为他们在战斗中展现的勇气和与"异端邪说"做斗争的炽热情怀。1279年，布达宗教会议对帕特里派"异端邪说"取得的进步感到震惊，因此便限制修士获取知识，禁止他们到外国学校学习。匈牙利王国最重要的学校是位于维斯普雷姆的普通学府①。该校虽然不授予任何学位，但为最优秀的学生提供巴黎大学的奖学金。匈牙利人人懂拉丁语，贵族阶层也学习拉丁语。然而，拉丁语书籍少之又少，这使抄写一本完整的《圣经》都要动用半个村子的人才能完成。拉丁语是教会和政府的媒介语言。马扎尔语有被拉丁语取代的趋势，但匈牙利人仍在使用马扎尔语，尽管原始时代几乎没有给我们留下用马扎尔语创作的篇章：只有葬礼致辞和圣玛格丽特②的传说。

---

① 原文为"studium generale"，是中世纪欧洲对大学的一种称呼。——译者注
② 圣玛格丽特（1045—1093），即苏格兰的玛格丽特，也被称为韦塞克斯的玛格丽特，是一位英格兰公主和苏格兰女王，曾流亡于匈牙利王国。——译者注

第 7 章

波希米亚的起源与普热米斯尔王朝

（894 年到 1278 年）

博日沃伊一世是波希米亚第一位基督教君主。他建造了波希米亚第一座教堂，并把该教堂献给了圣克莱门特。博日沃伊一世的儿子斯皮季赫涅夫一世终止了波希米亚与摩拉维亚的关系，前往雷根斯堡寻求神圣罗马帝国的保护，并盲目地相信这样做可以使波希米亚的独立更稳妥。就这样，波希米亚依附于雷根斯堡主教，拉丁礼拜仪式取代了斯拉夫礼拜仪式。如今，在波希米亚已经很少见到斯拉夫礼拜仪式。

当时，波希米亚还远远算不上一个联合王国。波希米亚公国由以布拉格公国为首的一些小国组成。这些小国之间经常发生战争。事实证明，这些战争最有利于神圣罗马帝国的野心。928 年，"捕鸟者亨利"[①]与巴伐利亚的阿努尔夫结盟，进入波希米亚，并迫使圣瓦茨拉夫每年向他支付五百金币和一百二十头牛。正是圣瓦茨拉夫在布拉格建造了圣维特大教堂。关于圣瓦茨拉夫的历史记载全部充满温柔记忆的光环。像法兰西国王"虔诚者罗贝尔"和圣路易一样，圣瓦茨拉夫已成为虔诚而具有仁爱之心的君主的典型榜样。无论在生前还是死后，圣瓦茨拉夫都被认为是能创造奇迹的人。当圣瓦茨拉夫单枪匹马

[①] 即亨利一世（876—936），东法兰克国王（919—936），奥斯曼王朝创立者。原为萨克森公爵（912年起），传其得知当选国王时正在捕鸟，故得外号"捕鸟者"。——译者注

与一位捷克公爵作战时,一位来自天堂的天使守护在他周围。对手被这一奇象吓坏了。当人们把圣瓦茨拉夫的尸体从博莱斯拉夫运到布拉格时,那辆载着他尸体的车自行渡过了一条没有桥的河。一到法庭,车就突然停了下来,一动不动。人们发现,一个无辜的人被囚禁在这座建筑里。这个无辜囚徒刚被释放,车就继续前行。"圣瓦茨拉夫"这个名字在欧洲很受欢迎,其拉丁语形式为"Venceslas",德语形式为"Wenzel"。波希米亚人至今都在吟唱中世纪古老的圣歌:"圣瓦茨拉夫,捷克的总督。"①

"圣瓦茨拉夫,捷克这片土地的总督,我们的君主,为了上帝和圣灵,祈祷吧!"长期以来,圣瓦茨拉夫的肖像一直是波希米亚旗帜和硬币的装饰。

据说,因为爱国,圣瓦茨拉夫的弟弟波希米亚公爵波列斯拉夫一世暗杀了圣瓦茨拉夫,并试图使波希米亚摆脱神圣罗马帝国附属国地位。但由于在936年到950年波列斯拉夫一世在战争中战败,不得不向神圣罗马帝国皇帝奥托一世臣服,并上缴朝贡。之后,他成了奥托一世的坚定盟友,并派一千名波希米亚人帮奥托一世对抗马扎尔人。波列斯拉夫一世占领了部分摩拉维亚领土和斯洛伐克领土,而在维斯瓦河河岸的征服使波希米亚成了波兰的近邻。波列斯拉夫一世的女儿多布拉瓦嫁给了波兰公爵梅什科一世,并使后者皈依基督教,从而使波兰在966年成了基督教国家。

波希米亚公爵波列斯拉夫二世继续父亲波列斯拉夫一世的东征大业,占领了加利西亚。然而,981年,基辅大公弗拉基米尔大帝收复了加利西亚。波列斯拉夫二世执政期间,波希米亚获得了非常大的权力。波列斯拉夫二世作为仲裁者可以仲裁神圣罗马帝国侯爵和波兰公爵之间的冲突。在获得神圣罗马帝国皇帝和雷根斯堡主教的许可后,他在布拉格建了一个教区,由美因茨大主教管控;主教由波希米亚公爵和人民选择,由神圣罗马帝国皇帝授权。第一位主教是一位萨克森神父——梅泽堡的蒂特马尔,其继任者是著名的捷克圣徒沃

---

① 原文为"Svaty Vacslave, vevodo ceske zeme."。——译者注

圣瓦茨拉夫被杀

伊捷赫。沃伊捷赫更为人熟知的名字是圣阿达尔贝特，是中世纪宗教史上伟大的人物之一。

在创建波希米亚教堂后，圣阿达尔贝特被盖萨大公邀请到匈牙利，为他儿子——未来的圣斯蒂芬洗礼。不久，圣阿达尔贝特放弃了波希米亚主教辖区，当了一段时间奥托三世的忏悔师后，去了波兰。波兰公爵波列斯瓦夫一世派圣阿达尔贝特在波罗的海沿海向"异教徒"传教。997年，圣阿达尔贝特在遥远的

圣阿达尔贝特

普鲁士人杀害圣阿达尔贝特

他乡被普鲁士人杀害。波列斯瓦夫一世把他葬在格涅兹诺大教堂。三年后,神圣罗马帝国皇帝奥托三世到圣阿达尔贝特的墓前祭拜。波兰人拥有第一首宗教歌曲要感谢圣阿达尔贝特。该宗教歌曲是波兰语最古老的典范。波列斯拉夫二世成功地保卫了国家,使波希米亚免受德意志人和波兰人的攻击,尽管波希米亚在这位公爵统治时期因内战而支离破碎。在波列斯拉夫二世那个时代,修道院得以建立，教堂周围也出现了学校。拉丁文明正逐渐在整个波希米亚传播开来。

在波列斯拉夫二世继承者的统治之下，波希米亚公国陷入了一种可悲的无政府状态，并成为神圣罗马帝国和波兰王国的工具。此时，一位强大的君主波列斯瓦夫一世统治着波兰王国，并强迫波希米亚公国接受一位叫弗拉迪沃伊的波兰公爵的统治。后来，弗拉迪沃伊承认了神圣罗马帝国的宗主国地位并向其称臣。波列斯瓦夫一世试图征服波希米亚，但没有成功。最终，波希米亚公爵布热季斯拉夫一世稳固了波希米亚的独立，从而开创了一个充满活力的时代。当时，波兰没有统治者，布热季斯拉夫一世便利用这一机会。波列斯瓦夫一世死后，布热季斯拉夫一世征服了西里西亚和小波兰[1]，并占领了克拉科夫。随后，布热季斯拉夫一世进入大波兰[2]，向格涅兹诺推进，夺取了使徒圣阿达尔贝特的遗骸，并把它带到布拉格。但神圣罗马帝国皇帝亨利三世命令布热季斯拉夫一世放弃进攻行动。因此，在夺取的领土中，布热季斯拉夫一世只保留了西里西亚的部分领土，包括波希米亚公爵弗拉季斯拉夫一世的主教会管辖区和布雷斯劳[3]。

布热季斯拉夫一世有五个儿子。由于担心他们之间会发生争执，布热季斯拉夫一世便决定公爵之位的继承应按长子继承权规定执行，年幼的儿子将获得可依靠的封地。这种解决方式被称为"长者优先"。然而，这种明智方式并未受到拥护。布热季斯拉夫一世的继任者斯皮季赫涅夫二世在1061年去世前一直艰难地守护着自己的地位，之后由波希米亚公爵弗拉季斯拉夫二世继任。弗拉季斯拉夫二世是波希米亚的第一位国王。弗拉季斯拉夫二世把摩拉维亚的奥洛穆茨和布尔诺分给了两个弟弟奥托和康拉德，同时还在奥洛穆茨创立了

---

[1] 小波兰，通常以其波兰名字Małopolska而闻名，是一个历史悠久的地区，位于波兰南部和东南部，首都和最大城市是克拉科夫。——译者注

[2] 大波兰，通常以其波兰名字Wielkopolska而闻名，是波兰中西部一个历史悠久的地区，主要城市是波兹南，最古老的城市是卡利什。——译者注

[3] 布雷斯劳，是波兰西部的一个城市，也是西里西亚历史上最大的城市。——译者注

弗拉季斯拉夫二世

一个主教辖区。弗拉季斯拉夫二世继位之初发生了一起事件。该事件暴露了波希米亚人对担任高级文官和教会职务的德意志人的敌视，但贵族联姻和教会组织进一步拉近了波希米亚公国与神圣罗马帝国的关系。1069年，弗拉季斯拉夫二世想提名一位叫兰松的德意志人担任布拉格主教，但在纳霍德附近，聚集在他营地周围的贵族和军队指挥官纷纷要求亚罗米尔公爵担任主教。亚罗米尔公爵最终成功获得主教一职。但按照惯例，他必须得去美因茨接受大主教的授衔仪式。

在神圣罗马帝国与萨克森人的斗争中，弗拉季斯拉夫二世向神圣罗马帝国皇帝亨利四世提供了军事援助，并因此获得了一个斯拉夫人聚集区——卢萨蒂亚。卢萨蒂亚就被合并到了波希米亚。不久，弗拉季斯拉夫二世再次帮助亨利四世出征意大利。三百名波希米亚士兵加入对罗马的围攻战。作为回报，1086年，亨利四世授予弗拉季斯拉夫二世国王头衔。与此同时，弗拉季斯拉夫二世还以支付四千马克①银币的方式使波希米亚公国结束向神圣罗马帝国进贡。此后，波希米亚公国只需向神圣罗马帝国皇帝提供三百名装备精良的骑士远征意大利即可。1086年6月15日，在布拉格圣维特大教堂，大主教埃吉尔伯特为弗拉季斯拉夫二世和妻子斯瓦托娃举行了庄严的加冕仪式。波希米亚王国就这样形成了，未来它将和匈牙利王国一起，成为奥地利帝国的主要成员国。为了了解现代政治斗争，我们有必要回顾这两个王国各自的起源。一个王国是由罗马教廷建立的，另一个则是由神圣罗马帝国建立的。由此产生了神圣罗马

弗拉季斯拉夫二世和妻子斯瓦托娃的加冕礼

---

① 马克，古代欧洲的货币计量单位，最初相当于8金衡盎司（249克）纯银，后来演变为半磅。——译者注

帝国对波希米亚的溯源性权力主张。然而，授予弗拉季斯拉夫二世的国王头衔纯粹是针对弗拉季斯拉夫二世本人的，并没有继续传给他的继任者。

弗拉季斯拉夫二世继任者的统治并没有给我们提供多少有趣的史料。波希米亚公爵布热季斯拉夫二世废除了普热米斯尔家族确立的"英明之法"——长子继承制。布热季斯拉夫二世甚至要求亨利四世为弟弟博日沃伊二世举行授权仪式。这样做就等于承认神圣罗马帝国拥有将波希米亚视为帝国封地的权力，使波希米亚诸省陷入无政府状态，从而强化神圣罗马帝国不断向波希米亚提出的权力主张。因此，在布拉格、奥洛穆茨和布尔诺各公爵之间发生一系列复杂冲突时，神圣罗马帝国不止一次介入这些冲突，并与某一方进行保护性交易。事实上，在波希米亚处于无政府状态时期，神圣罗马帝国、波希米亚公国、摩拉维亚公国和波兰王国之间一直在交战。神圣罗马帝国皇帝称有权将波希米亚设为封地。然而，这些举动不止一次遭到波希米亚人的强烈抵抗。于是，波希米亚公爵索别斯拉夫一世立即向神圣罗马帝国皇帝洛泰尔三世宣战，因为后者称有权把波希米亚赐给任何他喜欢的人，并将波希米亚授予了奥洛穆茨的奥托二世公爵。当被洛泰尔三世召见时，索别斯拉夫一世不仅拒绝出席法庭，还自豪地回答："我的希望寄托于上帝的恩典和圣瓦茨拉夫和圣沃伊捷赫（圣阿达尔贝特）的帮助，他们不会看着这个国家落入外国人手中。"波希米亚人聚集在圣瓦茨拉夫的旗帜下，在赫卢梅茨将洛泰尔三世打败。洛泰尔三世不得不放弃自己的主张，并在1126年承认索别斯拉夫一世为波希米亚公爵，甚至将神圣罗马帝国"酒政"①的头衔授予他。

在索别斯拉夫一世统治时期，由于普热米斯尔王朝各家族分支人数不断增加，波希米亚和摩拉维亚被分成许多属地，从而加剧了内部冲突和叛乱，导致必须用武力才能镇压。索别斯拉夫一世努力为儿子弗拉迪斯拉夫保住爵位。

---

① 酒政，神圣罗马帝国宫廷里的高级官员，职责是为王室斟酒。只有受到国王完全信任的才能担任这个职位，其职责是提防有人向国王的杯中投毒，有时甚至还会在国王就餐之前试饮。在历史上，酒政具有很高的地位，只有少数人能担任此职。——译者注

为了达到目的，他使儿子弗拉迪斯拉夫在萨兹科帝国议会上被选为继承人。但他死后不久，波希米亚贵族就把爵位给了他侄子弗拉迪斯拉夫二世[①]，并相信可以随心所欲地控制弗拉迪斯拉夫二世。但弗拉迪斯拉夫二世并没有让他们得逞。因此，摩拉维亚诸公爵和大贵族就联合对抗弗拉迪斯拉夫二世。他们组建了一支军队，迫使弗拉迪斯拉夫二世向神圣罗马帝国皇帝康拉德三世求助。弗拉迪斯拉夫二世打败了这些公爵和大贵族，迫使他们撤退到摩拉维亚，并从他们手中夺取了茨纳伊姆公国、布尔诺公国和奥洛穆茨公国。

弗拉迪斯拉夫二世执政期间，教皇使者枢机主教圭多被派往波希米亚公国以监督天主教教会组织。神职人员必须禁欲，枢机主教吉多促使弗拉迪斯拉夫二世和摩拉维亚各公爵之间达成了和解，并将领地归还给这些公爵。弗拉迪斯拉夫二世是第一位参加十字军东征的波希米亚公爵。1147年，他把政权交给弟弟迪波尔特，之后便和许多波希米亚人一起跟随罗马人民的国王康拉德三世前往耶路撒冷。回来后不久，弗拉迪斯拉夫二世就和神圣罗马帝国皇帝腓特烈一世开战了。腓特烈一世夺取了波希米亚公国封地西里西亚。为此，弗拉迪斯拉夫二世拒绝派三百名武装骑士远征罗马，虽然旧条约规定波希米亚人必须这样做。1156年，西里西亚重归波希米亚公国。最后，腓特烈一世授予弗拉迪斯拉夫二世及其继任者国王头衔。作为回报，弗拉迪斯拉夫二世带一支大军加入腓特烈一世，准备远征米兰。然而，弗拉迪斯拉夫二世不得不集资筹建军队，因为议会拒绝承认他有权为如此遥远而无用的远征进行征兵。

不久，弗拉迪斯拉夫二世向匈牙利国王伊什特万三世求助（弗拉迪斯拉夫二世的两个儿子已经娶了匈牙利国王伊什特万三世的两个女儿）。议会再次拒绝派出军队。于是，弗拉迪斯拉夫二世带着志愿军出发了，并在对抗东罗马帝国皇帝时取得了一些成功。这些胜利使弗拉迪斯拉夫二世声名远扬，名震国

[①] 弗拉迪斯拉夫二世（约1110—1174），普热米斯尔王朝的波希米亚公爵（1140—1158）及波希米亚国王（称弗拉迪斯拉夫一世，1158—1172）。波希米亚公爵弗拉迪斯拉夫一世之子，前任公爵索别斯拉夫一世的侄子。——译者注

外，但没能阻止国内的叛乱。腓特烈一世对这些公爵之前的效劳没什么感激之情，但对各公爵此次的叛乱还是支持的。1173年，由于厌倦权力争夺，弗拉迪斯拉夫二世退位并前往修道院静养。后来，几个波希米亚公爵之位的争夺者之间展开了竞争。随后，几个争夺者被召唤到纽伦堡的巴巴罗萨法庭。腓特烈一世称自己有权决定波希米亚公爵之位的继承权，与此同时，废除了先前授予弗拉迪斯拉夫二世的国王头衔。波希米亚再次陷入无政府状态。腓特烈一世不断干涉波希米亚公国内政。这一时期的波希米亚充斥着各种不光彩的斗争。直到1197年，普热米斯尔·奥托卡一世继位，波希米亚才再次得以自由呼吸。

　　对波希米亚来说，这次的无政府状态给波希米亚致命一击。各公爵之间的争执使贵族权力扩大，使他们认为自己有权决定波希米亚公爵之位选举。同时，这些贵族使神圣罗马帝国对波希米亚公国内部事务的干涉越来越容易。大领主欺压百姓，向他们征收重税并强制其劳动。为了逃避苛捐杂税，小领主发现自己不得不寻求更强大领主的保护，这使贵族形成了独立的藩属机构。那些曾支持普热米斯尔·奥托卡一世当选国王的贵族称自己有权要求获得土地作为回报。这样一来，一种世袭贵族制就逐渐诞生。贵族的权力不再取决于他们在公爵家族或军队中的职位，而是取决于是否拥有大量庄园。这些大庄园的所有者主张拥有君主享有的所有权力、司法管理权、军队征用权及在自己旗帜下带领士兵作战的权力。12世纪末，这种贵族世袭制开始形成。与官僚贵族相比，这种贵族世袭制自然更倾向于为公爵。贵族议会是真正的议会，公爵提出的方案会在贵族议会上讨论并受其控制。12世纪开始，虽然没有明文规定，但大家普遍认为除非有外敌入侵，不经议会同意，公爵不得召集国家军队；未经议会许可，不得通过法律。公爵只有在极端情况下才可征税，因为公爵拥有大量庄园，足够满足自己的需要。正如整个欧洲的情况一样，教会势力逐渐扩大。教皇使者经常访问波希米亚。除许多修道院外，波希米亚还有六个大教堂分会和九个本笃会修道院。几乎所有的农民都成了土地的奴隶，一些特权和一定程度的自由都给予了开凿山林之人。波希米亚几乎没什么商业活动，但所有商品几乎都落入犹太人和外国人手中,尤其是德意志人手中。从弗拉季斯拉夫一世时代起,神圣罗马帝国就在布拉格建了一个居民区。该居民区拥有自己的特别法庭,并在波希米亚和教会中占据重要位置。由于与神圣罗马帝国皇帝关系密切,波希米亚公爵通常会与神圣罗马帝国的公主联姻,而这些公主则会利用自己的影响力来换取波希米亚人的支持。我们通常会发现波希米亚公爵之位的继承人有两个名字,一个是斯拉夫名字,一个是德意志名字,如,弗拉迪斯拉夫-海因里希。然而,这些半斯拉夫半德意志的君主采取的政策通常是王室政策而不是民族政策。

1197年,神圣罗马帝国皇帝亨利六世驾崩后,士瓦本的菲利普被选为神圣罗马帝国皇帝。但士瓦本的菲利普的继承权遭到了不伦瑞克的奥托的质疑。普

神圣罗马帝国皇帝亨利六世　　　　　　士瓦本的菲利普

教皇因诺森特三世

热米斯尔·奥托卡一世支持士瓦本的菲利普，为其卖力，并因此为波希米亚获得了重要优势。士瓦本的菲利普同意不再干涉波希米亚内政，只保留选任波希米亚公爵的权力。士瓦本的菲利普恢复了波希米亚王国王位任命权，并完全放弃了对布拉格主教的任命权。普热米斯尔·奥托卡一世得以郑重加冕。1204年，教皇因诺森特三世通过一份特殊的教皇诏书批准将国王头衔授予普热米斯尔·奥托卡一世。

瓦茨拉夫一世

  士瓦本的菲利普和新国王普热米斯尔·奥托卡一世的友谊只持续了很短时间,不久,就被一场战争给搅了局[①]。战后双方签署了条约,士瓦本的菲利普的女儿士瓦本的库妮贡达与普热米斯尔·奥托卡一世的儿子瓦茨拉夫一世达成婚约。之后,普热米斯尔·奥托卡一世助腓特烈二世一臂之力,确保后者能当选神圣罗马帝国皇帝,这样一来,腓特烈二世就能做出妥协,使自己再次获益。波希米亚王国国王不再需要提供三百骑士远征罗马了,只需支付三百马克

[①] 1200年,因勃兰登堡侯爵奥托四世势力渐大,普热米斯尔·奥托卡一世放弃支持士瓦本的菲利普,改为支持韦尔夫家族。士瓦本的菲利普因为普热米斯尔·奥托卡一世的背叛,便入侵波希米亚。普热米斯尔·奥托卡一世被迫支付罚款。——译者注

金币；波希米亚王国国王也不再被要求参加帝国议会，除非帝国议会就在神圣罗马帝国边境的城镇如班贝格、纽伦堡或梅泽堡举行。此外，神圣罗马帝国皇帝腓特烈二世还把迈森的几个城镇给了普热米斯尔·奥托卡一世。普热米斯尔·奥托卡一世帮儿子瓦茨拉夫一世获得王位。当波希米亚议会宣布这一消息时，立即得到了腓特烈二世的认可。因此，王室直系血脉按长子继承制继承王位最终成了波希米亚王国的法律。普热米斯尔·奥托卡一世不止一次地动用自己的权力，而他之前的任何一位国王都从未如此发挥过自己的权力。摩拉维亚侯爵弗拉迪斯拉夫死后，普热米斯尔·奥托卡一世将摩拉维亚指定为两个年幼儿子的封地，并在有生之年，使儿子瓦茨拉夫一世加冕为波希米亚王国国王。在加冕仪式上，普热米斯尔·奥托卡一世首次省略了向新公爵展示王朝创建者，即"劳动者普热米斯尔"的凉鞋和钱袋的仪式。毋庸置疑，波希米亚人对这种古老的习俗感到羞耻，不愿将其展现给外来公爵。但人们透过省略民族习俗仪式这一行为，看到了一种令人不安的迹象，即外国人在他们的土地上越来越强势。首都布拉格的德意志人的人数迅速增长，并在波希米亚王国各省某些城镇建立了聚居区，甚至在波希米亚西北部边境开始建立大批村庄。

1230年，被称为"独眼"的瓦茨拉夫一世顺利继承了父亲普热米斯尔·奥托卡一世的王位。瓦茨拉夫一世所受教育完全是德意志化的。事实证明，瓦茨拉夫一世统治时期是德意志人的黄金时代。德意志人获得充足时间来加固居住的城镇，因为在这一时期，波希米亚王国的贵族开始为自己建造坚固的城堡，并常常给这些城堡起一些德意志化的名字，如施泰因堡和利希滕堡。一些骑士团体，如医院骑士团和圣殿骑士团，也都在波希米亚王国建立了"骑士管理地"。道明会①和托钵修会②的人数成倍增加。当时奢靡成风，骑士精神成了

---

① 道明会，是天主教托钵修会的主要派别之一。会士均披黑色斗篷，因此被称为"黑衣修士"，以区别于方济会的"灰衣修士"和圣衣会的"白衣修士"。——译者注
② 托钵修会，又称为乞食僧团、托钵僧团。中世纪后期随本笃会和熙笃会等隐修会的衰落，很多异端修会兴盛起来。为了与异端争夺人心，许多正统的有识之士仿效异端，成立了托钵修会。——译者注

时尚。瓦茨拉夫一世是欧洲杰出的君主之一。他邀请吟游诗人到宫廷,自己也一时兴起创作了抒情歌曲。然而,瓦茨拉夫一世的统治并非一帆风顺。普热米斯尔王朝和巴本堡王朝之间的仇恨与日俱增,导致战争持续不断。在这些战争中,巴伐利亚和匈牙利王国站在波希米亚王国一边。最后,奥地利大公腓特烈二世被迫将多瑙河以北的一些土地让给瓦茨拉夫一世,奥地利大公继承人奥地利的格特鲁德则与波希米亚王国国王法定继承人弗拉迪斯拉夫达成婚约。此次联姻为波希米亚王室吞并奥地利大公国和施蒂里亚公国铺平了道路。

更糟糕的是,蒙古人进入摩拉维亚。我们已经见识过这些令人生畏的游牧部落是如何进入欧洲的。当时,蒙古人的一支大军进入西里西亚,整个基督教世界为之一惊。教皇格列高利九世向这支大军发起了一次十字军东征运动。

教皇格列高利九世

然而，当时罗马教廷与神圣罗马帝国皇帝之间正进行的争吵使任何联合行动变得不可能。因此，受威胁的领地不得不进行自我防卫。瓦茨拉夫一世英勇抵挡住了这场风暴。当时，有四万名步兵和六千名骑兵聚集在他的旗帜下。蒙古人已经深入摩拉维亚，进行大肆掠夺和践踏，并烧毁了城镇、城堡和修道院。摩拉维亚的居民都逃进了小树林。只有奥洛穆茨和布尔诺这两个设防城镇能对抗蒙古人。蒙古人所到之处被夷为平地。捷克人与蒙古人在奥洛穆茨城下会战，并获得胜利。这些蒙古人突然改变进攻方向，转而进攻匈牙利王国。

随着共同威胁的解除，神圣罗马帝国皇帝腓特烈二世与巴本堡王朝之间的联盟也宣告结束。神圣罗马帝国腓特烈二世甚至想毁掉奥地利女公爵格特鲁德和弗拉迪斯拉夫之间的婚约，但战争迫使他信守了诺言。年幼的弗拉迪斯拉夫从父亲瓦茨拉夫一世那里得到了摩拉维亚作为结婚礼物。自1239年以来，摩拉维亚就一直掌控在波希米亚王国国王手中。不久，巴本堡王朝最后一个统治者奥地利大公腓特烈二世去世后，弗拉迪斯拉夫获得了奥地利大公国和施蒂里亚公国。然而，1247年，年轻的弗拉迪斯拉夫去世了。于是，神圣罗马帝国皇帝腓特烈二世便匆忙向奥地利大公国和施蒂里亚公国各自派了一名代理官员。当时，瓦茨拉夫一世并不敢干涉此事，因为其王位正受一场潜在阴谋的威胁。大部分波希米亚贵族都被瓦茨拉夫一世的绯闻、挥霍无度和他的亲信激怒了。这些贵族坚持认为，普热米斯尔·奥托卡二世应与父亲瓦茨拉夫一世共同执政。于是，父子之间爆发了战争。在神圣罗马帝国诸侯的帮助下，瓦茨拉夫一世才平定了叛乱。然而，1251年，普热米斯尔·奥托卡二世受奥地利大公国各地邀请成为奥地利大公。尽管遭到匈牙利国王贝拉四世的反对（贝拉四世认为施蒂里亚的所有权存在争议），普热米斯尔·奥托卡二世仍保留大部分新获得的施蒂里亚领地。1253年，瓦茨拉夫一世驾崩，在当时领地存在争议的动乱局势中并未给儿子提供丝毫帮助。然而，正是在普热米斯尔·奥托卡二世的统治下，波希米亚王国才有了国徽，至今仍在使用。国徽上是一头在一片红色区域上栖息的银色双尾冠冕狮。

登上波希米亚王位后，普热米斯尔·奥托卡二世成了欧洲强大的君主。波希米亚、摩拉维亚、上卢萨蒂亚、上奥地利和下奥地利都在其统治下统一。这位新国王的性情足以使其胜任波希米亚国王。普热米斯尔·奥托卡二世拿起武器反抗父亲瓦茨拉夫一世显然是错误的，但瓦茨拉夫一世的行为和波希米亚王国的利益证明普热米斯尔·奥托卡二世的反叛是正义的。普热米斯尔·奥托卡二世兢兢业业，英勇善战，是一位英明的统治者和有能力的领导者。民族历史学家指责他像父亲瓦茨拉夫一世和叔叔弗拉迪斯拉夫三世一样，过分倡导外国礼仪和习俗，因此，大大增加了德意志人在波希米亚的影响力。诗体编年史《达利米尔编年史》呼吁道："想到一个如此高贵的国王竟然不忠于自己的母语，这是多么可悲啊！否则，他将获得何等的荣耀，何等的财富！他本可以摧毁所有的敌人。"普热米斯尔·奥托卡二世最在乎的是波希米亚的领地问题。由于父亲瓦茨拉夫一世的疏忽和内战，这片领地已经一贫如洗、四分五裂。普热米斯尔·奥托卡二世强迫所有被非法占有的庄园归己所有，并在庄园上建造堡垒，把这些堡垒交到管理城镇的官员手中。这些官员的职责是维护社会治安并阻止贵族起义。普热米斯尔·奥托卡二世在波希米亚和摩拉维亚增加了德意志居民区数量，并建立了一些城镇。这些城镇直接向国王纳税，并且享有自治权，只受波希米亚王国控制。

在普热米斯尔·奥托卡二世统治期间，多亏了这些举措，波希米亚王国和王室领地的财富都迅速增长。但与此同时，日益增多的外国人和新法律体系的引入为以后的众多纠纷埋下种子。没有哪位君主在国内外形势良好的情况下登上王位。神圣罗马帝国皇帝腓特烈二世在意大利驾崩后，帝国漫长的大空位时期就开始了。在此期间，选帝侯把王位让给最合适的人选。普热米斯尔·奥托卡二世与那些具有强大权力的邻居要么是亲戚要么是朋友。普热米斯尔·奥托卡二世只在巴伐利亚有对手。这些人忌妒他拥有上奥地利。而获得克拉科夫和加利西亚公爵支持的匈牙利王国国王是普热米斯尔·奥托卡二世唯一担忧的邻居。教皇因诺森特四世支持普热米斯尔·奥托卡二世。在普热米斯尔·奥托

教皇因诺森特四世

卡二世执政初期，教皇因诺森特四世邀请他向波罗的海沿岸的"异教徒"普鲁士人发动一次十字军东征运动，因为德意志骑士还未能征服这群人。这次行动几乎完全符合波希米亚王国的利益，因为波希米亚伟大的使徒圣沃伊捷赫正是在遥远他乡波罗的海沿岸殉道而亡。在普热米斯尔·奥托卡二世和勃兰登堡与迈森侯爵的指挥下，六万名士兵向北行进，渡过冰冻的河流，进入"异教徒"普鲁士人所在地——波罗的海沿岸。他们焚烧圣树和神像，打败了普鲁士人，并让许多普鲁士人接受了洗礼。普热米斯尔·奥托卡二世在被征服的土地上建立了柯尼斯堡。就这样，波希米亚的一位国王不知凭着哪股好运在"异教徒"的土地上建立了这座城镇。后来，德意志普鲁士的君主都在此加冕。

这些功绩让普热米斯尔·奥托卡二世在欧洲名声大噪。1256年，科洛涅大主教来到布拉格为普热米斯尔·奥托卡二世献上神圣罗马帝国皇冠。但普热米斯尔·奥托卡二世拒绝了。于是,选帝侯便把皇冠授予康沃尔的理查——英格兰国王亨利三世的弟弟。他权力很小,甚至在神圣罗马帝国连一寸土地都没有。普热米斯尔·奥托卡二世对邻国事务不感兴趣。但不久,我们发现他干涉了萨尔茨堡大主教的事。萨尔茨堡大主教是普热米斯尔·奥托卡二世的亲戚。当时,巴伐利亚诸侯希望剥夺萨尔茨堡大主教的教职,但普热米斯尔·奥托卡二世支持萨尔茨堡大主教。这种干涉使波希米亚王国与匈牙利王国之间发生了冲突。施蒂里亚公国便趁此脱离了匈牙利王国,普热米斯尔·奥托卡二世则向格拉茨派了一名代理官员。波希米亚王国和匈牙利王国之间的斗争逐渐激烈。我们发现,贝拉四世和盟友着手部署了一支十四万人的军队。当时,这支军队的规模算是庞大的。普热米斯尔·奥托卡二世则在勃兰登堡和迈森侯爵及西里西亚和卡尼奥拉各诸侯的帮助下进攻贝拉四世及其盟友。

匈牙利军队与波希米亚军队在奥地利平原的摩拉瓦河两岸,即靠近摩拉瓦河与多瑙河交界处的马希相遇。两支军队都不敢越过摩拉瓦河发起进攻。根据当时的骑士规则,普热米斯尔·奥托卡二世派一名使者到匈牙利王国国王那边提出要求,要么是匈牙利军队过河,要么是允许波希米亚军队过河,以便采取适当形式开始作战。贝拉四世选择让自己的军队过河。普热米斯尔·奥托卡二世就让波希米亚军队往后撤,以给贝拉四世的军队留出一片空地。战争发生在克雷桑布鲁恩村附近。全副武装的波希米亚骑兵击退了匈牙利人的猛烈进攻,库曼人逃跑了,匈牙利王国王位继承人伊什特万也受了重伤。很快,匈牙利军队全线崩溃。据说,有一万八千名士兵被杀,有一万四千名士兵被淹死在摩拉瓦河。波希米亚人一路追击匈牙利人直至普雷斯堡。贝拉四世请求和平,放弃了对施蒂里亚公国的所有权。不久,康沃尔的理查就把这个奥地利省授予普热米斯尔·奥托卡二世。

战争的胜利使普热米斯尔·奥托卡二世声名鹊起。蒙古人称普热米斯尔·奥托卡二世为"铁王",因为他率领重甲骑兵发动了战争;基督教诸侯称普热米斯尔·奥托卡二世为"金王",因为他的宫廷富丽堂皇。然而,这位强大的

教皇亚历山大四世

君主并没有继承人。因此,获得教皇亚历山大四世许可后,普热米斯尔·奥托卡二世与妻子奥地利的玛格丽特离婚。奥地利的玛格丽特是巴本堡家族最后一名成员。普热米斯尔·奥托卡二世与她结婚完全是为了实现自己的野心。现在,他又与加利奇的库妮贡达牵手。加利奇的库妮贡达是基辅大公罗斯季斯拉夫·米哈伊洛维奇①的女儿,在蒙古人进攻基辅时曾在匈牙利避难。加利奇的库妮贡达是贝拉四世的外孙女。普热米斯尔·奥托卡二世与加利奇的库妮贡达的婚姻加强了匈牙利王国和波希米亚王国的联盟。一场盛大的庆祝活动在两军最近交战的摩拉瓦平原举行。

---

① 罗斯季斯拉夫·米哈伊洛维奇(1227—1262),基辅大公,与贝拉四世的女儿匈牙利的安娜结婚。——译者注

不久，萨尔茨堡大主教成功远征巴伐利亚，使波希米亚获得了一些新的领土，其中包括埃格尔，即阿尔布雷希特·冯·瓦伦斯坦[①]后来被暗杀的地方。

现在，普热米斯尔·奥托卡二世比任何德意志诸侯都强大，并且发现自己能对这些诸侯发号施令，于是下定决心将波希米亚王国从美因茨大主教的精神枷锁中解放出来，并在奥洛穆茨创建一个大主教区。然而，他未能实现自己的梦想。1269年，卡林西亚兼卡尼奥拉公爵乌尔里希三世去世，由于没有子嗣，便将卡尼奥拉留给了波希米亚王国国王。然而，1269年，普热米斯尔·奥托卡二世不顾阿奎莱亚族长菲利普和匈牙利王国国王伊什特万五世的反对占领了这些土地。当时，波希米亚王国从克尔科诺谢山[②]一直延伸到亚得里亚海。波希米亚王国和匈牙利王国之间再次爆发战争。战争期间，匈牙利人洗劫了奥地利，并囚禁了一万六千名奥地利人。普热米斯尔·奥托卡二世则入侵匈牙利并占领了普雷斯堡和尼特拉，然后渡过多瑙河，在莱塔河河岸对抗匈牙利人。然而，由于军粮供给不足并遭到巴伐利亚兼萨克森公爵亨利三世的突然袭击，普热米斯尔·奥托卡二世不得不停战讲和。1271年，科洛涅大主教以几位德意志诸侯的名义为普热米斯尔·奥托卡二世加冕，而后者再次谨慎地拒绝了加冕。在普热米斯尔·奥托卡二世看来，波希米亚王国王冠尽管看起来没那么辉煌，但比神圣罗马帝国的皇冠稳固得多。

然而，对波希米亚王国及其国王来说，普热米斯尔·奥托卡二世拒绝加冕为神圣罗马帝国皇帝是一个致命的错误，因为接替普热米斯尔·奥托卡二世成为神圣罗马帝国皇帝的鲁道夫一世很快就发现，只要存在波希米亚王国国王这样强大的对手，就不可能有尊严地维持自己的地位。因此，未经普热米斯尔·奥托卡二世同意，神圣罗马帝国皇帝鲁道夫一世就召开了选举会议，无视

[①] 阿尔布雷希特·冯·瓦伦斯坦（1583—1634），波希米亚杰出军事家，三十年战争中的重要人物，曾带领神圣罗马帝国哈布斯堡王朝军队与反哈布斯堡联盟作战。——译者注
[②] 克尔科诺谢山，是一座位于捷克共和国北部、波兰南部的山脉，属于苏台德山脉。其正脊为捷克和波兰的边境。——译者注

鲁道夫一世被选为神圣罗马帝国皇帝

前者作为选帝侯的权力。普热米斯尔·奥托卡二世一听到神圣罗马帝国新皇帝登基的消息就急忙与匈牙利王国缔结了一项和约。然而，由于岳父贝拉四世被暗杀，他再次拿起武器对付匈牙利王国。普热米斯尔·奥托卡二世抗议将鲁道夫一世选为神圣罗马帝国皇帝，并向教皇格列高利十世提出上诉。但在1274年，教皇格列高利十世承认了新皇帝。鲁道夫一世准备与普热米斯尔·奥托卡二世展开斗争，同时，借助法律与军队。在一次纽伦堡举行的帝国议会上，鲁道夫一世说服各位诸侯，决定自腓特烈二世被逐出教会以来，神圣罗马帝国所有荒废的封地都应归罗马国王所有，并且在一年零一天之内未被授予封地的诸侯都应放弃自己的封地。这是为了向普热米斯尔·奥托卡二世索要他从卡林西亚（奥地利的卡林西亚州）和巴本堡家族继承的一切。巴拉丁伯爵路德维希将普热米斯尔·奥托卡二世传讯到神圣罗马帝国法庭，理由是他未在约定时间纳贡。此外，鲁道夫一世鼓动奥地利、卡林西亚和施蒂里亚的普热米斯尔·奥托卡二世的臣民反抗他，并邀请萨尔茨堡大主教和帕绍主教协助这些反叛者。与此同时，鲁道夫一世与波希米亚的一些贵族达成秘密共识。这些贵族因普热米斯尔·奥托卡二世曾剥夺自己对非法获得的土地的所有权而无法原谅他。鲁道夫一世又与纽伦堡官员弗雷德里克、蒂罗尔伯爵门哈特和巴拉丁伯爵路德维希结盟。普热米斯尔·奥托卡二世的对手齐聚在鲁道夫一世身边；但普热米斯尔·奥托卡二世相信自己有能力对抗这群人。普热米斯尔·奥托卡二世镇压了奥地利和施蒂里亚的叛乱，甚至入侵了萨尔茨堡教会的领地。

1275年5月15日，普热米斯尔·奥托卡二世被处以帝国禁令。如果他不投降，那么他拥有的所有领地会在一年内被没收，其职务也将被撤销。一年期满时，一支德意志军队在纽伦堡集结，入侵波希米亚，而蒂罗尔伯爵门哈特则准备进攻卡林西亚和施蒂里亚。起初，巴伐利亚公爵路德维希站在普热米斯尔·奥托卡二世一边，后来弃之而去。那些被鲁道夫一世争取过来的匈牙利人也答应进军奥地利和摩拉维亚。这些盟友的努力终于换来了成功。卡林西亚和施蒂里亚落入了蒂罗尔伯爵门哈特之手，而鲁道夫一世则突然入侵奥地利，占领了维也纳。维也纳这座曾被献给普热米斯尔·奥托卡二世的城镇，还未等鲁道夫一世威胁要毁掉城里所有的藤蔓，就缴械投降了。

普热米斯尔·奥托卡二世在巴伐利亚边境集结军队时，遭遇突然袭击，被迫向奥地利进军。但在这个关键时刻，波希米亚王国最强大的家族之一维特科维奇家族的领袖法尔肯施泰因的扎维沙弃普热米斯尔·奥托卡二世大业于不顾，开始蹂躏王室领地。要同时抵挡这么多对手似乎是不可能的。普热米斯尔·奥托卡二世的军队已减少到两万人，而对手的兵力则要多得多。因此，普热米斯尔·奥托卡二世最后不得不妥协。为了换取和平，就不得不把一些领土，即卡林西亚、卡尼奥拉、奥地利①和施蒂里亚及埃格尔的领土献给鲁道夫一世。这些领土与匈牙利王国和波希米亚王国很快就形成了奥地利帝国广阔领土的一部分。普热米斯尔·奥托卡二世唯一的儿子瓦茨拉夫②与鲁道夫一世的女儿哈布斯堡的尤迪特联姻，而鲁道夫一世的儿子哈特曼③也会与普热米斯尔·奥托卡二世的女儿波希米亚的阿格内斯结成连理。就这样，在这种婚姻政策下诞生了第一批哈布斯堡家族成员，而正是这一婚姻政策奠定了哈布斯堡王朝未来的命运。普热米斯尔·奥托卡二世对自己遭受的蹂躏和羞辱很不满，便为继承人瓦茨拉夫二世确保了王冠，避免有朝一日普热米斯尔王朝会走向灭亡。鲁道夫一世将下奥地利和四万金币送给女儿做嫁妆，也给普热米斯尔·奥托卡二世的女儿相同数目的金币。匈牙利王国国王为该联姻政策的第三方，波希米亚王国被迫归还了曾经从匈牙利夺走的土地。

根据鲁道夫一世和普热米斯尔·奥托卡二世之间达成条约的相关条款，普热米斯尔·奥托卡二世承认鲁道夫一世为神圣罗马帝国皇帝，并接受鲁道夫一世将波希米亚王国和摩拉维亚伯爵领主授予自己。按普热米斯尔·奥托卡二世的理解，这一授权条款既不会干涉波希米亚王国的独立，也不会干涉波希米亚王国的内政。然而，鲁道夫一世坚持认为波希米亚王国是神圣罗马帝国不可分割的一部分，并称有权干涉普热米斯尔·奥托卡二世与弃其大业于不顾的波希米亚贵族之间的冲突。总之，鲁道夫一世打算让波希米亚王国完全成为神圣罗马帝国的附属国。普热米斯尔·奥托卡二世对此提出抗议。他们就此进行了长期谈判，但未获得任何结果。这两个竞争对手的关系无法调和，结果必

---

① 亦称"远奥地利"，是指奥地利哈布斯堡王朝自士瓦本公国获得的领土，在蒂罗尔和巴伐利亚以西。——译者注
② 即后文的波希米亚国王瓦茨拉夫二世。——译者注
③ 即后文的奥地利大公鲁道夫二世。——译者注

然是其中一个被迫屈服于另一个。除西里西亚各诸侯之外,普热米斯尔·奥托卡二世没有其他盟友,只有一支三万人的小规模军队可以与鲁道夫一世抗衡。不过,普热米斯尔·奥托卡二世还是发动了一场新战役。1278年夏,普热米斯尔·奥托卡二世经摩拉维亚进入下奥地利,抵达靠近气势恢宏的战场克雷桑布鲁恩的马尔谢格河东岸。将战争总部设在维也纳后,鲁道夫一世前去迎战,很快就迫使普热米斯尔·奥托卡二世撤退。1278年8月26日爆发了一场战役①,这是中世纪可怕的战役之一,从战役结果来看,也是中世纪重要的战役。

鲁道夫一世巩固了自己与匈牙利王国国王的联盟。战役开始时,库曼骑兵骑着飞驰的战马猛烈进攻波希米亚军队的侧翼。鲁道夫一世和普热米斯尔·奥

1278年8月26日进行的战役

---

① 1278年8月26日,普热米斯尔·奥托卡二世在摩拉维亚与鲁道夫一世发生决战(杜恩克鲁特战役),普热米斯尔·奥托卡二世在战斗中阵亡。他的领地除波希米亚本土外几乎全部落入哈布斯堡家族手中。——译者注

普热米斯尔·奥托卡二世被杀害

托卡二世也都多次投身这场战役。这一天战局多变，有一段时间甚至让人产生疑惑。正在前进的波希米亚军队的后卫军突然就仓皇而逃，战役也随之结束。普热米斯尔·奥托卡二世冲进鲁道夫一世的军队，缴械投降，甘为俘虏，但被两名奥地利骑兵杀害了。他身上的盔甲被卸掉，脸上挂着受尽耻辱的愤怒。鲁道夫一世来得太迟了，没能挽救他的性命，只得把他的遗骸带到维也纳，并为他穿上王室的紫色衣服，暴尸二十四天。罗马教廷——鲁道夫一世的众多盟友之一——曾将这位波希米亚王国国王处以禁令，因此，拒绝为死去的普热米斯尔·奥托卡二世进行基督教式的葬礼。但波希米亚王国无视此项禁令，教会和整个国家都在哀悼普热米斯尔·奥托卡二世。普热米斯尔·奥托卡二世尽管犯了错，但为波希米亚王国赢得过众多荣耀。神圣罗马帝国甚至也有人为普热米斯尔·奥托卡二世感到惋惜。"美德和荣誉，"海姆堡的亨利说，"为波希米亚王国国王而哭泣；他的双手是自由的；他是基督教对抗'异教徒'的堡垒；他是勇敢的狮子，善良的鹰。"

普热米斯尔·奥托卡二世战死后，鲁道夫一世并没有停止战争，而是带领胜利大军进入摩拉维亚。居住在这里的大多是德意志移民，他们非常欢迎鲁道夫一世的到来。然而，鲁道夫一世让摩拉维亚遭受了可怕的蹂躏，并将整个摩拉维亚当成征服之地和神圣罗马帝国的封地。鲁道夫一世赋予摩拉维亚一些城镇重要特权，并使布尔诺成了神圣罗马帝国的自由市之一。波希米亚贵族投降了，普热米斯尔·奥托卡二世的遗孀加利奇的库妮贡达和儿子瓦茨拉夫则任由鲁道夫一世摆布。波希米亚到处一片狼藉。那些不忠于普热米斯尔·奥托卡二世被驱逐出波希米亚王国的贵族都回来了，准备把王冠献给鲁道夫一世，而那些希望维护波希米亚王国独立的爱国者则做好了保卫国家的准备。普热米斯尔·奥托卡二世的继承人，年幼的瓦茨拉夫当时只有七岁。两位公爵——布雷斯劳的亨利四世和勃兰登堡侯爵奥托四世都渴望成为瓦茨拉夫的守护者。勃兰登堡侯爵奥托四世是已故普热米斯尔·奥托卡二世的远房外甥[①]，能够提供一些部队来保卫波希米亚。此时，鲁道夫一世已入侵波希米亚，但他觉得自己还不够强大，无法完成对波希米亚的征服。因此，鲁道夫一世决定与波希米亚王国缔结一项条约，以使自己可以在将来自由行动。于是，鲁道夫一世与勃兰登堡侯爵奥托四世达成了一项条约。根据该条约，鲁道夫一世可以对摩拉维亚享有五年执政权。在此期间，波希米亚王国政权掌控在勃兰登堡侯爵

---

① 勃兰登堡侯爵奥托四世的叔叔勃兰登堡侯爵奥托三世娶了普热米斯尔·奥托卡二世的妹妹波希米亚的比阿特丽斯。——译者注

奥托四世手中。哈布斯堡王朝和普热米斯尔王朝之间原有的婚姻协议继续有效。据此，瓦茨拉夫应与鲁道夫一世的女儿哈布斯堡的尤迪特联姻，鲁道夫一世的儿子，即奥地利大公鲁道夫二世应与普热米斯尔·奥托卡二世的女儿波希米亚的阿格内斯结为伉俪。这些为了父亲的野心而做出牺牲的孩子中，年龄最大的还不到十岁。但鲁道夫一世并不满足于一个简单的承诺。他坚持认为，这些联姻应得到罗马教廷的认可。这两个联姻婚礼在摩拉维亚的伊格劳镇同时举行。婚礼结束后，孩子们回到各自父母的怀抱，以便去完成他们还未开始的教育。波希米亚王国王后哈布斯堡的尤迪特和新摄政者勃兰登堡侯爵奥托四世在布拉格建立了政权。在把摩拉维亚临时政权托付给奥洛穆茨主教后，鲁道夫一世回到了奥地利。奥洛穆茨主教之前是普热米斯尔·奥托卡二世的忠实追随者之一，现在则成了协助其战胜对手的忠实支持者。

奥地利大公鲁道夫二世迎娶波希米亚的阿格内斯

勃兰登堡侯爵奥托四世并非出于自我牺牲精神才承担对小表弟的监护责任。勃兰登堡侯爵奥托四世刚在布拉格安顿下来，就开始加紧掠夺这个由他进行统治的国家。最后，波希米亚贵族厌烦了勃兰登堡侯爵奥托四世的傲慢，再加上愤慨于他对国王继承人的羞辱，就迫使他离开波希米亚。但勃兰登堡侯爵奥托四世带走了年幼的瓦茨拉夫，把政权交给了勃兰登堡主教埃伯哈特。埃伯哈特借在波希米亚定居的德意志人及来自萨克森的投机分子的力量镇压了起义，并准备占领波希米亚。波希米亚成了各种激战的战场。在这些激战中，德意志人的再次入侵彻底唤起了波希米亚贵族早已逝去的民族情怀。最后，鲁道夫一世进行了干预。1280年9月，鲁道夫一世来到波希米亚，与波希米亚王国达成休战协议。依照此协议，贵族和城镇代表同意维持勃兰登堡侯爵奥托四世的摄政权，但条件是勃兰登堡侯爵奥托四世不在波希米亚时不能把政权交到外国人手中，并且要把所有外来军队派到勃兰登堡；要不惜一切代价迫使还未在波希米亚定居的德意志人在三天内离开这里；并且波希米亚只要支付一万五千马克金币，勃兰登堡侯爵奥托四世就应把瓦茨拉夫带回布拉格。然而，尽管有了这份协议，勃兰登堡侯爵奥托四世还是继续控制瓦茨拉夫。这种控制长达三年之久，勃兰登堡侯爵奥托四世最终同意将瓦茨拉夫交给他的子民，但条件是波希米亚王国须再支付两万马克金币作为赎金，或者如果波希米亚王国不能提供赎金，就要交出波希米亚王国中最重要的几个城镇。

最后，1283年，在拖延了五年后，瓦茨拉夫终于归来，登上了王座，称为瓦茨拉夫二世。鲁道夫一世忠于约定，把摩拉维亚交给了瓦茨拉夫二世。后来，勃兰登堡侯爵奥托四世企图向波希米亚王国敲诈两万马克金币，鲁道夫一世又对此进行干预。波希米亚人迫不及待地期待新君主，对他们来说，新君主象征着民族精神的重新觉醒和新王国的生机。但瓦茨拉夫二世太年幼了，无法单独执政，其母亲加利奇的库妮贡达便和他一起来到布拉格。在摩拉维亚流亡期间，加利奇的库妮贡达嫁给了波希米亚贵族法尔肯施泰因的扎维沙。法尔肯施泰因的扎维沙是一位优雅的骑士，也是一位才华横溢的诗人。法尔肯施泰因的扎维沙凭借满腹才华赢得了王室遗孀加利奇的库妮贡达的爱,也对瓦茨拉夫二世产生了巨大影响。即便在加利奇的库妮贡达死后,这种影响仍在持续,能够让瓦茨拉夫二世不惜以牺牲国家利益为代价来实现自己的目的。法尔肯施泰因的扎维沙还鼓励瓦茨拉夫二世去追求快乐。当年幼的哈布斯堡的尤迪特被送到布拉格时,鲁道夫一世坚持要将法尔肯施泰因的扎维沙驱逐出波希米亚宫廷。因此,法尔肯施泰因的扎维沙不得不回到自己在波希米亚和摩拉维亚的领地。法尔肯施泰因的扎维沙实力强大而雄心勃勃,他娶了匈牙利王国国王拉斯洛四世的妹妹匈牙利的伊丽莎白,却也因此被指控试图让自己的领

瓦茨拉夫二世

地变成独立公国。拥有法尔肯施泰因的扎维沙这样的臣民简直太可怕了。瓦茨拉夫二世不得不为此担忧。瓦茨拉夫二世邀请法尔肯施泰因的扎维沙来布拉格访问,却把他关进监狱。在被囚禁期间,法尔肯施泰因的扎维沙用捷克语创作诗歌以自娱自乐。这些诗歌流行了很长一段时间,但后来全部失传了。为了拯救法尔肯施泰因的扎维沙,法尔肯施泰因的扎维沙的朋友发动了起义,匈牙利王国国王拉斯洛四世也派兵支援。叛军坚守了一段时间。是时候逐一围攻叛军坚守的城堡了。鲁道夫一世向瓦茨拉夫二世提出了一条更具有政治色彩而非宗教性质的建议,建议瓦茨拉夫二世让法尔肯施泰因的扎维沙参加所有远征,并传唤每个掌管城镇的官员前来投降,然后告诉法尔肯施泰因的扎维沙,如果这些官员拒绝投降,他就要被砍头。一些官员很快就有了响应,其中几个随之投降。最后,鲁道夫一世来到了离布德韦斯①不远的赫卢博卡城堡前。该城堡由法尔肯施泰因的扎维沙的弟弟维特克驻守。可怕的投降传唤之令已下达,但维特克不相信这种威胁,也不愿屈服。于是,在城堡下沟渠前,哥哥法尔肯施泰因的扎维沙的头就被砍掉了。法尔肯施泰因的扎维沙悲剧性的结局、卓越的才华和诗歌天赋为他赢得了很高的声望,并随着20世纪人们对民族文学的再次关注而被唤起。在处决法尔肯施泰因的扎维沙时,瓦茨拉夫二世只有十九岁。这种残酷行为吓坏了叛乱者。此后,王室权威在波希米亚得到认可。年轻的国王瓦茨拉夫二世增加了波希米亚的收入,并下令大规模开采波希米亚的银矿。当时,波希米亚盛产银矿,尤其是库特纳霍拉,有"矿藏之山"之称。瓦茨拉夫二世的宫廷奢华,使布拉格这座城镇显得更加富有,成为外国人最喜欢生活的城镇,也成了当时波希米亚王国几所著名学府所在地。与此同时,一系列有利事件使瓦茨拉夫二世获得了波兰的王冠,成为基督教世界强大的君主之一。

过去的一段时间里,创建封地的做法大大削弱了波兰。波兰几乎被皮亚斯特王朝的所有诸侯平分了。统治小波兰并将政权所在地设为克拉科夫的人

---

① 布德韦斯,捷克布杰约维采的旧称。——译者注

是个领主。但领主的权力几乎只是名义上的,因为人们几乎不认可长子继承法。马佐夫舍、西里西亚和大波兰都想占有小波兰领主的领土。即便是那些小公国也开始四分五裂,听说仅在西里西亚就有至少十位诸侯。成立于克拉科夫的一个党派提出要把小波兰交给波希米亚王国国王。瓦茨拉夫二世接受了这一邀请,前往克拉科夫,并占领了这座城镇和桑多梅日公爵领地。

然而,波兰的麻烦还在继续。几年后,大波兰的贵族也把各自的领地交给了瓦茨拉夫二世。瓦茨拉夫二世在格涅兹诺加冕,并迫使马佐夫舍各诸侯承认其宗藩权,这样就把皮亚斯特王朝与普热米斯尔王朝联合起来。事实证明,对波希米亚王国和波兰王国来说,这一联合可能非常有利。然而,这一联合持续时间很短,瓦茨拉夫二世驾崩后就没能维持下去。对斯拉夫民族来说,了解各民族共同起源赋予他们的责任及是否有必要对德意志人采取共同行动的时刻还没有到来。不久前,普热米斯尔·奥托卡二世还请波兰人帮自己对抗德意志人那颗永无止境的野心,但结果并不理想。接下来的几年,波希米亚王国和波兰王国的两个王冠将再次结合,并赋予同一个君主,但这两个国家无法永久地维持这一状态。

1301年,阿尔帕德家族已经灭绝。匈牙利王冠也抛向瓦茨拉夫二世,但他不敢接受匈牙利王冠,因为教皇卜尼法斯八世已经选定安茹的查理·罗贝尔。瓦茨拉夫二世只能诱使匈牙利人为儿子瓦茨拉夫①加冕,但教皇卜尼法斯八世和奥地利大公阿尔布雷希特一世拒绝承认这次加冕。奥地利大公阿尔布雷希特一世要求瓦茨拉夫二世放弃匈牙利王位,割让迈森和埃格尔,并支付给神圣罗马帝国皇帝库特纳霍拉矿场应缴纳的什一税欠款。为了强行实施这些主张要求,奥地利大公阿尔布雷希特一世入侵了波希米亚,但没有成功。于是,瓦茨拉夫二世准备入侵奥地利,但在入侵前驾崩了。

瓦茨拉夫二世的继任者瓦茨拉夫三世与奥地利大公阿尔布雷希特一世缔

---

① 即后文的瓦茨拉夫三世。——译者注

奥地利大公阿尔布雷希特一世

结了一项和约，交出了迈森和埃格尔。奥地利大公阿尔布雷希特一世也同意不干涉波希米亚、匈牙利和波兰之间的关系。此外，新统治者瓦茨拉夫三世是一位轻浮、放荡的君主，丝毫不在意自己的特权。瓦茨拉夫三世尽管在波兰问题上没有退缩并且还试图重申自己的权利，但依然放弃了对匈牙利和波兰的主权。然而，就在去波兰的途中，瓦茨拉夫三世在奥洛穆茨遭到背叛，被暗杀了。瓦茨拉夫三世没有留下子嗣。1306年，从"大空位时期"起就统治波希米亚的普热米斯尔王朝与瓦茨拉夫三世一同陨落了。正如我们看到的，匈牙利的阿尔帕德家族于1301年灭亡。这一巧合有些奇怪。

最后一位普热米斯尔王朝的成员瓦茨拉夫三世的死亡标志着波希米亚历史上的重要时期。到这时,尽管波希米亚经常会出现无政府状态,但它还是承认了普热米斯尔王朝的世袭王权。然而,在瓦茨拉夫三世没有留下继承人就驾崩后,我们很难去注意波希米亚是由哪个王国的国王进行统治的。定居在波希米亚的外国人的人数大增,势力也逐渐扩大。在探讨下一个新时期前,简要回顾一下波希米亚与德意志的关系、波希米亚的内部情况及其文明发展状况将非常有意义。

对非德意志国家来说,德意志周边一直都潜藏危机。对此,波希米亚王国比大多数国家更有体会。自从查理曼大帝在教皇利奥三世帮助下重建"罗马帝国",他就把自己视为基督教世界的世俗领袖。他不想征服的土地所拥有的特权被直接认为是帝国慷慨赠予的产物。有时,通过进贡来赎买特权也是必要的。因此,根据艾因哈德[①]的一些难以让人信服的证据,波希米亚要向查理曼大帝进贡。817年的一份文件表明,"虔诚者路易"既代表波希米亚,又代表阿瓦尔人的国家及巴伐利亚以西的斯拉夫人的国家,因为这些国家是神圣罗马帝国的一部分。到了9世纪末,正如我们看到的,波希米亚向神圣罗马帝国皇帝献上了一百二十头牛和五百马克金币的贡品。895年,斯皮季赫涅夫一世和弗拉迪斯拉夫一世两位君主厌倦了斯瓦托普卢克的统治,为了国家利益向神圣罗马帝国皇帝进贡。928年,瓦茨拉夫一世再次签订条约,向神圣罗马帝国皇帝进献公牛和金币。

1081年,这种进贡变成了一项约定,波希米亚需提供三百名骑士陪同神圣罗马帝国皇帝前往罗马举行加冕典礼。另外,我们并没有听说波希米亚的国王在每一位神圣罗马帝国皇帝登基时都要进贡或进行授职仪式。进贡只不过是证明他们之间存在一项国际契约而已。属国并不向神圣罗马帝国皇帝进贡。

---

① 艾因哈德(775—840),法兰克王国史学家,"卡洛林文艺复兴"的代表人物之一,是查理曼大帝及虔诚者路易的侍从秘书。——译者注

"童子路易"①和"捕鸟者亨利"向匈牙利王国进贡,但他们不是匈牙利王国的诸侯;波兰曾向波希米亚王国进贡,但波兰王国不是波希米亚王国的属国。神圣罗马帝国皇帝从来没有对波希米亚行使过任何宗主权,从不征兵,也不行使司法权力,也不按自己与罗马教廷签订的条约来约束波希米亚。神圣罗马帝国皇帝对波希米亚各诸侯之间争端的干涉与波希米亚王国对波兰王国和匈牙利王国事务的干涉性质完全相同。1126年,神圣罗马帝国皇帝洛泰尔三世试图给波希米亚王国指派一名公爵,但没有成功。12世纪初,神圣罗马帝国皇帝的付出有了回报,一位波希米亚君主获得了"酒政"的荣誉称号。后来,普热米斯尔·奥托卡一世和瓦次拉夫一世参加了神圣罗马帝国皇帝选举。但这种选帝侯的头衔纯粹是针对个人的,并不需要波希米亚王国履行什么义务。随着时间的推移,神圣罗马帝国皇帝利用波希米亚各诸侯之间的对抗和争吵,不止一次地试图占有波希米亚部分地区,如布拉格的主教区和摩拉维亚的侯爵领地。但遭遇每一次占领后,波希米亚王国很快就恢复统一。一旦教皇批准可以采用神圣罗马帝国的头衔,波希米亚国王和神圣罗马帝国皇帝之间基于神圣罗马帝国的任何特殊授权都必然会消失。鲁道夫一世当选后,要求普热米斯尔·奥托卡二世替波希米亚和摩拉维亚向神圣罗马帝国进贡。我们已经看到了这一要求引发的战争。奥地利大公阿尔布雷希特一世在与瓦茨拉夫二世签订的条约中放弃了这一要求。但我们很快就看到,这一要求是如何在最后一位普热米斯尔家族成员驾崩后的无政府状态中再次恢复的。因此,神圣罗马帝国从未有过任何明确的要求。每位君主的权力和主张各不相同。历史只能陈述事实,并不能制定任何明确的规则。

在王位世袭制产生前,波希米亚的王位是由选举产生的,君主会得到某个议会的帮助。议会最初由部落首领、族长和自由市代表组成。不久,早期的普热米斯尔家族成员召集了议会。议会上,我们看到王室家族的代表、高级神

---

① "童子路易"(893—911),被称作路德维希四世。东法兰克国王兼罗马帝国皇帝阿努尔夫之子。——译者注

职人员、由君主选择的十二位法官及贵族代表。议会的权力主要是司法权和审议权,但有选举君主的权力。君主只能从统治家族中选出。议会征召国家民兵,并在特殊情况下进行征税。布拉格主教也由议会选出。但议会的权力从没有得到明确的界定,并且诸侯的统治通常不需要议会相助。从12世纪末开始,议会的权力越来越大。我们经常会发现,这些议会不允许君主征军和征收特别税。议会也是最高法院。关于处理君主和议会关系的文件中,最早的可靠性文件标注日期为1310年。贵族最初是由部落首领组成,后来又由各君主挑选的官员组成,但整个贵族秩序逐渐被德意志盛行的封建领主观念改变。

  12世纪,波希米亚王国的领土一再延伸至波希米亚和摩拉维亚现有的疆界之外。由于大部分边远地区都被不属于波希米亚民族的人占领。因此,这些边远地区很快就失守了。如果说波希米亚人是一个强大而团结的民族,其民族生活在由波希米亚和摩拉维亚山脉组成的四边形区域内,那么这些边远地区的损失将不算什么。然而,情况并非如此。波希米亚人不仅受外来民族的削弱,其民族内部也不断被德意志人渗透。从许多方面来看,德意志人的渗透远比在战场上遭受的惨败危险得多。波希米亚不仅必须要与来自外部的敌人做斗争,也要与来自内部的敌人做斗争的时代已经到来。波希米亚人发现波希米亚遭到了遗弃,便只占领了波希米亚的中心地区,而德意志人逐渐占领那些起初无人耕种和居住的山区和边疆地区。波希米亚基督教诸侯只能不情愿地在德意志人中寻找未来的妻子。因此,德意志公主把大量同胞带进了波希米亚宫廷。许多德意志神父和修士在教堂与修道院找到了自己的位置。德意志商人在布拉格的条顿区定居,并最终占领了整个布拉格。从12世纪时起,人们沿波希米亚边境线发现了大批德意志人的城镇和村庄,这里的土地直到20世纪才获得主权。许多由国王、贵族和修道院院长建造的皇家和贵族城镇都被德意志人占领。德意志著名诗人乌尔里希·冯·胡腾[①]、沃尔夫拉姆·冯·埃申巴赫和弗

---

① 乌尔里希·冯·胡腾(1488—1523),德意志骑士、学者、诗人和讽刺作家,后来成为马丁·路德的追随者和一位新教改革者。——译者注

赖堡的亨利都出现在波希米亚宫廷。一些著名将领与德意志人遍布各个领地。库特纳霍拉和德意志的福特矿山也吸引了许多德意志人。

斯拉夫农学家很高兴地把所有贸易和工业都交到了外国人手中：犹太人和德意志人分别在波兰和波希米亚获得了垄断权。一些具有远见卓识的爱国者对德意志人影响力的增长感到震惊。《达莱米尔捷克纪事》大概编撰于14世纪。书中有时会直截了当地表达斯拉夫人看到自己的母语和国家受到威胁时的悲痛和愤慨。莉布丝说："如果一个外国人来统治你们，你们的国家就不会长久。智者是不会请教外人的。外国人必用自己的语言来作恶。他要把你们的产业分给他的子民。你们可别把财产托付给陌生人。哦，波希米亚酋长！哪里只说一种语言，便能在哪里找到荣耀。"然而，在胡斯信徒发起宗教改革和促进民族团结前，这些无名爱国者发出的警告并没有得到任何回应。

波希米亚王国曾被摩拉维亚公国和神圣罗马帝国基督教化，但由于摩拉维亚人的大主教区被毁，波希米亚王国一直被置于雷根斯堡教区的管辖之下，直到布拉格圣公会创立。布拉格圣公会是依附于美因茨大主教区的。当波希米亚变成主教辖区时，教皇马丁五世坚持只使用罗马礼拜仪式。起初，主教通常是由帝国议会和选帝侯共同选出。然而，12世纪中期以后，主教便由全体教士共同选出并由选帝侯批准认可。

尽管有教皇法令，斯拉夫礼拜仪式还是存在一些支持者。然而，拉丁语很快就取代斯拉夫语成了教会语言，这样就为德意志人逐步产生影响力扫清了障碍。大量外国教堂在波希米亚兴盛起来，波希米亚的几所学校也归这些教堂所有。13世纪，最著名的学府是在布拉格城堡内建立的普通学院。普通学院的语法课和逻辑课都由杰出的教师教授。神职人员具有非常大的影响力。14世纪之前，波希米亚人一直忠于天主教。到了14世纪初期，波希米亚出现了一些"异端"。

当时，文学的发展还没取得多少成就，但出现了一些饶有趣味的作品。然而，神父如此珍爱的拉丁语并没有完全阻碍民族文化的发展。11世纪初，布拉格教堂院长科斯莫斯写了一本有关波希米亚的编年史。尽管科斯莫斯采用伪古典风格,但现在看来,该编年史还是非常有价值的。我们在用捷克语写成的编年史中找到了宗教赞美诗、神圣文本、抒情诗和英雄诗。有些描述了波希米亚人的生活,具有巨大的诗学价值。还有一些模仿中世纪的基督教传说或浪漫传奇的作品,如关于圣凯瑟琳[①]、圣多萝西[②]和亚历山大大帝的传说。

同样,艺术没有被忽视。教会关注艺术的发展,并将之服务于宗教。据说,11世纪末,萨扎瓦的斯拉夫修道院院长博泽特是一位聪明的画家和精湛的木石雕刻家。编年史中讲述了布拉格主教是如何忌妒博泽特的才能并强迫他进行苦修的。这种苦修是常人难以承受的。布拉格主教命令博泽特用人体大小的木头雕刻耶稣,并用肩扛到罗马。两种艺术风格,即拜占庭风格和意大利风格可以说是在波希米亚交织相遇的,但罗马教廷的胜利使意大利风格占了上风。12世纪和13世纪,人们建造了大量的教堂,其中包括布拉格的圣维特大教堂。据说,在波希米亚大约有一百五十座罗马风格的教堂。13世纪,哥特式艺术出现,并在14世纪达到精美艺术的顶峰。

我们看到,在最后一个普热米斯尔王朝统治者的统治下,布拉格是如何成为一个辉煌的骑士宫廷的。1297年,瓦茨拉夫二世的加冕典礼是中世纪最辉煌的加冕典礼之一。"这是一个连任何亚述国王或所罗门自己都未曾如此庆祝过的仪式。"一位德意志编年史编纂者说。因此,按当时的记载,大量外来民族蜂拥而至,瓦茨拉夫二世还要为一万九千匹马供给食物。参加加冕典礼的有不下二十八位诸侯,其中包括教会诸侯和世俗诸侯;美因茨和马格德堡大主教、布拉格、奥洛穆茨、克拉科夫、巴塞尔和康士坦茨主教,奥地利大公阿尔布雷希特及随行的七千名骑士,萨克森、勃兰登堡和迈森的公爵也都前来庆贺。布拉格不够大,无法容纳这么多宾客,就在邻近的平原上建了一座用珍贵挂毯

---

① 圣凯瑟琳,基督教的女圣人和殉道者,4世纪早期的著名学者,据说被罗马皇帝马库斯·奥里利厄斯·瓦莱里斯·马克森提处死。——译者注
② 圣多萝西,4世纪的贞女殉道者,在凯撒利亚马萨卡被处决。——译者注

装饰的巨大木质宫殿,具有高级头衔的贵宾均在此受到隆重款待。广场上,处处流淌着佳酿。瓦茨拉夫二世的加冕仪式在圣维特大教堂举行。王冠价值两千马克银币,宝剑和盾牌价值三千马克银币,披肩价值四千马克银币,没人能说得出腰带、戒指和王冠的价值到底是多少。

第8章

奥地利的早期历史——巴本堡王朝

（973年到1246年）

众所周知，奥地利的德语名称是"Oesterreich"，属神圣罗马帝国。奥斯特里茨这个著名的历史名称首次出现在公元966年《奥斯特里茨区通俗命名》①中记载的由神圣罗马帝国皇帝奥托三世签署的一份文件中。阿瓦尔人的国家被摧毁后，这片土地形成了一个行省或称边境省，由两名侯爵（伯爵）统治。这两名侯爵（伯爵）统治的领地包括弗留利和奥地利。弗留利是指德拉瓦河以南的下潘诺尼亚、卡林西亚、伊斯特里亚、达尔马提亚的内陆地区（达尔马提亚海岸已经割让给东罗马帝国皇帝了）和上潘诺尼亚。东罗马帝国包括恩斯东部的特劳恩高（特劳恩高完全处于德意志境内）和格林兹韦蒂亚。这些领地的教会政权由萨尔茨堡主教和阿奎莱亚的主教分而治之。710年，萨尔茨堡主教区由普瓦捷的圣埃默兰②建立。人们认为阿奎莱亚主教区的建立可以追溯至使徒圣马可时代。弗留利的人口主要由德意志人和斯拉夫人组成。除达尔马提亚之外，弗留利的斯拉夫人逐渐丧失了自己的个性，无法从其他居民中被辨认出来。这些民族的早期历史缺乏由统治王朝和民族利益赋予匈牙利王国和波希米亚王国的那种统一。这些民族只是德意志帝国的一部分，没有自己鲜明的生命特色。

---

① 原文为"regione vulgari nomine Osterrichi."。——译者注
② 普瓦捷的圣埃默兰，基督教主教，殉道者。——译者注

行省边界形态各异，甚至分散在各地。876年，随着巴伐利亚的加入，行省面积得以扩大。890年，潘诺尼亚被分给克罗地亚公爵布拉西斯拉夫，作为他帮助抵抗马扎尔人的回报。937年，马扎尔人践踏并兼并行省，把自己的疆界扩展至埃姆斯河。955年，在莱希费尔德战役[①]，或者说奥格斯堡战役后，匈牙利人入侵神圣罗马帝国和意大利王国，行省被重组并被授予巴伐利亚公爵亨利二世的姐夫布克哈德骑士领主。973年，巴本堡的利奥波德一世继承了布克哈德骑士领主并开创了巴本堡王朝。在普热米斯尔王朝和阿尔帕德王朝期间，巴本堡王朝统治了奥地利。

诺德高侯爵亨利建造了巴本堡城堡，以纪念妻子巴巴。巴巴是"捕鸟者亨利"的妹妹，巴本堡一族的名字便来源于此。巴本堡再次以班贝格一名出现。班贝格后来是组成巴伐利亚王国的一部分。利奥波德一世这位在编年史中被授予"显赫者"称号的人物已经是多纳古和特劳恩高的伯爵。多纳古有雷根斯堡镇。利奥波德一世的父亲施韦因富特的贝特霍尔德是诺德高伯爵。诺德高位于雷根斯堡北部。在利奥波德一世时代，位于维也纳以北多瑙河畔的梅尔克是从马扎尔人手中夺取的。据说，利奥波德一世就是在这里为十二个教区神父建立了一座修道院。在维尔茨堡，为了给一名失明的骑士复仇，利奥波德一世被原本射向他侄子施韦因富特的亨利[②]的一支箭射中身亡。利奥波德一世的长子亨利一世接受了奥托三世领地的侯爵授职仪式。尽管这算不上一个世袭职位，但这些领地侯爵很快就拥有了世袭权，并留在了巴本堡家族中；行省是神圣罗马帝国非常重要的组成部分。毋庸置疑，为维护家族的特殊利益，神圣罗马帝国皇帝会非常乐意派军队防卫这片荒芜之地。利奥波德一世的其他儿子也得到了很好的关照。恩斯特一世获得了士瓦本公爵领地及在班贝格新建立

---

① 莱希费尔德战役指从955年8月10日至12日三天内的一系列军事交战，以东法兰克王国国王奥托一世对匈牙利霍尔卡布尔斯苏和雷尔酋长、苏尔酋长取得决定性胜利告终。这场战役通常被视为反击匈牙利人对西欧入侵的决定性事件。——译者注
② 施韦因富特的亨利（970—1017），诺德高侯爵（994—1004）。有一种说法是他父亲施韦因富特的贝特霍尔德是利奥波德一世的哥哥。——译者注

巴本堡的利奥波德一世

的珀波主教辖区,之后又获得了的里雅斯特主教区。奥托三世还把多瑙河沿岸的许多世袭领地授予奥地利骑士领主亨利一世。皈依基督教的马扎尔人缓和了作为征服民族的态度,使奥地利骑士领主亨利一世保护神圣罗马帝国的使命变得容易。但奥地利骑士领主阿达尔伯特与马扎尔人进行了艰苦斗争,并在获胜后为自己赢得了"胜利者"的称号。阿达尔伯特把奥地利的行省扩延至莱塔河岸,并在很大程度上帮助神圣罗马帝国皇帝亨利三世对抗匈牙利,为自己和子嗣获得了行省的一些新领地。

在阿达尔伯特的统治下,奥地利的面积几乎翻了一番。他将位于多瑙河边的维也纳和图尔恩之间的梅尔克选为行宫所在地。阿达尔伯特的儿子"勇敢的恩斯特"在温斯特鲁特河与萨克森人的战斗中不幸身亡,再次证明巴本堡家族对神圣罗马帝国皇帝和帝国的忠诚。然而,在采取怎样的授职仪式这一有争议的问题上,奥地利骑士领主利奥波德二世站在教皇格列高利七世一边反对神圣罗马帝国皇帝亨利四世,表明了对家族传统的不忠。利奥波德二世被亨利四世的军队打败,不得不投降,但不久,便继续卢森堡的赫尔曼反对神圣罗马帝国皇帝的大业。亨利四世随即批准将奥地利行省授予波希米亚公爵弗拉季斯拉夫二世,但后者永远无法获得这块土地的所有权。尽管利奥波德二世不忠,但儿子利奥波德三世还是接管了他的行省政权。这位选帝侯承蒙上帝恩典,自豪地标榜自己为奥地利侯爵,并与曾经反抗过父亲利奥波德二世的罗马人民的国王亨利五世结盟。为感谢利奥波德三世提供的宝贵帮助,亨利五世把姐姐魏布林根的阿格内斯嫁给了他。魏布林根的阿格内斯是士瓦本公爵腓特烈一世的遗孀。就这样,这次婚姻使奥地利王室与未来的霍亨斯陶芬王朝联合在一起。魏布林根的阿格内斯育有十八个孩子,其中两个孩子利奥波德和亨利继承父亲利奥波德三世的爵位。这十八个孩子中,有一个是著名的编年史家,即弗赖辛的奥托,也是同名小镇奥托镇的主教。通过联姻,利奥波德三世的女儿们使巴本堡王朝与图林根和蒙费拉的统治家族、波兰的皮亚斯特家族和波希米亚的普热米斯尔家族联合了起来。当萨利安王朝葬送在亨利五世手中时,利奥波德三世与士瓦本公爵腓特烈一世和萨克森的洛泰尔①一起被提议为神圣罗马帝国皇帝皇位的候选人:这证明了奥地利行省及其统治家族具有的重要性。利奥波德三世退位后支持士瓦本公爵腓特烈一世,但神圣罗马帝国各诸侯选择了萨克森的洛泰尔。

  利奥波德三世大力支持教会的发展。他创建了新的修道院,并使现有的修道院变得更富有。利奥波德三世把克洛斯特新堡交给了本笃会修士,把海利根克罗伊茨给了熙笃会②修士,还慷慨捐助了克雷姆斯明斯特修道院和圣弗洛

萨克森的洛泰尔

---

① 即神圣罗马帝国皇帝洛泰尔三世。——译者注
② 熙笃会,一个天主教修会,遵守圣本笃会规,但反对当时的本笃会,属于修院改革势力。清规森严,平时禁止交谈,故俗称"哑巴会""清规会"。熙笃会主张生活严肃,重个人守贫,终身素食,夜间冥想耶稣救恩与圣母功德,每日凌晨即起身祈祷或念经。他们在黑色道袍里,穿上一件白色会服,所以也被称作"白衣会""白衣修士""白衣头陀"。——译者注

里安修道院。利奥波德三世死后，神圣罗马帝国皇帝洛泰尔三世为他儿子利奥波德四世举行了授职仪式。1138年，弗兰科尼亚公爵，即霍亨斯陶芬王朝的康拉德被选为神圣罗马帝国皇帝。也就从那时起，霍亨斯陶芬家族和韦尔夫大家族之间开始了争斗。韦尔夫大家族的代表是萨克森兼巴伐利亚公爵亨利十世。由于实力悬殊，亨利十世不但没有被选为神圣罗马帝国皇帝，还被处以帝国禁令。而萨克森公爵领地则被授予勃兰登堡伯爵"熊"阿尔布雷希特。1138年，巴伐利亚公爵领地落入利奥波德四世手中。1139年，亨利十世去世，留下了未成年的儿子，后来被称为"狮子亨利"。"狮子亨利"的叔叔韦尔夫不愿看到

萨克森兼巴伐利亚公爵亨利十世

"狮子亨利"

魏恩斯贝格战役胜利后，康拉德三世来到魏恩斯贝格城下

家族原有的领地被占领，便向利奥波德四世进军，以收复巴伐利亚公爵领地，但1140年，在魏恩斯贝格战役中被康拉德三世击败了。在这次胜利后不久，利奥波德四世就去世了。利奥波德四世的哥哥奥地利大公亨利二世继承了王位，统治了巴伐利亚公爵领地和奥地利的侯爵领地。亨利二世取名"亚索米尔戈特"。"亚索米尔戈特"一名来自他最喜欢的座右铭——"Lach Sam mir Gott helfe"，即"上帝保佑我"。亨利二世是奥地利第一个世袭公爵。

亨利二世想与亨利十世的遗孀叙普林根堡的格特鲁德联姻，以迫使"狮子亨利"放弃一切权力来支持自己，以此巩固自己在巴伐利亚的地位。但在母亲普林根堡的格特鲁德去世后，"狮子亨利"宣布自己对权力的放弃是无效的，并在1156年的帝国会议上宣布巴伐利亚应归还给他。多亏了弟弟弗赖辛的奥托的明智建议，亨利二世才最终放弃了巴伐利亚。后来，巴伐利亚成了一个独立的公爵领地。1156年9月21日的一项王室法令宣布新公爵领地可以世袭，即便女性子嗣也可世袭。亨利二世是中世纪维也纳的创建者之一。在罗马帝国时期，文多博纳曾是一个重要的、受欢迎的地方自治市镇。但后来，该镇逐渐衰落。现在，亨利二世在文多博纳建了一座堡垒，为了使周边国家文明化，便把苏格兰修士派了过去。这一时期的德意志有很多修士。

1177年，被称为"贤者"的利奥波德五世继承了亨利二世的爵位。在利奥波德五世的统治下，奥地利大公领地获得了施蒂里亚，这是对奥地利大公领地的一次重要扩充。施蒂里亚公爵奥托卡四世死后没有子嗣，便将施蒂里亚遗赠给利奥波德五世。1192年，德意志人和斯洛文尼亚人居住的施蒂里亚永久地成了奥地利的一部分。

利奥波德五世是第一个为西欧所知的奥地利选帝侯。利奥波德五世参加了第三次十字军东征，因此，与当时大多数天主教君主都有接触。1182年，利奥波德五世第一次访问圣地（巴勒斯坦）。1191年从圣地返回时，利奥波德五世遇到了法兰西国王腓力二世和英格兰国王理查一世。他在围攻阿卡时，与凶猛的理查一世发生了争吵。1192年，利奥波德五世回到自己的领地。不久，理

法兰西国王腓力二世

英格兰国王理查一世

查一世卷入了威尼斯和阿奎莱亚之间的一场风暴,便暗下决心要秘密穿越欧洲,以夺回英格兰。利奥波德五世听说理查一世出现在他的领地,便立即报复这位可憎的对手。他把理查一世囚禁在多瑙河畔克雷姆斯附近的杜伦施坦城堡里。在从神圣罗马帝国皇帝亨利六世那里得到了巴本堡王朝和金雀花王朝联姻的承诺后,利奥波德五世才把囚犯理查一世以两万马克的价格卖给了亨利六世。

利奥波德五世的继任者是奥地利大公腓特烈一世。像父亲利奥波德五世一样,腓特烈一世是个狂热的十字军斗士,但从圣地回来就去世了。

腓特烈一世不在时,被父亲任命为施蒂里亚公爵的弟弟"光荣的利奥波德"①受托管理奥地利。1198年,"光荣的利奥波德"继任奥地利大公,为奥地利大公利奥波德六世。利奥波德六世支持霍亨斯陶芬的腓力成为下一任神圣罗马帝国皇帝,并在神圣罗马帝国事务中发挥了重要作用。后来,利奥波德六世离开奥地利参加了西班牙对摩尔人发起的十字军征战。1217年,利奥波德六世再次带领十字军在匈牙利国王安德烈二世的陪同下前往圣地,并在对达米埃塔发起的远征中赢得声名。

神圣罗马帝国皇帝腓特烈二世采取一切可能的手段确保强大的藩属和英勇无比的骑士对他忠诚。科洛涅大主教临终前,任命利奥波德六世为摄政王,并把女儿许配给了利奥波德六世的儿子亨利。这种皇室之间的联姻及自身在基督教世界中获得的重要地位使利奥波德六世在腓特烈二世和教皇洪诺留三世之间的争执中扮演了调解人的角色。为了履行这一角色,1229年,利奥波德六世前往意大利,在成功完成使命后,于1230年在意大利去世。

在奥地利,利奥波德六世努力发展奥地利的商业和贸易。他把维也纳作为主要城镇,并对其资助三万马克银币,以促进维也纳贸易的增长。利奥波德六世命人建了许多新建筑来装点维也纳,其中包括霍夫堡皇宫。他还加强了边

---

① 即后文的奥地利大公利奥波德六世。——译者注

境防御，建立了新的修道院，并授予恩斯、克雷姆斯和维也纳以市政权力。然而，在为国家利益奔波劳碌的同时，利奥波德六世没有忘记自己的私有庄园，并通过在公爵领地内获取各种不同的所有权地产来扩大庄园。此外，利奥波德六世还从弗赖辛主教格拉尔德手中购买了卡尼奥拉的土地，为后来将卡尼奥拉并入奥地利铺平了道路。在利奥波德六世那个时代，奥地利大公国收入上升到大约六万马克银币。

利奥波德六世的儿子奥地利大公腓特烈二世继承爵位。奥地利大公腓特烈二世在短暂统治期间，与近邻斗争不断。奥地利大公腓特烈二世和神圣罗马帝国皇帝腓特烈二世一起对抗匈牙利王国和波希米亚王国，之后却反对神圣罗马帝国皇帝腓特烈二世去帮助伦巴第诸城，并支持神圣罗马帝国皇帝腓特烈

利奥波德六世

二世的竞争对手——图林根的亨利。之所以这样做，是因为图林根的亨利娶了他姐姐奥地利的玛格丽特。奥地利大公腓特烈二世的目标似乎是实现完全独立，但不久便遭受帝国禁令。波希米亚王国、巴伐利亚公国、勃兰登堡侯国和匈牙利王国都拿起武器来对付他。著名法学家彼得·德·维内亚被要求写一份文书来讨伐奥地利大公腓特烈二世。这份文书将奥地利大公腓特烈二世描述为神圣罗马帝国的叛国贼和放弃帝国宽恕的邪恶之徒。从上恩斯到远至林茨的土地都落入巴伐利亚公爵奥托手中，维也纳被宣布为帝国之城。神圣罗马帝国皇帝腓特烈二世派一名代理官员来统治被征服的奥地利领土。但奥地利大公腓特烈二世重整旗鼓进行自我防卫，最终收复了部分领地，并于1240年与神圣罗马帝国皇帝腓特烈二世达成和解。神圣罗马帝国皇帝腓特烈二世取消了赋予维也纳的特权，并在1245年的维罗纳会议上确认了1156年授予奥地利大公的权力。因此，奥地利大公国反抗神圣罗马帝国皇帝对自身有利，而后来降临在邻国的灾难同样对它有好处。

蒙古人进攻匈牙利王国。匈牙利国王贝拉四世向奥地利求助，并向奥地利大公腓特烈二世承诺奉送三个郡作为答谢。奥地利大公腓特烈二世对贝拉四世并不像利奥波德五世对理查一世那样慷慨。他要求贝拉四世彻底投降，之后又向匈牙利宣战。1246年6月15日，奥地利大公腓特烈二世在莱塔河畔去世。一些人说，他是被匈牙利人杀害的，另一些人说，他是被随从杀害的。奥地利大公腓特烈二世甚至遭到了本国许多臣民的憎恨。一部编年史这样描述他："一个难缠的人，他尖酸刻薄，战斗英勇，贪得无厌。盟友、邻国都畏惧他。没人爱他，人人都怕他。"施蒂里亚公国骑士诗人乌尔里希·冯·利希滕施泰因对他的描述则要柔和得多："他不在了……他给施蒂里亚和奥地利留下了巨大的伤痛……许多富人现在成了穷人……他的灵魂必定在天堂，因为他善待勇士。"与奥地利大公腓特烈二世一同消逝的是巴本堡王朝。巴本堡王朝君主的尸体躺在梅尔克小镇的教堂里。这座小镇早已在维也纳的辉煌中黯然失色。

土地的继承权大大加强了帝国各公爵对自己所拥有的土地的所有权。继承权先是授予侯爵，之后是公爵，而神圣罗马帝国各诸侯与教皇的纠葛进一步削弱了神圣罗马帝国皇帝的权威。渐渐地，各个团体，无论世俗团体和教会团体、修道院、城镇和公民都摆脱了对神圣罗马帝国皇帝的依赖，由各诸侯统治。这一权威被德意志历史学家称为"Landeshoheit"，即对某一地区的领主权。我们发现这种"独特体制"在德意志南部特别突出。因此，早在1184年，施蒂里亚公爵奥托卡四世就称自己为土地的领主。将施蒂里亚并入奥地利一定会加强施蒂里亚本土的独立性。

随着领主权的发展，旧有的贵族体制逐渐衰落，取而代之的是一种官员贵族制，由诸侯统领的追随者组成。很快，这两种阶级体制之间的差别就消失了，因为这两种体制都依赖于诸侯。在体制革新方面，施蒂里亚再次为奥地利树立了榜样。奥地利诸位公爵已经向施蒂里亚的神父承诺，他们将遵守诸位前任公爵赋予神父的特权。

在市政法律方面，施蒂里亚也领先于奥地利。早在1212年，恩斯就从神圣罗马帝国皇帝那里获得了市政法典或城镇特权。该市政法典文本至今仍保存在该镇档案记录中。根据市政法典，土地的主人是大公，大公拥有对某些罪行的惩罚权，大公的意志就是法律。在大公的统治下，司法权由一名城镇法官行使，并由一名低级法官和警察协助实施。低级法官和警察是有薪酬的官员。市政法典主要是建立在刑事赔偿原则基础上的一部刑法法典。在所有金钱赔偿案件中，三分之一的罚款都分给了法官。严刑拷打是被允许的。继承法允许妻子、子女或最近的亲属继承，前提是他们要在施蒂里亚公国居住，否则，就只能享有一半继承权。在这片土地上去世的外国人可以把财产留给任何他喜欢的人。如果这个人去世时没有留下遗嘱，那么在其去世后一年零一天后，财产将交由继承人托管；如果没有继承人托管，财产就会成为公爵的财产。市政议会由六名最高级别的议员组成，其职责是控制市场并监督城镇利益。众所周知，英国有句法律格言，"一人之室即是其城堡"。市政法典几乎用同样的话来维护家庭的不可侵犯性，"我们要使每一位公民的房屋成为自己和家人的城堡,任何人都不得进入其中。"任何入室行为都会被处以五马克的罚款或砍掉一只手。公民有养马的权利,既可用于经商,也可用于娱乐。

利奥波德六世将此市政法典奉为典范,并于1221年在维也纳实施。但实际上,他的市政法典更加苛刻。在有关房屋不可侵犯的条例中,法典补充为,任何人不得带着弓或箭袋进入房屋;任何人不得将匕首藏于腰带在城内走动,否则将被处以一塔伦①罚款并没收匕首;把匕首藏在靴子里的人,要么被罚十塔伦,要么被砍掉一只手。维也纳各区的居民被要求监督所有超过两塔伦的商业交易。巴本堡的市政法典与弗兰芒和皮卡尔、根特、布鲁日、伊普尔、阿拉斯、弗尔讷和拉昂的市政法典有惊人的相似之处。弗兰芒人在多瑙河流域国家,特别是在匈牙利进行的大规模贸易便可说明这一点。弗兰芒商人住在维也纳。我们发现,早在1208年,这些商人就拥有了某些特权。

有关犹太人的法律值得特别注意,因为这些法律在当时非常开明。1200年后,犹太人在维也纳有了自己的犹太教堂。铸币权被托付给这些拥有"商会伯爵"头衔的犹太人。犹太人的有些法律展示出很高的容忍度,特别是当我们考虑到中世纪存在的偏见时。例如,如果在犹太人家里发现了一件偷来的物品,只要这名犹太人发誓东西是他购买的就不会受到处罚,如果不发誓,只需归还此物即可。匈牙利、波兰、波希米亚和图林根关于犹太人的法律都从奥地利的法律模仿而来。

在这些和平法律的保护下,奥地利的贸易和工业迅速发展起来。奥地利商业方面的发展尤其顺利,因为它位于德意志、波希米亚和匈牙利的边境交界处,并且拥有多瑙河。一位诗体编年史家热情赞美了奥地利的辉煌和繁荣:"这片土地丰饶富有——有牛、酒、谷物,有各式各样的果子,这是人类所需的一切食物,还有猎物、鱼和美味的面包。多瑙河清澈的河水装点着这片土地,昼夜不停地为城镇和村庄带来所需的一切。"

---

① 塔伦,古罗马货币单位,一塔伦大概相当于20—40千克。——译者注

施蒂里亚与意大利很早就建立了商业关系。为了强化这种商业关系，利奥波德六世命人在萨瓦河上建了一座石桥，此地后来被称为施泰因布吕克。但当时还远算不上贸易自由。例如，格拉茨享有主城镇的权利，所有外国货物必须运到这里称重，并且只能由镇上的马车运输。在其他一些城镇，货物规则包含了更多令人厌烦的条例。所有经过穆尔河畔布鲁克镇的货物，都只能在公共广场上进行交付拍卖，只有没有找到买主的那部分货物才被允许撤离此地。

　　从雷根斯堡到维也纳会途经恩斯。恩斯是一个规模庞大的商业城市，是奥格斯堡商人的大仓库。这些商人会去基辅的集市上买皮草，然后把西方货物运到俄罗斯。他们沿途还会经过梅德利希、圣珀尔滕、图恩、施泰因和毛特豪森。勃艮第、洛林、科洛涅和马斯特里赫特的商人都途经这些地方。东方的编织物、匈牙利的毛皮、威尼斯的丝绸都途经此地被运往欧洲北部和西部。买卖既可以用货币进行交易又可以靠物物交换。奥地利的货币在威尼斯和维也纳新城进行制造——如今已见不到这些货币。当时，奥地利堆金积玉，世俗礼仪也随着这种富有得到改善。修道院出了大量的编年史家，修士们开办了学校。剧院似乎没那么有名，我们只见过一个提到复活节之谜的剧作——"复活节"。"复活节"的戏剧背景是圣弗洛里安修道院。然而，巴本堡家族的宫廷处处传唱热情洋溢的诗歌。按历史说法，利奥波德六世是诗人，而奥地利大公腓特烈二世会写情歌。三位最著名的吟游诗人——赖因马尔·冯·哈格瑙、瓦尔特·冯·德·福格尔魏德和赖因马尔·冯·兹韦特在巴本堡家族的宫廷待了一段时间。瓦尔特·冯·德·福格尔魏德称奥地利为他的第二家乡，并说自己正是在奥地利学会了吟诵和讲述故事。瓦尔特·冯·德·福格尔魏德多次歌颂利奥波德六世和奥地利大公腓特烈二世。奥地利大公腓特烈二世生前，汤豪舍[①]一直对其大加颂扬；奥地利大公腓特烈二世死后，汤豪舍为其作诗哀悼。汤豪舍说："所有欢乐随他一同消逝了。"另一位诗人，巴伐利亚人奈德哈特·冯·罗

---

① 汤豪舍（1205—1270），德意志吟游诗人。——译者注

赖因马尔·冯·哈格瑙（左）

瓦尔特·冯·德·福格尔魏德

赖因马尔·冯·兹韦特

汤豪舍

伊恩塔尔①也在奥地利居住了一段时间,常在诗中描述奥地利的舞蹈和乡村游戏。

然而,吟游诗人并不只在奥地利鸾翔凤集,他们也聚集在施蒂里亚。鲁道夫·范·施塔德克就住在施蒂里亚。如今,我们还可以看到他在穆尔河畔的城堡。鲁道夫·范·施塔德克是奥地利大公腓特烈二世的"酒政"。这位温柔、优雅、勇敢的吟游诗人朗诵和书写从来就不拘一格。当时,在瓦尔特堡举行的著名诗歌比赛上,住在图林根宫廷的七位伟大的吟游诗人以歌颂主人为题一较高下。据说,海因里希·冯·奥夫特丁根把奥地利大公比作太阳。

---

① 奈德哈特·冯·罗伊恩塔尔(1190—1237),德意志著名吟游诗人。——译者注

第 9 章

哈布斯堡王朝统治下的奥地利

（1273 年到 1493 年）

历史学家把从最后一位巴本堡家族成员去世到第一位哈布斯堡王朝选帝侯登基这段时期称为"奥地利大空位时代"。我们看到，在波希米亚历史上，巴本堡王朝最后一位奥地利大公腓特烈二世是如何在一段时间内与波希米亚王国结合在一起的。在奥地利大公腓特烈二世去世后三十年，政权落入掌控波希米亚的普热米斯尔家族手中。长期以来，哈布斯堡家族的起源对想象力丰富的系谱学家造成了困扰。一些系谱学家将这个家族追溯到墨洛温王朝，另一些系谱学家则将其追溯至加洛林王朝，还有一些系谱学家将这个家族追溯至阿勒曼尼亚公爵埃蒂科。据说，埃蒂科同时见证了哈布斯堡王朝、洛林王朝和巴登王朝的崛起。可以肯定的是，哈布斯堡王朝的起源可追溯至阿勒曼尼亚人。哈布斯堡王朝拥有的第一批领土有阿尔萨斯、瑞士和士瓦本。"哈布斯堡王朝"这个名字源于哈布斯堡城堡。该城堡位于现在的阿尔高，是由斯特拉斯堡主教沃纳一世于1027年在阿勒河附近的温迪施高地上建的。

1099年的一份文件中第一次提到哈布斯堡城堡。该城堡是一座鹰堡。直到20世纪，该城堡的残砖断瓦依然存在。维尔纳一世[①]的直接继任者通过幸运

[①] 维尔纳一世（1025或1030—1096），哈布斯堡伯爵。哈布斯堡伯爵奥托二世的父亲，神圣罗马帝国皇帝鲁道夫一世的先祖。——译者注

的婚姻和赐予的礼物,特别是通过为邻国建修道院与做城市支持者和管家增加了家族财产和扩大了影响力。但直到哈布斯堡的鲁道夫[①]在1240年继承了莱茵河上游分散的家族领地,又在1273年获得了神圣罗马帝国皇位后,哈布斯堡家族才在欧洲王室贵族中占有一席之地。鲁道夫一世出生于1218年,很早就学习练习和使用武器,并进行骑术练习,成了当时令人敬畏的勇士之一。鲁道夫一世积极进取,好战并且谨慎,很快就因英勇和才华为自己赢得广泛声誉。在他驾崩前,哈布斯堡的财富不仅大大增加,政治重心也从莱茵河转移到多瑙河中部。多亏鲁道夫一世,奥地利才有了自己的起源。鲁道夫一世大力兼并土地,非常有力地证实了巴塞尔主教的大声疾呼:"快坐好,善良的君主,否则,鲁道夫一世将会夺去你的王位。"

1278年,在马希,鲁道夫一世在与普热米斯尔·奥托卡二世的战役中大获全胜,获得了奥地利的土地。这在波希米亚的相关历史中有所记述。除各世袭庄园外,上奥地利和下奥地利、施蒂里亚、卡林西亚和卡尼奥拉,再加上波希米亚和摩拉维亚,奠定了现代奥地利的基础。鲁道夫一世把奥地利领土纳入哈布斯堡家族时遇到了很多困难,但哈布斯堡家族的势力最终得到了人们的认可。1282年,在获得选帝侯的同意后,鲁道夫一世郑重地把奥地利、施蒂里亚和卡尼奥拉赐给了两个儿子——奥地利大公阿尔布雷希特一世和奥地利大公鲁道夫二世。1286年,鲁道夫一世把卡林西亚给了蒂罗尔伯爵门哈特,以奖励对方曾在自己对抗普热米斯尔·奥托卡二世的战役中给予的帮助。但奥地利和施蒂里亚两个州对新主人一点也不满意。他们不喜欢阿尔布雷希特一世带来的士瓦本谋士。不久,奥地利就爆发了一场革命。在与普热米斯尔·奥托卡二世的斗争中,鲁道夫一世把维也纳变成了自己的直属封地。维也纳曾进行反抗,却被武力镇压了。在维护皇帝的权威方面,鲁道夫一世算不上幸运。尽管他为神圣罗马帝国做出重大贡献,并为确保唯一幸存的儿子阿尔布雷希特一世继

---

① 即鲁道夫一世,神圣罗马帝国皇帝及奥地利哈布斯堡王朝的奠基者。以下称鲁道夫一世。——译者注

承王位而做出最大努力，但选帝侯依然顽固地拒绝按他的意愿行事。1291年7月15日，鲁道夫一世驾崩，享年七十三岁，与前任神圣罗马帝国皇帝共同葬在斯皮尔。鲁道夫一世是个了不起的人物，一个伟大的统治者，绝对配得上这个世世代代不断流淌着奥地利统治者血统的显赫王室。鲁道夫一世的外表极不寻常，高六英尺[①]多，又高又瘦，小脑袋，面色苍白，有大大的鹰钩鼻子。安静时，他表情严肃，但说话时会立刻活跃起来，体现了他那富有热情与活力的思想和感情。鲁道夫一世衣着简朴，举止优雅，彬彬有礼。在他统治期间，尽管发生战争，但"他的名字在那些放荡不羁的男爵中散布着恐惧，而在人民中传播着欢乐；当黑暗中升起光明，和平与安宁也从战争和荒凉中诞生。农夫重新拿起丢弃已久的犁头；曾担心被掠夺不得不待在住所的商人现在又充满信心和安全感地在这个国家穿梭；那些曾在白天无所畏惧四处游荡的劫匪和强盗，现在躲入隐蔽和荒芜之地"。

鲁道夫一世的继任者，即其儿子阿尔布雷希特一世直到1298年才成为罗马人民的国王。阿尔布雷希特一世统治期间，维也纳一直麻烦不断，萨尔茨堡大主教也不断挑起事端。鲁道夫一世成功帮儿子阿尔布雷希特一世获得了波希米亚王冠，但无法帮他保留住这项王冠。直到两个世纪后，哈布斯堡家族才完全获得波希米亚王国。1308年，阿尔布雷希特一世死于一名瑞士刺客之手。阿尔布雷希特一世的儿子——"美男子"腓特烈[②]试图继承王位，却徒劳一番。因此，德意志王冠连同波希米亚王冠一同传给了卢森堡家族[③]。由此引发了一场长期战争。1322年，这场战争以"美男子"腓特烈在米尔多夫战役的失败而告终。不过，"美男子"腓特烈与上巴伐利亚公爵路易四世[④]缔结了一项条约。该条约确保了双方享有共同管辖权。"美男子"腓特烈获得了罗马人民国王的

---

① 英尺，长度单位，1英尺=12英寸=30.48厘米=3.048公寸=0.3048米。——译者注
② "美男子"腓特烈，即奥地利大公腓特烈三世，是阿尔布雷希特一世的次子。——译者注
③ 阿尔布雷希特一世被暗杀后，德意志王位传给了卢森堡的亨利七世，并没有传给"美男子"腓特烈。——译者注
④ 路易四世，上巴伐利亚公爵，1328年加冕为神圣罗马帝国皇帝。——译者注

"美男子"腓特烈去世

头衔，但徒有虚名，没有实权。1330年，"美男子"腓特烈去世。他的两个弟弟，即奥地利大公"智者"阿尔布雷希特二世和奥地利大公奥托扬言要与神圣罗马帝国皇帝路易四世再次开战。但由于面临来自波希米亚国王约翰一世的威胁，两位奥地利大公便与路易四世结盟。约翰一世让二儿子约翰·亨利与著名的蒂罗尔女伯爵"大嘴"玛格丽特联姻。"大嘴"玛格丽特是蒂罗尔伯爵兼卡林西亚公爵亨利的女儿。约翰一世希望通过此次联姻重新收复波希米亚公爵领地。根据1330年的《阿格诺条约》，没有留下男性继承人的亨利去世后，卡林西亚应归奥地利大公国所有，蒂罗尔则归神圣罗马帝国皇帝所有。1335年，亨利去世。路易四世借机宣布"大嘴"玛格丽特已放弃所有继承权，并且还将卡林西亚和蒂罗尔分给奥地利诸侯，移交给维特尔斯巴赫家族的部分蒂罗尔地区除外。然而，只有卡林西亚遵守了路易四世的指令。蒂罗尔贵族宣布支持"大嘴"玛格丽特。而在波希米亚国王约翰一世的帮助下，"大嘴"玛格丽特才得以保留遗产。因此，蒂罗尔人很早就表现出忠诚，后来也因忠诚而闻名于世。

不久，卡林西亚归奥地利大公国所有，这一点毋庸置疑。"大嘴"玛格丽特很快就和年轻的丈夫约翰·亨利离婚了，不久就嫁给路易四世的儿子巴伐利亚公爵路易五世。路易四世希望儿子路易五世不仅能掌权蒂罗尔，也能掌权卡林西亚。这段时间里，波希米亚和奥地利一直处于动荡中。然而，当波希米亚国王查理四世被选为神圣罗马帝国皇帝时，路易四世同意将卡林西亚留给奥地利大公国。阿尔布雷希特二世对此表示尊重，并因与神圣罗马帝国恢复和平而高兴，因为他当时正一心扑在与苏黎世和格拉鲁斯不成功的战争中。

阿尔布雷希特二世不仅扩大了奥地利的领土，并且非常有治国的雄才大略。由于治国有方，他为自己赢得了"智者"的称号。阿尔布雷希特二世给维也纳制定了新市政法典，也为卡林西亚首都克拉根福制定了新法规，从而使克拉根福结束了通过决战进行审判的制度。1358年，阿尔布雷希特二世去世，享年六十岁。当时的人说："他是上帝的宠儿，在许多领地都受到尊敬，对许多国王和公爵来说，都算得上一个慷慨大度的先王。"

阿尔布雷希特二世的四个儿子都按父亲的意愿进行统治，但长子鲁道夫四世以其他几位公爵的名义行使权力。鲁道夫四世被冠以"沉默者""富贵者""博学者""创始者"四个称号。克朗斯说："每个称号都代表他身上的某一种品质。他总能对自己的计划严格保密。置身于富丽堂皇的宫廷，他喜欢那些高调的头衔，这不是因为他有幼稚的虚荣心，而是因为他知道这世界将这些东西看得很重要。在很多方面，鲁道夫四世都可以与岳父查理四世相匹敌，尤其是在涉及教会、科学和艺术的基础知识方面。他有着渊博的历史知识，在同时代鲜有这样的人。我们甚至听说，他有一套写作秘诀，这无疑算得上一种用

阿尔布雷希特二世

神圣罗马帝国皇帝路易四世

波希米亚国王查理四世

鲁道夫四世

密码写作的艺术。"鲁道夫四世继位时只有十九岁,但已与查理四世的女儿波希米亚的凯瑟琳结婚。尽管有这样的家族联盟,但查理四世并没有在《金玺诏书》中赋予奥地利一定的地位,以使它能确保自己领土的重要性或让君主处于合适的地位。奥地利大公不能参加神圣罗马帝国的选举,尽管他们的领地从莱塔河岸一直延伸到莱茵河。奥地利的三位公爵在神圣罗马帝国占据着至高无上的地位,却仍被排除在帝国议会之外,被老对手卢森堡家族压制。在查理四世的统治下,波希米亚王国获得了巨大繁荣。对波希米亚的忌妒更加剧了奥地利大公心中的不满。此时,为了提升奥地利大公国的地位,鲁道夫四世或者说奥地利大公国的官员采取了一种在那个时代常被诸侯、宗教团体甚至是罗马教廷采用的措施,即伪造奥地利存在一系列宪章;这些宪章由诸位国王和神圣罗马帝国皇帝授予,正是这些宪章确保奥地利大公可以拥有独立于神圣罗马帝国和皇帝的地位。根据一些文件,尤其是根据一份叫"大特权"[①]的文件:奥地利大公不须向神圣罗马帝国提供任何服务,但帝国必须向奥地利提供保护;只有在远征匈牙利的情况下,奥地利大公才有义务提供军队并且只提供十二名骑士;奥地利大公将以大公的身份出现在帝国议会,并在选帝侯中占据首席地位;奥地利大公可以随心所欲地管理国家,甚至不需要征求神圣罗马帝国皇帝的意见;奥地利大公不必到自己的领地外寻求授职加冕,在自己的土地和马背上即可进行授职加冕;神圣罗马帝国皇帝不能控制奥地利大公拥有的任何属地。当时,这些特权都得到了保障。这些特权不仅仅限于奥地利领地,还包括奥地利将来可能拥有的所有土地。鲁道夫四世假装才发现这些文件,因此,要求得到查理四世的认可,但查理四世拒绝了。尽管如此,鲁道夫四世还是凭借伪造的文书获得了奥地利大公的头衔,并且未等查理四世许可便开始使用皇家徽章。

---

① 大特权,哈布斯堡王朝奥地利大公鲁道夫四世下令于1358或1359年伪造的中世纪文件,试图将奥地利升格为一个大公国,享有下列特权,如领土不可分割、设立长子继位制、拥有独立立法及司法权而不需向神圣罗马帝国皇帝上诉等特权。——译者注

这些弄虚作假的行为让查理四世勃然大怒,打算对从普热米斯尔·奥托卡二世那里继承的土地如施蒂里亚、卡林西亚和卡尼奥拉等再次宣称主权。然而,查理四世只是说说而已,并没有付诸任何行动。在匈牙利国王拉约什一世的调解下,鲁道夫四世和查理四世终于在1364年达成一项条约,从而满足了哈布斯堡家族的野心。根据该条约,奥地利的哈布斯堡家族和波希米亚的卢森堡家族均须承诺,即在这两个家族中任何一个家族灭绝时,该家族的土地都要承继给另一个家族。波希米亚和奥地利各领地对此予以认可。奥地利和匈牙利之间也签订了类似的条约,首次划定了奥地利的未来边界。

匈牙利国王拉约什一世

在这些漫长而复杂的谈判中，鲁道夫四世本人并未有什么收获，唯一的收获就是把蒂罗尔并入了自己的领地。"大嘴"玛格丽特让儿子迈因哈德三世娶了阿尔布雷希特二世的女儿奥地利的玛格丽特。同时，她宣布如果儿子没有留下男性继承人，蒂罗尔应再次归奥地利所有。1363年，蒂罗尔确实回归奥地利

迈因哈德三世

的怀抱。这对奥地利大公国来说是非常重大的事件，因为蒂罗尔将奥地利大公国与哈布斯堡家族之前在瑞士和德意志获得的领地统一了起来，为通往意大利开辟了道路。鲁道夫四世说服"大嘴"玛格丽特在维也纳定居以稳固自己的地位，因为这位女伯爵躁动而放荡，难免不会有反复无常之举。蒂罗尔人对这位女伯爵记忆犹新。"大嘴"玛格丽特是个贪得无厌、胆大妄为的女人，是中世纪臭名昭著的人物之一，在民族传说中扮演非常醒目的角色。蒂罗尔的农民依然认为，在四季斋戒后的夜晚，人们可以在诺伊豪斯古堡的废墟中看到"大嘴"玛格丽特的幽灵——一位邪恶而迷人的公主。

鲁道夫四世的统治虽然短暂却也诸事毕集。鲁道夫四世试图在各方面与岳父查理四世一争高下，并总说要在自己的土地上做教皇、皇帝、主教和主任神父。在奥地利，鲁道夫四世的管理手段毫不逊色于外交手腕。鲁道夫四世虽然伪造了特权，但从未伪造过货币。伪造货币是中世纪流行的一种经济权宜之计。鲁道夫四世对葡萄酒和啤酒征税，鼓励贸易和制造业。1356年4月7日，鲁道夫四世在维也纳建造了圣斯蒂芬大教堂。圣斯蒂芬大教堂是欧洲高贵的哥特式艺术丰碑之一。查理四世曾创立了布拉格大学；鲁道夫四世则效仿查理四世并参照巴黎大学的模式创建了维也纳大学，并向该大学赠予大量土地，又授予其众多特权。这所大学主要由四个国家的学生组成——奥地利、莱茵、匈牙利和萨克森。从一开始，维也纳大学就配有一些知名大师，如神学家朗根施泰因的亨利和奥伊塔的亨利。

1365年，鲁道夫四世在米兰去世。去世前，他曾让弟弟利奥波德三世娶了巴纳博·维斯孔蒂[①]的女儿维里迪斯·维斯孔蒂。鲁道夫四世在位七年，他的统治是哈布斯堡王朝中最短也是最重要的统治之一。

鲁道夫四世没有留下子嗣。他的两个弟弟——"编发的阿尔布雷希特三世"和被称为"虔诚者"的利奥波德三世继承了奥地利大公之位。但这两个兄

---

① 巴纳博·维斯孔蒂（1323—1385），意大利政治家，米兰的领主。——译者注

弟性情大不相同，无法共同执政。因此，二人打破了哈布斯堡家族的传统习俗，于1379年分割了世袭领地。

"编发的阿尔布雷希特三世"留下了奥地利，把施蒂里亚、卡林西亚、蒂罗尔和哈布斯堡家族在士瓦本和阿尔萨斯的原有领地留给了利奥波德三世。批准这种定会削弱一股强大势力的分割让查理四世非常兴奋。查理四世说："我们一直在盘算着去羞辱奥地利哈布斯堡王朝，现在，它竟在自取其辱！"

"编发的阿尔布雷希特三世"与利奥波德三世

阿尔布雷希特家族第一任公爵的统治没有产生任何重大意义。鉴于此，"编发的阿尔布雷希特三世"的儿子阿尔布雷希特四世及利奥波德三世的长子威廉都主张对所有的哈布斯堡领地宣称主权，尽管二人的父亲在之前已达成协议。经过长期斗争，这两名堂兄弟之间达成了新的条约。根据该条约，阿尔布雷希特四世保留奥地利甚至卡尼奥拉，并承认威廉是共同摄政者。在阿尔布雷希特四世统治时期，沃多教派在奥地利发展迅速，尽管阿尔布雷希特四世曾采取强有力的措施抵制该教派。阿尔布雷希特四世是一个虔诚的信徒，大部分时间喜欢与马尔巴赫的修士待在一起。阿尔布雷希特四世同时代的人称他为"忍者"。1400年，为了前往巴勒斯坦，阿尔布雷希特四世进行了一次充满危险的朝圣之旅。巴勒斯坦在国外非常有名，此次朝圣为阿尔布雷希特四世赢得了"世界奇迹"的奇特称号。阿尔布雷希特四世帮波希米亚国王瓦茨拉夫四世攻打敌人，作为回报，从瓦茨拉夫四世那里获得了在鲁道夫四世时代波希米亚王国和奥地利大公国之间签署的继承条约的许可权。在与匈牙利打交道的过程中，阿尔布雷希特四世也取得了成功，从匈牙利国王那里获得了一项类似的继承条约。1404年，阿尔布雷希特四世在一次对抗摩拉维亚的远征中去世。此次远征是为惩罚一些蹂躏奥地利领土的摩拉维亚领主。

阿尔布雷希特四世去世时，儿子阿尔布雷希特五世年仅七岁。阿尔布雷希特五世年幼时，利奥波德支系的公爵都是他的守护者。但这些公爵的残酷执政在奥地利引起强烈不满。在阿尔布雷希特五世只有十四岁时，这些公爵贵族就将其选为选帝侯。阿尔布雷希特五世是一位充满智慧的执政者。1422年，阿尔布雷希特五世与波希米亚国王兼匈牙利国王、神圣罗马帝国皇帝西吉斯蒙德的女儿卢森堡的伊丽莎白结婚，从而获得了摩拉维亚。摩拉维亚是卢森堡的伊丽莎白的嫁妆。阿尔布雷希特五世有可能获得波希米亚王国和匈牙利王国王位的继承权。1437年，在平定波希米亚的叛乱后，西吉斯蒙德将波希米亚王国和匈牙利王国所有领地领主召集到一起，提议阿尔布雷希特五世为王位继任者。阿尔布雷希特五世也受到匈牙利人和波希米亚天主教教徒的接纳。西吉

阿尔布雷希特五世

斯蒙德驾崩后,阿尔布雷希特五世以阿尔布雷希特二世的名义被选为罗马人民的国王,并于1438年将哈布斯堡家族垂涎已久的三个王冠尽收囊中[①]。此后,哈布斯堡家族就一直手握神圣罗马帝国皇权。1457年,阿尔布雷希特五世之子波希米亚王国和匈牙利王国国王兼奥地利大公"遗腹子"拉斯洛五世驾崩,阿尔布雷希特支系就此灭绝。

在瓜分奥地利领土的过程中,利奥波德三世获得了施蒂里亚、卡林西亚、

---

① 阿尔布雷希特五世1437年成为匈牙利国王,1438年成为罗马人民的国王及波希米亚国王。——译者注

卡尼奥拉和蒂罗尔及在士瓦本和阿尔萨斯的原有家族领地。通过几次土地兼并，利奥波德三世扩展了自己的领地版图，而这些领地中只有的里雅斯特在奥地利历史上扮演重要角色。1382年，由于厌倦威尼斯共和国和阿奎莱亚族长的双重统治，的里雅斯特自愿寻求利奥波德三世的保护，只要利奥波德三世承认该城镇享有特权和市政自由。对奥地利大公国来说，兼并的里雅斯特意义重大，因为该镇使奥地利领土直通大海，更靠近意大利北部，可以方便奥地利大公国不断干涉各城镇和各诸侯间的斗争。然而，在瑞士，利奥波德三世没那么幸运。森林州①人发动起义反对他。1386年，在森帕赫战役中，利奥波德三世战败并命丧黄泉，导致哈布斯堡王朝丧失霸主地位。

森帕赫战役

---

① 森林州，14世纪早期出现的一个术语，指瑞士中部瑞士高原的森林地带。——译者注

我们对利奥波德三世的继任者威廉和利奥波德四世的统治丝毫不感兴趣。1411年，腓特烈四世继位。在经过几次分裂后，利奥波德支系统治的领地最终形成了两个区：一个是德意志西南部地区，包括蒂罗尔和远奥地利；另一个是施蒂里亚、卡林西亚和卡尼奥拉地区。腓特烈四世在因斯布鲁克扎根，其哥哥恩斯特则在格拉茨安定下来。恩斯特娶了波兰马佐夫舍公爵的女儿琴巴布尔加。据说，哈布斯堡家族就是从琴巴布尔加那里继承了该家族特有的厚而突出的嘴唇。琴巴布尔加是神圣罗马帝国皇帝腓特烈三世的母亲，神圣罗马帝国皇帝马克西米利安一世的祖母。

腓特烈四世不得不与蒂罗尔贵族斗争，但蒂罗尔贵族在沃尔肯施泰因勋爵的带领下组成了一个强大联盟以反对腓特烈四世。腓特烈四世向市民和农民寻求帮助以对抗这些贵族。尽管腓特烈四世尽了最大努力维护与瑞士人的和平，但瑞士人趁其遭遇麻烦时费尽心机谋取利益。在参加康斯坦斯宗教会议的途中，教皇约翰二十三世在梅兰与腓特烈四世会晤，并授予后者教会行政长官的头衔。为了回报此殊荣，腓特烈四世帮教皇约翰二十三世逃离了康斯坦斯，甚至在自己领地为教皇约翰二十三世提供了避难之地。因此，腓特烈四世被处以禁令，并被逐出教会。瑞士人发动起义，摧毁了哈布斯堡城堡。腓特烈四世被迫投降，把约翰二十三世交给敌人，并被迫交出所有领地，但神圣罗马帝国皇帝西吉斯蒙德施恩，腓特烈四世收回了自己想要的领地。据说，西吉斯蒙德惊呼道："你知道奥地利大公的权力，从神圣罗马帝国皇帝的所作所为中就能看出来。"这句话在恩斯特身上再次得到验证。"愿上帝与你同在，哈布斯堡。"西吉斯蒙德以轻蔑的口吻对恩斯特说。"谢谢，卢森堡。"恩斯特回答道。多亏了哥哥恩斯特，腓特烈四世才没有失去蒂罗尔，但他还不止一次地与恩斯特较量，因为后者既野心勃勃，又强横跋扈。1424年，恩斯特去世后，腓特烈四世成了恩斯特的两个儿子腓特烈和阿尔布雷希特的监护人。由于腓特烈和阿尔布雷希特当时尚且年幼，二人便共同统治。1439年，腓特烈四世去世。他赋予了蒂罗尔市民和农民许多特权，使人们至今想起他依然会肃然起敬。腓特烈四世的儿子奥地利大公西吉斯蒙德继承了他的奥地利属地，侄子腓特烈五世则在1440年以腓特烈三世的名义成了神圣罗马帝国皇帝。在腓特烈五世统治下，哈布斯堡各领地再次统一。腓特烈五世是神圣罗马帝国皇帝马克西米利安一世之父，也是神圣罗马帝国皇帝查理五世和奥地利大公斐迪南一世的曾祖父。众所周知，在这些君主统治期间，欧洲和新大陆的统治者奥地利的哈布斯堡王朝取得了非常辉煌的荣耀。这里，我们只需关注腓特烈五世统治时期发生在这些世袭国家的历史事实。腓特烈五世建立了奥地利大公国，并在采列伯爵乌尔里希二世去世后获得了采列郡。此外，他还获得了阿尔萨斯和士瓦本王室领地的继承权，并为儿子马克西米利安一世取得了蒂罗尔的继承权。为了对此做出回馈，还约定每年给腓特烈四世的儿子奥地利大公西吉斯蒙德支付一笔款项。奥地利大公西吉斯蒙德把这些土地分给了巴伐利亚家族，但腓特烈五世及时进行了干预。此外，腓特烈五世还兼并了里耶卡，一个有朝一日可以与亚得里亚海的里雅斯特相提并论的城镇。奥古斯特·伊姆利[①]说："腓特烈五世不是什么天才，但具有坚韧不拔的非凡意志，懂得如何等待，也懂得如何比他的邻居和敌人活得更长久。这样，他才能把哈布斯堡王朝的所有领地全部统一起来，并确保王冠在自己的家族谱系不间断地传承。"在腓特烈五世的统治下，我们第一次见到著名的字母组合图案A.E.I.O.U.。这些字母出现在腓特烈五世的陶器上、图书馆的书上及圣斯蒂芬教堂的墓碑上。人们解释说，这些字母代表这样的豪言壮语："奥地利征服一切"[②]"奥地利命中注定统治整个世界"[③]"所有国家臣服奥地利"[④]"奥地利充满激情"[⑤]。

然而，腓特烈五世统治期间并非没遇到麻烦。蒂罗尔的西吉斯蒙德和施蒂里亚公爵阿尔布雷希特六世反对腓特烈五世占领全部或部分奥地利领地。维

---

① 奥古斯特·伊姆利（1823—1906），法兰西历史学家和地理学家。——译者注
② 原文为"Aquila Electa Juste Omnia Vincit."。——译者注
③ 原文为"Austriae Est Imperare Orbi Universo."。——译者注
④ 原文为"Alles Erdreich Ist Oesterreich Untertan."。——译者注
⑤ 原文为"Aller Eifern Ist Oesterreich Voll."。——译者注

也纳市民与腓特烈五世的对手结盟，把腓特烈五世围困在他自己的城堡里。只有在腓特烈五世承诺放弃奥地利并把它交给阿尔布雷希特六世，并同意每年向阿尔布雷希特六世支付四千达克特后，波希米亚国王伊日·波杰布拉德才肯助腓特烈五世一臂之力，使他获得自由。然而，腓特烈五世并没有遵照约定，争议再次爆发。于是，腓特烈五世以神圣罗马帝国皇帝的身份将维也纳处以王室禁令，教皇庇护二世也发出禁令。然而，尽管有教皇庇护二世的使者和波希米亚国王伊日·波杰布拉德的帮助，这场斗争还是一直持续到1463年阿尔布雷希特六世去世为止。维也纳起义由一位神奇人物牛商霍尔策领导。霍尔策称要与皇帝享有平等的权力。但霍尔策最终被出卖，死于可怕的严刑拷打。

不久，腓特烈五世目睹土耳其人践踏自己的领地。土耳其人分别于1472年、1473年和1493年入侵卡林西亚、卡尼奥拉和施蒂里亚南部。当时，土耳其人还不知道自己可能是奥地利哈布斯堡王室最好的盟友。由于害怕土耳其人的入侵，斯拉夫人和马扎尔人最终表示愿意服从一个世袭王朝的常规统治。

第2部分　国王选举制下的波希米亚和匈牙利

（1310年到1526年）

第 10 章

卢森堡王朝统治下的波希米亚

（1310 年到 1415 年）

　　波希米亚王国国王瓦茨拉夫三世在奥洛穆茨遭到暗杀，普热米斯尔王朝也随之覆灭。此后，波希米亚还从未真正被某个王朝统治过。奥地利王室便趁此机会采取措施从中获利。奥地利大公阿尔布雷希特一世不仅把波希米亚视为神圣罗马帝国的领地，还视为家族领地的一部分。阿尔布雷希特一世号召波希米亚贵族选举长子鲁道夫，并以武力相胁迫，强制这些贵族执行命令，从而迫使波希米亚贵族在1307年选举鲁道夫为波希米亚王国国王（即波希米亚王国国王鲁道夫一世），甚至保证在鲁道夫驾崩后，其弟弟能拥有毫无争议的继承权。阿尔布雷希特一世还授予鲁道夫和其他儿子一项特权，该特权使选举变得无效，同时剥夺了贵族处置王冠的基本权利。但有少数波希米亚贵族拒绝承认新波希米亚王国国王鲁道夫一世。波希米亚王国国王鲁道夫一世被迫使用武力，但于1307年在霍拉日焦维采包围战中驾崩。波希米亚贵族拒绝宣布波希米亚国王鲁道夫一世的弟弟腓特烈为继承人，而是拥护与波希米亚王国国王瓦茨拉夫二世的女儿波希米亚的安妮结为连理的蒂罗尔伯爵兼卡林西亚公爵亨利为继承人。阿尔布雷希特一世再次入侵波希米亚王国，但在围攻库滕贝格失败后被迫撤退。

　　蒂罗尔伯爵兼卡林西亚公爵亨利在位时间不长。事实证明，他很无能，支

神圣罗马帝国皇帝亨利七世

持德意志人,煽动叛乱。卢森堡王室刚刚以神圣罗马帝国皇帝亨利七世的名义维护了皇家尊严,波希米亚的贵族就把王冠给了亨利七世的儿子约翰,但条件是约翰要娶瓦茨拉夫二世的女儿波希米亚的伊丽莎白为妻。1310年,约翰与波希米亚的伊丽莎白在斯皮尔举行了婚礼。亨利七世把波希米亚的皇家旗帜送给约翰作为授权标志。蒂罗尔伯爵兼卡林西亚公爵亨利的反抗被顺利镇压。布拉格投降后,整个波希米亚王国都被交给约翰。从1310年到1437年,卢森堡王室对波希米亚的占领一共持续了一百二十七年,为波希米亚王国与神圣罗马帝国的结合做了很大贡献。在此期间,德意志人一直备受恩宠,对波希米亚王国的政治生活构成了潜在威胁。

成为波希米亚王国国王的约翰①一生都是波希米亚王国的异客。他不情愿地学会了波希米亚的语言，并认为波希米亚王国是一个受剥削的国家。他热衷于奇异冒险活动，更像个骑士而非国王；他性情反复无常，对法兰西王国和神圣罗马帝国充满兴趣。尽管登基时只有十四岁，但约翰一世执政初期波希米亚的形势非常不错。奥地利哈布斯堡王朝从波希米亚获得的摩拉维亚与卢萨蒂亚部分地区及格尔利茨部分地区得以合并。在西里西亚大部分地区，波希米亚的宗主权得到了保证。因此，波希米亚王国领土面积大大增加。然而，约翰一世的铺张浪费、王室内部的纠纷及对德意志人的偏袒把波希米亚王国搅得一团乱。此外，约翰一世还干涉国外发生的所有事。但他的一个朋友说这是好事，因为当时流行这样一句俗语："没有上帝和波希米亚王国国王的帮助，将一事无成。"

约翰一世曾多次远征。他帮巴伐利亚公爵对抗哈布斯堡家族，并在米尔多夫俘虏了奥地利大公"美男子"腓特烈；试图为儿子获得蒂罗尔。他开始加入伦巴第诸城以反对马斯蒂诺二世·德拉斯卡拉②，并率军进入伦巴第，征服了意大利北部大部分地区。约翰一世四处树敌，人们纷纷反抗他。中欧的君主、神圣罗马帝国皇帝、巴伐利亚公爵、奥地利大公、匈牙利王国国王、波兰国王都联合起来攻击他。

虽然约翰一世经常获得成功，但战争和获得的功绩对波希米亚王国来说无济于事。约翰一世挥霍了王室的收入，并抵押了王国的领地：除布拉格的城堡外，其他皇家城堡都被抵押了。约翰一世每次回到波希米亚总是伴随新的税收、新的贷款和货币的再次贬值。因此，约翰一世失去了臣民信任，并且他手下那些军事将领具有的权威也不复存在。这些军事将领不再服从国王，仅靠武力来维持统治。约翰一世不打仗时，就把时间花在各种比赛上，并且大多数

---

① 下文称约翰一世。——译者注
② 马斯蒂诺二世·德拉斯卡拉（1308—1351），维罗纳领主。他是意大利北部著名的斯卡利格家族成员。——译者注

约翰一世

时候都待在卢森堡的世袭领地上,或者在巴黎的宫廷里挥霍着从臣民那里敲诈来的钱财。约翰一世不在时,波希米亚王国由领主管理,这些领主管理着王室的收入。

1330年,波希米亚的伊丽莎白去世了。她从未陪伴过丈夫约翰一世,一直生活在孤寂中,过着连寡妇都不如的生活。神圣罗马帝国皇帝查理四世到波希米亚生活。他在法兰西王国宫廷长大,并在那里学会了经济学和精明的管理之术。他曾尽最大努力来恢复波希米亚王国财政秩序,并获得了巨大成功。因此,1333年,约翰一世将查理四世任命为共同摄政者。

神圣罗马帝国皇位继承战争在卡林西亚爆发。约翰一世反对路易四世成为神圣罗马帝国皇帝，在战争爆发后不久，就和教皇克莱门特六世合作，成功使儿子查理四世从五位选帝侯中脱颖而出，当选为神圣罗马帝国皇帝。但这次出人意料的胜利并没能让约翰一世的胜利持续下去。1337年，在一次对抗立陶宛"异教徒"的远征中，约翰一世一只眼睛失明了。1339年，由于医生医术不精，他的另一只眼睛也失明了。然而，双目失明丝毫没有影响约翰一世好战的性情。听到英格兰人入侵法兰西王国的消息，约翰一世急忙支援他的亲戚瓦卢瓦的腓力[①]。1346年，约翰一世在克雷西战役中受重伤。

随着查理四世（在波希米亚被称为查理一世）的当选，神圣罗马帝国的重心转移到中欧。此后，帝国重心先是在波希米亚，后又停留在奥地利。总体

克雷西战役中的约翰一世

---

① 即法兰西国王腓力六世。——译者注

上看,德意志的历史学家对查理四世评价不高,而波希米亚的历史学家则热衷于颂扬查理四世并称其为"国父"。查理四世的父亲约翰一世给他留下了大量艰难繁重的任务。因此,他必须全力以赴。他严格管控王室收入,把领地从抵押中解放出来;重组司法,镇压强盗;把王国分成十二个阶层,并振兴工商业。1348年,布拉格大学的成立标志着查理四世执政的开始。按当时的风俗,布拉格大学由四个民族组成——捷克人、波兰人、巴伐利亚人和萨克森人。许多德意志人也被布拉格大学吸引到布拉格,并在这里逐渐获得占主导地位的影响力,尤其是在克拉科夫大学①成立后,德意志人的影响力就更大了。从那时起,波兰人在布拉格大学的民族代表都是来自西里西亚的德意志人。因此,捷克人很早就被德意志人取代了。

布拉格大学徽章

---

① 克拉科夫大学,是位于波兰克拉科夫的研究型大学,为波兰第一所大学,由卡齐米日三世创建于1364年,并在1400年由瓦迪斯瓦夫二世·雅盖隆复兴。——译者注

凭着这些大学，布拉格不仅成了波希米亚的知识中心，也成了神圣罗马帝国、匈牙利王国和波兰王国的学术中心。作为人文学科的赞助人，查理四世用许多历史建筑装饰布拉格。这些历史建筑至今仍是布拉格的骄傲。查理四世以法兰西哥特式建筑风格重建了圣维特大教堂，在布拉格建了著名的也许是欧洲最美丽的石桥，仿照卢浮宫的样式建了镶有镀金屋顶的布拉格皇家城堡，并在贝龙附近建了卡尔施泰因城堡，用以陈列皇家徽章和圣瓦茨拉夫王冠。在查理四世执政期间，中世纪第一批绘画流派在波希米亚兴盛起来。该流派的许多作品至今依然存在。捷克文学欣欣向荣，盛产骑士浪漫史、编年史、讽刺诗、挽歌，甚至戏剧。应查理四世的要求，波希米亚议会同意废除神断法（中世纪的一种裁判法），承认农民有权在审判法庭上传唤他的主人。查理四世还做了其他一些重要改革。波希米亚王国在司法、奴隶与领主的关系、城镇资产阶级的地位等方面也都做出了重大改进。城镇资产阶级常常被授予管理城镇内部事务的权力，并且该权力独立于议会之外。波希米亚城镇的居民也被允许享有当时只给予德意志人的特权。

查理四世诱使波希米亚议会确立了长子继承原则（这是普热米斯尔王朝的继承原则）为波希米亚继承法，从而确立了卢森堡王朝的继承法。从奥地利大公奥托手中获得的摩拉维亚、西里西亚、上卢萨蒂亚、勃兰登堡和格拉茨经各自议会同意，被宣布为波希米亚王国完整而不可分割的一部分。布拉格教会成立了主教区，从而独立于美因茨的外国教区。与此同时，人们还在布拉格建了一座修道院，并常常在这里举行斯拉夫礼拜仪式。

众所周知，1346年，查理四世通过《金玺诏书》确定了神圣罗马帝国的公共法律。但即便在这著名诏书中，查理四世也没有忽视波希米亚王国的利益。波希米亚国王是七位选帝侯之一，这是事实。但诏书指出，波希米亚决不能被视为神圣罗马帝国的属地。波希米亚国王只能从波希米亚王国各领地中选出，不能由神圣罗马帝国皇帝选举。波希米亚的臣民不受任何外国人管辖，向任何外国政府提出的上诉都是不被允许的。有意思的是，一项特别法律条款规定波希米亚国王的女儿和继承人除学习母语德语外，还要学习拉丁语、意大利语和斯拉夫语。

1366年，查理四世与哈布斯堡家族缔结了继承条约。按照该条约，双方一致同意，卢森堡王朝和哈布斯堡王朝中存在更长久的王朝将能同时占有奥地利和波希米亚。为了将波希米亚王国和神圣罗马帝国掌控在本家族手中，早在1363年，查理四世就使长子瓦茨拉夫被加冕为波希米亚国王，并在1376年使其当选为罗马人民的国王。在驾崩前，查理四世就把领地分给了四个儿子：把波希米亚、西里西亚及巴伐利亚、萨克森和神圣罗马帝国的领地分给长子瓦茨拉夫；把勃兰登堡、格利茨和摩拉维亚分给其他儿子。1378年，查理四世驾崩。当时正处于一场注定要困扰波希米亚多年的伟大宗教运动的前夕。

查理四世的长子瓦茨拉夫

查理四世统治业绩算得上辉煌璀璨了，这令他的前任和继任者的统治业绩望尘莫及。查理四世的父亲约翰一世是一位王室冒险家，儿子瓦茨拉夫四世则是个懒汉和醉汉。但瓦茨拉夫四世并非全无优点可言，毕竟他的登基给波希米亚人带来了很大希望。然而，在旧制度处于崩溃边缘、人们思想正处于萌芽状态的关键时期，从统治一个国家来说，瓦茨拉夫四世的性格太优柔寡断了。他统治时恰逢宗教史上的两件大事——教会的大分裂和扬·胡斯的宗教改革运动。

瓦茨拉夫四世登基时只有十七岁。传说中说他是个怪物，但事实绝非如此。可悲的是，瓦茨拉夫四世没有受过良好的教育，除嗜酒成性之外，还热衷于打猎和养狗。在与贵族和神职人员打交道方面，他不够机敏；常常把职位交给普通市民，甚至是家中和马厩的仆人。在他统治期间，由于家族联盟，波希米亚还算发挥了重要作用。瓦茨拉夫四世的弟弟西吉斯蒙德于1387年成为匈牙利国王，妹妹波希米亚的安妮则嫁给了英格兰国王理查二世，而他本人与法兰西王国宫廷结成了友好联盟。但瓦茨拉夫四世统治的最初几年不太顺利。他向一些重要的教会人士，尤其是布拉格大主教施暴并索要一座城堡，从而激怒了神职人员。内波穆克的约翰唯一的罪行就是在某件教会事务上违背了王室意愿，便受尽折磨被扔进了莫尔道河。当时，波希米亚受尽蹂躏，天主教信仰得以恢复，这一事件直接促成了17世纪一个著名的传说。根据该传说，这个内波穆克的约翰，即圣约翰·内波穆克因拒绝泄密而殉道。人们曾试图用他的名字取代扬·胡斯，但没有成功。

瓦茨拉夫四世的残暴行径，再加上他任由国外亲信在波希米亚获得巨大势力，激怒了大部分贵族。因此，这些贵族便发动起义攻击瓦茨拉夫四世。这些贵族称他们联合起来是为恢复被国王及其亲信践踏的土地上的宪法，但实际上是为确保维持和扩大他们自身的特权。这些贵族获得了匈牙利国王西吉斯蒙德和摩拉维亚的约布斯特的联盟支持。当瓦茨拉夫四世拒绝这些贵族提出的要求时，他们就囚禁了瓦茨拉夫四世并迫使他签署一项相当于退位的法

扬·胡斯

西吉斯蒙德

波希米亚的安妮

英格兰国王理查二世

案。随即,瓦茨拉夫四世的弟弟——格尔利茨的约翰在小贵族和城镇居民的支持下,前来帮助他。那些囚禁瓦茨拉夫四世的贵族阴谋家不得不带着瓦茨拉夫四世逃到奥地利并将他继续囚禁到第二年。这段时间里,摩拉维亚的约布斯特成了波希米亚王国真正的摄政王。匈牙利国王西吉斯蒙德不断干涉波希米亚王国的事务。1396年,瓦茨拉夫四世返回波希米亚,把摩拉维亚的约布斯特驱逐出去,并恢复了政权。1398年,瓦茨拉夫四世去了法兰西王国,在兰斯与法兰西国王查理六世就罗马和阿维尼翁的教会大分裂问题①进行会晤。回到波希米亚王国后,瓦茨拉夫四世发现教皇本笃九世挑唆选帝侯攻击他。1400年,巴拉丁选帝侯鲁珀特被三名基督教选帝侯选为神圣罗马帝国皇帝后,便立即向瓦茨拉夫四世宣战。神圣罗马帝国军队深入波希米亚,到达布拉格城门。布拉

法兰西国王查理六世　　　　　　　　　　　　　　　　　　　　教皇本笃九世

① 即天主教会大分裂(1378—1417),又称阿维尼翁分裂,是罗马天主教会中数位教皇同时要求其合法性导致的一次分裂。天主教会枢机团会议前后选出的两个教皇,分别是罗马教廷的教皇乌尔班六世及阿维尼翁教廷的教皇克莱门特七世,两位教皇分别在罗马和阿维尼翁聚集了自己的势力,造成天主教分裂。于是,服从哪个教皇由教会的内部事务变成国际危机。——译者注

格顽强抵抗，为瓦茨拉夫四世拯救了波希米亚。事实上，瓦茨拉夫四世只保留了波希米亚国王的头衔。由于执政无能，瓦茨拉夫四世不得不向弟弟——匈牙利王国国王西吉斯蒙德求助。但匈牙利王国国王西吉斯蒙德把瓦茨拉夫四世和摩拉维亚侯爵普罗科匹厄斯一同关在了布拉格的宫殿里。之后，匈牙利王国国王西吉斯蒙德把两人带到维也纳，交给奥地利王室处置。但瓦茨拉夫四世逃脱了，并在一些拒绝接受一位外国国王的波希米亚人的帮助下，于1402年再次回到布拉格。

这些家族恩怨和各君主遭受的屈辱一定会极大降低人们对王权的尊重。与此同时，在罗马和阿维尼翁分别存在两位教皇是整个基督教世界的丑闻，严重削弱了宗教权威。在神职人员阶层中，腐败已经滋生。同时代人安德烈·德·切斯基·布罗达说："神父之间毫无纪律可言；在主教之间，圣职买卖公开进行；众修士生活亦是污浊不堪；即便是非修士之徒，也都沾染着神职人员惯常使用的污言秽语。"此外，德意志人在波希米亚王国不断获得的人口优势让捷克人感到愤慨。农民开始意识到农奴制的枷锁太重了，尤其是这种枷锁还是由外国主人强加的。对王冠的尊重一去不复返，革命已在所难免。首先是宗教思想和教义的变革，革命倡导者是扬·胡斯。

甚至早在查理四世统治时期，著名神父康拉德·瓦尔德豪泽和摩拉维亚的米利克就开始酝酿这场与扬·胡斯有关的宗教改革运动。这两名神父都宣扬礼节和教会改革。康拉德·瓦尔德豪泽攻击了修士及当时的习俗。此外，他还说："要对穷人给予资助，而非修士。这些修士很富裕，把自己养得又肥又壮的，拥有的要远超所需。"摩拉维亚的米利克则攻击了教皇和枢机主教。康拉德·瓦尔德豪泽和摩拉维亚的米利克两人都被指控为信奉"异端邪说"。摩拉维亚的米利克不得不去阿维尼翁为自己辩护，却于1374年在阿维尼翁去世。他的学生——神学家亚诺夫的马蒂亚斯，也试图让神职人员恢复自己的使命。他并不相信那些圣迹，大肆宣扬教会的腐败，并指责教皇和枢机主教为谋取眼前利益扭曲了教会的早期习俗。即便在同时期非教会人员的著作中，也能看到对这些传教士宣扬节俭道德精神的描绘。大量《圣经》片段被翻译成捷克语，人们开始质疑《圣经》的权威。

然而，民族文学的发展唤起了人们想要摆脱德意志人霸权的信念。德意志人在波希米亚各地建立了自己的霸权。无论是在学校还是在教堂，德意志人的语言都比当地居民的语言具有优势，甚至教会职位也经常交给这些对当地居民语言一无所知的德意志人。扬·胡斯的伟大在于他本人及其教诲都体现当时的道德和民族倾向。作为一名神父，扬·胡斯宣扬教会改革，用人民自己的语言把"圣言"传给人民；作为一个爱国者，他努力使波希米亚民族摆脱少数德意志人的知识压迫。马丁·路德时代之前，没有任何改革者对一个国家产生过如此强大的影响。

1369年，扬·胡斯出生于波希米亚南部的胡西内茨。他就读于布拉格大学，获得了文学硕士和神学学士学位，并在该大学担任教授职务。作为一名神学学生，他深入研究了约翰·威克里夫①的作品。约翰·威克里夫的作品是通过波希米亚王国与英格兰王国之间的交流进入波希米亚的。这种交流得益于波希米亚王国公主波希米亚的安妮与英格兰国王理查二世的婚姻。扬·胡斯深受约翰·威克里夫影响，很快就发现自己与上流神职人员存在激烈的对立。1402年，扬·胡斯被任命为伯利恒教堂的院长和神父。伯利恒教堂是由一些爱国人士捐助建立的，采用捷克语布道。人们蜂拥而至前来聆听扬·胡斯布道。扬·胡斯关于教会滥用权力的布道在人们心中引起了共鸣。

由于无法反驳扬·胡斯的指控，扬·胡斯的对手们便指责他鼓吹约翰·威克里夫"异端邪说"。1403年，应布拉格分会教堂要求，约翰·威克里夫作品中有四十五项见解都受到布拉格大学的谴责。对此，扬·胡斯及其信徒都不认同，并坚持认为约翰·威克里夫的作品不存在不当之处，是被大家误读了。

---

① 约翰·威克利夫（1328—1384），英国哲学家、神学家、《圣经》翻译家、改革家、牧师，牛津大学神学院教授。他是欧洲宗教改革的先驱，曾于公开场合批评罗马教廷的各项规条不合基督教宗旨，也是首位将《圣经》翻译成英语的人。罗拉德派由他创立。——译者注

1408年，在扬·胡斯及其信徒的建议下，布拉格大学的波希米亚人举行了一次会议，并在会上讨论了这四十五项见解，尽管之前已经有四个民族对此做出结论，但波希米亚人仍然坚持认为不该从"异端"的角度解读这些受谴责的文章。兹比涅克大主教将波希米亚人的这一论断视作一种正式的违抗行为，下令对约翰·威克里夫的所有作品进行一次全新检查。不久后，他下令烧掉了约翰·威克里夫的大部分作品。大约在同一时期，兹比涅克大主教因扬·胡斯的强制性传教对他提出了指控。

与此同时，比萨召开了一次宗教会议，结束了罗马教廷的大分裂。那些积极促成比萨宗教会议召开的枢机主教不仅计划恢复教会统一，还计划"对教会

约翰·威克里夫

领袖和成员"进行改组。瓦茨拉夫四世依照比萨宗教会议决定，呼吁波希米亚王国的神职人员服从罗马教皇格列高利十二世，但兹比涅克大主教和高级神职人员拒绝听命于教皇格列高利十二世。就这一严峻问题，瓦茨拉夫四世向布拉格大学咨询。只有波希米亚民族内部意见不一。与大多数人一样，扬·胡斯和朋友宣布支持瓦茨拉夫四世和枢机主教。因此，"异教徒"扬·胡斯站在了罗马教廷一边，而布拉格大主教兹比涅克则反对扬·胡斯支持罗马教廷。在这件事上，瓦茨拉夫四世对高级神职人员的反对加强了他的宫廷地位，他从没有和王国内的高级神职人员和睦相处过。他的大多数亲信都是出于自身利益考虑才赞同他提出的宗教改革方案。这些改革者宣称，为了使神职人员恢复曾经的纯洁无瑕，有必要剥夺教会拥有的大部分领地。这些领地一旦世俗化，国王就可以把它们分给亲信。

扬·胡斯抓住这个有利时机，在布拉格大学为波希米亚民族争取了本该属于它的一席之地。他向瓦茨拉夫四世表示，给予外国人而非本地人压倒性的优势是一种不公正的表现。外国人具有的优势不仅体现在对教义的决策上，还体现在对职位和任命的分配上。扬·胡斯说："波希米亚人在波希米亚王国应该是排在第一位的，就像法兰西人在法兰西王国，德意志人在神圣罗马帝国所具有的地位一样。土地法、神的意志和自然本能要求波希米亚人应该占据重要职位。"按照这些思想原则，瓦茨拉夫四世下令，此后在布拉格大学进行的所有审议和选举中，波希米亚人应占三票，而外国人只占一票。结果，一批德意志教授和学生于1409年离开了布拉格，并在之后创办了莱比锡大学。

瓦茨拉夫四世这一有力措施使人们更容易遵从比萨宗教会议颁布的法令。比萨宗教会议出于感激，承认瓦茨拉夫四世为罗马人民的国王。但事实证明，这是一种虚幻的恭维，因为选帝侯并不在意这一点，并于1410年选举匈牙利王国国王西吉斯蒙德为神圣罗马帝国皇帝。同时，扬·胡斯成了布拉格大学的校长，但兹比涅克大主教绝没有被扬·胡斯的胜利击垮。兹比涅克大主教将改革者扬·胡斯和布拉格处以禁令。扬·胡斯向罗马教廷提出上诉，教皇约翰

教皇约翰二十三世　　　　　　　　罗马教皇乌尔班六世

阿维尼翁教皇克莱门特七世　　　　　亚历山大五世

二十三世暂停了禁令,以便让扬·胡斯有时间为自己辩护。兹比涅克大主教害怕瓦茨拉夫四世发怒,便逃往匈牙利,但途中不幸身亡。

为了结束罗马教廷的分裂,比萨宗教会议放弃了罗马教皇乌尔班六世和阿维尼翁教皇克莱门特七世,同时选出了一位新教皇——亚历山大五世。这样就有了三位教皇。教皇亚历山大五世恢复了教会,但他英年早逝,而继任者教皇约翰二十三世不具有一个教皇改革者应有的品质和美德。扬·胡斯比以往更有激情地布道。由于对整个教会改革感到绝望,他便把所有精力转向波希米亚教会。尽管主教和教皇都不允许扬·胡斯在伯利恒教堂布道,但扬·胡斯依然继续布道,发展约翰·威克里夫教义,并否认赋予教皇作为有形教会领袖具有的权威。而就在此时,罗马教廷为扬·胡斯提供了对付它本身的武器。1412年,教皇约翰二十三世受那不勒斯国王拉迪斯劳的攻击,下令发动十字军东征,以保卫罗马教廷。那不勒斯国王拉迪斯劳支持被废黜的前任教皇格列高利七世。所有不管是通过祈祷还是通过提供武器或金钱对十字军东征进行过帮助的信徒都获得大赦。扬·胡斯及其信徒在公开辩论和布道中谴责这种做法是在向人们实施恩惠。激动的人们猛烈攻击上层神职人员。教堂里宣扬宽恕的布道者被人们的问题打断。有三个捣乱分子被布拉格的议员抓住并砍了头,但人们根本没有被这种残酷的做法吓倒。他们安葬了这些人的尸体,就像对待殉道者一样把他们埋在伯利恒教堂里。随后,教皇约翰二十三世对扬·胡斯下了咒令,并将他可能居住过的每个城镇都处以禁令。受到惊吓的瓦茨拉夫四世恳求扬·胡斯离开布拉格。扬·胡斯受到波希米亚贵族阶层的欢迎,并在波希米亚人中找到了一群温顺而热情的听众。隐居期间,扬·胡斯出版了一些存有争议的作品,深受人们喜爱。这不仅仅是因为他是一位真正的改革家和捷克民族主义大业的捍卫者,还因为他是一位可以用母语进行清晰而有力地写作的作家。瓦茨拉夫四世不情愿看到新教义在他的王国传播,而罗马教廷则将波希米亚王国认定为"异端邪说"的温床。瓦茨拉夫四世尽最大努力来抚慰扬·胡斯,并使他与布拉格新任大主教阿尔比克和解。

然而,在此期间,这种一厢情愿的努力并没有为教皇约翰二十三世谋求到希望获得的帮助。瓦茨拉夫四世被那不勒斯国王拉迪斯劳驱逐出罗马,被迫逃往博洛尼亚。紧急情况下,瓦茨拉夫四世想促成一个宗教会议并向其寻求庇护,宗教会议将有助于解决教会的弊病和教廷的不幸。在洛迪,瓦茨拉夫四世

康斯坦斯宗教会议上的扬·胡斯

与神圣罗马帝国西吉斯蒙德会晤后，决定在康斯坦斯召开一次宗教会议。瓦茨拉夫四世相信自己通过宗教会议看到了结束波希米亚宗教骚乱的唯一途径。瓦茨拉夫四世优柔寡断，宗教骚乱实在让他头痛不已。神圣罗马帝国皇帝西吉斯蒙德要求扬·胡斯带一份有皇帝敕令的安全通行证出席康斯坦斯宗教会议，以便捍卫其教义。扬·胡斯被捷克人称为神父，不是那种临危退缩的人。扬·胡斯相信自己对真理的信仰足以使对手信服，并且对誓死捍卫真理做好了准备。瓦茨拉夫四世授权他的波希米亚骑士护送扬·胡斯去康斯坦斯。扬·胡斯希望能进入宗教会议，进行有力反击，并在心里暗暗寄希望于神圣罗马帝国皇帝西吉斯蒙德的安全通行证。然而，宗教会议对安全通行证一事置若罔闻，并将安全通行证视为世俗对神灵的非法侵犯。

扬·胡斯一到康斯坦斯就被关进监狱，并被指控为"异教徒"和扰乱教会纪律，而神圣罗马帝国皇帝西吉斯蒙德对此只发出了微弱的抗议。审判最初秘密进行，但后来扬·胡斯被允许可以在宗教会议上为自己辩护。许多针对扬·胡斯的指控都是错误的。但在辩护中，扬·胡斯虽然没有公开与天主教决裂，但依然捍卫拒绝教皇权威的教义，并将《圣经》的权威置于教会权威之上。此外，宗教会议拒绝聆听扬·胡斯的辩护，并要求他撤回全部论调。然而，扬·胡斯不会这么做。在1415年7月6日的开庭会议上，扬·胡斯被宣布为"异教徒"，并被移交给世俗当局。扬·胡斯被世俗当局宣判活活烧死，骨灰要投入莱茵河。扬·胡斯勇敢地走向火刑柱，殉道而亡。1416年，宗教会议还将扬·胡斯最忠实的信徒之一——布拉格的杰罗姆处以火刑。布拉格的杰罗姆那激昂雄辩的口才甚至将扬·胡斯的教义传播到波兰和立陶宛。

根据人们持有的一些特别的宗教观点，扬·胡斯经常被外国人视作著名的"异教徒"，有人崇拜，也有人憎恨。斯拉夫民族尤其是波希米亚人，将扬·胡斯视为天才作家、语言革新家和民族的英勇捍卫者。扬·胡斯和马丁·路德有许多共同之处。马丁·路德为德语所做的贡献，扬·胡斯早在一个世纪前就为捷克语做了同样的贡献。扬·胡斯并不满意自己的作品成为优秀的作品典范。他努力修正民族正字法[①]，煞费苦心地使拉丁字母适应斯拉夫语柔和而嘶嘶的发音，并将德语从斯拉夫语中驱逐，就像把德意志人赶出布拉格大学一样。扬·胡斯写道："当尼希米责备犹太儿童会说阿什杜德俚语，却对希伯来语一无所知时，所有的布拉格人都应受到惩罚，所有既说德语又说捷克语的捷克人也应受到惩罚。我们听他们说话，却丝毫听不懂。"扬·胡斯的宗教作品和具有争议的作品及他在康斯坦斯写的信函一直被认为是书写风格的典范。作为一名诗人，扬·胡斯写了一些赞美诗，并将这些赞美诗谱成乐曲。因此，正如评论家所说，扬·胡斯改革了宗教音乐。

然而，给捷克人留下深刻印象的不是扬·胡斯这位神父的天赋，而是其生

[①] 捷克语正字法是规定如何正确书写捷克语的一系列规则。捷克语的书写使用拉丁字母，并大量使用点(čárka)、勾(háček)、圈(kroužek)等附加符号。扬·胡斯创造了新的正字法，为捷克语的书面语言奠定了基础。——译者注

扬·胡斯被处以火刑

命的淳朴、品格的高尚及其在殉道时展现的英雄主义。宗教会议希望将扬·胡斯的所有痕迹从地球上抹去。于是，他们烧了扬·胡斯的衣服，并把他的骨灰撒入莱茵河。他们认为教会已将改革的灵魂驱逐出去，并征服了波希米亚。然而，使扬·胡斯陨落的火刑柱被点燃时，一场足以毁掉波希米亚王国和神圣罗马帝国的大火突然燃起，唯有无数殉难者的鲜血才能将其熄灭。

第 11 章

波希米亚的宗教与胡斯战争

（1415 年到 1437 年）

扬·胡斯的离世并没有平息波希米亚的宗教狂热。扬·胡斯的信徒把胡斯教义发展到极致，这是扬·胡斯生前未曾预料到的。扬·胡斯拒绝服从教会，但只是在发现教会违背圣言时，才宣布有权诉诸《圣经》。他并不是那种按自己的想象修改教条和宗教仪式的人。然而，中世纪的宗教幻想一旦被彻底唤醒，就不会轻易消失。诞生于某些幻想家大脑中的不会产生任何实际效果和具有道德应用的教义就足以激起大众的激情，因为大众在生活中最感兴趣的就是宗教了。扬·胡斯的一个信徒——亚库贝克·斯泰布尔斯基，或者德·斯特里布罗，开始教导说，圣餐不应只以面包形式而应以两种形式①提供给人民和神父。这种说教在扬·胡斯信徒的所有教区都受到热烈欢迎。圣杯成了胡斯信徒的象征，在教堂尖塔和所有公共建筑中都能发现圣杯。

康斯坦斯宗教会议立即谴责饼酒同领派，即所谓的圣杯派②的创新。然而，同一机构对扬·胡斯的判决不太可能促使胡斯信徒服从法令。正如扬·胡斯忠实的朋友姆拉代诺瓦茨的彼得所说，扬·胡斯殉难的消息在布拉格深深地激怒了人们。人们袭击了正统教士，并指控他们串谋杀害扬·胡斯。一些人遭

---

① 当时的教会规定只有神父可以领圣杯，因为怕笨手笨脚的平民会使"基督的血"溢出。扬·胡斯及其信徒顺应波希米亚人的要求，认为平民信徒也可领圣杯，即同领饼和酒。——译者注
② 15世纪捷克胡斯派中的温和派，又称"卡利克斯廷派"。——译者注

到抢劫，一些人被赶出家门，还有一些人被谋杀。1415年发生的一场地震和一次日食被人们认为是上帝为这位无辜殉道者进行昭雪的迹象。在农村，不管主教或大主教有多大权威，作为人们生计赞助人的领主和骑士都将他们不喜欢的神父驱逐出去，并用其他神父取而代之，尽管这一做法并不仅仅是因为宗教狂热。许多掠夺神职人员的领主仅仅是为确保自身的利益而已。

在布拉格举行的一次大会上，有四百五十二位来自波希米亚和摩拉维亚的贵族和骑士出席。会上起草了一份法律文件，该文件宣布处决扬·胡斯是对整个波希米亚贵族的侮辱。康斯坦斯宗教会议也收到了该法律文件。这些贵族和骑士还组成了一个联盟，该联盟拒绝听命于外国神父，只认可波希米亚教会的主教，因为他们一直认为波希米亚教会主教的教义符合《圣经》宗旨。这些贵族和骑士甚至向布拉格议会选举的新教皇妥协，并宣布在信仰问题上只接受布拉格大学专家委员会作为权威团体。然而，在波希米亚王国，一个主要由德意志人组成的强大的少数民族团体，无论是出于信仰还是兴趣，都依然忠于罗马天主教教会的教义。因此，德意志人与波希米亚人之间的竞争因宗教分歧而进一步加剧。

对此，康斯坦斯宗教会议采取了有力的措施。德·斯特里布罗和抗议者被传唤到康斯坦斯宗教会议。作为"异端邪说"中心的布拉格大学被命令关闭，并被剥夺由教皇授予的一切特权。瓦茨拉夫四世、巴伐利亚的索菲亚和布拉格新任大主教康拉德受到警告，如果他们不公开谴责胡斯派"异端邪说"，就要受到教会的惩罚。但这些警告没有被这些人放在心上。布拉格的杰罗姆之死的消息使人们愤怒至极。布拉格大学非但不服从康斯坦斯宗教会议的命令，反倒把自己改造成一个管辖教义事务的法庭。两种圣餐仪式都被宣布为实现救赎不可或缺的一部分，而扬·胡斯则被宣布为圣人和殉道者。

但就在这种纷争后不久，所有独立教派遇到的麻烦在胡斯信徒身上出现了。布拉格大学的校长宣称，与《圣经》教义相左的任何教义都不应存在。但《圣经》教义本身并不总是清晰明了。于是，教派主义者诞生了，他们拒绝除洗礼和圣餐仪式外的一切圣礼，否认大众权威，拒绝圣人崇拜，拒绝炼狱式的教义，拒绝斋戒和教会等级制度。

这些新学说在农村广泛传播。离后来的塔波尔镇不远的乌斯提小镇成了新教派主义者的中心。布拉格大学宣布独立于宗教会议，但并未打算与教会永久分离。现在，对乌斯提的革新者来说，布拉格大学扮演了一个正统机构的角色。这些革新者称胡斯信徒为"异教徒"，并创立了一种新的教义学说。但胡斯信徒拒绝服从新教规。胡斯派也没有遵从新教义原则。胡斯信徒非但没有努力进行教会改革，反倒在无限的理论和教条中迷失了自我。即便在最初的热忱期，关于学说教义和教条两个概念，胡斯信徒之间也争论不休。

1418年，康斯坦斯宗教会议解散，并未能成功重建波希米亚教会的权威。接替这一重任的教皇马丁五世也没有获得更大成功。瓦茨拉夫四世应教皇马丁五世的要求，试图恢复已被逐出教区的神父的职位，但人们反对那些恢复

教皇马丁五世

原职的神父。农民常常在本教区神父的带领下在山里聚集，而不会进入波希米亚教会的教堂。农民用《圣经》上的名字为这些山起名，如易北河边乌斯提附近的塔波尔山。塔波尔山成了胡斯派最狂热的传道者的传道所在地。为了复原最初的基督教面貌，并维持财产共有原则，胡斯派起草了一份新的信仰忏悔书。在新信仰中，信徒以兄弟姐妹互称，拒绝神父式着装和按仪式祭祀。祭祀时要使用通俗语言。这些将自己与一般信仰和日常生活习惯分隔开来的教区，只在等待勇敢的领袖去抵制教会，去抵制试图驱散他们的世俗力量。很快就出现了这样的领袖：塔波尔的尼古拉·胡斯和布拉格特罗奇诺夫的老骑士扬·杰式卡。在与波兰人共同对抗条顿骑士团时，扬·杰式卡就已对条顿骑士团有了了解，并对德意志人产生了仇恨。这些条顿人和他们的骑兵虽然没有受过训练，但强烈的宗教热情使他们成了中世纪欧洲最可怕的士兵。

这场斗争始于布拉格。瓦茨拉夫四世在重组布拉格议会时，任命了一些对胡斯信徒怀有敌意的骑士。这激起了人们的愤怒，在热利夫的约翰神父和扬·杰式卡的带领下，人们进了市政厅，抓了新任命的议员，把他们从窗户扔到下面的长矛和标枪上。瓦茨拉夫四世对这种暴力大吃一惊，立即做出让步，委任受人们欢迎的地方长官。不久，瓦茨拉夫四世驾崩了。瓦次拉夫四世三岁就成了王位继承人，十五岁时成为罗马人民的国王，十七岁时继任父亲查理四世的波希米亚王位。从继承王位那一天起，瓦茨拉夫四世就享有世间所有的美好。但他并不能承受本该承担的一切重任。瓦茨拉夫四世被波希米亚贵族和弟弟西吉斯蒙德囚禁。他在罗马教廷和胡斯信徒之间摇摆不定，不能掌控一切，只能继续玩物丧志，玩弄女人，游戏于诸事百态。瓦茨拉夫四世的统治标志着波希米亚政治颓废的开始。但捷克民族已经处于历史的关键时期，此时，各民族比君主更重要，尽管某些残暴行为与当时依然半野蛮的时代密不可分，但我们仍会看到波希米亚正在造就伟大的事业并将其光辉业绩传给子孙后代。

瓦茨拉夫四世的驾崩使当时人们备受压抑的情感得到释放。这种情感就是人们对王室的尊重之情。教堂和修道院遭到抢劫，天主教神父被驱逐，取而

扬·杰式卡

代之的是胡斯信徒。大主教和大教堂的教士都逃走了,许多富有的中产阶层,尤其是德意志人也紧随其后。按照查理四世的预先安排,瓦茨拉夫四世的弟弟西吉斯蒙德成了瓦茨拉夫四世的继任者,但西吉斯蒙德背信弃义,无视扬·胡斯的带有皇帝敕令的安全通行证。波希米亚各领地派大使去邀请西吉斯蒙德来布拉格。这些大使要求有权享有两种圣餐仪式。如果西吉斯蒙德默许,即意味着他在执政之初就不得不站在反对宗教会议和教皇的立场上。西吉斯蒙德的答复含糊其词,并命令瓦茨拉夫四世遗孀巴伐利亚的索菲亚在他来之前继续执政波希米亚。巴伐利亚的索菲亚试图解散一些会议,并且得到了贵族的支持,但这些贵族开始以宗教为借口在公众集会上表达不满情绪。然而,扬·杰式卡和尼古拉·胡斯煽动布拉格人民,试图发动进攻占领皇家城堡。扬·杰式卡和尼古拉·胡斯烧毁了部分城市,并强迫巴伐利亚的索菲亚允许公众集会和两种圣餐仪式的存在。了解这些暴行后,西吉斯蒙德立即决定前往布拉格。在收到西里西亚和摩拉维亚各领地的贡品后,西吉斯蒙德呼吁教皇马丁五世发起一场对抗胡斯信徒的十字军东征,并准备去波希米亚。

事态的发展鼓舞了波希米亚的天主教教徒和德意志人。库滕贝格的德意志人开始迫害当地胡斯信徒,并抓捕了四百名胡斯信徒,将他们扔进矿场。整个王国弥漫着恐怖气氛。扬·杰式卡急忙赶到塔波尔山,组织胡斯信徒聚集在山上开展军事行动,并在山上建了一个设防城镇。该镇成了胡斯信徒最强大的堡垒。塔波尔山的临时部队需要特殊战术和新武器,因为它不能拖着中世纪骑士的装备到处跑。沉重的连枷、铁匠的重锤是他们的武器,笨拙的四轮马车给战斗人员提供了一种掩护,给伤员提供了一个庇护所,而那些僵化不变的纪律则确保了军事行动的统一。即便是布拉格的饼酒同领派教徒,看到西吉斯蒙德在布雷斯劳接受十字架时,也开始准备捍卫自己的信仰。布拉格侯爵瓦滕贝格的采内克①向波希米亚人发出公告,敦促他们武装起来对抗共同的敌人。

---

① 瓦滕贝格的采内克,布拉格侯爵,是瓦茨拉夫四世遗孀巴伐利亚的索菲亚的首席顾问。——译者注

扬·杰式卡率领军队在布拉格城外的维科山与西吉斯蒙德率领的军队交战

1420年春,西吉斯蒙德率领一支军队,通过赫拉德茨克拉洛韦和库滕贝格进入波希米亚,一直深入布拉格郊外,并在这里为自己举行加冕仪式。随后,西吉斯蒙德向布拉格发起包围战。此时,扬·杰式卡率领塔波尔士兵向布拉格进军以解救这座城市。扬·杰式卡占领了布拉格附近的维科山。此后,这座山就以他的名字命名,叫杰式卡伯格山。扬·杰式卡击退了神圣罗马帝国十字军近十万人的进攻,并最终打破了西吉斯蒙德对该城的围攻。

然而,西吉斯蒙德在波希米亚的地位仍非常可畏。西吉斯蒙德几乎拥有所有的皇家城镇,甚至拥有布拉格高堡。因此,他可以在莫尔道河东岸的布拉格高堡指挥布拉格。他的军队由波希米亚天主教教徒及一些饼酒同领派贵族组成。但西吉斯蒙德的国库已经耗竭,为了支付战争费用,不得不把神职人员的部分财产做抵押。与此同时,布拉格人开始发起进攻并包围了布拉格高堡。西吉斯蒙德试图解除包围,但没有成功。西吉斯蒙德被击退,不得不放弃布拉格高堡。不久，匈牙利的局势迫使西吉斯蒙德返回匈牙利。因此，西吉斯蒙德组建了一个临时政府后，不得不离开波希米亚。

西吉斯蒙德的撤退鼓舞了胡斯信徒，使他们觉得自己获得了波希米亚王国大多数人的同情。布拉格胡斯派对所有加入国王或拒绝承认两种圣餐仪式的人发出了放逐令和没收财产令。天主教神职人员的部分财产也被没收。这样一来，在布拉格的德意志人的势力就被削弱了，而其余留在布拉格的德意志人也都皈依了胡斯派。布拉格人与扬·杰式卡和塔波尔人结盟，又开始重新征服这个国家。几个月后，除比尔森和布德韦斯之外，其他城市都被占领了，尽管某些城市是经过激烈抵抗后才被占领。布拉格守军最终投降了。在波希米亚人重新占领这些城市后，大部分德意志人都离开了。此后，这些城市再没有恢复曾经拥有的辉煌。许多教堂、修道院和宗教建筑都在这场战争中遭到毁坏。塔波尔派[①]虽然毫无怜悯之心，但采取一些激进措施还是有必要的。饼酒同领派贵族为塔波尔派的胜利感到震惊，最终放弃了保皇派，站在人民一边。布拉格大主教康拉德与饼酒同领派贵族达成和解，为他们的神父封圣，并允许他们随意使用部分教会圣物。

胡斯派获胜。胡斯信徒聚在布拉格，通过了胡斯教义并为波希米亚王国制定了宪法。胡斯教义一直是扬·杰式卡宣传的首要内容，由布拉格大学的专家制定。该教义包含四条内容：要求进行两种圣餐仪式、免费传播圣言、教会财产的世俗化及圣徒或非圣徒对教会犯下的不可饶恕的罪行和冒犯之举的世俗性惩罚。胡斯派郑重地派一名大使去为波兰国王瓦迪斯瓦夫二世·雅盖隆献上波希米亚王冠。在等待瓦迪斯瓦夫二世·雅盖隆接受王冠这段时期，波希米亚将由二十人组成的议会管理。该议会代表一半来自领地贵族，一半来自各

---

① 塔波尔派，亦译"塔博尔派"。胡斯运动中的激进派。15世纪上半叶流行于波希米亚。该派反对僧侣特权，主张基督教教徒在上帝面前人人平等，一般教徒应和僧侣一样，在领取圣餐时享受饼酒同领的待遇，还主张将教会的土地收归国有，消灭社会不平等，反对教皇滥用神权等。同时，该派反对德意志人对波希米亚的统治，主张捷克民族独立和统一，并不惜以武力来实现自己的主张。——译者注

城市和塔波尔派。在布拉格大学的引导下,该议会召开了一次宗教会议。胡斯教义的内容便是由宗教会议上通过的法案确立的。此次宗教会议对教会纪律的改革问题非常关注。因此,该宗教会议硬是给布拉格大主教康拉德配备了四个议员,并委托议员和康拉德一起维持教会纪律。

波希米亚人还不算团结。塔波尔派希望有自己的教会,并于1420年选出了一位主教为其神父封圣,这样就将自己与波希米亚教会分离开来。此外,教皇马丁五世对布拉格大主教康拉德进行了限制,并宣布其教区为空置教区。波希米亚贵族希望获得瓦迪斯瓦夫二世·雅盖隆的支持,因为一部分波兰贵族已信

瓦迪斯瓦夫二世·雅盖隆

奉胡斯教义，此时为波兰增加领地将非常有利，而且瓦迪斯瓦夫二世·雅盖隆与西吉斯蒙德在加利西亚问题上发生了争执。但波兰的神职人员担心波希米亚王国和波兰王国的单独联合会加速胡斯"异端邪说"在波兰的发展。教皇马丁五世的代表让瓦迪斯瓦夫二世·雅盖隆拒绝接受波希米亚王冠。随后，波希米亚人就把王冠送给了立陶宛大公维陶塔斯①。波希米亚人意识到德意志人建立的各王朝对他们的利益造成了巨大损害，于是试图寻求与他们的近亲斯拉夫人建立更加紧密的联系。

立陶宛大公维陶塔斯

① 维陶塔斯（约1350—1430），中世纪立陶宛最著名的统治者，是一个古怪的人物。在其统治下，拉齐维乌家族和戈什陶塔斯家族开始获得影响力，在14世纪波兰和立陶宛联盟中起了重要作用。——译者注

巨大危险就在眼前，因为西吉斯蒙德和神圣罗马帝国的诸侯正准备一场针对波希米亚人的十字军运动。然而，在西吉斯蒙德准备与德意志人合作前，德意志人就进入波希米亚了。德意志军队有两万人，其中五位指挥官是选帝侯。德意志人围攻了萨茨镇，但该镇进行了强有力的防御。十字军发起了复仇行动，洗劫了整个萨茨镇并大肆屠杀农民。不会讲德语的人都被处死。扬·杰式卡比塔波尔派和布拉格人抢先一步，匆忙去解救波希米亚。多年来，这位一只眼睛失明的勇敢无畏的领袖，最近又在围攻拉比城堡时失去了另一只眼睛。但失明并没有使扬·杰式卡的军事技能下降。扬·杰式卡这个名字本身就带着恐怖色彩。在成功解围后，德意志人就撤退了。被土耳其人阻留在多瑙河的西吉斯蒙德最后带着一支由著名的雇佣兵队长弗罗伦萨人皮帕指挥的八万大军来到波希米亚。面对这股力量，摩拉维亚放弃了抵抗。与波希米亚相比，摩拉维亚没什么地理优势，摩拉维亚人也没有那么好战和顽强。摩拉维亚贵族放弃了两种圣餐仪式，宣誓效忠西吉斯蒙德。波希米亚的一些饼酒同领派贵族也纷纷效仿。西吉斯蒙德率军前往库滕贝格，随后占领了库滕贝格。但扬·杰式卡出其不意地袭击了西吉斯蒙德，在将其军队逼退到德意志人所在的浅水区后，于1422年在萨扎瓦河河岸上将其彻底击溃。

这一胜利使波希米亚摆脱了德意志人的入侵。在一段时期内，波希米亚人成了本国真正的主人。然而，波希米亚王国各阶层之间毫无和谐。存在于宗教教条问题上的分歧让布拉格派和塔波尔派分道扬镳，而塔波尔派又分裂成不同的教派。在这些教派中间出现了奇怪的学说。一些人鼓吹商品经济和婚姻交易，另一些人（主要是亚当派①）则倡导回归自然，回到原始的裸体和肆无忌惮的肉欲中。扬·杰式卡不得不谴责这些顽固不化的信徒，并把落入他手中的信徒活活烧死。在布拉格，塔波尔派招募了许多信徒。这些信徒在领袖热利夫

---

① 亚当派，是指公元2世纪到4世纪北非早期基督教团体的信徒。主张人类应当学习始祖亚当，完全地返璞归真。亚当派信徒在宗教仪式上不穿衣服。中世纪晚期，中欧也出现了有类似的教派，即塔波尔派中的小教派，倡导回归自然，回到原始的裸体和肆无忌惮的肉欲中。——译者注

的约翰神父（热利夫的约翰神父凭三寸不烂之舌煽动了人们）的带领下，扬言要占领布拉格。两年来，热利夫的约翰神父一直是布拉格真正的"统治者"，直到一些富有的资产阶级使用计谋将他抓住并处死。但暴乱最终还是爆发了。保守的饼酒同领派被驱逐出布拉格大学委员会，取而代之的是新殉道者热利夫的约翰神父的信徒。尽管一切混乱无序，但立陶宛大公维陶塔斯还是决定接受波希米亚王国王位，并选弟弟西吉斯蒙德·科里布托维茨代为管理波希米亚。西吉斯蒙德·科里布托维茨在克拉科夫集结一支军队，借道西里西亚和摩拉维亚进入波希米亚，途中没有遭遇任何抵抗。面对这样一个四分五裂、渴望

西吉斯蒙德·科里布托维茨

自由的民族，一个通过自由选举选出来的国王依然保留着王位的所有威望。摄政者西吉斯蒙德·科里布托维茨结束了布拉格和其他城镇的混乱局面，并恢复了领主和骑士对这些城镇的管理权。然而，西吉斯蒙德·科里布托维茨扮演和平缔造者的角色并没有持续太长时间。根据匈牙利国王和波兰国王签订的一项条约，立陶宛大公维陶塔斯于1422年放弃了波希米亚王国王位，并将他英明的助手西吉斯蒙德·科里布托维茨召回。饼酒同领派贵族与天主教教徒联合，将波希米亚再次置于西吉斯蒙德的统治之下。但扬·杰式卡发动了一场激烈的战役。战役一如既往地以塔波尔派的胜利告终。西吉斯蒙德·科里布托维茨返回波希米亚对双方进行调解。这次行动完全出于西吉斯蒙德·科里布托维茨的自愿。因此，他违背了叔叔瓦迪斯瓦夫二世·雅盖隆的意愿。西吉斯蒙德·科里布托维茨很受欢迎，因此，双方不得不同意再次承认他为摄政者。

不久，扬·杰式卡去世了。几份由扬·杰式卡经手的文件证实他是一个信念真诚、具有深厚宗教感情和强烈爱国主义精神的人。在其中一份宣言文件中，扬·杰式卡宣布他要拿起武器保卫波希米亚和斯拉夫民族。

扬·杰式卡死于瘟疫

对塔波尔派来说，扬·杰式卡的死是严重的损失。他的勇气使塔波尔派能够抵挡王国内的敌人；他的威望使塔波尔派能够尽可能地坚持理智和节制。扬·杰式卡死后，塔波尔派就分裂了。那些极端分子保留了塔波尔派的名字，而饼酒同领派愿意将自己称为"孤儿"。这两个派别，尽管总是明争暗斗，但总是随时准备联合起来反对天主教教徒。根据1425年的《沃斯西斯条约》，塔波尔派和饼酒同领派获得了大部分从布拉格分离出来的皇家城镇，并在塔波尔派和饼酒同领派的领导下成立了独立联盟。天主教教徒同意休战，领主也同意在其领地容忍两种圣餐仪式的存在。比尔森是唯一拒绝签署《沃斯西斯条约》的城镇。

天主教统治着奥洛穆茨主教的广大领地及德意志人占多数的皇家城镇。而西吉斯蒙德曾承诺把大部分皇家城镇分给他的女婿奥地利大公阿尔布雷希特五世。摩拉维亚的胡斯信徒只能依靠波希米亚王国及其近邻的援助才能维持自己的地位。在波希米亚王冠管辖下的其他领地，如在西里西亚和卢萨蒂亚，后来能理解马丁·路德教义的大多数德意志人对胡斯运动都充满敌意，这更多的是因为民族而非宗教，而勃兰登堡早就不属于波希米亚王国了。总是需要钱的西吉斯蒙德把勃兰登堡抵押了，并在1415年将其赐给霍亨索伦家族的腓特烈六世。

西吉斯蒙德仍希望在波希米亚重获大权。在向神圣罗马帝国寻求援助无果后，他与女婿奥地利大公阿尔布雷希特五世结盟。他承诺把波希米亚北部的几个城镇特别是易北河的布吕克斯和奥西希赐予阿尔布雷希特五世。阿尔布雷希特五世立刻占领了这些地方。但这次，波希米亚人并未按兵不动，而是主动进攻。波希米亚人从南部进入奥地利，并派一支军队从北部包围了奥西希。这次，波希米亚人的领袖是始终忠于波希米亚王国的西吉斯蒙德·科里布托维茨和普罗科普[①]。普罗科普又被称为剃须的普罗科普，或称"伟大者"，是一位

---

① 普罗科普（约1380—1434），波希米亚著名的军事家，胡斯战争中起义军统帅、激进的塔波尔派领袖。——译者注

普罗科普

已婚神父。诸多战事已使普罗科普成长为一名战将,并将自己看作扬·杰式卡天赋才能的继承人。一场血腥之战在奥西希城下拉开。萨克森人和米斯尼昂人在这场战斗中被彻底击败,被迫撤到边境外。阿尔布雷希特五世逃到摩拉维亚,之后逃到了自己的公爵领地。就这样,胡斯信徒反倒成了进攻者,而西吉斯蒙德正在其他领地上忙着与土耳其人交战,无法阻止胡斯信徒。

然而,胡斯信徒在战场上获胜后,又继续分裂成许多派别。我们发现,塔波尔派出现了分裂,之后饼酒同领派也出现了分裂。于是,出现了两个教派①。一个教派②希望与教会和解,并规定采取两种圣餐仪式的宗教权利。另一个教

---

① 胡斯派分为两个教派,温和派和激进派,或称圣杯派(饼酒统领派)和塔波尔派。——译者注
② 即圣杯派,该教派主张没收德意志天主教教会在波希米亚的财产,用捷克语做礼拜和自由传教,禁止外国人担任官职和拥有土地,建立波希米亚的民族教会等。——译者注

派则信奉约翰·威克里夫教义，要求废除某些天主教仪式，并要求人们使用民族语言来阅读"书信"和《福音书》。

西吉斯蒙德·科里布托维茨支持饼酒同领派，因为该教派赞成和解，并与教皇马丁五世进行了秘密谈判。见此，塔波尔派就开始攻击西吉斯蒙德·科里布托维茨，将其俘虏，并于1427年把他赶出波希米亚。塔波尔派大获全胜。布拉格的人们与塔波尔派的同盟关系更加紧密，普罗科普成了胡斯信徒无可争议的领袖，拥有比扬·杰式卡更大的权力。

然而，罗马教廷继续鼓动向波希米亚发起十字军运动。1427年，神圣罗马帝国诸侯通过比尔森再次进入波希米亚。比尔森是一直忠于天主教的。但随着普罗科普步步逼近，神圣罗马帝国军队撤退到塔霍夫。波希米亚人占领此地并击败了神圣罗马帝国军队。现在轮到普罗科普采取主动攻势了。他入侵匈牙利直至普雷斯堡，并大肆践踏和蹂躏匈牙利，接着入侵摩拉维亚（这里的胡斯信徒开始再次扬眉吐气），并于1428年年初到达西里西亚。在西里西亚，波希米亚人占领了许多城镇并驻守下来。他们击败了布雷斯劳主教的军队，并占领了西里西亚部分地区。与此同时，胡斯信徒深入巴伐利亚和奥地利，击溃了从四面八方袭击他们的神圣罗马帝国军队。胡斯信徒攻无不克，西吉斯蒙德只得接受公开谈判。因此，他便与普罗科普及其信徒约定在普雷斯堡召开会议。会上，西吉斯蒙德提议，所有的宗教分歧都应提交给宗教会议裁决。两年内，宗教会议要在巴塞尔召开一次会议，届时应宣布休战。但波希米亚人没有忘记扬·胡斯的悲惨遭遇，对宗教议会并没有信心。因此，提案被否决，胡斯信徒和西吉斯蒙德再次陷入敌对状态。

普罗科普入侵卢萨蒂亚并将其占领，接着，向迈森和萨克森发起了一次规模庞大的远征运动以对抗神圣罗马帝国。在胡斯信徒到达前，萨克森选帝侯大军就已仓皇而逃。迈森、萨克森、图林根和弗兰科尼亚都遭到入侵。根据一些历史学家的说法，七十座城市和几千座村庄被肆意践踏、被烧毁。胡斯信徒让神圣罗马帝国感到恐慌。巴伐利亚公爵、纽伦堡侯爵和许多城市都要赎买和平。萨勒河畔洪堡镇派了一批儿童代表去找普罗科普,向这位凶猛的征服者乞求怜悯。

波希米亚人取得的功绩令欧洲钦佩和恐惧。罗马教廷更加惊恐,因为胡斯教义已跨过波希米亚王国边境开始向波兰王国、匈牙利王国、神圣罗马帝国甚至法兰西王国蔓延。来自多芬尼①的自愿捐款被送到波希米亚。阿拉斯主教写道,他不敢离开自己的教区,因为"他必须看管好自己的信徒不受波希米亚'异端邪说'的侵蚀"。基督教国家认为,解决诸多罪恶的唯一办法就是召开宗教会议,而神圣罗马帝国和法兰西王国的神职人员则扬言说宗教会议的召开不需要经过教皇马丁五世批准。与通过召开神学集会做出决议以解决问题相比,教皇马丁五世对用武力解决问题更加有信心。教皇马丁五世相信,打败波希米亚人就能将最叛逆的灵魂置于教会权威下。因此,1431年纽伦堡宗教会议决定发起一次新的十字军运动。不久,一支新的神圣罗马帝国军队从西部进入了波希米亚。普罗科普带着一支强大的军队在多马日利采等候这支大军,并随后大败神圣罗马帝国军队。胡斯信徒再次入侵奥地利和匈牙利。

与此同时,巴塞尔宗教会议召开。全世界都渴望和平,特别是神圣罗马帝国和波希米亚王国,持续不断的战争已使其疲惫不堪。波希米亚军队很大程度上已失去宗教所具有的庄严和道德的清廉无瑕。这种宗教曾使扬·杰式卡的士兵独树一帜,但现在这支军队满是贪婪的"冒险家"。此外,自从西吉斯蒙德·科里布托维茨离去,波希米亚王国还没有一个具有真正执行能力的政府。1431年,由十二人组成的议会只能行使非常有限的权力。

1431年,巴塞尔宗教会议拉开帷幕。1431年10月,一份和解函被送往胡斯派,要求他们派代表来巴塞尔。1430年12月,饼酒同领派大主教康拉德去世。如果波希米亚人希望拥有一名神职人员,那么他们就必须得打破宗教传统,与天主教教会和解。波希米亚王国各领地及热爱和平的人们收到和解的消息后

---

① 多芬尼,是旧时法兰西东南部的一个省,其面积大致相当于现在的伊泽尔省、德龙河和阿尔卑斯山脉面积的总和。——译者注

非常高兴。1432年1月,在布拉格举行的一次会议上,饼酒同领派和塔波尔派决定就如何接待波希米亚使者问题进行协商。两派都没有忘记扬·胡斯和那个既不能将扬·胡斯从监狱里救出来也不能将其从火刑柱上救下来的带有皇帝敕令的安全通行证。塔波尔派同意进行谈判,但条件是,在所有问题没解决前不能停战。普罗科普继续加紧对神圣罗马帝国的侵略,洗劫了柏林及勃兰登堡的奥得河畔法兰克福。之后,普罗科普极其苛刻地强迫西里西亚从他那里赎买和平。1432年,胡斯派派一名大使到瓦迪斯瓦夫二世·雅盖隆的宫廷,成功签订了波兰王国和波希米亚王国之间的条约。为了回报波兰王国给予的援助,波希米亚王国的王冠被允诺给年幼的瓦迪斯瓦夫三世。1432年,在布拉格召开的会议尽管遭到教皇尤金四世的反对(教皇尤金四世反对与"异教徒"之间的任何妥协),还是派代表到波希米亚安排如何接待波希米亚使者。双方

教皇尤金四世

一致同意，使者应以自由人而非被指控者的身份出现在法庭上，并且有权根据《圣经》和由诸位神父为自己的教义辩护。因此，胡斯派决定派一个大型使团去巴塞尔，许多著名人士亦在其中。

1433年1月6日，普罗科普在一百名胡斯信徒陪同下来到巴塞尔。一个叫埃尼亚斯·西尔维厄斯的见证者及后来的教皇庇护二世都讲述了人们看到胡斯信徒时的反应。按照神圣罗马帝国士兵的说法，每个胡斯信徒都被一百个恶魔附身，在领袖的带领下，威力震慑人心，恐怖至极。人们说："就是那个人，他经常让忠诚之军仓皇而逃，他摧毁了那么多城市，屠杀了成千上万的人，百姓和仇敌都怕他。"所有这些关于普罗科普的讨论都基于上文提到的《布拉格四纲领》[①]。这些讨论有时在宗教会议上进行，有时在秘密会议上进行，整整持续了三个月。巴塞尔宗教会议的多数成员赞成宗教改革的想法，甚至在圣杯问题上似乎可能达成妥协，但困难在于使塔波尔派接受教会的权威原则并承认等级制度的有效性。巴塞尔宗教会议本着和解的精神，同意派一个代表团前往布拉格，与波希米亚和摩拉维亚的胡斯信徒谈判。1433年6月，布拉格召开了一次特殊宗教会议。教会显然不能对所有教派的意见一一认可，并且胡斯信徒有必要达成一种折中方案。然而，饼酒同领派和塔波尔派无法达成一致协议。宗教会议的代表向饼酒同领派表示可暂时容忍两种圣餐仪式的存在，但其他问题则将由波希米亚议会代表出席的议会进行解决。最重要的是，亟须立即宣布停战。布拉格人坚持认为，为了打压波希米亚的各种宗教派别，所有波希米亚人和摩拉维亚人在圣餐仪式中必须使用圣杯。做出这一让步超出了该议会代表的权力范围。因此，一个新的波希米亚代表团又被派往巴塞尔与宗教会议进行交涉。与此同时，并未有任何停战宣言。胡斯信徒继续蹂躏匈牙利，并向比尔森发起猛烈进攻。当时，比尔森一直是波希米亚天主教的主要据点。

[①] 《布拉格四纲领》主要内容：自由传教、演讲胡斯派基督教的福音；上到王公贵族，下到乞丐，只要信主，都可以在圣餐中领杯饮酒；取缔神职人员的财产和世俗权力，恢复使徒式的清贫生活（清教徒特征）；对不可饶恕的重罪必须公开处罚。——译者注

对比尔森的围攻一再拖延。胡斯信徒围攻大军已经习惯了在匈牙利这片异域土地上过着丰衣足食的生活，便渐渐离开了自己的祖国——波希米亚那片贫瘠的土地。普罗科普的军队内部发生了叛乱。曾带领军队获得多次胜利的普罗科普被叛乱士兵所伤并成了俘虏。因此，普罗科普就把指挥权交给副将桑河的恰克。然而，桑河的恰克在攻击天主教据点比尔森时并不比普罗科普幸运多少。与此同时，巴塞尔宗教会议派一个新的代表团到波希米亚，使波希米亚和摩拉维亚议会达成了《巴塞尔协议》。协议指出，议会将圣杯赐予提出请求之人，为饼酒同领派神父封圣，原则上承认其他三条布拉格纲领。摩拉维亚与波希米亚教会代表只保留布拉格纲领细节规范问题的权利。关于《巴塞尔协议》，波希米亚神职人员分为两派，一派倾向于接受这些协议，另一派则认为有义务遵守两种圣餐仪式。后一派占了上风，因此，《巴塞尔协议》未通过。1434年年初，巴塞尔宗教会议代表离开了布拉格，战争比以往更加激烈。现在，波希米亚王国正与整个基督教世界做斗争。巴塞尔宗教会议向所有天主教神职人员征税，来帮助波希米亚天主教教徒，尤其是比尔森的天主教教徒。巴塞尔宗教会议用这笔钱收买了一些胡斯信徒，通过奸诈不义的手段使比尔森再次获得粮食供给。为恢复和平，1434年4月，波希米亚领地常设议会召开了一次会议。该会议颁布了一项全面和平法令，决定从此时起，由国家出资供养波希米亚军队，同时要求塔波尔派和饼酒同领派要么解散军队要么被编入新的军队。这个为特定目标而采取的措施发出了饼酒同领派和塔波尔派再次战争的信号。在布拉格，长期被塔波尔派占领的、波希米亚人居住的新城拒绝接受全面和平，而德意志人居住的旧城接受和平。由波希米亚各领地共同发起的军队进入布拉格并迫使塔波尔派投降。听到这个消息，塔波尔派军队解除了对比尔森的围攻，并在普罗科普的带领下继续向布拉格前进。然而，饼酒同领派军队得到天主教军队的增援。1434年5月，两支军队在利帕尼交锋，一场可怕的激战开始了。饼酒同领派军队佯装溃逃，引诱塔波尔派军队离开战车到广阔的平原作战。埃尼亚斯·西尔维厄斯说，普罗科普已经厌倦了征服，不愿再征服谁。

普罗科普在利帕尼战场上被饼酒同领派军队杀害

因此,在一番英勇战斗后,普罗科普最终还是被打败了。普罗科普被饼酒同领派军队杀害,追随他的一万六千名士兵一同战死沙场。能征服波希米亚人的只有波希米亚人自己。昔日强大的塔波尔派军队的残余兵力在塔波尔及其附近城镇寻找庇护。但许多士兵离开了塔波尔派军队,并认可了各领主的权威。

饼酒同领派胜利后,各领主重新召开议会,并与西吉斯蒙德进行了交涉。他们再也不指望波兰王国的支持了,因为瓦迪斯瓦夫二世·雅盖隆已驾崩,其儿子瓦迪斯瓦夫三世发现自己的继承权受到一个波兰贵族党派的质疑。西吉斯蒙德去了雷根斯堡,并在此等候波希米亚代表团的到来。在雷根斯堡,人们还发现一支来自巴塞尔宗教会议的代表团,但他们无权处理各领主与西吉斯蒙德之间存在的问题。巴塞尔宗教会议代表团宣布,如果西吉斯蒙德承认波希米亚的自由并承诺波希米亚和摩拉维亚只有经议会同意才能存在两种圣餐仪式,这些领地领主就准备与其和解。关于承认波希米亚自由这个问题,没遇到什么困难，但关于存在两种圣餐仪式这个问题，西吉斯蒙德要求领地领主直接与议会谈判。关于存在两种圣餐仪式这个问题，布拉格召开了一次会议。会上，饼酒同领派一改之前的主张，同意只在当时正在实施宗教仪式的教堂使用圣杯，但他们要求波希米亚和摩拉维亚被赋予选择主教和大主教的权力。

1435年，西吉斯蒙德、巴塞尔宗教会议代表和波希米亚代表在布尔诺再次进行会晤。巴塞尔宗教会议不承认饼酒同领派教堂的存在，只承认在每个教区，圣事可交由忠诚的信徒主持，根据每次圣事希望达成的意愿决定用或不用圣杯。大主教和主教要保证可采用任何一种仪式主持圣礼，并要为天主教和饼酒同领派神父举行圣职仪式。西吉斯蒙德的行为非常奇怪，其态度模棱两可。波希米亚的代表显然是得到了西吉斯蒙德的支持，不愿接受这些提议并威胁着要退出布尔诺会议。应西吉斯蒙德的请求，匈牙利的施图尔韦森堡再次组织宗教会议。与此同时，波希米亚各领地拟定了饼酒同领派和天主教教区的名单，并按照饼酒同领派神职人员的规定，选出了一名大主教和两名主教。不过，施图尔韦森堡宗教会议拒绝承认选举结果，而是任命了一名代表担任大主教辖区的临时主教。然而，在施图尔韦森堡宗教会议上，饼酒同领派和天主教最终达成了宗教和平和约。

西吉斯蒙德向施图尔韦森堡宗教会议代表们表示，最重要的是他获得了波希米亚王国王位的继承权，以后会很清楚地知道要采取什么措施把波希米亚王国带向真正的宗教之路。因此，1436年，《布拉格协定》[①]在摩拉维亚的伊格劳庄严宣布。按照《布拉格协定》，施图尔韦森堡宗教会议暂时允许使用圣杯和承认饼酒同领派神职人员的存在，并接受了《布拉格协定》的四项纲领。西吉斯蒙德在一封王室信函中承诺遵守布拉格条款，允许胡斯信徒传教士到

---

① 《布拉格协定》，波希米亚胡斯战争期间饼酒同领派和天主教会之间的协定。协定承认：平民可以用两种形式领圣餐（面饼和酒）；教会有以胡斯精神传教的自由，传教士由主教任命；教士有占有土地和管理教会领地的权利；废除教会对刑事案件的裁判权。协定符合饼酒同领派的利益。1436年7月5日，在伊格劳召开的议会上，由神圣罗马帝国皇帝兼匈牙利、波希米亚国王西吉斯蒙德正式批准。1462年被教皇庇护二世废除。——译者注

他的宫廷，允许大赦；外国人不得担任波希米亚王国的公职，要在波希米亚议会任命的委员会协助下执政并采取措施促进布拉格大学的繁荣。波希米亚王国和基督世界之间达成了和平和约，西吉斯蒙德终于能够入主布拉格，而布拉格已经多年未闻有国王了。

就这样，一场由扬·胡斯的火刑柱引起的第一波大火熄灭了。波希米亚向欧洲展示了令人震惊的景象：该民族把自己的宗教信仰和民族利益置于一切利益之上，并以极大的激情使波希米亚的民族力量增加了十倍。与波希米亚民族做出的牺牲相比，这场声势浩大的斗争的结果如何？扬·杰式卡和他的信徒为改革英勇顽强地斗争，其结果如何呢？波希米亚天主教教会的财富确实损失了一部分。大部分财富都落入贪得无厌的贵族手中，此后，神父就要依赖于这些贵族了。优秀的人士为了讨论胡斯教义的细枝末节，放弃了道德和纪律的实践根基。早在拜占庭发生宗教分歧前，围绕圣杯的争议就已激起人们的兴趣。此外，波希米亚王国与普世教会的和解还远未达成。施图尔韦森堡宗教会议绝不会批准饼酒同领派的所有要求。被西吉斯蒙德的承诺欺骗的饼酒同领派还在渴望得到更多的特权。此外，教皇尤金四世甚至还未批准《布拉格协定》。从政治层面讲，胡斯运动虽然使波希米亚民族获得了充分的优势，并击退了多年来的德意志化浪潮，但并没有达到预期效果。胡斯运动是一场民主性质的运动，开始时受人们欢迎，后以贵族的胜利告终。此后，贵族势力逐渐壮大。国王的大部分领地和教会的大部分土地都属于贵族。国王和贵族之间的权力平衡被打破。在其他派别特别是在天主教教徒眼中，"波希米亚"一名成了被谴责和鄙视的代名词。留给波希米亚的只有斯拉夫民族的慷慨激情、强烈的宗教狂热和朴素的道德情怀。这种道德情怀在后来的道德说教者、宗教领袖和政客的写作中有所体现，最重要的是在波希米亚兄弟会①的崇高理念中也有所体现。人们也许能从波希米亚兄弟会中找到胡斯运动的最佳传承。

---

① 波希米亚兄弟会，一个西方基督教新教教派，起源于14世纪末的胡斯运动。——译者注

西吉斯蒙德再次登上波希米亚王国王位后没活多久，1437年年底就驾崩了。任职波希米亚王国国王的那几个月，他的生活充满了辛酸。西吉斯蒙德发现自己对施图尔韦森堡宗教会议和饼酒同领派做出的承诺，并不能调和两者之间的矛盾。宗教方面，饼酒同领派和塔波尔派之间的矛盾依然存在。尽管已经达成《布拉格协定》，但奥洛穆茨主教还是拒绝为那些不愿放弃圣杯的神父封圣。布拉格大主教之位依然空着，饼酒同领派教堂由一位主教和布拉格神职人员的宗教法院共同管理。派系纷争不断加剧，不满情绪四处蔓延。国内的经济状况也不能改善这一糟糕状态。塔波尔派并没有完全放下武器。一些拒绝接受和平和约的塔波尔派占领了库滕贝格附近的锡安城堡。西吉斯蒙德攻占了锡安城堡并将塔波尔派的某位领袖和五十六个追随者处以绞刑。这激怒了塔波尔派。塔波尔派领袖斯特拉日尼采正要重新开战，西吉斯蒙德就驾崩了。就这样，卢森堡王朝的男性后裔随着西吉斯蒙德的驾崩而终结了。这一王朝已经出现了三位神圣罗马帝国皇帝、两位罗马人民国王、众多诸侯及四位波希米亚王国国王。

第 12 章

波杰布拉德和雅盖隆统治下的波希米亚

(1437 年到 1526 年)

神圣罗马帝国皇帝西吉斯蒙德没有留下男性继承人。因此,在他驾崩后,根据卢森堡家族和哈布斯堡家族之间达成的条约,卢森堡家族的所有领地都传给了西吉斯蒙德的女婿奥地利大公阿尔布雷希特五世。该条约早在查理四世统治时期就已达成,当时,王室权力还处于鼎盛时期。从查理四世统治时起,波希米亚不仅学会了统治其国王,甚至还学会了在完全没有国王的情况下应对一切。阿尔布雷希特五世只拥有上奥地利和下奥地利,势力还不够强大,不能用武力夺取波希米亚。斯特拉日尼茨和塔波尔派更喜欢波兰国王瓦迪斯瓦三世的弟弟,即年幼的卡齐米尔①。与波希米亚王国结盟以制衡奥地利大公国和匈牙利王国之间的联盟符合波兰王国的利益。卡齐米尔跟随一支军队前往波希米亚,而瓦迪斯瓦三世则入侵了西里西亚和摩拉维亚。尽管如此,再加上贵族的反对,阿尔布雷希特五世还是进入波希米亚王国并在布拉格加冕,然后向波兰大军主力所在的塔波尔镇进军。但教皇尤金四世介入其中,促成卡齐米尔和阿尔布雷希特五世之间熄火停战。1439 年,阿尔布雷希特五世驾崩。四个月后(1440 年 2 月),他的遗孀卢森堡的伊丽莎白生了一个儿子,即 "遗腹

---

① 即波兰国王卡齐米尔四世·雅盖隆。——译者注

子"拉斯洛五世。起初,波希米亚人拒绝承认拉斯洛五世。议会将王冠献给巴伐利亚公爵,因为卡齐米尔很早就放弃了波希米亚王冠。但巴伐利亚公爵拒绝了这一邀请。波希米亚贵族厌倦了战争,决定与卢森堡的伊丽莎白就摄政问题达成和解。波希米亚贵族要求把拉斯洛五世带到波希米亚,就好像不管拉斯洛五世多么年幼,只要他存在就能维持被诸多派系分裂的波希米亚的秩序一样。但卢森堡的伊丽莎白拒绝让儿子拉斯洛五世去布拉格。因此,波希米亚不得不进行自治。各领主尽最大努力来管理自己的领地,但总管理得不太好。各领主昔日的战争情怀再次被激起。饼酒同领派声称,西吉斯蒙德做出的承诺没有得到遵守:圣餐仪式并未以两种形式进行,奥洛穆茨主教依然拒绝为饼酒同领派的神父封圣。结果,饼酒同领派和波希米亚兄弟会联合起来反对天主教,甚至向塔波尔派提议成立一个能够包容所有宗派的教会。经过多次讨论,塔波尔派教义被大多数饼酒同领派教徒宣布为伪教义。这一讨论结果给了塔波尔派致命一击。结果,许多教区都退出了塔波尔派。不久,只有塔波尔派仍忠于自己的宗教信条。

显然,所有试图将非天主教教派联合起来的努力都失败了。1444年,一位新领袖波杰布拉德的伊日登场了。当时,波杰布拉德的伊日还很年轻,只有二十四岁,却具有许多难得的优秀品质。据说,波杰布拉德的伊日的教父是扬·杰式卡。与扬·杰式卡一样,波杰布拉德的伊日是一名英勇的士兵和一名热忱的爱国者,满怀在波希米亚建立统一秩序的愿望。埃尼亚斯·西尔维厄斯说:"他是一个矮胖、目光炯炯、举止文静的人,尽管确实有着胡斯派的不正之风,但他热爱法律和正义。"1447年,波杰布拉德的伊日诱使天主教教会领袖派大使前往罗马。罗马教廷派枢机主教胡安·卡瓦哈尔前往波希米亚执行一项特殊任务。1448年,枢机主教胡安·卡瓦哈尔到达波希米亚,但并无和解之意。关于说服教皇尼古拉五世接受《布拉格协定》并确认罗基卡纳的约翰为布拉格大主教的请求,枢机主教胡安·卡瓦哈尔回答说,罗马教廷决心要拒绝两种圣餐仪式,并会将大主教职位授予自己选定的人选。波希米亚人再次被激怒,枢机主教胡安·卡瓦哈尔认为在城里再多待一段时间很不安全。在一片混乱中,波杰布拉德的伊日向布拉格进军,并出其不意地将其占领。波杰布拉德的伊日大获全胜,成了波希米亚的真正统治者。

然而,波杰布拉德的伊日这种篡夺行为为他那不幸的国家开启了另一段充满血腥冲突的时期。天主教教会领袖罗森伯克的乌尔里希拿起武器对抗波杰布拉德的伊日。除获得外国盟友萨克森公爵和迈森侯爵的帮助之外,罗森伯克的乌尔里希还意外地得到了塔波尔派信徒的帮助,这些塔波尔派信徒早就被逐出了饼酒同领派。波杰布拉德的伊日不仅是一名军人,也是一名政治家。

波杰布拉德的伊日

他煽动巴伐利亚和勃兰登堡进攻萨克森，自己则率军入侵了迈森，然后在这里确立了政权。罗森伯克的乌尔里希同意召开议会，目的就是为波希米亚任命一位国王。波杰布拉德的伊日的功绩和权力顺理成章使其成为国王人选。1451年，神圣罗马帝国皇帝腓特烈三世承认了波希米亚人民的选举。波杰布拉德的伊日懂得如何让所有人尊重自己的权威。他缩小了塔波尔派的规模，强迫塔波尔镇接纳饼酒同领派的神父，并把塔波尔镇的主要神职人员关进监狱，从而结束了本就奄奄一息的塔波尔派的存在。罗森伯克的乌尔里希被围困在布德韦斯城，不得不投降。

然而，当时，波希米亚王国获得的偏远地区，即卢萨蒂亚、西里西亚和摩拉维亚几乎全部沦陷。显然，这些地区之所以与波希米亚有联系，很大程度上

神圣罗马帝国皇帝腓特烈三世

要归因于其国王波杰布拉德的伊日的努力。因此,只有年幼国王的加冕典礼才能使这些地区与波希米亚再次联合。波杰布拉德的伊日说服当时只有十四岁的拉斯洛五世前往布拉格接受加冕仪式。这位年轻的国王认出波杰布拉德的伊日是跟了自己六年的将领,于是同意了《布拉格协定》,并答应保留由西吉斯蒙德达成的约定。此后,拉斯洛五世重整了波希米亚王国。拉斯洛五世重建了司法机构,严格审查了过去三十年中土地征用情况,并收回了王室的大部分领地。摩拉维亚、西里西亚和卢萨蒂亚各领地都宣誓效忠于拉斯洛五世,只有天主教城市布雷斯劳因持反对意见而受到了严厉惩罚。年轻的国王拉斯洛五世无比信任波杰布拉德的伊日,并喜欢称其为教父。波希米亚再次变得井然有序,呈现出一片生机勃勃的景象。即便是在君士坦丁堡沦陷后,拉斯洛五世也可以为神圣罗马帝国皇帝腓特烈三世提供四万名士兵,以便对奥斯曼土耳其帝国发起一场十字军运动。1457年,在准备与法兰西国王查理七世的女儿马德莱娜的结婚典礼时,拉斯洛五世突然驾崩了。

按照之前的条约,波希米亚王冠应该归还哈布斯堡家族。但得到解放的波希米亚人并不认为自己要受前任君主所达成的条约的约束。而且波希米亚在国内可以找到一个最好的统治者,它又有什么必要去找一个外国统治者呢?波杰布拉德的伊日成了波希米亚人的合适人选。尽管存在许多其他主张,但波希米亚人几乎一致选举波杰布拉德的伊日为波希米亚王国国王。波希米亚再次成为自己命运的主人,摆脱了奥地利大公国和匈牙利王国的控制,这是自普热米斯尔王朝以来波希米亚王国第一次拥有一位真正的国王。摩拉维亚、西里西亚和卢萨蒂亚都向新君主宣誓。腓特烈三世很快就与波杰布拉德的伊日和好,并为其举行了授权仪式。

作为波希米亚王国国王的波杰布拉德的伊日继续着他从作为摄政王时就开始的工作,即恢复查理四世留给这个国家的和平与繁荣。王室领地的分割和减少大大削弱了军力,波杰布拉德的伊日立即向王室领地征收重税,用以供养一支装备精良的军队。在整个欧洲,波杰布拉德的伊日为自己赢得了一个明君

匈牙利国王马加什一世

的声誉。波杰布拉德的伊日把女儿波杰布拉德的凯瑟琳嫁给了匈牙利国王马加什一世,把另一个女儿波杰布拉德的西多妮嫁给了萨克森公爵阿尔布雷希特三世。就这样,波杰布拉德的西多妮成了当代萨克森王朝的祖母。

然而,宗教问题仍困扰波希米亚。塔波尔派遭到镇压,但他们私下仍继续进行自己的礼拜仪式。塔波尔派中间兴起了一个新的教派——孔瓦德兄弟会。该名源自其起源地。后来,孔瓦德兄弟会采用了波希米亚弟兄联盟一名,在国外被称为摩拉维亚兄弟会。摩拉维亚兄弟会由穷困潦倒的贵族成员格列高利组织,与罗马教廷完全分离,从教区挑选自己的主教。摩拉维亚兄弟会的教义与塔波尔派的教义相似,但与凶残猛烈的前辈相比,摩拉维亚兄弟会成员具有的一个优点——拒绝用武力捍卫自己的信仰。摩拉维亚兄弟会宣扬严格的道义,并对僭越职责的行为施以世俗性惩罚。正是这一点严重阻碍了摩拉维亚兄弟会的迅速发展。尽管如此，到了15世纪末，在波希米亚和摩拉维亚，处于主教管辖的教堂已经发展至近两百个。

尽管摩拉维亚兄弟会并不令人反感，并且波杰布拉德的伊日是一个饼酒同领派教徒，但他还是急于严格实施《布拉格协定》，并严格制约摩拉维亚兄弟会的成员。波杰布拉德的伊日希望与罗马教廷达成和解，为了实现此目的，便试图打压所有的宗教革新。1462年，波杰布拉德的伊日派一名大使到罗马，请求教皇正式批准由巴塞尔宗教会议确立的《巴塞尔协议》。但掌权的教皇是庇护二世，即埃尼亚斯·西尔维厄斯。教皇庇护二世曾在巴塞尔宗教会议中发挥了重要作用，他决心使波希米亚与天主教教会完全融合。因此，教皇庇护二世并没有同意波杰布拉德的伊日的要求，而是宣布废除《巴塞尔协议》，禁止

教皇庇护二世

采用两种圣餐仪式，并派一名使者说服波杰布拉德的伊日放弃饼酒同领派信仰。然而，不管是从个人信仰还是从政治利益上看，波杰布拉德的伊日都不允许自己这样做，便把使者关进监狱。随后，教皇庇护二世向波杰布拉德的伊日宣战，并威胁要将其逐出教会。不过，1468年，这位狂热的教皇的去世暂时中止了这种威胁。教皇庇护二世的继任者教皇保罗二世及时争取时间与腓特烈三世和波希米亚的天主教贵族谈判。最后，教皇保罗二世将波杰布拉德的伊日逐出教门：宣布波杰布拉德的伊日是一个异教徒、背道者和教会的掠夺者，并禁止其臣民服从于他，同时下令对胡斯信徒发动新的十字军运动。不过，教皇保罗二世发现，除腓特烈三世之外，神圣罗马帝国诸侯中很少有人愿意帮他。赎罪券的出售和对掠夺的向往确实使一些武装群体自发组织起来，但对天主

教皇保罗二世

教贵族联盟和少数支持教皇保罗二世的皇家城镇来说，这些人几乎没有帮上什么忙。

在试图与罗马教廷达成和解却徒劳无果后，波杰布拉德的伊日决定以武力反击武力，于是组织了一支强大的军队，扑向十字军并夺取其要塞。1468年，波杰布拉德的伊日把儿子明斯特堡公爵维克托送往奥地利，并指责腓特烈三世占有奥地利。但就在这个节骨眼上，教皇保罗二世召集马加什一世来对抗波杰布拉德的伊日。马加什一世被说服参加了这场争斗，与其说他是为捍卫天主教信仰的荣誉而战，不如说是他想为自己曾遭受的个人伤害报仇，并且希望能同时获得波希米亚王国和匈牙利王国的王冠。马加什一世迫使明斯特堡公爵维克托从奥地利撤军，并突袭了摩拉维亚。摩拉维亚的天主教城镇都打开城门欢迎他。随后，马加什一世入侵波希米亚，但被波杰布拉德的伊日率领的波希米亚军队包围，便不得不在维莱莫夫签署停战协议。马加什一世刚摆脱困境，教皇保罗二世就撤回了之前做出的承诺。因此，马加什一世再次开始了野蛮残暴的战争。他砍下波希米亚囚犯的头颅，并用石弩将这些头颅弹回波希米亚军队的营地。马加什一世甚至在奥洛穆茨聚集了一些坚定的拥护者，宣自己为波希米亚国王。然而，波希米亚军队再次将马加什一世逐出波希米亚。他不得不在匈牙利避难，尽管匈牙利军队仍在摩拉维亚的城镇驻守。奄奄一息的波杰布拉德的伊日没有任何盟友，也开始担忧波希米亚王国被瓜分。为了获取波兰王国的帮助，波杰布拉德的伊日与波兰国王卡齐米尔四世·雅盖隆进行了谈判，并说服波希米亚王国接受卡齐米尔四世·雅盖隆继任王位，尽管事实上这样做会牺牲王室的利益，毕竟他有两个儿子。在人生的最后阶段，波杰布拉德的伊日表现出了公正无私的爱国主义。1471年，波杰布拉德的伊日驾崩，享年五十一岁。

波杰布拉德的伊日英年早逝，未能完成自己的宏伟计划。他曾梦想建立一种由各王室公爵组成的国际特别仲裁机构，该机构可以是为诸公爵、臣民和教会服务的法庭。1464年，他甚至向法兰西国王路易十一世派了一名大使介绍这一计划。一份用捷克语写成的对此计划进行奇幻构想的文本被保留下来。波杰布拉德的伊日恳求法兰西最虔诚的基督教国王,作为国王,为了大众福祉,召开国王和公爵会议,共同致力于上帝的荣耀、教会的福祉和各国的独立——这是一个虚幻的梦想。后来,法兰西国王亨利四世曾对此进行过尝试,但并没有取得更好的结果。然而,真正的具有爱国主义情怀和美德的捷克民族之子波杰布拉德的伊日要比那些来自异族王朝的杰出的波希米亚公爵优秀得多。1471年,根据波杰布拉德的伊日生前的约定,饼酒同领派各领主选举波兰当时只有

乌拉斯洛二世

十六岁的乌拉斯洛二世为波希米亚王国国王。在发誓遵守《巴塞尔协议》后，乌拉斯洛二世占领了波希米亚王国，并带领一支几千人的军队来帮助波希米亚。马加什一世随即入侵了波希米亚，但无法越过库滕贝格。土耳其人已经征服了巴尔干半岛，现在又要占领多瑙河流域中部。如果马加什一世带领军队对抗土耳其人可能会更明智。教皇西克斯图斯四世非常清楚基督教世界的真正利益是什么，于是就强行签署了一项和平和约。但不久，马加什一世就发现了教皇西克斯图斯四世签署条约之事，便于1478年发动战争，直到确保奥洛穆茨和约达成后才终止战争。依据《奥洛穆茨和约》，马加什一世在有生之年被赐予卢萨蒂亚、摩拉维亚和西里西亚，并可在乌拉斯洛二世驾崩后获得波希米亚王国王冠。但万一乌拉斯洛二世比马加什一世活得久，那乌拉斯洛二世就有权以四十万达克特金币的价格收回失去的省。因此，以宗教为名开始的战争，就以廉价换取对某些省的占有而告终了。

与此同时，年轻的波希米亚王国国王乌拉斯洛二世发现波希米亚王国受到了削弱，国库也耗尽了，而一群傲慢的贵族也在与他对峙。在波杰布拉德的伊日的统治下，贵族因这位君主一直支持底层泽曼人或乡绅而受到压制。但现在贵族占了上风。从瓦迪斯瓦夫二世·雅盖隆统治时期开始，贵族对人民的压迫就合法化了。贵族利用乌拉斯洛二世的软弱引入了一条新法规，即农民无权控告主人。贵族又将农奴制引入法庭，通过剥夺农民拥有土地的权利使已经不堪重负的农耕阶层雪上加霜。贵族胆大包天，实行全面垄断，比如向农民生产和销售啤酒。他们甚至侵犯了城镇的自由。所有这些引发了内部斗争。乌拉斯洛二世经常被迫卷入内斗，而这严重损害了国王的威望，扰乱了王国的和平。

在处理宗教派别事务方面，乌拉斯洛二世就幸运多了。1485年，天主教教徒和饼酒同领派教徒在库滕贝格达成协议。根据该协议，双方承诺遵守《布拉格协定》和西吉斯蒙德的承诺。此后，这两项协议就成了国家法律，并被加入加冕誓言中。乌拉斯洛二世致力于获得教皇亚历山大六世的认可，但结果证明他是白费心力。在新形势下，饼酒同领派很快就失去了阵地。自从与波杰布拉德的伊日发生争斗以来，奥洛穆茨的主教就一直拒绝为任何不承诺放弃进行圣餐饮酒仪式的神父封圣，而饼酒同领派的人士不得不采取迂回方法在国外或其他地方寻求封圣，但很少能说服外国主教来波希米亚主持圣礼仪式。然而，对饼酒同领派教徒来说，为自己寻找神父是一件极难的事。因此，那些没有什么资质的神父，有时哪怕仅仅是冒险家，也能获准成为天主教神职人员。这样做的结果就是人们的道德水准严重下降。此外，饼酒同领派各领主要求获得宗教法院成员的提名权，以使神父完全依附于他们。

饼酒同领派逐渐失去势力，与此同时，波希米亚兄弟会通过彻底消除等级特权解决了等级继承问题。他们在日常生活中严格恪守的道德准则成了天主教教会的谴责对象。尽管遭到了迫害，波希米亚兄弟会的人数却与日俱增。由于天主教教徒和饼酒同领派教徒都要求乌拉斯洛二世公开谴责皮卡尔人（波希米亚兄弟会成员被称为皮卡尔人），乌拉斯洛二世就禁止这些人做礼拜。

1490年，乌拉斯洛二世被选为匈牙利国王。由于厌倦了波希米亚，乌拉斯洛二世便前往布达居住。乌拉斯洛二世是第一个不在布拉格居住的波希米亚国王。此后，布拉格开始失去某些重要性。让一个人获得两项王冠对任何一个国家来说都没有太大的好处。1516年，乌拉斯洛二世驾崩。早在七年前（1509年），乌拉斯洛二世就使三岁的儿子拉约什二世被加冕为波希米亚国王了。

1516年，拉约什二世的即位再次使一个未成年君主登上波希米亚王国的王位。15、16世纪的波希米亚王国，继承权频繁地落在年幼君主身上，这使贵族能轻易侵犯王室权力。乌拉斯洛二世驾崩后，布拉格的大贵族和一些高级权贵就掌控了政权。各领地间的争吵和纠纷仍在继续，但在1517年，各领地达成了一项协议。城市资产阶级在王国议会中被授予与贵族一样的投票权。在此时期建立的代议制几乎延续到了现在。当时，布拉格的两个区，即旧城和新城，为了更好地抵制贵族提出的要求而联合起来。然而，这个被称为"圣瓦茨拉夫公约组织"的联盟并没有消除各阶层之间存在的仇恨情绪。城市资产阶级和贵族经常大打出手，市民占领了贵族的城堡，并在布拉格将一些贵族斩首。

马丁·路德

其他麻烦事也接踵而至。在多瑙河流域,土耳其人不断发动攻击并开始征收新税,并且北方又出现了一股新的势力①,在宗教界掀起了一阵轩然大波。麻烦事来得比以往更猛烈。1517年,马丁·路德发表了著名的《九十五条论纲》,并在德意志发起宗教改革运动。很奇怪的是,《九十五条论纲》竟然让马丁·路德教义深受德意志一些城市的欢迎。就在不久前,这些城市还是天主教对抗胡斯派的堡垒。长期以来与罗马教廷意见不一的波希米亚人感同身受,为新教义欢呼雀跃。波希米亚人曾希望能继续使用圣杯并与教会保持联系,但教皇对他们的呼声充耳不闻,使其希望破灭。新教让人想起扬·胡斯的传统教义。马丁·路德继续着康斯坦茨殉道者的工作,并未坚持恪守波希米亚兄弟

---

① 此处是指基督教在16世纪到17世纪的教派分裂及改革运动,也是新教形成的开端,主要由马丁·路德、约翰·加尔文、胡尔德莱斯·慈运理、亨利八世等神学家与政治领袖发起。1517年,马丁·路德发表的《九十五条论纲》引发了宗教改革的开始,即德意志宗教改革。——译者注

会的严格道德标准,并且公然与天主教决裂。马丁·路德教义受到人们的热烈欢迎。饼酒同领派神父开始宣扬马丁·路德教义。早在1523年,饼酒同领派的一个宗教会议就借鉴马丁·路德教义,为饼酒统领派增加了几条宗教纲领。马丁·路德的一位朋友神父卡赫拉被任命为布拉格泰恩教堂主教,自此马丁·路德倡导的新教与罗马教廷的裂痕也在不断加深。布拉格成了各种冲突与战乱之地。在波希米亚,人们对马丁·路德倡导的新教争议不断,甚至会出现一些暴力行为。

事实上,1526年,拉约什二世命丧莫哈奇战役在很大程度上是由匈牙利贵族的派系分裂造成的。这些贵族不愿帮自己的君主。不过,匈牙利贵族狭隘的利己主义及爱国主义情怀的丧失很快就受到了残酷的惩罚。

第 13 章

安茹王朝统治下的匈牙利及君主选举制

（1308 年到 1444 年）

  1301年，匈牙利阿尔帕德王朝最后一位君主安德烈三世驾崩后，有三个人自荐要成为王位继承人。第一个是来自安茹的查理·罗贝尔，因与阿尔帕德家族联姻①而关系密切。另外两个是波希米亚的瓦茨拉夫三世和巴伐利亚的奥托②。教皇卜尼法斯八世支持查理·罗贝尔。由于认为圣斯蒂芬曾向罗马教廷朝贡，教皇卜尼法斯八世呼吁匈牙利教士支持查理·罗贝尔。然而，尽管教皇卜尼法斯八世已经下达了命令，但瓦茨拉夫三世仍坚持自己的权力，随即进入匈牙利并由考洛乔-凯奇凯梅特大主教约翰·洪特·帕兹马尼加冕。但在父亲瓦茨拉夫二世驾崩之际，瓦茨拉夫三世被立即召回波希米亚，无奈之下只能放弃争夺匈牙利王国王位。随后，得到特兰西瓦尼亚德意志殖民者（萨克森人）援助的来自巴伐利亚的奥托也来到匈牙利。但巴伐利亚的奥托未能成功获得王位。1310年，曾在1308年被加冕的查理·罗贝尔被认为是合法的匈牙利王国国王。

---

① 查理·罗贝尔的祖父那不勒斯国王卡洛二世娶了匈牙利国王伊什特万五世的女儿玛丽亚为妻，从而为他的后代继承匈牙利王位提供了依据。查理·罗贝尔的父亲安茹的卡洛·马特罗在1290年曾被教皇指名为匈牙利国王，但从未真正获取权力。1301年匈牙利国王安德烈三世（查理·罗贝尔的祖母的堂叔）去世后，统治匈牙利三百余年的阿尔帕德王朝绝嗣。查理·罗贝尔于1310年正式加冕，称查理一世。——译者注
② 巴伐利亚的奥托（1261—1312），即巴伐利亚公爵奥托三世。——译者注

特伦钦的马修·恰克

但从统治初期,查理·罗贝尔就不得不与强大的封臣,即特伦钦的马修·恰克①展开斗争。马修·恰克已成为斯洛伐克的实际统治者。

  对外政策方面,与阿尔帕德家族比起来,查理·罗贝尔更加雄心勃勃。他无法忘记意大利,因为安茹家族曾在意大利的那不勒斯占据着统治地位,并梦想着将那不勒斯和"圣斯蒂芬王冠"统一起来。在统一那不勒斯和"圣斯蒂芬王冠"这件事上,查理·罗贝尔自认为是成功的,因为他促成了儿子安德烈和卡拉布里亚公爵查尔斯之女乔安娜的婚姻。后来,乔安娜成了臭名昭著的"那

---

① 在加冕后的几年里,查理·罗贝尔致力于镇压贵族一波又一波的叛乱。马修·恰克是其中一个最为著名的反叛贵族,控制着斯洛伐克大部分地区。1312年,查理一世在罗让诺夫采战役中将其打败,从而结束了长期的内战。——译者注

不勒斯女王乔安娜一世"。查理·罗贝尔和威尼斯保持着非常友好的关系,并极其渴望稳固与意大利之间的友谊,因此,便与意大利签订了一项商业条约,以使亚得里亚海的沿海城镇获得保障。在欧洲东部,波兰成了查理·罗贝尔特别关注的对象。1320年,查理·罗贝尔娶了波兰国王瓦迪斯瓦夫一世的女儿波兰的伊丽莎白,并与瓦迪斯瓦夫一世建立了联盟。查理·罗贝尔雄心勃勃,想有朝一日吞并波兰。1338年,查理·罗贝尔诱使波兰国王卡齐米尔三世承认儿子安茹的拉约什[①]为波兰王位继承人。1342年,查理·罗贝尔驾崩。

拉约什一世的性格似乎可以帮助他实现父亲查理·罗贝尔的宏伟梦想。拉约什一世即位后不久,在那不勒斯的乔安娜的阴谋之下,其弟弟安德烈被暗杀的消息传到了他那里,这为其干涉意大利的事务提供了很好的借口。匈牙利人对意大利的第一次远征虽然只获得暂时成功,但为他们打开了一个思想、生活、文化和典雅生活的新世界,并对马扎尔人的文学、艺术和礼仪产生了巨大影响。然而,尽管拉约什一世无法永久确立自己在意大利的地位,但还是成功地在亚得里亚海找到了稳固的立足点。拉约什一世娶了一位斯拉夫公主,即波斯尼亚的伊丽莎白。匈牙利王国国王称对波斯尼亚拥有主权,但无法对其行使主权。由于拉约什一世与多瑙河下游的斯拉夫人建立了新的联系,教皇因诺森特六世便呼吁拉约什一世禁止帕特里派异端邪说在这些地区蔓延。因此,在这些地区,拉约什一世被认为是罗马教廷可怕的捍卫者,而来自东罗马帝国教会的瓦拉几亚信徒在摩尔达维亚寻求庇护。1358年,拉约什一世成功入侵意大利并深入帕多瓦,强迫那不勒斯王国签订了《威尼斯条约》,并通过该条约获得了整个达尔马提亚。这是一项重要的兼并,因为它使匈牙利王国占据了亚得里亚海部分海岸,并有机会发展成一个海上强国。

与此同时,土耳其人在巴尔干半岛确立了自己的地位,并开始向匈牙利挺进。根据一些晦涩文献的记载,1366年,在铁门[②]附近,土耳其人和马扎尔人

---

① 即拉约什一世。——译者注
② 铁门,多瑙河上的一个峡谷,构成罗马尼亚和塞尔维亚边界的一部分。——译者注

查理·罗贝尔

那不勒斯女王乔安娜一世

波兰国王瓦迪斯瓦夫一世

波兰的伊丽莎白

之间发生了第一次战斗。1375年,苏丹穆拉德一世夺取了哈德良堡并在此监视拜占庭的一举一动。东罗马帝国皇帝约翰五世·帕莱奥洛古斯拜访拉约什一世并恳求他帮忙,甚至答应要皈依天主教。但教皇乌尔班五世关注更多的是教条问题而非基督教危机问题,因此,便说服拉约什一世不要相信约翰五世·帕莱奥洛古斯的承诺。于是,拉约什一世把注意力从希腊转移到了波兰,因为长期以来,波兰王冠一直是他觊觎的目标。

正如我们看到的,拉约什一世被选为卡齐米尔三世的继承人。此后,为了得到波兰人的认可,拉约什一世就没有放弃任何帮波兰人对抗蒙古人及依然是异教徒的立陶宛人的机会。1354年,拉约什一世率领一支庞大的军队越过喀尔巴阡山脉,帮波兰人击退了入侵沃里尼亚和波多利亚的两个民族。拉约什一

苏丹穆拉德一世

世的这一举动使波兰人对他充满感激之情。1370年，拉约什一世被宣布为波兰国王。然而，拉约什一世在波兰的统治并没有料想得那么顺利，因此，他便把政权托付给母亲波兰的伊丽莎白。但波兰的伊丽莎白无法赢得躁动又无法制的波兰的支持。反抗爆发了。很明显，拉约什一世要想为继任者保住王位非常困难。由于没有儿子，在一番犹豫后，拉约什一世把女儿玛丽嫁给了年轻的卢森堡公爵西吉斯蒙德[①]。西吉斯蒙德是神圣罗马帝国皇帝查理四世的儿子，早年被送到匈牙利宫廷学习匈牙利语和法律。在统治的最后几年，拉约什一世一直忙于与威尼斯的斗争。最后，威尼斯人战败，从而确保了匈牙利对亚得里亚海沿岸的和平占有。1382年，随着拉约什一世驾崩，曾为匈牙利提供过两位国王的安茹王朝也随之覆灭。

　　安茹王朝的国王应该会把西方的思想和习俗引入匈牙利，这是最自然不过的事了。尽管匈牙利从未创建过封建体系，但匈牙利的体制已呈现出封建特征。爱德华·萨尤说："有两点妨碍了封建进程。首先，匈牙利王国国王对整个领地具有完全控制权，这使大领地的扩展变得不可能；其次，一批小贵族对政治感兴趣，而匈牙利这个阶层的人数要比其他国家多。总而言之，国王权力过大，而拥有政治权力的大领主又坚决维护自身的权力。匈牙利尽管有骑士和贵族的传统，但不可能完全成为一个封建国家。"

　　安茹王朝的国王们使宫廷变得富丽堂皇和奢华无比。宫廷活动时而在布达举办，时而在维谢格拉德举办。国王身边全是来自各个阶层的大领主，还有许多贵族。这些人构成了一个完整的等级体系。骑士比武和纹章学大受欢迎。带着不同纹章的军队聚集在各领主周围。领主只要带足一定数量的士兵，就有权号召士兵聚集在自己的旗帜下参加战斗。因此，这时出现了一种根据"同质性"[②]法律形成的世袭贵族制。这种制度禁止贵族出售自己的庄园。庄园应

[①] 即神圣罗马帝国皇帝、匈牙利国王、波希米亚国王西吉斯蒙德。——译者注
[②] 拉约什一世大约在1351年颁布一部意在巩固封建制度的法典，禁止把贵族领地收为国有，如果该贵族绝嗣，土地收归王室；确认中小贵族享有大领主所享有的种种特权。——译者注

由贵族的自然继承人继承，或者如果没有自然继承人，就要归还给国王。查理·罗贝尔和拉约什一世很少召开议会。为了弥补这一点，各贵族议会便享有充分的自由。

一些重要城市的市民阶层主要由外国人组成：匈牙利王国与那不勒斯王国之间的交易吸引了大批意大利人；德意志人拥入特兰西瓦尼亚；匈牙利王国与神圣罗马帝国之间的贸易也增加了。某些自由城市享有广泛的特权，会将收益进献给国王。拉约什一世打着维护基督教的旗号迫害犹太人，致使犹太人移居至奥地利和波兰。而那些留下来的犹太人则形成了自己的群体（犹太大学）。该群体必须身着特殊礼服，并且完全依赖于国王。另外，神职人员获得了大量捐赠，但这并没有提升其道义感，不过，教育得到了发展。拉约什一世经教皇乌尔班五世同意在芬夫基兴创建了一所大学①。该大学教授除神学之外的

教皇乌尔班五世

---

① 即佩奇大学，匈牙利佩奇市（旧称芬夫基兴）的一所公立大学，该大学为匈牙利学生数量最多的大学，1367年由匈牙利国王拉约什一世创立。——译者注

所有学科。然而，那个时期的文学作品几乎没有什么价值。得益于匈牙利与意大利之间更直接的交流，达尔马提亚历史学家的作品就是匈牙利在此时期的特殊文化产物了。事实上，斯拉夫-意大利达尔马提亚的文学生活与匈牙利本土的文学生活完全不同。虽然历史没有给我们留下一丝线索，但我们知道当时盛行英雄诗体作品。

正如我们看到的，卢森堡公爵西吉斯蒙德是匈牙利王国王位的继承人，但议会不接纳外国人。匈牙利没有萨利克法[①]，议会就为玛丽公主举行了加冕仪式。[②]编年史家约翰内斯·卢修斯说："女王加冕。"这种14世纪的说法也许可以解释18世纪著名的说法"我们愿为女王而死"。在母亲波斯尼亚的伊丽莎白的帮助下，这位年轻的女王接管了政权。波兰人拒绝接受西吉斯蒙德，除非他答应在波兰定居。

与此同时，西吉斯蒙德试图获得匈牙利对其权力的认可，但直到一段时间后才获得成功。玛丽一世试图诱使奥尔良公爵查理反对西吉斯蒙德，实际上那不勒斯国王杜拉佐的查理[③]为自己举行了加冕仪式，但西吉斯蒙德最终获得了王位。1382年，议会宣布西吉斯蒙德为匈牙利王国国王。不久，西吉斯蒙德放弃了波兰王冠，也放弃了匈牙利对加利西亚和洛多梅里亚的所有权。后来，玛丽亚·特蕾莎重新恢复了匈牙利对加利西亚和洛多梅里亚的主权。

即位之初，西吉斯蒙德就受到匈牙利和克罗地亚一场叛乱的干扰。叛乱最终被严厉镇压。奥斯曼土耳其帝国让匈牙利王国受到严重威胁。塞尔维亚在科索沃投降；瓦拉几亚公爵承认了奥斯曼土耳其帝国的宗主国地位；保加利

[①] 萨利克法，发源于法兰克人萨利克部族中通行的各种习惯法，并因此而得名。萨利克法是中世纪以来西欧通行的法典。此法限制女性继承权。至今，欧洲一些国家仍存在女性无权继承王位、世袭爵位的政治传统。在家族男性后裔绝嗣的情况下，容许女性继承，是为半萨利克法。——译者注

[②] 即玛丽一世。——译者注

[③] 即查理三世，（1345—1386），安茹王朝的那不勒斯国王（1382—1386）、匈牙利国王（称查理二世，1385—1386）及自称的耶路撒冷国王（1382—1386）。查理三世是杜拉佐公爵路易吉的儿子，匈牙利国王拉约什一世及那不勒斯女王乔安娜一世的堂弟。——译者注

东罗马帝国皇帝曼努埃尔二世

亚落入了奥斯曼土耳其帝国手中,波斯尼亚遭到入侵。西吉斯蒙德和议会决定立即行动,迅速反击奥斯曼土耳其帝国。但由于兵力不足,匈牙利王国希望与东罗马帝国皇帝曼努埃尔二世结盟,同时,派大使前往神圣罗马帝国、法兰西王国和勃艮第公国寻求援助。众所周知,1396年,尼科波利斯这场十字军东征[①]产生了灾难性的后果:法兰西人和匈牙利人被击败,土耳其人成了多瑙河下游的主人。西吉斯蒙德死里逃生,搭乘威尼斯舰队,借道亚得里亚海,并带着拉古萨共和国提供的援助资金回到了匈牙利。

---

① 尼科波利斯战役于1396年9月25日爆发,交战双方分别是奥斯曼土耳其帝国与匈牙利王国、法兰西王国、医院骑士团、威尼斯共和国及欧洲各地的其他军队和个体组成的联军。战役在多瑙河岸上的尼科波利斯要塞进行。尼科波利斯位于今保加利亚境内。此役又称"尼科波利斯十字军东征",是中世纪时期最后一次发动的大规模十字军东征。此次战役让西吉斯蒙德大败于奥斯曼土耳其帝国,不但象征奥斯曼取代匈牙利成为东欧第一强国,更让西吉斯蒙德在匈牙利的威信扫地。——译者注

西吉斯蒙德统治时期，匈牙利发生了两大重要事件。1397年召开的泰梅什堡议会和1405年召开的布达议会为匈牙利王国的代议制政府制度奠定了基础。议会规定，匈牙利的每个郡或其议会应向下议院派四名代表，布达也要有代表出席。上议院由世袭地方法官和高级教士组成。因此，郡议会成了真正的政治生活中心，很早就学会了让其代表进行参议。当时，专门对抗土耳其人的轻骑兵也被组织起来，并建立了龙骑士团①。龙骑士团成员的使命就是对抗异教徒和"异端邪说者"。

西吉斯蒙德算不上一个充满智慧的统治者。忧郁、反复无常、谨小慎微、冷酷无情，西吉斯蒙德就是一个顽固的迫害者。他抵押了王室收入，不受匈牙利人的欢迎。1401年，一场阴谋使西吉斯蒙德被逮捕和监禁，但不久后被释放。人们已经注意到，西吉斯蒙德对哥哥波希米亚国王瓦茨拉夫四世采取了敌对行动。西吉斯蒙德不得人心，那不勒斯国王拉斯洛随时都有可能入侵，而且他与女婿②奥地利大公阿尔布雷希特四世的继承条约为哈布斯堡王朝在匈牙利的未来统治铺平了道路。

然而，与作为匈牙利国王相比，西吉斯蒙德以作为神圣罗马帝国皇帝和波希米亚王国国王而更广为人知。1411年，西吉斯蒙德被选为罗马人民的国王，这一暗藏危机的荣誉第一次降临在了一位匈牙利王国国王身上。事实证明，对匈牙利来说，这非常不幸，因为此后匈牙利王国就被看作神圣罗马帝国的附属国。新的荣誉也并未使西吉斯蒙德成为更好的国王。1412年，西吉斯蒙德将部分齐普斯郡抵押给波兰王国。1419年，他以罗马人民的国王的名义对威尼斯发动战争，结果失去了达尔马提亚。成为波希米亚王国国王使西吉斯蒙德厄运连连。事实证明，如同对匈牙利造成的致命性打击一样，西吉斯蒙德成为波希米

---

① 龙骑士团，是西吉斯蒙德在1408年创设的骑士团，守护匈牙利王室和十字军和天主教。1437年，西吉斯蒙德死后，龙骑士团没落。——译者注
② 西吉斯蒙德的女儿卢森堡的伊丽莎白于1420年嫁给了奥地利大公阿尔布雷希特四世的儿子奥地利大公阿尔布雷希特二世。——译者注

亚王国国王对波希米亚同样造成了致命性打击，因为受土耳其人威胁的匈牙利人，从此就要用全部精力来对抗基督教的共同敌人，而不是把力量浪费在对抗胡斯信徒的无用战争中，毕竟胡斯教义使无数匈牙利人成为追随者。

如果西吉斯蒙德不忙于宗教战争，而是用更多精力关注基督教世界的真正利益，那么他很快就能找到补偿南部损失的领地的办法。塞尔维亚只有一半领地被土耳其人控制。塞尔维亚各公爵和许多移民到匈牙利王国的塞尔维亚人都期待获得西吉斯蒙德的援助。其中一个专制君主①斯特凡·拉扎列维奇甚至承认自己是西吉斯蒙德的封臣，宣誓效忠"圣斯蒂芬王冠"。斯特凡·拉扎列维奇去世时，没有留下子嗣。根据进贡协定，匈牙利王国获得了贝尔格莱德和其他城镇。然而，新专制君主杜拉德·布兰科维奇②为了换取维拉戈斯、德布勒森和其他城镇，放弃了贝尔格莱德和其他城镇。

在统治末期，西吉斯蒙德发现匈牙利王国既受到土耳其人的严重威胁，又受到胡斯信徒的践踏。1435年，普雷斯堡议会试图通过完善匈牙利军队加强国防：所有未在高级教士或大领主的班德里亚③进行服役的人，将来都要在县议会的班德里亚服役。为了便于军事管理，匈牙利王国被分为七个区。但这并没有阻止匈牙利王国发生内乱。特兰西瓦尼亚爆发了农民起义，胡斯教义广泛传播。1437年，西吉斯蒙德驾崩，结束了长时间的统治。驾崩前，他对自己亲手造成或在自己眼皮底下发生的任何悲剧性事件都未做任何纠正。

有了前车之鉴，议会对新国王施加了更加严格的限制。这种限制比西吉斯蒙德之前迫不得已接受的种种限制更严格。西吉斯蒙德的女儿卢森堡的伊丽莎白被宣布为匈牙利王位的继承人，与丈夫奥地利大公阿尔布雷希特五世共同执政。最终，奥地利王冠终于将手伸向了觊觎已久的匈牙利王国王位。但匈

---

① 专制君主，是拜占庭帝国的宫廷头衔，最初仅授予皇位继承人，后来也授予其他皇子或驸马。专制君主在拜占庭的贵族等级中是仅次于皇帝与共治皇帝的重要头衔。——译者注
② 杜拉德·布兰科维奇（1377—1456），塞尔维亚君主，塞尔维亚中世纪最后的统治者之一。布兰科维奇王朝创始人，1427年到1456年在位。——译者注
③ 班德里亚，高级教士和大领主所拥有的私人军队。——译者注

牙利王国提出了条件，即新国王必须在匈牙利居住，并且既不能出售也不可将王室领地擅自出让；关于国王女儿的婚姻问题，国王要咨询议会，并且未经议会同意，国王不能提名巴拉丁伯爵。然而，无论是国王还是议会都不会将这一合理的约定付诸实践。1439年，阿尔布雷希特五世驾崩，留下怀有身孕的卢森堡的伊丽莎白，而塞门德里亚的主人土耳其人正在践踏匈牙利王国。匈牙利王国需要的是一位国王，而不是即将出生的婴儿。大多数匈牙利人支持波兰国

卢森堡的伊丽莎白

王瓦迪斯瓦夫三世。瓦迪斯瓦夫三世有一位支持者叫匈雅提·科菲努斯·亚诺什,史称匈雅提·亚诺什。匈雅提·亚诺什来自特兰西瓦尼亚的一个贵族家庭,因在与土耳其人的斗争中表现英勇而卓尔不群。他支持瓦迪斯瓦夫三世反对奥地利大公国,并试图团结匈牙利王国所有力量来与土耳其人做斗争。

当时,苏丹穆拉德二世率军围攻了匈牙利的贝尔格莱德,但匈雅提·亚诺什成功解围。紧接着,当土耳其人进入特兰西瓦尼亚时,匈雅提·亚诺什上前迎敌,并在锡比乌附近大败土耳其军队两万人。他把奥斯曼土耳其帝国将军梅希德·贝格鲜血淋淋的头颅送给塞尔维亚专制君主杜拉德·布兰科维奇,以感谢杜拉德·布兰科维奇提供的援助。此次失败让穆拉德二世非常恼怒,便派舍哈德丁和土耳其新军①来对抗匈牙利军队。尽管兵力悬殊,但匈雅提·亚诺什还是在铁门附近攻击舍哈德丁和土耳其新军,用匈牙利骑兵彻底击败了他们。穆拉德二世惊恐万分,请求和平,但被拒绝。匈牙利人认为,是时候将土耳其人逐出匈牙利了。1443年7月,瓦迪斯瓦夫三世和匈雅提·亚诺什越过塞门德里亚附近的多瑙河,进入了摩拉瓦谷。在这里,土耳其人再次遭到重创,被迫放弃索菲亚。之后,匈牙利人越过巴尔干半岛,尽管遭到土耳其人的顽强抵抗,但依然进入马里查河河谷,并再次获胜。通往君士坦丁堡的道路向匈牙利人敞开。然而,这些地方条件艰苦,严冬击退了匈牙利人。尽管匈牙利人一路获胜,但瓦迪斯瓦夫三世还是不得不下令撤退。

穆拉德二世再次请求和平。塞格德议会同意了这一请求,但条件是:休战十年;瓦拉几亚由宗主国匈牙利王国统治;塞尔维亚和黑塞哥维那应归还杜拉德·布兰科维奇;土耳其俘虏应以重金赎回。土耳其人接受了这些条件,并在《圣经》和《古兰经》上庄严宣誓。但许多人认为维持和平是不明智的,尤其是放弃匈牙利王国的胜利优势。枢机主教胡利安·塞萨里尼表示,向土耳其人所做的宣誓并不具有约束力,并且他会以罗马教廷的名义废除这些誓言。因

---

① 土耳其新军,是奥斯曼土耳其帝国的常备军队与苏丹侍卫的统称,土耳其现代精锐步兵队,由穆拉德创建。——译者注

匈雅提·亚诺什

此，尽管有条约限制，匈雅提·亚诺什和瓦迪斯瓦夫三世还是决定继续战斗，并向保加利亚和黑海进军。当时，穆拉德二世在亚洲。但杰诺埃塞为了七万杜卡特①就于1444年11月10日把土耳其新军带到欧洲。紧接着，基督教军队和伊斯兰教军队在巴尔干半岛附近的瓦尔纳短兵相接了。为了使基督教军队背叛基

---

① 杜卡特，欧洲中世纪后期至20世纪后期期间，作为流通货币使用的金币或银币。——译者注

督教并扰乱其军心,穆拉德二世弄了一份已毁坏的条约副本和一本遭到亵渎的《福音书》,把它们钉在一根长矛上,在基督教军队面前展示。战斗打响时,局势对匈牙利人更有利。匈牙利骑兵像以往一样急躁冲动,而瓦迪斯瓦夫三世也被战斗的激情冲昏了头脑,一头冲入敌军,却就此倒下。瓦迪斯瓦夫三世的头颅被长矛举起,宣告了匈牙利人的失败。这场战斗结束时,匈牙利士兵四处溃逃。匈雅提·亚诺什只带回一些可怜的残兵败将,昔日匈牙利军队的荣耀一去不复返。穆拉德二世在瓦尔纳战役中取得的胜利为土耳其人打开了通向君士坦丁堡的大门。

第14章

匈雅提·亚诺什及匈牙利与土耳其战争

（1444年到1526年）

这次，匈牙利在选择国王时没有丝毫迟疑。年幼的"遗腹子"拉斯洛五世由堂叔奥地利大公腓特烈五世抚养长大。尽管他当时只有五岁，匈牙利议会还是立即选他为匈牙利王国国王。拉斯洛五世年幼时，政府政权交由贵族代表（教会的和非教会的）代理，这是一种真正的共和体制。匈牙利王国如果能从此前的经验中学到即便没有国王也能生存，那就会避免很多不幸。匈牙利议会进一步决定，为了让年幼的国王拉斯洛五世在匈牙利迅速成长，应将权力移交给他。但腓特烈五世拒绝同意拉斯洛五世前往匈牙利，于是匈牙利议会议员再次聚集在著名的拉科斯平原，并在拉斯洛五世缺席情况下宣布匈雅提·亚诺什为摄政王。后来，匈雅提·亚诺什在波希米亚成了一名大将军，职位大概相当于波希米亚王国波杰布拉德的伊日的职位。匈雅提·亚诺什要捍卫匈牙利王国，所要抗击的第一个敌人就是奥地利大公国。罗马教廷意识到匈牙利王国在对抗土耳其人时发挥的重要作用，便与匈雅提·亚诺什达成和解。因此，匈雅提·亚诺什再次把注意力转向土耳其人。匈雅提·亚诺什组织了一支两万五千人的军队，穿过多瑙河，深入塞尔维亚，尽管遭到背信弃义的杜拉德·布兰科维奇的反对，还是到了灾难性战场科索沃平原。穆拉德二世正在隐蔽的战壕后面等着匈雅提·亚诺什。1448年，瓦尔纳灾难再次上演。然而，匈雅

拉斯洛五世

提·亚诺什的受欢迎程度及其激发的信心未受丝毫影响。但奥地利王室对谨慎维护匈牙利王国利益的守护者匈雅提·亚诺什持怀疑态度,这给匈雅提·亚诺什带来了新麻烦。奥地利王室支持波希米亚人布兰迪斯的扬·伊斯克拉。布兰迪斯的扬·伊斯克拉是拉斯洛五世的军事指挥官,驻扎在匈牙利北部喀尔巴阡山脉,为拉斯洛五世驻守这些地区。匈雅提·亚诺什的军队进攻了这个遭匈牙利人痛恨、被波希米亚人视为英雄和胡斯教义捍卫者的令人生畏的雇佣兵队长,但被打败了。腓特烈五世依然拒绝让年幼的国王拉斯洛五世回去,而匈牙利人一直执迷于王冠和国王拉斯洛五世,继续坚决拥护拉斯洛五世。匈牙利特使甚至跟踪拉斯洛五世到意大利,并试图在此趁其不备将其扣押。1453年,腓特烈五世最终屈服了。拉斯洛五世回到匈牙利。匈雅提·亚诺什交出权力,感恩戴德地接受了比斯特里察伯爵的称号。但拉斯洛五世并没有在匈牙利待太久，在协助普雷斯堡议会审议后，就回到了维也纳。

大约在此时，土耳其人再次侵犯多瑙河下游。1453年，君士坦丁堡沦陷。杜拉德·布兰科维奇向匈牙利人求助。匈牙利人在布达召开了一次议会，议会通过了为杜拉德·布兰科维奇提供巨额补给的决议，并通过了"全民起义"决议，即一旦王国被入侵，所有身强体壮的匈牙利人都要入伍服役。匈雅提·亚诺什再次进入塞尔维亚，来到摩拉瓦河谷，在克鲁舍瓦茨（土耳其人曾入侵这里）附近大败土耳其人，并一直向前推进到索菲亚。但要想将土耳其人驱逐出

土耳其人攻陷君士坦丁堡

君士坦丁堡，需要的是整个欧洲的合作，而不是匈牙利单枪匹马。匈雅提·亚诺什还有两个忌妒他的对手——巴拉丁伯爵拉迪斯劳斯·高劳伊和采列伯爵乌尔里希二世。这两名对手不惜一切代价要让拉斯洛五世反对匈雅提·亚诺什。勇敢的匈雅提·亚诺什不得不退让。但他下定决心至少要拯救贝尔格莱德，因为贝尔格莱德不管是实力还是地理位置，都在多瑙河中部和萨瓦河起着关键作用。土耳其人完全有理由将贝尔格莱德称为"圣战之城"。该地由匈雅提·亚诺什的内兄西拉吉·米哈利①统领。为了攻取此地，苏丹穆罕默德二世带

苏丹穆罕默德二世

---

① 西拉吉·米哈利（1400—1460），匈牙利将领，是匈雅提·亚诺什妻子西拉吉·伊丽莎白的哥哥。——译者注

卡皮斯特拉诺的约翰与他召集起来的志愿军

来了威力强大的大炮。在这场力量悬殊的战斗中，除了靠修士卡皮斯特拉诺的约翰的雄辩口才从欧洲各地集结起来的六万名志愿军，匈雅提·亚诺什没有任何盟友。基督教世界正面临威胁，但十字军东征的时代已经远去。

第一次战役发生在多瑙河上。当匈牙利人的战舰使土耳其人的战舰倾覆后，匈雅提·亚诺什和卡皮斯特拉诺的约翰得以进入贝尔格莱德。1456年7月21日，在用猛烈的炮火摧毁贝尔格莱德城墙后，穆罕默德二世下令土耳其新

匈雅提·亚诺什率军保卫贝尔格莱德

军进攻。土耳其新军冲破突围，但当发现前面有第二个碉堡需要攻克时，勇气顿失。土耳其新军全线被击退，溃逃到索菲亚。二万四千名土耳其新军战死沙场，大炮都被遗弃在贝尔格莱德城外。但这次胜利后不久，匈雅提·亚诺什就去世了，可能因为受伤，也可能因为感染了在军队中爆发的流行病，无人知晓死因。匈雅提·亚诺什同时代的人怀着最大的敬意纪念他。教皇庇护二世曾说："跟他一起消逝的还有我们的希望。"德米特里奥斯·查尔康迪拉斯[①]高度赞扬道："他算得上一个真正的伟人。"波兰编年史作家扬·德乌戈什不喜欢匈牙利人，但仍不得不这样写道："他善于作战，绝对有资格担当军事领袖。对匈牙利甚至对整个基督教世界来说，他的死都是一场灾难。"

拉斯洛五世就不配拥有这样的荣誉。之前，他忘恩负义也就算了，后来还受乌尔里希二世的指使，对高贵的勇士匈雅提·亚诺什大加贬损，甚至在匈雅

---

① 德米特里奥斯·查尔康迪拉斯（1424—1511），文艺复兴时期研究希腊哲学，尤其是柏拉图哲学的学者。——译者注

提·亚诺什死后也不罢休。匈雅提·亚诺什的儿子匈雅提·拉迪斯劳斯及匈雅提·亚诺什的内兄西拉吉·米哈利得到了一封由亲信写给塞尔维亚专制君主杜拉德·布兰科维奇的信。在信中,这名亲信建议杜拉德·布兰科维奇消灭这群被称为"瓦拉几亚之狗"的匈雅提家族。匈雅提·拉迪斯劳斯和西拉吉·米哈利决定先发制人。乌尔里希二世同拉斯洛五世一同到贝尔格莱德后,匈雅提·拉迪斯劳斯和西拉吉·米哈利便着手安排对拉斯洛五世的暗杀行动。按照当时的习俗,这不过是一种正义行为,但拉斯洛五世绝不会饶恕这种行为。在巴拉丁伯爵拉迪斯劳斯·高劳伊的鼓动下,匈雅提·拉迪斯劳斯被关进布达监狱,并于1457年被处以死刑。在行刑过程中,刽子手焦虑不安,连砍三下都未触碰到这个高贵受刑者的脖子。"法律禁止连砍三次以上。"曾拯救过贝尔格

匈雅提·拉迪斯劳斯被处死

莱德的匈雅提·亚诺什的儿子说。但拉斯洛五世复仇之心已决，下令继续执行死刑。就好像要彻底洗刷自己的耻辱一样，拉斯洛五世发布了一则告示，宣布匈雅提·亚诺什为叛徒和恶棍。然而，拉斯洛五世在耻辱中并未活太久。匈雅提·拉迪斯劳斯去世几天后，拉斯洛五世也驾崩了。这些充满悲剧性的事件为匈牙利诗歌提供了肥沃的土壤和悲惨场景的记忆。

关于匈雅提·亚诺什的记载就是一则很好的例子。匈雅提·拉迪斯劳斯虽然在刽子手手中倒下，但留下了一个弟弟——马蒂亚斯·科菲努斯[①]。1458年1月，在佩斯举行的匈牙利议会几乎一致推选马蒂亚斯·科菲努斯为匈牙利王国国王。马蒂亚斯·科菲努斯的舅舅西拉吉·米哈利被选为摄政王，任期五年。在宣誓尊重国家自由后，西拉吉·米哈利召集了一支四万人的军队以支持年轻的国王马蒂亚斯·科菲努斯。但波希米亚王国新当选的国王波杰布拉德的伊日不清楚马蒂亚斯·科菲努斯是否与拉斯洛五世一样，拒绝让他回匈牙利，除非他支付一大笔赎金，并且答应娶自己的女儿波杰布拉德的凯瑟琳为妻。多年后，波希米亚和匈牙利第一次各自拥有自己的国王。罗马教廷和奥地利王室对这一史无前例的君主革新感到震惊和愤怒，因为这一革新没有关注他们的权力，更别说其要求。

年轻的国王马蒂亚斯·科菲努斯绝对能配得上他那高贵的身份。他受过良好的教育，会讲匈牙利语、德语和斯拉夫语，从父亲那里继承了好战的天性并懂统治之术。一开始，马蒂亚斯·科菲努斯就给匈牙利的军事力量奠定了良好的基础。继而，他开始削弱对王室权威持有异议的权威贵族的势力，其中就有舅舅西拉吉·米哈利，还有巴拉丁伯爵拉迪斯劳斯·高劳伊、布兰迪斯的扬·伊斯克拉和乌耶拉基。马蒂亚斯·科菲努斯成功削弱了贵族势力，尽管这些贵族与腓特烈三世结成了联盟。腓特烈三世当时依然持有匈牙利王国王冠，而现在有了匈牙利王国国王的头衔。腓特烈三世最终屈服了，承认马蒂亚斯·科菲努

---

① 即匈牙利国王马加什一世。——译者注

斯是他的养子,并归还了匈牙利王冠。腓特烈三世也因此获得了认可,在马蒂亚斯·科菲努斯驾崩后没有留下子嗣时可以做王位继承人。

这使马蒂亚斯·科菲努斯可以不受阻碍地向土耳其人推行马扎尔人的传统政策。在此期间,土耳其人的势力逐步扩大。1463年,波斯尼亚被土耳其人完全占领;波斯尼亚国王和大部分贵族被斩首,三万名年轻的波斯尼亚人加入了土耳其新军,二十万波斯尼亚人被囚禁。在瓦拉几亚,土耳其人也完全确立了统治。马蒂亚斯·科菲努斯派大使前往维也纳和威尼斯向教皇庇护二世求助。在教皇庇护二世的援助下,波斯尼亚的部分领土得以收复,穆斯林也被驱逐出贝尔格莱德。萨瓦河的匈牙利边境地带再次恢复稳定。但要做的事还有很多。把土耳其人赶出巴尔干半岛非常必要。在这一驱逐行动中,匈牙利王国自然成了欧洲的利剑。法兰西王国和波希米亚王国提议设立联合议会和基督教大联盟来对抗土耳其人,但马蒂亚斯·科菲努斯拒绝这一提议,因为他对此提议的动机和计划表示怀疑。马蒂亚斯·科菲努斯对波杰布拉德的伊日总是怀有某种敌意,也不信任任何议会,或许是因为他对康斯坦斯宗教会议造成的悲惨后果还记忆犹新。他认为波杰布拉德的伊日是胡斯信徒,因此,在教皇庇护二世的鼓动下,转而将矛头指向了波希米亚王国。就这样,一场反基督教的十字军运动拉开了帷幕。这场十字军运动反对的正是波杰布拉德的伊日,波杰布拉德的伊日对反"异教徒"的欧洲联盟大计非常重视。

战争一度被推迟,先是受不断干涉匈牙利内政的腓特烈三世的干预,后又受特兰西瓦尼亚叛乱的影响。但在1468年,马蒂亚斯·科菲努斯将匈牙利各领主聚集在埃格尔,准备对波希米亚来一场灭亲之战[①]。匈牙利历史学家博尔德尼说:"从匈牙利利益角度来看,这可能是马蒂亚斯·科菲努斯发动的最不正义和最没有收获的战争。如果匈牙利王国和波希米亚王国友好结盟共同对抗穆斯林,那么基督教世界将会获得何等荣耀、何等胜利! 东欧面貌或许也会

---

① 马蒂亚斯·科菲努斯娶了波希米亚国王波杰布拉德的伊日的女儿波杰布拉德的凯瑟琳为妻。——译者注

发生改变！东欧的面貌也许已经发生了改变！"显然，这场战争更符合土耳其人和奥地利人的利益。起初，匈牙利议会犹豫不决，但教皇使者、布雷斯劳主教和神圣罗马帝国皇帝的使者一再敦促他们。战争局势已定，教皇使者写道："教会应永远赞美匈牙利国王。"

战争的细节属于波希米亚历史的内容。战争经常被谈判打断。在与波杰布拉德的伊日取得初步和解后，1469年，在奥洛穆茨，马蒂亚斯·科菲努斯在奥洛穆茨加冕为波希米亚王国国王①。然而，波杰布拉德的伊日的驾崩改变了这一局势。波希米亚人选举波兰国王瓦迪斯瓦夫三世为波希米亚王国国王。面对这个能指挥两个王国军队的对手，马蒂亚斯·科菲努斯几乎不可能保住他在摩拉维亚篡夺的王位。此外，马蒂亚斯·科菲努斯还发现自己受到了威胁：土耳其人正入侵匈牙利南部。马蒂亚斯·科菲努斯和瓦迪斯瓦夫三世很快就缔结了一项条约（1475年）。按照此条约，马蒂亚斯·科菲努斯获得摩拉维亚和部分西里西亚。但这些收获并未给匈牙利带来多少好处。如果说马蒂亚斯·科菲努斯的前期统治足够糟糕，那么他后期的统治则相对更伟大、高贵一些。一项英明之策让马蒂亚斯·科菲努斯将矛头指向匈牙利王国两个真正的敌人——土耳其人和神圣罗马帝国皇帝腓特烈三世。是时候关注这些土耳其穆斯林的军事进展情况了。当马蒂亚斯·科菲努斯正在波希米亚交战时，穆罕默德二世已在萨瓦河上建了沙巴茨堡垒，并直接控制贝尔格莱德北部的萨瓦河。马蒂亚斯·科菲努斯率领军队攻占了这座堡垒，而军事将领尼古拉·巴托里②协助摩尔达维亚大公斯特凡三世③将土耳其人赶出摩尔达维亚。马蒂亚斯·科菲努斯也成功击败了腓特烈三世。哈布斯堡王朝一向忌妒匈牙利，并不会让马蒂亚斯·科菲努斯安然享受从与波希米亚人的战争中获得的战果。于是，一场战争

---

① 1465年，马蒂亚斯·科菲努斯响应教皇发起的十字军，讨伐异端的胡斯派，率领联军对岳父波杰布拉德的伊日作战，并于1469年在波希米亚天主教徒的支持下，获得波希米亚国王的称号。——译者注
② 尼古拉斯·巴托里（1462—1500），匈牙利贵族，1521年，任特兰西瓦尼亚总督。——译者注
③ 斯特凡三世（1433—1504），摩尔达维亚大公，因长期抵抗土耳其人而闻名。——译者注

爆发了。然而，这场战争持续时间并不长：匈牙利骑兵入侵奥地利，所向披靡。腓特烈三世仓皇逃往林茨，并于1485年承认马蒂亚斯·科菲努斯对摩拉维亚和西里西亚的占有权。

尽管取得了这些成功，但随着土耳其人步步紧逼，马蒂亚斯·科菲努斯开始自食其战略性失误所带来的恶果。就在最需要盟友的时候，马蒂亚斯·科菲努斯发现自己被孤立了。1479年，一支规模庞大的土耳其军队入侵了特兰西瓦尼亚。马蒂亚斯·科菲努斯派尼古拉·巴托里去对付这支土耳其军队。尽管兵力薄弱，尼古拉·巴托里仍在布拉德菲尔德谷地平原上获得辉煌胜利。在这次战争中，尼古拉·巴托里共受伤六次，最后被英勇的轻骑兵指挥官帕尔·基尼日拯救。土耳其人的帐篷和行李落入了匈牙利军队手中。匈牙利军队兴高采烈地庆祝这场胜利。根据编年史的记载，帕尔·基尼日"卸掉一身重甲，跳起了匈牙利舞，用嘴叼着一具土耳其士兵的死尸，每只胳膊都还举着一具尸体"。穆

布拉德菲尔德战役

罕默德二世的驾崩给基督教教徒重新带来希望。君士坦丁堡征服者由巴耶济德二世继承。巴耶济德二世提议休战五年。马蒂亚斯·科菲努斯接受了这一提议，转而与腓特烈三世展开斗争，后者被迫逃亡纽伦堡。在维也纳，不愿意屈服于马扎尔人的德意志人于1485年对维也纳发起长期围攻战，以缩减该城中马扎尔人的规模。马蒂亚斯·科菲努斯已经拥有西里西亚和摩拉维亚，如果我们把波希米亚和加利西亚排除在外，那么控制奥地利大公国几乎让他拥有一个如今日奥地利共和国一样大的国家。然而，马蒂亚斯·科菲努斯的领地并没

巴耶济德二世

有得到巩固。尽管奥地利的哈布斯堡王朝通过联姻扩大了影响力,但马蒂亚斯·科菲努斯并没有合法的继承人。1490年,马蒂亚斯·科菲努斯还未来得及为自己的领土做最后的安排,就突然驾崩了。马蒂亚斯·科菲努斯为自己撰写了令人自豪的墓志铭:"对奥地利的征服见证了我的力量。我可以震撼全世界。神圣罗马帝国皇帝和奥斯曼土耳其帝国苏丹在我面前战战兢兢。只有死亡才能将我征服。"

匈牙利王国哀悼英雄。如今,马蒂亚斯·科菲努斯仍是匈牙利王国最荣耀、最难忘的国王之一。马蒂亚斯·科菲努斯不属于任何外来王朝,只是匈牙利王国的一个子民而已。马蒂亚斯·科菲努斯虽然创造了丰功伟绩,但不算是伟大的人,因为他那卑鄙的野心对匈牙利王国造成的伤害远比他英勇及各种事业给匈牙利王国带来的好处大得多。作为一个立法者和艺术、文学的赞助者,他的伟大不容置疑。很少有君主会比他更重视立宪。马蒂亚斯·科菲努斯每年都要召开议会。参会者不仅包括高级教士和王公贵族,还包括各郡代表。正如同时代的人所说,该议会是"王国公众大集合"。

"在他统治期间,各郡的政治生活非常活跃:各郡经常召开议会,而马蒂亚斯·科菲努斯需要获得这些郡的支持,以反对试图独立于王权的大贵族。马蒂亚斯·科菲努斯有权为各郡任命大伯爵,但他的议员必须从各郡贵族中挑选。巴拉丁伯爵的职能被削弱,使其成为王国首席法官的司法权也被剥夺。在忠诚并献身于罗马教廷方面,马蒂亚斯·科菲努斯表现得反复无常,但他还是限制了神职人员的权力,并禁止神职人员向罗马教廷上诉。最重要的是,他试图限制上层贵族的特权。""正义随马蒂亚斯·科菲努斯的去世消逝了。"这是一句流传到20世纪的匈牙利格言。马蒂亚斯·科菲努斯还煞费苦心地鼓励和保护商业,并邀请外国人特别是塞尔维亚人到匈牙利王国。杜拉德·布兰科维奇死后和旧塞尔维亚帝国①最终覆灭后,塞尔维亚人大量拥入匈牙利王国。

---

① 即布兰科维奇王朝,布兰科维奇王朝灭亡后,塞尔维亚进入奥斯曼土耳其帝国统治时期。——译者注

马蒂亚斯·科菲努斯很有修养，具有一个国王应有的机敏，受到人们欢迎。"他是一位睿智博学的国王，讲话时很有威严。他不说废话，善于推理和雄辩，胜过我所认识的所有君主。"教皇使者写道。马蒂亚斯·科菲努斯的第二任妻子①那不勒斯的贝亚特丽斯从意大利带回文艺复兴思想。许多意大利人都住在布达宫廷，用漂亮的建筑装饰匈牙利王国。匈牙利王宫富丽堂皇，到处是珍品。马蒂亚斯·科菲努斯在布达建了第一个皇家图书馆，即著名的科尔文纳

那不勒斯的贝亚特丽斯

---

① 马蒂亚斯·科菲努斯共有两任妻子：第一任妻子为波杰布拉迪的凯瑟琳（1449—14645），第二任妻子为那不勒斯的贝亚特丽斯（1457—1508）。——译者注

图书馆。据说,科尔文纳图书馆有五万份手抄书稿,在当时数目可谓壮观。一些官员被派往各地去买手抄书稿或做抄写工作。有三十名抄写员常年在布达抄写书稿。马蒂亚斯·科菲努斯的周围聚集着诗人和作家。然而,这些诗人和作家用马扎尔语写成的作品已消失不见,唯一保存下来的手稿是关于神学的。当时,民族语言还没有达到它在文学中真正应有的地位。

然而,随后的几个世纪里,科尔文纳图书馆的藏书都散落和丢失了。雅盖隆王朝的国王卖掉了一些藏书,土耳其人又抢走了一些藏书。还有一些藏书特别是关于托勒密和圣·杰罗姆的书籍被送到了巴黎;另一些藏书则被送到维也纳和佩斯。1877年俄土战争期间,土耳其人在对匈牙利表达慰问之际,修复了其中一些藏书。但手稿时代即将结束:1473年,印刷术从神圣罗马帝国传到匈牙利王国。到了15世纪末,布达拥有多达十三家书店。至此,一个叫"匈牙利文学社"的学术团体时代就开始了。当时,大多数作家都是意大利人和希腊人,也有一些是匈牙利人,非常有名的有约翰内斯·德·图罗齐——《匈牙利编年史》的作者。马蒂亚斯·科菲努斯计划在布达建一所大型大学,但他的驾崩使该计划被搁置,尽管如此,只有神学和哲学两个学院的科尔文纳学院一直存续到莫哈奇战役时期。

马蒂亚斯·科菲努斯的统治是匈牙利王国历史的分水岭:此后,我们将看到匈牙利王国毫无希望地走向衰败。马蒂亚斯·科菲努斯驾崩后,由于无法找到一位土生土长的国王,再加上敌对派系分而治之,议会就转而求助外国人。马蒂亚斯·科菲努斯的老对手波希米亚王国国王弗拉迪斯拉夫二世被选为匈牙利国王,就这样将"圣瓦茨拉夫"王冠和"圣斯蒂芬"王冠统一起来,而这正是马蒂亚斯·科菲努斯曾热切希望通过令人痛惜的战争促成的联盟。

这绝不是两个王国的共同利益促使匈牙利议会做出的选择,主要是因为弗拉迪斯拉夫二世软弱无能、没有主见。弗拉迪斯拉夫二世被称为"友善国王",这一称谓表达了某种惰性。"惰性"一词用在那些暴戾的匈牙利贵族身上最合适不过了,因为他们急需从马蒂亚斯·科菲努斯的严酷统治中得到短暂喘息的机会。"他既不喜欢也不知道如何进行统治,如果他发号施令,这个国家就会拒绝服从。他头脑空空,钱袋更是如此。他必须摸索到钱袋底部,才能找到一枚孤零零的钱币。他的皮毛大衣被虫子啃食和受天气侵蚀;他的衣服太旧了,都失去了颜色。"

弗拉迪斯拉夫二世统治初期并不幸运。神圣罗马帝国皇帝马克西米利安一世收复了奥地利各省。扬一世·阿尔布雷赫特向哥哥弗拉迪斯拉夫二世宣战,并迫使他交出西里西亚部分地区。马克西米利安一世入侵了匈牙利,在签

神圣罗马帝国皇帝马克西米利安一世

署了一项条约后才同意退出匈牙利。该条约保证了哈布斯堡王朝对匈牙利王国的继承,以防弗拉迪斯拉夫二世驾崩后没有留下子嗣。在签署该条约过程中,弗拉迪斯拉夫二世未咨询匈牙利王国就对匈牙利做了安排,这使匈牙利人满腔义愤。

与此同时,土耳其人正在匈牙利南部边境聚集。1492年,巴耶济德二世试图夺取贝尔格莱德,但没有成功。于是,他便率军进入萨瓦河河谷,击败了组织混乱的匈牙利军队。1493年,议会强烈谴责弗拉迪斯拉夫二世的软弱无能,因为"与履行残酷的战争职责相比,国王更喜欢休养生息和追逐玩乐"。匈牙利王国的财政状况极度混乱,大领主为争夺权力而争吵不休。1505年,匈牙利议会发布一项伟大宣言。宣言声明道:"这个王国经常被外国国王统治,而在他们的统治下,王国遭受了巨大痛苦……这些外国国王只关心自己家族的利益,而不去研究这个斯基台民族①的礼仪和风俗。这些斯基台人以自己的鲜血为代价成了所占领地的主人。然而,这些外国国王宁愿懒散无为也不愿在战争中奔波拼命。于是,我们失去了塞尔维亚、加利西亚、洛多梅里亚、保加利亚和达尔马提亚……这种对边疆的瓜分让我们担忧,担忧如果匈牙利不从这片热土选择一位有能力的国王,敌人终将会入侵我们的国土。"然而,这种爱国主义的表达有点晚了。匈牙利频繁地被外国人统治,只能怪贵族自己。宣言被送到匈牙利各郡。该宣言主要是由一位法院书记伊什特万·沃博茨撰写的。伊什特万·沃博茨是一位爱国者,毕生致力于匈牙利公法研究。然而,法律文件无论如何雄辩有力,在暴力面前都显得无济于事。

弗拉迪斯拉夫二世有一个儿子,即拉约什二世。在拉约什二世摇篮时期,弗拉迪斯拉夫二世就将他与奥地利的玛丽,即未来神圣罗马帝国皇帝查理五世的妹妹订了婚,并进一步允诺,如果儿子拉约什二世先死,就把匈牙利王国留给女儿安妮,而安妮已与奥地利大公斐迪南一世订婚。弗拉迪斯拉夫二世一

---

① 斯基台民族,希腊古典时代在欧洲东部、东欧大草原至中亚一带居住与活动的农耕民族,一部分为半游牧民族;古代波斯人称之为塞克人。——译者注

捷尔吉·多萨

点也不在乎匈牙利王国的利益，甚至不会利用康布雷同盟①从威尼斯夺回达尔马提亚。匈牙利的农民发生了暴动，再加上骇人听闻的捷尔吉·多萨领导的农民起义，所有这些都使弗拉迪斯拉夫二世那悲惨的统治更具悲剧性。匈牙利王国本质上是一个贵族国家。大贵族想尽办法压制小贵族，小贵族又反过来

---

① 康布雷同盟战争期间，教皇尤利乌斯二世为了遏制威尼斯对意大利北部的影响，缔造了一个反威尼斯联盟——康布雷同盟，其中除了他自己，还有法兰西国王路易十二，神圣罗马皇帝马克西米利安一世和西班牙的斐迪南二世。最初，联盟是成功的，后来因尤利乌斯二世和路易十二之间的摩擦导致联盟在1510年崩溃。之后，尤利乌斯二世自己联同威尼斯一起对抗法兰西。——译者注

剥削农民。一种根深蒂固的仇恨正在农民阶层中酝酿，只等一个合适的机会爆发。1513年，枢机主教托马斯·巴科茨主教从罗马带回一份教皇利奥十世的诏书，要向土耳其人发动一场十字军运动。农民们武装起来，好像要去对抗土耳其人，但随后将矛头指向了领主。农民起义的领袖捷尔吉·多萨是来自特兰西瓦尼亚的农民，是一名塞凯伊人。捷尔吉·多萨身带长柄镰刀，带领农民进行了一场他所谓的对抗贵族领主的"圣战"，此次"圣战"又称库科兹之战。第一次交战，捷尔吉·多萨获得成功。随后，贵族选择让特兰西瓦尼亚总督扎波尧伊·亚诺什指挥军队。在泰梅什堡附近，扎波尧伊·亚诺什击败了捷尔吉·多萨。这些贵族对被俘虏的捷尔吉·多萨进行严刑拷打。这位农民领袖坐在熊熊燃烧的宝座上，头戴一顶炽热的王冠。在百般折磨下，捷尔吉·多萨依然不屈

捷尔吉·多萨坐在熊熊燃烧的宝座上，头戴一顶炽热的王冠

不挠。此后,捷尔吉·多萨的名字在匈牙利家喻户晓。历史告诉我们,作为对这种残忍行为的惩罚,两年来,扎波尧伊·亚诺什因失明而备受困扰。

1514年,伊什特万·沃博茨向议会提交了著名作品《匈牙利公法》,匈牙利王国的公法得以汇编。这部作品可以说是见证匈牙利王国独立的最后一份文件,详细描述了匈牙利当时动荡的社会状况。当时,库科兹起义和无数叛乱使匈牙利动荡不安。匈牙利公法只承认一个合法阶级,即从古代就占有这片土地的占领者的后裔——贵族。至于农民,伊什特万·沃博茨认为,捷尔吉·多萨领导的起义"使他们永远被打上反叛者的烙印,并永远处于奴役状态"。

1515年,无能的弗拉迪斯拉夫二世驾崩。他年幼的儿子拉约什二世在位期间发生了两大灾难性事件:1516年贝尔格莱德的沦陷和1521年莫哈奇战役的失败。年幼的国王拉约什二世腐化堕落,放荡不羁,完全没有能力治理国家,他的那些守卫者也没有能力管理匈牙利王国。匈牙利王国财政一片混乱,贵族还在为残存的主权争吵不休。对土耳其人来说,这些混乱非常有利。匈牙利王国陷入无政府状态,而奥斯曼土耳其帝国则由强大的君主苏丹苏莱曼一世统治。一名土耳其人被指控为间谍而被逮捕,这为苏莱曼一世提供了宣战借口。苏莱曼一世在索菲亚集结军队,占领了沙巴茨,并围攻贝尔格莱德。1521年,贝尔格莱德战败投降,通往多瑙河的重地从此变成了土耳其要塞。即使面临重重危机,匈牙利王国依然不够团结,处于四分五裂的状态。

与此同时,拉约什二世四处求助。他向英格兰国王亨利八世写信:"如果陛下不能及时提供援助,我们便会失去自己的王国。"拉约什二世甚至想说服一位远东的波斯王子及时前来相助。奥地利各诸侯提供了帮助,但他们太势单力薄了,即使与匈牙利王国联合,也无法与苏莱曼一世抗衡。1526年4月25日,苏莱曼一世率领十万士兵带着三百门大炮从君士坦丁堡出发。他不仅向匈牙利进军,也攻击神圣罗马帝国。此次远征的借口之一是法兰西国王弗朗索瓦一世被俘。苏莱曼一世说,弗朗索瓦一世前来是为了响应"法兰西之请求"的。苏莱曼一世越过埃塞克附近的萨瓦河,占领了彼得罗瓦拉丁,并在多瑙河东岸的莫哈奇与匈牙利人短兵相接。匈牙利军队由拉约什二世亲自指挥,并由考洛乔大主教帕尔·托莫里协助。匈牙利有很多骁勇善战的主教,帕尔·托莫里便是其中之一。协助者还有扎波尧伊·伊日和大瓦拉丁主教彼得·派雷尼。彼得·派雷尼希望暂停战争,以等待克罗地亚和特兰西瓦尼亚的援助,但浮躁冲动的帕尔·托莫里在1526年8月26日做出决定,要立即采取行动。战役开始时,匈牙利人似乎占据上风,但苏莱曼一世命令第一列队赶在匈牙利骑兵到来之前撤退。

苏莱曼一世

这样一来，主力部队到时就可以对匈牙利军队形成包围阵势。就这样，蒙在鼓里的匈牙利士兵被土耳其炮兵近距离击溃了。匈牙利士兵被迫撤退到沼泽地带，许多士兵被沼泽吞没了。拉约什二世不知去向，帕尔·托莫里被杀。七名教士、二十二名贵族和二万二千士兵战死沙场。现在，通往布达的道路对土耳其人敞开了大门。土耳其人直捣匈牙利王国首都布达，所到之处，一片狼藉。在布达，他们肆意掠夺并摧毁了马蒂亚斯·科菲努斯聚集的大量财富，同时将许多财富沿多瑙河运往君士坦丁堡，以使君士坦丁堡变得富足和富丽堂皇。入侵的浪潮渐渐退去，留下一片满目疮痍。

　　随着拉约什二世的战死，独立的匈牙利王国也走到了尽头。此后，匈牙利王国在奥地利大公国和奥斯曼土耳其帝国之间飘摇不定，然后就完全处于宗主国奥地利大公国的统治之下了，直到民族情绪变得强烈，强烈到使它能再次成为一个自治国家。

第3部分　奥地利哈布斯堡王朝兼并波希米亚和匈牙利及君主统治下的政体统一

（1493年到1740年）

第 15 章

奥地利君主

（1493 年到 1740 年）

奥地利哈布斯堡王朝的真正巅峰可以追溯到1493年到1519年神圣罗马帝国皇帝马克西米利安一世统治时期。马克西米利安一世登上王位后就统一了家族的所有领地：奥地利、施蒂里亚、卡林西亚、卡尼奥拉和蒂罗尔。领土一直延伸到的里雅斯特和阜姆的大海。1500年，马克西米利安一世继承了戈里察、格拉迪斯卡、帕津和普斯特山谷。1509年，虽然马克西米利安一世在与威尼斯共和国的战争中失去了亚得里亚海的海港，但这些海港很快又被收复了。对奥地利大公国来说，与瑞士人的战争就没那么幸运了。在一场激烈的战争后，瑞士邦联成员带着长矛、长戟入侵奥地利大公国的士瓦本和蒂罗尔，摧毁了两百多个村庄和城镇，杀害了两万多奥地利人。1499年，马克西米利安一世同意签署《巴塞尔和约》[1]。按照该和约，瑞士人最终摆脱了自己对哈布斯堡王朝及其君主的所有义务。但这一失利实际上因祸得福，奥地利大公国通过集中权力增强了实力。1505年，马克西米利安一世成功干预巴伐利亚继承权之争[2]，从

---

[1] 《巴塞尔和约》，1499年瑞士邦联拒绝哈布斯堡家族马克西米利安一世的帝国改革计划，从而导致士瓦本战争，结果瑞士人获胜，签订了《巴塞尔和约》，争得了实际上的独立。——译者注

[2] 巴伐利亚的继承权之战是奥地利哈布斯堡王朝与萨克森和普鲁士联盟之间的一场争论，双方争论的焦点是巴伐利亚的统治家族维特尔斯巴赫家族灭亡后，巴伐利亚的继承权问题。——译者注

巴伐利亚夺取了一些城镇，特别是库夫施泰因、拉滕堡和基茨比尔的领主地位让他在德拉瓦河和伊松佐河的发源地站稳脚跟。这样一来，当时的奥地利版图就成了半圆状，从西里西亚到瑞士，一直延伸到德意志南部边境。同时，奥地利大公国的领地分散在士瓦本、阿尔萨斯和黑林山。

奥地利大公国的臣民中有德意志人、斯拉夫人和意大利人。然而，就如现在的情况一样，当时的德意志人主要生活在德意志地区附近，再加上该民族天生具有的坚毅性格和皇帝王冠具有的威望，在当时臣民中占主导地位。

在马克西米利安一世统治期间，除威尼斯人、瑞士人和土耳其人的入侵事件之外，在世袭省发生的最重要的事件就是农民起义。1515年，农民起义在卡尼奥拉爆发并迅速蔓延至邻近省。这场起义与匈牙利王国捷尔吉·多萨带领的农民起义发生时间差不多，并且也是由饥荒和贵族的自私苛刻引发的。卡尼奥拉的斯洛文尼亚农民以"我们的旧权利"为口号，像马扎尔库科兹起义一样，宣称他们反抗的不是君主，而是贵族。农民起义迅速蔓延，按照当时的说法，这些起义农民组建了一支八千人的军队，到处散布恐怖信息，占领城堡，并绞死贵族。然而，就像后来马丁·路德宗教改革时期的农民起义一样，这场运动被残酷镇压了。

马克西米利安一世总是需要钱，他经常要求各世袭省议会提供补给，却经常遭到拒绝。各省都很穷，而君主更穷。马克西米利安一世不得不承诺，未经各省同意就不得发动战争。在他的统治下，全体议会将各省更紧密地组织联系在一起。比如，1502年，上奥地利和下奥地利、施蒂里亚、卡林西亚和卡尼奥拉都派代表出席了在维也纳新城召开的议会。

马克西米利安一世统治期间，奥地利大公国的许多事务都与神圣罗马帝国的事务密切相关。许多神圣罗马帝国皇帝继任者在统治期间也将奥地利大公国的事务与神圣罗马帝国的事务联系在一起。1493年，父亲腓特烈三世驾崩后，马克西米利安一世被选为神圣罗马帝国皇帝。他希望能让神圣罗马帝国皇位在家族中世袭，以扩大哈布斯堡家族的利益。他认为，要实现此目的，关键

法兰西国王路易十一

在于：吞并荷兰，收复匈牙利王国和波希米亚王国，在勃艮第公爵丰厚遗产之争①中击败法兰西国王路易十一，重申在意大利的主权，并让奥地利大公国成为选帝侯国。此时，选帝侯意识到神圣罗马帝国有必要进行改革，因此，在支持马克西米利安一世方面就显得冷淡，并且在奥地利大公国成为选帝侯国问题上，断然拒绝遵从他的意愿。尽管几个世纪以来哈布斯堡家族一直是王冠

---

① 勃艮第公爵丰厚遗产之争，发生于1477年到1482年，紧接勃艮第战争之后。1477年1月5日，勃艮第公爵大胆查理在南锡之战中去世，勃艮第世袭土地在法兰西王国和哈布斯堡家族之间的分割成了亟待解决的问题。——译者注

的佩戴者，但还是被能够授予王冠的机构排除在外。后来，哈布斯堡家族以波希米亚王国国王的身份成为选帝侯成员。尽管如此，马克西米利安一世仍继续执行其他计划，没有放弃任何一个把家族利益与神圣罗马帝国利益联系在一起的机会。在1506年召开议会前，马克西米利安一世称，如果能得到适时的帮助，他希望有一天能同时获得波希米亚王冠和匈牙利王冠。

通过明智的家族联姻政策，马克西米利安一世为提高奥地利哈布斯堡王朝的声望和权力做出了巨大贡献。1477年，马克西米利安一世与勃艮第的玛丽结为伉俪，为获得"大胆查理"①的广袤领地和兼并荷兰、勃艮第和意大利并

马克西米利安一世与勃艮第的玛丽结为伉俪

---

① "大胆查理"（1433—1477），是瓦卢瓦勃艮第王朝的勃艮第公爵，是勃艮第公爵好人菲利普（腓力三世）与葡萄牙的伊莎贝拉之子。——译者注

在这些地方取得一定势力做了准备。通过与波希米亚王国和匈牙利王国的统治家族联姻,马克西米利安一世为后来奥地利大公国奠定了基础。与其他哈布斯堡王朝的统治者相比,下面这句诗更适合描述马克西米利安一世:

> 让别人去打仗吧,你,幸福的奥地利,去结婚吧!战神玛尔斯赐给别人的,爱神维纳斯也会赐给你。

1515年,马克西米利安一世的孙子奥地利大公斐迪南一世与波希米亚国王兼匈牙利国王弗拉迪斯拉夫二世的女儿安妮结婚,而孙女奥地利的玛丽则与弗拉迪斯拉夫二世儿子拉约什二世结为伉俪。在此期间,弗拉迪斯拉夫二世和弟弟波兰国王齐格蒙特一世访问了维也纳。访问期间,奥地利大公国、匈牙利王国和波希米亚王国之间古老的继承条约得以续订。奥地利在很大程度上要感谢这些条约。正是这些条约使奥地利成了多瑙河中游的主导力量,也使哈布斯堡王朝将波希米亚、匈牙利和奥地利统一在其权杖下。然而,从16世纪开始,奥地利在欧洲事务中发挥的作用常常使历史学家忘记与其命运密切相关的各民族的内部历史。

1519年,马克西米利安一世驾崩,被葬在因斯布鲁克。马克西米利安一世最喜欢居住在因斯布鲁克。他擅长打猎并十分钟情蒂罗尔山脉。自哈布斯堡伯爵鲁道夫一世以来的所有奥地利君主中,没有哪位君主能与他相匹敌,能在人们的记忆中存活这么久。马克西米利安一世因骑士诗《赛尔丹克:末代骑士史诗》[①]和骑士小说《白色的国王》流芳千古。他是这两部作品的灵感来源,或许还参与了其中一部分写作。他喜欢艺术家和学识渊博的人,是"多瑙河社团联盟"的赞助人。"多瑙河社团联盟"是人道主义学者康拉德·策尔蒂斯在维也纳创立的一种类似于学院的机构。事实上,马克西米利安一世执政期间,不

---

① 《赛尔丹克:末代骑士史诗》,是一部由神圣罗马帝国皇帝马克西米利安一世用德语创作的诗歌作品,讲述了他在1477年与勃艮第的玛丽结婚的传奇故事。——译者注

安妮

奥地利的玛丽

拉约什二世

波兰国王齐格蒙特一世

只维也纳，整个奥地利都经历了知识和文化的复兴。这是西德里乌斯·伊拉斯谟①和乌尔里希·冯·胡腾②时代德语复兴时期，是新印刷艺术的复兴时期，也是宗教改革前社会和经济的不稳定时期。

马克西米利安一世结过两次婚，却只有一个合法儿子，即与勃艮第的玛丽生的美男子腓力。"美男子腓力"娶了"疯女胡安娜"。"疯女胡安娜"是阿拉贡国王斐迪南二世和卡斯蒂尔女王伊莎贝拉一世的女儿。1500年，"美男子腓力"去世，留下了两个儿子查理和斐迪南，二人一并瓜分欧洲各国，并把奥地利的名字带到了新世界的大草原。

"美男子腓力"

"疯女胡安娜"

① 德西德里乌斯·伊拉斯谟（1469—1536），荷兰的哲学家和基督教学者，被广泛认为是文艺复兴时期最伟大的学者之一。——译者注
② 乌尔里希·冯·胡腾（1488—1523），是一位德意志骑士、学者、诗人和讽刺作家，后来成为马丁·路德的追随者和一位新教改革者。乌尔里希·冯·胡腾是文艺复兴时期人文主义者和路德宗教改革之间的桥梁。——译者注

马克西米利安一世驾崩后,他分别在低地地区和西班牙长大并接受教育的两个孙子查理和斐迪南成了继承人。1519年,查理被选为神圣罗马帝国皇帝,称为查理五世。1521年,查理五世与弟弟斐迪南就土地划分问题达成协议。根据这一协议,查理五世把奥地利大公国所有领地授予弟弟斐迪南,并授予其帝国将军头衔,同时保留奥地利大公的头衔。查理五世有一半西班牙血统,因此,他并不受神圣罗马帝国人信任。他带来的外国顾问也很不受欢迎。维也纳发生了骚乱,但很快被镇压,两名头目被处决。1521年5月27日,在林茨,奥地利大公斐迪南一世与波希米亚王国国王兼匈牙利王国国王拉约什二世的姐姐安妮举行婚礼。与此同时,年仅十五岁的拉约什二世也与斐迪南一世的妹妹奥地利的玛丽举行婚礼。这样一来,马克西米利安一世明智的联姻计划圆满完成。

斐迪南一世的名声完全被查理五世的名声掩盖了。但实际上,斐迪南一世的统治标志着奥地利哈布斯堡王朝的开始。即便到19世纪,奥地利哈布斯堡王朝在欧洲各国中也扮演着非常重要的角色,尽管人们依然记得查理五世拥有广袤的领土。哈布斯堡王朝的西班牙统治者在1559年《卡托-坎布雷西斯条约》①签订后达到了权力的最高峰。但1598年,《韦尔万条约》②的签订标志着西班牙统治开始走向衰落。相反,由于拥有世袭省、波希米亚及匈牙利,1558年后,奥地利大公的权力逐步增强。

1526年,拉约什二世在莫哈奇战役中阵亡。斐迪南一世成为波希米亚和匈牙利的国王。在布拉格及布达举行的加冕典礼上,斐迪南一世发誓要维护两个王国的权力和特权。1531年,不顾新教教徒的反对,斐迪南一世又当选为罗

---

① 《卡托-坎布雷西斯条约》,1559年4月3日签订,标志着法兰西和西班牙为争夺意大利控制权而进行的长达65年(1494—1559)的斗争终于结束。哈布斯堡王朝的西班牙在接下来的150年里一直占据统治地位。——译者注
② 《韦尔万条约》,1598年5月2日,西班牙国王腓力二世与法兰西国王亨利四世在今上法兰西大区阿希涅省的韦尔万签署的一份条约。《韦尔万条约》签署后,亨利四世及时撇清与伊丽莎白女王的盟约关系,转而主动与腓力二世修好,稳固了他的王位。——译者注

马人民的国王,并于1558年加冕为神圣罗马帝国皇帝。此后,除一个无足轻重的个例①之外,神圣罗马帝国的王位一直在哈布斯堡王朝手中。作为坚定的天主教教徒,斐迪南一世反对宗教改革,并尽其所能阻止这场改革进入自己的领地。宗教改革同时伴随着一场可怕的农民战争②,德意志地区就是如此。萨尔茨堡、施蒂里亚和蒂罗尔都发生了起义。人们在梅兰举行了一次集会,并在会上起草了一份声明。即使今天看来,这份声明透露的大胆和无畏也会使我们震惊。该声明说:"在蒂罗尔,从今以后,只有一条法律,那就是土地法;将不会有穷人难以理解的罗马法律。坐落于因斯布鲁克的政府只能由本民族的人组成。法律面前,没有高低贵贱之分。主教、教堂和乞行僧应受到限制;神父只能承担一种职位。教会多余的收入要献给有需要的穷人。神职人员的财产应当世俗化,修道院的收入应当由国王的差役收取,并用于公益事业。国王只能选择自己的财政代理人;所有司法官员都由人民任命和罢免。每个人都可以自由捕鱼和狩猎;大的贸易公司应被取缔,以降低商品价格。除属于神圣罗马帝国的海关之外,所有海关均应被取缔;同样,领主税和义务劳役要被取缔。应统一规定度量衡和铸币。"农民也在竭力辩解,他们反对的是特权令,而不是国王。斐迪南一世不得不让步。他赦免了叛乱者,并允许实施《梅兰条款》中那些不会影响教会财产的条款。

在其他世袭省,宗教改革发展迅速。早在1520年,奥地利本土就有狂热的信徒。三十年后,圣体圣血节③游行已无法在维也纳举行。二百个教区都没有神父,二百六十八个教区成了新教教徒的教区。宗教改革在施蒂里亚同样发

---

① 1740年神圣罗马帝国皇帝查理六世驾崩后,未留下男嗣,之后维特尔斯巴赫王朝的巴伐利亚选帝侯查理七世于1742年当选神圣罗马帝国皇帝。1745年,查理七世驾崩,查理六世的女儿玛丽亚·特蕾莎继任神圣罗马帝国王位。——译者注
② 此处指德意志农民战争。1524年,神圣罗马帝国德意志地区爆发了农民起义,后来扩展到拜恩、普法兹、符腾堡、奥地利和瑞士等地。——译者注
③ 圣体圣血节,一个基督教节日,为了纪念在弥撒中举行圣体圣事将耶稣的圣体与圣血奉献出去。——译者注

普里穆斯·特鲁贝尔

迅速。1552年，在格拉茨，圣体圣血节游行被镇压。在卡尼奥拉，宗教改革使斯洛文尼亚人的民族语言得以发展；普里穆斯·特鲁贝尔负责几部神学著作在蒂宾根用斯拉夫语印刷，还负责将《圣经》翻译成德语。新教义一直传播到的里雅斯特和戈里察。在蒂罗尔，再洗礼派①差点成功引发另一场农民起义。有几次，议会议员也表达了对信仰自由的需要。起初，斐迪南一世禁止使用马丁·路德翻译的《圣经》，但最后不得不允许采用两种圣餐形式。

---

① 再洗礼派，是在欧洲的宗教改革运动发生时，从瑞士苏黎世的宗教改革家乌利希·慈运理所领导的运动中分离出的教派。再洗礼派本身是一个含混的词，已被用来泛指许多彼此差异的激进派。——译者注

特伦特宗教会议

然而，宗教改革的发展免不了遭遇更激烈和有组织的反抗。从1545到1563年，著名的特伦特宗教会议在特伦特召开。在斐迪南一世的保护下，天主教教义得到清晰的阐述。1547年，斐迪南一世在自己的领地建立了言论审查制度。大约在同一时期，为了与宗教改革做斗争，耶稣会[①]得以成立，并迅速进入奥地利本土。1552年，耶稣会会士在维也纳站稳了脚跟，接着又在1560年和1564年分别在蒂罗尔和在施蒂里亚建立了自己的基地。

然而，斐迪南一世遇到的不只是宗教上的麻烦。他不得不目睹自己的领土

---

① 耶稣会，天主教会的主要男修会之一，1534年8月15日由圣依纳爵·罗耀拉与圣方济·沙勿略、伯铎·法伯尔等人共同于巴黎成立。——译者注

任由土耳其人践踏。1529年,维也纳被包围。三十年后,卡尼奥拉被土耳其人摧毁。尽管磨难重重,看到儿子马克西米利安二世被选为罗马人民的国王,并被加冕为波希米亚王国国王和匈牙利王国国王,费迪南一世还是很欣慰。长子继承原则在哈布斯堡王朝还没有完全确立。斐迪南一世把奥地利各世袭省分给三个儿子:马克西米利安二世继承奥地利,上奥地利大公斐迪南二世获得蒂罗尔,内奥地利大公查理二世则得到施蒂里亚、卡林西亚和卡尼奥拉。

1564年,斐迪南一世驾崩。许多人都赞美他。他受过良好的教育,通晓西班牙语、法语和德语,喜欢文学和自然科学。他虽然是虔诚的天主教教徒,但并不是狂热分子。他如果生活在其他时代,或许会成为各世袭省的优秀统治者。然而,由于满脑子的专制主义思想,斐迪南一世无法理解波希米亚和匈牙利的宪法。特别是在波希米亚,波希米亚人对他憎恶至极。从他统治时期起就有了"高级战争委员会"。"高级战争委员会"是首个各省共有机构。

当时,神圣罗马帝国皇帝马克西米利安二世算是一位宽宏大度和具有开明思想的君主。他的导师是学识渊博的沃尔夫冈·席费尔(即西弗勒斯)和科拉廷。这两位导师私下皆信奉新教。为了消除这两位导师对马克西米利安二世的影响,斐迪南一世把马克西米利安二世送到了西班牙,甚至不打算选他为继承人。

1564年,马克西米利安二世执政后,就对宗教改革表现出了好感,并继续推行宗教改革。他与菲利普·梅兰希通[①]保持联系,甚至还把一位新教传教士留在宫廷,这引起罗马教廷的怀疑和焦虑。当圣巴塞洛缪大屠杀的消息传来时,马克西米利安二世立刻谴责了行凶者。然而,他拒绝向奥地利各领地提出的要求妥协,不愿驱逐耶稣会会士,只允许贵族信奉新教,拒绝赋予城镇信仰

---

① 菲利普·梅兰希通(1497—1560),马丁·路德的亲密战友,精通希伯来语及希腊语。他对《圣经》原文了如指掌,是一位卓尔不群的解经家。在他的鼓励下,马丁·路德将《圣经》译为德语。菲利普·梅兰希通在路德派(信义宗)神学立场的界定与阐释方面做出了卓越贡献。——译者注

马克西米利安二世

上奥地利大公斐迪南二世

内奥地利大公查理二世

菲利普·梅兰希通

圣巴塞洛缪大屠杀

自由。马克西米利安二世娶了堂妹查理五世的女儿玛丽。玛丽非常忠于自己的西班牙血统，在抚养孩子长大过程中对"异端邪说"始终怀有恐惧。马克西米利安二世驾崩后，两个儿子鲁道夫（即鲁道夫二世）和马蒂亚斯成为新的统治者。1572年，鲁道夫成为匈牙利王国国王，1575年又成为波希米亚王国国王。

与父亲马克西米利安二世的宗教宽容相比，母亲玛丽表现出的宗教狂热使鲁道夫二世更加警惕。鲁道夫二世在许多方面都像腓力二世[①]，他虽然缺乏意志力，但具有腓力二世那种狂热而忧郁的性格。他因对神秘学的热爱和好逸恶劳而被世人所知。布拉格的辉煌在很大程度上都要归功于鲁道夫二世。鲁

鲁道夫二世

马蒂亚斯

---

① 腓力二世（1527—1598），神圣罗马帝国皇帝查理五世的儿子，母亲为葡萄牙的伊莎贝拉。1556年，查理五世退位后，腓力二世继承了哈布斯堡王朝除家族起源地奥地利和德意志之外的其余领地。腓力二世是哈布斯堡王朝的西班牙国王（1556—1598）和葡萄牙国王腓力一世（1581年起在位）。他执政时期是西班牙历史上最强盛的时代。——译者注

道夫二世选择在布拉格居住，并在退休后隐居在自己的赫拉德坎尼城堡里。他身边全是天文学家和占星家，其中就有第谷·布拉赫[①]。然而，这个懦弱的皇帝满脑子都是各种危险的幻想，最终丧失了理智。于是，他的弟弟们决定宣布马蒂亚斯为家族统治者。1608年，马蒂亚斯被授予奥地利、摩拉维亚和匈牙利的总督头衔。

鲁道夫二世统治时期，世袭省发生了一场引人注目的农民起义。该农民起义主要是由土地问题和人们对信仰自由的要求引起的。鲁道夫二世统治时期，这两种矛盾彼此密切交织。在此期间，耶稣会会士和上层神职人员努力压制人们进行宗教改革。

在施蒂里亚，查理二世同样热衷于恢复天主教。查理二世在格拉茨建立了耶稣会。1572年，被压制了二十年的宗教游行得以恢复。马丁·路德派贵族的抗议被忽视，反宗教改革运动迅速发展。在格拉茨，人们建了一个天主教印刷出版机构，1586年又在此建了一所耶稣会大学。这所耶稣会大学至今依然存在。贵族忍辱负重，不畏惩罚，不得不把孩子送到耶稣会大学接受教育。与此同时，他们的孩子不允许被送进德意志的"异教学校"学习。但市民、农民和议员不停地请愿，搅得查理二世心烦意乱。1591年，因心力交瘁，查理二世去世。查理二世的继任者斐迪南二世继续其工作。后来，斐迪南二世成了神圣罗马帝国的皇帝、波希米亚与匈牙利的国王。在一次前往洛雷托的朝圣之旅中，斐迪南二世发誓要消灭"异端邪说"。他也是这么做的。斐迪南二世先是把新教传教士驱逐出格拉茨和其他城镇，然后占领了学校并大肆焚烧书籍，同时，强迫新教教徒卖掉财产进行移民。他又派嘉布遣会[②]修士去帮助耶稣会会士带领人们重归天主教。不久，斐迪南二世便获得机会在波希米亚大规模推广皈依天主教的方法。

---

① 第谷·布拉赫（1546—1601），丹麦贵族，天文学家兼占星术士和炼金术士。他最著名的助手是约翰内斯·开普勒。——译者注
② 嘉布遣会是罗马天主教行乞修士方济各修会的三个独立分支之一。——译者注

在奥地利，马蒂亚斯不得不去处理各领地遇到的问题，并续签了马克西米利安一世的协约，尽管该协约授予各领主领地宗教信仰自由的权力，但各城镇并不享有这些权力。在蒂罗尔，上奥地利大公斐迪南二世（绝不能与神圣罗马帝国皇帝斐迪南二世相混淆）颇费心机地忙着恢复天主教的工作。但上奥地利大公斐迪南二世的管理还算不错。蒂罗尔的《上奥地利土地法》要归功于上奥地利大公斐迪南二世。两个多世纪以来，该法典依然具有法律效力。蒂罗尔铸币制度的改进及一些能促进工商业发展的明智措施也要归功于上奥地利大公斐迪南二世。

正如我们看到的那样，鲁道夫二世非常懦弱。他的弟弟们接管了他的事务。鲁道夫二世一生未婚。1612年，马蒂亚斯继承了奥地利大公国、波希米亚王国和匈牙利王国的王位。马蒂亚斯对权力的渴望和不断地发动战争与哥哥鲁道夫二世的懒惰形成了鲜明对比，但没有做出什么大成就。马蒂亚斯统治时期为三十年战争[①]初期。由于没有直系继承人，他主要关心的是如何将继承权传给家族成员。马蒂亚斯选择了堂兄——施蒂里亚家族的斐迪南[②]为王位继承人，并从斐迪南的两个弟弟阿尔布雷希特七世和马克西米利安三世及西班牙国王都获得了放弃继承神圣罗马帝国王位的承诺。波希米亚和匈牙利各领地都同意这个决定。斐迪南在匈牙利王国和波希米亚王国加冕。

波希米亚和匈牙利很轻易地接受了斐迪南二世成为它们的国王。这似乎有点令人惊讶，但应记住，在这种贵族占大多数的国家中，贵族宁愿遵从陌生人的命令，也不愿听从本阶层中任何一名成员的命令，哪怕是诸如马蒂亚斯·科菲努斯或波杰布拉德的伊日之类的人物。此外，土耳其人的入侵使波希米亚和匈牙利不断遭受威胁。波希米亚王国和匈牙利王国认为，争取一个强

[①] 三十年战争（1618—1648），由神圣罗马帝国的内战演变而成的一场大规模欧洲战争。战争以波希米亚人反抗哈布斯堡家族统治为肇始，最后以哈布斯堡家族战败并签订世界首个国际公约《威斯特伐利亚和约》而告终。——译者注
[②] 即神圣罗马帝国皇帝、匈牙利国王、波希米亚国王斐迪南二世，是内奥地利大公查理二世之子。——译者注

大王朝的诸侯的支持符合两国的利益，在必要情况下，这些诸侯可以把整个神圣罗马帝国的军队派来支援他们。然而，作为天主教的保护者，哈布斯堡家族过于积极，将自己完全与天主教的偏狭联系在一起，忽视了波希米亚人和匈牙利人的利益。对哈布斯堡家族来说，那些宗教改革的拥护者，无论是扬·胡斯、马丁·路德还是约翰·加尔文，都和土耳其人一样可恨。此外，哈布斯堡家族将一切独立精神视为"异端邪说"，无情地压制自由，使专制主义成了他们政策的基础。

斐迪南二世，一个狂热的天主教教徒和专治君主，是奥地利统治者中第一个也是最能体现天主教偏狭的典范。在耶稣会会士和他虔诚的舅舅巴伐利

斐迪南二世

亚的威廉五世①的指导下,斐迪南二世在英戈尔施塔特接受耶稣会教育,并不时地表达自己想成为一名耶稣会会士的愿望。最重要的是,斐迪南二世在施蒂里亚推行的政策展示了他是如何将学到的教义付诸实践的。波希米亚和匈牙利为巴伐利亚的威廉五世的宗教热情提供了更广阔的天地。斐迪南二世统治时期是奥地利天主教教会的黄金时代。斐迪南二世创办了十六所耶稣会学院,此外,还为班纳拜门派、嘉布遣会修士、加尔默罗会、奥斯定会和本笃会修建了许多修道院,同时大大增加了神职人员的人数。表面上看,斐迪南二世严格遵守基督教美德,但实际上总是表现出一种炫耀性的慈善行为,并没有触及"异教徒"问题的实质。斐迪南二世的二儿子利奥波德·威廉注定为教会

利奥波德·威廉

---

① 巴伐利亚的威廉五世(1548—1626)是斐迪南二世的母亲巴伐利亚的玛丽亚·安娜(1551—1608)的哥哥。——译者注

奥地利大公利奥波德五世

克劳迪娅·德·美第奇

而生，十一岁时就拥有了两个主教辖区和四个大修道院。在斐迪南二世的统治下，所有世袭省再次被统一起来。但在1623年，斐迪南二世又把蒂罗尔割让给弟弟奥地利大公利奥波德五世。奥地利大公利奥波德五世娶了美丽又有才华的克劳迪娅·德·美第奇为妻。

在三十年战争中，斐迪南二世顺理成章地成了天主教的领袖。1637年，斐迪南二世驾崩后，这场大规模的战争被留给他的继任者斐迪南三世。这场战争是对哈布斯堡王室在神圣罗马帝国声望的致命一击。战争期间，希波里图斯·拉皮德（即菲利普·开姆尼茨）出版了一本关于神圣罗马帝国的著名手册。据这本著名的手册所言，唯一一种不让神圣罗马帝国走向毁灭的方法就是将奥地利排除在神圣罗马帝国之外。因为奥地利只会带来灾难性的影响。奥地

签订《威斯特伐利亚和约》

利大公国的强大曾以牺牲神圣罗马帝国为代价,现在它应该可以让神圣罗马帝国独自在法兰西王国或瑞典帝国的保护下形成一个联邦。1648年的《威斯特伐利亚和约》①保证了神圣罗马帝国除西里西亚人之外所有人的信仰自由,但未对奥地利大公国臣民做出任何规定。新教在西里西亚人之间的广泛传播也成为该省后来与奥地利分离并被普鲁士同化的重要因素。在各世袭省,反宗教改革的力量逐渐壮大。然而,尽管做出了种种努力,人们的宗教改革热情依然在持续,特别是在上奥地利,一些贵族为获得信仰自由而移居国外。农民起义遭到残酷镇压。然而,斐迪南三世不算残忍,身边也不缺乏有智之人。威尼斯

---

① 《威斯特伐利亚和约》是指1648年5月到10月在威斯特伐利亚的奥斯纳布吕克和明斯特签订的一系列条约,标志着欧洲一系列宗教战争的结束。结束了欧洲历史上近八百万人丧生的动荡时期。学者普遍认为,《威斯特伐利亚和约》的签订标志着基于威斯特伐利亚主权概念的现代国际系统的开始。——译者注

大使在信中把斐迪南三世描绘成一位开明、具有绅士风范的君主。斐迪南三世只是承继了他那个时代的思想和家族的传统习俗而已。长子斐迪南的早逝使斐迪南三世把王位留给二儿子——利奥波德（即神圣罗马帝国皇帝利奥波德一世）。从1657年到1705年，利奥波德一世的统治占据了整个17世纪下半叶。

利奥波德一世登基时，奥地利的领土面积比现在小得多。当时，加利西亚依然属于波兰共和国，达尔马提亚归威尼斯共和国所有，蒂罗尔只是奥地利大公国的一个小分支，而被肢解的匈牙利王国只有不到三分之一的人服从国王。然而，波希米亚仍包括西里西亚大部分地区。不过，利奥波德一世很快就得到了蒂罗尔，而弗朗索瓦-尤金亲王[①]的胜利为他赢得了匈牙利、克罗地亚、斯拉沃尼亚和几乎整个特兰西瓦尼亚。利奥波德一世即位时，奥地利的领土面积只有六千八百平方英里，而在他驾崩时已增至九千一百平方英里。

然而，这位将继承领地扩大三分之一的君主并不好战，也从未指挥过军队。利奥波德一世曾接受过耶稣会会士穆勒和奈德哈德的教育，本来是要进教会的。他把早年所接受教育的完美与瑕疵、生命的纯洁、尽善尽美的人性和一种对宗教绝对容忍带上了王位。利奥波德一世生性犹豫，不够果断，总是听从耶稣会神父穆勒的建议。塞缪尔·冯·普芬多夫[②]称穆勒为"一名学究，对实际事务一窍不通"。在维也纳的城堡里，利奥波德一世过着一种忧郁而枯燥的生活，唯有学习音乐、绘画、文学和一些机械艺术才能使自己稍微得到释放。

宫殿的门上多次出现布告，恳求利奥波德一世成为恺撒那样的君主，而不是成为一名音乐家或耶稣会会士。爱德华·萨尤说："利奥波德一世身上集中展现了他祖先的缺点，毫无优点可言。哈布斯堡家族凸出的嘴唇在他身上成了一种真正的畸形，使他像极了肖像版的查理五世。"利奥波德一世创建了两

[①] 弗朗索瓦-尤金亲王（1663—1736），哈布斯堡王朝的伟大将领之一，神圣罗马帝国陆军元帅。他与英国的约翰·丘吉尔、法国的维拉尔元帅，并列为欧洲18世纪前期最优秀的天才将领。——译者注

[②] 塞缪尔·冯·普芬多夫（1632—1694），德意志政治哲学家和历史学家，属古典自然法学派。——译者注

利奥波德一世

所大学，一所位于布雷斯劳，另一所位于因斯布鲁克。他改革了法庭，用德语代替拉丁语使其成为官方语言，并在维也纳组织了一支正规警察队伍。

抛开利奥波德一世作为神圣罗马帝国皇帝在欧洲事务中扮演的角色不谈，在他统治奥地利大公国期间，国内只发生了一件大事，就是土耳其人围攻维也纳。1683年，在匈牙利人的支持下，奥斯曼土耳其帝国大维齐尔卡拉·穆斯塔法帕夏向维也纳进军。此时，利奥波德一世带着家人、宫廷成员和大部分贵族匆忙撤退到林茨，只给维也纳留下一支没有战斗力的守备部队和被拆除的防御工事。在这种情况下，维也纳似乎撑不了多久。但洛林公爵查理五世和恩斯特·吕迪格·冯·施塔尔亨贝格伯爵竭尽全力保卫维也纳，居民们也展现出一种英雄气概。学生、商人和市民都成了士兵,他们烧毁了市郊,以免被土耳其人用作庇护所。

土耳其人很快就占领了维也纳城外区域,并建了一个巨大的营地,之后开始对维也纳发起常规包围战。为了夺取维也纳,土耳其人至少发起过十八次猛烈进攻。很快,局势变得极其紧迫,除了来自外部的危险,维也纳内部的饥荒也在蔓延。幸运的是,伟大的波兰国王、英雄扬三世·索别斯基(土耳其人听到该名字就已心惊胆战)及时出现,拯救了这座城市,使其免遭厄运。在教皇因诺森特十一世的支持下,扬三世·索别斯基成功说服波兰议会派遣军队对抗土耳其人。扬三世·索别斯基对维也纳的危险处境了如指掌,便立即派遣军队前去支援。他与洛林公爵查理五世的军队及萨克森和巴伐利亚的特遣队在多瑙河会合。到维也纳时,他们手下大军已达到八万人。1683年9月12日,扬三世·索别斯基出现在卡伦山高地。一场进攻战立即打响,土耳其人惊恐万分,纷纷投降。卡拉·穆斯塔法帕夏逃跑了,两万多名土耳其士兵战死沙场。

1683年9月13日,扬三世·索别斯基进入维也纳,受到人们热烈欢迎。人们曾非常愤慨地目睹利奥波德一世的逃离。1683年9月15日,利奥波德一世回到了维也纳。然而,不久,其卑劣本性再次显露。与其说他感激扬三世·索别斯基提供援助,倒不如说他更忌妒扬三世·索别斯基。利奥波德一世先是对扬三世·索别斯基避而不见,后来又想办法羞辱这位恩人。在决定皇帝应该如何接待波兰共和国的民选国王这件事上,利奥波德一世浪费了很多时间。"张开双臂。"洛林公爵查理回答道。但对利奥波德一世来说,最大的问题是他应该站在右边还是左边。最终,双方在一片空地上进行会晤,双方决定两位君主应该面对面地站着。在几句陈腔滥调的寒暄之后,扬三世·索别斯基骑马离开了。扬三世·索别斯基说,如果能让皇帝高兴,他愿意带领将领向皇帝展示自己军队的风采。

在给妻子玛丽亚·卡齐米埃拉·达尔昆的信中,扬三世·索别斯基滔滔不绝地诉说着奥地利大公国的忘恩负义给他留下的痛苦记忆。扬三世·索别斯

大维齐尔卡拉·穆斯塔法帕夏

洛林公爵查理五世

恩斯特·吕迪格·冯·施塔尔亨贝格伯爵

扬三世·索别斯基

土耳其人围攻维也纳

扬三世·索别斯基率军击败土耳其人

基写道:"红俄罗斯①的巴拉丁伯爵向皇帝展示了我们军队的风采,但我们的士兵非常生气并怨声载道,他们千辛万苦,经历了种种磨难,而皇帝并未屈尊对此表示感激,甚至连鞠躬都没有。他们既不给我们牧草,也不给我们粮食。我们的伤员躺在污浊的地上,找不到船把他们送往普雷斯堡,如果在普雷斯堡,我会不惜一切代价更方便照料他们。他们不会把我们士兵的尸体埋在墓地里,连上级军官的尸体也不会……他们偷了我们的行李,带走了我们的马匹。要不

玛丽亚·卡齐米埃拉·达尔昆

---

① 红俄罗斯,是乌克兰西部的一个历史地区。在西欧的文献之中,红俄罗斯是加利西亚的别称。——译者注

是在土耳其军营中发现了燕麦,我们所有的马肯定都饿死了。如果他们在多瑙河上架起一座桥,让我们生活在土耳其人之中,我们就不会那么悲惨。至少我们可以在土耳其军营中找到一些东西,但在这里,这些维也纳的绅士对所有的事一拖再拖。现在他们得救了,却不知感恩,那就交由上帝来惩罚他们吧。我们许多士兵因在乡下缺少粮食,便急忙赶去城里寻找食物,但他们的司令官下令将士兵驱逐出去,并向士兵开火。在这场激战中,我们失去了许多显赫的家族成员,我们被当作瘟疫缠身的人,人人避之唯恐不及。我们所能做的只有眼睁睁地看着我们的军队,不是在土耳其人的打击下,而是在我们自己人的不管不顾下萎靡。因此,今天我要离开了,也许会遭遇更加严重的饥荒,但我希望能远离维也纳,因为他们就是在这里向我的士兵开了火。现在,在多瑙河岸边的我们,就像从前在幼发拉底河岸边的以色列人一样孤立无援。我们为失去的马而哭泣,为我们拯救的人的忘恩负义而哭泣,为失去如此多胜利的机会而哭泣。最后,大家都灰心丧气了,甚至有人后悔当初为什么要给皇帝提供援助。"

离开维也纳后,扬三世·索别斯基追赶土耳其人至匈牙利境内,占领了格兰,并于1683年12月再次进入克拉科夫。

在谈论神圣罗马帝国皇帝约瑟夫一世统治前,有必要简要论述一下利奥波德一世统治时期奥地利大公国的大体组织框架。在此期间,所有的政治和司法事务都交由国务议会或秘密会议处理,财政和商业事务交由法院审判庭负责,战争事务交由战争委员会处理。但不同议会的权力并没有明确的界定。秘密会议成员人数从未超过十二人。秘密会议协助神圣罗马帝国皇帝处理一切重要事务。当时,还不存在委托大臣负责特别部门的做法。当时,没有外交大臣,因此,所有谈判进度十分缓慢,这一点众所周知。"维也纳在等待"是外交界一句广为流传的谚语。如同皇帝的众多神父中的任何一名神父一样,议会的任何一位成员都不能吹嘘自己对神圣罗马帝国皇帝产生了多么巨大的影响。

1556年,高级战争委员会成立。在利奥波德一世统治期间,高级战争委员会由大约十二名成员组成,并由一名主席负责。军队的总指挥是委员会中的一名大将军。在利奥波德一世统治初期，奥地利大公国还没有一支常备军。奥地利著名将军拉依蒙多·蒙特库科利是第一个要求组织常备军军队的人，虽然自己的愿望没有实现，但还是劝说利奥波德一世不要在战争结束后立即解散所有军队，并努力让老将们留在军中。

不算驻军、匈牙利和克罗地亚的军队，这支常备军大约有三万名士兵。在与土耳其人的战争中，有五万到九万名士兵被派往战场，其中由神圣罗马帝国诸侯提供的士兵就有两三万人。1680年后，连续不断的战争带来的直接结果就是诞生了组织有序的常备军。第一个步兵团始建于1680年，到1705年，除非正规部队外，还有二十个重骑兵团、十一个骑兵团和三十六个步兵团。每个步兵

拉依蒙多·蒙特库科利

团有两千到两千五百名士兵不等,骑兵团有五百到一千名士兵不等。当时,征兵已完成,就像当时欧洲其他国家一样,奥地利大公国招募了军官和中士,这些军官和中士用金钱和战利品来引诱人们参军。如遇特殊战况,省议会投票表决征收特别税,并强行征募流浪者和战俘。那些老士兵结婚后会在军队把孩子抚养长大。因此,在行军队列中常常可以发现三代人,而队列的最后总是跟着许多妇女和儿童。

17世纪末,多瑙河上成立了一支小舰队,由一名海军上将指挥,并由来自荷兰和波罗的海的水手负责操纵船。和平时期,驻军力量总是很薄弱;维也纳拥有的士兵从未超过两千名。在匈牙利,除国民民兵外,政府还保留一万名士兵。这些士兵的伙食很差,待遇很低,因此,常常不得不去掠夺敌国以获取食物。事实上,这种掠夺已成为一种习以为常的事,甚至连土耳其人也认为,如果越过边境的人数没有超过五百人并且未持有大炮,和平就不会受到侵犯。此外,军事组织依然很糟糕,物资供给从来没有充足过,也总不能及时对土耳其人发起远征。军队经常被上校或其他军官租借出去以谋取私利。财政部给军队的拨款很少,有时还会拖欠半年,这也是军队经常不服从命令的原因。1698年,神圣罗马帝国指派了一个委员会来纠正这些弊病,尽管委员会进行了多次审议,但没有取得任何进展。军队内部依然存在各种弊端。对官员的任命往往取决于神圣罗马帝国皇帝身边的神父。然而,谁都无法保证这些神父是否获得了相关知识的培训,因此,很有必要向普鲁士、法兰西和英格兰军官请教。当时,并不存在军事学校。没有人照顾病人和伤员。1696年,设立彩票机构为政府筹集资金成了建立军事医院的一种手段,此后,彩票机构一直是奥地利大公国认可的金融机构。

奥地利军队管理混乱多半由于财政状况不佳。通过直接征税获得的所有收入跟国家提供的补贴数额不相上下,每年(在匈牙利,每三或四年进行一次),各议会都会对补贴数额进行投票。因此,下奥地利平均要支付二十万弗罗林①，上奥地利为一百万弗罗林，而波希米亚、西里西亚和摩拉维亚则为一百二十万弗罗林。特别津贴采取自愿捐赠的形式。间接税则通常由与奥地利大公国各省的债务负担。不过，财政部在寻找收入来源方面非常聪明。早在1676年，财政部就对弹子球、扑克牌和发粉进行征税，后来又对烟草和印花纸征税。1691年，财政部开征人头税，连贵族和教士都不能免征。最后，财政部打着慈善事业的借口，又成立了彩票机构。在利奥波德一世统治末期，奥地利大公国、波希米亚王国和匈牙利王国的总收入达到约一千二百万弗罗林。

为便于管理，奥地利大公国被划分为不同的领地：下奥地利，包括恩斯河两岸的奥地利土地；内奥地利包括施蒂里亚、卡林西亚、卡尼奥拉、戈里察和伊斯特里亚；上奥地利包括蒂罗尔、外奥地利和神圣罗马帝国的奥地利属地；波希米亚，包括西里西亚和摩拉维亚；形成一个整体的匈牙利和克罗地亚。法庭保留了三名大臣，一名代表波希米亚，一名代表匈牙利，另一名代表各世袭省。但这并不妨碍地方自治机构的继续存在。例如，匈牙利王国在维也纳设有大法官法庭，而巴拉丁伯爵是神圣罗马帝国皇帝在匈牙利的代表，在克罗地亚则由总督代表。但所做的一切都是为了将财政、军事和行政置于维也纳控制之下。1620年，波希米亚遭到重创②，只保留了自己的大法官法庭。

哈布斯堡家族一直有专制主义倾向，皇帝头衔具有的威望使他们更容易忘记自己作为国王、伯爵或大公应有的职责。然而，这些哈布斯堡家族皇帝的统治是基于代表制原则的。每个省都有自己的领地，并在领地内设有贵族、神职人员和城镇代表。在民事和刑事立法或商业问题上，政府并不总是与这些代表进行协商，而是把内务管理、下级法院和省级官员的任命权交由这些代表，并指望他们开征税款。各省之间存在关税壁垒，对商业发展带来严重束缚。立

---

① 弗罗林，1252年到1533年流通于欧洲的一种金币。弗罗林最初由佛罗伦萨共和国铸造。14世纪时，很多欧洲国家也开始铸造弗罗林，它们铸造的弗罗林会采用当地的徽章和铭文。——译者注
② 1620年，在白山战役中，由安哈尔特公爵克里斯蒂安率领的两万名波希米亚及佣兵部队在布拉格附近的白山被神圣罗马帝国皇帝费迪南二世阵营的两万五千名联军部队击败，彻底结束了波希米亚大叛乱。——译者注

法机关整天忙着处理一些荒诞无稽的琐碎小事。1671年，一项警察法令将大众划分为五个阶层，并详细规定了每个阶层应该穿什么和吃什么。1688年的另一项法令，将阶层的数量减少到三个，并要求裁缝和厨师在服装和饮食方面公开谴责违反当局条款规定的人。警察在某些事情上不够上心，在大多数事情上更是粗心大意，疏忽职守。维也纳肮脏不堪，一片混乱。1679年爆发的瘟疫就像中世纪的大流行病一样可怕。面对这场瘟疫，利奥波德一世仓皇而逃，就像四年后在土耳其人面前仓皇而逃一样。据说，有五万多人死于这场瘟疫。

从很大程度上说，这种父权专制主义加重了一系列无休止的战争，并对国家不同地区的利益、糟糕的财政状况和耶稣会势力产生了巨大影响。从当时的文学和艺术来看，这点能很容易地说明当时奥地利的落后。耶稣会会士和1656年后定居在奥地利的皮亚尔会会士的学说都只局限于经院学者的教义，而奥地利严格禁止引进那些宣传外国思想的书籍。人们非常不喜欢学校使用拉丁语进行教学，对使用德语进行教学也没什么好感。波希米亚和匈牙利糟糕的环境不利于民族文学的发展。

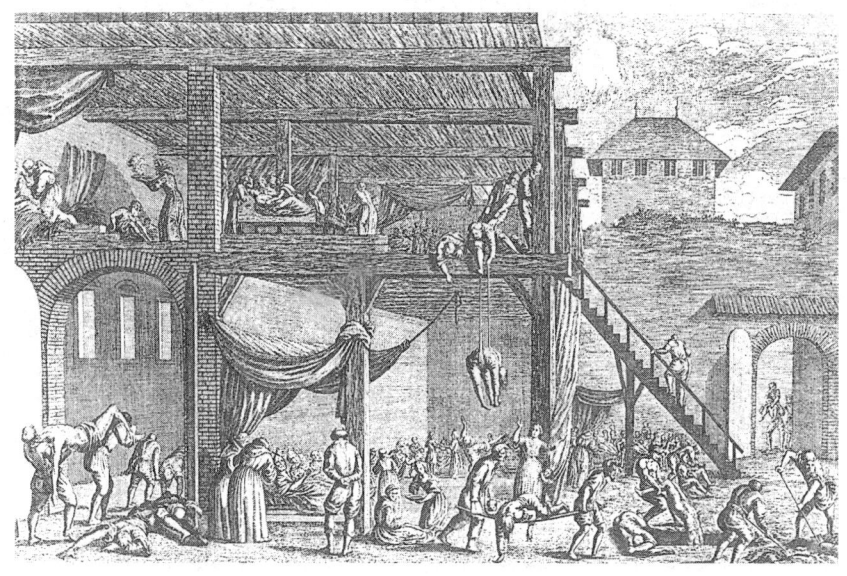

维也纳大瘟疫

然而，利奥波德一世鼓励书信往来：他给宫廷图书馆留了一大笔资金，并在吞并蒂罗尔后，把安布拉斯城堡的一部分藏书带到了维也纳。他还收集了马蒂亚斯·科菲努斯遗留的散乱藏书，并将科尔文纳图书馆的手抄书和物理学家基施纳神父的著作编录成册，自费出版。利奥波德一世创办了因斯布鲁克大学和布雷斯劳大学，并开始收藏画作，这些画作形成了后来的维也纳艺术馆。尽管做了这些值得称赞的努力，但利奥波德一世统治时期依然极度缺乏有才之士。

在1705年到1711年的短暂统治期间，约瑟夫一世一方面忙于与法兰西争夺西班牙的继承权，另一方面忙于与特兰西瓦尼亚拉科齐·费伦茨二世①的冲突之战。约瑟夫一世因对新教信仰持宽容态度而受到赞扬。他甚至禁止天主教

约瑟夫一世

拉科齐·费伦茨二世

① 拉科齐·费伦茨二世（1676—1735），特兰西瓦尼亚马扎尔贵族，18世纪马扎尔民族独立运动的领导者，是匈牙利民族英雄。——译者注

教皇克莱门特十一世

查理六世

神父在布道时攻击新教教徒。与利奥波德一世相比,约瑟夫一世不太喜欢耶稣会会士。如果神圣罗马帝国皇帝约瑟夫二世提供的那些可疑说法可信,约瑟夫一世甚至想把耶稣会会士逐出神圣罗马帝国。关于圣俸问题,约瑟夫一世也敢于跟教皇作对。教皇克莱门特十一世发布了一则诏书,谴责约瑟夫一世"已经忘记了奥地利哈布斯堡王朝世代相传的虔诚"。

约瑟夫一世驾崩后,他的弟弟查理六世在西班牙与安茹王朝的腓力①为争夺西班牙王国的所有权而斗争了好多年,但并未获得成功。后来,查理六世离开西班牙回到了奥地利。众所周知,1713年的《乌得勒支和约》和1714年的《拉施塔特条约》最终结束了西班牙王位继承战争。

奥地利哈布斯堡王朝放弃了对西班牙的主权,但作为补偿,获得了低地

---

① 即西班牙国王腓力五世(1683—1746),1700年到1746年在位,1724年曾短暂退位。他是西班牙波旁王朝的第一位国王,是法兰西王储路易之子,法兰西国王路易十四之孙。——译者注

国家、那不勒斯、米兰、托斯卡纳和撒丁岛的要塞。这些瞬间获得的土地,非但没有使奥地利大公国更强大,反倒削弱了奥地利大公国的势力。在本书中,我们不会对此进行论述。对奥地利大公国来说,如果牺牲这些地方和土耳其的利益,马不停蹄地继续推进领土扩张,将是更明智的策略。

查理六世继承了神圣罗马帝国、波希米亚王国和匈牙利王国,没有遇到任何争议。哥哥约瑟夫一世留下了两个女儿,但利奥波德一世在遗嘱[①]中将女嗣排除在王位之外,规定在没有男性继承人的情况下,应由弟弟继承兄长的王位。该遗嘱进一步宣布,如果查理六世没有男性继承人,约瑟夫一世的女儿,即长子的女儿要比家族中年幼者的女儿享有优先继承权。查理六世只有一个女儿,即玛丽亚·特蕾莎。为了推翻利奥波德一世确立的继承顺序,查理六世

玛丽亚·特蕾莎

---

① 根据1703年的《相互继承协定》,约瑟夫一世和查理六世同意在王朝没有男性继承人的情况下,约瑟夫一世的女儿将优先于查理六世的女儿继承哈布斯堡的领地。——译者注

一即位便开始了一系列谈判，并确保女儿玛丽亚·特蕾莎能获得奥地利所有领土的全部继承权。在查理六世统治的大部分时间，这些谈判一直在进行，并最终推动了著名法令——《国事诏书》的出台。1713年4月13日，查理六世在维也纳向秘密会议宣读了《国事诏书》，《国事诏书》的主要内容有三点：

第一，奥地利的所有领土都是不可分割的整体。

第二，根据长子继承法，奥地利议会中的男性继承人可相互继承。

第三，如果没有男性继承人，女性继承人将按以下顺序继承：首先，查理六世的女儿；其次，约瑟夫一世的女儿；然后是利奥波德一世的女儿。

议会只需记录君主的意愿，而无须发表意见。不过，查理六世还需要获得更多保证。于是，他又要求与继承权有关的公主放弃权力；之后，又从那些较温顺的国家开始，亲自确认统治的各国能认可该诏书。这些国家相继表示支持，只有匈牙利王国反对，原因是查理六世在加冕时签署了许多协议，其中一项协议规定，匈牙利王国在没有男性继承人的情况下，有权选择自己的国王。不过，1722年，匈牙利议会最终同意了。随后，查理六世便在低地国家和米兰宣布了《国事诏书》。此外，还需要确保欧洲列强接受该计划，在此方面，查理六世同样获得成功。1726年，普鲁士王国和俄罗斯帝国承认了《国事诏书》；1731年，大不列颠王国和荷兰共和国也承认了《国事诏书》；1732年和1733年，神圣罗马帝国和波兰共和国先后承认了《国事诏书》；法兰西王国、西班牙帝国和撒丁王国则在1735年《维也纳条约》[①]签订后表示支持《国事诏书》。但弗朗索瓦-尤金亲王曾机智地说过，一个充实的国库和一支精良的军队要胜过所有文件获得的保证，因为后者根本无法阻挡在玛丽亚·特蕾莎一登上王位时列强就对其发起的攻击。然而，《国事诏书》的主要意义在于，奥地利各省，不管是否情愿，最终都表示了认同。有些是因为忠诚于统治家族，有些则因为厌倦了持续不断的斗争，觉得只能维持奥地利现状。因此，这份被国外视为具有重大

---

① 波兰王位继承战争期间，奥地利与波兰于1735年初步签订《维也纳条约》，《维也纳条约》最终于1738年确定，以解决波兰王位继承问题。——译者注

卡洛斯三世

历史意义的羊皮纸文书,至今仍是奥地利公共法律的基础。由于急于确立《国事诏书》的原则,查理六世常常牺牲更重要的利益。波兰王位继承战争以1735年的《维也纳条约》告终。根据该条约,奥地利大公国丧失了伦巴第,并将两西西里割让给卡洛斯三世①,以换取帕尔马和皮亚琴察。在与土耳其人的战争

---

① 卡洛斯三世(1716—1788),波旁王朝的西班牙国王(1759—1788在位),即位前封号为帕尔马公爵(称卡洛一世,1731—1735)。——译者注

中，奥地利大公国损失更严重。1739年签订的《贝尔格莱德条约》①规定，查理六世必须将匈牙利王国在《帕萨罗维茨条约》中获得的全部领地归还土耳其。查理六世没活多久，于1740年驾崩，享年五十六岁。

查理六世因对艺术，尤其是对音乐的热爱而闻名。他把意大利知名音乐家弗朗切斯科·斯卡拉蒂和安东尼诺·卡尔达请到了维也纳。查理六世精心装扮维也纳，在维也纳建了绘画和雕塑学院，并开始大量收藏奖章。作为意大利的狂热崇拜者，他任命卢多维科·安东尼奥·穆拉托里和彼得罗·梅塔斯塔西奥②分别为他的史学传记者和桂冠诗人。查理六世采取了积极有效的措施来发展商业。他命人修筑了许多道路，有些以其名字命名的道路在今天依然可以看到。1719年，查理六世在维也纳成立了一家东方贸易公司，在的里雅斯特成立了一家特许公司③，并在奥斯坦德成立了东印度公司。然而，为了确保能消除

卢多维科·安东尼奥·穆拉托里　　　　　　　　　　　　　　　彼得罗·梅塔斯塔西奥

---

① 《贝尔格莱德条约》，又称《贝尔格莱德和约》，是1739年9月18日由奥斯曼土耳其帝国和哈布斯堡王朝在塞尔维亚的贝尔格莱德签订的和平条约，此条约结束了奥土战争。——译者注
② 彼得罗·梅塔斯塔西奥（1698—1782），意大利诗人和剧作家。——译者注
③ 特许公司，是政府给予特许，而投资人或股东以贸易、探险和殖民为目的建立的协会，为现代公司的前身。——译者注

北方海上大国的戒心并使之支持《国事诏书》，查理六世很快就把这些公司送给这些大国。的里雅斯特和阜姆成了自由港；一支小型舰队在多瑙河上建立，以保护内河航运。我们也要提一下查理六世为改善司法工作所做的努力。查理六世的宽宏大量为他在臣民中赢得了提多①之名。这一名称不涉及宗教问题，因为在其统治期间，许多新教教徒被迫移民到德意志地区和特兰西瓦尼亚。

---

① 提多，《圣经·新约》中的人物，他不是犹太人，而是一个外族的基督徒，在《圣经》中他伴随保罗赴外地传教并帮助处理很多难题。此处暗指查理六世对其臣民宽宏大量。——译者注

第 16 章

波希米亚的第一批哈布斯堡王朝国王

（1526 年到 1619 年）

    1526年，拉约什二世在莫哈奇战役中的死亡使波希米亚王位空缺。奥地利大公斐迪南一世根据波希米亚国王弗拉迪斯拉夫二世和神圣罗马帝国皇帝马克西米利安一世之间缔结的条约对波希米亚宣称主权，但波希米亚王国各领地坚决不承认条约的有效性，并坚持认为王位只能由自由选举出的君主继承。斐迪南一世有了竞争对手，即波兰国王齐格蒙特一世和巴伐利亚公爵威廉四世[1]和路易十世[2]。但通过巧妙地向波希米亚有影响力的人物赠送礼物和给予承诺，最终，斐迪南一世由二十四名各领地事先委托的选举人一致选为波希米亚国王。斐迪南一世立即确认了各领地具有的特权和神圣罗马帝国皇帝西吉斯蒙德批准的《布拉格协定》，并签署了一项法案。在该法案中，他承认自己之所以能当选，是因为各领地的自由选举。与此同时，斐迪南一世同意在布拉格定居。成为波希米亚国王后，斐迪南一世立即召开了议会，议会对斐迪南一世的一些特权做了规定。议会授权斐迪南一世在有生之年可为继承人加冕，只要继承人是王国的合法继承人即可。议会承认斐迪南一世有专门召开议会或各

---

[1] 威廉四世（1493—1550），巴伐利亚公爵（1508—1550）。他生于慕尼黑，父亲是巴伐利亚公爵阿尔布雷希特四世。母亲是奥地利的库妮贡达，是神圣罗马帝国皇帝腓特烈三世的女儿。——译者注
[2] 路易十世（1495—1545），威廉四世的弟弟。——译者注

阶层议会的权力，并投票通过为斐迪南一世对抗扎波尧伊·亚诺什及其土耳其盟友提供补贴。起初，斐迪南一世以宽宏大量和坚毅的性格赢得了波希米亚臣民的好感，并致力于结束宗教派别之间的纷争，同时使那些在波希米亚领地实施残酷暴政的贵族向他屈服。他郑重承诺要保护饼酒同领派教徒，使他们享有与天主教教徒平等的权利。但波希米亚兄弟会教徒并不享受这种宗教宽容政策，不但如此，还会常常遭到禁令。同样，马丁·路德教义的拥护者也不享受这种宗教宽容政策，并且饼酒同领派还会竭尽全力地想去赢得马丁·路德教义拥护者的支持。斐迪南一世通过禁止召开市政会议来限制布拉格的特权，会议的召开要得到他的许可。斐迪南一世恢复了波希米亚王国司法的正常运行，结束了多年来浪费国力的生死血战。

作为一个虔诚的天主教教徒，斐迪南一世自然强烈反对路德派教会的革新，但当时的环境并不允许他在波希米亚随心所欲地采用严厉手段反对这些革新。斐迪南一世禁止路德派教徒使用教堂，却无法阻止他们在领主和骑士的领地上传播信仰和教义。为了有效地与新的"异端邪说"做斗争，他试图促成饼酒同领派和天主教教徒之间达成联盟，但未能成功。斐迪南一世为匈牙利的艰难状况头疼不已[1]，路德派教徒效力于本教派某个特定组织，想趁机谋利，但斐迪南一世并未妥协。相反，对土耳其人及匈牙利人的远征为斐迪南一世提供了借口，使他获得大量资助，远超波希米亚王国每年为其提供的补贴。

查理五世请求弟弟斐迪南一世帮他对抗新教联盟施马尔卡尔登[2]。但在没有各领地同意的情况下，波希米亚国王不能征募军队；饼酒同领派教徒也认为派遣士兵对抗信仰同一宗教的人不合适。1547年1月，固执的斐迪南一世下令

---

[1] 当时，大片匈牙利国土被奥斯曼土耳其帝国占领，斐迪南一世实际仅能控制匈牙利的一小部分。土耳其人在1529年和1533年两次围攻维也纳，造成巨大危机；到局势稳定时，斐迪南一世控制匈牙利西部，扎波尧伊·亚诺什（在奥斯曼土耳其帝国的保护下）控制匈牙利东部，而南部地区被奥斯曼土耳其帝国吞并。——译者注

[2] 即施马尔卡尔登联盟，是在16世纪中期由神圣罗马帝国信仰路德宗的诸侯组成的军事防御联盟。该联盟最初于宗教改革开始后建立，目的是宗教动机，但此后其成员逐渐希望它能取代神圣罗马帝国。联盟的名称来自图林根的城镇施马尔卡尔登。——译者注

各领地领主在利特梅里茨与其军队会合。由于并非为了保卫国家,许多人拒绝越过边境,只有少数温顺的人陪斐迪南一世对抗萨克森。

斐迪南一世一离开波希米亚王国,人们的不满情绪就爆发了。尽管有王室禁令,布拉格的执政官还是不得不将市民召集起来。就这样,一个捍卫国家自由的联盟成立了。饼酒同领派贵族和骑士都支持这份捍卫国家自由的大业,波希米亚兄弟会的一些成员也成了主要动员者。在这些人的带领下,一些文件得以起草并被呈递给斐迪南一世。在文件中,波希米亚兄弟会成员要求斐迪南一世放弃波希米亚王国王位给予他的所有特权,因为这些特权损害了波希米亚王国的利益。按照这些文件,饼酒同领派教徒有权按自己的意愿组织教会,并可以为维护其利益而结盟。王国议会和各阶层议会都有权在他们认为合适的时机召开议会。斐迪南一世要放弃1545年在王位继承问题上所做的让步,并同意只任命议会批准的官员。王国议会和各阶层议会派使者去找斐迪南一世,要求召开议会审议这些措施,同时请摩拉维亚、西里西亚和卢萨蒂亚各领主召开议会审议这些措施。萨克森选帝侯约翰·腓特烈一世①打响了胜利的第一枪,

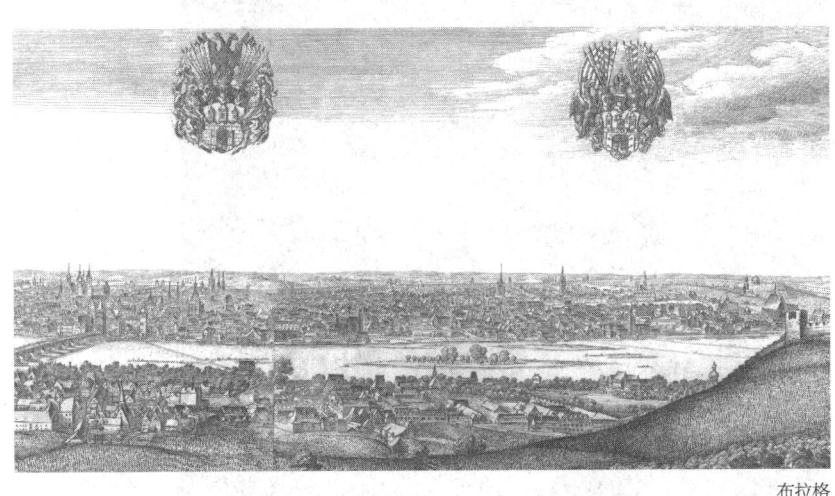

布拉格

---

① 约翰·腓特烈一世(1503—1554),德意志的萨克森选帝侯,马施尔卡尔登联盟首领。他是神圣罗马帝国皇帝查理五世统治时期的一位著名的新教王公。——译者注

其军队战胜了神圣罗马帝国的军队，极大地鼓舞各领主纷纷提出自己的要求。如果约翰·腓特烈一世能继续获胜，这些领主就会派一支军队前往战场与之合作，但1547年，约翰·腓特烈一世在米尔贝格的失败粉碎了各领主的希望。斐迪南一世率领一支皇家军队再次进入波希米亚，而各领主已经无力抗衡。斐迪南一世承诺赦免所有投降的贵族和骑士，这样就使贵族和骑士更加人心涣散。这些贵族和骑士急忙赶往莱特梅里茨向斐迪南一世朝贡，之后便同他一起进军布拉格。布拉格在惊慌失措中投降了，其他城镇也纷纷投降。斐迪南一世报复了这些城镇，没收它们的财产，并通过任命王室法官和领主来削弱这些城镇的独立性。只有少数贵族的庄园被没收。国王宣布这些城镇已经丧失了

约翰·腓特烈一世

在议会中的代表权,两名骑士和两名市民被处决。尽管这是斐迪南一世所为,但他一向宽厚仁慈,只是想限制或压制这些城市的特权。此后,没有王室法官在场则不能举行公众集会。因此,这种计划不周、执行糟糕的革命尝试,结果只能让王室受益。此次革命扩大了王室领地面积,此前,王室领地面积早已缩小。此次革命还削弱了议会的权力,只有经过王室允许,资产阶级才能出席议会,也就是说,资产阶级只能在王室官员的监督下出席议会。

这些积极有力的措施有可能会使斐迪南一世前往奥格斯堡,而查理五世刚刚在那里召开了帝国议会。斐迪南一世让次子上奥地利大公斐迪南二世担任摄政王。在奥格斯堡,神圣罗马帝国的诸侯要求波希米亚王国与神圣罗马帝国其他成员国一样受到相同管控,但斐迪南一世不同意神圣罗马帝国这一要求,从而维护了波希米亚王国的权利和独立。不久,斐迪南一世又为波希米亚王国管辖下的属地设立了皇家上诉法庭,限制了布拉格和莱特梅里茨法院的管辖权,并禁止使用《马格德堡法典》[①],从而使波希米亚王国的法律统一。1547年,斐迪南一世开始迫害皮卡尔人和波希米亚兄弟会教徒。他解散他们的团体,强迫他们要么加入天主教,要么加入饼酒同领派。拒绝该要求的人则被迫流亡,有八百多人逃亡到普鲁士和波兰。

1549年,召开议会时,斐迪南一世提出反对路德派教徒的新计划,但遭到波希米亚和摩拉维亚各领地的强烈反对,而神圣罗马帝国新教教徒展现出的力量也迫使他放弃了计划。1555年,《奥格斯堡和约》[②]确保了神圣罗马帝国宗教改革的胜利,给波希米亚福音派[③]带来了新的勇气。为了抵制这些福音派

---

① 《马格德堡法典》是神圣罗马帝国皇帝奥托一世(936—973)于弗莱明法律的基础上制定的一套城市法,规范当地管理者给予城镇和乡村的内部自治程度。法律以奥托一世曾居住的德意志城市马格德堡命名。——译者注
② 《奥格斯堡和约》,是神圣罗马帝国皇帝查理五世与德意志新教诸侯在奥格斯堡的帝国会议签订的和约,于1555年9月25日签订。该和约提出"教随国定"的原则,和约亦是第一次根据法律正式允许路德宗和天主教共存于德意志。——译者注
③ 福音派,是基督教新教的一个新兴派别,而非一个教派,其与自由派、基要派等不同,常被视为自由派和基要派两个基督教派的中间立场。——译者注

教皇庇护四世

教徒,斐迪南一世坚决站在天主教教徒一边。他把耶稣会召集到布拉格,为天主教教徒建立了大主教辖区,并与特伦特宗教会议谈判,同意饼酒同领派教徒加入天主教。1564年,神圣罗马帝国皇帝斐迪南一世[①]获得教皇庇护四世和特伦特宗教会议的批准,整个波希米亚王国都可以使用圣杯,并且此后,耶稣会会士和大主教及主教,都可用两种圣餐形式进行圣礼。

---

① 斐迪南一世,哈布斯堡王朝的奥地利大公和神圣罗马帝国皇帝,1556年起成为神圣罗马帝国皇帝,并于1558年加冕。此处与奥地利大公斐迪南一世系同一人。——译者注

正如我们所见，斐迪南一世的继任者马克西米利安二世支持宗教改革，于1564年怀着一颗深得民心的仁慈之心成为神圣罗马帝国皇帝。应饼酒同领派教徒的要求，斐迪南一世允许他们不按照《布拉格协定》，而是按照"圣言"进行自治。然而，福音派未能获得斐迪南一世对《奥格斯堡信条》的认可，因而与仍秘密存在的波希米亚兄弟会教徒联合起来，精心制定了一套民族教义。但该民族教义同样没有得到斐迪南一世的承认，路德派教会依然既无神职人员，也无组织。因此，一切都杂乱无章，浪费了最旺盛的精力，并引发了令人厌烦的争吵，而所有这些都充斥在马克西米利安二世统治的大部分时期。

在斐迪南一世和马克西米利安二世统治期间，波希米亚王国与其他国家一直保持着和平。为了攻打土耳其人和匈牙利人，波希米亚王国在国内征兵，但在国内并未见到外国敌人。这段漫长的和平时期，由于不断受神学讨论和宗教纷争的困扰，波希米亚民族似乎失去了活力，失去了15世纪曾辉煌耀眼的好战天性。波希米亚的文学变得冗长而迂腐；人们更追求作品数量而非质量。许多外国人，特别是德意志人，再次在布拉格定居。君主的政策也总是受君主本国或神圣罗马帝国利益的驱动，而非因波希米亚王国本身的利益。

神圣罗马帝国皇帝鲁道夫二世对艺术和科学的兴趣超过了神学，并且和查理四世一样，使布拉格成了欧洲最博学的城市之一。波希米亚文学得以迅速发展。波希米亚兄弟会出版了《圣经》译本，这对波希米亚人来说就像马丁·路德对德意志人一样意义重大。然而，波希米亚王国的外国人人数与日俱增。鲁道夫二世曾在西班牙接受教育，周围都是西班牙人和德意志人，因此，从未学过捷克语。鲁道夫二世尽管非常支持天主教，但根本没有实际行动。鲁道夫二世懒散成性，在很长一段时间里，对臣民之间的宗教矛盾要么一无所知，要么漠不关心。耶稣会会士在宗教方面取得了很大进步，并在天主教贵族中产生了重要影响，并能最终成功影响摇摆不定的鲁道夫二世。1602年，鲁道夫二世再次迫害波希米亚兄弟会教徒。饼酒同领派教徒试图为波希米亚兄弟会教徒辩护，但没有成功。耶稣会会士和天主教狂热分子成了波希米亚王国的主力。所有政府官员不得不忍痛签署了天主教信仰忏悔书，否则就要被开除和流放。甚至有人说，有一位领主用狗把佃农驱赶到教堂，并强迫他们接受圣礼。布拉格大主教召开了一次省级议会，发誓要让波希米亚全部恢复天主教。当意志薄弱的鲁道夫二世不得不为捍卫自己的权力来对抗弟弟马蒂亚斯时，一场宗教纷争爆发了，并且比以往更激烈。马蒂亚斯急于统治整个奥地利，已在摩拉维亚的波希米亚兄弟会中找到了盟友。波希米亚兄弟会的领袖是泽罗丁的查尔斯。泽罗丁的查尔斯是摩拉维亚历史上的重要人物，曾为法兰西国王亨利四世服务。泽罗丁的查尔斯在恰斯拉夫召集波希米亚王国各领主，进入了波希米亚，但波希米亚王国各领主仍忠于合法国王鲁道夫二世，便在布拉格纷纷投靠鲁道夫二世。然而，这一事件成功地给了饼酒同领派教徒要求纠正其宗教冤屈和实行全面改革的机会。鲁道夫二世答应了饼酒同领派教徒的一切要求，并通过1608年的《利比诺条约》从马蒂亚斯那里赎买了和平，同时，把摩拉维亚割让给马蒂亚斯。在1609年召开的议会上，福音派和波希米亚兄弟会重新要求鲁道夫二世承认波希米亚声明，允许他们参加饼酒同领派的宗教会议，并将布拉格大学的管理委托给他们。鲁道夫二世拒绝了这些要求。于是，福音派和波希米亚兄弟会教徒就在布拉格新城的市政厅召开了一个独立议会，并成立了一个武装联盟来保护自己的宗教。他们派马蒂亚斯伯爵率领军队。图恩的马蒂亚斯伯爵是德意志人，刚在波希米亚定居不久。与此同时，该武装联盟还交由图恩的马蒂亚斯伯爵负责一个由七十五名成员组成的委员会，负责维护福音派和波希米亚兄弟会成员的利益。西里西亚各领主也加入了该武装联盟。

鲁道夫二世惊慌失措，请求萨克森选帝侯从中调解，并提出允许波希米亚兄弟会形成特别的宗教会议。波希米亚兄弟会教徒拒绝了这一提议，并以《基本法》的形式提出了自己的要求。1609年7月，鲁道夫二世颁布《基本法》。这份著名的《基本法》使波希米亚声明得到认可，同意福音派和波希米亚兄弟会进入饼酒同领派的宗教会议，并承认其对大学的管理权。此外，福音派和波希米亚兄弟会还被授权可从领主、骑士和公民中挑选一定数量的人来捍卫信仰并监督特权的执行。大约在同一时间,天主教教徒和饼酒同领派教徒之间缔结了一项条约,宣布此后,各宗教派别应相互尊重彼此的教义。因此,就我们对17世纪宗教信仰的理解而言,当时,信仰自由的权利得到了明确认可。《基本法》有点类似《南特敕令》①。《基本法》保证了波希米亚未来的宗教和平。然而,鲁道夫二世不愿认可《基本法》条款,也没有放过任何为自己报仇的机会。在鲁道夫二世的鼓动下,施蒂里亚大公斐迪南②的弟弟奥地利大公利奥波德五世向波希米亚派遣一支一万二千人的军队,占领了塔波尔和其他几个福音派信徒所在城镇。不过,波希米亚议会很快就召集一支军队,将入侵者驱散,然后围攻鲁道夫二世,因为他们怀疑鲁道夫二世与此事有关。他们把鲁道夫二世关在皇家城堡,并强迫其退位。随后,马蒂亚斯被选为继任者,鲁道夫二世则于1612年驾崩。

新教教徒和饼酒同领派教徒逼迫鲁道夫二世赋予他们自由,但不知道如何利用这种自由。按照福音派和波希米亚兄弟会之间达成的协议,宗教会议可继续存在,一些官员直接从福音派和波希米亚兄弟会中选出。不过,福音派和波希米亚兄弟会没有颁布任何重大措施来增加神职人员的数量或改善教会的纪律,而路德派教义和加尔文派③教义之间的差异将宗教改革派分成了两个对立阵营。宗教改革派占领了布拉格大学。这件事也说明,摧毁体制要比建立体制容易得多。在面临必要的牺牲时,宗教改革派教徒退缩了,胡斯派不再享有昔日的声誉。各领主付出的努力,与其说是为改善国家的宗教状况,不如说是

---

① 《南特敕令》,1598年4月13日,法兰西国王亨利四世签署颁布的一条敕令。这条敕令承认了法兰西国内结盟宗(又称胡格诺派、雨格诺派)的信仰自由,并在法律上享有和公民同等权利。这条敕令是世界近代史上第一份有关宗教宽容的敕令。不过,1685年,亨利四世之孙路易十四颁布《枫丹白露敕令》,宣布基督新教为非法。因此,《南特敕令》被废除。——译者注
② 即神圣罗马帝国皇帝、匈牙利国王、波希米亚国王斐迪南二世。——译者注
③ 加尔文派,16世纪法国与瑞士基督新教宗教改革家约翰·加尔文毕生之主张,以及支持加尔文的其他神学家意见的统称。因约翰·加尔文等人认为教义应当回归《圣经》,应该恢复被天主教会遗弃的奥古斯丁"神恩独作"(独作说),反对天主教神学主流的"神人合作说",因此加尔文派之神学传统常被称为"归正神学"或"改革宗神学"。——译者注

为增加其政治自由。在加冕仪式上，这些领主向马蒂亚斯提出了以下条件：未经国王同意，他们有召开议会的权力；有权在认为合适的时候召集军队；有权维持在1600年与西里西亚各领主为捍卫共同信仰而建立的联盟；有权与周边国家签订类似于与马蒂亚斯签订的条约，有权重新签订波杰布拉德的伊日曾与萨克森、巴拉丁领地和勃兰登堡的新教选帝侯达成的条约，以便在与国王发生冲突时各领主能获得这些诸侯的帮助。在所有要求中，马蒂亚斯只同意了第三个要求，而将其他要求搁置。马蒂亚斯希望自己能为各位领主提供便利赢得宗教改革派领袖的支持。然而，马蒂亚斯没有成功。宗教改革派在匈牙利人和新教诸侯中寻找盟友，因为这些人很在意奥地利王室遭受的屈辱。为了避免这场宗教改革危机，马蒂亚斯提议向土耳其人开战，并在1614年，邀请奥地利各领地议会代表到林茨集会。但宗教改革派拒绝了马蒂亚斯要求的议会代表和索要的补贴。马蒂亚斯以同样的目的在布拉格召开了波希米亚王国各省的全体会议。会议很成功，并通过了严格的措施来维持捷克语为官方语言。与此同时，会议决定，为了避免神圣罗马帝国移民带来的威胁，今后将不允许外国人进入波希米亚，除非外国人会说捷克语。

没有继承人的马蒂亚斯向各领主提议其堂弟——施蒂里亚大公斐迪南为波希米亚王位继承人。众所周知，施蒂里亚大公斐迪南是新教的敌人，是天主教坚定的捍卫者。各领主一开始表示反对，但最终还是同意了。

当时，还发生了一件小事，唤醒了奄奄一息的宗教热情。饼酒同领派教徒凭借鲁道夫二世1609年签署的《皇家诏书》[①]，在布雷诺夫修道院和布拉格大主教辖区建了几座教堂。然而，《皇家诏书》只允许皇家城市享有宗教信仰自由。因此，修道院院长和大主教下令关闭这些教堂，并向支持他们的马蒂亚斯提起上诉。信仰的捍卫者饼酒同领派获悉此事后，将各新教领主召集起来。

---

① 波希米亚新教教徒看准了神圣罗马帝国最微弱的时机，提出更多宗教自由的要求，鲁道夫二世在1609年签署《皇家诏书》满足了他们的要求，赋予信奉新教的波希米亚和西里西亚贵族以宗教信仰自由和特权，这一举动成为后来1618年开始的三十年战争导火索。——译者注

鲁道夫二世于 1609 年签署《皇家诏书》

这些新教领主宣称政府违反了《皇家诏书》,于是派使者到维也纳要求恢复教会。马蒂亚斯拒绝了这一请求,并下令解散议会。这一回复让各新教领主非常愤慨。于是,没过多久,他们决定宣布独立,并以令人吃惊的方式宣布与马蒂亚斯决裂。离开波希米亚王国时,马蒂亚斯任命了十名代理官员管理这个国家。现在各领主决定要把这些代理官员从布拉格赫拉德坎尼城堡的窗户里扔出去。1618年5月23日是发动起义的日子。发动此场阴谋的主谋有图恩伯爵、施利克伯爵和洛布科维茨的威廉。他们全副武装,进入城堡,逮捕了四名代理官员:施滕贝格的亚当和女婿马丁尼兹的雅罗斯拉夫·博尔齐塔、卡尔施泰因、首席大法官威廉·格拉夫·斯拉瓦塔及马耳他骑士团大团长洛布科维茨的迪波尔德。跟这些人在一起的还有书记官菲利普·法布里丘斯——一个无名小卒,不过这一天却让他出了名。现在仍能在布拉格的城堡看到这个当时只能容纳几名领主的狭小房间。各领主愤怒地质问这些代理官员，问他们是否鼓动马蒂亚斯给议会写了恐吓信。这些代理官员拒绝回答。于是，各领主宣布，不得到一个解释，他们是不会撤退的，并且说："耶稣会的走狗，你们要知道，你们现在不是在跟女人打交道。"所有领主一致认为，马丁尼兹的雅罗斯拉夫·博尔齐塔和威廉·格拉夫·斯拉瓦塔是恐吓信的始作俑者。二人尽管坚决否认，但仍被宣布为波希米亚王国的敌人，不受法律保护。在这一草率判决后，施滕贝格的亚当和洛布科维茨的迪波尔德被扔出门外，另外两名代理官员也被从城堡的窗户扔出；躲在侍从中的书记官菲利普·法布里丘斯也难逃厄运。然而，尽

马丁尼兹的雅罗斯拉夫·博尔齐塔

布拉格抛窗事件

管这三人从四十多码^①的高空落下,但都死里逃生,逃过一劫。他们摔在城堡沟渠里的垃圾堆上,只有威廉·格拉夫·斯拉瓦塔一人受了轻伤,其他人全部逃脱了。书记官菲利普·法布里丘斯赶紧把这一不幸的消息带到维也纳,同时,因其忠诚被提升为贵族,并被授予非常恰当的头衔——高处坠落之王。

---

① 码,长度单位,1码=3英尺=36英寸=1/1760英里=0.9144米。——译者注

布拉格抛窗事件引发了一场可怕的战争①。就在这一叛变事件发生的当天，各领主组织了一个由三十名成员组成的临时政府，组建了一支军队，并把最高指挥权托付给了图恩伯爵。他们派人请求神圣罗马帝国诸侯与之结盟，同时，流放了耶稣会会士，并驱逐了布雷诺夫大主教和修道院院长。这突如其来的叛变让马蒂亚斯大吃一惊，让他顿时迟疑了。他的亲信枢机主教克梅尔希奥·克莱斯尔主张不宜采取强硬政策。懦弱的马蒂亚斯惧怕战争的到来，而这场战争正是马蒂亚斯未来的继任者施蒂里亚大公斐迪南想要竭力促成的。马蒂亚斯派一个委员会去布拉格，希望与叛军达成和解，但以失败告终。布拉格的皇家使者被严格监视。集中足够的力量对付波希米亚王国绝非易事。不久前，匈牙利议会讨论是否接受施蒂里亚大公斐迪南成为匈牙利王国国王。然

枢机主教克梅尔希奥·克莱斯尔

---

① 布拉格抛窗事件引发了三十年战争（1618—1648）。——译者注

而，想让施蒂里亚大公斐迪南成为匈牙利国王并没那么简单。上奥地利和摩拉维亚各领主拒绝提供军队攻打波希米亚；波希米亚人也没有等着被攻击。波希米亚人进行游行示威以反对一直对哈布斯堡王朝忠心耿耿的天主教教徒，并包围了布德韦斯城。最后，为了逼迫马蒂亚斯采取行动，马蒂亚斯的两个弟弟施蒂里亚大公斐迪南和上奥地利大公马克西米利安抓获了枢机主教克梅尔希奥·克莱斯尔，并把他关进了安布拉斯城堡。失去顾问的马蒂亚斯，把事情的处理权交给了施蒂里亚大公斐迪南。丹皮尔的亨利率领一万大军进入了波希米亚，图恩伯爵不得不围攻布德韦斯城。尽管如此，图恩伯爵还是在两次交战中击退了丹皮尔的亨利，并迫使他退到奥地利。神圣罗马帝国军队得到增援，不过，只得到比夸伯爵夏尔·博纳旺蒂尔·德·隆格瓦勒率领的西班牙人的增援。波希米亚人也得到了援助。神圣罗马帝国的新教教徒都与奥地利大公国为敌，

比夸伯爵夏尔·博纳旺蒂尔·德·隆格瓦勒

而波希米亚的起义则表明欧洲人开始反抗这个控制着欧洲和宗教改革的权力过大的哈布斯堡王朝。萨伏依公爵洛·埃马努埃莱一世[①]和福音派的领袖派一支由恩斯特·冯·曼斯费尔德率领的增援部队去增援波希米亚各领主。恩斯特·冯·曼斯费尔德进入波希米亚,占领了比尔森。但就像胡斯运动时期一样,比尔森拒绝承认波希米亚各领主的权威。随后,恩斯特·冯·曼斯费尔德打败了夏尔·博纳旺蒂尔·德·隆格瓦勒,并迫使他留在布德韦斯城。

初冬时期,萨克森选帝侯试图从中调解:埃格尔召开了议会,但没有解决任何问题。各领地代表要求马蒂亚斯明确接受自登基以来一直谈判的四项条款。1619年3月20日,马蒂亚斯驾崩。

---

① 卡洛·埃马努埃莱一世(1528—1580),绰号"铁头"的萨伏依公爵(1553—1580)。他迁都都灵并在领地推行意大利语,大大促进了萨伏依的意大利化。——译者注

第17章

三十年战争与波希米亚王国的衰败

（1618年到1648年）

神圣罗马帝国皇帝斐迪南二世立即展开了与波希米亚各领主的斗争，比马蒂亚斯表现得更积极。在登基之初，斐迪南二世就向王室的老大臣而非各领主发布了一封诏书，宣布他将尊重《皇家诏书》及在加冕典礼上向他们承诺的特权，并进一步承诺维护波希米亚王国的和平与秩序。同时，他向叛乱者提出休战提议，但领主们拒绝了。1619年春，图恩伯爵入侵摩拉维亚，但发现该省各领主非常不愿意支持波希米亚起义。主和派领袖是波希米亚兄弟会的领袖泽罗丁的查尔斯。泽罗丁的查尔斯有很大的影响力，曾不止一次地成为波希米亚王国国王追缉的要犯和宗教迫害的受害者。尽管如此，在布拉格抛窗事件的第二天，他就前往布拉格，建议以温和方式解决此次抛窗事件。虽然妹夫阿尔布雷希特·冯·瓦伦斯坦和一个女婿都是革命者，但泽罗丁的查尔斯依然忠于自己的君主马蒂亚斯。然而，图恩伯爵抵达摩拉维亚激起了各领主的不满情绪。各领主纷纷加入波希米亚、西里西亚和卢萨蒂亚组成的联盟。此时，图恩伯爵向维也纳进军，而维也纳的新教教徒发动了起义，要求宗教信仰自由。然而，恩斯特·冯·曼斯费尔德的失败让图恩伯爵回到了波希米亚。

然而，此时的波希米亚王国不能没有君主。这与当时认为一个国家有能力管理自己的想法背道而驰。波希米亚贵族的爱国主义思想还不能帮他们选择一国之君。三位外国候选人成了波希米亚王国王位的竞争者——信奉新教

萨克森选帝侯约翰·乔治一世

的德意志联盟领袖年轻的巴拉丁选帝侯腓特烈五世,萨克森选帝侯约翰·乔治一世和萨伏依公爵卡洛·埃马努埃莱一世。1619年9月26日,腓特烈五世在波希米亚王国王位普选议会选举中获胜。约翰·乔治一世非常愤怒,便与刚刚被选为神圣罗马帝国皇帝的斐迪南二世和解。腓特烈五世抵达布拉格,在圣维特大教堂由饼酒同领牧首为其加冕。腓特烈五世承诺同意各领主曾向马蒂亚斯提出的四项条款。根据这些条款,国王必须完全服从于各领主。天主教教徒反对这次选举,但加布里埃尔·拜特伦[①]对匈牙利的入侵给新国王腓特烈五世

---

① 加布里埃尔·拜特伦(1580—1629)。在奥斯曼土耳其帝国的支持下,领导加尔文派联盟对抗哈布斯堡家族及天主教同盟。——译者注

提供了实质性帮助。比夸伯爵夏尔·博纳旺蒂尔·德·隆格瓦勒不得不离开波希米亚向特兰西瓦尼亚进军，图恩伯爵与他同行至多瑙河。在普雷斯堡，波希米亚人、匈牙利人和特兰西瓦尼亚人签订了一项反对奥地利哈布斯堡王朝的条约。缔约方甚至派大使到君士坦丁堡与土耳其人达成和解。而加布里埃尔·拜特伦很快就与斐迪南二世和解了。1620年冬，斐迪南二世征集军队。西班牙国王、教皇、天主教联盟领袖巴伐利亚选帝侯和萨克森选帝侯都提供了兵力。连波兰国王齐格蒙特三世·瓦萨[①]也承诺会派兵支援。然而，神圣罗马帝国的新教诸侯因西班牙人在低地国家的存在而不敢前来援助波希米亚王国。因此，波希米亚王国发现自己孤立无援。腓特烈五世不是能应付大局的人。作为狂热的加尔文主义者，腓特烈五世偏爱波希米亚兄弟会，不喜欢路德派教徒，因而激怒了他们。他把圣维特大教堂变成了一个冷冰冰、光秃秃的新教避难所。由于常常偏袒自己的外国顾问，腓特烈五世疏远了十分优秀的将军图恩伯爵和恩斯特·冯·曼斯费尔德。

1620年春，波希米亚军队入侵下奥地利，但未取得决定性胜利。腓特烈五世及其同盟者开始积极投入战斗，但胜利的希望很快就破灭了。巴伐利亚公爵马克西米利安一世和蒂利伯爵约翰·塞克拉斯进入了上奥地利，约翰·乔治一世则进入卢萨蒂亚，波兰国王西吉斯蒙德率领哥萨克人一直推进到下奥地利。不久，巴伐利亚公爵马克西米利安一世和夏尔·博纳旺蒂尔·德·隆格瓦勒率领一支大约五万人的军队由南进入波希米亚，而波希米亚只有两万五千名士兵。一座又一座城市相继落入这些侵略者手中。在一次次撤退后，波希米亚军队最终在布拉格西部的白山高地上筑起防御工事，等待一场决定性交战的到来。敌军派两支军队从这里猛烈攻击波希米亚军，尽管匈牙利人和摩拉维亚人英勇鏖战并战斗到最后，但最后还是溃败而逃。大约有一万名士兵战死沙

[①] 齐格蒙特三世·瓦萨（1566年—1632），即波兰-立陶宛联邦国王（1587–1632）和瑞典国王（1592–1599）。在他统治的四十五年里，波兰-立陶宛联邦是名副其实的东欧第二强国，仅次于奥斯曼土耳其帝国。——译者注

场，波希米亚人的营地完全落入敌人手中。1620年11月8日，白山战役开始时，腓特烈五世正在宫殿里安逸地举办一场盛宴，得知战役已开始，便前往战场，结果遇到了匆忙冲入布拉格的残军败将。

然而，希望还未完全破灭。布拉格可能会自我防御。加布里埃尔·拜特伦派来的八千名马扎尔士兵刚刚抵达波希米亚边境。摩拉维亚和西里西亚正顽强抵抗，守卫着几座戒备森严的城市，只有被萨克森军队占领的卢萨蒂亚投降了。腓特烈五世认为这场战争没有希望了，便撤退到布雷斯劳。各领主发现他们被亲手选出的君主抛弃了，便纷纷打开城门，听凭征服者处置。斐迪南二世把波希米亚的管理权交给列支敦士登①的查尔斯，而夏尔·博纳旺蒂尔·德·隆

白山战役

---

① 列支敦士登公国，欧洲中部的内陆小国（联合国区域集团定义为西欧国家），夹在瑞士与奥地利两国间，为世界上仅有的两个双重内陆国之一（另一个为乌兹别克斯坦）。同时该国也是唯一一个德语是官方语言但与德国没有交界的国家。——译者注

腓特烈五世

格瓦勒则前往摩拉维亚以统治该省。与此同时，约翰·乔治一世征服了西里西亚，腓特烈五世不得不离开布雷斯劳。在布雷斯劳西部，腓特烈五世的得力将军恩斯特·冯·曼斯费尔德继续抵抗了一段时间后，被迫放弃波希米亚。

只要斐迪南二世对胜利还未有十足的把握，他就会谨慎地保持缄默。对那些反叛的臣民，他丝毫不表露自己的想法。然而，一旦他发觉掌握了局势，复仇行动就开始了。斐迪南二世下令逮捕所有冒犯他的人、指挥官和所有以任何形式参与叛乱的人，并把所有还留在布拉格并相信王室会宽大处理的人关进监狱。一场非常恐怖的复仇行动就此开始。所有加尔文派传教士和波希米亚兄弟会教徒被驱逐；在列支敦士登的查尔斯的统治下，布拉格设立了特别法庭，一边审判，一边即刻行刑。

1621年6月21日，在布拉格老城区市政厅前，二十七位主要带头人被处以死刑，其中包括布拉格大学校长延森纽斯。延森纽斯原本被判监禁，后被改判为割掉舌头。有的叛乱者被砍头，有的叛乱者被绞死；所有叛乱者为守护自己的信仰而英勇死去。死者的头颅被悬挂在布拉格大桥的塔楼上。这一天之于波希米亚，好比后来血腥的埃佩里斯大屠杀日之于匈牙利。1621年6月22日，斐迪南二世宣布以酷刑惩罚未被判处死刑的叛乱者。这些叛乱者要么被鞭打，要么被放逐，要么被监禁。叛乱者的财产被没收，被分给斐迪南二世及斐迪南二世的将军和大臣——西班牙人、意大利人、瓦隆人和德意志人。正是这时，波希米亚才有了一群外国家族，如科洛雷多家族、皮科罗米尼家族、瓦利斯家族、加拉家族、利希滕施泰因家族等。至今，人们仍然可以在奥地利或捷克发现这些家族的后裔。人们可以很容易地看出，这些外国家族是如何以牺牲波希米亚人的利益为代价，靠王室的慷慨馈赠使家族兴盛的——他们很少捍卫波希米亚王国的权利。被没收财产的另一部分用于教会基金，特别是用以支持布拉格大主教辖区和耶稣会，斐迪南二世特别支持发展大主教辖区和耶稣会。有一位卡拉法神父，奉命组织了波希米亚的反宗教改革运动，并很无知地声称："很久以前，我们就认识到，只有一种方法可以启发波希米亚人并将他们引回'善'道，那就是迫害。"对此，斐迪南二世在1622年以"大赦"之名颁发赦免书结束了这场迫害。该赦免书让我们看到了斐迪南二世的宽宏大度。赦免书说，所有参加叛乱的人，都应受到身体和财产的惩罚，但国王仁爱，只要他们愿意承认自己的过错，就可以只没收财产而免除身体惩罚。七百二十三位贵族和骑士接受了这种充满讽刺意味的特赦，遭遇了部分或彻底的破产。

斐迪南二世最关心的是在波希米亚王国重建天主教。布拉格大学从饼酒同领派教授手中被移交给耶稣会会士。因此，耶稣会会士现在接管了整个波希米亚王国的教育。约翰·乔治一世曾试图支持本教派路德教派使其成功接管波希米亚王国的教育，但未取得成功。1624年，神圣罗马帝国一份文件对所有波希米亚兄弟会教徒发出禁令，并组织恢复天主教。教堂被移交给天主教神父管理，因此，许多外国神父，特别是波兰的神父来到波希米亚。不信奉天主教的人不得享有任何公民权利或从事任何职业，举办婚姻和葬礼的权利也被剥夺了。不重视禁食日、节日和弥撒仪式会被罚款。新领主授命于神圣罗马帝国在没收的土地上迫害农奴，以引领他们走向真正的信仰。但恢复天主教的这些措施还不够。在布拉格，有必要将大部分有影响力的非天主教公民流放，而在其他皇家城市，则不得不在居民区驻扎军队。波希米亚人变得更加坚毅，这种精神并没有因受迫害而有所削弱。利萨居民拒不服从。他们烧毁了居住的城镇，然后移居到其他地方。其他各城市开始爆发叛乱，但都被轻而易举地镇压。费迪南二世通过处决叛乱者和实施酷刑在波希米亚王国重新建立了秩序。这一时期造成的恐慌与犯下的滔天大罪成了宗教史上悲惨的事件之一。

紧随宗教起义的便是政治起义。斐迪南二世一获胜，就把鲁道夫二世起草的一些宪章和《皇家诏书》的原本带到维也纳，撕成碎片，扔进火里。斐迪南二世坚信，奄奄一息的波希米亚应该一直处于受奴役状态。1627年，斐迪南二世颁布了一部新宪法。宪法开篇就声明，在哈布斯堡王朝，波希米亚的王位按先男嗣后女嗣的顺序世袭。在波希米亚议会三个阶层（贵族、骑士和市民）代表之外，斐迪南二世又增加了第四个阶层，即神职人员。神职人员凌驾于其他三个阶层之上。除布拉格大主教即波希米亚王国的大主教之外，第四个阶层还包括所有拥有皇家圣职的神职人员。波希米亚议会被剥夺了立法职能，此后，这些职能均由斐迪南二世掌控。波希米亚议会只保留同意征税的权力，但无权向君主施压。波希米亚议会只商议国王提交的问题。最高法院被剥夺了立法权，必须遵从执法者判决；审判将秘密进行，在法院及所有公共法案中，要平等使用德语与捷克语。该宪法颁布几周后，一项新法令使天主教统一工作圆满告捷。该法令准予所有尚未皈依天主教的人用六个月时间来接受天主教。

按照新宪法，斐迪南二世要亲自到布拉格监督法令的实施情况，要召开议会并使儿子斐迪南三世顺利加冕为波希米亚王国国王。一些人虽然皈依天主教，但都不真诚。那些假装皈依的天主教教徒，会偷偷地在壁炉边或森林深处进行自己的宗教活动。许多波希米亚人都离开了自己的国家，去新教国家寻求信仰自由。据估计，至少有三万六千个家庭移居国外，在萨克森的德累斯顿、皮尔纳和迈森及波兰的莱什诺建立了移民区。

摩拉维亚的形势非常严峻，不亚于波希米亚。弗朗茨·冯·迪特里希施泰因被任命为该省军事总督，一上任就把耶稣会会士召回，把起义的领袖关进监狱，并没收了他们的领地。非天主教教徒被禁止拥有土地财产。摩拉维亚的移民占比与波希米亚的移民占比不相上下。在非天主教教徒流亡者中，应提一下著名教师约翰·阿莫斯·夸美纽斯①。他先在波兰避难，最后到了荷兰。他的作

约翰·阿莫斯·夸美纽斯

① 约翰·阿莫斯·夸美纽斯（1592—1670），是一位以捷克语为母语的摩拉维亚人，职业为教师、教育家与作家。他曾担任摩拉维亚兄弟会的最后一任主教，然后成为宗教难民，并且是公共教育的最早拥护者，其理念在他所著《大教学论》中提出。他被认定为现代教育之父。——译者注

品对教育产生了非常大的影响，至今仍被视为经典之作。约翰·阿莫斯·夸美纽斯的同胞泽罗丁的查尔斯在西里西亚避难。波希米亚文学被认为是异端邪说，遭到无情的打压。狂热的天主教传教者甚至将私人住宅里的波希米亚书籍和手稿找出并焚烧。因此，三十年战争虽然意在确保欧洲其他国家的信仰自由，但带给波希米亚的只是毁灭。

尽管斐迪南二世的暴政已使波希米亚精疲力竭，但仍有人要求波希米亚为阿尔布雷希特·冯·瓦伦斯坦提供士兵使之率领军队进入神圣罗马帝国。这位幸运的著名战将出生在波希米亚王国北部一个波希米亚兄弟会教徒之家。从小就成了孤儿的阿尔布雷希特·冯·瓦伦斯坦接受了耶稣会的教育，因此，在孩童时期就成了天主教教徒。他的姐夫——泽罗丁的查尔斯就曾把他推荐给马蒂亚斯，并且他的第一次作战经验就来自对抗土耳其人和威尼斯人的战争。在斐迪南二世对抗叛乱时，阿尔布雷希特·冯·瓦伦斯坦一直忠心耿耿，还参加了白山战役。在倾覆波希米亚这件事上，没有人比他获利更多。按为斐迪南二世服务签订的赔偿条约，阿尔布雷希特·冯·瓦伦斯坦得到了弗里德兰公国，该公国有不少于九个城镇和五十七个村庄。此外，他还以低价购进了大量被没收的领地。这样一来，在斐迪南二世的许可下，阿尔布雷希特·冯·瓦伦斯坦实质上相当于获得了一种小小的君主权，甚至还有行使司法和铸造钱币的权力。1626年，当丹麦国王克里斯蒂安四世帮德意志新教教徒时，阿尔布雷希特·冯·瓦伦斯坦提出自费组建并维持一支军队为斐迪南二世服役。这一提议获得了批准。他招募了三万雇佣兵进入德意志，沿途扫荡了整个丹麦王国，并因此从斐迪南二世那里得到了赏赐：先是得到西里西亚的萨根公爵领地，其次获得了梅克伦堡公爵领地，还有波罗的海海军大元帅的头衔。阿尔布雷希特·冯·瓦伦斯坦给17世纪的德意志人带来的恐惧，不亚于15世纪的扬·杰式卡和普罗科普带给人们的恐惧。就连斐迪南二世的盟友也被阿尔布雷希特·冯·瓦伦斯坦的成功吓坏了，要求斐迪南二世将他召回。阿尔布雷希特·冯·瓦伦斯坦回到布拉格，并在此为自己建了一座宏伟的巴洛克式宫殿。他在济祖举办了一场盛宴，这场盛宴丝毫不亚于国王的宫廷盛宴。他有六十名男童侍从，并时时刻刻有保镖护卫。一些大家族甚至拒绝了斐迪南二世的宴请。

当瑞典国王古斯塔夫二世·阿道夫接过推行新教的大业时，人们发现神圣罗马帝国没有将军能抵抗这个强大的对手。于是，有人建议斐迪南二世派人去请阿尔布雷希特·冯·瓦伦斯坦。阿尔布雷希特·冯·瓦伦斯坦同意出战，但条件是他必须拥有军事和政治的最高指挥权。古斯塔夫二世·阿道夫的盟友萨克森人已深入波希米亚，直抵布拉格。大量波希米亚移民随他们一起返回，

瑞典国王古斯塔夫二世·阿道夫

古斯塔夫二世·阿道夫在吕岑战场上阵亡

这些移民赶走了耶稣会会士,并准备向新教殉道者致以最后的敬意。殉道者的头颅还挂在布拉格大桥的塔楼上。阿尔布雷希特·冯·瓦伦斯坦在摩拉维亚的茨纳伊姆集结军队,进入波希米亚,将萨克森人驱逐出波希米亚,并把瑞典人驱赶到巴伐利亚和萨克森。1632年11月16日,古斯塔夫二世·阿道夫在惨烈的吕岑战场上阵亡,但瑞典人依然坚守阵地。阿尔布雷希特·冯·瓦伦斯坦不得不撤退到波希米亚过冬。这段时间里,阿尔布雷希特·冯·瓦伦斯坦一边与瑞典人作战,一边与他们谈判,希望借此实现自己的宏伟抱负,即确保获得神圣罗马帝国部分领土主权,也许还有波希米亚的王冠。这些谈判引起斐迪南二世的怀疑和恐惧。1634年2月25日,阿尔布雷希特·冯·瓦伦斯坦遭到暗杀。很难确定他到底犯了什么罪,或者谁下令刺杀他。但可以肯定,斐迪南二世下令三千人为他举行弥撒以抚慰其灵魂时,把他的大部分领地分给了参与谋杀他的人。阿尔布雷希特·冯·瓦伦斯坦的悲惨结局激发弗里德里希·席勒[①]创作了一部伟大的戏剧，竟然使阿尔布雷希特·冯·瓦伦斯坦死后遭人唾弃，并受到波希米亚人的诅咒。阿尔布雷希特·冯·瓦伦斯坦去世的那年，瑞典人再次出现在布拉格城外，但没能进入这座城市，不久，便离开了波希米亚。

萨克森选帝侯约翰·乔治一世与斐迪南二世达成《布拉格和约》[②]，获得了卢萨蒂亚。此后，卢萨蒂亚一直是萨克森的一部分。事实上，16世纪，卢萨蒂亚基本上已被德意志化。20世纪，卢萨蒂亚还能发现少量的古斯拉夫人的遗骸。神圣罗马帝国皇帝斐迪南三世统治时期，瑞典人在领袖班纳的带领下再次入侵波希米亚。斐迪南三世放弃了波希米亚，让它听天由命。二十年前，那些曾是这片土地盟友的人，现在却以征服者的姿态整整占领这里一年，并使这片土地遭受磨难。一个又一个地区遭到蹂躏，瑞典人所到之处被抢劫一空。1640年，皇家军队返回波希米亚，瑞典人被迫撤退。为了亲自组织王国保卫战，斐迪南三世在布拉格定居。但在1645年到1647年，伦纳特·托尔斯滕松[③]领导下的瑞典人再次入侵波希米亚，粉碎了神圣罗马帝国军队，并一路追踪撤退的奥地利军队至上奥地利。1648年，瑞典新上任将军奥托·威廉·冯·柯尼斯马克使用计谋进入布拉格，但由于遭到当地居民的顽强抵抗而被迫撤退。后来，奥托·威廉·冯·柯尼斯马克又率军围攻布拉格，但因《威斯特伐利亚和约》的签订而被迫放弃。布拉格得救了。

三十年战争中，波希米亚遭受了比其他国家更严重的苦难。城镇和村庄遭到破坏，人口减少。人们忍饥挨饿、处境凄惨，土地荒芜，贸易中断。除卢萨

---

① 弗里德里希·席勒（1759—1805），18世纪，神圣罗马帝国著名诗人、哲学家、历史学家和剧作家，德国启蒙文学的代表人物之一。他是德国文学史上著名的"狂飙突进运动"的代表人物，也被公认为德意志文学史上地位仅次于歌德的伟大作家。——译者注
② 1635年，萨克森选帝侯约翰·乔治一世与神圣罗马帝国皇帝斐迪南二世签署了《布拉格和约》。在该和约中，他几乎放弃了萨克森对宗教信仰自由的一切要求。约翰·乔治一世因顺从而得到的奖励是获得对劳济茨地区的统治权。——译者注
③ 伦纳特·托尔斯滕松（1603—1651）奥尔塔拉伯爵，维斯塔德男爵，瑞典陆军元帅和军事工程师。——译者注

弗里德里希·席勒

神圣罗马帝国皇帝斐迪南三世

伦纳特·托尔斯滕松

奥托·威廉·冯·柯尼斯马克

蒂亚、摩拉维亚和西里西亚之外，战前曾拥有三百万居民的波希米亚王国，现在人口已减少到七八十万。由于新宪法剥夺了波希米亚王国的独立地位，再加上受贪婪的外国贵族的剥削，波希米亚王国的国力严重衰弱。君主住在维也纳，政府由高级文官和司法官员管理，这些人形成了一种摄政政体。最高议长住在维也纳，波希米亚王国的大法官法庭降至从属地位。上诉法院院长和大法官是主要权贵，其他官员只拥有名誉头衔，只有在国王加冕时才行使官职权力。波希米亚王国的财政掌握在维也纳的奥地利王室手中，军队也成了神圣罗马帝国军队的一部分。布拉格保留了自己的国民警卫队，但国民警卫队并不是一个军事机构。波希米亚王国仍由几个阶层组成，每个阶层由两名官员管理，两名官员分别从领主和骑士中选出。波希米亚各城镇都有市长和领事，但都受到两名官员和皇家审判官的严密监视。农民都是农奴，完全处于领主统治之下。事实上，统治农奴是贵族能保持的唯一一项古老特权，但我们绝不能忘记，这些贵族大多不是传统波希米亚贵族，而是敌视波希米亚人、效忠于自己君主的外国人。因此，农民被他们统治要比被本地贵族统治受到更残酷的奴役。正如我们看到的，宗教团结是通过宗教迫害达成的。尽管如此，非天主教派的一些追随者后来依然存续了很长时间。直到18世纪末，那些被禁止的仪式还在农村秘密举行。避难者霍利克说："我记得大约七岁时，和父母到一片广阔而幽暗的树林。当时，我们坐在一个小车上。车子停在白雪覆盖的树下，几百名信徒迅速集合起来，开始用树枝搭起自己的小屋。不远处，挂在两棵树中间的一个铃响了，是为神圣仪式而鸣。我仍记得，就像在梦里，我听到神父布道，看到众人领受圣餐……守望的哨兵躲在树林的角落里，然后所有人兴高采烈地唱着赞美上帝的歌。布道结束后，人们在一棵粗壮的树桩旁举行了圣餐仪式。在森林深处唱的圣歌是多么悦耳、多么庄严啊！"

为了维护天主教信仰，布拉格又增加了两个主教区，即莱特梅里茨和赫拉迪克主教区。但天主教复兴最积极的推动者当然是宗教团体，尤其是耶稣会。波希米亚成了耶稣会这一著名宗教团体积极推动天主教复兴的特别地区。不知疲倦的传教士和教授拥有所有公共教育资源，并猛烈攻击"异教徒"的书籍和传统习俗。朝拜和朝圣受到鼓励，新修士在波希米亚定居，新建的修道院至少有一百七十九座。维也纳宫廷对耶稣会会士的壮大及其影响感到震惊，便迫使他们放弃对法学和医学的控制。

波希米亚民族经历了很多苦难和残酷折磨。许多领主的领地被原有居民遗弃，取而代之的是神圣罗马帝国的移民。这些移民带来了本民族的语言，此后，这些移民的语言成了波希米亚东西边境的主要语言。事实上，神圣罗马帝国对波希米亚王国的真正入侵就从此时开始。当时，德意志人占领并控制了波希米亚王国近三分之一的土地，这种情况一直持续到20世纪。在维也纳宫廷的支持下，德意志人的语言逐渐成了上层贵族的语言。波希米亚民族文学被忽视。事实上，波希米亚大部分文学作品已被耶稣会会士或瑞典人摧毁，取而代之的是新天主教文学。但新天主教文学既没有旧文学的活力，也没有旧文学的独创性。然而，新天主教文学非常多产，从而证明了民族语言的活力。历经严酷考验后，今日民族语言比以往更有活力。17世纪的宗教作品填补了胡斯运动鼎盛时期与16世纪文艺复兴时期之间的空白。

从16世纪的文艺复兴到斐迪南二世统治时开始的文艺颓废这段时期，波希米亚的历史几乎没有出现有趣的事件。与匈牙利不同，波希米亚在普雷斯堡并没有举行争议激烈的议会，在特兰西瓦尼亚也没有出现叛乱。我们只需提到一两个事件。1680年，一场农业革命在恰斯拉夫爆发。农民拿起武器，派代表去布拉格控诉领主的残暴。代表们称，与土耳其人或鞑靼人统治下的情形相比，他们的遭遇更加悲惨，因此，要求减轻自己遭受的苦难。然而，这些代表被关进监狱。与此同时，布拉格还派军队去对付起义的农民。就在此时，在莱特梅里茨和比尔森各地爆发了一场比以往更令人闹心的起义，政府费了很大力气才镇压了起义。在西班牙王位继承战争中，波希米亚王国国王约瑟夫一世与神圣罗马帝国的诸侯签订了一项条约。按照该条约，约瑟夫一世承诺波希米亚王国可以为神圣罗马帝国提供公共开支费用，但这些诸侯要保证波希米亚王国的完整性。然而，波希米亚王冠依然不受神圣罗马帝国控制。该条约有时被认为是后来将波希米亚纳入德意志邦联①的序幕。但该条约并未征求波希米亚王国议会的意见。查理六世更加密切地关注波希米亚各领主，因为他想为女儿玛丽亚·特蕾莎保住王位。为了获得这些领主的同意，查理六世提出了著名的《国事诏书》。1720年10月16日，波希米亚各领主接受了《国事诏书》。查理六世还为波希米亚议会设置了一个常设议会，以管理属于该议会合理管辖范围内的时事案件。

---

① 德意志邦联（1815—1866），是在1815年根据维也纳会议成立的一个松散组织，目的是团结1806年神圣罗马帝国解散后余下的大德意志邦国。1866年普奥战争结束，德意志邦联解散。——译者注

第 18 章

匈牙利大分裂

（1526 年到 1564 年）

在匈牙利，就像在波希米亚一样，莫哈奇战役的失败给奥地利大公国的野心提供了机会。以伊什特万·沃博茨为首的爱国主义者认为应该选出一位匈牙利王国国王。他们在托考伊附近召开议会，宣布扎波尧伊·亚诺什为匈牙利国王亚诺什一世。扎波尧伊家族已经在匈牙利历史上扮演了重要的角色。扎波尧伊·亚诺什的父亲扎波尧伊·伊什特万曾在奥地利担任马蒂亚斯·科菲努斯的将军，于1425年驻扎在维也纳。扎波尧伊·亚诺什是特兰西瓦尼亚总督，在粉碎库科兹农民起义时，为马扎尔贵族提供过情报服务。拉约什二世统治时，扎波尧伊·亚诺什和伊什特万·沃博茨及托马斯·巴科茨大主教共同行使摄政权。据说，当时，扎波尧伊·亚诺什就非常渴望登上匈牙利王国王位。扎波尧伊·亚诺什之所以不去帮助拉约什二世，是因为他巴不得拉约什二世出点事，这样他就能趁机实现自己的野心了。1526年，扎波尧伊·亚诺什被尼特拉主教加冕为匈牙利王国国王。然而，在普雷斯堡召开的另一次会议却宣布奥地利大公斐迪南一世为匈牙利王国国王。斐迪南一世的优势在于，他是圣斯蒂芬王冠的真正持有者[①]，爱国的匈牙利人对圣斯蒂芬也一直怀有迷信般的崇敬之情。

---

① 斐迪南一世的妻子安娜·雅盖洛是匈牙利国王拉约什二世的姐姐。——译者注

斐迪南一世的军队击退了扎波尧伊·亚诺什的军队，并迫使他到波兰避难。接着，在布达召开的一次联合会议宣布扎波尧伊·亚诺什和伊什特万·沃博茨为匈牙利的敌人。扎波尧伊·亚诺什继而转向了连匈牙利都似乎不抱任何希望去寻求援助的一方：他派人去找奥斯曼土耳其帝国苏丹苏莱曼一世。

苏莱曼一世承诺与匈牙利合作，但匈牙利要向其纳贡。按照苏莱曼一世的话说，他屈尊"以战争和军刀所赋予的权力，把一个本该属于莫哈奇征服者的王国让给了扎波尧伊·亚诺什"。法兰西国王弗朗索瓦一世同意签署一项条约，将扎波尧伊·亚诺什的继承权给了年轻的奥尔良公爵亨利二世，以防扎波

法兰西国王弗朗索瓦一世

尧伊·亚诺什没有男嗣。弗朗索瓦一世每年向匈牙利王国国王提供两万克朗①津贴。与此同时，克罗地亚的乌蒂塞诺维奇家族主教捷尔吉·马丁努齐②——波兰著名圣所光明山修道院（位于琴斯托霍瓦）的副院长，游走整个匈牙利，竭力诋毁奥地利大公国并为扎波尧伊·亚诺什争取支持者。

  1529年春，苏莱曼一世以征服者而不是领主身份来到匈牙利。在离莫哈奇不远的地方，扎波尧伊·亚诺什来到苏莱曼一世面前，亲吻了这只给自己国家造成可怕灾难的手。扎波尧伊·亚诺什允许神圣的王冠，即匈牙利独立的"守护神"被土耳其人带走，并接受奥斯曼土耳其帝国在布达和格兰驻军。但苏莱曼一世率领的这支来帮助匈牙利的军队，在匈牙利造成了大量破坏，几乎和入侵匈牙利没什么两样。匈牙利的一位历史学家说，匈牙利人几乎不知道他们更应该憎恨谁，是来攻击他们的奥地利人，还是来保卫他们的土耳其人。在维也纳之围中，苏莱曼一世战败了。1531年，匈牙利的两位国王达成停战协议。经过长时间的分歧，这两个"伪君子"之间终于达成了协议。根据《纳吉瓦拉德条约》（1538年），斐迪南一世和神圣罗马帝国皇帝查理五世都承认扎波尧伊·亚诺什为匈牙利国王。作为回报，扎波尧伊·亚诺什向斐迪南一世保证，即便自己有儿子，斐迪南一世也享有王位继承权。

  1540年，扎波尧伊·亚诺什去世，留下了一个年幼的儿子。伊什特万·沃博茨和匈牙利王后伊莎贝拉·雅盖——波兰国王齐格蒙特一世的女儿，不同意剥夺扎波尧伊·亚诺什幼子扎波尧伊·亚诺什·齐格蒙特的继承权，便向苏莱曼一世请求支援。苏莱曼一世对此次干涉匈牙利事务的机会表示欢迎。他承认扎波尧伊·亚诺什·齐格蒙特为匈牙利王国国王，并且亲自带兵前来相助。此时，斐迪南一世只得征服匈牙利。于是，他率军包围了布达，并发起猛烈攻

---

① 克朗，货币单位，使用这一单位的国家和地区有捷克、丹麦（包括法罗群岛）、冰岛、挪威和瑞典。——译者注
② 捷尔吉·马丁努齐（1482—1551）克罗地亚贵族，匈牙利政治家，支持扎波尧伊·亚诺什及其儿子扎波尧伊·亚诺什·齐格蒙特。——译者注

击。这座城市正要投降时，苏莱曼一世及时赶到；被夹在匈牙利军队和苏莱曼一世大军两大兵力之间的奥地利军队被彻底粉碎，奥地利将军威廉·冯·罗根多夫也因伤而亡。但苏莱曼一世下定决心要不惜一切代价保住扎波尧伊·亚诺什·齐格蒙特的王位，于是便让人把匈牙利的小国王扎波尧伊·亚诺什·齐格蒙特带到自己面前给予关爱，并让儿子像爱兄弟一样爱扎波尧伊·亚诺什·齐格蒙特。与此同时，苏莱曼一世的军队占领了布达。苏莱曼一世曾是布达的主

苏莱曼一世接见年幼的扎波尧伊·亚诺什·齐格蒙特

人,因此,他宣布继续占领布达,原因是扎波尧伊·亚诺什·齐格蒙特还小,还不能保卫这座城市。苏莱曼一世将扎波尧伊·亚诺什·齐格蒙特安置在特兰西瓦尼亚,并任命他为特兰西瓦尼亚总督。伊莎贝拉·雅盖隆对这种屈辱表示抗议,但毫无用处。将扎波尧伊·亚诺什·齐格蒙特送往特兰西瓦尼亚是必要的。捷尔吉·马丁努齐陪他们一起去了特兰西瓦尼亚。扎波尧伊·亚诺什·齐格蒙特的宫廷设在利帕城堡。爱德华·萨尤说:"从此,有三个匈牙利——西匈牙利王国,即斐迪南王国,被土耳其人占领并由布达的帕夏统治的中匈牙利王国,还有独立特兰西瓦尼亚公国所在的东匈牙利王国。"

　　布达的主要教堂被改造成清真寺,伊什特万·沃博茨只能听命于苏莱曼一世,忍辱担任了布达基督教教徒的最高法官一职。不久,伊什特万·沃博茨去世了。

　　苏莱曼一世的成功不仅是对奥地利宣称主权的野心的挑战,还是对整个基督教世界和平与安全的挑战。神圣罗马帝国的诸侯向斐迪南一世伸出援助之手,那些伟大家族的贵族也乐意为其效劳。捷尔吉·马丁努齐总是忙于在神圣罗马帝国与奥斯曼土耳其帝国、匈牙利王国的利益和自己的野心之间保持平衡。1541年,神圣罗马帝国与奥斯曼土耳其帝国重新签订了《纳吉瓦拉德条约》,并在其中加入了一项规定,即斐迪南一世应将土耳其人驱逐出匈牙利,但德意志人的远征并未成功。匈牙利议会想让德意志人提供更多援助,但白费心力。苏莱曼一世成了格兰和施图尔韦森堡的主人。当时,新教教徒和天主教教徒之间的斗争将神圣罗马帝国分成了两派,这使匈牙利的形势雪上加霜。在穆斯林征服者面前,大部分匈牙利人表现平淡,并且已经习惯了他们的统治。正如斐迪南一世所写,"那个邪恶而不幸的反复无常的"主教捷尔吉·马丁努齐重新与苏莱曼一世谈判。在那个动荡不安的时期,捷尔吉·马丁努齐才是匈牙利的"真正主人"。他继续在斐迪南一世、扎波尧伊·亚诺什一世和苏莱曼一世之间斡旋,这一点违背了他推行的斯拉夫语和意大利语的双语教育方针。捷尔吉·马丁努齐把特兰西瓦尼亚交给了斐迪南一世,却为匈牙利王国这个不幸之国引来了土耳其的入侵。之后,他再次偏向奥地利人,说服伊莎贝拉·雅盖隆放弃王冠并将其交给斐迪南一世。在克劳森堡议会上,伊莎贝拉·雅盖隆交出了皇家徽章。然而,查理五世不信任立场不够坚定的捷尔吉·马丁努齐,因为捷尔吉·马丁努齐太了解如何同时扮演多种角色了。于是,查理五世就派雇佣兵队长卡斯塔尔多进入特兰西瓦尼亚监视斐迪南一世,并让那些毫无道德感的意大利人进行协助。不过,就一次冒险行动来说,意大利人还是靠得住的。最近才被任命为枢机主教的卡斯塔尔多很快就被暗杀了,被一些刺客击打六十六下后,倒地而亡。这位神奇人物就这样消逝了,人们完全有理由把他比作阿尔布雷希特·冯·瓦伦斯坦。罗马教廷严厉惩罚了凶手,并控告其将暴力之手伸向一

伊莎贝拉·雅盖隆

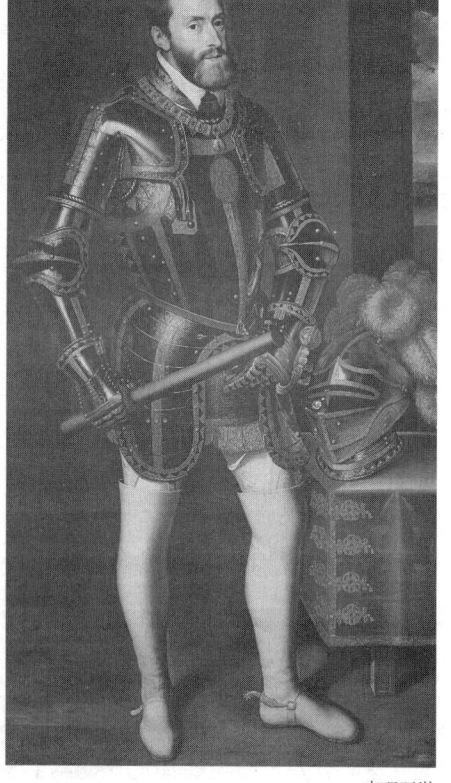

查理五世

教皇尤利乌斯三世

位教会诸侯。然而,斐迪南一世并没有掩饰自己参与了"指派乔治修士"[①]这件事,但成功地获得了教皇尤利乌斯三世对此宗谋杀罪的赦免。

捷尔吉·马丁努齐的死并没有使匈牙利免于战祸。泰梅什堡尽管防御令人称奇,但最终还是投降了。埃格尔展现的英勇抵御丝毫不亚于特梅斯瓦尔。埃格尔城内的人被召唤投降,他们唯一能做的就是在城墙上插上四支长矛,并在旁边放上一具黑色的棺材。土耳其人对这座英勇之城发动了四次进攻。该城的女子英勇无比,一点也不逊色于男子。1552年,八千多名保卫者死于埃格尔城外。在苦难中,在为儿子扎波尧伊·亚诺什·齐格蒙特重新征服整个匈牙利王国的绝望中,伊莎贝拉·雅盖隆向法兰西王国求救并获得了援助以保护特兰西瓦尼亚公国后,于1559年去世。

匈牙利本土乱作一团,着实令人痛惜。斐迪南一世空出了很多职位,如巴

---

① 此处指斐迪南一世指派乔治修士暗杀雇佣兵队长卡斯塔尔多一事。——译者注

拉丁伯爵,这些职位必须由匈牙利人来担任。与此同时,斐迪南一世还把管理权交给德意志人,并把军事指挥权交给外国人。1562年,斐迪南一世不得不与土耳其人签订了一项条约,该条约承认奥斯曼土耳其帝国对其领土的占有,并承诺每年给奥斯曼土耳其帝国馈赠一份礼物。实际上,这只是一种变相的进贡。1563年,斐迪南一世的儿子马克西米利安在普雷斯堡加冕,至少让他得到了些许安慰。

神圣罗马帝国皇帝马克西米利安二世继续奉行父亲斐迪南一世的政策。苏莱曼一世和斐迪南一世缔结的和约只维持了很短的时间。1566年,苏莱曼一世袭击了位于莫哈奇以西德拉瓦河以北的锡盖特镇。在此次袭击战①中,锡盖特镇由克罗地亚人尼古拉·舒比奇·兹林斯基指挥。尼古拉·舒比奇·兹林斯基是克罗地亚的总督。阿尔马什河的水域像一片湖一样环绕着这座小城。锡盖特镇守军最多不过两千五百人。锡盖特镇郊区被土耳其人烧毁,尼古拉·舒

锡盖特镇袭击战

---

① 锡盖特战役是哈布斯堡王朝与奥斯曼土耳其帝国之间的一场战役。以奥斯曼土耳其帝国胜利告终。这也是奥斯曼土耳其帝国历史上最有名的苏莱曼大帝生前的最后一战。——译者注

比奇·兹林斯基躲进了城堡。土耳其人试图迫使尼古拉·舒比奇·兹林斯基投降，时而用恐怖手段，威胁要割断他被囚禁的儿子乔治的喉咙，时而用诱人的承诺来引诱他。然而，苏莱曼一世突发疾病，随即倒在了这座坚不可摧的城前。然而，大臣索库鲁·穆罕默德帕夏向被围困的人隐瞒了苏莱曼一世的死亡。与此同时，锡盖特城堡在炮火中轰然倒塌；尼古拉·舒比奇·兹林斯基穿上最华丽的衣服，把金子装进衣袋，"这样别人就能在他的尸体上找到一些东西了"，然后带领剩余士兵，冲入土耳其大军，这么做只是自寻死路罢了。在锡盖特镇被攻陷后，苏莱曼一世之死才被透露给军队。很多斯拉夫和匈牙利的诗歌都在吟唱锡盖特镇遭遇的悲剧性命运。直到1689年，锡盖特镇还在土耳其人手中。马克西米利安二世还允许久洛被占领，并于1568年与新苏丹塞利姆二世签署了两项条约，再次批准瓜分匈牙利。

奥斯曼土耳其帝国统治的匈牙利部分地区的处境同土耳其统治下的塞尔维亚和保加利亚的处境一样悲惨。帕夏下达的命令通常是以这种形式开始的："以万能的苏丹的名义起誓，须知道如果不服从，惩罚已经准备好了，葬礼的柴堆也在等着你。"土耳其人占领的城镇处处都是废墟；土耳其新军绑架了年轻的匈牙利人，以使他们加入苏丹的军队。这些地区的赋税很重，并且随时收缴，有时压得人们喘不过气来。按行政区划分，这些地区可被分为二十五个桑贾克①，后被重新划分为四个省（布达、埃格尔、卡尼萨和泰梅什堡）。不过，奥斯曼土耳其帝国统治的匈牙利部分地区拥有更多的自治权，在某些方面，特别是从宗教方面看，比奥地利哈布斯堡王朝统治的匈牙利地区享有更多自由。

马克西米利安二世承认了扎波尧伊·亚诺什·齐格蒙特在特兰西瓦尼亚享有的主权。但年轻的扎波尧伊·亚诺什·齐格蒙特放弃了国王的头衔，只满足于做一个"最安宁的诸侯"。1571年，扎波尧伊·亚诺什·齐格蒙特驾崩，扎波尧伊王朝随之覆灭。特兰西瓦尼亚议会选举英明的斯特凡·巴托里为扎波

---

① 桑贾克，奥斯曼土耳其帝国的二级行政区划单位，意为"区""旗"。——译者注

尧伊·亚诺什·齐格蒙特的继任者。因此,斯特凡·巴托里登上了至高无上的王位。波兰曾为匈牙利提供了几个国王:1575年,特兰西瓦尼亚把一位杰出的君主给了波兰①。

法兰西国王亨利三世②离开后,波兰的王位空了下来。马克西米利安二世和斯特凡·巴托里都宣布要竞选国王,最后斯特凡·巴托里当选。

斯特凡·巴托里

法兰西国王亨利三世

① 这里指斯特凡·巴托里(1533—1586),他是特兰西瓦尼亚的匈牙利贵族(1571—1586),后当选波兰国王(1576—1586)和立陶宛大公(1576—1586)。他是匈牙利贵族家族巴托里家族的一员。很多历史学家认为,他是自波兰推行自由选王制以来,最伟大的波兰国王。——译者注
② 亨利三世(1551—1589),法兰西瓦卢瓦王朝国王,曾在1573年到1575年任波兰国王和立陶宛大公。——译者注

波兰人将斯特凡·巴托里的统治视为波兰历史上辉煌的统治时期之一。斯特凡·巴托里把一些匈牙利人带到波兰，这些匈牙利人的到来提高了军队军事战斗力，尤其是炮兵战斗力。这对马克西米利安二世产生了很大的打击，不久，他就崩逝了。临死前，他通过谨慎而周密的安排，使儿子鲁道夫二世在普雷斯堡接受加冕。马克西米利安二世的宗教容忍和自由精神在匈牙利王国不受欢迎，因为他无力捍卫匈牙利王国。然而，与接下来的继任者相比，他算得上是四分五裂的匈牙利王国最优秀的君主之一。

这一时期，奥地利哈布斯堡王朝统治下的匈牙利一直战争不断，其状况并不比在奥斯曼统治下的匈牙利的状况好。由于本国民兵力量的先天不足，奥地利诸侯在全国各地部署了外国军队，但这些外国军队通常像穆斯林一样对人们进行残酷压迫。为了本国防御，每个郡都会进行士兵招募。我们已经见识过这些本土部队国民军在埃格尔和锡盖特的防卫战中的表现有多么英勇不凡。

1526年到1564年，另一件重要的事就是宗教改革理念在匈牙利人中的传播。尽管匈牙利王国与波希米亚王国在政治上对立，但胡斯教义还是渗入匈牙利王国，使匈牙利人为宗教改革做好了思想上的准备。匈牙利天主教教徒倾向于支持这一变革的原因与邻国相同。滥用职权已在教会内部滋长。匈牙利王国的才华之士，没有波希米亚王国和神圣罗马帝国的才华之士那么具有独创性和教养；他们没有足够的精力来促成宗教改革，但足够顺从与温和，可以接受这种改革。此外，特兰西瓦尼亚的德意志移民区在神圣罗马帝国和匈牙利王国之间形成了某种过渡。早在拉约什二世统治时期，也就是莫哈奇战役的前一年，受到惊慌失措的神职人员的提议，匈牙利议会颁布了用火刑惩罚"异教徒"的法令。瓜分匈牙利有利于新教教义的推广；但瓜分匈牙利的几个统治者[①]无法统一迫害新教教徒，而这种统一迫害正是与新教教义进行斗争所必需的。在特兰西瓦尼亚，约翰内斯·洪特神父出版了大量书籍，并兴办了许多学

---

① 此处指：斐迪南一世（控制匈牙利西部），扎波尧伊·亚诺什（在奥斯曼土耳其帝国保护下控制匈牙利东部）和苏莱曼一世（控制匈牙利南部）。——译者注

院。匈牙利的第一个改革者马蒂亚斯·德沃伊·比罗在维滕贝格结识了马丁·路德，并把圣保罗①的书信翻译成了匈牙利语。一些贵族成为新教教义的拥护者，1548年后，匈牙利议会不再颁布迫害法令。根据《奥格斯堡信条》，福音派教会自发组织起来。特别是加尔文派在匈牙利中心泰斯山谷扎稳了根基。一句谚语说："加尔文主义信仰是真正的马扎尔信仰。"新教起源于神圣罗马帝国，因此，受到匈牙利爱国者的怀疑。新教派是在德布勒森得以确立的。当时，新教一位领袖牧师尤哈斯跟随时代潮流，将自己的名字希腊化，变成了米柳斯。米柳斯翻译《圣经》，创作歌曲，并与泰奥多尔·贝扎②建立了联系。1567年，

泰奥多尔·贝扎

---

① 圣保罗（5—67），早期教会最具有影响力的传教士之一，因为他首创向非犹太人传播基督的福音，所以被奉为外邦人的使徒，是史上最伟大的宗教领导者之一。——译者注
② 泰奥多尔·贝扎（1519—1605），是一名在早期的宗教改革运动中扮演重要角色的法兰西新教神学家与知识分子。他是反君权运动的成员，反对绝对君主制。——译者注

德布勒森教会会议在七十四篇文章中详细阐述了匈牙利加尔文教会的信条。扬·胡斯革新了波希米亚散文风格,而马丁·路德革新了德意志散文风格。匈牙利改革家泰奥多尔·贝扎、厄多西(即约翰内斯·西尔维斯特·潘诺尼库斯)、加什帕尔·海尔陶伊和卡罗伊也为各自的国家做出了相同贡献。尽管当时天主教和教皇拥有绝对权力,但对匈牙利来说,新教成了一股新的力量。

鲁道夫二世的统治并没有使奥地利哈布斯堡王朝更受欢迎。在鲁道夫二世执政之初,匈牙利人民怨声载道。匈牙利议会借此要求鲁道夫二世做出保证,并希望可以由匈牙利大使调解匈牙利王国与奥斯曼土耳其帝国之间的关系,而不是由德意志人或意大利人调解,因为他们对匈牙利王国的利益一无所知。听到这些言辞,鲁道夫二世深受伤害,于是离开了匈牙利,再也没有回来。四年来,鲁道夫二世一直没有召开议会,也没有任命一名巴拉丁伯爵。鲁道夫二世沉迷于艺术和神学,满脑子都是专制主义思想,不喜欢匈牙利野蛮而独立的精神——只在需要的时候才向匈牙利求助。一位威尼斯大使这样总结道:"匈牙利人痛恨奥地利哈布斯堡王朝,认为自己不仅被征服了,还被看不起。奥地利大公国把一个德意志政府强加给他们,而德意志人与他们不共戴天。"

与此同时,匈牙利王国与奥斯曼土耳其帝国的战争仍在继续。为了遏制穆斯林入侵者,鲁道夫二世将翁纳和库利帕之间的某些地区给了塞尔维亚移民,并让他们负责边境防御。这些被遗弃的地区——当时的匈牙利人称之为废弃之地、无人之地,就这样成了从事农耕和积极好战的民族定居地。这样一来,这里就设置了军事边界,并一直延续到我们这个时代。1577年,为了保护克罗地亚免遭穆斯林入侵,匈牙利王国建了卡尔施塔特要塞。1592年,波斯尼亚的泰利·哈桑帕夏在锡萨克被击败。1595年,格兰被神圣罗马帝国和匈牙利王国联军占领。然而,埃格尔的丧失让匈牙利王国与奥斯曼土耳其帝国之间的这场战争不再具有优势。在当地人的保护下,埃格尔这座城镇一直坚不可摧。但这次,埃格尔由一支由瓦隆雇佣军组成的守备部队驻守,最后战败投降。在匈牙利王国与奥斯曼土耳其帝国这场战争中还有其他一系列小战役,但土耳其人的热情逐渐减弱。1601年，在卡尼萨获胜后，土耳其人同意达成一项和约，并借此保留了他们获得的领地。在这场战争中，奥地利人把瓦隆人、西班牙人和意大利人引入匈牙利，而土耳其人引入了蒙古人。这样看来，盟友给匈牙利人带来的伤害要比土耳其人给匈牙利人带来的伤害更大。

正是在特兰西瓦尼亚这个讲三种语言的地方，在接下来的几年里，匈牙利人、德意志人和瓦拉几亚人都在为争夺其控制权而不断发生冲突。1571年到1575年，斯特凡·巴托里将特兰西瓦尼亚治理得井井有条，但把耶稣会会士引入特兰西瓦尼亚后，就为激烈的宗教冲突埋下了祸根。1597年，斯特凡·巴托里的继任者，意志薄弱的西吉什蒙德·巴托里受完全效忠于鲁道夫二世的耶稣会会士的控制，于1597年同意将特兰西瓦尼亚割让给鲁道夫二世，以换取西里

枢机主教安德鲁·巴托里

西亚的奥波莱和拉斯堡公国。但在堂兄枢机主教安德鲁·巴托里的劝阻下，西吉什蒙德·巴托里收回了之前的决定。紧接着就是特兰西瓦尼亚公国与奥地利大公国的冲突。与此同时，瓦拉几亚总督"勇敢的米哈伊"[①]攻击特兰西瓦尼亚公国，希望奥斯曼土耳其帝国能将该公国授予自己。西吉什蒙德·巴托里厌倦了战争，退位后到布拉格养老，并于1613年逝世。当时，特兰西瓦尼亚公国受奥地利大公国和瓦拉几亚公国侵略，由乔吉·巴斯塔将军统治。乔吉·巴斯塔将军的统治给特兰西瓦尼亚人留下了可怕的记忆。奥地利人苛刻至极，导致特兰西瓦尼亚人非常渴望让土耳其人统治。特兰西瓦尼亚公国的新教教徒在土耳其人统治下平安无事，现在却遭到大规模迫害。这种暴力行为引发了一场血腥运动。被神圣罗马帝国将军贝尔吉奥索的残暴行为激怒的特兰西瓦尼亚人与上匈牙利的马扎尔人一同发动起义。神圣罗马帝国的将领把匈牙利王国当作一个被征服的国家，这使奥地利人深感厌恶。特兰西瓦尼亚军队由一位大领主伊什特万·博奇考伊带领。他胆识过人并极具军事才能，得到了年轻的加布里埃尔·拜特伦的支持。卡邵（或称卡萨）积极迎战，最终大败侵略者。匈牙利议会宣布伊什特万·博奇考伊为特兰西瓦尼亚总督。新任总督不仅是一位英勇的将军，还是一位有实力的外交家。伊什特万·博奇考伊与土耳其人谈判，并获得了苏丹艾哈迈德二世的支持。艾哈迈德二世甚至愿意承认他为匈牙利王国国王。伊什特万·博奇考伊非常谨慎，拒绝了这一高贵的荣耀。1606年签署的《维也纳和约》不仅承认伊什特万·博奇考伊对特兰西瓦尼亚的统治，还承认他对匈牙利北部部分地区的统治；如果他死后没有继承人，这些地区将归还奥地利哈布斯堡王朝。此外，《维也纳和约》规定新教教徒享有信仰自由；在国王不在时，总督须在特兰西瓦尼亚居住；军事指挥和公职只能由当地人担任。

1609年，包括特兰西瓦尼亚、克罗地亚、斯拉沃尼亚和达尔马提亚在

[①] "勇敢的米哈伊"（1558—1601），在历史上首次统一瓦拉几亚、特兰西瓦尼亚和摩尔达维亚的君主。虽然他的统一仅仅持续了六个月，但已经奠定了今日罗马尼亚疆域的基础。因此，他被认为是罗马尼亚最伟大的民族英雄。——译者注

内的匈牙利王国的土地面积达到五千一百六十三平方英里。奥地利哈布斯堡王朝占有的土地面积为一千二百二十二平方英里,奥斯曼土耳其帝国为一千八百五十九平方英里,而伊什特万·博奇考伊则拥有两千零八十二平方英里的土地。

《维也纳条约》的签订是在奥地利大公马蒂亚斯①的努力下促成的。马蒂亚斯花了大量精力为哥哥鲁道夫二世的懒惰做弥补。马蒂亚斯曾任匈牙利的总督,也曾试图替匈牙利表达不满。1606年,在伊什特万·博奇考伊突然去世后,他并没有成功吞并特兰西瓦尼亚。1608年,特兰西瓦尼亚议会议员在克劳

加布里埃尔·巴托里

---

① 即神圣罗马帝国皇帝、匈牙利国王、波希米亚国王马蒂亚斯。——译者注

森堡召开会议，选举拉科奇·日格蒙德为总督。1608年，拉科奇·日格蒙德自愿放弃了总督之位，加布里埃尔·巴托里又被选举为总督。

  人们将铭记，就在同一年（1608年），马蒂亚斯迫使哥哥鲁道夫二世将奥地利和匈牙利割让给他。然而，马蒂亚斯的统治并没有实现他想努力实现的一切。马蒂亚斯恢复了匈牙利王国权贵阶层，即巴拉丁伯爵的职务，并发誓永远不会让这个重要的职位空置；他让神圣的匈牙利王冠再次回到匈牙利，让外国驻军撤离，并承认宗教信仰自由。马蒂亚斯不在匈牙利期间，由巴拉丁伯爵、布达议会和一名财政大臣行使王权。这些让步抚慰了匈牙利遭受的苦难——这些苦难没有被完全遗忘。法兰西国王亨利四世对匈牙利遭受的苦难并非一无所知。因此，在他酝酿的政治计划中，他打算攻占匈牙利，但死亡阻止了他的计划。用叙利公爵马克西米连·德·贝蒂讷①的话说，亨利四世希望"匈牙利人能拥有昔日的自由，拥有选举君主或改变自己认为的合适的国家形式和统治方式的权利"。

  马蒂亚斯加冕后，新教教徒捷尔吉·图尔佐成为巴拉丁伯爵。这种选择有力地保证了宗教信仰自由，但奥地利哈布斯堡王朝的传统和那些老大臣不允许宗教信仰自由。此外，对匈牙利人来说，进行宗教改革就已经决定了会有反对这种改革的人。匈牙利反宗教改革的领袖是枢机主教彼得·帕兹马尼②。彼得·帕兹马尼是一名耶稣会的学生，也是一名狂热的教士。他机智又雄辩，使匈牙利王国一些显赫家族的代表重新信奉天主教。加布里埃尔·巴托里总督的惨死引起了奥地利大公国的干预，马蒂亚斯就此萌生了重新征服特兰西瓦尼亚的想法。然而，特兰西瓦尼亚人更看重信仰自由而不是政治独立，于是选举了新教教徒加布里埃尔·拜特伦为新总督。这位开明的总督统治时期，实

---

① 马克西米连·德·贝蒂讷（1560—1641），法兰西首席大臣，是辅助亨利四世统治法兰西的得力助手。作为亨利四世信赖的大臣，他对宗教战争后法兰西的复兴做出巨大贡献。——译者注
② 彼得·帕兹马尼（1570—1637），匈牙利耶稣会会士，也是著名的哲学家、神学家、枢机主教、讲坛演说家和政治家。他是匈牙利反宗教改革的重要人物。——译者注

行宗教宽容,整顿军队纪律,将特兰西瓦尼亚治理得井然有序。因此,把加布里埃尔·拜特伦比作马蒂亚斯·科菲努斯并非没有道理。与伟大的国王马蒂亚斯·科菲努斯一样,加布里埃尔·拜特伦也爱好艺术,并受过良好教育。他在新教教徒和天主教教徒之间斡旋,就像在奥地利人和土耳其人之间斡旋一样。但当斐迪南二世登上匈牙利王位,三十年战争爆发时,加布里埃尔·拜特伦意识到新教的利益将受到严重威胁,并且匈牙利民族可能会遭受与波希米亚民族相同的打击。

尼古拉·埃斯泰尔哈吉

起初，斐迪南二世试图通过把尼古拉·埃斯泰尔哈吉——奥地利哈布斯堡王朝在匈牙利的最老练的外交官和最优秀的爱国者之一——派给加布里埃尔·拜特伦来确保他保持中立。和后来的戴阿克·费伦茨①一样，尼古拉·埃斯泰尔哈吉是自愿接受哈布斯堡王朝的人之一，他忠诚于哈布斯堡王朝，但要求奥地利大公国尊重匈牙利人的意愿。尼古拉·埃斯泰尔哈吉是一位真诚又具有开明思想的天主教教徒。他在枢机主教彼得·帕兹马尼和新教教徒加布里埃尔·拜特伦之间保持中立态度。在犹豫片刻后，尼古拉·埃斯泰尔哈吉站在了波希米亚王国一边。他到处散发一份叫《匈牙利冤情》的声明，并召集所有郡参加全体大会。

全体大会在卡萨召开，任命尼古拉·埃斯泰尔哈吉为统领，拉科齐·捷尔吉一世②为将军，统领北方各郡。加布里埃尔·拜特伦给图恩伯爵派了一万名守备军，以确保匈牙利议会的独立召开。议会在普雷斯堡召开，决定于1620年向波希米亚运送援助物资。议会宣布加布里埃尔·拜特伦为匈牙利王国国王，大约在同一时间，波希米亚人将巴拉丁选帝侯腓特烈五世选为国王。然而，推行新教——新君主加布里埃尔·拜特伦支持的事业，没有获得法兰西王国及波兰王国的支持，甚至连土耳其人似乎都对匈牙利王国的事务漠不关心。波希米亚人在白山的失败摧毁了特兰西瓦尼亚公国的希望。加布里埃尔·拜特伦与斐迪南二世进行交涉。根据《尼科尔斯堡和约》③，他主动放弃了匈牙利的王位，但保留了对特兰西瓦尼亚和北方七个郡的管辖权。此外，他还获得了神圣罗马帝国诸侯的头衔及每年五万弗罗林的补贴。

但该条约只是临时条约。加布里埃尔·拜特伦胸怀大志，希望找到盟友，

---

① 戴阿克·费伦茨（1803—1876），匈牙利政治家，奥匈帝国的创建者之一。他被称为"民族的圣人"，是1867年《奥地利-匈牙利折中方案》的设计者。——译者注
② 拉科齐·捷尔吉一世（1593—1648），特兰西瓦尼亚总督。在此之前，他是匈牙利新教的领袖，也是前任总督加布里埃尔·拜特伦的忠实支持者。——译者注
③ 1621年12月31日签订的《尼科尔斯堡和约》结束了加布里埃尔·拜特伦与神圣罗马帝国皇帝斐迪南二世之间的战争。该和约再次确认了特兰西瓦尼亚享有自治政府及新教教徒的宗教自由，斐迪南二世获得匈牙利北部的七个郡，但反抗斐迪南的活动一直持续到1626年。——译者注

并通过驻君士坦丁堡的大使与荷兰、英格兰和威尼斯政府进行谈判。加布里埃尔·拜特伦与德意志北部建立了密切关系,并娶了勃兰登堡的凯瑟琳为妻。一群外交人员都听命于加布里埃尔·拜特伦。1623年到1629年,加布里埃尔·拜特伦与法兰西王国驻君士坦丁堡大使德塞西进行谈判,德塞西鼓励他向奥地利进军。然而,加布里埃尔·拜特伦尽管付出了种种努力,甚至还发动了一场反对阿尔布雷希特·冯·瓦伦斯坦的运动,但没有再次获得王位。1629年,加布里埃尔·拜特伦去世,他的死丝毫没有改变促成《尼科尔斯堡和约》的局面。

第 19 章

匈牙利摆脱土耳其统治与奥地利重归于好

（1629 年到 1746 年）

尽管加布里埃尔·拜特伦的遗孀勃兰登堡的凯瑟琳自命不凡，拉科齐·捷尔吉一世还是受到法兰西、荷兰、瑞典和勃兰登堡宫廷的支持，被选为加布里埃尔·拜特伦的继承人。在三十年战争瑞典阶段，特兰西瓦尼亚一直风平浪静。在匈牙利，巴拉丁伯爵尼古拉·埃斯泰尔哈吉努力维护公共自由，提防土耳其人的入侵，但并未能阻止枢机主教彼得·帕兹马尼成立耶稣会。耶稣会创办了一所大学，负责教育年轻的天主教教徒。1637年，斐迪南三世成为神圣罗马帝国皇帝。由于《维也纳条约》不断被触犯，匈牙利新教教徒的不满情绪与日俱增。拉科齐·捷尔吉一世认为向奥地利大公国宣战的有利时机到来了。尽管尼古拉·埃斯泰尔哈吉恳求他不要从土耳其人手中去夺取匈牙利王国，但拉科齐·捷尔吉一世还是与法兰西王国和瑞典帝国就此事进行了商谈。法兰西王国和瑞典帝国承诺每年给拉科齐·捷尔吉一世十二万克朗补贴，并承认了匈牙利和特兰西瓦尼亚的宗教自由和政治独立。1644年，拉科齐·捷尔吉一世开始进攻匈牙利。他自称是卡萨的主人，前往埃佩里斯①并发表宣言，号召匈牙利人起义，但由于受奥斯曼土耳其帝国军队的牵制，不得不返回特兰西瓦尼亚。拉科

---

① 埃佩里斯，斯洛伐克人称其为普雷索瓦市，是12世纪德意志人在多瑙河支流陶尔曹建立的移民区，现在是匈牙利沙罗什县的首府。——译者注

齐·捷尔吉一世没有等待《威斯特伐利亚和约》的谈判结束，就自行与斐迪南三世缔结了条约。1645年，斐迪南三世在《林茨和约》中将加布里埃尔·拜特伦已经拥有的匈牙利北部各郡和两座堡垒割让给拉科齐·捷尔吉一世。

拉科齐·捷尔吉一世在宫廷和军队中推行宗教改革。在他的统治下，特兰西瓦尼亚呈现一片繁荣兴盛的景象。他的继任者，即儿子拉科齐·捷尔吉二世野心勃勃，差点葬送了特兰西瓦尼亚公国的未来。拉科齐·捷尔吉二世希望像斯特凡·巴托里一样，借助瑞典登上波兰王位。但奥斯曼土耳其帝国不会允许边境出现一个强大的国家。因此，接下来，奥斯曼土耳其帝国不停侵扰特兰西瓦尼亚公国。特兰西瓦尼亚公国遭到残酷的抢掠，拉科齐·捷尔吉二世在战争

拉科齐·捷尔吉二世

凯梅尼·亚诺什　　　　　　　　　　　　　　　　阿帕费·米哈伊一世

中被杀。拉科齐·捷尔吉二世的主将、当时优秀的作家凯梅尼·亚诺什①继承了总督之位。他试图击退土耳其人，并得到斐迪南三世的帮助。后来，凯梅尼·亚诺什在战争中身亡。特兰西瓦尼亚人既害怕同盟神圣罗马帝国军队，又害怕被奥斯曼土耳其帝国抢掠，便接受了奥斯曼土耳其帝国强加给他们的总督——阿帕费·米哈伊一世。

利奥波德一世的统治给匈牙利留下了最痛苦的记忆。在这位君主的加冕典礼上，匈牙利议会要求重新恢复巴拉丁伯爵的头衔，并将外国军队撤出匈牙利；新教请求支持信仰自由，因为这种自由常常受到侵犯。1664年，在大维齐尔科普鲁律·法兹勒·艾哈迈德帕夏的率领下，土耳其人的入侵让匈牙利王国和神圣罗马帝国的军队暂时团结起来；神圣罗马帝国军队由著名的拉依蒙多·蒙特库科利伯爵指挥。拉依蒙多·蒙特库科利伯爵的强劲对手为蒂雷纳子爵亨利·德·拉图尔·奥弗涅②。匈牙利人由著名英雄锡盖特堡著名英雄尼古

---

① 凯梅尼·亚诺什（1607—1662），匈牙利贵族、作家和特兰西瓦尼亚总督，在加布里埃尔·拜特伦和拉科齐·捷尔吉一世统治期间担任各种政治和军事职务。——译者注
② 亨利·德·拉图尔·奥弗涅（1611—1675），六大法兰西大元帅之一。——译者注

拉·舒比奇·兹林斯基的后裔米克洛什·兹林斯基[①]指挥。米克洛什·兹林斯基英勇非凡，极具骑士风范，而拉依蒙多·蒙特库科利伯爵则体现了三十年战争中伟大指挥官的严谨作风。1664年8月1日，匈牙利领土上爆发了圣戈特哈德战役——匈牙利人称其为克尔门德战役。土耳其人在战役中惨败，这让整个基督教世界为之欢欣鼓舞。然而，匈牙利并没有从这场胜利中获得任何好处。不久，未经匈牙利议会参与，在沃什瓦尔达成的《沃什瓦尔和约》并没有解放匈牙利的一寸土地；奥地利大公国与奥斯曼土耳其帝国达成了二十年的休战协议[②]。事实上，土耳其人还得到了其他几个堡垒，尤其是大瓦拉丁。

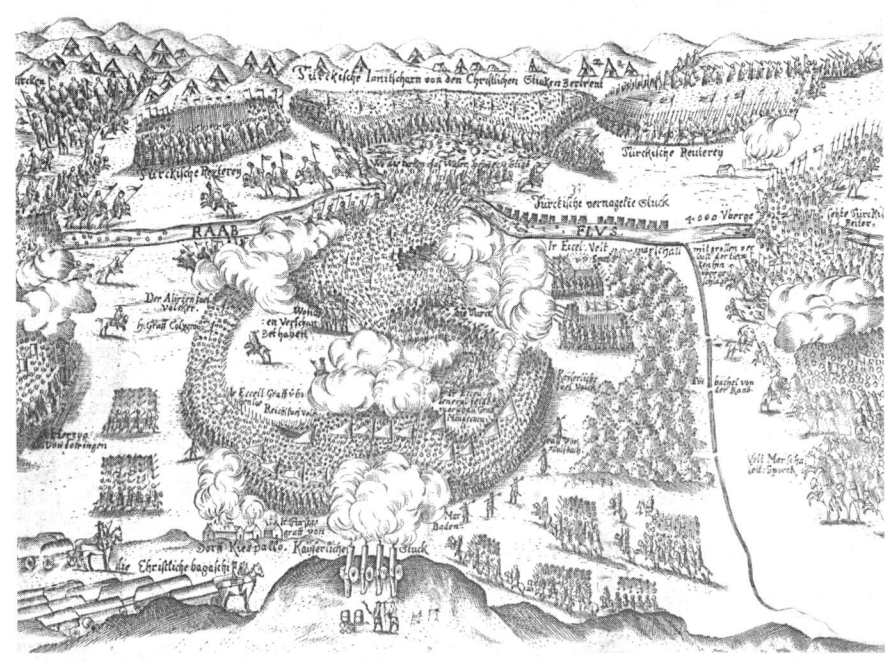

圣戈特哈德战役

---

① 米克洛什·兹林斯基（1620—1664），克罗地亚和匈牙利的军事领袖、政治家和诗人。他是克罗地亚的匈牙利贵族兹林斯基的家族成员。——译者注
② 拉依蒙多·蒙特库科利伯爵先于1663年9月的埃尔塞库伊瓦尔战役中败北，但却在1664年8月的圣哥达战役中大胜。土耳其人遭此打击后，进攻势头大大减弱，遂于1664年8月10日与奥地利缔结和约，约定二十年内保持和平。——译者注

《沃什瓦尔和约》似乎是为符合奥斯曼土耳其帝国和奥地利大公国在匈牙利王国的利益而缔结。利奥波德一世在耶稣会的引导下，受宗教宽容和君主专制主义的启发，提议同时阻止宗教改革运动并限制匈牙利王国的自由。"我要把匈牙利先变成俘虏，后变成乞丐，再变成天主教教徒。"尽管历史上找不到证据论证此话为利奥波德一世所说，但长期以来，人们一直认为这句话是利奥波德一世说的。利奥波德一世曾试图压制匈牙利议会，然后由贵族和高级教士在维也纳召开的集会取而代之，但匈牙利议会拒绝并挫败了这一计划。

然而，威胁匈牙利自由的危险因素依然存在，匈牙利只能寄希望于寻求外国人的援助。1665年，克罗地亚权贵弗兰·克尔斯托·弗兰科潘侯爵与米克洛什·兹林斯基家族结盟，向美因茨大主教发表了一篇纪念演说："匈牙利王国到了一种几近毁灭的悲惨境地，如果上帝再不激励基督教诸侯保卫它，那么处于基督教世界和各民族堡垒中的匈牙利就会走向灭亡……匈牙利的贵族阶层已经绝望了，看不到其他任何安全保障，唯有把自己交给土耳其人来保护……由于本民族的反感情绪，匈牙利人一直对土耳其人的统治感到恐惧……然而，如今的极端局面只能让人们将希望寄望于土耳其人了。"阿帕费·米哈伊一世依然无动于衷。然而，佩塔尔·兹林斯基[①]和弗兰·克尔斯托·弗兰科潘侯爵还是试图煽动匈牙利发动起义。他们召集了一些军队，不过不久，由于获得赦免允诺，他们就停止了起义，但之后被逮捕监禁。同谋陶马什·纳道什迪也遭到逮捕监禁。对这三人的审判并没有遵守相关法律规定，而是在匈牙利王国领土之外进行。陶马什·纳道什迪在维也纳接受审判。佩塔尔·兹林斯基和弗兰·克尔斯托·弗兰科潘侯爵被带到维也纳新城，都被判处死刑。利奥波德一世"以帝王和皇室的纯洁恩典"饶恕他们的右手不被砍掉。

对这三个人的审判更多的是发出了爱国者和新教教徒将遭受残酷迫害的信号。许多人被流放，被强迫劳动，或者被卖到那不勒斯总督的战舰上当苦

---

① 佩塔尔·兹林斯基（1621—1671），克罗地亚总督、作家、兹林斯基贵族，因试图发动1664年到1670年匈牙利的克罗地亚叛乱而闻名。这场叛乱最终导致他以叛国罪被处决。——译者注

法兰西国王路易十四

役。但这些残酷暴行并没有扼杀匈牙利人的独立精神,"库科兹"再次出现。此时,法兰西国王路易十四正与奥地利交战,这样就为匈牙利起义者提供了便利。法兰西王国驻波兰大使也给这些起义者提供了人力和财力。伊姆雷·特克伊是起义军的领袖。伊姆雷·特克伊娶了勇敢的伊洛娜·兹林斯基,即拉科齐·捷尔吉一世的遗孀为妻。伊姆雷·特克伊成功召集了一支军队,旗帜上写着"为了上帝和国家",气势恢宏地向摩拉维亚进军。伊姆雷·特克伊用自己的肖像铸币,行使真正的主权。伊姆雷·特克伊希望自己能成为匈牙利国王,并指望与土耳其人结盟,而土耳其人当时正向维也纳进军。伊姆雷·特克伊与科普鲁律·法兹勒·穆斯塔法帕夏会晤并将普雷斯堡授予他。此时,土耳其人正围攻维也纳。对伊姆雷·特克伊来说,土耳其人被扬三世·索别斯基打败,也就等于他自己战败了,因此这位有"库科兹"国王之称的伊姆雷·特克伊不得不进行游击战。与此同时,战胜了奥斯曼土耳其帝国的神圣罗马帝国军队深入匈牙利,占领了一些要地,并收复了被长期占领的布达。土耳其人一直被追赶到莫哈奇,在这片平原上,土耳其人损失了两万人,算是为曾在此地获得的胜利赎罪。科普鲁律·法兹勒·穆斯塔法帕夏把自己的失败归咎于伊姆雷·特克伊,于是将他逮捕并关押在贝尔格莱德。伊姆雷·特克伊的被俘结束了库科兹起义,

伊姆雷·特克伊被逮捕

库科兹领袖的游击队四散而去，交出了占领之地。只有穆卡切沃城堡还在独自坚守，由伊姆雷·特克伊的妻子——英勇无畏的伊洛娜·兹林斯基守卫。很多匈牙利诗歌歌颂伊洛娜·兹林斯基展现的英雄主义。

起义已结束，匈牙利恢复了部分和平。此时，战胜方的首要职责应该是进行大赦，但利奥波德一世和官员不这么认为。利奥波德一世宣布了一项大赦，但被无视，意大利将军安东尼奥·冯·卡拉法①成了为帝国复仇的无情刽子手。在埃佩里斯稳固后，安东尼奥·卡拉法建了一个大法庭，这个法庭的恐怖足以让人想起西班牙王国曾在低地国家实施的血腥暴行。一连三十天，三十名刽子手对无辜或有罪的受害者施以酷刑，甚至将其折磨致死，惨绝人寰。匈牙利历史上最悲惨的记忆就是所谓的"埃佩里斯大屠杀"了。利奥波德一世还假装为自己辩护，说自己根本不知道这些恐怖行为。

在这般恐吓匈牙利王国后，利奥波德一世希望匈牙利王国能妥协。17世纪，尽管到处是迫害，国王仍由选举产生；不过，利奥波德一世决定采取王位世袭制。1687年，匈牙利议会按利奥波德一世的意愿，宣布哈布斯堡王朝的男性后裔世袭王位。世袭程序在匈牙利与波希米亚是一致的，先是按照法定程序，后可经由人民同意，自由变化。国王必须宣誓遵守国家的基本法律，但废除了《金玺诏书》第三十一条，或者说废除了安德烈二世于1222年颁布的《金玺诏书》，因为正是第三十一条宣布了起义权。除了这些妥协，匈牙利议会还规定应废除死刑，让囚犯恢复自由，因此，宣布大赦。伊姆雷·特克伊到亚洲的尼科米底亚②休养身体，伊洛娜·兹林斯基也交出了穆卡切沃要塞。

现在匈牙利全境皆已收复，奥地利人想要从土耳其人手中解放这个国家。1688年，奥地利军队渡过多瑙河，占领了贝尔格莱德和尼什。但在新领袖科普鲁律·法兹勒·穆斯塔法帕夏的带领下，土耳其人已从懒散中苏醒。他们行军

---

① 安东尼奥·冯·卡拉法（1646—1693），哈布斯堡王朝的将军，还担任其他各种高级职务，包括上匈牙利的军事长官和后来的特兰西瓦尼亚的皇家委员。——译者注
② 尼科米底亚，古希腊城市，位于现在的土耳其。——译者注

巴登的路易

到多瑙河,重新夺回贝尔格莱德和尼什。科普鲁律·法兹勒·穆斯塔法帕夏继而入侵匈牙利,但在1691年被巴登的路易①带领下的奥地利军队杀害。战争仍在继续。伊姆雷·特克伊返回了匈牙利。在其援助下,土耳其人进入特兰西瓦尼亚,在此坚守阵地,一直坚守到弗朗索瓦-尤金亲王接过神圣罗马帝国军队

---

① 巴登的路易(1655—1707),巴登的统治者,也是神圣罗马帝国军队的首席指挥官。他因多次击败土耳其军队而被称为"土耳其路易"。——译者注

的指挥权。年轻的弗朗索瓦-尤金亲王是土耳其人的强大对手。1697年，当时正在上匈牙利的弗朗索瓦-尤金亲王突然听到土耳其人正经由泰斯山谷步步逼近，便立即命人在森塔附近的蒂萨河上架起一座桥，准备攻击土耳其人，没想到这时接到利奥波德一世的命令，不许他参加战斗。在看到自己军队所处的情形后，弗朗索瓦-尤金亲王决定不服从命令。森塔战役的辉煌胜利证实了他这种大胆无畏之举是正确的。一万多名土耳其人战死沙场，大批土耳其士兵的尸体被扔进蒂萨河。苏丹穆斯塔法二世逃往泰梅什堡，随后逃到君士坦丁堡。即将来临的冬季阻止了弗朗索瓦-尤金亲王乘胜追击。然而，利奥波德一世一心想着西班牙的王位继承问题，于1699年与土耳其人达成了和平条约。双方在卡洛维茨签订了《卡洛维茨条约》。按照此条约，苏丹同意不帮助匈牙利本土起义者，并放弃特兰西瓦尼亚。奥斯曼土耳其帝国在匈牙利拥有的所有旧领地中，只被允许保留泰梅什堡。利奥波德一世则得到了其余领地——匈牙利、克

森塔战役

罗地亚的大部分地区，斯拉沃尼亚及对特兰西瓦尼亚的宗属权。《卡洛维茨条约》中的一项特别条款规定，布达要维护穆斯林"玫瑰之父"托钵僧居尔·巴巴的坟墓。直到今天，该坟墓依然存在，依然是穆斯林虔诚朝圣之地。后来，匈牙利人为了表达对土耳其人的怜悯，筹集资金修复了这座坟墓。

1690年4月，利奥波德一世代表匈牙利王国对波斯尼亚和保加利亚宣称主权，并号召奥斯曼土耳其帝国的斯拉夫人拿起武器反抗土耳其人。不久，利奥波德一世邀请伊佩克的塞尔维亚族长在自己的领地上定居，并向塞尔维亚人承诺，他们享有宗教信仰自由，并拥有独立的政府。1691年，塞尔维亚族长接受了邀请，有三万五千个到四万个家庭在穆列什河河岸及斯雷姆、斯拉沃尼亚和巴奇卡，甚至在布达郊区定居。这些移民因其享有的特权而形成了一个独特的民族。他们为奥地利大公国提供士兵——就像曾在匈牙利定居的塞尔维亚人为匈牙利王国提供士兵一样，并在对抗奥斯曼土耳其帝国的战争中为哈布斯堡王朝做出巨大贡献。今天我们仍然可以在匈牙利南部发现这些塞尔维亚移民的后裔，他们对这里产生了很大影响。

伊姆雷·特克伊离开后，特兰西瓦尼亚成了奥地利大公国的一个省。在对抗土耳其人的战争中，奥地利的军队驻守在特兰西瓦尼亚的大部分城镇。年轻的阿帕费·米哈伊一世被带到维也纳接受教育，特兰西瓦尼亚则由神圣罗马帝国官员管理。《卡洛维茨条约》对特兰西瓦尼亚的处理获得了整个欧洲的认可。1699年，利奥波德一世通过一项特别宪章承认了特兰西瓦尼亚公国的权利和特权，并允许新教和东正教在特兰西瓦尼亚公国自由行使宗教权力。但特兰西瓦尼亚的贵族并没有立即接受这种兼并，因为这种兼并使特兰西瓦尼亚回归匈牙利王国的同时，也将使自己被残暴士兵和压迫性政府统治。

匈牙利贵族发现拉科齐·费伦茨二世具有领袖的气质。拉科齐·费伦茨二世继承了一种英雄传统和世袭仇恨，并把这种英雄传统和世袭仇恨带到了匈牙利贵族反抗外国压迫者的大业中。他的母亲伊洛娜·兹林斯基是在断头台上死去的佩塔尔·兹林斯基的女儿，也是拉科齐·捷尔吉一世和伊姆雷·特克伊的遗孀；拉科齐·费伦茨二世的父亲拉科齐·捷尔吉一世与三个伯爵一起密谋了叛乱[1]。但比这三个伯爵幸运，拉科齐·捷尔吉一世逃脱了。拉科齐·费伦茨二世十二岁时就被带到维也纳，接受天主教教育，这让他最初打算成为一名神父。在获准返回匈牙利后，拉科齐·费伦茨二世娶了黑森-莱茵菲尔斯[2]的绍罗尔陶·阿姆利亚。绍罗尔陶·阿姆利亚尽管当时很年轻，但具有的英雄气质与冒险精神丝毫不输拉科齐·费伦茨二世。拉科齐·费伦茨二世精力旺盛，具有道德正义和非凡抱负。他第一次密谋反对神圣罗马帝国没有得逞，被关进了维也纳新城监狱，但他设法逃了出去，逃到波兰避难。虽然利奥波德一世没收了拉科齐·费伦茨二世的财产，并高价悬赏其头颅，但拉科齐·费伦茨二世还是在波兰与法兰西王国大使馆取得联系，并获得了法兰西王国大使馆提供的资助。1703年，拉科齐·费伦茨二世回到了匈牙利。

穆卡切沃附近刚刚爆发了一场农民起义，使整个匈牙利都非常愤怒，因为维也纳宫廷不断破坏匈牙利的自由。随后，利奥波德一世召见匈牙利大贵族和高级教士，并向他们提议镇压各郡在公共生活中发挥积极作用的小贵族。此外，许多家族对《卡尔洛维茨条约》的条款感到愤怒，因为该条约禁止在近期叛乱期间移民土耳其的匈牙利人返回匈牙利王国。因此，1703年的起义不仅仅是农民发起的一次简单运动，一些大家族的代表甚至包括天主教教徒也加入其中。1704年年初，起义已蔓延到特兰西瓦尼亚，甚至越过瓦赫河，蔓延至维也纳附近。就在此时，西班牙王位继承战争开始了。当弗朗索瓦-尤金亲王忙于与路易十四的军队作战时，法兰西王国的盟友巴伐利亚人入侵了奥地利。路易十四写信给拉科齐·费伦茨二世，称其为"我的堂弟"，并派法兰西王国军官去拜访他。

---

[1] 此处是指1664年到1670年克罗地亚-匈牙利叛乱，在叛乱中死去的三名伯爵为：陶马什·纳道什迪、佩塔尔·兹林斯基和弗兰·克尔斯托·弗兰科潘。——译者注
[2] 此处是指黑森家族，黑森家族是德意志历史上的一个家族，曾统治黑森选侯国（1803年到1866年）、黑森大公国（1806年到1918年）、瑞典王国（1720年到1751年）及保加利亚亲王国（1879年到1886年）。——译者注

尽管在军事上遭受了一些挫折，拉科齐·费伦茨二世还是组建了一个政府，并在一次议会上被任命为匈牙利王国领导者。另一次议会宣布拉科齐·费伦茨二世为特兰西瓦尼亚总督。这样一来，匈牙利王国的大部分地区很快就处于拉科齐·费伦茨二世的管控下。只要被允许保留特兰西瓦尼亚，拉科齐·费伦茨二世就非常乐意与约瑟夫一世达成协议。但匈牙利人非常愤怒，决意要与哈布斯堡家族决裂。在欧诺德议会上，三十一个郡组成联盟（当时匈牙利王国共有五十二个郡）宣布约瑟夫一世不再是匈牙利王国国王。这个联盟不敢继续把王位交给拉科齐·费伦茨二世，而路易十四建议把王位让给巴伐利亚选帝

巴伐利亚选帝侯马克西米利安二世·埃马努埃尔

侯马克西米利安二世·埃马努埃尔,但他拒绝了。就这样,宝贵的时间在谈判中溜走了。1708年,德意志将军利奥波德·菲力·冯·海斯特在特伦钦打败起义军队,重新收复了匈牙利的部分地区。紧接着,施塔伦伯格和西金根相继获得胜利。路易十四因战败而身心俱疲,暂停向拉科齐·费伦茨二世提供补贴。拉科齐·费伦茨二世无法继续作战,只能离开匈牙利,到波兰避难。匈牙利议会接受了《萨特马条约》。该条约规定赦免拉科齐·费伦茨二世及起义军并恢复匈牙利王国的自由。后来,拉科齐·费伦茨二世去了巴黎,拜访了曾承认他为君主的法兰西王国宫廷。这次拜访有助于他传播声名。人们经常在当代文献和回忆录中尤其是圣西蒙①的作品中看到他的名字。当奥地利政府对拉科齐·费伦茨二世在巴黎的逗留感到不安时,拉科齐·费伦茨二世又去了奥斯曼土耳其帝国。在奥斯曼土耳其帝国,按照《帕萨罗维茨条约》,土耳其宫廷安排他住在靠近马尔马拉海的罗多斯托城堡。即便被逼迫到如此地步,拉科齐·费伦茨二世也没有完全放弃自己的野心,他多次请求法兰西王国和奥斯曼土耳其帝国支持自己,但都没有成功。为了打发时间,拉科齐·费伦茨二世写了《匈牙利革命回忆录》,于1732年在海牙出版。拉科齐·费伦茨二世的名字还与一首著名的进行曲有关,该曲作者已不详。可以肯定的是,这首进行曲经常在拉科齐·费伦茨二世的军队里演奏,并且已成为匈牙利人的民族颂歌,是匈牙利人进行革命的"马赛曲"。匈牙利的自由一旦被限制,奥地利政府就会严格禁止演奏该曲目。如今,该曲已被埃克托尔·柏辽兹改编成了管弦乐。

匈牙利的起义失败了。最终,通过《萨特马条约》,匈牙利王国与奥地利大公国达成和解。约瑟夫一世有幸促成了匈牙利王国与奥地利大公国的和解。1707年,约瑟夫一世被宣布对匈牙利王国没有统治权,但他一直统治匈牙利王国直到1711年驾崩。这位君主三十三岁就驾崩了,他性格温和又大度,如果能活得久一点,一定会赢得那些与之和好的臣民的永久爱戴。约瑟夫一世的继任者

---

① 圣西蒙(1760—1825),即克劳德·亨利·德·鲁弗鲁瓦伯爵,法兰西政治、经济和社会主义理论家和商人,其思想对政治、经济学、社会学和科学哲学产生了重大影响。——译者注

查理六世——在匈牙利被称为查理三世——将马扎尔民族与哈布斯堡王朝更加紧密地联系起来。查理六世加冕后,为了避免哈布斯堡家族的男性后裔绝嗣,根据一项特殊法律,承认匈牙利人有选举自己国王的权利。然而,《国事诏书》证明,查理六世对匈牙利不留情面,不做丝毫让步。在执政的最初几年,查理六世一直致力于在匈牙利建立秩序,但没有摈弃那些迂腐惯例。大赦受到了一定程度的限制,宗教迫害依然存在,虽然其形式没那么残忍,但依然非常严酷。这种迫害同时攻击了匈牙利新教教徒和新来的塞尔维亚东正教移民。维也纳法庭并不是迫害这些人的唯一罪魁祸首,大部分匈牙利天主教教徒也参与了迫害。

苏丹艾哈迈德三世

在查理六世的统治下，土耳其人最终被驱逐出匈牙利。1716年，苏丹艾哈迈德三世的大维齐尔西拉达尔·达马特·阿里帕夏越过萨瓦河，向彼得罗瓦拉丁进军。弗朗索瓦-尤金亲王在此等待反击土耳其人，随后取得了彼得罗瓦拉丁的胜利。这一胜利让整个基督教世界沸腾了。在这场战争中，匈牙利人英勇作战，并将泰梅什堡和土耳其人在匈牙利占有的最后一批领地收回。西拉达尔·达马特·阿里帕夏在此次战役中丧命。1717年，贝尔格莱德被攻陷。随着贝尔格莱德的陷落，多瑙河中部来自土耳其人的一切危险消失了。贝尔格莱这座堡垒的丢失是对奥斯曼土耳其帝国政权的致命一击，艾哈迈德三世同意签署《帕萨罗维茨条约》，并完全放弃了多瑙河右岸、贝尔格莱德、塞尔维亚和瓦拉几亚的部分地区。这些征服将通往奥斯曼土耳其帝国的要道交到了奥地利大公国手中。而奥地利大公国有可能在获得成功后，赋予塞尔维亚和罗马尼亚的人民以自由和文明，并逐渐将其吞并。为了达成此目的，哈布斯堡王朝必须把全部精力投入多瑙河下游。然而，他们选择兼并更遥远的神圣罗马帝国的莱茵河部分土地，甚至意大利的土地。哈布斯堡王朝对土耳其人采取的防御政策不够强硬，这给接下来的战争带来了不利后果。

1737年，奥地利大公国与奥斯曼土耳其帝国的战争再次爆发。当时，奥地利女大公玛丽亚·特蕾莎的丈夫，即洛林的弗朗茨一世受命指挥神圣罗马帝国军队。弗朗茨一世在试图入侵波斯尼亚和瓦拉几亚时受到重创，被迫撤退到特兰西瓦尼亚。1738年5月，土耳其人占领了奥尔绍瓦，而贝尔格莱德——唯一一个可以让奥地利人在萨瓦河右岸立足的地方，局势危急，马上就会被占领。在这种情况下，1739年，查理六世虽然已与俄罗斯帝国结为盟友，但还是同意签署了《贝尔格莱德和约》。该和约规定，贝尔格莱德和整个塞尔维亚再次归奥斯曼土耳其帝国所有。奥地利大公国失去了在巴尔干半岛的绝佳机会。在和谈中，人们明显感觉到法兰西王国作为奥斯曼土耳其帝国国际关系中一个重要成员的存在。此后，法兰西王国、俄罗斯帝国和后来的英国对君士坦丁堡产生了浓厚兴趣，这样便给了奥地利大公国自由插手巴尔干半岛的机会。

彼得罗瓦拉丁战役

贝尔格莱德战役

查理六世统治时期，奥地利大公国重新获得的领土的历史并不乐观。匈牙利的政治活力已经丧失，匈牙利议会变得非常顺从。只要查理六世承诺匈牙利议会至少三年召开一次，承诺只要情况允许就定居匈牙利，并且能在由巴拉丁伯爵主持的摄政议会的协助下安排国家事务，承诺使阜姆成为一个自由港，那么匈牙利议会就同意支持《国事诏书》。匈牙利境内的塞尔维亚移民沦为农奴，并因东正教信仰而受到迫害。1734年，被迫害和压迫的塞尔维亚和匈牙利的农民发动起义，一些同样遭受苦难的匈牙利新教教徒也加入了起义大军。然而，这次起义遭到军队的镇压，起义的匈牙利人也受到了残酷的惩罚。

第4部分　争取君主政体的统一

（1740年到1792年）

第 20 章

玛丽亚·特雷莎

（1740 年到 1780 年）

神圣罗马帝国皇帝查理六世的继承人、奥地利女大公玛丽亚·特雷莎嫁给了洛林公爵弗朗茨·斯蒂芬。自17世纪以来，洛林公爵家族就一直与奥地利哈布斯堡家族联姻。1735年，波兰王位继承战争结束后，弗朗茨·斯蒂芬被迫把洛林交给了斯坦尼斯瓦夫·莱什琴斯基[①]，但得到了因美第奇家族最后一位成员吉安·加斯托内·德·美第奇去世而无人管理的托斯卡纳大公国。托斯卡纳大公国并没有被纳入奥地利王朝的统治领地，由弗朗茨·斯蒂芬年幼的儿子们继承。弗朗茨·斯蒂芬驾崩后，托斯卡纳并没有传继给长子约瑟夫，而是给了年幼的利奥波德。

玛丽亚·特雷莎是第一位统治奥地利各邦国的女性。玛丽亚·特雷莎不再像前任大公那样继承王冠，因为到她那个时代，王冠在奥地利哈布斯堡王朝可以直接传给继承人。然而，作为波希米亚女王，玛丽亚·特雷莎成了选帝侯之一。她与丈夫弗朗茨·斯蒂芬共同摄政，但只给他一小部分摄政权。年轻的女大公非常积极并且有帝王魄力，是不允许他人分割她的权力的。在执政初期，弗朗茨·斯蒂芬只不过是玛丽亚·特雷莎的丈夫而已。对奥地利的敌人来

---

① 斯坦尼斯瓦夫·莱什琴斯基（1677—1766）曾是波兰立陶宛联邦国王（二立二废）、洛林公爵（1738—1766）和神圣罗马帝国伯爵（皇帝腓特烈三世授权给莱什琴斯基家族）。——译者注

贝尔岛公爵夏尔·路易·奥古斯特·富凯

说,玛丽亚·特蕾莎的即位似乎是一个有利机会。没有人相信奥地利政府能长久存在,因为它是查理六世借助《国事诏书》建立的,因此,似乎也就没有什么比瓦解这个政府更容易的了。法兰西王国的贝尔岛公爵夏尔·路易·奥古斯特·富凯①甚至制订了一个计划,即让奥地利把低地国家割让给法兰西王国,把波希米亚和德意志的王冠给巴伐利亚选帝侯国,把西里西亚给普鲁士王国,把托斯卡纳、帕尔马和伦巴第大区给西班牙王国和撒丁王国。只有一件事让夏尔·路易·奥古斯特·富凯为难,那就是如何处置摩拉维亚。玛丽亚·特蕾莎则想着能保留匈牙利和奥地利的省就很幸运了。

① 夏尔·路易·奥古斯特·富凯(1684—1761),法兰西元帅和政治人物,路易十四的财政大臣尼古拉·富凯之孙。早年进入军队,他参加了西班牙王位继承战争、奥地利王位继承战争,因功于1748年晋升法兰西元帅。——译者注

奥地利这个多民族国家比其他国家更容易分裂，因为奥地利只不过是靠君主本人和议会对《国事诏书》的勉强认可来维系的。此外，神圣罗马帝国北部出现了一股新势力。这股新势力充满活力、野心勃勃。这股势力已渐渐成为奥地利在德意志各邦国的竞争对手。18世纪初，普鲁士建立了君主政体。现在的君主腓特烈二世，即著名的腓特烈大帝雄心勃勃，肆无忌惮。关于入侵西里西亚，腓特烈大帝给出的理由并不比后来瓜分波兰给出的理由更合理。奥地利的抗议是无效的：腓特烈大帝最终赢得了德意志各诸侯的支持。1741年，对布雷斯劳的占领和在莫尔维茨取得的胜利决定了腓特烈大帝的入侵大业进展顺利。腓特烈大帝拥有一支作战能力超强的军队，还有大量由前任君主精心囤积的财富，而当时的奥地利，国库空空如也，军队组织混乱。

腓特烈大帝

第20章 玛丽亚·特雷莎（1740年到1780年）

普鲁士国王的成功似乎证明查理六世辛辛苦苦建立的帝国大业存在致命的弱点。年轻的玛丽亚·特蕾莎发现自己四面受敌——巴伐利亚、法兰西、西班牙及巴拉丁选帝侯和科隆选帝侯。巴伐利亚选帝侯查理七世娶了玛丽亚·特蕾莎的堂姐玛丽亚·阿马利娅①。查理七世现在以奥地利的女大公安娜的后裔的身份称拥有部分奥地利领土。奥地利女大公安娜是神圣罗马帝国皇帝斐迪南一世的女儿,嫁给了巴伐利亚公爵阿尔布雷希特五世②。斐迪南一世在遗嘱中这样写道:"如果我们的儿子死了,没有留下男性子嗣,我们的女儿就享有部分继承权。"按照查理七世的说法,一旦女性被允许继承,斐迪南一世的大女儿及其后代就应该优先于之后的女性继承人。查理七世还根据巴伐利亚王朝在1156年之前享有的某些权利对奥地利主张所有权。波兰国王奥古斯都三世娶了约瑟夫一世的大女儿玛丽亚·约瑟夫。奥古斯都三世对奥地利主张所有权部分基于妻子,部分基于他与巴本堡王朝的远亲关系。其他国家无法跟最强大的国家相比,只是希望瓜分奥地利,以便扩大自己的势力。起初,玛丽亚·特蕾莎试图和解。如果路易十五能说服西班牙满足于获得低地国家,并且查理七世能满足于获得上奥地利部分地区,她就可以将卢森堡公国赐予路易十五。然而,玛丽亚·特蕾莎的努力失败了,因此靠战争解决领土问题已不可避免。

法兰西王国、西班牙、巴伐利亚、后来的萨克森和普鲁士王国结盟。最近有证据表明,《宁芬堡条约》③不可信。但无可争辩的事实是,法兰西王国将其军队交由查理七世指挥。在法兰西军队的帮助下,查理七世占领了林茨,并向波希米亚推进。腓特烈大帝占领了西里西亚,西班牙人则进攻意大利。在这场危机中,匈牙利人的支持和英国提供的财政资助拯救了玛丽亚·特蕾莎。神圣

---

① 玛丽亚·阿马利娅(1701—1756),玛丽亚·特蕾莎父亲查理六世哥哥约瑟夫一世的女儿。——译者注
② 阿尔布雷希特五世(1528—1579),1550年到1579年,任神圣罗马帝国巴伐利亚公爵。孙子巴伐利亚选帝侯马克西米安一世是查理七世的曾祖父。——译者注
③ 1741年7月,法兰西、西班牙和奥地利签订《宁芬堡条约》,查理七世通过该条约保证自己可以得到相应的军事援助,并在随后的奥地利王位继承战争期间成功占领布拉格,被加冕为波希米亚国王。——译者注

巴伐利亚选帝侯查理七世

玛丽亚·阿马利娅

奥地利女大公安娜

巴伐利亚公爵阿尔布雷希特五世

罗马帝国皇位空置两年后，查理七世被选为了神圣罗马帝国皇帝。这样一来，哈布斯堡-洛林家族似乎失去了帝国王冠。英国阻断了西班牙对意大利王国的进攻，并迫使腓特烈大帝签署了《布雷斯劳条约》和《柏林条约》。玛丽亚·特蕾莎将总面积超过六百五十平方英里的上西里西亚和下西里西亚、波希米亚的格拉茨及摩拉维亚的科斯特奇尔割让给腓特烈大帝。玛丽亚·特蕾莎只保留了西里西亚的泰申公国、特罗波公国和杰伦多夫的部分公爵领地和尼斯。奥地利大公国损失巨大。西里西亚被腓特烈大帝占领后，不仅让普鲁士王国可以通往波希米亚，还让奥地利大公国减少了一百万德意志人口，这样就使斯拉夫人和匈牙利人的人口占比进一步增加。除德意志人外，西里西亚居民几乎都是新教教徒，不会因不受奥地利大公国统治而遗憾。

萨克森曾想吞并西里西亚和摩拉维亚的部分地区，但因退出联盟而放弃了。1743年，萨克森与玛丽亚·特蕾莎缔结了联盟条约。一时间，战局优势似乎转向了奥地利大公国。法兰西人被迫撤离波希米亚；随后，奥地利军队占领了巴伐利亚，迫使查理七世退位——查理七世曾在布拉格加冕。成为波希米亚和匈牙利女王的玛丽亚·特蕾莎后来也收回了巴伐利亚，并在慕尼黑设立了一个皇家将军的职位。法兰西和巴伐利亚提议和平，但遭到拒绝。因此，法兰西王国便攻击低地国家的奥地利军队。1744年7月，腓特烈大帝再次出兵波希米亚，并在几次交战中击败了奥地利人和萨克森人。

与此同时，查理七世回到巴伐利亚，不过只是自寻死路而已。查理七世的儿子马克西米利安三世·约瑟夫签署了《菲森条约》，承认了《国事诏书》。玛丽亚·特蕾莎的丈夫洛林公爵弗朗茨·斯蒂芬随后被选为神圣罗马帝国皇帝[1]，神圣罗马帝国皇位再次回归奥地利哈布斯堡王朝。最后，英国的调解促成普鲁士王国、奥地利大公国和萨克森选帝侯国之间的《德累斯顿和约》。和约中，普鲁士王国承认弗朗茨一世为神圣罗马帝国皇帝，普鲁士王国和奥地利大公

---

[1] 即神圣罗马帝国皇帝弗朗茨一世。——译者注

国相互认可彼此所获领土。在这里,我们不打算继续谈论这场在低地国家和意大利王国发生的战争。尽管得到英国的支持,甚至还有行至莱茵河的俄罗斯帝国援军的支持,玛丽亚·特蕾莎的军队还是被击败了。1748年,参战各国签订《第二亚琛和约》,终止了一系列战役。玛丽亚·特蕾莎将上诺瓦拉和维杰瓦诺割让给撒丁王国,把帕尔玛、皮亚琴察和瓜斯塔拉割让给西班牙国王腓力五世。然而,除丧失西里西亚之外,奥地利大公国各省仍完好无损。

兼并西里西亚使腓特烈大帝在波希米亚边境占据了有利地位。俄罗斯帝国已开始参与欧洲事务。在未来维也纳和柏林之间发生的争端中,奥地利大

西班牙国王腓力五世

第20章 玛丽亚·特蕾莎(1740年到1780年) ● 403

公国与俄罗斯帝国的结盟将发挥重大作用。从1746年起，奥地利大公国和俄罗斯帝国就签订了防御同盟条约。根据该条约，两国保证各自提供一支由六万人组成的军队，以防腓特烈大帝攻打波兰、奥地利大公国或俄罗斯帝国。

然而，只要法兰西王国与自己为敌，奥地利大公国就不能确定是否能保留自己拥有的西班牙或意大利属地。1753年，玛丽亚·特蕾莎接见了一位杰出的人物——文策尔·安东，正是这位伯爵成功地结束了波旁王朝和哈布斯堡王朝的长期敌对状态，并使维也纳和凡尔赛之间达成了明确和解。1711年，文策尔·安东出生于维也纳一个波希米亚贵族家庭。文策尔·安东最初打算成为一名神父，但哥哥的死把他抛回了世俗世界。文策尔·安东曾在维也纳大学、莱

文策尔·安东

比锡大学和莱顿大学学习，还去过荷兰、英格兰、法兰西和意大利。文策尔·安东娶了施塔恩伯格家族的玛丽亚·欧内斯廷·冯·施塔恩伯格，即保卫维也纳的领袖的后裔。文策尔·安东很早就开始从事公共服务。查理六世统治期间，文策尔·安东曾是帝国议会议员；玛丽亚·特蕾莎一上任就交给他几项外交任务，先是派他到意大利，然后到布鲁塞尔，最后到英格兰。在这些地方，他展示了非凡的才能。文策尔·安东代表奥地利大公国签订《第二亚琛和约》，并于1751年到1753年担任奥地利大公国驻巴黎大使。一回到维也纳，文策尔·安东就急切地向玛丽亚·特蕾莎指出与法兰西王国结盟的必要性。文策尔·安东认为，法兰西王国可以立即向奥属尼德兰、莱茵河和意大利派遣军队，法兰西王国并不是奥地利大公国最危险的敌人，如果可能，应该与法兰西王国结盟。尽管遭到弗朗茨一世和议会多数成员的反对，但他还是决定与法兰西王国结盟。文策尔·安东被任命为财政大臣，同时，负责外交事务。从那时起，他所有的努力都是为了实现奥地利大公国与法兰西王国的和解。几个世纪以来，在欧洲各盟国中，奥地利大公国与法兰西王国的竞争占主导地位。然而，当时，英法两国正处于一场殖民争端中；奥地利大公国很难指望既得到英国的支持，又与法兰西王国结盟。文策尔·安东本打算保持中立，但很快他就决定，与法兰西王国结盟将更有利于对抗腓特烈大帝。此外，由于担心汉诺威的安全，英国也向文策尔·安东表示了友好。经过多次的外交努力，文策尔·安东终于成功地促成了奥法联盟，联盟细则在两次《凡尔赛条约》中都有所涉及。其中第二个条约被称为《第二次凡尔赛条约》，于1757年5月签署。这是奥地利大公国与法兰西王国达成的最有成就的协议之一。对玛丽亚·特蕾莎和她那有才干的大臣文策尔·安东来说，这是一次重大胜利。法兰西王国承诺提供一支由十万五千人组成的庞大军队支持奥地利大公国，并在战争持续期间每年向奥地利大公国提供一千二百万弗罗林的补贴；法兰西王国只要求得到荷兰的部分领土作为回报。奥地利大公国与普鲁士王国之间的战争持续了很久，直到普鲁士王国被打败，奥地利大公国重新占领了西里西亚和以前的意大利领地。俄罗斯帝国已经加入奥法联盟,《凡尔赛条约》标志着各个列强原有的结盟被打破,因此,将它的签订称为"外交革命"再合适不过了。

据说,玛丽亚·特蕾莎急于与路易十五保持友好,便直接与蓬帕杜尔夫人取得联系,并给她写了一封信,称她为"亲爱的朋友和漂亮的表妹"。骄傲的玛丽亚·特蕾莎从没有说过这样的话。1763年10月10日,玛丽亚·特蕾莎在写给萨克森女选帝侯玛丽亚·安东妮亚的信中说:"如果你认为我们曾和蓬帕杜尔夫人有关系,那么你错了。我们没有给她写过一封信,也没有通过她让我们的大臣接受过一次召见。与其他所有人一样,他们只不过是向她献殷勤,但从没有建立亲密关系。这种斡旋不是我的风格。"然而,玛丽亚·特蕾莎曾非常渴望与法兰西王国的谈判能成功。

1757年5月,腓特烈大帝接到联军进攻的消息,便立即进军萨克森,占领了德累斯顿,然后攻入波希米亚,并一直推进到布拉格。但在布拉格,科林战

路易十五　　　　　　　　　　　　　　　　　　　　　　　　　蓬帕杜尔夫人

科林战役

罗斯巴赫战役

役①的失败迫使腓特烈大帝撤出波希米亚。腓特烈大帝发现利奥波德·约瑟夫·冯·道恩②元帅是一位非常强大的对手。腓特烈大帝诸事缠身,西受法兰西人的逼迫,东受刚刚占领东普鲁士的俄罗斯人的威胁,南受重新进入西里西亚的奥地利人的紧逼,似乎已经到了绝望的地步。不过,腓特烈大帝在罗斯巴赫

---

① 科林战役,是七年战争中普鲁士与奥地利在1757年6月18日发生的战役,以奥地利军队胜利而终结。——译者注
② 利奥波德·约瑟夫·冯·多恩伯爵(1705—1766),在奥地利王位继承战争和七年战争中担任奥地利陆军元帅。——译者注

战胜了法兰西王国和神圣罗马帝国联军，使自己摆脱了迫在眉睫的危险。1757年12月，腓特烈大帝从罗斯巴赫赶回西里西亚，在洛伊滕大败奥地利军队。在战争中，腓特烈大帝经历了一系列的胜利和失败。在这些胜利和失败中，尽管棋逢对手，压力巨大，他却像一头陷入绝境的狮子一样，从一个对手冲向另一个对手，逐渐耗损自己的力气。1760年，腓特烈大帝仍在牵制他的对手。1762年，沙皇彼得三世①退出奥地利大公国对抗普鲁士王国的联盟。法兰西王国与英国展开谈判。玛丽亚·特蕾莎害怕对抗强大的普鲁士军队时孤军作战，便在1763年同意了《胡贝图斯堡和约》。奥地利大公国同意腓特烈大帝保留西里西亚。作为回报，腓特烈大帝承诺在即将到来的神圣罗马帝国皇帝选举中给约瑟夫大公②投上一票。

洛伊滕战役

---

① 彼得三世（1728—1762），1762年成为俄罗斯帝国沙皇，荷尔斯泰因·戈托普的卡尔·腓特烈和安娜·彼得罗芙娜之子，彼得大帝的外孙。彼得三世本是德意志人，因此几乎不会说俄语。——译者注
② 即约瑟夫二世（1741—1790），哈布斯堡—洛林王朝的奥地利大公，1765年加冕为神圣罗马帝国皇帝。约瑟夫二世是玛丽亚·特蕾莎与弗朗茨一世的长子。——译者注

霍赫基希战役

库纳斯多夫战役

七年战争给奥地利军队上了极好的一课,其军力在此次战争中得到了很大提升。七年战争中,表现勇敢和极具才干的将军有利奥波德·约瑟夫·冯·道恩,他在维也纳组织了"军官学校",并让人们想起了拉依蒙多·蒙特库科利伯爵采用的严酷措施;还有利沃尼亚人恩斯特·吉迪恩·冯·劳登,他曾提出要为普鲁士王国国王效劳,却遭到拒绝,此后便在奥地利军队中服役,赢得了至今仍未被遗忘的荣耀之名;此外,还有两名爱尔兰人,即布朗和莱西。科林、霍赫基希、库纳斯多夫和马克森的胜利表明，奥地利大公国将被列入欧洲军事国家之一。此后，各大国都急于与玛丽亚·特蕾莎结盟。

《胡贝图斯堡条约》签订前不久，弗朗茨一世驾崩。在与玛丽亚·特蕾莎的婚姻里，弗朗茨一世有不少于十六个孩子。通过这些孩子的婚姻，奥地利哈布斯堡家族与欧洲许多统治家族结成同盟。玛丽亚·克里斯蒂娜嫁给了萨克森的阿尔贝特·卡西米尔；玛丽亚·阿马利娅嫁给了帕尔玛公爵斐迪南；玛丽亚·卡罗琳嫁给了两西西里国王斐迪南一世；奥地利-埃斯特大公斐迪南·卡尔则娶了摩德纳女继承人玛丽亚·比阿特丽丝。这些联盟使奥地利哈布斯堡王朝对意大利事务的兴趣变得更浓厚。1770年，玛丽亚·安东妮亚（即玛丽·安托瓦内特）与法兰西皇储路易·卡佩①的联姻，似乎会使文策尔·安东促成的波旁王朝与哈布斯堡-洛林王朝的联盟永久化。玛丽亚·特蕾莎同准王后玛丽亚·安东妮亚和奥地利大公国驻法兰西宫廷大使弗洛里蒙·克劳德之间的通信被保留了下来。这些信体现了玛丽亚·特蕾莎对维持两国友好关系的极大兴趣，也展现了玛丽亚·特蕾莎的极佳品格，无论是作为君主还是作为母亲。

1765年，弗朗茨一世驾崩后，儿子约瑟夫二世当选为神圣罗马帝国皇帝。玛丽亚·特蕾莎与约瑟夫二世进行了政权交接，并把军权交给他，但他在国家政权中发挥的积极作用并不比他父亲大。

尽管奥地利一直处于腓特烈大帝制造的麻烦中，但玛丽亚·特蕾莎还是为各邦国的繁荣和王朝的辉煌感到骄傲。维也纳政府没有放过任何一次机会，不久便通过一项新的兼并来弥补西里西亚的丧失。多年来，波兰不断地陷入无政府状态。可悲的君主选举制加上这种混乱而不讲究政府主义的贵族体系只能使这个国家处于外国统治之下。自由否决权或者说贵族个人否决法律的权利，使立法变得不可能，实际上是使无政府状态合法化。因此，多年来，波兰完全缺乏一个强有力的政府。波兰社会是由贵族和农奴组成的，然而，大多数

---

① 即路易十六（1754—1793），原名路易-奥古斯特，亦名路易·卡佩，法兰西国王。1774年即位，1793年1月21日被送上断头台。——译者注

贵族也穷困潦倒,不存在中产阶层。野心勃勃的邻国不需要任何借口就可以干预波兰的事务。毫无疑问,玛丽亚·特蕾莎不会策划瓜分波兰的阴谋,但当俄罗斯帝国和普鲁士王国准备凭借真实或假象的权利对波兰宣称主权或想要征服部分波兰王国时,她很容易就被说服了。

当然,第一个想到瓜分波兰的人是腓特烈大帝。1772年,在俄罗斯人战胜土耳其人后,腓特烈大帝提议俄罗斯帝国获得波兰作为赔偿,奥地利大公国则须从中调停。这个计划很容易就赢得了叶卡捷琳娜大帝的支持。在与腓特烈大帝进行两次会晤后,约瑟夫二世也表示支持这个计划,同意奥地利大公国应参与瓜分波兰。然而,玛丽亚·特蕾莎一开始非常担心这个计划,因为这有悖于她那颗虔诚之心。在给奥地利大公国驻柏林大使的信中,玛丽亚·特蕾莎写道:"我承认,如果一件事既不符合正义也不能产生效用,甚至让我觉得没用,我就会难以抉择。我们有什么权力去掠夺一个无辜的国家,而且这个国家一直以来都是如此乐意捍卫自己的利益并乐于帮助他国。为什么在维持北方势力平衡问题上要如此费神费力,还吵吵嚷嚷地进行各种威胁?在我看来,不与其他大国保持步调一致就不能得到任何好处,这是最说得过去的理由,但这似乎不足以甚至不能成为一个体面的借口,让两个没有正义感的篡夺者联合起来,无缘无故地毁灭第三个国家。我不理解这样的政治策略。如果两个篡夺者利用自己的优势压迫一个无辜的国家,那么就会又有一个国家,不管是为未来考虑,还是为顾及目前的本国形势,都会模仿这两个篡夺者,做出同样的勾当,这让我难以接受。如果我们突然与极力反对的有这种不义行径的国家结盟,那么法兰西、西班牙和英格兰会说些什么呢?那将使我在位三十年所做的一切成为谎言。让我们努力削弱他们的自命不凡,而不是考虑在不平等的条件下与他们共享国土。让我们假装软弱而非不诚实吧。"

玛丽亚·特蕾莎再次试图解释迫使她同意瓜分波兰的原因,她写道:"为了我们的安全,也为了整个欧洲的利益,我们只能通过保留那部分存在争议但确实属于我们的土地,来制衡俄罗斯帝国和普鲁士王国不断增长的权力,尽管

玛丽亚·克里斯蒂娜

萨克森的阿尔贝特·卡西米尔

玛丽亚·阿马利娅

帕尔玛公爵斐迪南

玛丽亚·卡罗琳

两西西里国王斐迪南一世

玛丽亚·比阿特丽丝

玛丽亚·安东妮亚

我对此感到遗憾。"从最后几句话可以看出,国家政策已消除了玛丽亚·特蕾莎的顾虑。

瓜分波兰的条约于1772年7月25日签署。据说,在决定通过该条约的报告下面,玛丽亚·特蕾莎写了几句话:"同意,因为那么多聪明和有学问的人都希望这样做,但在我死后很长一段时间里,人们将会看到,今天我们对所有圣洁和正义之事的践踏,将会产生什么样的后果。"迄今为止,人们并未找到这些话的原文。这些话很可能是杜撰的。上面引述的文本及玛丽亚·特蕾莎致奥地利大公国驻法兰西宫廷大使弗洛里蒙·克劳德的一封信中展现了瓜分波兰

瓜分波兰

后玛丽亚·特蕾莎的真实情感。玛丽亚·特蕾莎为自己卷入这一事件感到遗憾，因为她从中得到的好处太少了。在谈到同谋时，玛丽亚·特蕾莎写道："他们确实在牵着我们的鼻子走，对此，我无法释怀。唯一能让我抚慰自己良知的是，我一直反对这种邪恶的瓜分，这简直太不公平了，我反对与这两个恶魔结盟……我已经屈服了，我不想发动战争，但这与我的理念完全相反。我希望在我死后奥地利大公国不会受到影响。"

然而，玛丽亚·特蕾莎给文策尔·安东写信说："当我所有的领地受到威胁时，我对自己拥有的权力和上帝的帮助充满了信心。但在这件事上，不仅正义之声向天堂控告我们，所有的公平和理智也都在反对我们。我意识到，在我一生中，没有什么比这更让我痛苦的了。我们用部分波兰、摩尔达维亚和瓦拉几亚换取了我们的荣耀和声誉，我们给全世界树立了一个怎样的榜样啊！我看得清清楚楚，我孤身一人，再也折腾不动了。这就是为什么我会忍着内心的剧痛任由这件事发展。"谈到玛丽亚·特蕾莎的痛苦时，腓特烈大帝带着惯有的玩世不恭，用一种完全不同的口吻说："她老是哭哭啼啼的。"这些话确实道出了玛丽亚·特蕾莎的真实表现，但她说的话至少是真诚的："我们希望与普鲁士王国一起分担，同时希望自己诚实。"

玛丽亚·特蕾莎的预感已部分实现。获得加利西亚给奥地利政府带来诸多尴尬。然而，经过一场意想不到的变革，波兰人如今已成为弗朗茨·约瑟夫一世忠诚的臣民。

一旦决定瓜分，就必须找一个可行的借口来实施。匈牙利兼波希米亚女王玛丽亚·特蕾莎援引了这两个王国在波兰领土上可能拥有的某些虚构或真实的权力。1770年，玛丽亚·特蕾莎对齐普斯郡的十三个城镇宣称主权，这些城镇曾在1412年被承诺给波兰国王瓦迪斯瓦夫二世·雅盖隆。这种承诺一直持续了三百五十九年。1772年11月5日，玛丽亚·特蕾莎以匈牙利女王的名义正式占领了这些城镇，并要求这些城镇向其进贡。

1772年9月，奥地利大公国再次重申主权。玛丽亚·特蕾莎占领了新领地，

"俄罗斯帝国和普鲁士王国已决心在波兰王国的某些地区行使他们古老的权力"。一份特别宣言宣布匈牙利王国对小俄罗斯①和波多利亚拥有的权力,以及波希米亚王国对奥斯威辛和扎托尔国拥有的权力。因此,奥地利大公国获得了波多利亚的红俄罗斯,桑多梅日和克拉科夫的巴拉丁领地及含有丰富盐矿的维利奇卡和博赫尼亚,这些地方加起来,面积达一千五百平方英里,人口达二百五十万。

这些新获得的领地被正式命名为加利西亚及洛多梅里亚王国。加利西亚及洛多梅里亚的国王头衔已被匈牙利国王继承。玛丽亚·特蕾莎尽管出于一片真心,但还是小心翼翼地避免把这些重新吞并的地方归为匈牙利王国或波希米亚王国。玛丽亚·特蕾莎惧怕匈牙利王国或波希米亚王国的独立精神,因此,她将加利西亚及洛多梅里亚王国变成了奥地利大公国的直属领地。新土国的首都设在伦贝格。1773年,一份皇家敕令规定了加利西亚及洛多梅里亚王国的政权管理。1773年12月,各领主、神父、贵族和资产阶级宣誓效忠奥地利哈布斯堡王朝。政府管理权被委托给神圣罗马帝国的官员。1775年,加利西亚及洛多梅里亚王国被划分为十八个行政区。每个行政区都设有一所师范学校,以利于德语的传播。德语是行政当局使用的语言,虽然各地仍保留着宫廷用语拉丁语。各领地组织形式以波希米亚王国和匈牙利王国的领地组织形式为基础。关于瓜分波兰这件事,约瑟夫二世比母亲玛丽亚·特蕾莎更有兴趣,并没有母亲那样的顾虑。1778年,约瑟夫二世访问了加利西亚及洛多梅里亚王国。毫无疑问,此次访问是为了研究德意志化体制取得的成效,并打算将这一体制应用到其他邦国。

另一个不及加利西亚的重要兼并是对布科维那的兼并,这是俄罗斯帝国和奥斯曼土耳其帝国战争的结果。自《贝尔格莱德条约》签订以来,奥地利大公国与奥斯曼土耳其帝国一直相安无事。但当俄罗斯帝国的军队占领克里米

---

① 小俄罗斯,俄罗斯及俄语历史上曾使用的一个政治和地理术语,指20世纪前囊括如今乌克兰大部分的一片土地。——译者注

签订《库楚克开纳吉条约》

亚并靠近多瑙河时，玛丽亚·特蕾莎变得不安，便在匈牙利集结了一支军队。早在1772年，玛丽亚·特蕾莎就坚持要介入俄罗斯帝国和奥斯曼土耳其帝国之间的战争。1774年，奥斯曼土耳其帝国与俄罗斯帝国签订了重要的《库楚克开纳吉条约》。奥地利大公国趁机占领摩尔达维亚的某些地区。关于这种突然占领，奥地利大公国的辩护理由并不比被授权瓜分波兰的理由好多少。这些被占领的领土对奥地利大公国来说很重要，因为这些领土打通了加利西亚和特兰西瓦尼亚，毕竟曾属于波多利亚的摩尔达维亚的部分领地现在已成了奥地利大公国的属地。奥斯曼土耳其帝国提出抗议，而俄罗斯帝国和普鲁士王国要求奥地利大公国做出解释。但没有盟友支持的奥斯曼土耳其帝国不得不投降，并于1775年签订了割让条约。奥斯曼土耳其帝国割让的领土共约一百八十九平方英里，包括四个集镇和约六十个村庄，但从战略角度来看，这非常重要。摩尔达维亚大公国在此次割让中被瓜分，所以摩尔达维亚大公吉卡·格里戈雷三世企图阻止居民宣誓效忠，却被苏丹阿卜杜勒哈米德一世下令扣押并斩首。然而，罗马尼亚人仍效忠吉卡·格里戈雷三世，并将其视为维护独立的殉道者。布科维纳主要居住着罗塞尼亚人和罗马尼亚人组成。1875年，奥地利政府在切尔诺维茨建立了一所德意志大学，以庆祝对其兼并一百周年，同时，希望能加速该地的德意志化进程。

就这样，玛丽亚·特蕾莎和儿子约瑟夫二世承继腓特烈大帝征服西里西亚时开创的领土扩张的先河，也开始对土地进行瓜分和占领。在瓜分和占领土地这些事情上，约瑟夫二世与腓特烈大帝有着相同的原则。1777年，巴伐利亚选帝侯、维特尔斯巴赫家族最后一位成员马克西米利安三世·约瑟夫去世。约瑟夫二世向各选帝侯提出一项主张①，并决心在必要时以武力来维持这一主张。巴伐利亚的合法继承人，即巴拉丁选帝侯卡尔·特奥多尔受到奥地利大公国的威胁，惊恐万分，便同意签署了一项条约，而这项条约只给他留下不到一半的巴伐利亚土地。

腓特烈大帝害怕奥地利大公国的扩张，便率军攻入波希米亚。这场战争②无力地进行着，并无什么军事重要性。奥地利人将这场战争称为"李子大战"，德意志人称其为"马铃薯战争"。而习惯了军事大战的恩斯特·吉迪恩·冯·劳登则对这场"政治野兽战争"抱怨不已。1779年，法兰西王国和俄罗斯帝国的调解促成了《泰申条约》的签订。根据该条约，玛丽亚·特蕾莎只保留巴伐利亚的因河地区。签订《泰申条约》是玛丽亚·特蕾莎在位期间的最后一项外交行动。不久，1780年，玛丽亚·特蕾莎驾崩，留下了一个比她在位前面积更大、实力更强的奥地利。

---

① 此处指在马克西米利安三世·约瑟夫去世后，约瑟夫二世利用巴伐利亚选帝侯继承问题的机会，试图用部分的南尼德兰来交换下巴伐利亚，以扩大奥地利的势力。——译者注
② 此处指巴伐利亚王位继承战争（1778—1779），是普鲁士与奥地利因巴伐利亚王位继承问题而爆发的战争。战争时，双方都忙着在波希米亚收割马铃薯，因此，这场战争又叫"马铃薯战争"。——译者注

第 21 章

玛丽亚·特蕾莎统治时期的奥地利

（1740 年到 1780 年）

玛丽亚·特蕾莎统治时期，已遭受残酷考验的波希米亚再次成为充满忌妒之心的各盟国对抗哈布斯堡王朝的战场。1741年，巴伐利亚选帝侯查理七世率军来到布拉格，并召集了波希米亚各领主。大约四百名贵族和骑士在圣维特大教堂宣誓效忠查理七世，虽然这些贵族和骑士的土地已被查理七世的军队占领。波希米亚人没什么理由依附于哈布斯堡王朝，他们也不在乎统治者的更迭。只有波希米亚王国的官员逃离布拉格，选择继续效忠玛丽亚·特蕾莎。查理七世成立了一个临时政府，在慕尼黑设立了波希米亚宫廷，并召开了一次议会，以商讨为战争提供战资问题。此后，查理七世回到德意志，把格拉茨割让给腓特烈大帝。玛丽亚·特蕾莎不得不同意这次割让。后来，夏尔·路易·奥古斯特·富凯元帅统治下的波希米亚被法兰西人入侵，布拉格也被法兰西人占领。直到1743年4月，玛丽亚·特蕾莎才夺回布拉格，从奥洛穆茨大主教手中接过王冠。为了避免波希米亚王冠将来落在外来者的头上，也为了尽可能抹去王冠曾被法兰西王国占有的历史记忆，王冠被带到了维也纳。

割让西里西亚使波希米亚王国失去了三分之一的领土。波希米亚做出的牺牲还不止这些：波希米亚议会放弃了对军队管理和维系的所有控制权；同意人们可向维也纳提出上诉；波希米亚的法院应并入奥地利最高法院，波希米亚的刑法应当与奥地利其他领地的刑法统一。奥洛穆茨的大主教辖区建立了起来，摩拉维亚通过这种方式摆脱了布拉格的精神枷锁。德语作为行政和教学的唯一官方语言被引入所有政府机构和学校。这些都是对波希米亚民族的沉重打击。然而，玛丽亚·特蕾莎因1773年颁布的一部关于强制劳动的法令在波希米亚获得了一些声望。农民并不理解这一法令，以为玛丽亚·特蕾莎免除了他们的一切劳役，但女王的官员向他们隐瞒了真相。农民成群结队地到布拉格去确认王室文件，沿途所到之处，烧毁并洗劫了许多城堡。因此，玛丽亚·特蕾莎需要一支庞大的军队来阻止这些农民。瓦利斯伯爵奥利维尔艰难地保护着布拉格。西里西亚失守后，玛丽亚·特蕾莎建造了两座堡垒，即"特蕾莎堡"和"约瑟夫堡"，以保护波希米亚免遭侵略。玛丽亚·特蕾莎统治时期的一次

瓦利斯伯爵奥利维尔

人口普查显示，波希米亚王国中男性人数为一百二十万，这意味着该国总人口约为二百五十万，而三十年战争刚刚结束时，该国男性总人数仅为八十万。

"我们已经看到，奥地利哈布斯堡王朝从未停止对匈牙利贵族的压迫。他们不知道这群贵族未来对王朝会有多大价值。奥地利缺乏资金，于是向这群贵族寻求资助，却未找到任何愿意资助的人。当一群诸侯瓜分匈牙利贵族的领土，当君主统治下的各省陷于沉寂，毫无生机时，匈牙利贵族剩下的就只有贵族气质了。这些贵族变得义愤填膺，为了战斗而忘记了一切，认为宽恕和为伤害过这种贵族气质的人牺牲是他们最大的光荣。"孟德斯鸠的这些话简单明了地展现了匈牙利人对玛丽亚·特蕾莎的忠诚在整个欧洲引起的钦佩之情。不了解匈牙利人性情的人在这种忠诚中看到的只是一种骑士精神的表达，但匈牙利人不仅仅是骑士，还是立法者。那些与著名话语"让我们为我们的国王玛丽亚·特蕾莎而死"有关的传奇和引人入胜的插曲则须细细解读。

查理六世并不满足于匈牙利王国承认女儿玛丽亚·特蕾莎为王位继承人。他希望女婿洛林公爵弗朗茨·斯蒂芬能与匈牙利民族建立更密切的关系。因此，1732年，查理六世将皇家将军的头衔授予弗朗茨·斯蒂芬。对此，匈牙利人非常眼红，怕查理六世将匈牙利与其他各世袭省视为一体。查理六世驾崩后，继承人玛丽亚·特蕾莎迟迟未被加冕。如果弗朗茨·斯蒂芬和妻子玛丽亚·特蕾莎能共同登上匈牙利王位，并且如果弗朗茨·约瑟夫能当选神圣罗马帝国皇帝（这一点已经很明显了），匈牙利王国将会成为神圣罗马帝国的附属国。相反，如果圣斯蒂芬王冠只属于玛丽亚·特蕾莎，那么匈牙利王国的历史个性将很有可能得以保留。查理六世驾崩后，玛丽亚·特蕾莎将将军之职全权托付给弗朗索瓦-尤金亲王的战友约翰·帕尔菲，承诺会尊重匈牙利王国的自由，并立即召开议会。实际上，此次议会在1741年5月18日就开始了。会上匈牙利人展开激烈辩论，对新女王的丈夫应与女王共同治理匈牙利王国这一想法，大多数匈牙利人表示强烈反对。几天后，玛丽亚·特蕾莎在维也纳接见了匈牙利使团。匈牙利使团祝贺她召开议会，祝贺她登上王位及她第一个儿子，即未来的约瑟夫二世诞生。匈牙利使团再次得到玛丽亚·特蕾莎的承诺，即匈牙利王国的特权将会被尊重，并且她很快就会去普雷斯堡。1741年7月19日，玛丽亚·特蕾莎登上一艘用红、白、绿色装饰带有匈牙利民族色彩的小船航行在多瑙河上。当她到达匈牙利边境时，听到有人大喊一声："女王万岁！""女王"这个称呼是匈牙利人授予唯一一位在她之前统治匈牙利的女性的称号。1741年7月21日，在普雷斯堡城堡，玛丽亚·特蕾莎接受了匈牙利议会的献礼，并在一次拉丁语演讲中重申她对约翰·帕尔菲的承诺。玛丽亚·特蕾莎答应保留匈牙利王国的权力和特权，但《金玺诏书》第三十一条法案除外，因为该条法案承认了发动起义的权力、摆脱匈牙利神圣王冠的权力及更新《国事诏书》所有条款的权力。

匈牙利议会对年轻的玛丽亚·特蕾莎很有好感。玛丽亚·特蕾莎举止优雅，甚至能使最凶猛的人变得温和。但还是小心翼翼为好，免得牺牲了匈牙利王国的任何特权。匈牙利议会要求免除贵族的税务，应向农民征税，而非按土地征税；特兰西瓦尼亚不应与匈牙利分割开来，只有匈牙利人才能掌握特兰西瓦尼亚政权。匈牙利议会对上述问题的讨论非常激烈。匈牙利议会选举对玛丽亚·特蕾莎忠心耿耿的约翰·帕尔菲为巴拉丁伯爵。约翰·帕尔菲说服了最难搞定的议员及匈牙利议会，先将那些悬而未决的问题搁置一边，待女王加冕后再行决定。加冕仪式向来能激起匈牙利人的满腔热情，因为匈牙利人极其渴望拥有自己的主权，并且非常渴望拥有本国的神圣王冠。于是，加冕仪式就在一种异乎寻常的兴奋中开始了。一位年轻美丽的君主，头戴世袭王冠，登上一辆红艳如火的战车，把圣斯蒂芬的剑从"国王山"山顶挥舞到世界的各个角落。

一位英国目击者写道："她是欧洲最美丽的女人之一……她体态优雅，神态威严，满眼温柔，灵动至极。她刚生下一个儿子，面容娇嫩，增添了新的魅力。她周身散发着迷人的气质。当人们回忆这位君主在匈牙利人心中激起的激情时，就应该永远铭记这如画的面容。这样说一点也不算恭维。"

然而，加冕典礼后，争执再次出现。即使是玛丽亚·特蕾莎"幸福登基"

匈牙利女王玛丽亚·特蕾莎

时收到的那十万弗罗林也成了讨价还价的对象。匈牙利人追求庄严的仪式，这点在加冕仪式的诸多细节中都有所体现，这赢得了年轻女王的眼泪。1741年9月13日，被同时代人夸大的戏剧性事件[①]的第一幕发生了。玛丽亚·特蕾莎身着丧服，头戴王冠，腰间挎着圣斯蒂芬宝剑，在普雷斯堡城堡召开了两次议会。大臣包贾尼·拉约什指出，玛丽亚·特蕾莎和匈牙利处境危险，正面临威胁。之后，玛丽亚·特蕾莎在一篇简短的拉丁语演讲中，呼吁议会要保障她、她的孩子及王冠的安全。她梨花带雨地诉说着，情绪激动，但尽量克制自己的情感。大主教经常被这种用"生命与鲜血"发出的呼喊声打断，并不断回应这种呼喊，而这又让这种情绪更具感染力。于是，大主教立即决定征兵十万。同时，匈牙利

弗朗茨·斯蒂芬

[①] 1740年查理六世皇帝驾崩后，玛丽亚·特蕾莎依照诏书的规定成为奥地利首位女大公，但德意志诸侯群起而攻之，奥地利王位继承战争就此爆发。此处指为赢得匈牙利的支持，玛丽亚·特蕾莎用情感打动匈牙利人。——译者注

议会同意玛丽亚·特蕾莎的丈夫弗朗茨·斯蒂芬成为匈牙利王国的共同摄政王。1741年9月21日，弗朗茨·斯蒂芬登基宣誓，并承诺会把自己的鲜血和生命献给玛丽亚·特蕾莎和匈牙利王国。此时，玛丽亚·特蕾莎带着年幼的儿子去了各领地。人们开始欢呼庆祝——"我们愿为我们的君主玛丽亚·特蕾莎而死！"这绝不是骑士情感的突然爆发，而是经过了长期协商及君主对人们情感的巧妙召唤所引发的表现。这些人当时全部被蒙骗了，只看到了瞬间场景，却对过往发生的一切一无所知。

1741年10月29日结束的匈牙利议会几乎一直在维护匈牙利王国的利益。玛丽亚·特蕾莎同意了匈牙利议会提出的所有合情合理的要求。玛丽亚·特蕾莎同意镇压匈牙利一些军事边界的叛乱，并以做出的这些让步来换取她继续战争所需要的援助。匈牙利人的热情并没有随当时激发他们这种热情的情境消失。玛丽亚·特蕾莎感谢匈牙利人提供了一些最好的军队：弗朗茨·冯·德尔·特伦克男爵率领的塞尔维亚人和克罗地亚人英勇善战、不择手段，赢得了传奇般的名声。这些残暴的"潘杜尔[①]"，习惯与土耳其人作战，在频繁与亚洲游牧部落的接触中习得了半野蛮式的习性，现在突然被带到文明的欧洲。匈牙利人对玛丽亚·特蕾莎的献身精神在许多战争中都有所体现。匈牙利骑兵深入柏林，甚至直抵阿尔萨斯。腓特烈大帝带着普鲁士人的野心及机敏，企图通过唤起匈牙利人对过往起义和勃兰登堡所做贡献的记忆，来破坏匈牙利人对玛丽亚·特蕾莎的忠诚，但他的努力失败了。

匈牙利大贵族和维也纳宫廷之间的交流在彼此间形成了一种前所未有的关系纽带。匈牙利大贵族在维也纳、申布伦和拉克森堡的宫殿里勤勤恳恳地侍候。在与波希米亚和奥地利贵族的接触及玛丽亚·特蕾莎的影响下，匈牙利大贵族放弃了自己珍爱的民族服装，养成了说德语的习惯，并开始渴望诸如诸侯、伯爵或男爵的外国头衔。也就在这时，维也纳成立了圣斯蒂芬骑士团以

---

① 潘杜尔，18世纪出现的一种轻步兵，作战勇猛，参加了奥地利王位继承战争和西里西亚战争等。——译者注

保卫匈牙利人。一些巧妙的婚姻安排和精心设计的诱人体制让匈牙利大贵族逐渐德意志化。但匈牙利小贵族，即地主士绅仍未受到侵蚀，在下层议会讨论中，在各郡议会上，这些小贵族继续不屈不挠地捍卫匈牙利王国的特权。玛丽亚·特蕾莎和匈牙利议会的争议主要集中在两个基本问题上：农民状况和军事边界的构成。在匈牙利，农民是土地的奴隶。18世纪，当时的泛爱思想，特别是再加上匈牙利王国的财政状况都要求废除农奴制。玛丽亚·特蕾莎要求改革匈牙利王国的旧体制，但贵族控诉德意志人管理严格，控诉摄政议会、军事指挥官的权力及使用各领地议会这一名称。"各领地议会"可能是专门用于指代匈牙利议会的，但并未使用"王国议会"来指代匈牙利议会。然而，尽管遭到反对，玛丽亚·特蕾莎还是颁布了一项规范农民生活的法令，并不遗余力地使这一法令得以执行。直到1832年，这项法令仍是土地的基本法。根据该法令，农民此后可以自由地从一个地方迁移到另一个地方，并且可以随自己的意愿抚养子女，而所有涉及自身的法律案件将来都要在各郡法庭上接受审理。贵族极不情愿地接受了这一给予农民更多自由的法令，不过在匈牙利军事边界争议问题上得到了一些补偿。

维也纳宫廷的旧制度旨在使匈牙利的边疆土地与匈牙利完全分离。据说，这些边疆土地是神圣罗马帝国军队从土耳其人的统治下解放出来的，因此归神圣罗马帝国皇帝所有。此外，这些匈牙利的外来者，即边疆土地的斯拉夫人，并不急于与匈牙利人融合。他们宁愿履行服兵役的义务，也不愿沦为匈牙利各郡压迫下的塞尔维亚农奴。此外，他们还享有某些特权，如举行集会、选择自己主教的权利等。尽管如此，玛丽亚·特蕾莎还是不得不满足匈牙利人的要求，并在1750年同意镇压蒂萨河和穆列什河边境叛乱。由此造成的后果就是，十万塞尔维亚人离开了匈牙利，到俄罗斯定居。此次流亡中，奥地利属匈牙利军队损失了一些优秀的士兵，而那些留下来的边境士兵则在1755年发动了起义。1776年，塞尔维亚人仍不被允许在维也纳设立机构来维护自身利益，因此，塞尔维亚人再次向匈牙利人妥协。1779年，穆列什河、蒂萨河、多瑙河和喀尔巴阡山脉之间的所有领土都被并入匈牙利王国，成了匈牙利王国的三个县。就这样，匈牙利王国逐渐收复了维也纳从自己手中夺走的领土。

1765年，玛丽亚·特蕾莎与儿子约瑟夫二世共同执政，并授予儿子共同摄政者的头衔。约瑟夫二世的哲学思想似乎激发了匈牙利王国不久后决定实施的一些政策，比如打压庇护权、禁止托钵僧行使圣职权、协助公众教学并大量创办乡村学校。直到现在，匈牙利人还在感激约瑟夫二世将阜姆交给他们。阜姆之前由的里雅斯特管辖，当时阜姆要合并到克罗地亚还是应归属匈牙利本土仍是一个有争议的问题。虽然克罗地亚人极力要求要占有阜姆，但维也纳政府最终决定，该城属于匈牙利。

玛丽亚·特蕾莎驾崩时，匈牙利王国一片繁荣。然而，从民族观点来看，匈牙利王国实力不及从前，因为大部分古老的权力已丧失，而这些权力正是爱国者所珍视的。按照《金玺诏书》相关条款，匈牙利议会应每年举行一次，但在玛丽亚·特蕾莎统治期间，议会只召开了三次。

在奥地利各世袭省及波希米亚和巴伐利亚选帝侯国，玛丽亚·特蕾莎热切地致力于树立诸侯权威并削弱各领主的权势。到20世纪，在奥地利各省，几乎所有的行政权都掌握在高级教士、领主和骑士手中，一些特权城镇也享有行政权。司法权由城镇或领主行使。奥地利各邦国道路状况一塌糊涂；政府也没有建立任何正规的民兵体系。玛丽亚·特蕾莎统治期间，政府开始干预教堂和学校，并试图使城镇居民在今后获得从未有过的地位。玛丽亚·特蕾莎登基后保留了父亲查理六世的一些主要顾问，但在《第二亚琛和约》签订后，便任命克里斯蒂安·格拉夫·冯·豪格维茨为大臣。克里斯蒂安·格拉夫·冯·豪格维茨为她做出了很大贡献。霍泰克受托负责财政改革，而文策尔·安东则负责外交事务。为加强奥地利政府的权力，玛丽亚·特蕾莎采取了以下一些措施：剥夺议会对某些间接税，如盐税、烟草税和印花纸税的表决权；各领主必须向维也纳的财务部提交预算；剥夺授予皇家将军的所有政治权力；农民的劳役费和债务被缩减。奥地利、波希米亚、匈牙利和特兰西瓦尼亚的法院之间的行政分工被废除；1749年5月14日的一份公开文件将司法权与政府的立法和行政职能分离，并下令奥地利和波希米亚两个大法官法庭合并为一个最高权力机构。该机构最初被称为内政管理部，后被称为帝国和宫廷联合法院。这样一来，玛丽亚·特蕾莎就迈出了专制主义的第一步，促成了后来内莱塔尼亚议会制的有效形成。1760年，玛丽亚·特蕾莎还设立了国务议会，其职责是负责监督整个政府。在省议会的常设议会中，行政权力逐渐被撤除，并授予君主代表，而各领主只能在为王室提出的措施进行表决时召开议会。奥地利皇家官员可在奥地利各邦国任职，而此前是不允许这些官员在各邦国任职的。现在，这些官员成了主要权力的代表，必须保护农民不受领主伤害。

除匈牙利之外，奥地利其他领地的农民（不再是农奴）几乎完全依赖于领主。农民不是土地的所有者，只拥有土地的使用权；不经领主同意，农民不得离开领地去结婚，也不能让孩子从事别的行业，只能让他们从事体力劳动；这些农民就像"机械劳役工"一样还要为领主提供不计其数的服务。玛丽亚·特蕾莎开始改善农民生活状况。为了规范土地税，她下令重新进行土地调查，并限制各领主享有的免税权。这些措施不仅能满足国库的需求，也迎合了当时盛行的人道主义思想。

除蒂罗尔、戈里察、格拉迪斯卡和的里雅斯特之外，这些措施也适用于内莱塔尼亚各州，因为封地体制从未在内莱塔尼亚各州深深扎根。玛丽亚·特蕾莎的政策是削弱贵族势力，改善农民的生活状况；吸引大领主来维也纳以削弱其影响力；统一各领地贵族以使奥地利统一。

奥地利的市政体系改革遇到了很大困难。直到18世纪中期，奥地利各领地的市政体系构成都存在很大差别。有些领地依靠世俗领主，有些领地依靠教会领主，而另外一些，尤其是城市和城镇，则直接处于君主的管辖之下。一些领地几乎完全享有自由，另一些则不断受领主或君主指派的统治者的残暴统治和压迫。有些城镇甚至拥有议会代表权，但这些城镇的议会构成与意大利的议会构成存在很大差别。在奥地利，市政府是贵族政府，而在意大利，市政府是纯粹的民主政府；奥地利的市政官员是世袭的，而意大利的市政官员则由选举产生。中世纪的机构，例如，行会，依然大量存在；意大利有城镇议员、"郊区议员""大议员"和"小议员"；而那些受意大利影响的城镇，如的里雅斯特和戈里察，仍存在贵族阶层或世袭贵族。1748年后，这些旧机制才开始逐渐消失。1776年通过的一项法令宣称贸易自由攻击了公司和行会的根基。司法权交由一个裁判署法庭，裁判署法庭取代了地方法院。

18世纪中期，奥地利的土地法只包括一些规定的权利和当地法规，而这些规定的权利和当地法规存在的不足则由民法或罗马法和教规法补充，而在某些省，这些不足则由皇家法令进行补充。总的来说，土地法的基本原则就是每个公民都应由属于同一阶层的人进行审判。神职人员、大学生、贵族、政府官员、市民、农民和犹太人都有自己的特别法庭。在城镇，领主和地方法官则没有自己的审判法庭。惩罚方式依然野蛮。当时，最时兴的惩罚有烙印、肢解、车轮刑和木桩刑，这些可怕的惩罚常常是由无知和迷信的审判官裁决。民事诉讼无限期地拖延，并且往往毫无结果。1753年，玛丽亚·特蕾莎决心在奥地利各省实现法律统一。她花了许多年进行法律编纂工作。1767年，由玛丽亚·特蕾莎钦定的委员会出版了八卷本《玛丽亚·特蕾莎法典》。之后，《玛丽亚·特蕾莎法典》几经删减，新版本的第一卷于1776年出版。1768年，《特蕾莎刑法典》颁布。该法典保留了中世纪的野蛮刑罚，承认酷刑，并对亵渎神明的行为进行惩罚。直到1777年，酷刑才最终被废除。巫术文化虽然没有完全被压制，但至少在很大程度上得到了控制。按照1749年发布的一份文件，司法管理从各领地司法职能中分离出来，除匈牙利外，奥地利所有领地都任命了一名司法大臣。必须承认，奥地利的其中一些值得称赞的改革具有18世纪的乌托邦特征，例如，所谓的贞节议会，其职责是防止非法恋情。

玛丽亚·特蕾莎尽管是一名虔诚的天主教教徒，但从未为了教会而牺牲过国家利益。玛丽亚·特蕾莎限制教士频繁实施的教会惩罚措施；禁止各宗教团体把金钱运往国外；禁止教皇使者到她的各个领地，并禁止主教直接与罗马教廷联系。她还禁止神父协助立遗嘱事宜。1773年，就如在其他国家发生的情况一样，耶稣会在奥地利遭到压制。到1740年，公共教育完全由神职人员控制，小学已几乎不存在，而高等学校的教学质量非常糟糕。与法兰西王国乃至神圣罗马帝国相比，奥地利大公国在教育方面处于劣势。为了改善这种状况，玛丽亚·特蕾莎的委任外国人格哈德·范·斯威登来进行教育改革。格哈德·范·斯威登是维也纳大学的荷兰籍医学教授、玛丽亚·特蕾莎的医生，也是负责新闻审查的反动议会主席。学校由政府管理。1749年，奥地利通过了一项法律，规定政府单独享有选择维也纳大学教授的权力。不久，属于耶稣会士和皮亚里斯特的学校也归政府管理。1740年9月24日的一项国家议案中包含以下内容："组办学校永远是国家的事情。"政府过分滥用这一议案，造成了

格哈德·范·斯威登

重大后果。大学并不对所有人开放,没有政府批准,任何人都不能出国留学。神学作品甚至也要提交给政府审查。这种审查非常严格,并且与教会的审查一样令人无法容忍。该国家议案甚至禁止人们阅读尼可罗·马基亚维利的经典作品。玛丽亚·特蕾莎在位期间,为年轻贵族创建了大量学校,其中包括现在仍存在的特蕾莎军事学院。

1766年,奥地利成立了教育议会和新闻审查议会。压制耶稣会会士对教育产生了非常大的影响,但起初,大多数教授还是会从前耶稣会会士中挑选,因为其他教师的数量并不充足。1775年颁布的一部新教育法典到1850年还依然有效。

玛丽亚·特蕾莎最值得称道的功绩就是创办小学。1770年以前,所谓的初等教育并不存在,所有的教育都依赖于教会。1770年5月,第一所师范学校在维也纳开办,同年颁布的一项皇家法令规定校长不受控于神父。耶稣会受到压制,财产亦被没收。这使政府掌握了充足的资金,以便把许多古典学校变成小学。1774年,西里西亚著名教师约翰·伊格纳茨·冯·费尔宾格被聘请到维也纳,推广好的教学方法。与此同时,高等教育,特别是维也纳大学的教学工作迅速发展,医学院和法学院在欧洲遥遥领先。奥地利的文学并没有多大发展,诗歌创作依然停滞不前和艰涩难懂。在建筑和雕塑中占主导地位的洛可可风格,在维也纳的意大利雕塑家安东尼奥·卡诺瓦身上得到充分体现。奥地利唯一擅长的伟大艺术是音乐。在格吕克、弗朗茨·约瑟夫·海顿和沃尔夫冈·阿玛多伊斯·莫扎特的指引下,奥地利的音乐得到前所未有的发展。此外,他们谱写的曲子还清楚地反映他们深受本民族文化的影响。这些作品将意大利人明亮的律调、德意志人的深沉和斯拉夫人的忧郁结合。

玛丽亚·特蕾莎的丈夫弗朗茨一世一心投入财政管理中,并得到了波希米亚贵族霍泰克的帮助。霍泰克对财政问题了如指掌,他认为首要任务是减少宫廷开支。玛丽亚·特蕾莎继位时,奥地利国库已耗竭。据说,年轻的玛丽亚·特蕾莎只找到了八万七千泰勒①。霍泰克采取的首要措施之一就是向领地征税，然后是对个人征税。这一政策影响了所有人，上到缴纳六百弗罗林的诸侯，下到缴纳四个弗罗林的女仆。所有免税条款都被废除。

霍泰克也是第一个提出可以将的里雅斯特用作奥地利商业海港的人。在其带领下，的里雅斯特迅速发展起来。荷兰人、那不勒斯人和希腊人在这里建立商行，并在此与奥地利人进行商业贸易。1763年，奥地利拥有了十二艘大型船与印度进行贸易往来，其中一艘船于1776年占领了尼科巴群岛。每年有六千艘船光顾的里雅斯特。奥地利在大西洋和地中海沿岸设立了二十四个领事馆，意大利有七个，欧洲和亚洲有十三个，拉古萨有一个，亚历山大有一个，的黎波里有一个，里斯本有一个。1754年，东方学院②在维也纳成立，为政府提供精明能干和受过良好教育的人担任领事。1766年成立的贸易议会为商业发展做出了很大贡献，尤其是使摩拉维亚的布料广受欢迎。

奥地利的道路状况和运河系统得到改善，关税逐渐减少或废除。邮政体系也进一步完善。霍泰克设立了一个储备基金，以应付意外情况，并通过按时支付公债利息提高了奥地利的信誉。查理六世统治时期，奥地利公共收入还不到三千万弗罗林；到1773年，这一数字几乎达到了五千六百万，到玛丽亚·特蕾莎驾崩时，这一数字超过了八千万。标署日期为1751年的一份文件规定博彩业重整，到玛丽亚·特蕾莎驾崩后，博彩业带来了不少于八十万弗罗林的收入。

中央政权体系也适用于军事和外交部门。然而，每个省都保留了为特遣军队投票的权利。不算匈牙利提供的非正规军，奥地利军队总人数已增至十一万三千人。奥地利大公国还建立了军事学校，玛丽亚·特蕾莎特别关注士兵的福利问题。在奥地利王位继承战争期间，人们授予玛丽亚·特蕾莎一枚特

---

① 泰勒，神圣罗马帝国和哈布斯堡王朝统治时期，各邦国和领地铸造的大型银币之一。——译者注
② 东方学院，1754年，由玛丽亚·特蕾莎成立，为哈布斯堡王室培养青年外交人才。由东方学院发展而来的先是领事学院，1964年又发展为维也纳国际关系学院，1996年成为独立的公共培训机构。——译者注

别奖章,上面刻有"伟大的母亲"。对玛丽亚·特蕾莎来说,这受之无愧。玛丽亚·特蕾莎进行的一些改革借鉴了普鲁士王国的制度,如随时调遣军队,并引进工程兵和矿工队。利希滕施泰因大公指挥的炮兵团被认为是欧洲最好的炮兵团。1772年,波希米亚、奥地利、摩拉维亚、卡尼奥拉、卡林西亚和加利西亚引入了征兵制。在七年战争中,有不下二十万人征兵入伍。腓特烈大帝说:"一个有执行力的女人,真是巾帼不让须眉。"当时,奥地利海军由九艘军舰组成,配有十一门大炮,六艘战舰各有三十六门大炮。约瑟夫·冯·索尼费尔斯①写

约瑟夫·冯·索尼费尔斯

① 约瑟夫·冯·索尼费尔斯(1732—1817),奥地利法学家和小说家,奥地利光照派运动的领导者之一,也是莫扎特的密友和赞助人。——译者注

道:"玛丽亚·特蕾莎继位后,奥地利大公国既没有对他国产生影响,也没有内在的活力。没有竞争机制或鼓励措施来提拔人才;农业一片萧条,贸易规模很小,财政管理不善,没有信贷业务。然而,玛丽亚·特蕾莎驾崩后,留给继任者的是一个通过诸多改革而得到改善的国家。居民的规模、人口的增长和知识的发展均达到了一个较高的水平。"玛丽亚·特蕾莎比俄罗斯帝国的叶卡捷琳娜大帝更有资格获封"伟人"称号。

第 22 章

约瑟夫二世与约瑟夫主义

（1780 年到 1790 年）

约瑟夫二世四十岁继承王位。约瑟夫二世当了二十五年的神圣罗马帝国皇帝，从某种程度上说，是与母亲玛丽亚·特蕾莎共同摄政。他曾访问过俄罗斯帝国、法兰西王国和意大利各邦国，满腔热情地研究18世纪的哲学思想，并迫不及待地期待有一天能将这些思想应用于自己的统治。在当时的君主中，约瑟夫二世似乎在腓特烈大帝身上找到了一种理想。然而，玛丽亚·特蕾莎在世时，约瑟夫二世不得不隐藏自己的抱负。玛丽亚·特蕾莎的老宫廷和约瑟夫二世的新宫廷之间存在公开的对立。由于长期局限于纯理论领域，年轻的约瑟夫二世几乎没有意识到自己的思想在实际应用中会产生诸多困难。约瑟夫二世登基后，德利涅亲王夏尔-约瑟夫谈到他时说："他欲望很多，却永远难以满足；他统治期间，不断地想要尝试满足各种欲望。"法兰西王国立宪会议的大部分创新或改革都由约瑟夫二世率先发起，这一点让约瑟夫二世声誉颇佳。然而，法兰西王国存在单一的民族，人们思想开化，因此，要比在奥地利大公国这个多民族国家更容易实施强制性改革，更何况，如果没有法制的恐吓和拿破仑·波拿巴的专制统治，这些改革可能永远不会得到人们的认可。"哲学家"国王约瑟夫二世把人类看作是随时准备被随意移动的棋子，约瑟夫二世的乐趣就是拿这些一动不动的棋子做实验并对其加以改造。约瑟夫二世在执政期间尝试了许多改革,有些来得太超前,有些则为时已晚。太超前是因为大多数人思想还没准备好,无法接受君主希望给予他们的自由主义和宗教宽容的思想;为时已晚是因为奥地利不同民族的民族意识还未觉醒,而君主希望通过德意志化来实现对他们的教化。由于在军事事务管理方面受母亲玛丽亚·特蕾莎的管制,约瑟夫二世认为可以像管理一个军队那样去管理国家。约瑟夫二世最喜欢

约瑟夫二世

百科全书派①和法兰西王国经济学家的著作，尤其是重农学派②的作品，约瑟夫二世的目标是使哲学成为奥地利大公国的立法指导。然而，他在奥地利找不到这样的人来帮自己实现计划。约瑟夫二世确实找到了一些人，但这些人主要属于秘密组织共济会或光照派。在玛丽亚·特蕾莎的统治下，这些组织不得不躲在暗处。然而，在约瑟夫二世的统治下，这些组织被逐渐接纳，到1785年，共济会被正式认可。

约瑟夫二世的计划很简单。可以用下面的准则来概括：摧毁一切与他的哲学学说不相符的事物，而无须考虑历史和宗教传统。约瑟夫二世最热切的愿望是统一统治的各民族之间的语言。一位匈牙利贵族反对将德语引入匈牙利，约瑟夫二世给其写信道："每一项提议都应基于无可辩驳的理由……德语是神圣罗马帝国的通用语言。我是神圣罗马帝国的皇帝。我拥有的各领地与我统治的国家构成了一个整体。如果匈牙利王国是我拥有的最重要的国家，那么我就应该毫不犹豫地让其他省都说匈牙利语。"

在与过去传统进行斗争过程中，一方面，约瑟夫二世发现了宗教传统和信仰；另一方面，他发现了历史传统和民族意识，而这些都成了其进行改革的最大障碍。我们将看到约瑟夫二世是如何唤起波希米亚人和匈牙利人的爱国情怀的——20世纪，我们仍能感受到这种爱国情怀。尽管如此，在反对教皇绝对权力的斗争中，约瑟夫二世并非总能赢得人们的支持。

统治之初，约瑟夫二世就向罗马教廷和宗教团体宣战。在一封写给罗马枢机主教赫尔赞的信中，约瑟夫二世说道："我们必须削弱乌理玛③的影响，我

---

① 百科全书派，是指18世纪法兰西一部分启蒙思想家在编纂《百科全书》（全称为《百科全书，或科学、艺术和工艺详解词典》）过程中以德尼·狄德罗为核心形成的一个学术团体。——译者注
② 重农学派，指以国家财富的根本来源为土地生产及土地发展的经济理论为主的经济学家。以法兰西的弗朗索瓦·魁奈和杜尔哥为主要代表。——译者注
③ 乌理玛，阿拉伯语原义为学者，是伊斯兰教学者的总称。任何一位了解古兰经注学、圣训学、教义学、教法学，与有系统的宗教知识的学者，都可被称为乌理玛。它被用来泛指伊斯兰教中所有的知识分子，包括阿訇、毛拉、伊玛目等。——译者注

鄙视迷信和撒都该人①；我必须把我的子民从中解放出来，禁欲主义原则是完全有悖于人类理性的。"约瑟夫二世曾给萨尔茨堡大主教写信道："修士是一个国家最危险并且最无用的臣民。"按照这些思想，约瑟夫二世将原先罗马教廷拥有的婚姻准予权转移给奥地利主教；禁止宗教人员承认视在外国土地上居住的任何人为领袖；未经神圣罗马帝国批准不准出版教皇诏书；教皇的两部诏书《主的晚餐》和《独生子》，其教义界定了教皇的特权；教皇的头衔由罗马法院授予；去罗马的年轻人要先在德意志学院学习，但学费要送交罗马。

这些措施是在约瑟夫二世执政的第一年颁布的。1781年，约瑟夫二世开始整治修道院。他查禁了六百多家沉浸于冥想的修道院，并下令将这些修道院用于慈善事业。约瑟夫二世把修道院里的东西以低价售卖，甚至连艺术品和圣物也不例外。奥地利的修士原有约为六万三千人，后来已减少到两万人。这些修士被严格禁止与外国保持任何联系。约瑟夫二世甚至规定了公众祭拜的细节，禁止在教堂内摆放还愿祭品，每次弥撒诵读只能进行一遍，并禁止在特赦或组织朝圣活动时专设祭坛。约瑟夫二世还禁止使用金属烛台和木制棺材，并宣称一块简单的床单就足以埋葬死者。这两条禁令源于约瑟夫二世的经济理念：他坚持认为，浪费这么多银、铜和木头是没用的。

1781年颁布的《宽容法令》允许路德派、加尔文主义者和非东仪天主教教会信徒的希腊人信奉各自的宗教。这些人被批准有权拥有学校和教堂，但学校和教堂不得有阁楼，不能装有铃铛，也不能安装通往公共道路的大门。匈牙利和特兰西瓦尼亚除外，因为这里存在一定的信仰自由。不同教派的教徒被授予获得财产和担任公职的权利。犹太人的处境得到了改善，被允许进入大学学习医学。一个半多世纪以来，宗教容忍在奥地利是完全不存在的，但现在《宽容法令》一经被宣布，胡斯信徒、饼酒同领派和波希米亚兄弟会教徒便立即在

---

① 撒都该人，古时犹太教一个以祭司长为中心的教派，形成于公元前2世纪、消失于1世纪左右。撒都该人否认灵魂不朽，据《新约》记载，他们在辩论耶稣的问题时，也否认圣灵和天使的存在。——译者注

波希米亚重现了。约瑟夫二世自有一套界定什么是宗教宽容的方式，并使其控制在官方规定范围内。约瑟夫二世在波希米亚成立了一个神灵派，并颁布了一项法令，其中一条规定如下："如果一名男子或一名女子以自然神论者①的身份出现在法庭的名单上，那么这个人就必须被立即棒打二十四下，不是因为他是自然神论者，而是因为他装出一副一无所知的样子。"这种宗教自由的观念与彼得大帝②的思想非常接近。然而，这些不算完整又荒谬的措施对天主教造成了沉重一击。维也纳和佩斯大主教同普通神职人员一样进行了强烈抗议。教皇庇护六世相信自己能解决这场威胁奥地利天主教教会的危险，因此，便贸然前

教皇庇护六世

---

① 自然神论，17到18世纪的英国和18世纪的法国出现的一个哲学观点，主要是回应牛顿力学对传统神学世界观的冲击。自然神论认为虽然上帝创造了宇宙和它存在的规则，但此后上帝并不再对这个世界的发展产生影响。自然神论者推崇理性原则，把上帝解释为非人格的始因的宗教哲学理论。——译者注
② 即彼得一世·阿列克谢耶维奇·罗曼诺夫（1672—1725）。在位期间力行改革，使俄罗斯帝国现代化，定都圣彼得堡，人称彼得大帝。——译者注

往维也纳。然而，教皇庇护六世一到维也纳就被关进了皇家城堡，被当作囚犯而不是客人对待，甚至不得与奥地利主教交流。教皇庇护六世尽管受到维也纳人的尊敬，但完全没有打消约瑟夫二世的疑心。

教皇庇护六世离开后，约瑟夫二世更是信心倍增，重新发起反对宗教团体的运动。约瑟夫二世查禁了所有的修道院，甚至包括三位一体修道院；三位一体修道院的任务是从野蛮民族手中赎回俘虏。约瑟夫二世说，他不会允许金钱流往国外——他已通过条约和设立领事保障臣民的利益。1783年1月颁布的有关婚姻的法令对教会更是沉重一击。该法令使婚姻成为纯粹的公民契约，并允许离婚。约瑟夫二世还剥夺了所有外国主教在奥地利的地产，并将这些地产并入自己的领地。与此同时，约瑟夫二世还迫使奥地利主教交出所有与国外权贵进行交易所得的财产。约瑟夫二世利用这些所得，大大增加了乡村神

教皇庇护六世在维也纳与约瑟夫二世会面

父和小学的数量。不过，罗马教廷的持续抗议最终获得了一些成效。约瑟夫二世前往罗马，在一次与教皇庇护六世的会晤中，承诺会温和对待教会。

约瑟夫二世采取的这种政策被称为约瑟夫主义。此后，罗马天主教教会和现代德意志政府之间的文化斗争①持续了近一个世纪。大学就像他们长期依附的教堂一样遭到严格禁制。大学的财产被剥夺，成了国家机构。但约瑟夫二世本质上非常功利主义，除小学教育之外，对其他教育没有多大兴趣。不过，奥地利的许多慈善机构的建立都要归功于约瑟夫二世，如医院、医学院和外科学校。1783年，一所德意志大学在伦贝格建立，目的是将加利西亚德意志化。凡是能让约瑟夫二世感到痛恨的象征旧时代、旧体制的事物，都遭到无情的破坏。结果，布拉格的赫拉德坎尼城堡的宫殿变成了骑兵兵营，装饰宫殿的艺术品都直接被遗弃、劫掠。约瑟夫二世的经纪人起草了一份艺术品清单，将提香·韦切利奥的《勒达》描述为"画作，一个被大雁咬伤的裸体女人"。约瑟夫二世实施的大多数法律措施都让人想起宗教改革或法兰西大革命的残暴行径。

作为封建权力的敌人和一名热心的慈善家，约瑟夫二世废除了摩拉维亚、加利西亚和匈牙利的农奴制，并授予被解放的农奴拥有耕地所有权。地区官员的权力得到加强，以便能完全压制领主的权力。约瑟夫二世所做的一切都是为使波希米亚和匈牙利德意志化，并使它们成为奥地利的普通省。整个奥地利属地被划分为十三个自治区，每个自治区被细分为多个区，各由一个行政区长官领导。这十三个自治区是加利西亚、波希米亚、摩拉维亚和西里西亚、下奥地利、内奥地利（伊斯特里亚、卡林西亚和卡尼奥拉）、蒂罗尔、外奥地利（德意志西南部的属地）、特兰西瓦尼亚、匈牙利、克罗地亚、伦巴第、戈里察、格拉迪斯卡和的里雅斯特及奥属尼德兰。

约瑟夫二世不再召开议会，并限制了皇家城市的特权。每个城镇有一名市长，由两三个议员协助，这些议员实际上都是政府官员。约瑟夫二世满脑子都

---

① 1872年到1887年罗马天主教教会和德意志政府之间围绕教育和教职任命权进行的文化斗争。——译者注

是重农主义思想，彻底改革了税制。约瑟夫二世的理想是最终能对所有物品征收平均百分之四十的税以供国库使用。但在完成这项工作前，他只热衷于建立一项税收制度，该税收制度是根据土地收入进行计算的，土地收入以过去十年的平均收益来计算。约瑟夫二世下令将土地净产值的百分之三十上交国库，贵族和神职人员都不得免交税款。在此期间，约瑟夫二世还设立了两个税务议会，一个是为匈牙利王国设立的，另一个是为其他君主政体国家设立的。与此同时，约瑟夫二世还组织了一项政府调查，耗资巨大。

约瑟夫二世努力通过发展商业使人民致富，特别是使奥属尼德兰人致富，因为这里拥有极好的商船港口。值得注意的是，约瑟夫二世试图实现斯海尔德河航行自由，但因遭到荷兰和法兰西王国的联合抵制而失败。约瑟夫二世在多瑙河领域实现自由航行方面更加成功。匈牙利盛产小麦、葡萄酒和牛，这些产品的销售比以往获利更多。为把卡尔施塔特城和曾格、拜格连接起来，约瑟夫二世命人修了一条路，并以自己的名字将其命名为"约瑟夫大道"。亚得里亚海的港口，特别是阜姆港，也得到了发展。奥地利大公国与奥斯曼土耳其帝国关系友好，因此，约瑟夫二世把奥地利的船从巴巴里海盗的袭击中解救出来，并与摩洛哥、土耳其和俄罗斯缔结了贸易互惠条约。在缔结这些贸易互惠条约中，约瑟夫二世得到了贸易大臣尼古劳斯·青岑多夫[①]伯爵的帮助。尼古劳斯·青岑多夫曾做过里雅斯特总督。奥地利与黎凡特之间的贸易日益频繁，甚至也在印度建立了工厂。约瑟夫二世从海德·阿里[②]那里获得了尼科巴群岛的所有权。可以这么说，维也纳人连一双丝袜都不会织的时代已经过去。许多工厂在奥地利涌现。约瑟夫二世竭尽全力发展奥地利的工业，并限制进口商品。约瑟夫二世渴望其领地内的商人不再仅仅是"英格兰人、法兰西人和荷兰人的代表"。1784年的一项法律提出了一项全面保护制度，完全禁止商品进口。只允许

---

① 尼古劳斯·青岑多夫（1700—1760），德意志伯爵，宗教和社会改革家，摩拉维亚兄弟会主教，出生在德累斯顿，一生竭力在海外传播福音、宣教布道。——译者注
② 海德·阿里（1720—1782），印度南部迈索尔王国苏丹和真正的统治者。——译者注

个人携带食品，并且个人还需缴纳高额食品税，在许多情况下，纳税额可达食品价值的百分之六十。甚至连咸鱼的进口也被禁止了。为了树立好榜样，约瑟夫二世把酒窖里的外国酒都分发给各个医院。尽管国家严格实施这种全面保护制度，但还是出现了走私偷运和信息买卖人员。此外，还应注意的是大部分在这种全面保护制度下建立的工厂都是由外国人——瑞士人、法兰西人、英格兰人经营。这些外国人带走了奥地利数百万的商品，而这恰恰是约瑟夫二世尽力在其领地上保留的。

约瑟夫二世继续着玛丽亚·特蕾莎的立法工作。他颁布了一部民法典，成了《弗朗茨二世民法典》的基础。现在，奥地利领地内仍在使用《弗朗茨二世民法典》。约瑟夫二世颁布的刑法法典带有他的哲学思想的印记。为惩罚亵渎神明和行巫术的行为，玛丽亚·特蕾莎保留了残酷刑罚；而约瑟夫二世废除了这些残酷刑罚，并重组刑事法庭。死刑仅限于叛乱，巫术审判被废除。在某些方面，约瑟夫二世颁布的刑法法典还是很人道的：依然允许将囚犯进行三十年监禁，但要用链条将囚犯靠墙拴好。有些刑罚很荒谬，有些则非常残酷。不管来自哪个阶层的囚犯，都得被两两用铁链锁在一起，去清扫维也纳的街道，或者去拖拉从多瑙河航行来的船。

在外交事务方面，约瑟夫二世效仿腓特烈大帝，坚持奉行领土完整政策。因此，约瑟夫二世尽管对奥属尼德兰非常感兴趣，但深知对奥地利来说，奥属尼德兰是奥地利变软弱的根源，而非力量之源。1785年，约瑟夫二世计划用奥属尼德兰交换巴伐利亚，但被腓特烈大帝阻挠。腓特烈大帝联合神圣罗马帝国的主要诸侯，组成了一个联盟——"诸侯联盟"[①]，以抗击奥地利大公国在神圣罗马帝国的野心。1789年，奥属尼德兰爆发骚乱。由于厌倦了奥地利大公国的专制主义，奥属尼德兰各省纷纷宣布独立。这种专制主义既侵犯奥属尼德兰的自由，也攻击了狂热信奉天主教的民族所珍视的宗教机构。直到约瑟夫

---

① 诸侯联盟由普鲁士国王腓特烈大帝于1785年创建，腓特烈大帝联合神圣罗马帝国主要诸侯组成联盟以反对约瑟夫二世将巴伐利亚纳入哈布斯堡王朝领地。——译者注

二世死后，骚乱才被镇压。在对抗奥斯曼土耳其帝国方面，约瑟夫二世再次采取利奥波德一世和查理六世奉行的传统政策，与俄罗斯帝国结盟。1786年，在一次与叶卡捷琳娜大帝的会晤中，约瑟夫二世与女皇制定了一项计划，要将土耳其人驱逐出欧洲，并将其土地分割给法兰西王国、英格兰王国、奥地利大公国、西班牙王国和俄罗斯帝国。土耳其和俄罗斯爆发战争后，约瑟夫二世毫不犹豫地加入了战争。约瑟夫二世派军队对抗土耳其人是"为了收复那些在不幸情况下脱离奥地利大公国的土地"，他已下定决心不让俄罗斯人成为土耳其这片废墟的唯一继承人。在写给腓特烈大帝的一封信中，约瑟夫二世宣布要把征服之地德意志化。

大约在此时，巴尔干半岛人民开始振作起来，梦想获得曾经拥有的独立。塞尔维亚革命即将到来的迹象出现了。塞尔维亚民族的诗人多西特基·奥布拉

多西特基·奥布拉多维奇

多维奇热烈欢迎奥地利军队，其诗作《解放塞尔维亚》的卷首插画展现了约瑟夫二世正在解放南方斯拉夫人。"高贵的君主，约瑟夫大帝！"诗人喊道，"请把你的庇佑伸向塞尔维亚人吧。把你那仁慈的脸转向你祖先珍爱的人民，转向遭受无数受苦受难的塞尔维亚人和波斯尼亚人吧。世界的荣耀，显赫的君主！把波雅尔①还给保加利亚，把昔日的英雄还给塞尔维亚，把品达②还给希腊吧！"然而，多瑙河河畔基督教教徒解放的时刻还未到来，约瑟夫二世统治下的奥地利大公国也绝不是能完成此任的国家。奥地利大公国把基督教教徒德意志化也只能让人产生怀疑。尽管如此，约瑟夫二世还是为战争做了全面准备：组织步兵二十万四千五百万人，骑兵三万六千人。但这支庞大的军队兵力并不集中，而是分散在德涅斯特河和亚得里亚海之间。这支庞大军队由约瑟夫二世亲自指挥。然而，疾病和战争使四万五千名士兵死亡；病倒的约瑟夫二世

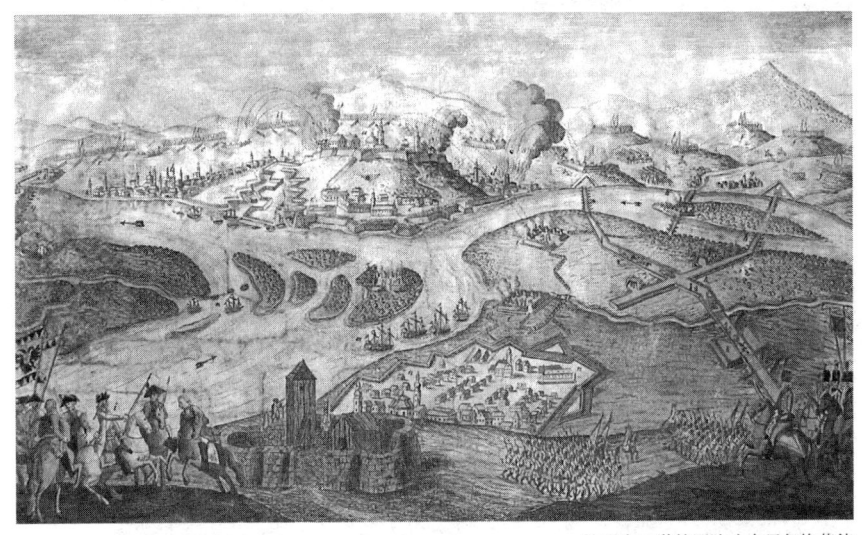

约瑟夫二世的军队攻占贝尔格莱德

---

① 波雅尔，指从10世纪到17世纪期间，保加利亚、俄罗斯、塞尔维亚、瓦拉契亚、摩尔达维亚和波罗的海的德意志贵族中地位最高的人，其地位仅次于统治者。——译者注
② 品达（约公元前518—公元前438），古希腊抒情诗人，被后世的学者认为是九大抒情诗人之首。此处指像品达一样有才的诗人。——译者注

也返回了维也纳。军队交由恩斯特·吉迪恩·冯·劳登指挥。他以极大的热情继续指挥作战,于1789年9月29日率军夺取了贝尔格莱德,并向波斯尼亚推进。

然而,胜利后不久,约瑟夫二世就病逝了。奥属尼德兰的反抗,再加上不得不对匈牙利王国妥协,导致约瑟夫二世那颗慷慨却不够坚定的心深受影响。约瑟夫二世曾对教皇庇护六世不敬,因此,在教皇庇护六世面前,约瑟夫二世不得不自我羞辱一番,以便促使教皇庇护六世劝导奥属尼德兰人再次归顺。约瑟夫二世恢复了匈牙利人被收回的特权,并把圣斯蒂芬王冠送到了佩斯。1790年2月20日,约瑟夫二世病逝,年仅四十九岁。据说他为自己写了这样的墓志铭:"这里躺着一位君主,他虽有纯洁的愿景,但终究一事无成。"

约瑟夫二世驾崩

"约瑟夫主义"一词一直保留在奥地利的语言中,用来表达约瑟夫二世努力提出的思想理念。然而,由于历史传统和宗教偏见,这些思想理念从未得到实施。不过,约瑟夫二世的兼爱和对人民的关爱体现在许多方面,足以使他名留青史。摩拉维亚的一个村庄里,在约瑟夫二世亲手执犁的地方,一座纪念碑依然矗立着,以展示他对农业的兴趣。即使在我们这个时代,农民还在颂扬他的事迹。约瑟夫二世驾崩多年后,人们都不愿相信他已离开。

匈牙利王国和波希米亚王国的历史学家认为,对他们各自的国家来说,约瑟夫二世统治时期是一段灾难性的时期。从即位之初,约瑟夫二世就采取了一系列会激怒匈牙利人的措施。约瑟夫二世有自己的哲学思想。他认为圣斯蒂芬王冠是一件华而不实的东西,并把匈牙利的自由看作是一种从远古时期传承下来的野蛮精神。匈牙利的政治传统和它的风俗礼仪一样,都使他觉得可笑。约瑟夫二世非常喜欢嘲笑匈牙利贵族的长胡子和软靴子。他永远不会接受匈牙利的加冕仪式,也不会任命巴拉丁伯爵。约瑟夫二世查禁修道院,激怒了教士;同样,他的宗教宽容没有使新教教徒满意,因为这种宽容总是具有专横性。尽管圣斯蒂芬王冠具有的权力已经让匈牙利王国收复了加利西亚,但约瑟夫二世拒绝将它统一到匈牙利王国。成为匈牙利国王后,约瑟夫二世就把匈牙利王国的所有事务集中交由匈牙利大法官法庭和在布达设立的临时委员会处理。1784年,约瑟夫二世下令把圣斯蒂芬王冠带到维也纳,交由帝国宝库保管。没收这一象征匈牙利独立的王冠,对匈牙利人来说,无异于压迫匈牙利,这种侮辱让匈牙利人深感愤慨。此前,匈牙利王国的官方语言一直是拉丁语,一种在匈牙利王国内各种方言之间通用的中介语言。约瑟夫二世认为自己是在通过用德语替代拉丁语来证明自己奉行的自由主义思想。而在当时,匈牙利议会已不再召开,使匈牙利人无法抗议这种武断和不明智的行为。不过,匈牙利各郡进行了强有力的控诉。约瑟夫二世很快就认识到,攻击匈牙利最偏爱的语言很不明智,而禁止匈牙利语的法令恰恰释放了匈牙利语复兴的信号。

匈牙利文学已存续了一段时间。在组成玛丽亚·特蕾莎的匈牙利卫队的年

拜谢涅伊·捷尔吉

轻匈牙利人中,有几个人,尤其是诗人拜谢涅伊·捷尔吉以极大的热情促进了匈牙利诗歌的发展。匈牙利人对用匈牙利语写成的历史作品的收集工作早已开始,现在对约瑟夫二世的抵制给这种收集工作注入了新的活力。当时,约瑟夫二世采取的一些其他措施引起了匈牙利人的骚乱,爱国主义精神逐渐增强。约瑟夫二世下令进行人口普查,并以此作为征兵的依据。征兵不分阶级和郡区。匈牙利人的不满情绪日益高涨,导致约瑟夫二世不得不派军队保护负责征兵的官员。当约瑟夫二世开始干涉各郡政务时,情况更加糟糕。约瑟夫二世禁止匈牙利各郡人民召开集会,并让亲自任命的军官管理他们。匈牙利被分成了十个行政区,每个行政区都由一个行政区长官管理。"行政区长官"一名至今仍被匈牙利人憎恨。从某种程度上说，接下来约瑟夫二世进行的自由主义改革对征兵和行政划分这些轻率的措施做了补偿，如对领主的镇压。

然而，匈牙利人对此非常恼火，并不认可这些改革。此外，匈牙利贵族的思想还未彻底开悟，无法认可君主关于使土地而不是使农民成为税收基础的思想。因此，当约瑟夫二世提出想要准确测量这片土地时，遇到了很大阻力。同样，约瑟夫二世攻击土耳其时，匈牙利各郡拒绝提供士兵和军粮。当然，攻打土耳其这场战争还不够伟大，不足以在军事威望和荣誉上吸引匈牙利各郡。所有匈牙利人要求召开议会。一些郡的人认为约瑟夫二世的规定不合法，另一些人则攻击皇家骑士团。不满情绪使事态变得愈加不可收拾，一些人甚至开始与普鲁士国王谈判。约瑟夫二世疾病缠身，再加上厌倦了这长达十年的斗争，最终屈服了，并在1790年1月颁布的一项法令中撤销了自己的所有改革——有关宗教宽容和改善农民状况的措施除外，将一切恢复至1780年的状态。

在波希米亚，约瑟夫二世同样拒绝加冕，并把布拉格的宫殿变成了兵营，这种行为是对波希米亚人最珍视的民族感情的一种侮辱。约瑟夫二世奉行的宗教宽容无疑算得上波希米亚王国的一种福祉，但那些不愿加入官方教派的臣民遭到了严重迫害。自然神论者遭到鞭笞并被流放到匈牙利。为了让自然神论者的孩子接受天主教教育，政府硬生生将他们的孩子夺走。而那些宣称忠于《奥格斯堡信条》的波希米亚人，人数还不到四万五千人。凡不懂德语者不许进入大学预科；在布拉格大学哲学系的教学中，德语取代了拉丁语。布拉格上诉法院只能在波希米亚行使其职能，摩拉维亚不再允许布拉格上诉法院行使职能；布拉格"王宫之城"的称号被剥夺了，该称号此后归维也纳所有。波希米亚议会的职能被大大削弱。在没有维也纳国库批准的情况下，约瑟夫二世禁止波希米亚各领主动用自己的资金或特别预算。1783年，约瑟夫二世将波希米亚议会常务议会的权力移交奥地利政府。事实上，波希米亚各领主保留的唯一一项古老的权利就是税务表决权，尽管他们已不再管控税收提升事宜。1788年，约瑟夫二世宣布，波希米亚议会的审议仅限于君主向它提交的事项，并且只有在获得君主允许时才能召开议会。波希米亚各领主抗议此决定。1789年2月,当新的税收文件公布时,波希米亚兼奥地利大臣约翰·鲁道夫伯爵拒绝签字,并递交了辞呈。

在波希米亚的独立及民族性受到多次攻击后,独立的波希米亚很可能会被彻底摧毁,但它已为成为奥地利大公国的一个德意志省做好准备。不过,波希米亚最屈辱的时刻恰恰是它重生的时刻。这种重生与在约瑟夫二世驾崩后引起的群众反抗密切相关。波希米亚重生的迹象几乎是在约瑟夫二世的继任者利奥波德二世加冕后呈现出来的。卡什帕·马里亚·冯·施特恩贝格[①]伯爵在其回忆录中说:"约瑟夫二世的压迫唤醒了沉睡已久的民族主义精神。他想把

利奥波德二世

卡什帕·马里亚·冯·施特恩贝格

---

① 卡什帕·马里亚·冯·施特恩贝格(1761—1838),波希米亚神学家,矿物学家,地质学家,昆虫学家和植物学家。他被誉为"古植物学之父"。——译者注

所有一切集权化,也想压制波希米亚语。然而,没有一个民族会允许他人通过本民族语言抢走本民族的守护神。在加冕典礼上,所有讲捷克语的人都可以在王宫的走廊里听到人们用波希米亚语交流。自约瑟夫二世统治时期起,波希米亚民族就获得了新生。有一点波希米亚还是要感谢约瑟夫二世的,那就是皇家科学学会的成立。该学会成立之初就成了波希米亚历史研究的中心,至今依然蓬勃发展,为波希米亚斯拉夫主义的复兴做出巨大贡献。

利奥波德二世统治时间为1790年到1792年,仅统治了两年。自1765年以来,利奥波德二世一直在托斯卡纳当学徒,学习管理之术,获得了拥有卓越的管理能力。这种能力理所当然地赢得了经济学家和哲学家的赞扬。利奥波德二世登基时,人们还在激烈反对他哥哥约瑟夫二世的改革政策。面对这种激烈反抗,利奥波德二世做了适度妥协。利奥波德二世首先宣称,他认为各领主是君主国的支柱,会恢复领主们的特权,并将与他们一起努力,使人民的利益与君主的利益协调一致。利奥波德二世放弃了约瑟夫二世那些引起公愤的政策,暂停了由行政区负责居民税收的税收制度,开放边境,允许进口商品,并为波希米亚人和匈牙利人遭受的许多重大冤屈昭雪。利奥波德二世恢复了神职人员许多重要的权利,特别是那些规范礼拜仪式的权利,在政府支持下举行会议的权利及管理教区的权利。此外,他还保留了一些政策,如未经王室许可不得发布诏令,剥夺主教对教区资金的管理权,并将教会置于普通法院的管辖之下。这些政策使神职人员感到满意并放弃反抗。

不过,在与起义的奥属尼德兰打交道时,利奥波德二世就没那么幸运了。利奥波德二世慷慨承诺,说不会惩罚起义的奥属尼德兰人,并承诺不再把公职交给外国人,会把军队的控制权交给奥属尼德兰各领主,并且不经领主同意不会制定任何法律。然而,奥属尼德兰各领主还是不肯退让。因此,利奥波德二世不得不诉诸武力。一支三万人的大军在卢森堡集合,前往奥属尼德兰。那慕尔和布鲁塞尔很快就被占领了,奥属尼德兰被再次征服。但在几年后,奥属尼德兰变成了对抗法兰西大革命的战场。

普鲁士国王腓特烈·威廉二世

与此同时,奥地利大公国与奥斯曼土耳其帝国的战争仍在继续。奥地利军队的成功使大不列颠王国尤其是普鲁士王国不安。普鲁士王国在西里西亚边境集结了一支军队,并煽动低地国家的不满情绪。尽管如此,利奥波德二世还是与普鲁士国王腓特烈·威廉二世就奥地利大公国和俄罗斯帝国重新征服多瑙河流域问题进行谈判,要求以牺牲波兰为代价,普鲁士王国可获得托伦和但泽。1790年,奥地利大公国与奥斯曼土耳其帝国在赖兴巴赫举行了一次代表大会,出席会议的还有普鲁士王国、英国和荷兰共和国的代表。文策尔·安东在会上愤怒地拒绝了一些无礼的提议。大会签订了《锡斯托夫条约》。根据该条约,奥地利大公国放弃征服的领土,只保留奥尔绍瓦和克罗地亚边界的翁纳地区,并同意不支持俄罗斯帝国与奥斯曼土耳其帝国之间的任何战争。就这样,奥地利大公国再次放弃了实际利益。此条约让奥地利大公国牺牲了本可以巩固其边界的领土;奥地利大公国的职责是保护奥属尼德兰诸省,但这些省不仅遥远、不守规矩,还成了贪婪的法兰西王国时刻觊觎的对象。

　　奥地利大公国不可能对法兰西大革命的进展无动于衷。作为神圣罗马帝国皇帝,利奥波德二世有义务捍卫受国民议会限制的阿尔萨斯、弗朗什-孔泰和洛林的德意志各诸侯的封建权利。作为路易十六的内兄①,利奥波德二世目睹了民主的进步和王室权威的衰落,深感焦虑。1791年7月,利奥波德二世发布

路易十六

---

① 利奥波德二世的妹妹玛丽·安托瓦内特是法兰西国王路易十六的王后。——译者注

了一份在帕多瓦签署的通告，呼吁欧洲所有主权国家反抗法兰西大革命，支持路易十六制裁革命的臣民。不久，利奥波德二世和腓特烈·威廉二世共同发表了著名的《皮尔尼茨宣言》。在宣言中，奥地利大公国与普鲁士王国同意采用最有效的手段帮助"法兰西国王使绝对自由成为君主制政府的基础，从而维护主权国家的权利并增加法兰西人民的福祉"。1792年2月，奥地利大公国与普鲁士王国缔结同盟关系，以共同解决法兰西王国内部的革命问题。1792年3月1日，利奥波德二世意外驾崩，留给儿子弗朗茨二世的是奥地利大公国有史以来不得不应对的最艰巨可怕的斗争[①]。1792年4月20日，法兰西王国向"波希米亚和匈牙利国王"宣战。

---

① 弗朗茨二世就任神圣罗马帝国皇帝时，德意志城邦割据的情况已十分严重，神圣罗马帝国皇帝早已失去实权。法兰西大革命和拿破仑的崛起加剧了德意志诸城邦的分化，帝国的前景并不乐观。弗朗茨二世统治期间，一直进行反法同盟战争。——译者注

奥匈帝国史

[法]保罗·路易·莱热 —— 著　李为为 —— 译

Histoire de
l'Autriche-
Hongrie

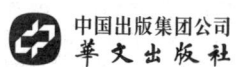
华文出版社

第5部分 反法同盟战争时期与拿破仑时代的奥地利

（1792年到1815年）

第 23 章

弗朗茨二世与反法同盟战争

（1792 年到 1804 年）

在规模庞大的欧洲战争开始之际，有必要简要回顾一下奥地利大公国，因为在这场战争中，奥地利大公国扮演了非常重要的角色。奥古斯特·伊姆利说，托斯卡纳大公国[①]已经处于哈布斯堡王朝统治之下，摩德纳大公国[②]即将处于其统治之下，如果我们忽略托斯卡纳大公国和摩德纳大公国，哈布斯堡王朝统治的面积达一万一千六百平方里格[③]，居民约两千四百万。这些地区大致分为面积相等的两部分。这片基本完全属于奥地利大公国的领土，人口超过一千零五十万，面积约八万六千平方英里。奥地利大公国之外的省人口不到一千四百万，分布在十六万四千平方英里的土地上。这两大部分领土中的每部分都由三组国家组成，这三组国家在历史和政治上都各有特点。一部分领土由奥地利和勃艮第形成的两个环形圈和波希米亚组成，另一部分领土由波兰、匈牙利和意大利的属地组成。

圣斯蒂芬王国，也就是匈牙利王国，包括克罗地亚、斯拉沃尼亚、达尔马

[①] 托斯卡纳大公国，1745年始由哈布斯堡-洛林王朝的弗朗茨一世统治。——译者注
[②] 摩德纳大公国于1803年由奥地利-埃斯特家族统治。——译者注
[③] 里格，欧洲和拉丁美洲一个古老的长度单位，在英语世界通常定义为3英里（约4.828公里，仅适用于陆地），即大约等于一个步行一小时的距离，或定义为3海里（约5.556公里，仅用于海上）。——译者注

提亚和特兰西瓦尼亚,总面积约为十二万五千八百平方英里,人口九百一十万。波希米亚及摩拉维亚和西里西亚,有四百三十万居民,分布在三万一千平方英里的土地上。加利西亚和布科维纳约有三百三十万居民,分布在三万三千二百平方英里的土地上。

据估计,奥地利大公国在意大利的属地,包括米兰、曼图阿和利古里亚,面积约有四千七百平方英里,居民有一百三十五万。奥属尼德兰约有二百万人口,分布在一万一千平方英里的土地上。奥地利大公国,包括奥地利本土及士瓦本和莱茵河下游的一些小领地,总面积约为四万五千平方英里,居民约四百三十万。

奥地利大公国的实际面积在1792年仅次于俄罗斯帝国和法兰西共和国,比现在的奥地利帝国要大一些,但各领地非常分散,很容易成为敌人的猎物。波希米亚、加利西亚、匈牙利和各世袭省形成了一个整体,但米兰和曼托瓦则被威尼斯分开了。布赖斯高和奥地利士瓦本几乎被无数的士瓦本公国城邦包围,而奥属尼德兰则完全与奥地利其他领地隔绝。因此,奥属尼德兰人非常渴望摆脱奥地利大公国的枷锁。正是在这些远离奥地利的土地上,战争必然最容易发生。

当时,奥地利军队有二十七万人,共有七十七个步兵团,其中三十九个步兵团由神圣罗马帝国属地和不属于匈牙利王国的斯拉夫领地提供,十一个步兵团由匈牙利和特兰西瓦尼亚提供,五个步兵团由奥属尼德兰提供,两个步兵团由意大利属地提供,十七个步兵团由军事前线提供。奥地利大公国专门为战争组建了两支驻军,此外,还有两个炮兵团。除蒂罗尔、奥属尼德兰和匈牙利的军队之外,其他军队靠约瑟夫二世设立的征兵制度招募而来。在匈牙利,只有在发生起义和特别征税等急需情况下,君主才能招募军队。

弗朗茨二世即位时已经二十四岁了,在反法同盟战争期间扮演了非常重要的角色。在父亲利奥波德二世的培养下,弗朗茨二世在托斯卡纳长大,后来住在约瑟夫二世的宫廷里。约瑟夫二世竭力向弗朗茨二世灌输自己的改革思想。

弗朗茨二世

在利奥波德二世短暂统治期间,弗朗茨二世目睹了什么是正确的决策力和爱国精神如何反抗约瑟夫主义的残暴统治。不过,一个和平的统治时期也许会给他机会,让他充分展示出上天赋予他的值得称道的贵族特质。然而,在长期的反法同盟战争斗争中,弗朗茨二世逐渐变得阴森又专制。

反法同盟战争的战争爆发时,弗朗茨二世虽已在布达和布拉格加冕,但

第 23 章 弗朗茨二世与反法同盟战争(1792 年到 1804 年) ● 459

仍未被选为神圣罗马帝国皇帝。法兰西共和国借此机会向波希米亚王国和匈牙利王国宣战。法兰西军队先是入侵奥属尼德兰。1792年11月6日,热马普战役后,奥属尼德兰落入法兰西共和国手中。1793年春,奥地利大公国在尼尔温登的胜利使法兰西共和国暂时对奥地利军队打开了深入法兰西的大门。但奥地

热马普战役

尼尔温登战役

弗勒吕斯战役

利大公国的盟友普鲁士王国只给了不冷不热的支持,因为它对1793年第二次瓜分波兰更感兴趣,而奥地利大公国因忙于与法兰西共和国的战争而未能从中获利。1794年6月,弗勒吕斯战役中,荷兰共和国彻底输给法兰西共和国。

法兰西革命党处决路易十六是对欧洲君主的公然挑衅,而处决玛丽·安托瓦内特则更是对奥地利王室的挑衅。然而,弗朗茨二世既不能拯救父亲利奥波德二世不幸的妹妹,也不能为她报仇,因为在1795年,其盟友普鲁士王国与法兰西共第一和国签订了《巴黎条约》,并退出了战争。因此,弗朗茨二世只能去波兰这片不幸的土地上寻求未被瓜分的领土,以便补偿奥属尼德兰的丧失。奥地利大公国与普鲁士王国和俄罗斯帝国达成了第三个瓜分波兰的协议,奥地利大公国从中获得桑多梅日和卢布林的巴拉丁领地及克拉科夫、马佐夫舍、波德拉契亚和布雷斯特一直延伸到布格河和维斯瓦河交界处的部分地区。奥地利大公国获得的这一大片土地被正式命名为西加利西亚。波兰被再次瓜分已够可怜了。人们普遍认为,波兰已成为无政府主义和革命思想的中心,这些思想可能对邻近国家构成威胁。由于无法阻止其他两大邻国瓜分波兰领土,奥地利大公国只能维护好自己的利益。没有国家像在第一次瓜分波兰时那样去援引一些伪造的历史权利以便能参与瓜分。这一次,为了减轻不光彩的征服所带来的罪恶感,瓜分波兰要速战速决。通过此次瓜分,奥地利大公国获得了大约一百一十万人口和一千八百平方英里的领土。

在欧洲南部,弗朗茨二世的遭遇并不比失去奥属尼德兰更幸运。1796年4月,拿破仑·波拿巴在蒙特诺特和米莱西莫获胜,征服了伦巴第,并迅速建立奇萨尔皮纳共和国①。拿破仑·波拿巴向意大利人宣布,他只是在对"试图奴役他们的暴君"发动战争。当时,有谁会说意大利最大的专治君主就是拿破仑·波拿巴本人未来的岳父②呢?奥地利军队英勇抵抗法兰西共和国的胜利大军,但没有成功。奥地利军队的指挥官达戈贝特·西蒙德·冯·武姆泽被击败,不得不独自待在曼图阿。匈牙利人约瑟夫·奥尔温齐在阿科拉和里沃利战败后,弗朗茨二世被迫于1797年2月投降。维也纳向法兰西共和国敞开了大门。就在此时,由贵族统治的威尼斯共和国相信自己可以挽救匈牙利使之独立,并确保自己不受法兰西大革命思想的侵扰,便与奥地利大公国签署了一项条约,向法兰西人宣战。然而,威尼斯共和国的轻率不仅使自己丧失自由,同时沦为其他国家的附庸,此事成了19世纪最悲惨的事件之一③。

曼托瓦投降后,弗朗茨二世意识到欧洲南部正面临被法兰西人占领的危险,于是,他从莱茵河的奥地利军队中召回最得力的将军卡尔大公④对抗法兰西人。蒂罗尔和波希米亚要求大量征兵,匈牙利也投票决定发动起义。卡尔大公尽其所能重整奥地利军队,并带军驻扎于塔利亚门托河附近,以保卫的里

---

① 奇萨尔皮纳共和国,是一个意大利统一前位于其中北部的历史政权,统治着伦巴第和艾米利亚-罗马涅及小部分的维内托和托斯卡纳。——译者注
② 拿破仑·波拿巴的妻子玛丽·路易莎是弗朗茨一世之女。——译者注
③ 1797年,拿破仑·波拿巴率领的法兰西军队入侵威尼斯。随后,威尼斯被割让给奥地利。1805年,成为意大利王国一部分,1814年又被奥地利占领。——译者注
④ 卡尔大公,泰申公爵,弗朗茨二世的弟弟,是奥地利历史上杰出的军事统帅之一。——译者注

雅斯特。但安德烈·马塞纳①已经占领位于维罗纳到威尼斯主干道的特拉维斯村庄。对特拉维斯村庄的占领为安德烈·马塞纳打开了通往阿尔卑斯山脉的要道。此时，维也纳局势危急。但这座华贵之城的人们的爱国主义激情在这时澎湃起来。维也纳人拿起武器，修筑防御工事。这场最初只是议会和君主之间的战争，随着法兰西人的逼近，演变成为国家而战。很明显，如果拿破仑·波拿巴不与莱茵河上的法兰西军队取得联系，就贸然攻入爱国热情高涨的国家很危险。拿破仑·波拿巴开始了谈判，并同意停战，接着就是为和平谈判准备条款。按照这些条款，奥地利大公国将奥属尼德兰及在奥廖河右岸的意大利属地割让给法兰西共和国，与此同时，获得位于亚得里亚海沿岸的部分威尼斯属地。作为补偿，威尼斯共和国获得罗马尼亚、博洛尼亚和费拉拉。

谈判正进行时，威尼斯共和国内爆发了反法运动。一听到"威尼斯复活"的消息，法兰西军队再次入侵威尼斯，并包围了总督宫。威尼斯受大海保护，不易攻取，但面对法兰西军队，威尼斯的总督不敢发起抵抗，也不知道如何发起抵抗以保卫威尼斯，甚至不敢抵抗连一艘战舰都没有的法兰西军队。1797年5月，威尼斯被法兰西人占领，法兰西人在此种上了一棵自由之树。1797年11月，奥地利大公国与法兰西共和国在坎波福尔米奥签署了最终的条约。《坎波福尔米奥条约》中，奥地利大公国再次做出让步，承认了奇萨尔皮纳共和国。法兰西共和国保留了伊奥尼亚群岛和威尼斯的阿尔巴尼亚属地。作为补偿，奥地利大公国获得威尼斯和远至阿迪杰群岛的领地。被剥夺了公爵领地的摩德纳公爵获得了弗朗茨二世给他的布赖斯高，以弥补其丧失的公爵领地。在该和约的秘密条款中，弗朗茨二世承诺会帮助法兰西共和国获得莱茵河左岸，同时，要求法兰西共和国帮助自己兼并萨尔茨堡及位于因河和萨尔察河之间的巴伐利亚部分地区，因为这片地区阻断了奥地利与蒂罗尔之间的联系。《坎波福尔米奥

---

① 安德烈·马塞纳(1758—1817)，是法兰西革命战争和拿破仑战争中重要的指挥官，是1804年拿破仑称帝后首批获授帝国元帅的十八名法军将领之一。——译者注

拿破仑·波拿巴

卡尔大公

阿科拉战役

里沃利战役

签订《坎波福尔米奥条约》

条约》签署后，自1792年以来一直被囚禁在奥洛穆茨的吉尔贝·迪·莫提耶①重获自由。

总的来说，尽管奥地利大公国在反法同盟战争中失败，但战争结果对奥地利大公国来说还算幸运。即使在普鲁士王国退出这场战争后，奥地利大公国依然坚持自己的立场，继续反对法兰西共和国。奥地利大公国非但没有因奥属尼德兰的丧失而被削弱，反倒因获得威尼斯和达尔马提亚而更强大。奥地利的新领地面积为一万六千六百二十五平方英里，大约有三百万名居民。尽管法兰西人撤离威尼斯前摧毁了威尼斯的舰队，但奥地利大公国新获领地威尼斯和达尔马提亚使其海上优势提升。亚得里亚海几乎完全成了奥地利大公国的海洋；达尔马提亚人都是熟练的水手和勇敢的士兵。这个曾被匈牙利历代国王觊觎已久的地方，现在却轻易落入了哈布斯堡家族手中。从此，达尔马提亚省的命运就与奥地利大公国息息相关了。达尔马提亚曾是罗马的一个省，是斯拉夫人的殖民地，后来成了克罗地亚王国的一部分。到10世纪，威尼斯人开始征服达尔马提亚，直到15世纪末才完成征服。即使在那时，达尔马提亚的内陆地区仍是克罗地亚的一部分，之后才落入土耳其人手中。多亏了威尼斯人的殖民统治，斯拉夫人居住的城镇呈现出明显的意大利特色，并保留至今。达尔马提亚的政权完全掌握在威尼斯人手中，当地居民惨遭抢劫和迫害。威尼斯共和国的一项法令禁止威尼斯人与斯拉夫妇女结婚。

达尔马提亚省由一位高级官员管理，该官员同时是威尼斯参议员。高级官员的任职期限为三年，定居在扎拉，同时行使民事、司法和军事权力。威尼斯共和国被划分为二十二个区，每个区都由威尼斯贵族管理。这些当权的贵族卑躬屈膝又腐败不堪。军队由当地人组成，但军官都是威尼斯人。达尔马提亚政府在公共教育方面几乎没什么作为。威尼斯并不急于创建属于自己的文明，而是努力使本地的斯拉夫人意大利化。然而，尽管受意大利文化的影响，一种斯

---

① 吉尔贝·迪·莫提耶（1757—1834），又译拉斐特，法兰西将军、政治家，同时参与过美国革命与法兰西革命，被誉为"两个世界的英雄"，一生致力于各国的自由与民族奋斗事业。——译者注

拉夫民族文学还是在困境中生存了下来。多亏了土耳其的保护，斯拉夫文学才在拉古萨找到了维持生存的土壤，并继续发展成一种独立的文学。

奥地利大公国的外交工作并没有随《坎波福尔米奥条约》的签订而结束。奥地利大公国派三名代表出席拉施塔特会议，关于神圣罗马帝国的事务还有待在会议上做出安排。1799年4月，拉施塔特会议结束后，两名法兰西共和国代表被奥地利骠骑兵杀害，这使战争几乎不可避免。使奥地利大公国与法兰西共和国局势复杂化和疏远的因素之一是，面对因奥地利大公国最近在战场上的失败而恼怒的人们，法兰西共和国驻维也纳大使让-巴蒂斯特·贝尔纳多特[①]不屑一顾。让-巴蒂斯特·贝尔纳多特甚至企图阻止维也纳举行军事庆典。

让-巴蒂斯特·贝尔纳多特

---

① 让-巴蒂斯特·贝尔纳多特（1763—1844），即卡尔十四世·约翰，曾为法兰西帝国元帅，1810年成为瑞典国王卡尔十三世的养子，并于1818年加冕为瑞典国王（卡尔十四世·约翰）和挪威国王（卡尔三世·约翰）。——译者注

他在住所的阳台上悬挂了一面三色旗,而这面旗就是曾将玛丽·安托瓦内特斩首的革命的旗帜。旗帜被愤怒的维也纳人扯掉。让-巴蒂斯特·贝尔纳多特要求维也纳人归还他的大使证件。法兰西人要求道歉,但奥地利拒绝了。显然,一场新的冲突即将爆发。1799年3月,督政府向奥地利宣战。刚刚接替约翰·阿马德乌斯·冯·图格特男爵担任外交大臣的路德维希·冯·科本茨尔竭尽全力争取盟友。第二次反法同盟①由俄罗斯帝国、英国、葡萄牙王国、那不勒斯王国、奥斯曼土耳其帝国和奥地利大公国组成。战争在神圣罗马帝国南部、瑞士和意大利同时开始。第二次反法同盟集结了一大批士兵。俄罗斯将军亚历山大·苏沃罗夫担任最高统帅后,卡尔大公和米歇尔·冯·梅拉斯取得了更多的胜

马伦戈战役

---

① 第二次反法同盟,1799年欧洲列强趁拿破仑·波拿巴的军队被困埃及,再次发起反法战争。这次神圣罗马帝国联同英国、奥斯曼土耳其帝国、俄罗斯帝国组成了第二次反法同盟。但同年底,拿破仑·波拿巴只身回国,发动雾月政变,任首席执政官,并取得法兰西共和国军政大权,成为法兰西共和国第一执政。此后拿破仑·波拿巴指挥意大利方面军,对付反法各国。1800年6月14日,拿破仑·波拿巴在马伦戈战役大败奥地利军队。神圣罗马帝国不得不与拿破仑议和,迫使第二次反法同盟解体。——译者注

利。在这里，我们不对此论述。拿破仑·波拿巴返回意大利，打败了第二次反法联军。1800年6月，奥地利军队在马伦戈战役的失败阻止了米歇尔·冯·梅拉斯前进的步伐。奥地利与俄罗斯联军在亚历山德里亚战败后，米歇尔·冯·梅拉斯被迫退到明桥河。在德意志西部，让·维克多·马里·莫罗①打败了对手保罗·克赖②。奥地利疲惫不堪，毫无还手之力，最终同意和平谈判。然而，奥地利大公国的盟友敦促奥地利大公国继续斗争。奥地利大公国撤掉战败将军的指挥权，又任命其他人，但法兰西人仍继续获胜。1800年12月，法兰西军队在霍恩林登大获全胜，奥地利军队再遭打击。一直退隐幕后的卡尔大公再次承担拯救奥地利的重任。然而，卡尔大公面对的是一支残军败将，就在不久前他还带领这支军队获得胜利。法兰西人不断向维也纳进军，奥地利只能投降。1800年12月25日，法兰西与奥地利达成停战协议，划定了分界线。路德维希·冯·科本茨尔来到吕纳维尔与约瑟夫·波拿巴进行和平条款的谈判。

《吕内维尔条约》的条款与《坎波福尔米奥条约》的条款非常相似。弗朗茨二世同意承认巴达维亚共和国、赫尔维蒂共和国③、奇萨尔皮纳共和国和利古里亚共和国④，并把莱茵河左岸古老的哈布斯堡王朝属地和其他小领地割让给法兰西共和国。托斯卡纳大公斐迪南三世用托斯卡纳交换了新的萨尔茨堡选区，而这一局面的形成使哈布斯堡王朝损失了近百万人。

弗朗茨二世并不能成功保证神圣罗马帝国的完整性。法兰西共和国控制着莱茵河左岸，被剥夺财产的诸侯纷纷要求巴黎给予赔偿。随着基督教国家的世俗化，那些曾是哈布斯堡王朝最忠实支持者的天主教神父已经消失了。

也许这场旷日持久的战争产生的最重要的结果就是，它在奥地利各民族

---

① 让·维克多·马里·莫罗（1763—1813）是一位帮拿破仑·波拿巴上台的法兰西将军，但后来成为拿破仑·波拿巴的对手并被流放到美国。——译者注
② 保罗·克赖（1735—1804），生于匈牙利北部的凯什马尔基，参加了七年战争、巴伐利亚继承战争、奥土战争和法兰西革命战争。——译者注
③ 赫尔维蒂共和国，1798年在瑞士邦联的领地上建立的一个自治共和国。——译者注
④ 利古里亚共和国，1797年，拿破仑·波拿巴率军占领意大利的热那亚及其周边地区后，建立的附属共和国。——译者注

让·维克多·马里·莫罗　　　　　　保罗·克赖

霍恩林登战役

约瑟夫·波拿巴

托斯卡纳大公斐迪南三世

签订《吕内维尔条约》

特别是在奥地利军队中激起了人们对统一君主政体的诉求。奥地利的士兵来自不同国家,他们并肩作战十年,自然而然地产生了一种兄弟情谊。在军队成长起来的大批军官,他们脑海中形成了"一个祖国"的概念。1848年,一位维也纳诗人给约瑟夫·拉德茨基·冯·拉德茨①写信:"奥地利就是在你们军队的营地中建立起来的。"即使在1800年,这种说法也算正确。事实上,奥地利君主政体本质上是一个军事政体。正是军队把这个奇怪国家的各部分团结起来。

在反对法兰西大革命的斗争中,匈牙利各郡的贵族激情澎湃。匈牙利两次投票都支持发动起义。1796年和1797年,蒂罗尔和下奥地利的居民发动了起义。在波希米亚,民兵组织于1796年成立;摩拉维亚和西里西亚于1800年组建了一支骑兵团。在卡尔大公出访波希米亚期间,人们激动不已,并随之创建了一个独立部队。

军事事务的动态继续掌握在奥地利战争委员会手中。战争委员会设在维也纳,其成员既有军官也有平民。尽管战争委员会的成员都极富热情,但战争委员会并未做出多大贡献。战争委员会希望有一个政府部门来指导其军事活

特雷比亚战役

---

① 约瑟夫·拉德茨基·冯·拉德茨(1766—1858),波希米亚贵族和奥地利军事将领,民族英雄。——译者注

约翰·阿马德乌斯·冯·图格特男爵

动。在1799年的特雷比亚战役中,亚历山大·苏沃罗夫拒绝将作战计划告诉战争委员会。1801年,弗朗茨二世任命卡尔大公为战争委员会主席;1802年,无限制服兵役被缩减为十四年。

在反对法兰西大革命这段时期,奥地利的外交事务完全掌控在约翰·阿马德乌斯·冯·图格特男爵手中。文策尔·安东曾三次主持过外国大法官法庭的事务,并圆满达成了凡尔赛和维也纳两个敌对法庭的和解,已于1796年退休。约翰·阿马德乌斯·冯·图格特男爵在外交部门工作了很长一段时间,特别是在法兰西大革命初期,他一直强烈反对法兰西共和国。让约翰·阿马德乌斯·冯·图格特男爵卸任是法兰西共和国在《坎波福尔米奥条约》的秘密条款中坚持的条件之一。1800年，约翰·阿马德乌斯·冯·图格特男爵退休养老，其继任者路德维希·冯·科本茨尔曾担任奥地利驻柏林和圣彼得堡大使，曾通过高超的外交手腕成功让奥地利和俄罗斯维持了十六年的友好关系。在促成《吕内维尔条约》后，直到1805年，路德维希·冯·科本茨尔都在负责奥地利的外交事务。他尽职尽责，像个谄媚者一样游刃于各国之间，而不是一位伟大的政治家。

在奥地利，约瑟夫主义的支持者和反对者之间的斗争仍在继续，但国外战争分散了人们改革思想的注意力。奥地利已为加利西亚设立了一个特别财政部和一个新的公共教育部门，但没有实施任何一个总体改革计划。我们可以从霍泰克伯爵写给弗朗茨二世的一份备忘录中的一个小片段来判断当时奥地利普遍存在的混乱：

"陛下统治期间，出现了一系列重大突变。警方成立了一个特别部门；1761年设立的财务委员会已被撤销；临时政府承认了不同民族之间存在的固有差异，以便指导政治和管理奥地利。一个新的教育委员会成立了，除了自《坎波福尔米奥条约》签订以来所做的许多变动，原先存在的两个立法议会已合并为一个议会。财政管理已脱离联合部门的控制，弗朗西斯·约瑟夫·冯·索劳伯爵已被任命为法庭庭长和财政大臣。最高司法控制权属于奥地利-波希米亚大法庭，加利西亚设立了一个特别部门，负责司法和政治事务。这两项改革显然有违改革本身的目标。一方面，具有相同宪法的省都设立了两个新部门；另一方面，部长肩负的职责过于繁多和沉重。1801年，弗朗西斯·约瑟夫·冯·索劳伯爵被任命承担新的职务后，奥地利大公国为银行设立了一个管理部门（管理委员会），又设立了一个秘密信贷委员会。就这样，财政部再次与政治事务部联合。司法部和政治事务部各有一名部长负责。司法部部长控制着司法，同时以部长的身份控制着财政，工作量之大普通人难以完成。当奥地利陷入岌岌可危的困境需要进行统一控制时，采用的就是这种财政管理制度。"

霍泰克继续说："一旦恢复和平，君主就试图建立一个更稳定永久的组织。他设立了中央局，行政机关的所有部门都要聚在这里开会。从那时起，君主政体的内政、外交和军事事务有了一个共同的指挥中心。在民事问题上，有必要立即采取措施由一位官员负责。有必要界定每一位官员的权力，不管是村官还是大臣。这样一来，任何人都不可能超越自己的职权范围，并且每个人都应确切地知道自己管辖的事务及哪些事务必须提交上级官员，从而使君主能全面了解重要事务，而不至于为没有价值的小事困扰。但这一目的并未实现。内部管理组织糟糕透顶，无足轻重的小事不断传到君主和议会那里。那些已提出的建议只不过是在立法和有关财政与其他事项的临时举措方面的零碎尝试。政府一直没有尝试调整各部门，没有将各领主的需求作为一个整体研究，或者去探讨满足这些需求的方式；也没有通过贸易和商业试图改善奥地利或去创建真正有用的学校。在这些问题上，中央局并没有设立统一的行动方案，而创立中央局的目的就是要设立一个统一的行动方案。"由于无法创建议会制政府，霍泰克要求设立一个部长委员会，该委员会类似于目前欧洲国家的部长委员会。

考虑到当时奥地利大公国一贫如洗，八年战争已使它耗尽财力。弗朗茨二世将私有领地抵押出去以换取钱财；各省、各委员会甚至个人也都尽最大努力去获取金钱。当时，奥地利采取了各种权宜之计，如增加纸币数量，提高强制贷款；商品税款之高，对贸易来说非常不利。奥地利大公国的国内保护体系尽管存在种种弊端，但依然在发挥作用。约瑟夫二世提出的国内贸易自由遭到破坏；匈牙利王国与奥地利大公国其他领地之间又制定了一条海关关税法。

奥地利的道路建设如火如荼地进行着。在卡尼奥拉、克罗地亚、波希米亚和摩拉维亚，人们在多瑙河和蒂萨河之间修建了一条运河。弗朗茨二世重视农业改革，并以此为荣，为了进行农业研究，还建了几所专业学校。弗朗茨二世煞费苦心地发展加利西亚的农村经济。加利西亚有发展农业经济的优势，但波兰人忽视了此优势。因此，奥地利还有许多工作要做。1799年，农奴制被废除，加利西亚逐渐稳定有序。许多慈善机构都在这一时期成立。

弗朗茨二世继续着在玛丽亚·特蕾莎统治时期就开始的法典编纂工作，并出台了更多法典。然而，弗朗茨二世没有为公共教育做过任何贡献，因为他既没有时间也不打算为此做多少贡献。由于担心法兰西大革命的思想渗透到奥地利，弗朗茨二世实施了一套禁令制度，以限制奥地利人的思想自由，该制度甚至比贸易制度还要严格。新闻审查权从专业审查人士手中剥夺，交由警察负责；并开始对印刷品征税。弗朗茨二世的统治在许多方面与约瑟夫二世截然相反。由于害怕自由主义思想，弗朗茨二世认为，唯有通过强化宗教机构和增加神职人员的影响力才能更好地击垮这些思想。尽管如此，他还是保留了有关宗教宽容的法律。1795年，弗朗茨二世指派了一个委员会调查教育状况，但委员会提出的调整意见并不具有改革精神，完全是权宜之计。

第 24 章

弗朗茨二世与反法同盟战争

（1804 年到 1815 年）

在《吕内维尔条约》签订之后，哈布斯堡-洛林王朝丧失了除奥地利大公国以外的所有德意志属地，神圣罗马帝国皇帝在德意志的权威也名存实亡。奥地利大公国只在自己的领地上拥有权力。这些领地被分为五部分：世袭省、波希米亚王国、匈牙利王国、加利西亚王国和伦巴第-威尼西亚王国。前三个，即世袭省、波希米亚王国和匈牙利王国要么是世袭的，要么依据契约获得，归神圣罗马帝国皇帝所有；最后两个刚被占领的王国，是靠武力保留下来的。因此，对拥有这么多属地的君主来说，像奥地利大公、波希米亚和匈牙利国王这样的旧头衔自然是不够的。弗朗茨二世希望能采用一个既能震撼欧洲，也符合实际情况的头衔。很长时间以来，人们都知道奥地利的统治王朝为哈布斯堡王朝，哈布斯堡王朝统治下的领地，虽然不太统一，但都通过《国事诏书》得到了保障。匈牙利人已经接受了世袭继承的原则，而经过长期斗争疲惫不堪的波希米亚人已经逐渐恢复。

因此，拿破仑·波拿巴在法兰西共和国稳固政权后，弗朗茨二世决定采用奥地利皇帝这一头衔。在一封致所有奥地利人的信中，弗朗茨二世宣布了以下决定：

"承蒙上帝恩典和神圣罗马帝国选帝侯的支持，我们才有如此辉煌灿烂的今天。我们不敢奢求任何头衔,然而,作为奥地利帝国的统治者,我们要采取一种与我们王朝的古老荣耀及领土的广阔与独立相匹配的方式来表达诉求,以促使我们努力维持我们的皇帝头衔和世袭尊严与其他主权国家和欧洲最显赫的强国的皇帝头衔和世袭尊严之间的平等。因此,通过效仿18世纪的俄罗斯帝国和法兰西王国,我们主张奥地利帝国内各邦国采用皇帝头衔。经过深思熟虑,我们决定,以王朝的名义庄严宣誓,要为我们自己和所有邦国和领地的继任者采用奥地利皇帝的世袭头衔。与此同时,我们宣布,奥地利的每个王国、公国和省仍保留自己的头衔、宪法和特权。"

这个决定是奥地利帝国经过长期又耐心的努力达成的,但实际上并没有改变奥地利任何一个省的状况。弗朗茨二世和继任者斐迪南五世即便依然被加冕为波希米亚和匈牙利国王,也只是与这些国家继续签订契约而已,奥地利君主从没有被加冕为奥地利皇帝。

其他国家统治者承认了这个新头衔,对此毫无异议。弗朗茨二世并无意切断将自己统治的各国与神圣罗马帝国相联系的纽带。弗朗茨二世向帝国议会郑重宣布,他不会这么做。弗朗茨二世的新头衔并没有给人们留下深刻的印象,因为人们已习惯看到所有公共文件中皇帝与国王的头衔一起使用。不管怎样,弗朗茨二世通过这种方式来宣布奥地利帝国的历史统一,又为《国事诏书》增加了一条必要内容,而这是18世纪的查理六世不敢妄自加入的。

获得帝王头衔时,弗朗茨二世年仅三十六岁。然而,在属于他的时代到来前,一系列事件的发生已使他变得成熟老道。弗朗茨二世变得胆怯又多疑。在所有科学中,他只懂得自然科学,在艺术学科中只懂音乐——音乐是在奥地利真正繁荣起来的一门伟大艺术。弗朗茨二世对18世纪的哲学思想一无所知。弗朗茨二世的主要优点在于有持久的耐心,而这种持久的耐心被认为是哈布斯堡家族的典型特点。弗朗茨二世影响了父权制的生活方式,使这种生活方式受到人们欢迎。弗朗茨二世对父权制生活方式的影响与他的专制主义思想和对专制权力的热爱密切相关。弗朗茨二世希望成为子民的"父亲",一个不愿意让"孩子"为自己辩护的"父亲"。弗朗茨二世想要拥有巨大的权力，但他经历的艰难挫折只不过证实了所有这一切都与他的专制主义思想有关。弗朗茨二世的座右铭是"正义是统治国家的基础"[①]，他以自己的方式诠释着这个座右铭。除皇帝之外，国内唯一拥有权力的就是官僚机构。官僚机构在约瑟夫二世时期起就是所有政府的原动力。匈牙利人获得了独立，但波希米亚人还没有觉醒。奥地利人非常自豪地看到，奥地利皇帝就是实施专制主义的典范。"只有一个帝国之城，只有一个维也纳。"这句流行的谚语是对维也纳人孤芳自赏的一种恭维，就像迟缓的维也纳人需要音乐抚慰他们逐渐沉睡一样。

从1801年到1805年，奥地利外交事务交由路德维希·冯·科本茨尔负责。正如我们看到的，路德维希·冯·科本茨尔是一位老派的政治家，彬彬有礼却

路德维希·冯·科本茨尔

---

① 原文：Justitia regnorum fundamentum。——译者注

老奸巨猾，绝不输于那些年轻的得力助手，如施塔恩伯格、克莱门斯·冯·梅特涅①和约翰·菲利普·施塔迪翁。1803年后，路德维希·冯·科本茨尔让弗雷德里克·冯·根茨为其效力。弗雷德里克·冯·根茨是神圣罗马帝国最能干的政治作家，也是普鲁士王国统一德意志最强劲的对手之一。他是西里西亚人，在普

克莱门斯·冯·梅特涅

① 克莱门斯·冯·梅特涅（1773—1859），德意志出生的奥地利政治家，亦是所在时代最重要的外交家之一。克莱门斯·冯·梅特涅作为贵族外交官的儿子生于科布伦茨的梅特涅庄园，就读于斯特拉斯堡大学和美因茨大学，见证过1790年利奥波德二世和1792年弗朗茨二世的加冕礼。——译者注

鲁士王国占领该省后出生，曾就读于柯尼斯堡大学。由于公共教育的糟糕状况和各民族的敌对情绪，奥地利很难在国内找到所需人才，因此，只能寻求外国人才，如从德累斯顿招来弗里德里希·斐迪南·冯·波伊斯特伯爵仿照萨多瓦模式以重建帝国。也许除卡尔大公之外，路德维希·冯·科本茨尔政府并没有出现杰出人才。1801年后，卡尔大公担任陆军元帅和战争委员会主席。卡尔大公推行了许多改革，在奥地利各地广受欢迎。

自1801年以来，奥地利大公国和法兰西共和国之间的关系表面上看非常友好。奥地利驻巴黎大使非常关注新皇帝拿破仑·波拿巴。维也纳人常听到路德维希·冯·科本茨尔说这样一句话："欧洲的君主有一位同僚，那就是拿破仑·波拿巴，他们不必为拿破仑·波拿巴感到害臊。"然而，法兰西大革命的继承人是奥地利的敌人。拿破仑·波拿巴使法兰西宫廷和贵族对奥地利产生了仇恨，这种仇恨只会引发新的骚乱。因此，英国和俄罗斯帝国毫不费力地把奥地利大公国拉进一个新同盟，即第三次反法同盟，以遏制法兰西共和国的入侵。如果联盟获得成功，奥地利大公国将得到延伸至波河和阿达河的边境区域和萨尔茨堡，并可在托斯卡纳重建奥地利第二政权。英国承诺，奥地利大公国每派十万士兵，英国将支付一百二十五万英镑[1]。在这些条件下，奥地利提供了三万五千名士兵。卡尔大公被最近的胜利冲昏了头脑，反对与拿破仑·波拿巴作战，并辞去战争委员会主席的职务。

意大利军、蒂罗尔军和巴伐利亚军计划同时进攻法兰西。这场战争受到维也纳的支持。弗雷德里克·冯·根茨写道："看到全国人民士气高涨，太让人感动了。这次，我们的行动是如此正义、如此神圣，没人敢说什么；所有人都认为，目前的局势不会一直持续下去。"卡尔大公指挥意大利军，奥地利的约翰大公[2]指挥蒂罗尔军，弗朗茨二世的神圣罗马帝国军队则由卡尔·马克·冯·莱

---

[1] 英镑，是英国法定货币和货币单位名称。——译者注
[2] 奥地利的约翰大公（1782—1859），哈布斯堡–洛林家族的成员，在1848年革命中，是奥地利的一名陆军元帅，也是短暂的德意志帝国的摄政王。——译者注

卡尔·马克·冯·莱贝里希将军在乌尔姆向拿破仑·波拿巴投降

贝里希将军指挥。众所周知，1805年10月17日，卡尔·马克·冯·莱贝里希将军率领的军队全军溃败，在乌尔姆向拿破仑·波拿巴投降。这使奥地利遭受重创。卡尔·马克·冯·莱贝里希将军被带到军事法庭，被解除指挥权，并被判十年监禁。"这沉重的一击使我们不知所措。"弗雷德里克·冯·根茨写道，"击垮了心智，涣散了人心。"弗朗茨二世竭力维持着士气。在1805年10月28日的一份宣言中，弗朗茨二世说："过去，奥地利总是能克服每一次不幸。奥地利拥有不可战胜的力量，我为勇士而战，在这些勇士心中，昔日的爱国主义精神依然存在。"奥地利大公国与普鲁士王国进行了谈判，希望普鲁士王国能从中调解或给予帮助，但依然无法避免接下来会遇到的困难。在意大利，卡尔大公接过军队指挥权，以对抗安德烈·马塞纳的军队。尽管获得胜利，但卡尔·马克·冯·莱贝里希将军的投降使卡尔大公不得不离开意大利去帮助受威胁的德意志各省。卡尔大公率领二万四千大军，经施蒂里亚一路向北进入匈牙利，把蒂罗尔丢给了米歇尔·内伊[①]。

1805年11月13日，法兰西人攻入维也纳。拿破仑·波拿巴将作战总部设在申布伦宫，并在此接待来自维也纳的代表团。代表团向拿破仑·波拿巴大献殷勤，请求他放过他们的城市。这种卑躬屈膝并没有使维也纳人免于重罚和战争。这是自马蒂亚斯·科菲努斯时代以来，征服者第一次进入维也纳。在摩拉维亚的弗朗茨二世加入了沙皇亚历山大一世统领的俄罗斯军队。俄奥联军有近九万人。拿破仑·波拿巴率领七万五千人与俄奥联军交战，并于1805年12月2日在奥斯特利茨大败俄奥联军。奥斯特利茨战役决定了战争的命运。

1805年12月26日，双方停战并在普雷斯堡签署了和约。奥地利帝国承认法兰西帝国在意大利半岛所做的一切改变，并将威尼斯、伊斯特里亚和达尔马提亚割让给意大利王国，同时，以牺牲自己为代价，承认巴伐利亚和符腾堡被提升为王国。只有主教领地萨尔茨堡落入奥地利帝国手中，以弥补奥地利的诸多损失。此后，奥地利帝国保留了萨尔茨堡的大部分领地。奥地利帝国失去了蒂罗尔，失去了勇敢又忠诚的人民，失去了确保自己在德意志具有影响力的阿尔卑斯山脉，失去了莱茵河、黑森林和多瑙河上游的全部领地，总共失去了近三百万人口。奥地利帝国不再与瑞士和意大利接壤，不再是一个海上强国，并且在国库已耗竭的情况下，还要支付四千万英镑的赔款。

1806年1月，弗朗茨二世回到维也纳，受到了维也纳人的热情欢迎。维也纳人又回到了他们奢华而安逸的生活中，唯有世界上最伟大的音乐家弗朗茨·约瑟夫·海顿、路德维希·凡·贝多芬、安东尼奥·萨列里和穆齐奥·克莱门蒂才能抚慰他们的悲哀。

[①] 米歇尔·内伊（1769—1815），法兰西军人，法兰西大革命和拿破仑战争期间的军事指挥官，拿破仑·波拿巴手下的十八名法兰西元帅之一。——译者注

卡尔·马克·冯·莱贝里希将军

安德烈·马塞纳

米歇尔·内伊

沙皇亚历山大一世

奥斯特利茨战役前,拿破仑·波拿巴和他的军队

路德维希·凡·贝多芬

安东尼奥·萨列里

第三次反法同盟战败后，拿破仑·波拿巴立即组织巴伐利亚王国、符腾堡王国、巴登大公国和其他十一个邦国加入了莱茵邦联①。1806年8月1日，这些国家在雷根斯堡召开议会，认为神圣罗马帝国已经解体。奥地利在德意志扮演的角色似乎已经结束。认识到这一事实后，弗朗茨二世于1806年8月6日宣布放弃神圣罗马帝国的皇帝称号，并免除神圣罗马帝国所有官员的效忠义务。就这样，自1438年以来查理曼②王权在哈布斯堡王朝仅短暂中止过一次，而这次是彻底终止了。对弗朗茨二世来说，这种放弃不是没有遗憾。维持哈布斯堡王朝在士瓦本和莱茵河、斯凯尔特河和波河沿岸的统治是一种宝贵的理想。尽管弗朗茨二世统治着超过一千五百万的非德意志臣民，但他们所受教育是纯德意志式的。为了实现奥地利帝国在德意志地区的雄心抱负，人们不止一次地为圣瓦茨拉夫王冠和圣斯蒂芬王冠牺牲了自己的责任和义务。

　　因此，尽管神圣罗马帝国灭亡了，奥地利帝国继续寄希望于德意志地区和意大利。此外，面对拿破仑·波拿巴不断想控制欧洲的企图，奥地利帝国很难保持中立和置身事外。大多数奥地利贵族在德意志都拥有自己的领地，他们一心只想保住领地。在这种局势下，法兰西王国的拿破仑·波拿巴和奥地利外交大臣克莱门斯·冯·梅特涅的关系变得非常紧张。尽管如此，奥地利帝国仍不敢在1806年爆发的战争中支持普鲁士王国和俄罗斯帝国，但拿破仑·波拿巴并没有因此感激奥地利帝国。拿破仑·波拿巴明白弗朗茨二世怀有的敌对意图。1808年8月的一次招待会上，拿破仑·波拿巴粗鲁地问克莱门斯·冯·梅特涅："你的君主会什么？""他会尊重自己的特使。"克莱门斯·冯·梅特涅冷冷地回答。当奥地利将军文森特给在爱尔福特的拿破仑·波拿巴带来一封弗朗茨二

---

① 莱茵邦联，又称莱茵联盟，是1806年到1813年在德意志地区建立的政治实体，法兰西王国领导的藩属国，拿破仑·波拿巴并自命为护国主。最初成员有十六个前神圣罗马帝国的邦国。后来又加入了十九个邦国。——译者注
② 查理曼（742—814），或称"查理曼大帝"，是欧洲中世纪早期法兰克王国的国王。查理曼的统治带动了卡洛林文艺复兴，是西方教会文学、艺术、宗教典籍、建筑、法律哲学的兴盛时期，被称为"欧洲的第一次觉醒"。后世所有的神圣罗马皇帝、法兰西君主和德国君主都认为其国是承自查理曼的帝国。——译者注

世的贺信时，拿破仑·波拿巴粗暴地提醒，他有能力彻底摧毁奥地利帝国，奥地利帝国之所以继续存在，是因为他的宽容大量。让拿破仑·波拿巴恼火的根源在于奥地利帝国的军备。

卡尔大公兢兢业业，竭力提高奥地利军队的效率和士气，并加强了德意志的边境防御。卡尔大公废除了军队中的肉体惩罚，并组建了一支省民兵队，作为正规军的后备力量。这支后备军节假日也要进行军事训练，每个月被召集一次。波希米亚议会同意拨出一百五十万弗罗林支持这支后备军，匈牙利议会也给予类似补给。与此同时，奥地利帝国还采取了一些措施以鼓励人民积极参与战争，保卫国家。事实上，在整个奥地利帝国，民族情绪高涨。战争会议一场

恩斯特·莫里茨·阿恩特

接一场。恩斯特·莫里茨·阿恩特、特奥多尔·克尔纳及其他一些不太出名的诗人都创作了爱国赞美诗。这些赞美诗很快就流行起来,比如称得上奥地利帝国马赛曲的马修斯·卡齐米尔·冯·科林的诗:"哈布斯堡的王位不会动摇,奥地利帝国不会灭亡!人民啊,起来吧!加入军队,武装起来,到前线去!"

拿破仑·波拿巴精心策划了一场耗资巨大的对西班牙的远征,这次远征唤起了奥地利人的巨大希望。1809年3月,奥地利帝国再次向法兰西帝国宣战。卡尔大公被任命为大元帅,从阿尔布雷希特·冯·瓦伦斯坦和弗朗索瓦-尤金亲王时代起就没有任何军队领袖拥有过这样的权力。奥地利军队现有二十八万三千人,而根据可靠数据,匈牙利的后备军和起义军还可提供三十一万人,这样军队总人数加起来可超过五十万人。但在战争开始时,陆军的实际兵力并没有超过二十六万五千人。

奥地利三支军队同时进攻拿破仑·波拿巴的军队:一支在巴伐利亚,由卡尔大公指挥;一支在意大利,由奥地利的约翰大公指挥;第三支军队有三万五千人,在托斯卡纳大公斐迪南三世指挥下进攻波兰。一小支奥地利军队把法兰西人赶出了达尔马提亚和的里雅斯特。纵观奥地利历史,奥地利从未有过这样大规模的军队部署。卡尔大公宣称,奥地利帝国是人民独立和欧洲自由的捍卫者,人们需要在奥地利帝国旗帜下寻求庇护。"士兵们,你们的胜利将打破这种束缚。你们的德意志同胞正处于敌人的包围中,等待你们来拯救。"没有任何证据表明,波希米亚人、斯洛文尼亚人、匈牙利人、克罗地亚人、罗马尼亚人和波兰人为拯救德意志兄弟而遭到枪杀。卡尔大公只是在重复陈词滥调。最重要的是要让欧洲,尤其是德意志深刻意识到,德意志民族的命运与奥地利帝国的命运是联系在一起的。一份向德意志人发表的宣言说:"我们为维护奥地利的独立而战,为了奥地利的独立和国家荣誉而战。我们的抵抗是它最后的希望,我们的事业就是它的事业。在奥地利帝国统治下,德意志民族一直是独立和幸福的。只有奥地利帝国能让德意志民族再次实现独立和幸福。"

蒂罗尔粗野的山区民兵效忠于奥地利帝国。在长期统治中,他们保留了

约瑟夫·霍迈尔

自己的特权和父权制。在吞并蒂罗尔时，巴伐利亚国王马克西米利安一世·约瑟夫曾向这些山区民兵保证，他们的特权不会发生任何改变，但还不到一年，便开始重整蒂罗尔。蒂罗尔各领主被解散，宗教机构被破坏，神职人员流离失所，一切节日庆典和朝圣活动被禁止。如果换种情形，换种改革方式，这些改革中的一部分还是可取的。然而，由于受巴伐利亚王国的残酷统治，单纯朴实的蒂罗尔人被逼到绝境。蒂罗尔从未与维也纳失去联系，蒂罗尔人约瑟夫·霍迈尔[①]一直为蒂罗尔人的利益着想，让蒂罗尔一直与维也纳保持联系。1809年年初，安德烈亚斯·霍费尔、胡贝尔和纳辛三位爱国者前往维也纳，与约翰大

---

① 约瑟夫·霍迈尔（1782—1848），奥地利的政治家和历史学家。——译者注

公一起策划了一场起义。他们一回到蒂罗尔就组织了叛乱。此次叛乱的主要参与者有旅馆老板、小贩和劳工，但关于发动叛乱的信息封锁得很好，着实令人钦佩。

参加蒂罗尔叛乱的英雄中，有三位值得历史学家给予特别关注：帕塞尔的旅馆老板安德烈亚斯·霍费尔、约瑟夫·施佩巴赫和圣方济会神父约翰·西蒙·哈斯平格。旅馆老板兼马贩子安德烈亚斯·霍费尔在蒂罗尔很有名。1796年，曾是议会议员的安德烈亚斯·霍费尔率领意大利的蒂罗尔人对抗法兰西人。他虽是七个孩子的父亲，但依然毫不犹豫地离开孩子为蒂罗尔而战。约瑟夫·施佩巴赫曾上过战场，在战争中培养了真正的军事才能。圣方济会神父约翰·西蒙·哈斯平格，更广为人知的名字是"红胡子约阿希姆神父"，他一直陪伴蒂罗尔人参加所有战争。虽然他从未流过一滴血，但没有人比他更清楚如何通过宗教信仰来鼓动士兵打仗，并增强他们的爱国主义精神。

1809年4月9日，卡尔大公越过蒂罗尔边境，受到蒂罗尔人的热烈欢迎。与此同时，安德烈亚斯·霍费尔号召蒂罗尔人拿起武器。奥地利军队到达普斯特塔尔后，并未发现一个巴伐利亚人。安德烈亚斯·霍费尔和蒂罗尔山区民兵已经把巴伐利亚人赶出去了。蒂罗尔山区民兵占领了蒂罗尔首府因斯布鲁克，但因洗劫了犹太人和巴伐利亚官员的住所，让胜利沾染了污点。1809年4月10日，在粗鲁的山区民兵面前，三千五百名法兰西士兵放下了武器。安德烈亚斯·霍费尔和奥地利军队一起抵达因斯布鲁克，恢复了旧的行政体制。但在蒂罗尔南部，斗争更加激烈。法兰西帝国元帅弗朗索瓦·约瑟夫·勒菲弗尔①率领八万名士兵与安德烈亚斯·霍费尔和奥地利军队相持了一段时间。后来，约瑟夫·霍迈尔撤退到意大利。到1809年4月月底，除库夫施泰因城堡以外的所有蒂罗尔地区都落入奥地利人之手。这些意想不到的胜利让奥地利人充满信心，而此后的战事再也没有给过他们这种信心满满的感觉。

---

① 弗朗索瓦·约瑟夫·勒菲弗尔（1755—1820），丹齐格伯爵，是法兰西大革命和拿破仑战争期间的法兰西军事指挥官，也是拿破仑·波拿巴的十八位元帅之一。——译者注

约瑟夫·施佩巴赫

约翰·西蒙·哈斯平格

蒂罗尔叛乱

1809年4月13日，拿破仑·波拿巴离开巴黎，赶忙去与已进入巴伐利亚的卡尔大公会战。奥地利防线从慕尼黑一直延伸到雷根斯堡。1809年4月22日和4月23日，拿破仑·波拿巴在阿芬斯堡的胜利切断了奥地利防线，同时，击败了卡尔大公在埃克穆尔和雷根斯堡的主力部队。奥地利军队在阿芬斯堡战役中表现英勇，因伤亡和被俘而损失的士兵近四万人。奥地利军队尽管占领了意大利的

阿芬斯堡战场上的拿破仑·波拿巴

阿芬斯堡战役

弗留利，但依然无法弥补战争造成的巨大损失。在波兰，华沙向托斯卡那大公斐迪南三世投降。卡尔大公不得不回到波希米亚重组军队。这样一来，通向维也纳的大门也就敞开了。1809年5月13日，经过短暂轰炸，法兰西人再次进入奥地利帝国首都维也纳。

这场战役还远没有结束。维也纳被占领后，从林茨到匈牙利边界的多瑙河南岸由法兰西人控制，北岸则由奥地利人控制。为了将奥地利军队驱逐出去，拿破仑·波拿巴下令在洛博岛附近的河上架起桥梁。安德烈·马塞纳和让·拉纳①的军队占领了阿斯佩恩和埃斯灵村庄，而卡尔大公率领九万五千名

让·拉纳

---

① 让·拉纳，蒙泰贝洛公爵（1769—1809），法兰西军人和政治人物，是拿破仑·波拿巴最大胆和优秀的将领之一。——译者注

士兵正在阿斯佩恩-埃斯灵村庄北部等着他们。得知法兰西军队的行军路线后，卡尔大公向军队下达了一项命令。这使人想起霍拉肖·纳尔逊[①]在特拉法尔加海战中的著名宣言："明天就是战斗的日子，王朝的命运取决于你们，我将履行我的职责，我希望大家也能履行自己的职责。"一连两天，卡尔大公试图把法兰西人赶回多瑙河南岸。阿斯佩恩-埃斯灵战役战局还不明朗，法兰西帝国军队不得不在洛博岛挖沟筑壕。两天来，奥地利军队与法兰西军队共死伤四万多人，让·拉纳也已阵亡。胜利似乎在两支军队之间摇摆不定。拿破仑·波拿巴不得不承认，他终于碰到了劲敌。在奥地利人眼中，阿斯佩恩-埃斯灵战役的胜利是自森塔战役和科林战役后取得的辉煌胜利。弗朗茨二世向卡尔大公表

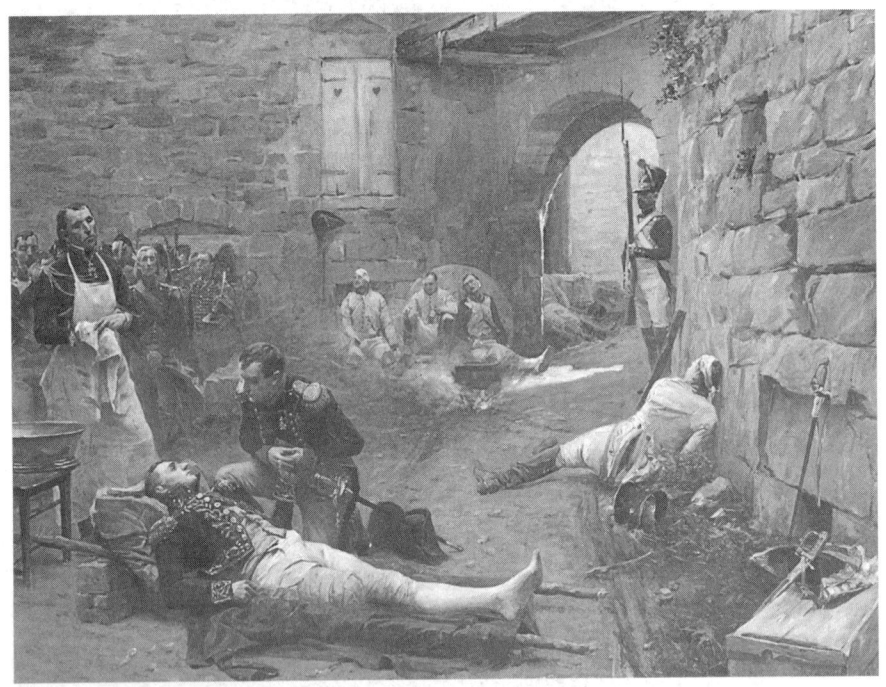

拿破仑·波拿巴看望受致命伤的让·拉纳

① 霍拉肖·纳尔逊（1758—1805），18世纪末及19世纪初，英国著名海军将领及军事家，他在1805年的特拉法加战役中击溃法兰西及西班牙组成的联合舰队，但自己在战事期间中弹阵亡。——译者注

示了特别祝贺。拿破仑·波拿巴后来说:"没能在阿斯佩恩-埃斯灵战役中见识奥地利军队表现的那些人就等于没见识过奥地利军队有多优秀。"

阿斯佩恩-埃斯灵战役后,拿破仑·波拿巴加强了对洛博岛的防御,把它变成了一个难以攻取的兵营,他可以从洛博岛轻易到达任何一个地方。拿破仑·波拿巴面临的最大危险是从意大利赶回的约翰大公。约翰大公被欧仁·德·博阿尔内①一步步逼退,不得不转向匈牙利协助起义军。欧仁·德·博阿尔内没有一直紧追约翰大公到匈牙利,而是去维也纳与拿破仑·波拿巴会师。这样一来,拿破仑·波拿巴军队的实力就得到加强。之后,拿破仑·波拿巴带着十五万士兵和五百五十门大炮越过多瑙河。当时,卡尔大公的军队仅增至

瓦格拉姆战场上的拿破仑·波拿巴

---

① 欧仁·德·博阿尔内(1781—1824),法兰西将领,拿破仑·波拿巴的养子。生于巴黎。其生父博阿尔内子爵亚历山大因指挥作战不力在1794年被雅各宾派政权处死。后来,其母约瑟芬与拿破仑·波拿巴结婚。——译者注

第24章 弗朗茨二世与反法同盟战争(1804年到1815年) 495

十三万五千人。因此,卡尔大公认为阻止拿破仑·波拿巴通过多瑙河是不明智的。卡尔大公在瓦格拉姆高地等候法兰西军队。一场血战开始了。众所周知,瓦格拉姆战役中有四万人战死沙场。经过激烈的战斗,卡尔大公被迫放弃阵地,撤退到摩拉维亚,并要求停战。拿破仑·波拿巴同意停战。停战协定事宜和军事指挥权都交由约翰大公负责,完全无视卡尔大公,从而导致他卸任。此后,除1815年短暂复出之外,卡尔大公一直过着隐居生活。自阿尔布雷希特·冯·瓦伦斯坦和弗朗索瓦-尤金亲王时代以来,没有哪位奥地利将军能像卡尔大公那样对士兵产生如此大的影响力。

1809年10月14日,在申布伦宫,法兰西帝国与奥地利帝国签署了《申布伦和约》。在拿破仑·波拿巴下令拆除维也纳要塞的第二天,维也纳人就祈祷法兰西士兵不要拆除他们用来抵御土耳其人的旧城墙,但于事无补。萨尔茨堡、因河地区和其他一些地区都割让给巴伐利亚王国。弗朗茨二世把戈里察其余地区,连同蒙特法尔科内郡、的里雅斯特、卡尼奥拉、上卡林西亚及萨瓦河南岸从萨瓦河源头到土耳其边境的全部地区,包括克罗地亚的阜姆和奥地利的伊斯特里亚都给了拿破仑·波拿巴,把卢萨蒂亚割让给萨克森大公国。华沙大公国获得西加利西亚使领地版图更完整了,而俄罗斯帝国则获得捷尔诺波尔。

奥地利帝国失去了三百五十多万臣民,人口减少到不足两千一百万。《申布伦和约》的秘密条款规定奥地利军队须控制在十五万人以内,并向法兰西帝国支付八千五百万法郎的赔款。但在所有被割让的领地中,放弃蒂罗尔是最令人痛惜的。弗朗茨二世尽管对勇敢的蒂罗尔山区民兵做出种种承诺,但还是不得不把他们交给巴伐利亚。安德烈亚斯·霍费尔和同伴陷入绝望。他们孤立无助,独自作战,在有时收不到来自维也纳任何消息的情况下,也依然坚持抗击巴伐利亚人和法兰西人。这些山区民兵一直处于防御状态,他们制造军火弹药和大炮,并迫使法兰西人撤离因斯布鲁克。现在,这些山区民兵决定为自己的利益继续战斗。三万名法兰西人、巴伐利亚人和符腾堡人遭到山区民兵的驱逐,在山间小径被投向他们的石块击得溃不成军。山区民兵的英勇抵抗甚至比西班牙的抵抗还要顽强。1809年8月，法兰西将军弗朗索瓦·约瑟夫·勒菲弗尔终于被迫撤退到卡林西亚。安德烈亚斯·霍费尔成了蒂罗尔的主人。安德烈亚斯·霍费尔在蒂罗尔奠定了自己的统帅地位。从来没有一个领导人能像安德烈亚斯·霍费尔一样让所有人都心照不宣地听命于他。然而，新一波来自意大利和巴伐利亚的军队的进攻使蒂罗尔的继续抵抗变得毫无意义。尽管蒂罗尔的抵抗一直持续到1809年12月，但安德烈亚斯·霍费尔等人不得不仓皇逃走并四处躲藏。约瑟夫·施佩巴赫和约翰·西蒙·哈斯平格成功越过边境。然而，法兰西人用十万弗罗林悬赏安德烈亚斯·霍费尔的头颅。1810年，安德烈亚斯·霍费尔遭到背叛，被带到曼托瓦。曼托瓦这座堡垒的指挥官正是曾有机会欣赏安德

安德烈亚斯·霍费尔遭到背叛后被法军俘获

安德烈亚斯·霍费尔被枪决

烈亚斯·霍费尔军事才能的巴蒂斯特·皮埃尔·比松。巴蒂斯特·皮埃尔·比松曾试图让安德烈亚斯·霍费尔为拿破仑效劳，却被安德烈亚斯·霍费尔斥责道："我将永远忠于我的皇帝弗朗茨二世。"军事法庭判处安德烈亚斯·霍费尔死刑。1810年2月21日，安德烈亚斯·霍费尔被执行枪决。1823年，一些蒂罗尔军官挖出安德烈亚斯·霍费尔的遗骸，将其带回因斯布鲁克。安德烈亚斯·霍费尔的惨死很大程度上促进了德意志民族情感的苏醒。法兰西军队对蒂罗尔展开的报复并没有因英雄的死亡而停止。为了镇压蒂罗尔人民的反抗,法兰西军队瓜分了蒂罗尔,把一部分地区给了意大利,一部分地区给了伊利里亚,其余地区则给了巴伐利亚。因斯布鲁克大学被关闭,该校的年轻学生不得不去统治者管辖的学校就读。

拿破仑·波拿巴与伊利里亚省的关系要和谐得多。拿破仑·波拿巴为亚得里亚海沿岸地区,即卡林西亚、卡尼奥拉、戈里察、伊斯特里亚,以及克罗地亚和达尔马提亚的部分地区恢复了伊利里亚的传统名称,并将这些地区划分为省。"伊利里亚"引起了斯拉夫人的共鸣。这些近来饱受德意志精神折磨的斯拉夫人,第一次形成了一个团结的民族,这是在奥地利帝国统治下不可能实现的。斯拉夫民族语言发展受到鼓励,斯拉夫礼拜仪式也发展起来。一位斯洛文尼亚历史学家说,这个民族对法兰西帝国法庭做出的精准又迅速的公正审判记忆深刻。这一时期对公众安全的保障比任何时期都要好。因此,斯洛文尼亚人对法兰西帝国宪兵队依然怀有美好的记忆。伊利里亚省关税的管制和征收更加系统化,公共自由大大增加。如果要讲述法兰西帝国的统治给伊利里亚省带来的种种好处,那可说来话长了。在法兰西帝国统治伊利里亚省的四年里,法语在这里迅速传播。在莱巴赫,没有一个人不以启蒙开化为借口学习法语。直到今天,斯洛文尼亚的农民还将此时期的征税称为"弗兰克"[①],以此纪念法兰西帝国的金融管理当局。被任命为莱巴赫图书馆馆长的夏尔·诺迪埃发表了一篇用多种语言写成的文章《伊利里亚电讯报》。诗人瓦伦丁·沃德尼克将夏尔·弗朗索瓦·洛蒙德的《法语语法》翻译成斯洛文尼亚语,并在著名的赞美诗《伊利里亚的复苏》中歌颂拿破仑·波拿巴。在这首诗中,诗人表达了自己对伊利里亚的愿望:"拿破仑·波拿巴说,醒醒吧,伊利里亚,起来!她醒了过来,叹了口气,'谁召唤我来找光明?呵,高贵的英雄,是你唤醒了我!你将给

[①] 此处"弗兰克"指代"法兰西帝国"。在法兰西帝国统治时期,斯洛文尼亚的征税称为"弗兰克"。——译者注

我力量，把我托起。我们的种族将获得荣耀，奇迹正在孕育！我敢对斯洛文尼亚人预言。拿破仑·波拿巴来了，一代人又都活跃了起来。我一只手伸向高卢，另一只手去救希腊。希腊的首都是科林斯，欧洲的中心是伊利里亚。科林斯是希腊的明眸，伊利里亚是世界的宝石'。"

　　同样，在达尔马提亚，法兰西帝国允许民族语言发展。但由于威尼斯人排斥民族语言，达尔马提亚的官方刊物同时以斯拉夫语和意大利语发行。达尔马提亚建立学校并修筑了一条大道，多年来，这条大道一直被称为"拿破仑大道"。这是法兰西帝国占领这些地区所产生的直接影响。后来奥地利帝国获得了拉古萨，并在其官方文件中，依然保留着对伊利里亚王国①的构想。

　　第五次反法同盟战争结束后，奥地利帝国虚弱不堪，几乎被摧毁。现在，奥地利帝国只有采取耐心又明智的节制政策才能重建财政机制和重组军队。在签署《申布伦和约》的时，弗朗茨二世已任命克莱门斯·冯·梅特涅为奥地利帝国首相，并在约翰·菲利普·施塔迪翁被解职后，将外交事务的管理权托付给他。与一些官员一样，克莱门斯·冯·梅特涅来自一个不属于奥地利本土的异域家庭，其名字源自莱茵省的一个小村庄梅特涅。1630年，这个村庄遭到德意志人的掠夺，其中一个家族流亡至波希米亚定居。克莱门斯·冯·梅特涅的父亲弗朗斯·乔治·卡尔曾是奥地利莱茵区选区的公使。克莱门斯·冯·梅特涅于1773年出生，娶了文策尔·安东的孙女②为妻，很早就进入外交部门工作。自《普雷斯堡条约》签订以来，他就一直是奥地利帝国驻巴黎的代表。正是克莱门斯·冯·梅特涅发起了1809年的瓦格拉姆战役，尽管失败了，但弗朗茨二世还是认为有必要把外交事务交给一个最了解拿破仑·波拿巴的人。

　　正是克莱门斯·冯·梅特涅促成了拿破仑·波拿巴和玛丽·路易丝的结合。

---

① 伊利里亚王国成立于1816年8月3日，是奥地利自法国夺回亚德里亚海东岸地区的产物。——译者注
② 克莱门斯·冯·梅特涅娶了奥地利政治家文策尔·安东的孙女埃莱奥诺雷·冯·考尼茨。——译者注

拿破仑·波拿巴和玛丽·路易丝的婚礼

克莱门斯·冯·梅特涅认为，这桩婚姻能确保奥地利帝国与强大敌人结盟。因此，弗朗茨二世只好同意女儿玛丽·路易丝和这位新皇帝结成连理。但拿破仑·波拿巴这样评论弗朗茨二世："弗朗茨二世这个窝囊废，是靠积祖先的荫德才登上王位的。"奥地利人痛心疾首，却只能接受这种羞辱。对弗朗茨二世来说，接受一个在法兰西大革命中将玛丽·安托瓦内特[①]斩首的王位继承人做女婿，真的比瓦格拉姆战役惨败更耻辱。拿破仑·波拿巴和玛丽·路易丝的婚

---

① 玛丽·安托瓦内特为弗朗茨二世的姑姑。——译者注

礼由克莱门斯·冯·梅特涅操办。婚礼当晚,路易-亚历山大·贝尔捷代表拿破仑·波拿巴出席。《祭献伊菲革涅亚》在宫廷剧院上演。法兰西宫廷的大臣忍不住将自己的君主与野蛮人阿伽门农①、神圣罗马帝国皇帝之女玛丽·路易丝与希腊女英雄做比较。然而,玛丽·路易丝性格刻薄,使她失去了在当时处境下自然会激发怜悯之情的机会。克莱门斯·冯·梅特涅陪同这位年轻的公主去了巴黎,并与巴黎就赔款和条约中使奥地利军队缩减到十五万人的侮辱性条款进行协商。

路易-亚历山大·贝尔捷

---

① 阿伽门农,在希腊神话中,阿伽门农是希腊迈锡尼国王,希腊诸王之王,阿特柔斯之子。——译者注

1809年后，奥地利帝国面临的最严重问题是财政问题。从1793年到1810年，公共债务从三亿七千七百万弗罗林增加到六亿五千八百万弗罗林。因此，奥地利帝国必须求助于强制性借贷，并且有时还必须暂停发放官员薪水。1809年，奥地利帝国出台的一份文件要求所有公民将自己的贵金属交出，而公民可以得到债券和彩票。纸币的发行稳步增加，1792年达到了两亿，1810年已突破十亿。政府发行了三十和十五克朗的纸币。随着发行数量的增加，纸币越来越贬值。1809年，弗罗林贬值到其价值的四分之一。奥地利帝国割让给法兰西帝国的一些地方通行的纸币进一步加剧了这种贬值。奥地利的物价越来越高。为了向拿破仑·波拿巴赔款，奥地利人只能对教堂的珍贵器皿进行回炉。

　　1810年，奥地利设立了一个偿债基金，对所有财产，无论是不动产还是个人财产，征收十分之一的税。1811年，发行的纸币总量达到惊人的十亿六千零七十九万八千七百五十三弗罗林。政府一无所有，只能破产。1811年2月20日，纸币面值贬值五分之四，紧接着就是一场可怕的金融灾难，许多家庭面临破产。考虑到债务的发生日期，"偿债基金"文件对稳固1799年到1810年发行的纸币价值进行了规定。那些有一百弗罗林借款的人，在1803年要支付一百二十九弗罗林，1806年则要支付一百四十八弗罗林，1809年为二百三十四弗罗林，1811年则要支付五百弗罗林。匈牙利议会同意将债务削减百分之五十，但拒绝遵守奥地利政府一贯坚持奉行的标准。直到1816年，奥地利的财政秩序才得以恢复。

　　弗朗茨二世统治期间，立法工作比发展金融更成功。1803年，弗朗茨二世颁布了《刑法法典》，1811年颁布了新的《民法法典》。这两部法典的颁布都受18世纪人文精神和司法精神的激励。刑法依然将绞刑作为死刑，监禁分三个等级：做苦役、刑柱和禁食，到现在依然如此。刑法没有规定如何任命司法部部长，也不允许囚犯申辩。然而当时，这部《刑法法典》已经算是最好的刑法之一了，直到1852年还在实施。1811年颁布的《民法法典》从玛丽亚·特蕾莎时期就开始编纂，经过五十年大量的艰辛工作才得以完成。1812年1月1日，除匈牙利和特兰西瓦尼亚之外，《民法法典》开始在整个奥地利帝国实施。《民法法典》承认教会、犹太人及大领主与各领地有关的特殊立法。该法典虽然并未使农民的地位得以提升，但废除了农奴制，并且承认每个公民都享有公民权利。

除匈牙利外，奥地利各省都通过了统一法典。很大程度上说，这有助于实现政治统一，而政治统一一直是奥地利哈布斯堡王朝的主要目标。只有匈牙利人坚持维护自己的独立权，拒绝接受新法典，尽管新法典比匈牙利当时实施的《三一法典》①具有优势。

只要拿破仑·波拿巴一直是法兰西帝国的君主，欧洲就不会有和平。欧洲各国要么与拿破仑·波拿巴为友，要么与其为敌。弗朗茨二世选择做拿破仑·波拿巴的盟友，但不久就被卷入战争。在拿破仑·波拿巴和俄罗斯帝国的战争中，弗朗茨二世不得不帮助女婿，就像曾不得不忍辱把女儿嫁给他一样。奥地利帝国只剩下了本土势力，四周被拿破仑·波拿巴建立的国家包围：瑞士邦联、莱茵邦联、意大利王国、华沙公国；奥地利帝国甚至成了拿破仑·波拿巴的附庸。弗雷德里克·冯·根茨写道："上帝和复仇天使正在毁灭我们。"约瑟夫·拉德茨基·冯·拉德茨还是参谋长时，就制订了一个计划，即按照普鲁士后备军的模式，设置一个奥地利常备军机构，以便全国男性都能接受训练——克莱门斯·冯·梅特涅也同意这个计划，但军事法庭庭长瓦利斯伯爵奥利维尔反对这个计划，理由是"奥地利帝国国运衰退，未来三十年都别想参加战争，更别说十年了"。

克莱门斯·冯·梅特涅下定决心要维护奥地利帝国与法兰西帝国的友好关系。虽然他希望保持和平，但弗朗茨二世还是不得不与拿破仑·波拿巴结盟来对抗沙皇。弗朗茨二世承诺派三万名士兵和三万名预备役士兵援助拿破仑·波拿巴，如果进攻俄罗斯的战争取得成功，他将获得领土补偿。考虑到奥地利帝国的情况，这些条件确实也算体面。如果情况允许，奥地利帝国还能在这次战争中充当调解人的角色。但奥地利人对弗朗茨二世与拿破仑·波拿巴结

---

① 1514年，匈牙利国王乌拉斯洛二世命人编订《三一法典》。该法典宣布大小贵族平等，城市下层和农民没有任何土地权，农民应当完全服从领主。——译者注

施瓦岑贝格亲王卡尔·菲利普

盟感到不满。奥地利人密谋着要从拿破仑·波拿巴手中夺取伊利里亚诸省,与此同时,英国和普鲁士王国的代理人也在奥地利各地游说,鼓动奥地利人反抗法兰西帝国。1812年5月,弗朗茨二世和女婿拿破仑·波拿巴在德累斯顿进行会谈。克莱门斯·冯·梅特涅陪着他的君主,竭力说服拿破仑·波拿巴从对俄战役中转移出来,因为克莱门斯·冯·梅特涅认为进攻俄罗斯是一件十分危险的事。但劝说毫无结果。奥地利军队在伦贝格集结,由施瓦岑贝格亲王卡尔·菲利普指挥,预备役部队则在特兰西瓦尼亚集结。奥地利士兵对战争不感兴趣,卡尔·菲利普在宣言中清楚表达了自己的困惑:"我们与其他国家正为一个共同目标而战——这些国家都是我们的盟友。我们是和他们一起战斗,不是为他们而战。军队将展示出最佳的军事美德,那就是为实现君主提出的目标而牺牲自己。"奥地利军队确实履行了自己的职责,向华沙公国进军。卡尔·菲利普开始进军立陶宛,但没有参加对莫斯科的远征,也没有参加随后的大撤退,因此,几乎将奥地利军队完好无损地带了回来。很明显,考虑到自己的利益,奥地利帝国不该继续进行一场让大军损失惨重的战争。战争从一开始就无利可图,现在看来更是如此。克莱门斯·冯·梅特涅被认为是此次远征的始作俑者,饱受谩骂:奥地利人要求奥地利帝国与俄罗斯帝国结盟。亚历山大一世明确声明,俄罗斯人不会视奥地利人为敌人。俄罗斯人说:"我们只对法兰西和波兰发动战争。"俄罗斯帝国甚至派一名外交代表与卡尔·菲利普和谈,提议与他达成停战协议。卡尔·菲利普虽然拒绝了该提议,但同意撤到维斯瓦河南岸。

在维也纳,当得知普鲁士国王腓特烈·威廉三世已离开柏林,并公开与俄罗斯帝国结盟时,奥地利人异常兴奋。维也纳已成为许多德意志移民的聚集地,其中就有诗人特奥多雷·克尔纳。特奥多雷·克尔纳是一名戏剧诗人,对维也纳的戏剧产生了浓厚兴趣。在反法同盟时期,特奥多雷·克尔纳写了许多诗歌,特别是关于阿斯佩恩-埃斯灵战役的胜利颂歌,成功激起了人们对法兰西帝国的仇恨。特奥多雷·克尔纳认为,阿斯佩恩-埃斯灵战役取得的胜利是德意志人的胜利。"德意志人参加了战斗。"特奥多雷·克尔纳热情洋溢地向约翰大公朗诵了几首诗。"我向这位德意志英雄致敬,是这位德意志英雄重新点燃了胜利之坛的火焰。"特奥多雷·克尔纳在赞美诗中热烈赞扬蒂罗尔英雄安德烈亚斯·霍费尔:"暴君的奴仆将你掳去,你却仰望天堂这片胜利之地;死亡让你进入自由之地。"特奥多雷·克尔纳在歌颂莫斯科之火[①]时说:"俄罗斯之凤扑火而亡,再生时刻比以往更年轻、更美丽,圣乔治[②]已在挥舞胜利的长枪。"

[①] 19世纪初,法俄两国为争夺欧洲大陆霸权,矛盾日益尖锐。1812年9月15日,拿破仑·波拿巴带军攻入莫斯科,9月16日夜,克里姆林宫陷入一片火海。在俄罗斯爱国诗人的笔下,这场大火被赋予了拟人化的色彩,它就像一个勇敢的士兵,把不可一世的拿破仑·波拿巴大军赶出莫斯科。——译者注

[②] 圣乔治(280—303),也叫卢得的乔治,他是基督教教徒,被基督教封为圣徒。圣乔治是一名希腊卡帕多西亚士兵,罗马皇帝戴克里先的禁卫军成员,因拒绝放弃基督教信仰而被处死。自十字军东征以来,他一直被奉为军事圣人。——译者注

人们对弗朗茨二世怨声载道，弗朗茨二世却不敢有任何回应，只是提议与拿破仑·波拿巴讲和，并表示愿意与拿破仑·波拿巴共同抵制俄罗斯帝国。克莱门斯·冯·梅特涅开始担心俄罗斯帝国的扩张——俄罗斯帝国刚刚吞并了芬兰和比萨拉比亚，并认为俄罗斯帝国对拿破仑·波拿巴发动进攻的时机还没到来。为了阻止俄罗斯帝国攻打拿破仑·波拿巴，奥地利帝国必须全副武装。一支强大的军队在波希米亚集结。卡尔·菲利普奉命前往巴黎。克莱门斯·冯·梅特涅说："不仅要向拿破仑·波拿巴提出调停方案，还要阻止一个厌倦了战争并希望结束战争的盟国。"然而，1813年2月，拿破仑·波拿巴在立法团开幕式上的傲慢演说让人们看不到和平的希望。与此同时，维也纳人的反战情绪越来越强烈，这种情绪在腓特烈·威廉三世向拿破仑·波拿巴宣战时，再也无法抑制。奥地利政府签订了一项秘密协议，根据该协议，驻波兰的奥地利军队返回加利西亚并保持中立。为了能让奥地利帝国参与对普鲁士王国作战，拿破仑·波拿巴承诺将西里西亚给奥地利帝国，并在必要时承诺将伊利里亚诸省交给奥地利王国。然而，这些含糊其词的承诺是不够的。当时，能把法兰西帝国和奥地利帝国连在一起的唯一纽带就是玛丽·露易丝和拿破仑·波拿巴之间那根纤细的婚姻纽带了。由于急于确定奥地利盟军是否可靠，拿破仑·波拿巴离开巴黎时，便下令奥地利军队与波兰将军约泽夫·波尼亚托夫斯基共同行动。然而，拿破仑·波拿巴的命令并没有得到执行。奥地利军队已经开始撤出维斯瓦河南岸，并继续撤退。此时的弗朗茨二世虽然想挽回面子，但还拿不定主意。弗朗茨二世要求英国公使离开奥地利，并公然拒绝接待普鲁士将军格哈德·冯·沙恩霍斯特。格哈德·冯·沙恩霍斯特此来是为提议奥地利帝国与普鲁士王国和俄罗斯帝国结盟的。然而，弗朗茨二世在祝贺拿破仑·波拿巴取得吕岑战役胜利的同时，却把约翰·菲利普[①]秘密地派到俄罗斯军营。弗朗茨二世开征了一种特别税，称预缴税，是普通税的十二倍，总税额约四千五百万

---

① 约翰·菲利普（1763—1824），政治家，外交大臣，拿破仑战争期间为奥地利帝国服务的外交官。——译者注

约瑟夫·拉德茨基·冯·拉德茨

弗罗林。有句古老格言说得好:"要和平就得准备打仗。"这句格言从未像现在这样应景。

在波希米亚集结的军队由卡尔·菲利普统帅。卡尔·菲利普的主将是约瑟夫·拉德茨基·冯·拉德茨——一位后来在奥地利军事史上扮演十分重要角色的人物。在克莱门斯·冯·梅特涅的陪同下,弗朗茨二世前往波希米亚,慰问卡尔·菲利普的大军。在与亚历山大一世和腓特烈·威廉三世会晤后,克莱门斯·冯·梅特涅又到德累斯顿去见拿破仑·波拿巴。克莱门斯·冯·梅特涅努力说服拿破仑·波拿巴维持欧洲和平。他提议拿破仑·波拿巴放弃汉萨同盟和伊利里亚诸省,废除华沙公国和莱茵邦联,并使普鲁士王国恢复到1805年具有的地位。然而,这位被胜利冲昏头脑的征服者拒绝听取这些建议。为了使奥地利帝国保持中立，拿破仑·波拿巴能做出的最大让步就是将伊利里亚诸省割让给奥地利帝国。然而，克莱门斯·冯·梅特涅一离开，拿破仑·波拿巴就授权外交大臣于格-贝尔纳·马雷同奥地利帝国谈判，甚至接受关于在布拉格召开会议以安排欧洲和平事宜的提议。与此同时，1813年6月27日，奥地利帝国、俄罗斯帝国和普鲁士王国签署了《赖兴巴赫条约》。因此，在布拉格召开的会议就没有那么重要了。拿破仑·波拿巴同意停战，唯一目的就是争取时间组织军队。然而，在布拉格会议期间，俄罗斯帝国、普鲁士王国、瑞典和奥地利帝

于格－贝尔纳·马雷

国的军事代表在西里西亚进行了会晤,以制订对付拿破仑·波拿巴的共同行动计划。为了讨好奥地利,军事最高指挥权交给了正值壮年的卡尔·菲利普。卡尔·菲利普十五岁参军,在约瑟夫二世统治时期与土耳其人战斗过,参加过低地国家和莱茵河的战役,也参加过所有的对法战争。卡尔·菲利普对拿破仑·波拿巴了如指掌,而拿破仑·波拿巴也认识到卡尔·菲利普是个旗鼓相当的对手。因此,之所以选卡尔·菲利普为盟军领袖,与其说是因为对奥地利的尊重,不如说是因为他的军事才能。两支——一支在伊利里亚省边境,另一支在巴伐利亚——奥地利军队出征上阵了。然而,一切都太迟了,拿破仑·波拿巴决定主动出击。拿破仑·波拿巴的信使于1813年8月11日早晨抵达维也纳,但就

阿尔芒-奥古斯丁-路易·德·科兰古

莱比锡战役胜利后，亚历山大一世、弗朗茨二世和腓特烈·威廉三世会面

在前一天晚上，克莱门斯·冯·梅特涅给阿尔芒-奥古斯丁-路易·德·科兰古[①]送去一封信，宣布奥地利与普鲁士和俄罗斯结盟。奥地利军队在即将到来的莱比锡战役中发挥了重要作用。

奥地利军队在波希米亚建立了军事安全基地，该军事基地四面环山。1813年8月17日，卡尔·菲利普的部队开始穿过山间峡谷进入西里西亚，并于1813年8月22日越过萨克森边境。这位最高统帅在宣言中对当时的形势进行了简要描述："俄罗斯人，普鲁士人，奥地利人！你们只为欧洲的自由而战，为国家的独立而战！所有人都为一个目标而战，这一目标也是为了所有人！让这成为你们的战斗口号吧，胜利就属于你们。"1813年那场令人难忘的战役就这样开始了。从军事史角度看，这场战役让奥地利帝国与法兰西帝国和普鲁士王国有了紧密的联系。奥地利南部边境也发生了一些战斗。盟军在1813年10月16日、10月

[①] 阿尔芒-奥古斯丁-路易·德·科兰古（1773—1827），维琴察公爵，法兰西外交官，拿破仑·波拿巴的亲密私人助手。——译者注

18日、10月19日的莱比锡战役中获得重大胜利,这场战役通常被称为"诸国会战"。拿破仑·波拿巴的撤退、在法兰西帝国展开的战役及最后在1814年3月夺取巴黎,都标志着反法同盟战争取得了阶段性胜利。

奥地利本土也发生了许多战役,但由于俄普奥盟军在莱比锡战役中取得了重大胜利,这些小战役也就显得无足轻重了。法兰西人试图两次攻入波希米亚,但都被盟军击退。法兰西军队对波希米亚的进攻只会使奥地利帝国在签订《泰普利茨条约》时与俄罗斯帝国和普鲁士王国更紧密地团结在一起。在波希米亚西南部,盟军没有遇到任何抵抗就占领了卡尔洛瓦茨和阜姆。普斯特塔尔分别向达尔马提亚和蒂罗尔派遣了一支分队。在上奥地利,没有发生严重的冲突,尽管法兰西帝国的盟友巴伐利亚人就驻扎在这里。俄罗斯帝国和普鲁士王国邀请巴伐利亚王国加入盟军。巴伐利亚将军犹豫一番后,于1813年10月8

约瑟夫·富歇

日签署了一项协议，让军队听命于盟军。事态的发展让法兰西帝国不得不放弃莱巴赫和伊利里亚诸省，而法兰西帝国警政大臣约瑟夫·富歇[①]则跑到威尼斯寻求庇护。

奥地利和巴伐利亚之间达成协议的消息受到蒂罗尔人最热烈的欢迎。在前往意大利的途中，奥地利军队也受到了因斯布鲁克人的热烈欢迎。奥地利军队一路南下，占领了特伦特，并向意大利领土推进。蒂罗尔南部现在完全由奥地利人掌控；因斯布鲁克的蒂罗尔人羡慕同胞的幸运，也发动起义将巴伐利亚人驱逐出去。在一支英国中队的帮助下，奥地利军队占领了达尔马提亚仍效忠于法兰西帝国的城镇。最后一个为法兰西帝国坚守阵地的是拉古萨。塞尔维亚人西玛·米卢蒂诺维奇·萨拉伊利亚被派去攻占此地。拉古萨没怎么抵抗就投降了。因此，1814年年初，奥地利帝国重新成了亚得里亚海沿岸的主人。对奥地利帝国来说，再次兼并达尔马提亚和伊利里亚及收复蒂罗尔，是反法同盟战争带来的最重要的战果。不过，只有滑铁卢战役才让这场旷世战争完美闭幕。

奥地利帝国之所以能轻而易举取得一系列胜利，是因为拿破仑·波拿巴一开始就在与普鲁士王国的战役中连连失利。莱比锡战役的胜利主要归功于卡尔·菲利普卓越的领导力和数量占优势的部队。在萨克森人叛逃后，法兰西人不得不匆忙撤退到莱茵河。莱比锡战役即将开战前，卡尔·菲利普给妻子写信说："我站在窗前，回想我曾与我们这个时代最伟大的将军之一，名副其实的战争之王进行过对抗。战争之王拿破仑·波拿巴给我造成了很大的压力，在这种压力面前，我的肩膀看起来似乎太柔弱了。然而，当我仰望群星，我对自己说，为他们指引前进方向的主，同样为我指引道路。如果主希望正义获胜，主的智慧将给我光明和力量。如果主让我们屈服，我个人的损失在我们的所有不幸中又算得了什么。无论胜负，我已战胜所有的自负，世界的审判既不会给我带来

[①] 约瑟夫·富歇（1759—1820），法兰西政治家，拿破仑·波拿巴时期的警政大臣。1793年法兰西大革命期间，他以凶暴镇压里昂起义而声名鹊起，在督政府、执政府和法兰西帝国时期当任警政大臣。——译者注

奖赏,也不会给我带来惩罚。"莱比锡战役一开始,拿破仑·波拿巴就看到卡尔·菲利普非同一般。拿破仑·波拿巴对俘虏奥地利将军默费尔特伯爵马克西米利安①说:"是我首先让您的君主注意到卡尔·菲利普。如果卡尔·菲利普要打败我,那他肯定会以正义之名打败我。"拿破仑·波拿巴将默费尔特伯爵马克西米利安遣送回去并提议停战,前提是奥地利军队要撤到波希米亚,普鲁士军队和俄罗斯军退到奥德河西岸,而法兰西军队则退到萨勒河东岸,萨克森要保持中立。但一切太晚了。弗朗茨二世拒绝接受拿破仑·波拿巴的提议,随后取得的胜利也证明他的拒绝是正确的。莱比锡战役结束后,弗朗茨二世把玛丽亚·特蕾莎骑士团的十字勋章授予卡尔·菲利普。卡尔·菲利普把他的司令勋章交给了约瑟夫·拉德茨基·冯·拉德茨,说:"恩斯特·吉迪恩·冯·劳登可以佩戴这枚勋章,我不能把它送给别人,因为没有人比恩斯特·吉迪恩·冯·劳登更值得拥有这枚勋章了。"弗朗茨二世奖赏分配中,也没有忘记促

哈瑙战役

① 默费尔特伯爵马克西米利安(1764—1815),威斯特伐利亚家族中最著名的成员之一,弗朗茨二世统治期间,担任神圣罗马帝国的驻俄大使,并成为圣詹姆斯宫廷的特使。——译者注

成俄普奥联盟的外交官。克莱门斯·冯·梅特涅被授予世袭诸侯的头衔。奥地利军队还参加了哈瑙战役①，并在巴伐利亚人的帮助下试图切断拿破仑·波拿巴的退路。莱茵邦联所属各州，如符腾堡和黑森-达姆施塔特，也相继加入盟军。弗朗茨二世进入了法兰克福，这是二十年前他接受神圣罗马帝国皇冠的地方。现在，卡尔·菲利普在此建立了军事作战总部。

盟军已到达法兰西帝国边境，为了给拿破仑·波拿巴保全面子，克莱门斯·冯·梅特涅试图与他在法兰克福进行谈判。克莱门斯·冯·梅特涅请拿破仑·波拿巴到魏玛宫廷，并告知他可以就条约条件进行协商。法兰西帝国须放弃荷兰、意大利和瑞士，并接受比利牛斯山脉、阿尔卑斯山脉和莱茵河的自然边界为领土边界。对这些提议，拿破仑·波拿巴的答复含混不清，并建议1814年11月在巴登-符腾堡的曼海姆召开会议。盟军因最近的成功，尤其是在受到西班牙和荷兰获得的成功的鼓舞而拒绝交涉，决定向巴黎进军。然而，即便在盟军进入法兰西帝国与法兰西军队进行第一次激战时，克莱门斯·冯·梅特涅和阿尔芒-奥古斯丁-路易·德·科兰古之间的谈判仍在继续。1814年2月月初，谈判会议在塞纳河畔沙蒂永召开，盟军要求法兰西恢复到1790年的边界状态。拿破仑·波拿巴被一些暂时取得的胜利冲昏了头脑，试图直接与弗朗茨二世谈判，并提出与其共同瓜分欧洲各国。拿破仑·波拿巴相信自己会再次取得胜利。"与盟军离巴黎的距离相比，我离维也纳更近！"拿破仑·波拿巴傲慢地说道。然而，拿破仑·波拿巴的提议被拒绝。1814年3月1日，盟军代表——克莱门斯·冯·梅特涅、俄罗斯帝国外交官卡尔·涅谢尔罗迭、普鲁士王国首相卡尔·奥古斯都·冯·哈登贝格和英国的罗伯特·斯图尔特签署了《肖蒙条约》。在该条约中，各国达成一致意见，不恢复欧洲的和平与自由就绝不放下武器。

---

① 1813年10月30日到10月31日，在第六次反法同盟战争期间，卡尔·菲利普·冯·弗雷德率领的奥地利巴伐利亚军队和撤退的法兰西军队发生了哈瑙战役。10月初，拿破仑·波拿巴在莱比锡战役中战败后，试图撤回法兰西。10月30日，卡尔·菲利普·冯·弗雷德试图在哈瑙阻挡法兰西军队撤退，但被拿破仑·波拿巴打败。10月31日，法兰西控制了哈瑙。——译者注

该条约有效期为二十年。所有签约国都不得独自进行和平交涉。塞纳河畔沙蒂永举行的谈判会议没有达成任何有效协议就解散了。因此,卡尔·菲利普决定直接向巴黎进军。1814年3月30日,盟军成功攻入法兰西帝国首都巴黎,这要归功于卡尔·菲利普的英明决断。拿破仑·波拿巴曾对陪同他到厄尔巴岛的奥地利人科勒说:"任何一名将军都会因卡尔·菲利普进攻巴黎而担忧,尤其会对其如何攻打巴黎表示担忧。而卡尔·菲利普对巴黎的进攻展示了一名优秀将军应有的军事策略。我知道卡尔·菲利普会攻打巴黎,但我希望他能征求各位君主的意见,这样他就会丢掉进攻巴黎的有利时机。"不久,普鲁士元帅格布哈特·莱贝雷希特·冯·布吕歇尔访问卡尔斯巴德[①],并向"这位代表俄罗斯

普鲁士元帅格布哈特·莱贝雷希特·冯·布吕歇尔

---

① 卡尔斯巴德,今德国巴登-符腾堡州的市镇。——译者注

签订《枫丹白露条约》

帝国、普鲁士王国和奥地利帝国三位君主,带领我们取得胜利的英雄举杯致意",这证实了拿破仑·波拿巴的判断。欧洲宫廷把每一项荣誉都给了这位征服巴黎的幸运儿。伦敦赐予卡尔·菲利普一把荣誉之剑,牛津大学选他为民法博士,波希米亚人为他立了一座雕像,弗朗茨二世准许他率军加入奥地利哈布斯堡王朝军营。

为了不让私人感情干涉国家事务,弗朗茨二世没有和两个盟友一起进入巴黎,但同意两个盟友对其女婿和女儿的事进行安排。1814年4月15日,弗朗茨二世抵达巴黎时,《枫丹白露条约》已经签署。按照该条约,厄尔巴岛归拿破仑·波拿巴所有,帕尔马、皮亚琴察和瓜斯塔拉归玛丽·路易丝所有;玛丽·路易丝不愿陪同丈夫拿破仑·波拿巴一起流亡。

在意大利，罗马的欧仁·德·博阿尔内和那不勒斯国王若阿基姆·缪拉这两名拿破仑·波拿巴一手栽培的大将，都无力对抗盟军。欧仁·德·博阿尔内正与奥地利军队在阿迪杰河交战，若阿基姆·缪拉则试图在意大利中部建立自己的政权，但英国军队和奥地利军队占领了托斯卡纳，奥地利军队还攻入了米兰。两个月后，《巴黎条约》将波河以北的地区给了意大利，并把提契诺河以东的地区给了奥地利帝国。此后，奥地利帝国逐渐承担起警察的角色，维持着整个意大利半岛的合法性。在奥地利帝国的支配下，弗朗西斯四世重新获得摩德纳和雷焦公国的王权，斐迪南四世也获得了托斯卡纳大公国和两西西里王国的王权。然而，奥地利人在意大利的统治史并不是本书要探讨的话题。

1814年5月3日，路易十八重回巴黎。战争结束了，卡尔·菲利普放下指挥权，开始了外交工作。要想在战利品的瓜分问题上达成协议绝非易事。一开始，各国就一致同意华沙公国应由俄罗斯帝国、普鲁士王国和奥地利帝国瓜

弗朗西斯四世　　　　　　　　　　　　　　　　　　　　　　　　　路易十八

维也纳会议的各国代表

分。但后来,觊觎整个波兰的亚历山大一世反对这一决定,并通过向普鲁士王国许诺萨克森而赢得普鲁士王国的支持。在随后的外交谈判中,克莱门斯·冯·梅特涅非常机敏和坚定地捍卫其君主的利益。克莱门斯·冯·梅特涅试图说服各国与法兰西帝国进行和平谈判,这样就可以将法兰西大革命和拿破仑战争中的所有问题往后拖,直到维也纳召开大会。

1814年9月,维也纳成了欧洲各国首脑的会聚地。符腾堡公国、丹麦王国、巴伐利亚王国和普鲁士王国的君主及俄罗斯帝国沙皇都参加了维也纳会议。会议召开期间,维也纳到处在举办庆典仪式,并不像在进行事务谈判。引用德利涅亲王夏尔-约瑟夫的话说就是:"会议没有进展,只是在跳舞。"这是众所周知的。莱比锡战役胜利一周年时,各国举行了一场盛大阅兵。阅兵时,亚历山大一世对卡尔·菲利普的军事才能表示了崇高的敬意。亚历山大一世说:"上帝啊,我们取得的成功都是你的功劳。"维也纳会议达成初步决定并不容易。波兰问题让诸位外交官头疼不已,大家意见纷纷。克莱门斯·冯·梅特涅虽然得到了罗伯特·斯图尔特和夏尔·莫里斯·德·塔列朗-佩里戈尔①的支持，但在维也纳预备会议上遭到参会人员的强烈反对。不过，维也纳会议从来都算不上是一次真正的会议，而只是全体参会成员的一系列会晤。会晤期间，各国代表可以讨论对某些国家产生影响的问题。讨论的主题不仅包括对抗拿破仑·波拿巴的战争所产生的问题，还包括诸如中欧河流的航行、奴隶贸易和地中海海盗等一般问题。维也纳会议分了不同会组。人们把维也纳会议看作一个欧洲"审判庭"，在这个"审判庭"上，所有在战争中遭受苦难的人都可以为其受到的伤害提出赔偿。圣约翰骑士团②向维也纳会议呼吁恢复他们二十年前失去的马耳他岛，普鲁士王国的王公们也向维也纳会议提出了自己的要求。

最大的问题是波兰问题。波兰问题不止一次地差点使维也纳会议解散。俄罗斯帝国占领了华沙公国，并将其视为被征服的领土。有一段时间，谈判似乎要破裂，奥地利帝国、英国和法兰西帝国甚至用结盟的方式来反对俄罗斯帝国和普鲁士王国的装腔作势。最后，卡尔·涅谢尔罗迭制订了一个计划。该计划似乎能让所有人满意。根据该计划，波兰就瓜分成了现在的样子。腓特烈·威廉三世要求得到萨克森，但奥地利帝国和法兰西帝国不同意。关于这个问题，维也纳会议做了调解。奥地利帝国、法兰西帝国、英国、俄罗斯帝国和普鲁士王国的代表成立了一个"欧洲协调"③，以解决相关争议问题。"欧洲协调"取代维也纳会议。事实上，这是五大强国体系的开端。在维也纳会议后的四分之一个世纪里，该体系决定了现代欧洲的命运。"欧洲协调"促使普鲁士

---

① 夏尔·莫里斯·德·塔列朗-佩里戈尔（1754—1838日），法兰西主教、政治家和外交家，出身于古老的贵族家庭。1806年受封为贝内文托亲王，后于1814年受封为塔列朗亲王。拿破仑·波拿巴时期的首席外交官。——译者注
② 圣约翰骑士团，又称医院骑士团，亦名罗得骑士团或圣若望骑士团，全称耶路撒冷、罗得岛及马耳他圣若望主权军事医院骑士团，最后演变成马耳他骑士团。——译者注
③ 欧洲协调，是1815年到1900年左右出现在欧洲的势力均衡，保护欧洲各国既得利益、对抗民族主义和革命浪潮。其创建成员为英国、奥地利帝国、俄罗斯帝国、普鲁士王国。它们均属摧毁了拿破仑·波拿巴帝国的四国同盟的成员，稍后法兰西亦加入成为欧洲协调的第五个成员。——译者注

阿瑟·韦尔斯利

王国放弃了对萨克森的大部分主权宣示,并对波兰瓜分问题做了最后的统筹安排。

就在谈判和庆祝活动进行时,1815年3月4日,维也纳得到拿破仑·波拿巴登陆普罗旺斯海岸的消息。奇怪的是,就在消息传来的那天晚上,宫廷剧院正上演一部叫《被打断的舞蹈》的喜剧。奥地利军队立即奉命向法兰西进军。几天后,人们宣布,拿破仑·波拿巴触犯了所有法律,是公众和平的敌人,并受到各国管制。

1815年3月25日,盟国续签了《肖蒙条约》,并宣布继续作战,直到拿破

亚当·阿尔贝·冯·内佩格

仑·波拿巴被剥夺所有权力为止。作战计划是在卡尔·菲利普的家里制订的，俄罗斯帝国和普鲁士王国的君主及第一代威灵顿公爵阿瑟·韦尔斯利[①]都参与了该计划的制订。三支大军迅速集结，一支大军在低地国家，由英国人、荷兰人和普鲁士人组成，由阿瑟·韦尔斯利和格布哈特·莱贝雷希特·冯·布吕歇尔率领；一支大军在莱茵河，由奥地利人、俄罗斯人和普鲁士人组成，由卡尔·菲利普率领；还有一支是驻扎在意大利的奥地利军队，以遏制带领八万人前来进

---

① 第一代威灵顿公爵阿瑟·韦尔斯利（1769—1852），19世纪英国军事家、政治家、贵族，曾两次担任首相。1815年，他在滑铁卢战役中击败拿破仑·波拿巴，结束了拿破仑战争。——译者注

攻的若阿基姆·缪拉。当盟军向拿破仑·波拿巴进攻时,玛丽·路易丝却静静地待在申布伦宫。这位平庸的公主不值得历史学家关注。即使在丈夫有生之年,她也不忠于丈夫。1847年,玛丽·路易丝去世。玛丽·路易丝是克莱门斯·冯·梅特涅政策的牺牲品,也是奥地利外交官亚当·阿尔贝·冯·内佩格的帮凶[①]。战争并没有严重阻碍维也纳会议的谈判。事实上,拿破仑·波拿巴的到来促成了维也纳会议的谈判结果。1815年5月3日,关于瓜分波兰的最终条约得以签署。1815年6月,普鲁士王国起草宪法。1815年6月11日,维也纳会议结束。1815年4月份,战争在意大利打响。若阿基姆·缪拉挺进波河流域,分别在里米尼、安科和索伦蒂诺被奥地利军队击败。若阿基姆·缪拉逃到那不勒斯,又遭到奥地利人追捕,不得不逃到法兰西避难。追到莱茵河边的奥地利军队束手无策,便

滑铁卢战役

---

① 亚当·阿尔贝·冯·内佩格反对拿破仑·波拿巴。玛丽·路易丝虽是拿破仑·波拿巴的妻子,但她爱上了亚当·阿尔贝·冯·内佩格,并在拿破仑·波拿巴死后嫁给了亚当·阿尔贝·冯·内佩格。——译者注

进入阿尔萨斯,占领了于南格,并在斯特拉斯堡控制了法兰西军官让·拉普的一小支军队。1815年6月30日,盟国君主在哈格瑙安营扎寨,并在此接待以吉尔贝·迪·莫提耶为首的法兰西代表团。吉尔贝·迪·莫提耶被告知,拿破仑·波拿巴不向盟军投降是不可能走向和平的。随后,卡尔·菲利普的主力部队进军巴黎,这次没有受到任何抵抗就进入了巴黎。1815年6月18日,在这个值得纪念的日子里,奥地利军队并未出现在滑铁卢战役中,拿破仑·波拿巴最后的希望也在这一天破灭了。1815年11月20日,第二次《巴黎条约》得以签署。按照该条约,法兰西帝国必须支付七亿法郎的赔款,并恢复至1790年的边境,同时,允许盟国十五万大军占领其东部边境五年。

  人们很可能会问,这么多场战争和这么多次外交努力的结果是什么?没有哪个王朝像哈布斯堡王朝一样经历过这么多挫折,取得过如此多的胜利。弗朗茨二世不得不一连四次接受傲慢的征服者拿破仑·波拿巴带来的屈辱性和平;弗朗茨二世曾两次目睹法兰西人进入首都维也纳,在失去奥属尼德兰、士瓦本和米兰公国的同时得到了威尼斯、达尔马提亚、萨尔茨堡和加利西亚西部——结果又眼睁睁地看着它们丧失。弗朗茨二世甚至不得不牺牲世袭省——忠诚的蒂罗尔、伊斯特拉、的里雅斯特、戈里察、半个卡林西亚、卡尼奥拉和克罗地亚部分地区。弗朗茨二世也不得不将几个世纪以来一直象征着哈布斯堡王朝的骄傲和荣耀的王冠交出。然而,在《维也纳条约》后,弗朗茨二世发现自己拥有了一个比之前更强大、更团结的帝国。弗朗茨二世的军队和外交政策让欧洲既羡慕又忌妒。弗朗茨二世在德意志和意大利都建立了霸权,哈布斯堡-洛林家族又在托斯卡纳和摩德纳重新确立了王权。玛丽·路易丝将终生拥有帕尔马、瓜斯塔拉和皮亚琴察。在普鲁士王国,除维尔茨堡和阿沙芬堡之外,奥地利帝国收回了巴伐利亚从它这里夺走的一切。奥地利帝国放弃了低地国家、布赖斯高、士瓦本和西加利西亚那些麻烦的领地。总之,1792年,从北海[①]到多瑙

[①] 北海是位于不列颠群岛、欧洲大陆和斯堪的纳维亚半岛之间的海,是大西洋一部分。——译者注

河有两千四百万居民分散在面积超过二十六万六千平方英里的土地,而现在有两千八百万居民聚集在二十七万七千六百三十七平方英里的地区。奥地利帝国的每一部分领土都彼此相连,但一个边缘地区除外,在这个边缘地区,土耳其的克莱克和苏托里纳中断了达尔马提亚属地的海岸线。奥地利帝国现在包括五个起源不同的王国:波希米亚王国、匈牙利王国、加利西亚王国、伊利里亚王国和伦巴第-威尼西亚王国。

弗朗茨二世虽然拒绝了那些想让他重新继承神圣罗马帝国皇位的提议,但绝不希望放弃自己在德意志的地位。是奥地利一手造就了神圣罗马帝国,而德意志诸邦国最终能够形成一个邦联也是在维也纳完成的。克莱门斯·冯·梅特涅底气十足地宣称,他的君主应该成为法兰克福德意志邦联议会的主席。然而,为了成功维护奥地利帝国在德意志的统治地位,奥地利帝国必须有更多的臣民归属德意志邦联。因此,弗朗茨二世宣布,凡所有之前属于神圣罗马帝国的邦国现在都属于德意志联邦。在这些邦国中,只有奥地利、萨尔茨堡、北蒂罗尔和福拉尔贝格至多有三四百万人是纯种德意志人。为了扩充德意志联邦人数,波希米亚又加入了德意志邦联。波希米亚三分之二的人口是斯拉夫人;还有摩拉维亚,其五分之四的人口是斯拉夫人;施蒂里亚人口中一半是斯洛文尼亚人;卡林西亚,卡尼奥拉,戈里察和格拉迪斯卡亦是如此;伊斯特里亚和的里雅斯特,一半是斯洛文尼亚人,一半是意大利人;奥地利的西里西亚一半是斯拉夫人,意大利的南蒂罗尔省及位于加利西亚境内的波兰公爵领地奥斯威辛和萨托尔,这些地方的人都加入了邦联。因此,奥地利帝国通过在外交方面取得的胜利,迫使六七百万非德意志人加入德意志邦联。从扩充德意志邦联人数上看,奥地利帝国在法兰克福[②]的表现非常好。奥地利帝国自诩为德意志强国,为了证明这一点,不得不比之前更努力地使统治的各民族德意志化,这样做就制约了这些民族的天赋和政治自由的自然发展。但奥地利帝国在德意志

---

② 此处指奥地利帝国定期在法兰克福召开邦联会议,通过外交使许多国家加入德意志邦联,从而扩大了德意志邦联的规模。——译者注

影响力的扩大和领土的巩固并不是二十年战争带来的唯一结果。由于建立了一支军队，奥地利帝国国内军事力量大增，这在约瑟夫二世或玛丽亚·特蕾莎时代是不可能实现的。这支军队纪律严明，士兵之间相互关爱，情同手足，这种手足精神将士兵凝聚在一起，并激励着来自不同国家的德意志人、斯拉夫人和马扎尔人。这支军队忠诚守卫奥地利，守护为奥地利帝国注入新活力的君主政体制，并在将来不止一次地守护了奥地利帝国。这支军队保证了人们对奥地利帝国的顺从。这种顺从要么来自恐惧，要么来自各民族本身的意愿。然而，尽管做了这些努力，奥地利帝国还是不能成功扼杀各民族追求自由和民族自治的愿望，因为这些民族一直想实现自己曾经在历史上享有的权利，但这些被各民族所主张的权利向来都不会受到君主的重视。

第6部分　奥地利的反革命时期与各民族的觉醒

（1815年到1848年）

第 25 章

弗朗茨二世与克莱门斯·冯·梅特涅

（1815 年到 1835 年）

　　1815年签订的一系列条约似乎终结了法兰西大革命时代。接下来的几年就是一段极其艰苦的整顿时期。这段时期，欧洲的君主因从革命中拯救了王冠和土地而欢欣鼓舞，并联合抵制1789年法兰西大革命带来的民主思想。

　　在带领臣民回归旧政权统治的君主中，没有谁比弗朗茨二世更热心了，并且没有谁能像他的大臣克莱门斯·冯·梅特涅那样竭尽心力了。然而，弗朗茨二世思想平庸，性格卑劣。他无法理解那些伟大的事物，只过分热衷于琐碎之事。弗朗茨二世热衷于撰写文件并对公众进行控制。德意志历史学家安东·海因里希·施普林格说，弗朗茨二世喜欢狩猎并乐于参加各种音乐会，并一直在寻觅任何可能成为音乐演奏团队的人。他忌妒任何像卡尔大公或约瑟夫·拉德茨基·冯·拉德茨的人，因为这些人赢得了大家的喜爱。一次，因为猜疑、忌妒，弗朗茨二世甚至私自打开了卡尔大公的家门。有时，他甚至因这种性格而做出极端残忍的行为。1820年，布拉格的学生发生暴乱。由于找不到始作俑者，弗朗茨二世便强迫所有成绩不佳的学生应征入伍。弗朗茨二世的专制主义思想自然造成了他极端自私的性格。这种自私让他把人民和各省看作自己的私有财产。然而，像前任君主一样，弗朗茨二世知道如何用父权制掩饰自己的专制，而这总能让头脑简单的人感到满意。在没有代议制政府的情况下，监察员充当了君主与臣民之间的代理人。和法兰西国王路易十五一样，弗朗茨二世对丑闻很感兴趣，既把它当作一种消遣方式，又把它当成一种政府管理手段。在对君主政体的支持方面，弗朗茨二世认为没有谁能比得上天主教了。弗朗茨二世认为，约瑟夫主义通过攻击宗教削弱了君主政体。1821年，弗朗茨二世对莱巴赫大学预科部主席说："要坚持旧有体制，因为旧有体制是好的；如果我们的祖先对此感到满意，我们为什么不满意呢？今天的新思潮很超前，但我不赞成，也永远不会赞成。我不需要博学多才之士，我要的是忠诚的臣民。就是这样！服侍我的人必须照我的吩咐去做，这是他的职责。有做不到这一点或有新想法的人，可以离开我们；否则，我就将他遣送出去。"还有一次，弗朗茨二世对法兰西王国大使说："我的人民彼此陌生，越是这样越好。这样他们就不会同时染上同一种疾病。在法兰西，热病来临时，便会在当天传染给所有人。我派匈牙利人去意大利，意大利人去匈牙利，这样大家就可以彼此照顾了。他们彼此不了解，彼此憎恨，但正是这种厌恶才会产生秩序，而他们之间的仇恨则能确保普遍的和平。"

有了这样的原则，弗朗茨二世尽最大努力使奥地利帝国不受来自法兰西的科学和思想的影响。新闻审查制度非常严厉，文学被认为是危险的。有一些杰出人物，如弗雷德里克·冯·根茨、弗雷德里克·施莱格尔[①]和亚当·米勒[②]，都曾为奥地利帝国效力，但他们的作品都是专门针对外国人的宣传品，在奥地利几乎无人知晓。那些真正具有天赋的人少之又少，即便有也会受到怀疑。只有一个人，那就是克莱门斯·冯·梅特涅，成功获得了弗朗茨二世的信任。战争已经结束，弗朗茨二世不再需要那些将军了，但欧洲岌岌可危的状况使他需要一位外交官来保证奥地利帝国在议会中享有首要地位。这位外交官就是曾谈判

---

① 弗雷德里克·施莱格尔（1772—1829），德意志诗人、文学批评家、哲学家、语言学家和印度学家，弗雷德里克·施莱格尔和哥哥奥古斯特·威廉·施莱格尔都是德意志耶拿浪漫主义的主要人物之一。——译者注
② 亚当·米勒（1779—1829），德意志公共政策家、文学评论家、政治经济学家、国家理论家和经济浪漫主义的先驱。——译者注

弗雷德里克·施莱格尔

亚当·米勒

《维也纳条约》的克莱门斯·冯·梅特涅。克莱门斯·冯·梅特涅没有干涉奥地利帝国的内政，但其外交政策对国内政策产生了很大影响。克莱门斯·冯·梅特涅在国外出生，对弗朗茨二世统治的各国的历史知之甚少，对奥地利历史遗留的固有问题和民族成分问题漠不关心。作为出生于18世纪的人，克莱门斯·冯·梅特涅鄙视历史，丝毫不了解当时人们迷茫、不满和焦虑不安的表面下的革命烈焰。克莱门斯·冯·梅特涅之所以享有崇高地位及连续不断的好运，倒不是因为他有多能干，而是因为他有着坚定的目标并能善用周围诸多的有利因素。1813年到1815年，克莱门斯·冯·梅特涅在为奥地利帝国工作期间，奥地利帝国不断取得战争的胜利。克莱门斯·冯·梅特涅善于谄媚迎合，能够很幸运地与两位君主①打交道。这两位君主太懦弱了，谁也离不开他，都把外交事务完全交由他处理。安东·海因里希·施普林格说："弗朗茨二世和克莱门斯·冯·梅特涅，相互取长补短。克莱门斯·冯·梅特涅对政府管理细节一无所知，也从不干涉内政；而弗朗茨二世很重视这些。弗朗茨二世已经达成一项协议以维持秩序，并决心执行协议，以使奥地利帝国维持在一种完全平衡的状态中。克莱门斯·冯·梅特涅坚持让各邦国屈从于奥地利帝国，这样便能在各国全权行使自己的权力。对弗朗茨二世来说，绝对主义是情感问题；对克莱门斯·冯·梅特涅来说，这是理性问题；正是由于弗朗茨二世和克莱门斯·冯·梅特涅的妄自尊大，他们才把国家利益与个人利益混为一谈。他们认为，如果他们的利益得到了满足，那么国家的利益也就得到了满足，并且他们都想当然地认为政治阴谋者比杀父者好不到哪儿去。但作为国家资源的管理者，他们都毫无责任感。"

也不能说克莱门斯·冯·梅特涅的奉献就是完全无私的。克莱门斯·冯·梅特涅并不是不屑于接受外国诸位亲王提出的价码，其对公共资金的管理方式表明，他并不相信自己会需要一大笔钱。克莱门斯·冯·梅特涅的英

---

① 此处指奥地利帝国皇帝弗朗茨二世和法兰西帝国皇帝拿破仑·波拿巴。——译者注

明果敢不止一次地震惊了维也纳——按一个当代人的说法,在维也纳这座奢华又腐败的城市,居民就像冬眠的动物一样生活。实际上,在奥地利帝国诸邦国中,克莱门斯·冯·梅特涅的目标是使人民听命于奥地利帝国,并维持奥地利帝国的军事成功和外交在其他国家为奥地利帝国带来的威望和领导地位。

克莱门斯·冯·梅特涅和弗朗茨二世开始着手充当欧洲监察官的角色。在他们看来,革命无论在哪里发生,都会威胁奥地利帝国自身。由于拥有德意志、意大利和波兰的领土,奥地利帝国比其他国家更有可能受到自由主义思想的侵蚀。早在1815年,意大利人就密谋发起一场秘密战争[①],并成立了许多秘密组织。经过多年的艰苦斗争,这场秘密战争终于在意大利的复兴中结束了。在普鲁士王国,学生和开明之士都要求知识自由和建立立宪政府。1819年,奥地利和普鲁士的君主决定拒绝人们所有会危及国家利益的要求及制止他们危及国家利益的活动,并制订了著名的《卡尔斯巴德决议》[②],以限制自由主义。1820年,那不勒斯国王斐迪南四世被迫为臣民颁发了一部宪法。1820年和1821年,奥地利帝国分别在特罗保和莱巴赫召开了一次大会,讨论镇压意大利革命的方法。这次,俄罗斯帝国加入了奥地利帝国和普鲁士王国的阵营,共同镇压革命。尽管遭到英国和法兰西王国的抗议,俄罗斯帝国、奥地利帝国和普鲁士王国还是共同提出了管理意大利事务的权利主张。那不勒斯国王斐迪南四世出席了莱巴赫大会,宣布放弃他曾做的让步。一支奥地利军队护送那不勒斯国王斐迪南四世回那不勒斯,并恢复了他对那不勒斯的全部权力。几天后,一场类似的革命运动在皮埃蒙特被奥地利军队镇压,之后,奥地利军队留在了那不勒斯王国和皮埃蒙特王国。大约在同一时间,文雅可敬的西尔维奥·佩利科[③],

---

① 此处指1815年维也纳会议后,意大利被肢解为八个封建邦国和地区,除撒丁王国外,均直接或间接受奥地利统治。为争取民族独立和国家统一,意大利人民进行了长期的武装斗争。——译者注
② 《卡尔斯巴德决议》,指1819年8月31日德意志邦联议会通过的反民族主义、反自由主义决议,包括四项法律。——译者注
③ 西尔维奥·佩利科(1789—1854),意大利作家、诗人、剧作家和意大利统一时期的爱国主义者。——译者注

西尔维奥·佩利科被逮捕

因触犯爱国主义原则,被关进斯皮尔伯格的地牢。西尔维奥·佩利科的著作《我在监狱的日子》被多次翻译,得以被整个欧洲阅读,至今仍是意大利主宰奥地利帝国最有力的控诉。

弗朗茨二世奖赏了克莱门斯·冯·梅特涅,授予其奥地利首相的头衔,以表彰他取得的这些来之不易的成就。当时的人说:"欧洲赞美、忌妒或诅咒奥地利拥有的权势,但从不会想起奥地利普通百姓所做的努力,而只是想着那些诸侯和大臣做了多大贡献。"克莱门斯·冯·梅特涅异常兴奋。一次,他对俄罗斯帝国沙皇说:"如果革命发生的及时,你就会知道什么叫革命。"此后,克莱门斯·冯·梅特涅认为欧洲的一切事务都可以交由各种议会处理,而奥地利帝国自然会在议会中起主导作用。维罗纳会议①于1822年召开,其特定目的就是干

---

① 维罗纳会议,五国同盟于1822年10月20日在维罗纳召开的最后一次常规会议,是19世纪初欧洲协调机制的组成部分。参与国共有俄罗斯、奥地利、普鲁士、法兰西及英国,会议决定镇压欧洲革命活动。鉴于英国无意以镇压革命为名干预别国内政,因而与上述四国不合,最后英国退出欧洲协调机制。——译者注

涉西班牙革命。奥地利帝国利用这次法兰西王国的复辟，干了一件非常不光彩的事。维罗纳会议还决定，奥地利军队应撤离皮埃蒙特，只在那不勒斯保留一小支驻军。奥地利军队引起了皮埃蒙特王国和那不勒斯王国人们的极度恐慌，意大利人一提到奥地利军队就恐惧。"德意志人滚开！"成了意大利爱国者的口号。这些德意志人大多是马扎尔人、斯拉夫人、斯洛文尼亚人、塞尔维亚人、波兰人和波希米亚人，他们无意间成了压迫政策的执行者，但同时是受害者。

奥地利帝国和俄罗斯帝国的友好关系在反对拿破仑·波拿巴时期的许多共同事业中都有所体现。现在，在长期困扰欧洲外交官的近东问题①上，这种友好关系再次彰显。1820年，希腊革命②序曲拉开，受到人们普遍关注。奥地利帝国对奥斯曼土耳其帝国发动的诸多战争，奥地利帝国与奥斯曼土耳其帝国在边界上存在的问题及奥地利的民族构成，似乎都在表明奥地利帝国是奥斯曼土耳其帝国基督教教徒的保护者，是奥斯曼土耳其帝国那些有可能发动起义的省的拥有者。匈牙利国王的继承人可能会对波斯尼亚和保加利亚主张权利，这种主张比最近在加利西亚问题上所做的权利主张更现实。然而，此前的几个世纪里，奥地利因处理神圣罗马帝国的事务而太过繁忙，无法关照其在东欧的事务，而奥地利的政客本应看到奥地利在东欧应获得的最大利益。约瑟夫二世宣布，他将遏制长期受欧洲诅咒的野蛮人，但在完成此计划前就病逝了。奥地利一直将精力放在自己与法兰西的斗争中。俄罗斯帝国在巴尔干半岛的影响力稳步增强，因为不管从种族方面还是从宗教方面来说，巴尔干半岛的人都与俄罗斯帝国凝心聚力。

19世纪初，塞尔维亚人发动起义，驱逐了土耳其人，并随后在匈牙利边境

---

① 近东问题或东方问题，是欧洲近代史上围绕奥斯曼土耳其帝国衰落出现的一连串政治及外交问题。近东问题并非单指一个问题，而是包括出现于18世纪、19世纪及20世纪的多个问题，其中包括奥斯曼土耳其帝国治下的欧洲地区的不稳定问题。——译者注
② 希腊革命，1821年到1832年，希腊革命者发起的成功反抗奥斯曼土耳其帝国的独立战争。希腊人后来得到俄罗斯帝国、英国、法兰西王国和其他几个欧洲国家的援助。——译者注

建立了一个独立公国①。不久,一部分希腊人聚集在希腊老城区,另一部分人则分散在从爱琴海到多瑙河的海岸,开始梦想自己的自由。克莱门斯·冯·梅特涅和他的主人弗朗茨二世觉得没有能力完成约瑟夫二世的计划,所以常常把所有敢于争取独立的人视为敌人。在莱巴赫会议②上,克莱门斯·冯·梅特涅费了很大力气才说服沙皇亚历山大一世相信革命运动存在风险。

亚历山大·伊普西兰蒂

---

① 此处指塞尔维亚公国,历史上存在于巴尔干地区的一个国家,在1804年到1817年塞尔维亚革命后成立。——译者注
② 莱巴赫会议,是特罗保会议的延续,因为两西西里王国的斐迪南四世被迫立宪,于是奥地利帝国首相克莱门斯·冯·梅特涅将会议移至莱巴赫(今斯洛文尼亚卢布尔雅那),听取斐迪南四世的申诉。根据1820年奥地利、俄罗斯及普鲁士签订的《特罗保条约》,各国应干预那不勒斯的革命。因此,斐迪南四世被邀请出席会议,以便共同落实干涉政策。——译者注

1821年3月29日，维也纳官方公报装模作样地宣布，亚历山大一世一点也不赞成亚历山大·伊普西兰蒂[①]的冒险行动，因此，就把这位革命家赶出了俄罗斯军队，并在君士坦丁堡法庭上否认了他的丰功伟绩。事实上，维也纳宫廷更直接地表达了自己对土耳其和希腊的情感。亚历山大·伊普西兰蒂一越过俄罗斯边境进入特兰西瓦尼亚，便立即被逮捕并被关进监狱，其大部分同伙也被拘留关押。在希腊革命中，克莱门斯·冯·梅特涅看到的只是一群反抗君主的反叛分子，而非希腊革命的支持者。许多反抗的臣民认为，通过驱逐土耳

罗伯特·斯图尔特

[①] 亚历山大·伊普西兰蒂（1792—1828），出身于显赫的法那尔希腊人家庭，多瑙河公国亲王，拿破仑战争时期曾在俄罗斯帝国军队中担任高级指挥官。后成为友谊社领导人之一，参与了对抗奥斯曼土耳其帝国的希腊独立战争。——译者注

其人,奥地利帝国可以扮演解放被压迫人民的光荣角色,也可以为自己在地中海建立一支强大的海军。必须承认,从某种程度上说,克莱门斯·冯·梅特涅反感希腊人,是基于对俄罗斯帝国的恐惧。克莱门斯·冯·梅特涅的首要任务是,竭力促成奥地利帝国和英国的友好关系。1821年,在前往汉诺威的途中,克莱门斯·冯·梅特涅与罗伯特·斯图尔特进行了会晤,并承诺会相互合作。英国将利用自己在圣彼得堡的影响力,奥地利帝国则会利用自己在君士坦丁堡的影响力,实现欧洲的稳定与和平。亚历山大一世首次对此做出让步,而出席维罗纳会议的希腊使者并未被接见。1823年,奥地利帝国皇帝弗朗茨一世和

卡尔·涅谢尔罗迭

亚历山大一世驾崩

俄罗斯帝国沙皇亚历山大一世在伦贝格会面,而克莱门斯·冯·梅特涅则与卡尔·涅谢尔罗迭也进行了一次长时间会谈。然而,希腊人不断取得的成功严重干扰了克莱门斯·冯·梅特涅的和平计划。此外,尽管亚历山大一世深受克莱门斯·冯·梅特涅的影响,却还是无法去忽视俄罗斯帝国的利益或其浪漫的人道主义思想。1824年,为了安抚希腊人,圣彼得堡召开了一次会议。奥地利帝国参与了圣彼得堡会议讨论,但倾向于将希腊问题搁置并阻止达成一个明确的解决方案。1825年12月,亚历山大一世的驾崩并没有让局势发生丝毫改变。沙皇继任者尼古拉一世表示,他愿意在多瑙河公国①和希腊边境规范问题上与奥斯曼土耳其帝国友好协商。多亏了奥地利帝国的干预,一切似乎都得到了圆满

---

① 多瑙河公国不是指一个国家,而是指当时摩尔多瓦、瓦拉几亚两个多瑙河沿岸的公国。瓦拉几亚指现在的罗马尼亚(地区),有时候这一概念也会将当时的塞尔维亚囊括在内。后来,摩尔多瓦并入苏联,罗马尼亚在凡尔赛和会上获得奥匈帝国(原属摩尔多瓦)的领土布科维纳及匈牙利王国东部的广大地区,两国均为独立国家。——译者注

解决。《奥格斯堡公报》写道:"那些致力于扰乱公众安宁的叛乱者的希望破灭了。君主应该联合起来,粉碎任何形式的革命,要放弃暂时的利益,坚持神圣联盟①体系。任何偏离此路线的政治家都是王权和人民的敌人。作为欧洲大陆的主要政治家,多年来,克莱门斯·冯·梅特涅主持的那些明智的会议一直都在维护欧洲的和平。克莱门斯·冯·梅特涅始终忠于自己,尽管遭到敌人的攻击,也依然坚持自己的原则,这回再次挫败了自由主义者的希望!"但就在克莱门斯·冯·梅特涅获得认可并享受这些赞美之词,并相信自己控制了欧洲时,俄罗斯帝国与英国的计划让他惨败。1826年4月,英俄两国在伦敦签署了《伦敦议定书》,同意为希腊人的利益干预冲突。与此同时,奥地利帝国因其政策含糊不清,在东欧贸易中大大受挫。希腊海盗袭击了奥地利帝国的商船,仅1826年一年就掠夺了二百艘奥地利商船。英国认可了希腊海盗的掠夺行为;奥地利帝国尽管对此未表态,不过,至少不得不承认希腊有权扣押载有战争违禁品的

纳瓦里诺海战

---

① 神圣联盟,指奥地利帝国、普鲁士王国和俄罗斯帝国等强国的联盟,在最终击败拿破仑·波拿巴后,于1815年9月26日在巴黎成立。——译者注

奥地利商船。1826年7月,法兰西同意了《伦敦议定书》。就这样,英、法、俄三国将舰队派往地中海以支援希腊。

1827年,纳瓦里诺海战①使克莱门斯·冯·梅特涅的希望遭受致命一击。欧洲坚决拥护希腊人的革命事业。1828年,俄土战争爆发,维也纳一片混乱,人人自危。奥地利帝国确信俄罗斯帝国对希腊革命的支持,因此,弗雷德里克·冯·根茨写信告知第三代斯坦厄伯爵查尔斯·斯坦厄普②,说尼古拉一世将向君士坦丁堡推进。但奥地利帝国既没有财力,又没有强大的军队和盟友来阻止事态发展。就连法兰西人也对奥地利帝国怀有敌意。法兰西国王查理十世宣布,如果尼古拉一世的军队向奥地利帝国发动攻击,他会静等战果,但如

俄罗斯帝国与奥斯曼土耳其帝国签订《亚德里亚堡条约》

---

① 纳瓦里诺海战,希腊民族解放革命时期(1821—1832),1827年10月20日在纳瓦里诺湾(伯罗奔尼撒半岛西南沿岸)爆发的海战。英、法、俄联合海军摧毁奥斯曼土耳其帝国和埃及的联合武装。这场海战是历史上最后一场完全以帆船作战的海战,因而著名。——译者注
② 第三代斯坦厄普伯爵查尔斯·斯坦厄普(1753—1816),英国政治家及发明家,发明斯坦厄普印刷机,该印刷机是生铁制造,比当时流行的木制印机更耐用。——译者注

果奥地利帝国发起攻击,他便会立即还击。然而,俄罗斯帝国在多瑙河和巴尔干地区遭遇了难以想象的困难。1829年9月,俄土战争结束,俄罗斯帝国与奥斯曼土耳其帝国签订了《亚德里亚堡条约》,该条约承认希腊独立,承认多瑙河公国归俄罗斯帝国管辖,从而大大损害了奥地利帝国的商业利益。

对奥地利帝国来说,奥斯曼土耳其帝国的失败是一场真正的灾难。维也纳内阁的威望受损,其在欧洲的大部分影响力也丧失了;毫无疑问,英国和俄罗斯帝国完全不需要依赖奥地利帝国。在外交界,维也纳政治家的狭隘思想受到公开谴责。因此,想要赢得弗朗茨二世和克莱门斯·冯·梅特涅的好感,只需公开反对现代的开明思想就够了。1821年,里斯本颁布了一部宪法[①]。克莱门斯·冯·梅特涅认为这有辱奥地利帝国的尊严。即便里斯本在遥远的大西洋沿岸,弗朗茨二世也认为这部宪法是一种威胁。因此,人们可以很容易理解1830年7月那场革命[②]在维也纳引起的恐惧。波兰发生的事[③]给奥地利帝国带来的危险更直接。在维也纳会议上,克莱门斯·冯·梅特涅曾抗议将华沙公国割让给俄罗斯帝国,而此时此刻,奥地利人因土耳其战役对俄罗斯帝国产生深深的怨恨。为争取民族独立,加利西亚人兴奋不已;由于害怕俄罗斯帝国的扩张,匈牙利人便称国家的未来会因莫斯科民族的发展而受到损害,因此,要求干预波兰的起义。斯拉夫人则因本种族之间的冲突而感到不安。甚至连一些德意志人,要么是有自由主义倾向,要么是因为宗教信仰,都更支持波兰。与对希腊问题的政策一样,维也纳内阁对波兰问题的政策也模棱两可。维也纳内阁派一支奥地利军队驻扎在加利西亚边境,以防波兰叛乱分子进入奥地利

---

① 19世纪20年代,葡萄牙开始宪政运动,1821年里斯本宣布颁布宪法,1822年则由一个选举产生的议会制定了葡萄牙历史上第一部宪法。——译者注
② 此处法法兰西七月革命,是1830年欧洲的革命浪潮的序曲。因为波旁王室的专制统治令经历过法兰西大革命的法兰西人难以忍受,所以他们群起反抗当时法兰西国王查理十世的统治。这次革命的成功是维也纳会议后欧洲革命运动的首次成功,鼓励了1830年及1831年欧洲各地的革命运动,标志了维也纳会议后由奥地利帝国首相克莱门斯·冯·梅特涅组织的保守力量未能抑制法兰西大革命后日益上扬的民族主义及自由主义浪潮。——译者注
③ 此处是指1830年到1831年俄罗斯帝国统治下的波兰人民争取民族独立的起义。——译者注

领土，同时防止武器被运至波兰。但克莱门斯·冯·梅特涅依然留在华沙，普鲁士王国则撤回军队。从外交礼仪角度来看，普鲁士王国的做法是正确的。克莱门斯·冯·梅特涅并没有宣布他打算像在意大利和西班牙那样镇压波兰叛乱分子。在《奥格斯堡公报》中，弗雷德里克·冯·根茨甚至同情这些叛乱者。在维也纳政界，一位奥地利大公甚至在谈论波兰的王位问题。当波兰人民起义达到高潮时，克莱门斯·冯·梅特涅提出调解，但立即遭到拒绝。俄罗斯帝国对待波兰就如同征服者对待被征服者一样。

教皇格列高利十六世

与此同时，意大利再次爆发骚乱。1831年2月，帕尔马和摩德纳的人民反抗奥地利君主。奥地利帝国担心革命会延伸到伦巴第和威尼斯。这两个地方可是奥地利帝国自1815年以来占领的意大利肥沃的省，其年收入可达五千七百万到五千八百万美元。考虑到这一点，奥地利军队进入摩德纳和帕尔马，并占领了使馆。但由于遭到法兰西王国的抗议，奥地利军队很快就被迫放弃了这些使馆。然而，1832年，意大利的叛乱再次爆发。应教皇格列高利十六世的请求，奥地利军队再次进入教皇领地。法兰西军队则占领了安科纳。就这样，奥地利帝国继续推行其错误政策，加紧控制排斥它的意大利，暂时把波兰抛掷一边。如果波希米亚和匈牙利的雅盖隆家族的继承人够聪明，能勾起人们对过去传统的回忆，激起波兰天主教教徒的感情，并唤起人们对古老的三国联盟的回忆，波兰也许会非常热情地接受奥地利帝国。在德意志，尽管克莱门斯·冯·梅特涅具有很大的影响力，但并不能影响每个国家和每位君主。克莱门斯·冯·梅特涅不止一次抱怨各国政府的软弱，抱怨他们在人民发生叛乱后接受人民强加给他们的法律，并抱怨各国人民因"七月革命"的误导而犯了错误。至于那些君主，则不得不忍辱妥协，还要心情愉悦地向这位有权势的大臣求助，而克莱门斯·冯·梅特涅也确实维护了他们的利益。

俄罗斯、奥地利和普鲁士三个宫廷之间召开了许多类似于莱巴赫和特罗保会议的联盟会议。1833年9月，俄、奥、普三国君主在慕尼黑城堡举行会谈并签署了一项条约，该条约再次确认了三国联盟——也许是更好地证明了这三位君主的阴谋。按照该条约，任何政治难民都不会在这三个国家得到庇护，所有逃犯都要被移交。针对法兰西再次出现的自由主义精神，条约规定要采取预防措施。万一法兰西政府无法镇压国内各种反对外国的革命起义，三位君主则保留干涉的权力。然而，奥地利帝国虽然在国际事务中采取了强硬政策，但很快就发现自己对境内事态的发展无能为力。

奥地利帝国的财政状况很严峻，尽管弗朗茨二世和克莱门斯·冯·梅特涅努力压制新的政治思想，但最严重的问题还是出现了。奥地利帝国为作为欧洲

约翰·菲利普·施塔迪翁

的仲裁者和欧洲旧秩序的恢复者这份荣耀付出了高昂的代价。1811年,奥地利政府公布的一份文件直接宣告奥地利帝国破产。1813年发行的四千五百万张预期钞并没有减轻纸币发行带来的压力。奥地利财政大臣约翰·菲利普·施塔迪翁被要求重新整顿国家财政,但他发现整顿任务举步维艰。1815年的远征费用已由一笔五千万英镑的贷款支付,而政府支付的金额还不足四千万英镑。征税金额不断增长,直到把纳税人压得喘不过气来。奥地利帝国从反对拿破仑·波拿巴的战争中得到了近五千万弗罗林的赔偿。从1792年到1814年,补偿金总额超过了一千一百万英镑。为了使收支平衡,奥地利政府需要一笔新的贷款,但奥地利政治家可能没意识到发起新贷款的重要性。约翰·菲利普·施塔迪翁制订了一项计划来解决这些麻烦。奥地利政府不再发行纸币，开始设立奥地利国家银行，负责管理战争赔偿中形成的一笔偿债基金。但这家银行的纸币并没有得到人们的认可，而是落入股票经纪人之手。因此，奥地利政府必须尝试其他计划，增加新贷款以偿还旧贷款。正在这时，维也纳的著名银行——巴林银行、拉布谢尔银行、教区银行、罗斯柴尔德家族银行——开始崛起，并开始在每个欧洲国家发挥重要作用。人们非常形象地形容维也纳是金融界的中心，管理着整个欧洲的公共债务，就好像管理自己的私人财产一样。

匈牙利王国从不愿意接受任何国家的税收制度。直到1827年奥地利帝国在每个省的边界都设立了关税机构，匈牙利王国才迫不得已接受奥地利帝国的税收制度。这种严格的关税制度使匈牙利王国内的所有行业陷入瘫痪之中。从经济角度来看，弗朗茨二世统治时期最重要的事是在的里雅斯特成立了奥地利劳埃德公司，该公司已成为一家重要的海上航运公司。

我们已论述压在奥地利每个人身上的压迫制度。一名监察官负责监视公民的生活，新闻审查制度使每个舆论都要接受审查。信仰自由受到限制，让人非常恼火。公共教育完全掌握在神职人员手中；任何人不允许去外国大学学习，奥地利政府拒不承认议会的权力。然而，尽管如此，公众舆论正形成一股不可抗拒的力量使奥地利缓缓朝自由迈进。

第 26 章

匈牙利王国和斯拉夫人的国家

(1790 年到 1835 年)

约瑟夫二世留给匈牙利的是一种充满暴力的亢奋状态。佩斯议会宣布哈布斯堡-洛林王朝正日趋衰落,其他人也预言哈布斯堡-洛林王朝会继续衰落,因此,匈牙利人希望新君主利奥波德二世会还匈牙利以自由。匈牙利人一致同意召开议会,这终于使他们长期压抑的愿望表达了出来。一度使法兰西遭受动荡的革命精神已传到匈牙利人这里,但这种精神在法兰西和匈牙利之间存在显著差别:在法兰西,革命是以平等的名义进行的;在匈牙利,享有国家政治权力的只有大贵族和小贵族。这些大小贵族以自由的名义要求享有特权,而这些特权与1789年法兰西大革命带来的民主思想很大程度上完全背离。"一些议会甚至称,有机会要求享有特权的不是农民,而是领主。因此,帮助贵族实施他们享有的特权很有必要,而不是制定法规来解除农奴制度。其他人则把这种观点视为一种教义,并称上帝已有安排,即应该存在国王、贵族和农奴。"在最近的改革中,唯一受到匈牙利人欢迎的就是对新教教徒的宽容,而在新教教徒中小贵族占了大部分。

然而,一个致力于激发群众的民主党派正在逐步形成,利奥波德二世就是在这种情况下决定召开匈牙利议会的。在布达城堡,匈牙利议会召开了预备会议。"啊,幸运的一天! 复活之日!"诗人鲍罗蒂·绍博·达维德写道,"我听到了母语,古老的习俗让我高兴。"诗人佩奥泽利在诗中呐喊,"我们发誓,只要阿提拉的血还在我们的血液里流淌,只要马扎尔的名字依然存在,这一天在我们的记忆中将永远神圣!"在两个议院里,贵族自然占多数。从预备会议一召开,就有人提出严厉指控。一些人指控国王叛国,另一些人要求匈牙利王国在外交事务上实现完全独立,要求在君士坦丁堡派驻一名匈牙利大使,要求在和平时期匈牙利军队应驻扎在匈牙利,并仅由当地军官指挥。

利奥波德二世拥护《国事诏书》,拒绝承认与匈牙利王国达成的其他任何协议,并于1790年11月15日加冕为匈牙利国王。利奥波德二世做了更多工作:恢复巴拉丁伯爵职务,让匈牙利议会选举儿子——年幼的亚历山大·利奥波德[①]

亚历山大·利奥波德

---

① 亚历山大·利奥波德(1772—1795),匈牙利巴拉丁伯爵,神圣罗马皇帝利奥波德二世的第四子。——译者注

为巴拉丁伯爵。亚历山大·利奥波德只不过徒有虚名,年幼的他不可能为了捍卫匈牙利王国的权利费力对抗父亲利奥波德二世。然而,其弟弟约瑟夫[①]一被选为巴拉丁伯爵,匈牙利人就立即兴奋起来。匈牙利议会发布的措施表达了匈牙利人的愿望。圣斯蒂芬王冠将留在布达;国王将不定期在匈牙利居住。然而,在有关匈牙利事务方面,国王只与匈牙利王国的顾问进行磋商,不会将其他国家的法律应用于匈牙利。匈牙利议会至少每三年召开一次,并单独拥有立法权、经费支出权和征兵权。这些重大决定是通过一项保障信仰自由的法案得以确立的。与约瑟夫二世时确立的法案相比,该法案确立的基础更加自由。

然而,尽管匈牙利新获得了一些权力,但有一个更加棘手的问题就是如何改善下层农民、农奴、巴纳特的塞尔维亚人和自由城市市民的生活。匈牙利贵族不愿放弃特权,而反对贵族的正是倡导自由主义的利奥波德二世。匈牙利议会赋予农民更换住所的权利,但拒绝废除体罚。大部分城市资产阶级都是外国人。这些资产阶级现在开始响应法兰西大革命带来的民主思想,要求允许他们担任公职,并在议会中享有真正的代表权。利奥波德二世尽一切所能调和资产阶级与贵族之间的利益,并尽力保护塞尔维亚人,授予其在议会与集会上讨论自己利益的权利。一个塞尔维亚大法官法庭成立了,尽管遭到匈牙利人的反对;东正教也得到认可。才刚刚赢得民心的利奥波德二世,在国家急需他时,却突然驾崩了。

当法兰西向弗朗茨二世宣战时,匈牙利贵族立刻表示愿意支持弗朗茨二世。这些匈牙利贵族渴望有人带领他们攻击塞纳河畔的革命者和民主派。然而,弗朗茨二世愚昧无知,大臣约翰·阿马德乌斯·冯·图格特男爵更是迂腐不堪,渐渐地,弗朗茨二世不再像登基时那样受欢迎。审查制度,再加上特别是匈牙利天主教对新教教徒的迫害,引起了匈牙利人的不满。匈牙利王国拥护法兰西大革命的人与日俱增,有些人甚至以一种流行的教义问答手册形式来传播

[①] 即奥地利的约瑟夫大公(1776—1847),1796年,他被封为匈牙利的巴拉丁伯爵。——译者注

亚诺什·鲍恰尼

法兰西大革命所宣传的民主思想。这些人和许多同谋都被逮捕。五十名被控叛国罪的公民被关在布达城堡。很难证明这是一场阴谋，但被指控者的作品显示了对王室和贵族的敌意。这些被指控者中有一个叫亚诺什·鲍恰尼的人，翻译了《马赛曲》。被指控者中有五人被判死刑，于1795年5月被处决。还有一些人，其中包括亚诺什·鲍恰尼，被关在蒂罗尔的库夫施泰因城堡。这些人的大部分作品都被刽子手烧毁了，其中包括《马赛曲》的译本。这位法兰西大革命赞美诗的译者亚诺什·鲍恰尼因翻译了《马赛曲》而被判九年监禁。

在奥地利军队中，匈牙利贵族获得了重要指挥权，1796年的匈牙利议会投票通过了贵族可以加入奥地利军队。匈牙利王国给奥地利帝国派了一些优秀的将军，如著名的约瑟夫·奥尔温齐，与此同时，匈牙利的诗人也在法兰西大革命战争中鼓励同胞。在《坎波福尔米奥条约》签订前，匈牙利王国已经失去十多万人和三千万弗罗林。这个国家，人力、物力皆已耗尽，土地遭到严重破坏，已经沦落到悲惨的境地。外交事务蒙蔽了匈牙利人的眼睛，使他们看不到王国的真正利益。1796年，匈牙利召开的议会只考虑了军队的补偿问题。

1802年，匈牙利议会不得不面临非常严峻的问题。该问题涉及海关规章制度的改革，因此，会对国家经济利益带来不利影响。然而，奥地利政府更关心和平时期使匈牙利军队处于备战状态的问题，其中涉及一百万弗罗林的军队补偿。匈牙利向奥地利帝国提供两种性质的部队：正规军和起义军，起义军实际上是在法兰西大革命后发起。匈牙利政府急于以牺牲起义军为代价来加强正规军，并希望议会放弃支持临时起义军。然而，匈牙利政府失败了，不过在和平时期它确实成功地做到了每年征募士兵六千人，并在战争时期每年征募一万二千人。这些士兵承担了履行十年兵役的义务。与此同时，匈牙利政府还获得了两百万美元的战争预算款。匈牙利议会试图将达尔马提亚并入匈牙利王国，但没有成功。关于贵族特权的争论再次表明，匈牙利贵族阶层在依附特权方面是多么顽固，在平等思想已经传遍整个欧洲之际，这个阶层竟然完全没有受平等思想的影响。统治阶级的自私自利是为了很好地维护王室的利益，当王室最终想要遏制贵族时，得到了人民特别是中产阶层的支持。

匈牙利政府继续推行其德意志化政策。佩斯的德意志剧院得到了很多资助。与此同时，一腔热血的匈牙利诗人，以其优秀的作品为匈牙利语的发展奠定了坚实的基础，如米哈伊·乔科瑙伊、韦尔谢吉·费伦茨、丹尼尔·拜尔热尼，尤其是不朽的卡罗伊·基什法卢迪①。这些作品成了西欧诗歌中最优秀的作品之一。1802年匈牙利议会后，这一时期，对匈牙利王国来说，最重要的事是奥地利帝国皇帝正式头衔的确立。这深深地伤害了匈牙利人的感情，尽管弗朗茨二世保证这不会改变各国之间的关系。此后，匈牙利圣斯蒂芬王冠的荣誉就属于

---

① 卡罗伊·基什法卢迪（1788—1830），匈牙利剧作家、艺术家，国家戏剧的创始人，尚多尔·基什法卢迪的弟弟。——译者注

奥地利帝国了。然而，马扎尔人从来都忠诚于匈牙利王国；乌尔姆沦陷后，拿破仑·波拿巴到达维也纳，匈牙利议会不愿为其效劳。匈牙利贵族仍忠诚于世袭王朝。尽管如此，匈牙利议会还是不同意政府要求的大规模征税。匈牙利议会要求允许使用匈牙利语，特别是匈牙利议会有使用匈牙利语与维也纳官方进行联络的权利。匈牙利边境很快就被法兰西军队占领了。拿破仑·波拿巴的军队在维也纳，意大利军队驻扎在奥地利的拉布。但巴拉丁伯爵约瑟夫不希望匈牙利王国受到侵犯，便撤到布达佩斯，把圣斯蒂芬王冠送往蒙卡奇，让帕尔菲将军留在普雷斯堡，等待拿破仑·波拿巴下令，让匈牙利王国保持中立。法兰西元帅路易-尼古拉·达武欣然同意占领普雷斯堡，并且未下令向居民索要任何东西。与此同时，从拿破仑·波拿巴与巴拉丁伯爵约瑟夫来往书信可以看出，拿破仑·波拿巴已下令研究并利用匈牙利人对奥地利政府的不满。

  1807年，匈牙利议会致力于解决内务问题，匈牙利政府则尽一切努力获取供给支持，以防未来与奥地利帝国发生战争。匈牙利政府要求征税，税额要永久固定，并且为军事需要设立特别关税。但下议院拒绝常规征税，称匈牙利王国有权按自己的意愿派遣或保留士兵。大权贵从表面上看更倾向于和解，也更愿意做出经济上的牺牲。该议院把贵族、商人和资产阶级六分之一的收入及所有不动产的百分之一贡献出来。在定期征税问题上，冲突异常激烈。匈牙利各郡议会同意处理匈牙利王国与奥地利帝国之间的冲突问题，但匈牙利议会仍不愿交付对临时起义军的支配权。在此次匈牙利议会上，参与匈牙利独立运动的匈牙利演说家保罗·纳吉第一次登上历史舞台。尽管匈牙利宫廷对匈牙利议会提出抗议，但匈牙利议会仍积极维护匈牙利在奥地利帝国中的自治地位。

  为了获得匈牙利人的同情，弗朗茨二世决定为新皇后，即第三任妻子玛丽亚·卢多维卡①加冕。这种加冕仪式总能让匈牙利人异常兴奋，也总能给奥地

---

① 玛丽亚·卢多维卡（1787—1816），生于意大利北部的米兰公国，父亲是奥地利女大公玛丽亚·特蕾莎的第四子，即奥地利-埃斯特大公斐迪南·卡尔，母亲是摩德纳公爵埃尔科莱三世·埃斯特的女儿玛丽亚·贝亚特里切。——译者注

玛丽亚·卢多维卡

利君主带来利益。然而此时,拿破仑·波拿巴对西班牙的战争使匈牙利贵族非常愤慨。

在1809年弗朗茨二世再次对法战争中,匈牙利议会在之前一万二千名士兵的基础上又征兵两万名,并下令起义。诗人沃斯基·费伦茨和卡罗伊·基什法卢迪号召匈牙利人武装起来。那些显赫的匈牙利贵族也做出了巨大牺牲。尼古拉·埃斯泰尔哈吉提供了两百匹马,考洛乔大主教提供了一百二十匹马。1809年5月1日,当玛丽亚·卢多维卡和准继承人①离开受法兰西人威胁的维也纳,到

---

① 指后来的奥地利皇帝斐迪南一世,1835年继承皇位。——译者注

布达的城堡寻求庇护时，匈牙利人的反法情绪更加高涨。拿破仑·波拿巴从未正确估计过匈牙利的公众情绪，因此，认为现在是时候把匈牙利王国从奥地利帝国分离出去，使它遭受沉重一击了。在申布伦宫，拿破仑·波拿巴向匈牙利人发表了一项公告。随后，该公告立即传遍整个匈牙利王国。诗人亚诺什·鲍恰尼翻译了这篇公告，而不久前，他还被关在库夫施泰因监狱，并在此遇见了被奥地利人逮捕的法兰西共和国大使于格-贝尔纳·马雷。于格-贝尔纳·马雷现在是巴萨诺公爵，也是拿破仑·波拿巴的外交大臣，现在在维也纳又见到了被囚禁的老朋友亚诺什·鲍恰尼，而这位老朋友义不容辞地帮他起草公告，并亲自翻译了原文。

"匈牙利啊！"公告说，"向我宣战的是奥地利皇帝，不是匈牙利国王。你一贯的防御体系和你曾在议会上采取的措施表明，你希望维持和平。现在是你恢复独立的时候了。如果你认为匈牙利独立符合时代和匈牙利人的利益，我就为你提供和平、提供领土的完整、提供自由和法律，不管这种和平、领土的完整、自由和法律是已经存在的，还是已经改进的。我不需要从你那里获得任何东西，只希望看到你成为一个自由而独立的国家。你与奥地利帝国联合是你的不幸。在遥远的国家，你的鲜血为奥地利帝国而流，你的切身利益不断为世袭国家的利益而牺牲。你是奥地利帝国最优秀的一部分，但你只是一个省，总是受制于奥地利帝国。

"你有自己的民族习惯和语言；你为自己辉煌古老的历史而自豪：恢复你的民族存在感吧。你要亲自选一个国王，只做你的王，住在你的人民中间，并且周围只有你的人民和兵丁。匈牙利人啊！整个欧洲都在注视你们，这就是整个欧洲对你们的要求，也是我对你们的要求。如果你们不希望辜负祖先和自己，长久的和平、稳定的商业关系和有保障的独立，就是将要给你们的奖赏。你们不会拒绝这样慷慨大方的提议，你们不会为软弱无能的君主浪费自己的鲜血，不会总被腐败的大臣奴役，然后被卖到英国。你们要依照祖先的方式，在拉科什地区召开国民议会并告诉我你们的决议。"

约翰大公

  这份公告尽管有无可争辩的说服力，但没有给匈牙利人留下什么印象。起义军拿起武器，在拉布会集。约翰大公率领的这支队伍装备简陋，驻扎于一处兵营，此兵营防御牢固。然而，强大的法兰西军队大炮和地形崎岖的沼泽地带，使匈牙利骑兵的英勇无处施展，拉布被攻占了。奥地利人毫不留情地嘲笑这些在自己国土上被打败的优秀士兵。在这一小插曲后，奥地利帝国仍需要四万名匈牙利士兵。很快，匈牙利人纷纷自愿入伍，去增援卡尔大公的军队。此外，匈牙利王国饱受征召和军事暴行之苦，这是匈牙利士兵不愿回忆起的。《维也纳条约》把克罗地亚的部分地区从匈牙利王国分离出去，这个错误举措使匈牙利人非常不满。

  匈牙利人毫不犹豫地为奥地利帝国而战，但不愿接受维也纳政府为解决匈牙利糟糕财政状况采取的糟糕措施。在巴拉丁伯爵约瑟夫的支持下，弗朗茨二世开始采取强制手段。拒不服从的议员代表被召集起来，其中一个代表约瑟夫·德塞夫维还被排除在了匈牙利议会之外。最后，这些议员代表不得不屈服于武力。总之，匈牙利人虽然对奥地利帝国忠诚，却并没有得到什么回报。

然而，匈牙利为1813年到1814年的战役提供了一支数目庞大的英勇特遣队——这支队伍战斗时没有丝毫热情。这次，诗人和评论家既没有颂扬反抗欧洲暴君拿破仑·波拿巴的第六次反法同盟战争，也没有庆祝奥地利军队的胜利。有人对弗朗茨二世说："我们很高兴，陛下获得了胜利；战争的胜利将允许您考虑一下您的臣民的福利。到目前为止，对敌人的恐惧阻止您实现所有愿望。"匈牙利更多的是为奥地利哈布斯堡王朝而战，而非为自己的独立而战。匈牙利推迟了对涉及自己特殊利益问题的讨论；它兴高采烈地欢呼和平，希望弗朗茨二世最终能对忠诚的匈牙利人感兴趣——这种幻想并没有持续多久。

1815年后，曾有一段时间，弗朗茨二世拒绝召开匈牙利议会。当克尔切伊·费伦茨[①]、裴多菲·山多尔[②]和卡罗伊·基什福卢迪[③]等诗人试图复兴匈牙利的古老荣耀时，维也纳政府却努力通过审查制度来抑制匈牙利公众精神的发展。由于没有匈牙利议会，匈牙利人转而求助于各郡集会，比如监狱集会就进行了不卑不亢的抗议。该集会发表声明："我们确信，严格审查我们的文学似乎对国王陛下的政府有利。对当代发生的事一无所知，也许能使我们更容易行使主权。我们只需问问，铁血男儿能否忍受这样的压迫？我们到底犯了什么罪？为什么文明之源对我们关闭？为什么我们要与人类社会隔绝？"

面对匈牙利贵族这样顽强的敌人，政府不可能无限期推迟匈牙利议会的召开。佩斯的皇家法庭发现，如果没有得到国家的法律认可，它就无权进行管

---

① 克尔切伊·费伦茨（1790—1838），匈牙利诗人、评论家、演说家，匈牙利国歌《天佑匈牙利人》的作词人。——译者注
② 裴多菲·山多尔（1823—1849），匈牙利爱国诗人和英雄，自由主义革命者。他被认为是匈牙利民族文学的奠基人，1848年匈牙利革命的重要人物之一，同时是匈牙利著名的爱国歌曲《民族之歌》的作者。——译者注
③ 卡罗伊·基什福卢迪（1788—1830），匈牙利剧作家、艺术家，国家戏剧的创始人。——译者注

巴拉丁伯爵约瑟夫

理。巴拉丁伯爵约瑟夫任职多年,多少受匈牙利人自治思想的影响。现在,奥地利帝国需要匈牙利军队去攻占意大利。弗朗茨二世试图讨好匈牙利人,因此,便在1820年的军事检阅后发表了一次演讲。在演讲中,弗朗茨二世告诉匈牙利人,当全世界其他人放弃旧制度去寻求新政府形式时,他们则拥有一部"人人热爱并会保存传达给继任者"的宪法。然而,这次演讲并没有对匈牙利人产生什么影响。匈牙利议会拒绝纳税,也不提供士兵,甚至在弗朗茨二世用皇家行政人员替换匈牙利官员后,表现得更抵制——所有官员都辞职了。地方法官甚至拒绝处理从维也纳送来的叛国罪起诉案件。

现在看来,通过国民议会来加强王室权威似乎是最好的办法,匈牙利王国议会(1825年到1829年)于1825年9月11日在普雷斯堡召开,标志着匈牙利宪法在历史上迈出了重要一步。弗朗茨二世在演讲中再次承诺遵守宪法,并将宪法完整地传给继承人,同时没有忽视在匈牙利一直享有很高威望的仪式,即

巴伐利亚的卡罗琳·奥古丝塔

将第四任妻子——巴伐利亚的卡罗琳·奥古丝塔加冕为皇后。在匈牙利王国议会议员代表中，有来自上议院的被称为"伟大的马扎尔人"的塞切尼·伊什特万[①]，还有来自下议院的保罗·纳吉。保罗·纳吉口才雄辩，使他在王国议会中声名显赫，还有佐洛郡的年轻辩护律师戴阿克·费伦茨。审议工作嘈杂混乱，也许不如哈布斯堡家族希望的那么顺利。人们对政府的暴行、王室官员的不法勾当、侵犯个人自由的行为及王国议会的长期休会统统加以指责。当时，聚集在一起的匈牙利人用蹩脚的拉丁语指责这些行为。哈布斯堡家族听到了一些残酷的事实。激进的演说者甚至称哈布斯堡家族一直都是匈牙利王国的敌人，弗朗茨二世不得不迎合这些匈牙利人，并声明自己无意违背宪法。匈牙利人要

[①] 塞切尼·伊什特万（1791—1860），匈牙利政治家，政治理论家和作家。他被认为是匈牙利历史上最伟大的政治家之一，被许多匈牙利人称为"最伟大的匈牙利人"。——译者注

求为自己的王国再增加一些曾属于它的领土，如达尔马提亚，但没人理会他们。1811年和1816年实施的财政措施让匈牙利人议论纷纷。匈牙利王国议会带来的重要的结果之一就是马扎尔语和文学的发展。塞切尼·伊什特万使用民族语言在论坛小报上发表文章，并为匈牙利学院的建立捐了六万弗罗林。一个民族剧院在佩斯成立。身为作家的塞切尼·伊什特万丝毫不亚于一个雄辩的演说家。他答应向匈牙利人揭示经济真相，他那些关于"信贷"的书具有划时代的意义。属于大权贵的旧世界在现代思想力量的冲击下崩溃了。1830年之后的岁月里，许多重要的工程相继涌现，如在佩斯修建的桥梁和在布达修建的隧道。此外，国家还管控了蒂萨河航线。

  为了使匈牙利人与自己更紧密地联系在一起，弗朗茨二世在有生之年，为其继任者未来的斐迪南一世举行了加冕仪式。七月革命后，弗朗茨二世需要对匈牙利的全部军力做出调整，于是召开匈牙利议会并决定再次征兵。匈牙利议会允许征兵两万人，但只在奥地利哈布斯堡王朝受到直接攻击的情况下才可征兵。1833年，匈牙利议会不得不处理一些重大问题。这次，匈牙利议会不仅要处理贵族与君主、税收与宪法的关系，还要处理解放农民和国家经济发展之间的问题。匈牙利贵族热衷于维护自己的利益，在与农民的关系中总是表现出一种可恨的利己主义。这给奥地利政府管理匈牙利农民提供了一个很好的机会。可怕的农民起义军不止一次地使鲜血沾染各省，如1831年霍乱爆发时，萨罗斯①的农民屠杀了一些被指控在水井里下毒的领主。弗朗茨二世邀请匈牙利议会讨论一项他发起的土地改革措施。下议院同意了这个项目。戴阿克·费伦茨、巴洛格和科莱泽大谈自由和人的尊严，但由大贵族组成的上议院反对这种自由思想，绝不允许在匈牙利进行土地改革。匈牙利议会讨论延期两年，才确定某些改革方案。此后，农民不再受领主管辖，领主既是案件的主审人，又是案件的当事人；领主不能再下令逮捕农民；农民有权出售他们的用益物权后

---

① 萨罗斯是匈牙利王国的一个行政县，位于现在斯洛伐克东北部。——译者注

离开土地，有权在不打破封建束缚的情况下，通过与领主达成协议而取得财产；最后，农民不用自己承担议会参会费用了，参会费在之前都由农民自己支付。这是迈向税收平等的第一步，但古老的马扎尔人精神对这种平等深恶痛绝。当塞切尼·伊什特万得知贵族和自耕农都要缴纳佩斯新桥的通行费时，这种改革便成了一件大事。匈牙利王国的最高法官齐拉基含泪宣布他将永远不会从此桥通过，因为对他来说，这座桥象征着昔日国家宪法的消亡。

1833年匈牙利议会的召开标志着匈牙利语进入了议会生活。下议院强迫上议院使用匈牙利语作为交际用语。此时，一位支持匈牙利语的年轻人拉约什·科苏特①用匈牙利语编辑了一份《议会公报》。为了逃避审查，该报只能秘

拉约什·科苏特

---

① 拉约什·科苏特（1802—1894），匈牙利革命家、政治家，匈牙利民族英雄，1848年革命领导人，担任革命中独立的匈牙利共和国元首。革命失败后，被迫流亡海外。——译者注

密分发，从而使全国都对议会辩论产生了兴趣；议会还把围绕普雷斯堡的诸多政治辩论带出匈牙利王国。其中一些议会辩论涉及波兰事务。波兰革命虽然失败了，但激起了许多匈牙利人的同情。当一些在法兰西的波兰难民试图让匈牙利议会干预波兰事务时，议会公报上发表了许多激烈的言论，一位演说家甚至指责政府雇佣匈牙利士兵来压迫意大利爱国者。为了避免外交出现问题，匈牙利王国得仰仗巴拉丁伯爵约瑟夫的机敏和声望了。从某种程度上说，1830年的华沙革命[①]为1848年的佩斯革命做好了准备。

  1825年到1835年，奥地利帝国其他省的历史当然没有匈牙利历史那么有趣，因为匈牙利有王国议会和郡议会，有雄辩的讲坛及落后思想与自由思想的永恒冲突。然而，一个民族的生活方式并不完全体现在其官方呈现的形式上，有时也会在某个突然爆发的舆论中得以展现。对奥地利的斯拉夫人来说，他们在19世纪的头三十年取得的成就并不比马扎尔人取得的成就低。利奥波德二世在执政之初就召开了波希米亚议会。波希米亚议会给他一份长长的诉说冤情的备忘录，要求废除前两任国王通过的所有措施，因为这些措施损害了波希米亚王国与教会机构的权利；波希米亚议会还要求参与立法权，该立法权曾在1627年被斐迪南二世的新宪法剥夺。虽然利奥波德二世做了一些让步，但没有什么能削弱中央势力具有的权威。波希米亚议会只恢复了征税和安排征税事宜的权力及讨论君主提出的法律的权力。常设议会重新设立，但权力有限。圣瓦茨拉夫王冠被送回布拉格，利奥波德二世通过为自己加冕来表达对历史传统的敬意，他的继任者弗朗茨二世和斐迪南一世就是这样做的。的确，约瑟夫二世是唯一一个打破这个古老习俗的国王。

  波希米亚议会恢复特权的努力只是18世纪末开始的知识分子运动[②]的一

---

① 1830年到1831年，俄罗斯帝国统治下的波兰人为争取民族独立在华沙起义，后被俄罗斯军队血腥镇压。——译者注
② 18世纪末，法兰西资产阶级革命推动了匈牙利的民族民主运动。匈牙利先进的知识分子以雅各宾派的方式建立秘密团体，准备发动革命，建立资产阶级共和国，但未能成功。——译者注

次尽力尝试。1774年，波希米亚残余贵族代表之一——金斯基伯爵弗朗茨·约瑟夫，在一本德意志手册中鼓励波希米亚人要保持和发展民族语言。一些有责任心的历史学家，如佩塞尔、弗雷德·唐纳和弗兰克·普罗查斯卡，开始研究波希米亚的早期历史。1784年，波希米亚科学皇家学会得以成立。对考古学的兴趣引发人们对语言学的研究。人们不能再轻视任何一种语言，因为人们发现，语言本身具有一种奇特的天赋，蕴含着丰富的文学性，从亚得里亚海到北极之间众多说斯拉夫语的群体之间有着密切的联系。1793年，布拉格大学设立了捷克语讲座，而就在不久前，约瑟夫二世还下令所有的教学都要说德语。伟大的语言学家费奥多尔·陀思妥耶夫斯基[①]写的游记和著作为斯拉夫比较语言学奠

费奥多尔·陀思妥耶夫斯基

[①] 费奥多尔·陀思妥耶夫斯基（1821—1881），俄罗斯小说家、哲学家、短篇小说作家、散文家和记者。——译者注

定了基础。语言学先驱曾把捷克语当作一种死气沉沉的语言。现在，年轻的诗人赋予这种语言以生命，并通过这种语言来表达他们的爱国情怀。卡什帕·马里亚·冯·施特恩贝格伯爵慷慨解囊，于1818年在布拉格建立了波希米亚博物馆，博物馆内的珍贵收藏品引起了人们的极大兴趣。

人们深入研究档案和图书，从中发现了中世纪诗歌，如《莉布丝的审判》和《克拉洛韦-德沃尔的手稿》，并非常欣赏这些诗歌。这些诗歌的真实性一直受到质疑，但无论真假，可以肯定的是，这些诗歌产生了巨大的影响，与当时的公众情绪非常契合。"向德意志人寻求正义是可耻的，"《莉布丝的审判》这样写道，"因为正义是先前由我们的祖先在这些国家实施的法律决定的。"《克拉洛夫-德沃尔的手稿》写道："陌生人强行进入我们的领地，用外语命令我们，强迫我们的妻子和孩子从早到晚地做事情。"

波希米亚人认识到，仅凭一己之力无法同时与奥地利帝国和普鲁士王国抗衡，但如果能与普鲁士王国结盟，就能共同对抗斯拉夫人联盟。说捷克语的人至少有五六百万，并且说这种语言的人还可以同使用亲属语言如俄语、波兰语、克罗地亚语和说塞尔维亚语的人保持联系。斯拉夫人的这种联盟成了波希米亚爱国者的口号，并大大增强了他们的力量。诗人扬·科拉尔在一本宣传手册中就歌颂过这一联盟。扬·科拉尔这首献给其种族的伟大诗篇叫《斯拉夫人的女儿或荣耀的女儿（1824年）》。

扬·科拉尔歌颂道："重生之后，我们进入了一片大沙漠，天堂还没有使这片沙漠变得富饶；罗马人和德意志人踏出了一条大道，而我们慢腾腾地跟在后面；但我们是一个年轻的民族，我们知道别人做了什么，而他人不知道我们将来会在人类历史上扮演什么角色。我们不希望没有付出汗水和劳动就获得从天而降的胜利。"扬·科拉尔又在另一首诗中唤起了人们对易北河斯拉夫人悲惨命运的回忆："它就在那里！我泪流满面地看到，那片广阔的土地，曾是一个伟大国家摇篮的土地，现在却成了坟墓……从前，从易北河到波罗的海回响着一种伟大又铿锵有力的语言。为什么人们再也听不到这种语言了？你太可耻了，忌妒又贪婪的德意志人。你曾使我们的鲜血奔涌而出，现在却不断向我们倾泻诽谤的洪流，并希望以此淹没我们对过去的记忆。只有值得拥有自由的人才懂得尊重一切自由。把奴隶关在铁笼里的，自己就是奴隶。"

波希米亚人因自己被德意志人侵略和殖民而感到羞愧。"那么，在田野里奔跑的那个年轻漂亮的姑娘又是谁？她穿着一件用各种材料拼接的袍子，一定很穷吧。我们的波希米亚到处是外国移民。"最后，扬·科拉尔呼吁斯拉夫人形成一个目标明确的联盟，"团结起来吧，俄罗斯人、塞尔维亚人、波希米亚人、波兰人……从阿索斯山到波美拉尼亚，从西里西亚的田野到科索沃平原，从君士坦丁堡到伏尔加河，无论在哪里听到斯拉夫语，都让我们彼此拥抱，并为我们广大的斯拉夫群体欢呼吧！相信我，兄弟们，我们拥有能确保一个伟大民族延续下去的一切。大陆和海洋在我们脚下延伸；金银财宝，强壮有力的臂膀，丰富有力的语言——我们拥有一切，除了和谐与自由。"在坚持不懈地追

扬·科拉尔

求统一梦想后,扬·科拉尔为新斯拉夫描绘了一幅生动的画面:"我已说过千百遍,今天我要再对你们呼喊一遍,啊,四分五裂的斯拉夫人,团结起来吧,不要再做孤立的群体,团结起来吧,否则就什么也不是。啊,当我的精神动摇时,我不止一次说过,如果我们的斯拉夫人只有金、银或铜,我就会将这些东西焊接成一座雕像。我要用俄罗斯人做手,用波兰人做胸脯,用波希米亚人做胳膊和脑袋,用塞尔维亚人做脚。我要把那些少数民族,如文德人、卢萨蒂亚人、西里西亚人、克罗地亚人和斯洛伐克人做成衣服和武器。欧洲应跪拜在这尊雕像前,这尊雕像应头顶云端,脚踏全世界。"

扬·科拉尔周围聚集着一群爱国诗人,如弗朗基谢克·拉吉斯拉夫·切拉科夫斯基[①]、瓦茨拉夫·汉卡和扬·埃拉齐姆·沃采尔。斯洛伐克的帕维尔·约瑟夫·萨伐里克写了一部关于斯拉夫文物的巨著(1837年),而被称为波希米亚王国历史学家的摩拉维亚人弗兰基谢克·帕拉茨基则开始撰写波希米亚王国的历史。这部史书写了半个多世纪才完成,成了我们这个时代最杰出的作品之一。多亏了这些天才和他们的爱国主义情怀,波希米亚不仅恢复了自己的民族意识,也使自己成了奥地利帝国斯拉夫民族的领袖,南方的斯拉夫人也随即效仿。紧接着,克罗地亚文学开始复苏。这个国家深受塞尔维亚革命的影响,我们可以从塞尔维亚公国的伟大作家卡拉季茨和尼古拉·乔治维奇·奥布拉德诺维奇的作品中找到共鸣。

1826年,匈牙利的塞尔维亚人成立了一个塞尔维亚文学学会,使克罗地亚首府萨格勒布骚动起来。到目前为止,克罗地亚各省方言的多样性一直是文学统一的障碍,但现在,著名公共关系学家路易斯·加伊开始致力于将伊利里亚省的各分散学会和谐统一起来。路易斯·加伊先是出版了两份报纸,一份为《克罗地亚公报》,另一份为《克罗地亚、斯拉沃尼亚和达尔马提亚之曙光》(1835年)。路易斯·加伊选择了以下这句激情似火的格言:民族没有国籍就

[①] 弗朗基谢克·拉吉斯拉夫·切拉科夫斯基(1799—1852),捷克诗人、翻译家、语言学家和文学评论家,捷克民族复兴的重要人物。——译者注

弗朗基谢克·拉吉斯拉夫·切拉科夫斯基

瓦茨拉夫·汉卡

扬·埃拉齐姆·沃采尔

斯洛伐克的帕维尔·约瑟夫·萨伐里克

如身体没有骨头。接着,路易斯·加伊提议用拿破仑·波拿巴恢复的被大家共同采纳的名称"伊利里亚人"来代替塞尔维亚人、克罗地亚人、斯洛文尼亚人和达尔马提亚人。1836年,路易斯·加伊给他的两本杂志命名为《曙光》和《伊利里亚公报》。路易斯·加伊说:"欧洲躺在一把三弦琴上。这把琴就是伊利里亚。它从菲拉赫[①]一直延伸到瓦尔纳[②]和斯库台[③];这把琴的琴弦是卡林西亚、戈里察、伊斯特里亚、卡尼奥拉、施蒂里亚、克罗地亚、斯拉沃尼亚、达尔马提亚、拉古萨、波斯尼亚、黑山、黑塞哥维那、塞尔维亚、保加利亚和匈牙利南部。这些琴弦彼此意见不一,但我们希望它们能和谐演奏。"然而,"伊利里亚主义"[④]很快就遭到了人们的强烈反对。匈牙利人率先反对,他们不愿看到斯拉夫人从自己的霸权中解脱出来;之后是塞尔维亚人,他们害怕自己的传统和希望会被克罗地亚人吸收。因此,"伊利里亚主义"逐渐失去阵地,直到今天连名字都消失了,不过,南部斯拉夫人依然对"伊利里亚主义"这种文学联盟留有敬意。"伊利里亚主义"确实对思想发展产生了非常大的推动作用,不久就出现了一个诗学学派。该派别也许不如布拉格的诗派辉煌,但其具有的爱国精神丝毫不亚于布拉格的诗派。

因此,在奥地利帝国的两端,斯拉夫民族正在觉醒,一端的斯拉夫人正准备与马扎尔人作战,另一端的斯拉夫人准备对抗德意志人。斯拉夫民族再次宣称要在世界占有一席之地。由于历史环境和地理位置的分隔,斯拉夫民族正逐渐形成一种自我团结的意识,并从道义上为即将到来的斗争积蓄必要力量。

---

① 菲拉赫,奥地利南部克恩滕州的一个城市,是重要的交通枢纽。——译者注
② 瓦尔纳,位于黑海西岸,是保加利亚黑海沿岸最大的城市和海滨度假胜地。——译者注
③ 斯库台,位于阿尔巴尼亚西北部斯库台州,临近斯库台湖,是斯库台州的首府,也是最具历史的阿尔巴尼亚城市之一。——译者注
④ 伊利里亚主义,19世纪巴尔干地区的民族主义者重拾"伊利里亚"这个古老的民族名称,人们用"伊利里亚主义"表达摆脱外国控制的愿望和泛斯拉夫主义的政治思想。——译者注

第 27 章

斐迪南一世与 1848 年革命前夕的奥地利

（1845 年到 1848 年）

1835年3月2日，弗朗茨二世驾崩，维也纳人沉浸在悲痛中。弗朗茨二世性格温和，历经重重磨难，深受维也纳人的喜爱。在奥地利各省流传着这样一种流言——弗朗茨二世有一大笔财产，并把它留给了臣民。人们不耐烦地等待遗嘱公开。但结果令他们非常失望，因为遗嘱中有这样几行文字："我宣誓，我爱我的子民。我希望我能为他们祈祷；我要求他们像效忠我一样效忠我的合法继承人；我向所有服侍我的官员表示感谢。"弗朗茨二世的继任者奥地利皇帝斐迪南一世，体质纤弱，患有癫痫，不适合接管弗朗茨二世的巨额遗产。他即便身体好转时，头脑也未清醒过，意志也未坚定过，就算执笔签名这样简单的事对他来说都成了一项真正的负担。因此，弗朗茨二世为这个儿子推荐了最优秀的大臣——克莱门斯·冯·梅特涅。克莱门斯·冯·梅特涅替斐迪南一世经营着奥地利帝国的一切。"绝对不要动摇政治大厦的根基，不要做任何改变。要完全信任我最好的朋友、最忠实的仆人克莱门斯·冯·梅特涅。没有他的协助，什么都别做。"然而，克莱门斯·冯·梅特涅并不能完全代替真正的君主进行统治，因此，一种摄政制就形成了。摄政机构由以下人员组成：斐迪南一世的副将兼国家军事大臣克拉姆·马丁尼茨、外交大臣克莱门斯·冯·梅特涅、弗朗茨·安东·冯·科洛弗拉特-利布斯泰斯基，还有奥地利的路易大公和奥地利的弗朗

奥地利的弗朗茨·卡尔大公

茨·卡尔大公[①]。由这些人组成的会议构成了"奥地利国家议会"。"奥地利国家议会"是真正的行政权力机关,但从未有明确的职能界定。在斐迪南一世康复前,"奥地利国家议会"的成立是为了管理奥地利。因此,"奥地利国家议会"算是一种临时性质的议会。奥地利政府不够团结,对奥地利人的真正需要漠不关心,因此备受指责。

然而,一些开明措施的采取确实标志着斐迪南一世统治的开始。斐迪南一

---

① 弗朗茨·卡尔大公(1802—1878),奥地利皇帝斐迪南一世的弟弟,弗朗茨·约瑟夫一世的父亲。——译者注

世一登基就大赦政治犯,并在塞尔维亚设立了领事一职。塞尔维亚这个年轻公国的建立应归功于一场对奥斯曼土耳其帝国发起的起义。塞尔维亚公国与处于相同处境的希腊王国缔结了一项航海条约,并同葡萄牙王国恢复外交关系。同时,维也纳内阁在道义上支持西班牙的卡洛斯派①,并送去一些吝啬的补贴。北部的三大国联盟②依然存在,奥地利帝国在波兰事务中的表现就充分证明了这一点。

1815年,维也纳会议创设了克拉科夫自由市。现在,克拉科夫自由市已成为一个独立公国。克拉科夫曾是民族起事的中心,因此,受到所有参与掠夺波

斐迪南一世

---

① 卡洛斯派,或称卡洛斯主义,是西班牙的政治运动之一,拥戴波旁王朝卡洛斯王子支系为西班牙波旁王朝的正统世系。——译者注
② 此处指俄罗斯帝国、普鲁士王国和奥地利帝国三国联盟。——译者注

兰的国家的怀疑。1831年,俄罗斯人占领了克拉科夫,目的是夺取叛乱者的主要军事基地,并切断其物资来源。后来,由于奥地利帝国的反对,俄罗斯人不得不从克拉科夫撤出。于是,克拉科夫又成了波兰民族主义者发起波兰革命的温床。1836年,俄罗斯帝国、普鲁士王国和奥地利帝国占领克拉科夫,并将参加1830年波兰革命的人驱逐出去。这次,奥地利帝国不顾英国和法兰西王国的抗议,监管了克拉科夫。这是奥地利帝国迈向最终占领克拉科夫的第一步。

与此同时,波兰民族主义者在加利西亚人中广泛传播国家复兴和民族复仇思想,逐渐影响了加利西亚人。要想镇压波兰人民发起的这场大规模民族运动不是一件容易的事,因为这一事业得到了自由欧洲的同情,但奥地利帝国借鉴镇压匈牙利革命的方法,找到了镇压波兰民族主义者的方法。波兰的什拉赫塔①或者说波兰贵族甚至比匈牙利贵族还残酷,他们对待无知的农民的方式激起了农民的强烈仇恨。奥地利政府煞费苦心地煽动这种阶级仇恨。奥地利政府反对土地改革,强迫波兰贵族做征召代理人和征税者。奥地利帝国的官员监管这些贵族,以防他们滥用职权。不要忘记,加利西亚大部分地区的农民并不是波兰人。在加利西亚东部,罗塞尼亚人占大多数,甚至比波兰农民还要多。在加利西亚大地主手中,这些罗塞尼亚人受尽苦难。天主教教会信徒不止一次地受到加利西亚大地主的疯狂迫害。这些加利西亚大地主迫使天主教教会信徒为自己享有的宗教特权付出代价,否则就将他们交由犹太人处置。加利西亚总督奥地利-埃斯特的斐迪南·卡尔·约瑟夫大公详细记录了这些冤情。这些贵族不可能对针对他们的指控视而不见。伦贝格议会(根本算不上自由议会)上,民族革命者决定于1843年发动农民起义。但奥地利政府不怎么关心如何控制这些冲突,因为这些冲突会为它提供条件和机会,以使不同的民族保持分裂态势,从而利于统治。

尽管如此,在加利西亚和波森大公国,一场起义蓄势待发。1846年2月28

---

① 什拉赫塔,是广义、狭义下的波兰贵族称谓,包含了波兰王国、立陶宛大公国及两国在1569年合并为波兰立陶宛联邦的贵族阶级,也包括了在他们的影响下逐渐波兰化的贵族。——译者注

路德维希·冯·贝内德克上校

日,克拉科夫自由市刚刚宣布起义①,奥地利将军科林就率领约一千人并带着三门大炮占领了这座城市。两天来,这座城市似乎很平静,但在各革命派的压力下,克拉科夫的议员和当局官员在第三天就辞职了。奥地利军队遭受波兰人的攻击,被迫撤退。路德维希·冯·贝内德克上校从伦贝格出发一路北上,在克拉科夫农民的帮助下,于1846年3月2日打败了克拉科夫议会并重新占领这座城

---

① 1846年2月18日,奥地利军队进入克拉科夫,形势危急。2月20日夜,克拉科夫的革命民主派毅然起义,进攻奥地利军队。城郊工人和农民闻讯驰援,奥地利军队败退。2月22日,克拉科夫解放,宣告成立共和国,组成民族政府,发表了《告波兰人民书》,宣布废除劳役制和封建等级特权,号召全体波兰人为民族独立而战。后来,起义失败。克拉科夫起义是波兰第一次民族民主革命,是欧洲1848年革命的前奏。——译者注

市。之后，路德维希·冯·贝内德克，这位"维斯瓦河之鹰"却于萨多瓦战败。克拉科夫革命者的短暂胜利使维也纳陷入恐慌。在整个奥地利帝国，特别是在加利西亚，警察逮捕了更多人。奥地利帝国采取一些措施镇压了这场叛乱，如果不这样做，这场叛乱就会迅速蔓延到俄属波兰境内。克拉科夫农民并不同情自己的领主，向当局告发他们，或者亲自将他们交给当局。一场真正的扎克雷起义爆发了。谋杀、抢劫和纵火行为猖獗，特别是在塔尔诺，据说，在奥地利政府的鼓励下，塔尔诺官员也加入起义人群。克拉科夫农民称他们奉了皇帝之命进行抢劫和屠杀。奥地利-埃斯特的斐迪南·卡尔·约瑟夫大公对一名波兰女子说，刚刚遭到暗杀的本应是她的哥哥，而不是她丈夫，其丈夫是被误杀了。当时，诗人科内尔·乌耶斯基创作了《爱国歌》："主啊，在我们燃烧的房屋

奥地利－埃斯特的斐迪南·卡尔·约瑟夫大公

腾腾升起的烟雾和我们兄弟的鲜血中,向您献上这首歌,主啊!那是一声可怕的怜悯之声,是无限呻吟之声,是让您的头发渐渐变白的祈祷。荆棘做的冠冕扎进我们的头颅。主啊!主啊!时间给我们带来了什么?母亲被儿子杀死,手足相互残害。我们中间藏着许多该隐①,但主啊,他们是无辜的。魔鬼在煽惑他们,在鼓动他们。惩罚,哦,惩罚,这可恶的手啊,而不是无情的剑。"这首诗至今仍是波兰的经典。

克拉科夫农民深信斐迪南一世会把他们从对领主的所有义务中解脱出来,以此奖励他们做的贡献。然而,1846年4月13日公布的一份文件只满足了他们的部分愿望:斐迪南一世下令禁止在收获季节强迫农民进行义务拉运与劳动,并授权农民可直接向各地领主上诉。

克拉科夫仍掌控在奥地利人手中。奥地利政府向外国势力解释说,之所以占领克拉科夫,是因为考虑军事需要而采取的临时措施,将奥地利军队派过去,也只是为了确保在克拉科夫设立一个常规政府。不久,在征得普鲁士王国和俄罗斯帝国同意后,奥地利帝国占领了克拉科夫,而在那些克拉科夫起义最严重地区的官员均得到了提拔。对此,法兰西王国和英国进行抗议,却无济于事。这是自维也纳会议以来奥地利帝国首次吞并新领地。这块新领土面积约为二十二平方英里,居民十六万人。

克拉科夫被吞并再次证实俄罗斯帝国、普鲁士王国、奥地利帝国三个大国在瓜分波兰问题上的一致性。然而,关于近东问题,与前任君主统治时期一样,斐迪南一世费了很大的劲才维持好俄罗斯帝国和奥地利帝国之间的和谐关系。奥斯曼土耳其帝国被附属国的领袖,即埃及的穆罕默德·阿里②打败,

---

① 该隐,《圣经》人物,亚当与夏娃的长子,亚伯和塞特的哥哥。《创世记》第4章所写,他是一个农夫,亦是世界上第一个杀人犯。——译者注
② 穆罕默德·阿里(1769—1849),为奥斯曼土耳其帝国的埃及帕夏(总督)、穆罕默德·阿里王朝的创立者。穆罕默德·阿里常被视为现代埃及的奠基人,他在苏丹的授意下攻灭马木鲁克残部、镇压了阿拉伯瓦哈比主义者的叛乱,确保自身在埃及统治的稳固性。执政后期,穆罕默德·阿里出兵沙姆地区(今叙利亚),迫使宗主国奥斯曼土耳其帝国承认他的子孙在埃及地区的永久统治权。——译者注

陷入严重困境,开始向欧洲求助。克莱门斯·冯·梅特涅犯了一个错误,即支持苏丹。维也纳成了活跃的欧洲会议中心。克莱门斯·冯·梅特涅在维也纳议会上劝说沙皇的代表同意一份共同声明,并承诺欧洲将支持土耳其宫廷。但沙皇尼古拉一世被深深地激怒了,不认可克莱门斯·冯·梅特涅的外交行为,并于1840年7月未与奥地利帝国协商就直接与英国交涉。奥地利帝国在处理土耳其问题时一向十分笨拙,直到后来才发现让奥地利帝国效仿俄罗斯帝国和普鲁士王国的做法非常有必要。奥地利帝国要求穆罕默德·阿里归还埃及占领的

穆罕默德·阿里

大部分领土。在奥地利海军的援助下,穆罕默德·阿里被剥夺了在叙利亚的权力。现在,在海上强国中,奥地利海军第一次占有一席之地。1840年7月缔结的一项条约规定,未经苏丹许可,所有战船不得进入达达尼尔海峡。

斐迪南一世统治时期主要关注的是,自由和民族思想在奥地利帝国不同种族中的日益传播。正是这些逐渐萌生的自由和民族思想产生了改变昔日奥地利的力量。奥地利的各种议会只能被看作政治观点的官方表达通道。加利西亚表现得温和顺从,有些省,如上奥地利、摩拉维亚、西里西亚、卡林西亚、下奥地利和波希米亚则无动于衷;尤其是在匈牙利,即便在封建制度统治下,匈牙利依然沉默不言,而各领主则开始显现出自由主义倾向。

在下奥地利,中产阶层甚至没有代表参加议会。除了在征税表决时在场并表示同意,中产阶层并不享有其他权利。然而,尽管如此,渗入维也纳的新思想对维也纳议会的决议还是产生了非常大的影响。维也纳议会在处理经济事务方面表现出一定的独立性;它强烈要求各领地领主参与政府事务,并批判了弗朗茨二世将各领主排除在外的统治。相反,在蒂罗尔,神职人员和教皇绝对权力主义思想是至高无上的。公共教育几乎完全掌握在神职人员手中。弥撒和神迹①满足了人们的想象。铁路的修建遭到了蒂罗尔人的坚决抵制。1837年,议会将在18世纪被驱逐出蒂罗尔的耶稣会教徒召回蒂罗尔。

在波希米亚,议会讨论内容并无新颖之处。1835年4月13日,联合起来的波希米亚各领主采取的第一个行动就是投票通过为弗朗茨二世竖立纪念碑。这些领主陆续恢复了自约瑟夫二世以来一直被废弃的传统的议会形式。波希米亚议会以法典的形式列出了议会应有的特权,以确定哪些权力属于自身,哪些权力属于常设议会。当时,常设议会已成为奥地利政府的一个普通组织。但即便是这些微小的独立尝试也遭到斐迪南一世的谴责。然而,当常设议会和奥地利政府试图在未经波希米亚议会同意的情况下实施新立法时,维也纳和布

---

① 神迹,指可以从中得到上帝启示或者看到上帝行为的事件。——译者注

斯蒂芬大公

拉格之间爆发了严重的冲突。波希米亚王国贵族霍泰克卸任了。为了更好地控制波希米亚骚动不安的贵族,奥地利政府任命巴拉丁伯爵约瑟夫的儿子斯蒂芬大公为波希米亚总督。波希米亚人强烈抗议斯蒂芬大公的统治。与此同时,各领主要求全面实施1627年颁布的宪法,从而使他们自上个世纪末就被中断的历史权力得以延续。然而,波希米亚贵族从这些权力主张中看到的只是狭隘的等级制度。这种等级制度体现了一种自私的利己主义,这些贵族极富热情地捍卫其封建特权,却丝毫不愿让中产阶层参与审议。只有四个皇家城市的代表出席了波希米亚议会,这些代表包括十四名主教、一百五十一名领主、四十三名骑士和七名中产阶层。但不管怎么说,波希米亚贵族与斐迪南一世之间的分歧体现了波希米亚人思想的进步。1847年，波希米亚的反对派领导人决定与德意志各领地领主和匈牙利议会就争取权力方面达成联合协议。1848年，波希米亚议会的主旨是要求各城镇在其领地享有代表权，并在学校使用捷克语。波希米亚议会缺少公众舆论的支持，因为议会只是由特权阶级组成的。但在这个腐朽的波希米亚议会制下，那些半个世纪里一直不断取得快速进步的人，在获得政治解放前就已经开始探索思想和道德的解放之路。

19世纪的前四十年，波希米亚的文学复兴是一场具有诗学意义和考古学意义的运动。但在一个以历史权力为基础而设立各种体制的国家，如奥地利帝国，对历史的研究不可能不对公众思想产生巨大影响。在回顾波希米亚王国与哈布斯堡王朝的君主缔结的那些条约时，波希米亚的爱国者不禁要问自己，那些条约的条款都带来了什么。三十年战争的一幕幕场景唤起波希米亚人对当时波希米亚人反抗哈布斯堡家族的回忆。这些怀有崇高理想的波希米亚人一个个倒在了血泊中。胡斯战争使波希米亚人回想起一个道德和知识快速发展的伟大时代，一个反对宗教迫害的信仰自由的时代，这个时代仅用了五十年就使一个小种族发展成了一个伟大的民族。因此，对波希米亚历史、民族语言和古代文学的研究，使波希米亚人对奥地利的德意志主义产生了强烈的抵制。

波希米亚的中产阶层正以学习一门他们曾鄙视的语言为荣。没有了政治生活，这些"智者"现在为自己的爱国情怀找到了一片天地。一些波希米亚贵族加入了这场波希米亚文学复兴运动，著名文学协会"捷克之母"很快成了宣传爱国主义的中心。"捷克之母"成立于1831年，当时只有十五名成员，到1846年成员达到一千六百六十七名。但真正主导政治生活的是媒体。截止到1840年，波希米亚已经鲜有几家只关注文学的杂志了。1846年，查尔斯·哈夫利切克创办了《官方公报》。查尔斯·哈夫利切克才华横溢，富有爱国主义精神，善于讥嘲讽刺，有时会让人想起伏尔泰和海因里希·海涅。查尔斯·哈夫利切克深深地意识到推翻封建政权和特权阶级的必要性，因此，他会写一些关于中产阶层和人民的作品。查尔斯·哈夫利切克以写有关爱尔兰苦难和压迫的文章

查尔斯·哈夫利切克

作掩饰,为波希米亚伸张正义。他在文中用生动又含蓄的语言描述了爱尔兰为自治进行的斗争。波希米亚人都知道查尔斯·哈夫利切克在写什么,因此,"废除"一词成了爱国者的口号。查尔斯·哈夫利切克在布拉格扮演的角色与拉约什·科苏特在佩斯和路易斯·加伊在阿格拉姆扮演的角色相同。

布拉格成了骚乱的中心,骚乱一直波及摩拉维亚,甚至波及匈牙利的斯洛伐克。这种骚乱也不完全具有政治意义,它还具有经济意义和宗教意义。波希米亚爱国者对贵族的特权不感兴趣,而对那些忠实捍卫民族语言和通俗诗歌的农民遭受的苦难更感兴趣。面对这些旨在改善农民悲惨境况的措施,农民自然就成了其拥护者。此外,这些农民一想起三十年战争,就非常痛恨维也纳限制宗教自由的政策。

在匈牙利近代史上，有两种倾向值得注意。一种是真正慷慨的爱国主义精神，这种精神激励了匈牙利人，并带领他们为维护和承认其历史和民族权利做出重要牺牲；另一种是盲目的利己主义，这种利己主义阻碍了匈牙利人对其他人权利的认可。这两种倾向很好地说明了匈牙利人民的成败因由。1825年后，公众舆论在匈牙利取得了很大进展。从允许《论坛报》获得使用民族语言的权利开始，匈牙利议会中就出现了许多雄辩的演说家。匈牙利反对派攻击奥地利政府的措辞要比维也纳或布拉格攻击奥地利政府的措辞大胆得多。匈牙利反对派的演说家和政治演说家能言善辩，不亚于伦敦和巴黎的政治演说家。这些杰出人物对国家表现出真诚的热爱，他们智慧超常，能意识到国家的真正所需。

1836年召开的匈牙利议会非常有名。奥地利政府一直在蒙蔽匈牙利人的思想，并试图阻止致力于全民思想解放的运动。对此，匈牙利反对派的演说家猛烈攻击奥地利政府。"国家必须依靠自己的力量。"戴阿克·费伦茨和贝瑟里迪呼吁道。贝瑟里迪补充说："我们有权也有能力为拯救我们的国家而努力。"匈牙利议会解散后，拉约什·科苏特通过一份刊物来影响公众舆论，并将匈牙利各郡的审议事宜汇集到刊物中。不久，拉约什·科苏特被逮捕，连同几个朋友一起被关进监狱。但自由主义思想以惊人的速度在年轻的匈牙利人中传播开来。1840年，匈牙利议会再次召开后，奥地利政府向匈牙利反对派提出释放拉约什·科苏特等人以换取反对派的某些让步。但就在此时，获得"国家圣人"称号的戴阿克·费伦茨严厉拒绝道："对匈牙利的责任比对朋友的同情更伟大、更神圣。他们会发现，以这种代价获得的自由比他们遭受的苦难还要凄惨。"一项特赦暂时使反对派和匈牙利政府达成和解。奥地利政府获得了自己要求的士兵数量；匈牙利语被批准可以在与宫廷和教会事务沟通时使用；在农民购买土地方面，匈牙利议会完善了前一届议会制订的相关措施。

从1840年起，民主思想不断渗入匈牙利。拉约什·科苏特创办了《佩斯公报》，积极传播有关平等和政治自由的学说。在匈牙利某些郡，会议不断召开，

裴多菲·山多尔

但社会进步依然缓慢。1843年,匈牙利各郡向匈牙利议会提出的所有公民在税收方面一律平等的建议没有获得通过。大约在同一时期,一个来自底层的年轻诗人裴多菲·山多尔在一些评论刊物上发表了歌颂国家和自由的激情颂歌:"从前,匈牙利是一片海,所有陨落的星星,无论是北方的星星,东方的星星,还是南方的星星,都在这里熄灭。匈牙利的辉煌就像一颗已经消失的彗星,几个世纪后,将会耀眼而具有震慑力地归来。"其他诗人也通过歌颂匈牙利历史激发匈牙利人的爱国主义情怀。

"这个国家的形成必须依靠新的民族。"拉约什·科苏特发文称。这种说法令人吃惊,因为匈牙利爱国者对奥地利政府最大的不满就是斯拉夫主义在克罗地亚和斯洛伐克盛行。因此，斯拉夫人的自私自利连同他们引以为傲的理想都遭到其他民族的谴责。这些爱国者同波兰移民和泛德意志人一起，幻化出了邪恶的泛斯拉夫主义[①]，并以此为借口来打压泛斯拉夫主义，同时迫害自己的同胞——塞尔维亚人、斯洛伐克人和克罗地亚人。奥地利政府并无意创建一个可以让俄罗斯帝国从中获益的局面。考虑到可能与匈牙利人发生的斗争，奥地利政府不能去帮俄罗斯帝国压制那些仅仅要求生存权利的斯拉夫人。然而，没有什么比奥地利政府旨在打压匈牙利的自由、商业和工业的努力更合法的了。奥地利政府曾一度认为，它已经通过攻击匈牙利民族自由的根源——议会制，达到了镇压匈牙利"顽疾"的目的。匈牙利各郡议会中的首席官，或者说首席伯爵被一位长官或行政长官取代。首席伯爵通常是一位大领主，在一年中的某段时间常常缺席会议。一名皇家官员让财政大臣阿尔贝特·奥波尼填补了乡村地区长官的职位。这种对古老特权的攻击在匈牙利引起了极大愤慨。这些官员被比作奥地利各县长官和法兰西的高级行政长官。他们拥有无限的权力，并不像高级行政长官那样依赖于首相。匈牙利人坚定的爱国主义信念和具有的司法精神让这些新官员执行任务时举步维艰。戴阿克·费伦茨是最早组织反抗的人之一。按照匈牙利传统习俗，戴阿克·费伦茨与匈牙利王国的所有郡取得了联系，并通过了一项投票，认为王室官员制度不合理。

1847年，匈牙利议会召开，除了拉约什·科苏特不顾奥地利政府反对在佩斯选举上任这件事，一切还算风平浪静。斐迪南一世和家人在开幕式上出现，表达了对触动爱国者心扉的匈牙利语的同情。巴拉丁伯爵约瑟夫不久前去世了，其儿子斯蒂芬大公深受匈牙利人欢迎，被选为新巴拉丁伯爵。斐迪南一世发表的言论引起了人们的激烈讨论。匈牙利反对派坚持认为，最重要的是通过

[①] 泛斯拉夫主义，狭义上指19世纪时，巴尔干半岛上的斯拉夫民族（包括黑山人、塞尔维亚人及保加利亚人）希望在俄罗斯的领导下对抗奥斯曼土耳其帝国而团结起来。俄罗斯自居为斯拉夫民族的大哥，希望控制在奥匈帝国和巴尔干半岛的斯拉夫人居住地区，并且在巴尔干半岛扩张其势力，从而造成泛斯拉夫主义。——译者注

剥夺奥地利帝国对匈牙利官员的任命权来确保各郡的自治。上议院希望对斐迪南一世给予更多的尊重,并达成决定:斐迪南一世无须征求匈牙利议会意见就可自由发表演说。拉约什·科苏特的雄辩演说使匈牙利人激动不已,而塞切尼·伊什特万则竭力使匈牙利人遵守法律并保持节制。戴阿克·费伦茨起草的反对派纲领清楚地阐明了匈牙利王国的要求。这份引人注目的纲领说:"匈牙利王国是一个自由国度,拥有独立的代表权和立法体系,不隶属于任何国家。我们不想把我国的利益同哈布斯堡王朝的统一及其安全对立起来,但我们认为,如果匈牙利王国的利益应附属于其他国家,那就违反了法律和正义。我们永远不会同意为政府体系的统一思想而做出牺牲……对我们来说,立宪工作

戴阿克·费伦茨

是一笔财富,不允许我们为了外国利益或物质利益而做出牺牲,无论这种利益多么巨大。我们的首要任务是维护和巩固这种财富。我们相信,如果这些世袭国家仍享有其古老的自由,或者如果根据我们这个时代和正义的需要,这些世袭国家在立宪国家中占有一席之地,那么我们的利益和他们的利益就能很容易调和,尽管这两种利益常常分裂,有时甚至对立……随着物质和智慧力量的增长,奥地利帝国将能更有把握地抵御时间和环境在将来可能带来的风暴。"

官方语言问题更是激起了人们的热烈讨论。皇室法令的其中一条法律规定如下:此后,匈牙利语将成为匈牙利王国的官方语言。任何以其他语言进行公开声明的法律都不合法……在处理克罗地亚与维也纳中央政府的关系时,必须只用匈牙利语。匈牙利王国的所有学校都将教授匈牙利语。匈牙利作家试图效仿法兰西作家,以确保在作品中广泛使用匈牙利语,但他们忘记了一点,在法兰西,人们必须克服的仅仅是当地的习语问题,而不是民族语言问题。

克罗地亚已被匈牙利王国吞并了好几个世纪,但它并不是匈牙利不可分割的一部分。克罗地亚把自己看作与斯拉沃尼亚和达尔马提亚一起组成的三大王国的一部分,其首都为阿格拉姆。事实上,奥地利人从威尼斯人手中夺取的达尔马提亚已成了一个独立的省,维也纳政府拒绝把该省交给匈牙利王国或克罗地亚。匈牙利政府和克罗地亚政府的高层官员头衔中有一个头衔被称作"ban"。"ban"相当于一种被赋予民事和军事权力的总督,有权召开议会或集会。克罗地亚议会由克罗地亚各郡神职人员和斯拉夫的三个郡代表组成。此次议会还派了一名代表出席匈牙利贵族议会,两名代表出席各领地领主议会,而一些克罗地亚和斯拉沃尼亚贵族有权进入上议院。阿格拉姆议会拥有在普雷斯堡批准通过法律的权力。克罗地亚与匈牙利王国之间的关系并未得到明确界定。匈牙利人将克罗地亚看作被征服的领土,而克罗地亚人称,他们与匈牙利王国的关系只是单方面意愿达成的,并且他们从未忘记,克罗地亚人在匈牙利人之前就投票通过了查理六世的《国事诏书》。只要拉丁语成为匈牙利人与克罗地亚人的共同语言,他们之间就不会出现强烈对峙。但只要匈牙利人试图强迫克罗地亚人使用拉丁语，冲突就会爆发。为了抵抗匈牙利人的入侵，一种独立的文学在克罗地亚发展起来，前文曾提到过这一点。这场由伊利里亚人或南斯拉夫人发起的运动让匈牙利人感到不快，但匈牙利人犯了一个大错，那就是反击了这场运动，并认为这场运动是由俄罗斯帝国操控的。同时，匈牙利人谴责该运动是一种泛斯拉夫主义宣传运动的产物，而事实上这种泛斯拉夫主义宣传运动并不存在。

塞尔维亚人对此怨声载道。1792年，匈牙利人撤销伊利里亚人的大法官法庭，而受到怀疑的塞尔维亚人被剥夺了所有政治职务。让事态更严重的是，被米洛什·奥布雷诺维奇①从奥斯曼土耳其帝国的枷锁中解救出的一部分塞尔维亚人已经形成了一个独立公国，此种情况更加激发了塞尔维亚人的爱国

米洛什·奥布雷诺维奇

---

① 米洛什·奥布雷诺维奇（1780—1860），塞尔维亚公国国君，两度领导塞尔维亚人反抗奥斯曼土耳其帝国统治，建立了奥布雷诺维奇王朝。——译者注

主义热情。1826年，塞尔维亚人在佩斯成立了一个文学协会，为斯拉夫国家的许多类似组织树立了榜样。我们已经看到，塞尔维亚的军事边境主要为斯拉夫人和罗马尼亚人占据，并由一个单独的政府管理。塞尔维亚人之所以随时准备加入哈布斯堡王朝，要么是因为其军事服从的本能，要么是因为这也是他们同胞斯拉夫人和罗马尼亚人想要做的事。

在匈牙利北部各郡，斯洛伐克人长期以来一直被视为真正的农奴。"斯洛伐克人算不上英雄。"匈牙利的一句谚语说。然而，斯洛伐克人不可能对当时引起骚动的波希米亚的文学复兴运动无动于衷。其中两位最伟大的斯洛伐克作家，即《斯拉夫文物》的作者帕维尔·约瑟夫·萨伐里克和泛斯拉夫主义诗人扬·科拉尔都是斯洛伐克人。二人梦想着创造一种独立于波希米亚文学的民族文学。一些知识分子如卢德维特·什图尔、米哈尔·米洛斯拉夫·霍贾和约瑟夫·米洛斯拉夫·胡尔班领导了这场斯洛伐克民族文学运动[①]，并要求斯洛伐克文学能在诸民族文学中占有一席之地。从1843年起，这些人向维也纳宫廷提出了诸多积极要求，但没有得到任何回应。斯洛伐克人的邻居罗塞尼亚人，也在斯拉夫运动的影响下开始觉醒。

特兰西瓦尼亚公国尽管在克劳森堡也设有自己的议会，但自1699年被再次吞并以来，一直受控于维也纳。特兰西瓦尼亚公国在维也纳设立了一个大法官法庭，并在赫曼施塔特[②]设立了一个代理政府。在赫曼施塔特，正如在匈牙利王国的所有地方一样，除克罗地亚和纯马扎尔人地区外，大多数人都被少数统治阶级统治。五十万匈牙利人、十七万塞凯伊人和三十万萨克森人都在帝国议会中有代表，而一百二十五万瓦拉几亚人没有一个代表。同样，这些瓦拉几亚人要主张自己政治权利的时刻就要来临了。

---

① 19世纪40年代，斯洛伐克文学进入一个新的发展阶段。以卢德维特·什图尔为首的一些年轻知识分子成了文学运动的主力军。他们根据斯洛伐克中部的大众口语创造新的书面语言，对民族文学的发展起了推动作用。——译者注
② 赫曼施塔特，罗马尼亚特兰西瓦尼亚南部城市锡比乌的旧称。——译者注

在维也纳，自由主义思想也开始发酵。官方的礼节或繁文缛节令人厌恶，奥地利帝国内部的所有灾难都要归咎于此。克莱门斯·冯·梅特涅年事已高，关于近东问题的处理，越来越力不从心。尽管奥地利政府对人们施加枷锁，但大众教育还是取得了进步。直到1830年，维也纳还一直是一座奢华而懒散的城市，沉迷于音乐和感官的享受，正如维也纳诗人弗朗茨·格里帕泽所说，维也纳成了"心灵的卡普阿"[①]。渐渐地，人们的思想觉醒了，尽管当时高等学校的教育依然不尽如人意，这种教育带来的唯一结果就是让人们获得非常庸俗的拉丁语知识。在这一时期，奥地利培养出来的杰出人物非常少。1847年，斐迪南一世创立了科学院，该科学院成了今日欧洲最繁荣的学院之一，并且为了使奥地利文学在国外赢得声誉，政府支持《维也纳文学评论》——这是唯一一本不受审查人员控诉的刊物，因为它基本上由审查人员编辑。1848年以前，对奥地利来说，新闻审查制度是真正的祸患。新闻审查权及其职能不受控于任何法律，但大规模的图书走私销售至少在一定程度上让这种审查制度受到了挑战，因为审查只会激起公众的好奇心，并引起公众对禁止行为的关注。一些走私手册打破了新闻界的沉默。显然，在那些具有深刻洞察力的观察者眼中，那些长期被压制的人一有机会就会反抗，但由于不习惯享受自由，因此，一旦发现自己拥有了自由，就会犯下可悲的错误。

[①] 卡普阿，意大利南部城镇，建于公元前6世纪，后发展为重要的工商业城市。此处"心灵的卡普阿"是一种比喻用法，比喻人们慵懒的状态，沉迷于感官享受。——译者注

第7部分　奥地利的革命与反革命运动

（1848年到1867年）

第 28 章

奥地利本土革命运动

（1848 年到 1849 年）

1848年到1849年，没有哪一个国家的历史像奥地利这样充满血雨腥风。在联合王国，革命只有一个中心，各省的运动都向这个中心靠拢，而奥地利则有几个中心：维也纳、威尼斯、佩斯、布拉格、阿格拉姆和伦贝格，人民起义几乎同时发生。三个伟大的民族突然被唤醒，然后沿着不同甚至是相反的方向寻找自由。这些民族的利益分歧和过去的竞争导致了彼此间的冲突，使他们争取民族独立的努力付诸东流，并在未来很长一段时间内粉碎了他们的希望。

如果说有哪位君主不适合处理人民起义事件，那就是被人称为"仁慈者"的奥地利皇帝斐迪南一世了。对斐迪南一世和奥地利议员来说，巴黎发生二月革命[①]的消息算得上是一场真正的惊雷。奥地利帝国不再像1830年那样因受到一个反动的德意志邦联的蛊惑而与法兰西王国断交。德意志各国国王迫于舆论的压力，都纷纷颁布了宪法。事实上，来自巴黎的新思想通过德意志邦联传到了维也纳。1848年3月13日，下奥地利议会收到人民的请愿书。请愿书要求议会公布预算，定期召开大会。大会不仅由享有特权的领地领主组成，也要由各阶层人民代表组成；请愿书还要求言论自由，公开公众审裁及设立新的市政和

---

① 二月革命，1848年欧洲革命浪潮的重要部分之一。1848年2月，法兰西人民面对七月王朝的失政，成功推翻当时的法兰西国王路易·菲利普一世，并鼓励欧洲其他地区革命运动。——译者注

革命期间,走上维也纳街头的民众

社区机构。大学生与自由主义者联合起来进行游行,并向各领地领主递交了请愿书。军队试图驱散这些学生,但没有成功。人们高喊"打倒梅特涅",并烧毁了多年来控制奥地利帝国命运的首相的公馆。被要求卸任的克莱门斯·冯·梅特涅见状,便坐上一位洗衣妇的马车从维也纳逃到英国。

"旧体制的最后一根顶梁柱已经倒下了。"《伦敦时报》说,"用更恭敬的话说,这位经验丰富的政治家克莱门斯·冯·梅特涅被迫退出较量,再无法与世界,甚至与下奥地利爱好和平的人们在舆论方面一争高下了……最古老的宫廷里最年长的大臣被赶下台……在经历了四十年无休止的摇摆动荡后,他留下了一个远远落后于欧洲其他国家的帝国——帝国一贫如洗,各省各自为战,那些最重要的领地的地位也岌岌可危……"

学生成立了一个学术团体和一个相当于国民警卫队的组织。对此,斐迪南一世不得不予以批准。斐迪南一世邀请各领地领主派代表出席在维也纳召开的议会，并宣布废除审查制度，颁布一部言论自由法。维也纳人相信了斐迪南一世的承诺，便解散了。弗朗茨·安东·冯·科洛弗拉特-利布斯泰斯基被任命为议会主席，卡尔·路德维希·冯·菲克尔蒙特则被任命为内政大臣兼内阁部长。克莱门斯·冯·梅特涅的学生卡尔·路德维希·冯·菲克尔蒙特并没有赢得人们的信任。不过，卡尔·路德维希·冯·菲克尔蒙特似乎很认真地承担起了改革部长的角色，并为之后在1818年4月25日公布的宪法做了准备。宪法很大程度上模仿了《比利时宪章》，并没有考虑奥地利的特殊情况。宪法中根本就没有涉及匈牙利和伦巴第。按照宪法规定，奥地利帝国其他省设立两个议院：一个是参议院，包括身为皇室成员的诸侯、由君主提名的终身成员及大领主；另一个是众议院，由三百八十三名选举议员组成。宪法还保障公众集会的权利、宗

卡尔·路德维希·冯·菲克尔蒙特

教信仰自由和言论自由。宪法本身无关民族问题,也不涉及斐迪南一世最近对波希米亚所做的承诺。这个由君主批准并以盛大仪式进行宣布的宪法并没有满足人民的要求。1848年5月4日,一场民众运动让卡尔·路德维希·冯·菲克尔蒙特被迫辞职。接替卡尔·路德维希·冯·菲克尔蒙特的弗朗茨·冯·皮勒斯多夫男爵起草了一部选举法,小心翼翼地将劳动阶层排除在外。对此,维也纳人强烈抗议。起初,斐迪南一世似乎向民众运动屈服了。1848年5月15日,斐迪南一世同意建立一个由普选产生的独立议院,但两天后他就逃离维也纳跑到因

弗朗茨·冯·皮勒斯多夫男爵

斯布鲁克了。依然浸染着传统君主政体思想的维也纳人根本没想过篡夺权力，因此，面对斐迪南一世的逃跑，他们甚是惊讶和尴尬。奥地利政府堆了几个街垒，牺牲了几条性命，但总的来说，斐迪南一世的政府还是经得起考验的。约翰大公被派往维也纳，并被授权组织一个比之前略微开明的内阁。1848年7月初，议会代表开始抵达维也纳，但从各省发生的事可以很容易看出，这个议会注定不会扮演多么重要的角色，或者说它无法恢复根基受革命撼动的奥地利帝国的和平。

在波希米亚，革命爆发的时间甚至要早于维也纳。革命信号是由一个自由主义协会发出的，该协会拥有一个具有重要意义的名字——"废除"。1848年3月2日，在圣瓦茨拉夫洗礼大厅举行的一次会议起草了一份请愿书。请愿书要求把摩拉维亚和西里西亚与波希米亚联合起来，实行共同管理，改善农民生活状况，并提供公共教育。这些要求非常温和。然而，维也纳发生的事很快就鼓舞了波希米亚爱国者。波希米亚学生组织了一个学术团体，并不断召开请愿会议。波希米亚人受到抑制的情感以一种意想不到的力量在公共活动中爆发出来。不久，第二份请愿书发表，要求重建波希米亚王国，在布拉格设立一个中央议会，建立一个责任内阁，并承认波希米亚人和德意志人享有平等权利。波希米亚代表团带着这些请求去了维也纳，并受到热情接待。在中央议会召开前，奥地利政府暂时搁置了吞并摩拉维亚和西里西亚的计划，但保证波希米亚人和德意志人享有平等的权利。奥地利政府还承诺要在普选基础上召开波希米亚议会，并给予波希米亚一定程度的地方自治权。奥地利政府授命成立一个国家委员会，以起草新的改革方案。然而，即使这样，波希米亚自治问题仍没有解决；维也纳的德意志人也并不希望这个问题得到解决，因为他们希望继续保持自己在奥地利帝国的领导地位。匈牙利人也不会支持波希米亚人解决自治问题，因为匈牙利人与斯拉夫人有冲突，匈牙利人非常忌惮可怕的泛斯拉夫主义。此外，匈牙利人更没有必要去取悦波希米亚的德意志人。根据《维也纳条约》和古老的权力，波希米亚人坚持认为波希米亚王国是属于他们的，并期望

弗兰基谢克·帕拉茨基

波希米亚能成为大德意志的一部分。为筹备德意志议会而在法兰克福召开会议①的"五十人委员会"邀请波希米亚伟大的民族历史学家弗兰基谢克·帕拉茨基参加会议审议。弗兰基谢克·帕拉茨基的著名回复清楚地表明了波希米亚王国和奥地利帝国关于德意志人的立场。

弗兰基谢克·帕拉茨基说:"你们在会上提出的目标是,要用民族联邦来代替以前的诸侯联邦,从而使德意志民族真正团结起来,增强德意志民族的民族感,并巩固德意志民族在国内外的地位。我很尊重这些努力和激励德意志人情感的方式,但并不意味着我会认同。我不是德意志人,至少我不觉得自己是德意志人。当然,你们也并没有叫我加入你们的行列,让我扮演一个没有自己

---

① 即法兰克福国民议会,法兰克福国民议会是在德意志1848年革命期间成立的国民议会,用以计划以民主之方式统一德意志。议会在法兰克福召开,有八百三十一名众议员出席。——译者注

见解和梦想的局外人角色……我是波希米亚人,一个体面的斯拉夫人,我拥有的一点点价值就是为我的国家服务。毋庸置疑,这个国家面积不大,但它从一开始就具有自己的历史个性。波希米亚诸公爵与德意志诸侯保持步调一致,但波希米亚人从没有把自己看作德意志人。此外,你们希望永久削弱奥地利帝国,使之不可能作为独立国家而存在。现在,维护奥地利帝国的完整和发展不仅对波希米亚人,也对整个欧洲、文明和人类十分重要。"

然而,德意志诸侯完全赞同法兰克福国民议会发起人的意见,并下令选举参会代表。这引起了诸多分歧和严重混乱;1848年4月25日奥地利宪法的颁布又进一步加剧了分歧和混乱。新颁布的宪法没有提到奥地利政府几天前与波希米亚达成的协议,波希米亚人对此怒不可遏。斐迪南一世逃往因斯布鲁克期间,波希米亚人拒绝听从维也纳内阁的命令,并成立了一个临时政府。当图恩伯爵召开波希米亚议会时,一些波希米亚名人发起了一场运动,旨在在布拉格召开斯拉夫议会。此议会与在德意志召开的法兰克福国民议会性质相同。奥地利帝国的斯拉夫人第一次团结起来。斯拉夫议会宣言如下:"兄弟们!谁不是带着悲伤回顾我们种族的过去?谁不知道我们的痛苦是由于对彼此的无知、争吵和不同立场造成的?在经历了几个世纪的苦难后,我们意识到我们需要团结、需要统一。"斯拉夫议会分为三派——波希米亚派,包括波希米亚、摩拉维亚和斯洛伐克各省的代表;波兰和罗塞尼亚派及塞尔维亚和克罗地亚派。斯拉夫议会要考虑的问题有:奥地利各地斯拉夫人之间的关系;斯拉夫人与德意志人、马扎尔人及在土耳其统治下的斯拉夫人之间的关系;斯拉夫人对其他民族的态度,特别是对现在聚集在法兰克福国民议会的德意志人的态度;奥地利成为联邦国家的条件及法兰克福国民议会的决定在多大程度上对奥地利的斯拉夫民族国家具有约束力。

有人提议向欧洲各国人民发表一份宣言,以便使他们了解一个几乎不为人知的种族的情况,或者说一个虽在国外为人所知却备受诋毁的种族的情况。然而,正当斯拉夫议会和平审议上述问题时,布拉格爆发了一场暴乱,这场暴乱

温迪施格雷茨亲王阿尔弗雷德·坎迪杜斯·斐迪南

的起因至今尚不太清楚。1848年6月12日,布拉格的学生和守备部队士兵互相射击。军事指挥官温迪施格雷茨亲王阿尔弗雷德·坎迪杜斯·斐迪南[①]的妻子在酒店被杀。守备部队士兵筑起路障,在上城建立了稳固的指挥中心,并连续三

---

① 阿尔弗雷德·坎迪杜斯·斐迪南(1787—1862),出身于奥地利施蒂里亚的贵族家庭,奥地利陆军元帅。——译者注

天轰炸下城,直到下城无条件投降。斯拉夫议会被解散,布拉格宣布进入戒严状态,召开波希米亚议会的计划也被搁置。

不久,维也纳召开了法兰克福国民议会代表选举大会。波希米亚王国的德意志人派出代表,但人们知道这些代表对斯拉夫人怀有强烈的敌意。德意志人更热衷于建立一个更大的德意志帝国而不是奥地利帝国,并且他们似乎认为波希米亚人实现政治解放的企图是特别针对德意志人的。而波希米亚人在同胞中选择了最能支持民族运动的人去参加法兰克福国民议会。这些人带着一个提议去了维也纳,要求立宪自由,维护受匈牙利人和德意志人威胁的帝国的完整性及争取波希米亚王国可能拥有的最大自治权。然而,波希米亚的德意志人把目光投向了法兰克福,认为只要德意志人能取得半个波希米亚王国的统治权,就愿意把另一半波希米亚王国让给匈牙利人。

在加利西亚,人们已经感知到三月的革命运动。很早之前,伦贝格的波兰人就向政府提出要求。他们并没有要求脱离奥地利帝国,而是要求撤掉不受欢迎的官员和特警,由本民族人管理加利西亚,并且波兰军队不应撤出加利西亚。然而,加利西亚的贵族什么也不敢做,之所以这样,一方面是因为惧怕俄罗斯帝国,另一方面是因为惧怕农民。许多政治难民都返回加利西亚,人们开始骚动起来。克拉科夫成立了一个临时政府。1849年4月26日,克拉科夫爆发了一场暴乱,但随即被镇压。几天前,加利西亚总督奥地利-埃斯特的斐迪南·卡尔·约瑟夫大公宣布废除强迫劳役,从而剥夺了贵族强迫农奴劳役的权力。奥地利-埃斯特的斐迪南·卡尔·约瑟夫大公还通过支持罗塞尼亚人的诉求,巧妙地拒绝了波兰人的要求。罗塞尼亚人要求承认其民族与波兰人、希腊东仪天主教教会教徒和天主教神职人员具有平等权利。这样一来,奥地利-埃斯特的斐迪南·卡尔·约瑟夫大公就确保了奥地利政府作为仲裁者的身份,从而增强了奥地利帝国对这个古老波兰省道义和经济上的影响力。此后,加利西亚再没给奥地利帝国制造过任何麻烦。

在谈论匈牙利之前,让我们简要回顾一下在意大利发生的事。1848年3月

18日,米兰发动起义,奥地利人被迫撤退到著名的四角防线[①]——伦巴第和威尼西亚之间的要塞戒备森严之地。不久,奥地利人就被赶出威尼斯、摩德纳和帕尔马。1848年4月初,撒丁-皮埃蒙特国王卡洛·阿尔贝托宣布支持意大利人的事业,向奥地利帝国宣战。然而,夏季还未结束,卡洛·阿尔贝托就被打败了。1848年8月,在结束了一场出色的战役后,奥地利将军约瑟夫·拉德茨基·冯·拉德茨再次占领伦巴第。

维也纳诗人弗朗茨·格里帕泽写道:"奥地利只驻扎在你的军营,其他军营只不过是孤独的废墟。"然而,还需要一系列战争才能把这些孤独的废墟恢复到不真实的统一中,在这种不真实的统一中,专制主义又使这些废墟维持了半个世纪。

[①] 四角防线,是传统用来称呼由奥地利帝国于伦巴底及威尼西亚建立的防御系统。防线连接着跨越明乔河、波河及阿迪杰河的四个要塞——佩斯基耶拉、曼图亚、维罗纳及莱尼亚戈。1833到1849年,奥地利动用极大代价才建成四角防线。防线的构思原本来自奥地利的卡尔大公,以防守关键的战略地点,亦代表奥地利帝国对当年拿破仑·波拿巴侵略的反击策略。——译者注

第 29 章

匈牙利革命

（1848 年到 1849 年）

早在1848年3月3日，拉约什·科苏特就已确定由议院代表在普雷斯堡发表演讲，并要求成立一个责任内阁。1848年3月15日，一名代表把演讲内容传达给奥地利皇帝斐迪南一世。之后，斐迪南一世采取了一系列激进措施，包括改革公共教育、实现宗教平等、设立陪审团审判、允许新闻自由、召开议会年度会议、加强特兰西瓦尼亚与匈牙利王国之间的联盟、允许贵族参与纳税及通过补偿相关人员以废除劳役和农奴对领主的契约义务。然而，等普莱斯堡通过这些措施时，佩斯成了一场骚动的中心，这场骚动后来被认为是匈牙利革命的开端。许多年轻人，包括著名诗人裴多菲·山多尔、小说家约考伊·莫尔[①]和热情奔放广受欢迎的演说家沃什瓦里，抢过一台印刷机，不顾王室的审查就把1848年3月15日的著名方案[②]印刷出来了。该方案有十二条，要求在匈牙利实施最近在普雷斯堡投票通过的大多数自由主义措施。此外，方案还要求每年在佩斯召开议会，部长要住在佩斯；要求成立国民警卫队和一家匈牙利银行；并宣布大

---

① 约考伊·莫尔（1825—1904），匈牙利贵族、小说家、剧作家和革命家，1848年匈牙利自由革命爆发的积极参与者和领导人。——译者注
② 此处指《十二条》，1848年3月15日，佩斯的革命者在裴多菲·山多尔的领导下，通过了实行改革的政治纲领，即《十二条》。——译者注

包贾尼·拉约什伯爵

厄特沃什·约瑟夫

赦所有政治犯。斐迪南一世向议会的要求妥协,并招来包贾尼·拉约什[①]伯爵成立了第一个匈牙利内阁。拉约什·科苏特、厄特沃什·约瑟夫[②]、塞切尼·伊什特万和戴阿克·费伦茨分别被任命为财政部部长、教育部部长、公共工程部部长和司法部部长。与此同时,匈牙利议会根据有限的选举权制定了一项新的选举法,将选举人人数增加到一百二十万人。此时,还没有任何迹象表明匈牙利人想要与奥地利哈布斯堡王朝决裂。1848年4月10日,斐迪南一世参加了匈牙利议会。匈牙利议会圆满结束后,斐迪南一世受到人们的热烈欢迎。然而,尽管大多数马扎尔人对自己拥有的地位已经很满意了,但非马扎尔民族并非如此。对匈牙利语的相关规定使克罗地亚人和塞尔维亚人非常恼火。在1848年5月13日于卡尔洛维茨举行的一次会议上,克罗地亚人和塞尔维亚人投票赞成重新设立元老院和总督办事处,并希望奥地利帝国统治下的塞尔维亚形成一个独立国家。

1848年5月30日,特兰西瓦尼亚议会在克劳森堡召开,投票决定将特兰西

---

① 包贾尼·拉约什(1807—1849),匈牙利第一任首相。——译者注
② 厄特沃什·约瑟夫(1813—1871),匈牙利作家和政治家。——译者注

瓦尼亚公国与匈牙利王国合并。但这里有一个迄今未得到认可的种族要主张自己的权利。迄今为止，马扎尔人、塞凯伊人和萨克森人一直参与特兰瓦尼亚的事务管理，但长期受压迫的罗马尼亚人开始发声，在布拉森多夫①举行的一次大型群众集会上提出了一系列要求，包括承认其民族、要求宗教平等、撤除匈牙利法律中所有针对罗马尼亚人的攻击性言论，以及如果匈牙利议会中没有罗马尼亚代表参加，就推迟投票通过罗马尼亚与匈牙利王国的联合。然而，马扎尔人过于维护自己的利益，并没有倾听这些正当合理的要求，粗暴地拒绝了罗马尼亚人。

在匈牙利边界，马扎尔人和其他民族的斗争是不可避免的，塞尔维亚人

克罗地亚新总督约瑟普·耶拉契希

---

① 布拉森多夫，即布拉日，罗马尼亚中部阿尔巴县辖市。——译者注

率先发起战争。塞尔维亚人在与克罗地亚新总督约瑟普·耶拉契希[①]达成一致意见后,占领了蒂泰尔的兵工厂,并在卡尔洛维茨附近建了一个营地。塞尔维亚人由一名精干的老骠骑兵副将斯特拉提米洛维奇指挥。斯特拉提米洛维奇在宣言中说:"我们与那些违背宪法、只顾为自己寻求自由的人做斗争,这些人除了为少数马扎尔人的利益服务,并通过斯拉夫人、德意志人和罗马尼亚人为马扎尔人积累劳动财富,不会假装做任何事。"匈牙利军事边境的士兵与他们的同胞有着共同的事业,塞尔维亚也派大批志愿兵来守卫这份共同事业。因斯布鲁克宫廷小心翼翼,尽量避免镇压任何一场运动,这再次证明了君主政体分而治之的古老原则。

1848年7月5日,在佩斯,匈牙利议会带着一种不祥的预兆召开了。拉约什·科苏特在一次精彩绝伦的演讲中指出南部斯拉夫人对匈牙利构成的威胁,

匈牙利议会召开,拉约什·科苏特发表精彩绝伦的演讲

[①] 约瑟普·耶拉契希(1801—1859),克罗地亚总督(1848—1859),奥地利帝国皇家军队陆军中将,政治家。——译者注

并要求征募男丁和借款四千二百万弗罗林。匈牙利人和克罗地亚人在维也纳也召开了会议，但彼此间没有达成任何协议。"我们很快就会在德拉瓦河的河岸上再次见面。"拉约什·科苏特对克罗地亚总督约瑟普·耶拉契希说。约瑟普·耶拉契希回答说："不，我会到多瑙河找你。"1848年9月11日，约瑟普·耶拉契希渡过德拉瓦河。

斯特拉提米洛维奇已经召集了三万名士兵，并带有一百门大炮。1848年9月，匈牙利人向维也纳议会派了一个代表团，但维也纳议会的成员主要是斯拉夫人，这些斯拉夫人对不讲道义的匈牙利人甚是反感，因此，拒绝接待此代表团。斯特拉提米洛维奇既要履行官职义务，又要承担皇族诸侯责任。但他很难兼顾两种职责，便借着要带领塞尔维亚军队的借口离开了佩斯。事实上，斯特拉提米洛维奇想与约瑟普·耶拉契希会晤，但被拒绝后，便让匈牙利听任命运摆布，并就此退出官场。包贾尼·拉约什也卸任了。1848年9月25日，在拉约什·科苏特的主持下，匈牙利议会成立了公共国防委员会。就在同一天，一项帝国诏书将弗朗茨·菲利普·冯·兰贝格伯爵将军任命为皇家委员兼匈牙利军队元帅。但弗朗茨·菲利普·冯·伦贝格伯爵到达布达后不久，就被愤怒的匈牙利人谋杀了。面对此事，斐迪南一世做出回应，任命约瑟普·耶拉契希为奥地利帝国皇家军队陆军中将和克罗地亚军队指挥官，命其攻打匈牙利。至此，匈牙利与奥地利君主彻底决裂。

匈牙利人开始为保卫自己的国家做准备。拉约什·科苏特发出了招募志愿兵的号召，并召回驻扎在波希米亚和加利西亚的所有匈牙利军队。约瑟普·耶拉契希向佩斯进军，被击退后返回维也纳。1848年8月12日，斐迪南一世也返回了维也纳。当时，维也纳议会支持奥地利帝国反对匈牙利人独立。不过，仇恨斯拉夫人的维也纳民众出于自己的革命情感，非常同情佩斯革命。1848年10月17日，维也纳民众发动起义反对奥地利政府向约瑟普·耶拉契希派遣增援部队，并呼吁匈牙利人提供援助。但因为来得太晚，匈牙利人不得不再次穿越莱塔河，维也纳人也不得不向阿尔弗雷德·坎迪杜斯·费迪南投降。这一段革命

弗朗茨·约瑟夫一世

事件稍后讲述。与此同时，匈牙利人仍想忠于斐迪南一世，因此行动上也就不免有所束缚。匈牙利的大臣称，他们仍然忠于"可敬的匈牙利国王"，尽管他们当时正与令人深恶痛绝的皇家军队作战。

然而，国王突然就不在了。1848年12月2日，斐迪南一世退位，将王位让给侄子弗朗茨·约瑟夫一世。匈牙利人不承认这种退位，在反抗现任统治国王弗朗茨·约瑟夫一世的同时，对退位的斐迪南一世依然保持忠诚。拉约什·科苏特宣布匈牙利王国进入防御状态，组织了著名的"国民军"，或者说"国家保卫队"，并组建了外国部队——波兰人积极加入。就这样，可怕的战争开始了。奥地利军队借道摩拉维亚、加利西亚、施蒂里亚，从南部进攻匈牙利。特兰西瓦尼亚的罗马尼亚人则大力援助奥地利军队,之所以这样做,与其说是因为喜欢弗朗茨·约瑟夫一世,不如说是因为仇恨昔日的压迫者。在这场力量悬殊的斗争中,匈牙利王国注定要被彻底打败。1848年12月18日,阿尔弗雷德·坎迪杜斯·费迪南进入普雷斯堡,并于12月27日进入拉布。1849年1月1日,匈牙利国防委员会不得不放弃佩斯,撤退到德布勒森——一个几乎无法进入的荒漠之地。几天后,匈牙利军队撤退了,佩斯这座城市便立即被阿尔弗雷德·坎迪杜斯·费迪南占领。包贾尼·拉约什被逮捕,军事法庭迅速成立,恐怖统治开始在佩斯蔓延。

与此同时,曾是维也纳保卫者之一的波兰人约瑟夫·贝姆[①]在特兰西瓦尼

约瑟夫·贝姆

---

① 约瑟夫·贝姆(1794—1850),波兰工程师兼将军,奥斯曼土耳其帝国帕夏,波兰和匈牙利的民族英雄,在波兰以外的多地作战,曾参与1848年匈牙利革命。他与欧洲其他爱国运动,如塔德乌什·柯斯丘什科和扬·亨利克·东布罗夫斯基领导的运动有一定联系。——译者注

亚打了一场神奇的战役，在这场战役中，年轻诗人裴多菲·山多尔战死了。很长一段时间里，裴多菲·山多尔的同胞都不愿相信他已经死了。许多年后，有报道称裴多菲·山多尔在西伯利亚被俄罗斯人囚禁，在被囚禁三十年后，他即将返回匈牙利，这激起了匈牙利人的愤怒。尽管有俄罗斯军队帮助奥地利军队，赫曼施塔特还是落入约瑟夫·贝姆手中。奥地利人和俄罗斯人撤退到瓦拉几亚。在匈牙利南部，米克洛什·派采尔重新占领塞尔维亚的部分领土。

幸运之神似乎再次眷顾匈牙利人，阿尔弗雷德·坎迪杜斯·费迪南被解职，而拉约什·科苏特也相信自己足够强大，可以给奥地利人致命一击。1849年4月14日，德布勒森议会投票表决废除哈布斯堡王朝的统治，并宣布匈牙利独立。拉约什·科苏特被任命为匈牙利共和国元首，并有权决定为匈牙利未来

米克洛什·派采尔

格尔盖伊·阿尔图尔

保留何种形式的政府。匈牙利贵族气息太浓烈,并且处处浸染着君主政体的传统,不适合成为一个共和国。在匈牙利新内阁体制中,拉约什·科苏特把外交事务托付给包贾尼·拉约什,而格尔盖伊·阿尔图尔①成了战争部部长。此时,似乎一向讲究法律形式的匈牙利终于与旧体制划清界限。欧洲唯一愿意承认匈牙利独立的国家就是短命的威尼斯共和国。《独立宣言》发表后,匈牙利共和国在争取民族独立过程中取得了巨大成功。1849年5月21日,匈牙利从奥地利人手中夺回了布达要塞。

然而,匈牙利独立事业又面临新的危险。就在三个星期前,维也纳《官方公报》宣布,沙皇尼古拉一世已把俄罗斯军队交给弗朗茨·约瑟夫一世指挥,

---

① 格尔盖伊·阿尔图尔(1818—1916),匈牙利军事领袖,匈牙利革命军最伟大的将军之一。——译者注

安德拉西·久洛

尤利乌斯·雅各布·冯·海瑙

以便他能镇压起义的臣民。这就等于公开宣称奥地利帝国是软弱的，但就像人们说的那样，这等于承认了俄罗斯帝国是被压迫的斯拉夫人抵抗匈牙利人的天然保护者。法兰西的弗拉迪斯拉斯·泰莱基和安德拉西·久洛①都试图支持匈牙利人，但毫无结果。1849年6月4日，俄罗斯军队越过喀尔巴阡山脉，而已经在意大利声名远扬的尤利乌斯·雅各布·冯·海瑙②在多瑙河上击败了匈牙利将军，并向佩斯进军。在俄罗斯帝国指挥官伊万·帕斯基耶维奇的指挥下，十万名俄罗斯士兵进入加利西亚；与此同时，五万名俄罗斯士兵向特兰西瓦尼亚推进。这段时间，格尔盖伊·阿尔图尔举动非常可疑，他一方面假装与

---

① 安德拉希·久洛（1823—1890），匈牙利政治家，他曾担任过匈牙利王国首相（1867—1871）和奥匈帝国外交部部长（1871—1879）。——译者注
② 尤利乌斯·雅各布·冯·海瑙（1786—1853），奥地利将军，曾镇压意大利和匈牙利的叛乱。——译者注

敌人作战,另一方面又准备与其谈判,以恢复君主政体。在危难时刻,德布勒森议会宣布匈牙利各民族平等,但为时已晚。1849年8月11日,拉约什·科苏特将独裁政权交给格尔盖伊·阿尔图尔。1849年8月13日,格尔盖伊·阿尔图尔带着二万三千人和一百三十门大炮在维拉格斯向俄罗斯军队投降。这是要逃跑的前兆。约瑟夫·贝姆、拉约什·科苏特和那些逃脱的人越过匈牙利边界进入土耳其。1849年9月27日,匈牙利起义军领袖克洛普卡不得不交出几乎坚不可摧的科莫恩要塞。伊万·帕斯基耶维奇在写给沙皇尼古拉一世的信中说:"匈牙利,就在陛下脚下。"随着科莫恩的陷落,匈牙利的最后一道防线也被攻破了。面对胜利,如果能怀有一颗仁慈之心,那将是明智和慷慨之举。毕竟,这场胜利的获得以外国干预为代价。匈牙利成立了很多委员会。征服者的复仇残忍无情。包贾尼·拉约什在佩斯被枪杀,投降的匈牙利将军要么被枪毙,要么像罪犯一样被绞死。随后的处决让人想起血腥的"埃佩里斯大屠杀"时代。成千上万的匈牙利爱国者,其中包括出身高贵的妇女,都被判处监禁。罪人的财产

包贾尼·拉约什被枪杀

被没收。格尔盖伊·阿尔图尔虽然逃脱了死刑,但被囚禁在克拉根福堡垒。甚至连那些逃到土耳其的人也遭到迫害,奥地利帝国和俄罗斯帝国都要求将这些人引渡。但苏丹阿卜杜勒-迈吉德一世拒绝两国的要求,可能就从此时起,匈牙利人对土耳其人产生了好感,并且这种好感随匈牙利人仇恨俄罗斯帝国和一切与斯拉夫有关的事而大大增强。然而,在制止逃亡土耳其的匈牙利人再次逃离土耳其方面,奥地利帝国和俄罗斯帝国的确取得了成功。许多匈牙利逃难者都成了穆斯林,尤其是后来在阿勒颇去世的波兰人约瑟夫·贝姆。安德拉西·久洛也逃往土耳其,等待命运再次召唤他回去。

  在听到维拉戈斯[①]投降的消息后,威尼斯也于1849年8月22日宣布投降。1849年3月23日,再次努力后的卡洛·阿尔贝托,又在诺瓦拉战败,随即退位给儿子维克托·埃马纽埃尔[②],留下了一个满目疮痍的王国。奥地利帝国再次在意大利北部建立统治,被征服的匈牙利同样平息了下来。不过,匈牙利人会倾尽一切力量再次发起反抗,或者等到时机成熟,会再次争取民族独立。

[①] 维拉戈斯,即罗马尼亚的希里亚乡,位于罗马尼亚西部。——译者注
[②] 即意大利国王维克托·埃马纽埃尔二世。——译者注

第 30 章

1848 年维也纳革命

我们现在可以回到匈牙利以外的奥地利其他省试图建立宪政这个话题上来。维也纳议会由三百八十三名代表组成,其中五十三名代表上奥地利和下奥地利,四十八名代表摩拉维亚,九十一名代表波希米亚,十九名代表施蒂里亚和其他省。在所有代表中,农村代表占了很大比例。许多代表,特别是罗塞尼亚人和加利西亚人都不懂德语。奥地利贵族要么没有获得任何选票,要么拒绝参加议会,因此,德意志代表就占了少数。由于害怕德意志人大量拥进维也纳议会,激进派的报纸、奥地利帝国政党的刊物都不着痕迹地谴责德意志人进入维也纳议会,有些报纸还用醒目的字体专门刊登了此事。维也纳人愤怒至极,对波希米亚多数派充满了敌意,并威胁要将议会迁往其他城市,只有这样才能使波希米亚多数派恢复理智。

1848年7月10日,在帝国骑术学校,各省代表举行集会,以商定议会程序。来自八个不同民族的代表出席了会议:德意志人、波希米亚人、达尔马提亚的塞尔维亚-克罗地亚人、波兰人、罗塞尼亚人、伊斯特利亚的意大利人和布科维纳的瓦拉几亚人。语言问题是首要困难。这些代表应以何种语言进行审议?大会决定向不懂德语的人提供口译员,但没人敢宣布德语为官方语言。一位维也纳律师施密特,被选为议会主席;波希米亚人施特罗巴赫和波兰人斯莫尔卡被选为副主席。起初,大会内部无派别之分;之后,大会内部开始出现了不同的民族派别。波希米亚人和罗马尼亚人代表奥地利东部地区,蒂罗尔人和奥地利保守派,也就是所谓的黑黄派,代表奥地利中部地区,而奥地利西部地区由德意志人和民主派代表。1848年7月22日维也纳议会拉开帷幕,斐迪南一世发表演讲,宣布"为完成奥地利的复兴伟业和保障自由"而召开议会。斐迪南一世不在时,约翰大公就接替斐迪南一世主持维也纳议会。但不久,约翰大公就被叫到法兰克福,被任命为德意志摄政。随后,维也纳议会恳请斐迪南一世回国,斐迪南一世便于1848年8月12日再次回到维也纳。

维也纳议会上院已经任命了一个委员会起草一部新宪法。议会必须处理的第一个重要问题就是农民状况问题。议会收到过很多来自农民的请愿书,这些请愿书常常都带有威胁性质;再加上参加议会的代表很大一部分是农民,因此,关于农民状况这一重大问题的讨论更加冗长和热烈。1848年8月月底,维也纳议会上院投票决定以合理价格从领主手中购得所有农奴契约义务和强迫劳役的权力,并以二百二十四票对一百二十五票的投票通过了在每个省设立特别赔偿基金的决定。这是迈向联邦的第一步。

当议会这座名副其实的巴别塔[①]开始进行审议时,审议工作进展缓慢,激进主义分子此时正在维也纳进行活动。劳动阶层开始骚动,学生组织"曙光"与劳工阶层进行了友好交流。维亚纳内阁效仿法兰西的工厂,曾每天向工人支付十五十字硬币[②],尽管工人们很少或根本不工作;但现在工资的减少引发了工人暴动,奥地利政府只得用武力进行镇压。

1848年3月成立的安全委员会被解散;之后奥地利经济萧条,民众也开始

[①] 巴别塔,或称通天塔,本是犹太教《希伯来圣经》中的一个故事,说的是人类产生不同语言的起源。在这个故事中,一群只说一种语言的人在"大洪水"之后从东方来到了示拿地,并决定在这里修建一座城市和一座"能够通天的"高塔;上帝见此情形就把他们的语言打乱,让他们再也不能明白对方的意思,并把他们分散到世界各地。——译者注

[②] 十字硬币,旧时德国和奥地利使用的硬币,硬币上铸有十字。——译者注

施瓦岑贝格亲王费利克斯

制造各种麻烦。民众要求罢免战争部部长特奥多尔·弗朗茨[①]、施瓦岑贝格亲王费利克斯[②]和亚历山大·冯·巴赫男爵。维也纳议会上院多次申明自己的立场,却连上院的秩序都无法维持,因为激进分子强硬地要求重新设立议会。各激进团体组成了一个中央委员会,当匈牙利代表到维也纳议会为匈牙利辩护时,维也纳民众骚动不已。在斯拉夫人的影响下,维也纳议会是不会接受这群匈牙利代表的。但维也纳的民主派热烈欢迎匈牙利代表的到来,并承诺为他们

[①] 特奥多尔·弗朗茨(1780—1848),奥地利政治家。作为奥地利帝国的战争部部长,他在维也纳起义开始时被一群暴徒杀害。——译者注

[②] 施瓦岑贝格亲王费利克斯(1800—1852),波希米亚贵族,奥地利政治家,曾任奥地利帝国首相和奥地利帝国外交大臣(1848年到1852年)。他在1848年革命后恢复了奥地利帝国作为欧洲强国的地位。——译者注

特奥多尔·弗朗茨被绞死

提供帮助。民主派信守了诺言。1848年10月月初,维也纳民主派阻止奥地利帝国军队出兵匈牙利。一场冲突之战开启后,民众将军队必须通过的那座大桥拆毁。特奥多尔·弗朗茨在家中遇袭,并遭受残酷私刑,被绞死。维也纳议会的一些议员尽管付出了极大努力,但仍无法阻止这些使"十月光阴"蒙羞的暴行。维也纳议会成立了一个安全委员会,目的是努力使安全委员会成为政府和民众之间的调解机构。此外,维也纳议会还要求设立一个民众内阁,并对匈牙利做出政策改变。斐迪南一世很有礼貌地接待了匈牙利代表,但第二天就和斯拉夫臣民一起逃到了奥洛穆茨,好像只有这些人才能为革命提供庇护一样。斐迪南一世留下了一份公告,在公告中他严厉谴责前几天发生的暴行,同时,宣布将采取措施解救维也纳人并维护他们的自由。

不久,由奥尔施佩格的阿道夫亲王、阿尔弗雷德·坎迪杜斯·费迪南将军和约瑟普·耶拉契希将军率领的三支大军攻打维也纳。维也纳孤军奋战,抵御不了多长时间。尽管如此,维也纳还是坚持抵御。为了获得持有相同政治立场的人的支持,法兰克福的共和派派了一个代表团到维也纳,代表团负责人是罗

奥尔施佩格的阿道夫亲王

伯特·布卢姆——莱比锡的一位书商,也是德意志自由主义者的先驱之一。斐迪南一世离开后,以波希米亚为首的保守派撤出维也纳议会上院,返回布拉格,并指责留在维也纳的波希米亚保守派的行为。维也纳议会内部不断地纷争已让它感到无能为力。维亚纳也没能长久地享受属于它的胜利。1848年10月28日,阿尔弗雷德·坎迪杜斯·费迪南和约瑟普·耶拉契希进攻维也纳。1848年10月31日,维也纳投降。匈牙利人来得太晚了,不仅没能帮上盟友,还被约瑟普·耶拉契希打败,混乱中只得再次渡过莱塔河返回匈牙利。尽管遭到法兰克福国民议会的强烈抗议,阿尔弗雷德·坎迪杜斯·斐迪南还是进入维也纳,立

罗伯特·布卢姆

文策尔·梅森豪泽被枪杀

罗伯特·布卢姆被枪杀

即展开了可怕的报复。国民警卫队司令文策尔·梅森豪泽和罗伯特·布卢姆被枪杀。作为法兰克福国民议会代表的罗伯特·布卢姆未能免遭于难。其他受害者包括《激进派》编辑阿尔弗雷德·尤利乌斯·贝歇尔和助手阿道夫·耶利内克。阿尔弗雷德·坎迪杜斯·斐迪南虽然为特奥多尔·弗朗茨报了仇,但遭到了施瓦岑贝格亲王费利克斯的谴责。

然而，维也纳还没有投降，斐迪南一世就召集了议会。对议会来说，寻求一个安静而有安全保障的地方进行审议工作很重要。1848年10月22日的一份皇帝敕令中止了维也纳议会，该复函邀请议会于1848年11月22日在摩拉维亚的克雷姆西尔①再次召开。在克雷姆西尔这个小镇，议会可以避开一切影响决策的因素。在会上，波兰人斯莫尔卡被选为议会主席，而就在前一天，一个新内阁得以成立。新首相就是军人政治家施瓦岑贝格亲王费利克斯。在意大利的漫长生活中，施瓦岑贝格亲王费利克斯学会了如何镇压革命。施瓦岑贝格亲王费利克斯先是在圣彼得堡服役，后来在伦敦、都灵和那不勒斯服役，并在这些地方向人们展示了他对专制主义的热情，最后又在约瑟夫·拉德茨基·冯·拉德茨的军队中担任重要职务。内政部被托付给精于管理的弗朗茨·施塔迪翁负责。新内阁宣布将毫无保留地支持立宪政府，并宣布奥地利帝国将继续与德意志密切团结，但并不会牺牲自己的利益。1848年11月27日，新内阁公布了奥地利帝国的大德意志方案。1848年12月2日，议会召开特别会议。令所有人惊讶的是，议会主席斯莫尔卡宣布斐迪南一世退位，弟弟弗朗茨·卡尔大公放弃自己的权力，因此，弗朗茨·约瑟夫一世继承了王位。在弗朗茨·约瑟夫一世年满十八周岁前一天，议会宣布他可以即位。这个重大决定是在一次家族会议上做出的，当时出席会议的有诸位部长、国王议会成员，还有阿尔弗雷德·坎迪杜斯·费迪南亲王和约瑟普·耶拉契希。退位当天，斐迪南一世去了布拉格，并在那里隐居直到去世。斐迪南一世身体虚弱，曾一度妨碍他履行君主职责。

---

① 克雷姆西尔，今捷克兹林州的城市克罗梅日什。——译者注

第 31 章

弗朗茨·约瑟夫一世统治初期——反动时期

（1848 年到 1860 年）

弗朗茨·约瑟夫一世以立宪君主的身份开始了统治。在第一份宣言中，弗朗茨·约瑟夫一世说："我们要坚决维护王冠荣耀的完美无瑕，我们希望在上帝的帮助下及子民的合作下，随时与子民分享权力，把哈布斯堡王朝统治下的所有邦国和所有民族团结起来，以使他们形成一个团结的国家。"这一宣言似乎表明弗朗茨·约瑟夫一世要把奥地利-匈牙利变成一个中央集权国家的坚定决心。自从君主立宪制，或者更准确地说，自从这个讲多种语言的多元政府立宪以来，有三种体制引起了政治家的注意：第一，中央集权制，这种体制把维也纳的所有省、所有民族及所有说不同语言的人都置于一个政府管理之下，这个政府要么是议会制政府，要么是绝对主义政府；第二，二元制，二元制给匈牙利留下了历史悠久的宪法，并把其他邦国勉强统一起来；第三，联邦制，联邦制既满足了民族愿望，又保留了组成奥地利帝国不同群体的历史传统。当时，奥地利帝国还没有制定任何能解决既满足民族愿望又能保留各民族历史传统这一严重问题的原则。事实上，当时，二元制已经存在，只不过是匈牙利并没有被邀请参加在维也纳或克雷姆西尔召开的议会。斯拉夫人和一些德意志人要求采取联邦制，因为他们羡慕联邦制（如蒂罗尔）的传统和自治。波希米亚历史学家弗兰基谢克·帕拉茨基为联邦主义者制订了一份计划，只为整个奥地利帝国设立了四个部门，即战争部、海军部、财政部和外交部；奥地利帝国各省享有完全的地方独立，地方议会将选举一定数量的代表组成中央议会。弗兰基谢克·帕拉茨基的联邦计划包括七个民族——德意志人、波希米亚人、波兰人、意大利人、南斯拉夫人、匈牙利人和瓦拉几亚人。每个民族在维也纳设有自己的大法官法庭。该计划自然遭到德意志中央集权拥护者的反对，因为他们希望把帝国德意志化。此外，很明显，执行计划时将面临许多实际困难。其中比较难解决的困难是，未经匈牙利代表同意，议会其他代表就不敢处理匈牙利问题。人们希望弗朗茨·约瑟夫一世能邀请匈牙利人参加议会，这样他们才可能参会。三个月后，议会关于立宪工作的讨论没有任何结果；政府既不介入议会，也不愿公开其真实意图。最后，1849年3月2日，立宪工作似乎已经完成。

人们希望，在获得政府同意后，宪法将最终顺利制定，并希望它在1848年维也纳革命周年纪念日，即1849年3月15日得以正式宣布。然而，克雷姆斯议会的代表忽略了德意志政策带来的负面影响。几个世纪以来，德意志政策给奥地利带来了沉重压力。奥地利大公约翰大公被选为德意志摄政王，法兰克福国民议会将奥地利帝国视作德意志的一个国家，其使命是将那些顽固不化的民族德意志化，并执行"东进"[①]。有关奥地利帝国方面，议会投票通过了以下条款：德意志邦联的任何一个邦国都不能同其他非德意志邦国统一为一个国家；如果一个德意志邦国与一个非德意志邦国由同一个君主统治，那么这两个邦国之间的关系只能由两邦国之间达成的约定进行协调。1849年11月27日发表的一份宣言宣布："只有当奥地利帝国和德意志邦联各自都能积极决定一种新的、明确的形式时，它们之间的政治关系性质才能确定。"

联邦党人尤其是斯拉夫人，已经接受这一宣言，并将该宣言视作从奥地

[①] 东进是19世纪大德意志主义创造的一个术语，是德意志民族主义的座右铭。他们以条顿骑士团向东扩张为例子，认为德意志应向东欧扩大生存空间。这个观念后来成为纳粹德国外交政策，之后通过消除这些土地上的原生斯拉夫民族，并准备以德意志驻军作为农民，把这些地方德意志化。——译者注

利帝国枷锁中解放的承诺。1849年1月14日，德意志领导人做出回应，将奥地利帝国排除在新形成的德意志邦联外。对此，奥地利内阁并不担心，因为他们一直认为奥地利帝国是德意志邦联国家中的第一大国。奥地利内阁决定发动议会"政变"。1849年3月6日，弗朗茨·施塔迪翁召集了一些代表并通知他们说，如果匈牙利王国不参加议会，议会就不能合法地通过帝国宪法。因此，弗朗茨·施塔迪翁后来解散了议会，尽管有代表不同意解散议会。所谓的"3月4日宪法"是通过一项帝国法令制定的。这部宪法只不过是一份比利时和柏林宪法的副本及德意志邦联的基本权利宪章。该宪法宣布奥地利帝国是独立的、不可分割的，所有省均享有同等权利，这些省的议会完全变成省级议会；君主宣布将加冕为奥地利帝国皇帝，两个议院会协助君主；只要匈牙利宪法与帝国宪法不冲突，就应予以维持；一项特别法法规规定了伦巴第-威尼西亚王国享有的地位；允许司法审查，允许宗教信仰自由；关于各省的历史权利和各民族的平等，宪法只字未提。

  1851年，施瓦岑贝格亲王费利克斯在一份通告中称："1849年3月4日通过的宪法只是为满足人们重新建立王室权威的愿望。当时，没有时间研究宪法的基本条款，这些条款都是从国外借鉴的。这样的宪法不会产生任何效力。"事实上，"3月4日宪法"[①]从未真正实施过。奥地利帝国尽管在治理国内事务方面一无成效，但在德意志邦联发挥了重要作用。当法兰克福国民议会把"德意志皇帝"头衔授予普鲁士国王腓特烈·威廉四世时，弗朗茨·约瑟夫一世与法兰克福国民议会决裂，并宣布自己才是德意志邦联的君主，绝不允许外国君主或议会插手德意志邦联事务。

  匈牙利和意大利北部恢复了平静，但接下来的十年是一段极其残酷而没

---

① "3月4日宪法"，指弗朗茨·约瑟夫一世于1849年3月4日颁布的宪法，承诺组织一个保障帝国统一、民族平等及代议制的议会，亦废除封建制度、建立市政组织及改革司法制度。该宪法只适用于除匈牙利之外的奥地利各邦。1849年3月7日，弗朗茨·约瑟夫一世下令以武力解散国民议会，该宪法未得以实施。——译者注

有人性的反动时期。1849年年底,世界各地重建了秩序。没有什么能妨碍宪法的实施。1851年8月4日的一项皇家法令宣布:"宪法将不再是一纸空文。它将成为自由的堡垒、权利的保障、王朝荣耀和团结的保证。"弗朗茨·施塔迪翁积极确保宪法的实施,并以看到宪法付诸实施为荣,但他失去了理智,被维也纳律师亚历山大·冯·巴赫男爵取代,而后者不久前还是一名狂热的激进分子。在获得权力后,亚历山大·冯·巴赫男爵就成了专制主义和激进主义的倡导者。在所有匈牙利革命成果中,亚历山大·冯·巴赫只保留了关于农民状况的法律及宣布公民享有人身和财产平等的法律。1851年12月31日,帝国法令宣布"3月

亚历山大·冯·巴赫

安东·海因里希·施普林格

4日宪法"无效。奥地利帝国各省被分割,每个省的行政长官由中央政府任命,议会的职能受到大大削弱。此外,中央集权的官僚机构成了无情的德意志化政策的工具。德意志化政策对希望分裂奥地利帝国的匈牙利人和竭力维护奥地利帝国的斯拉夫人产生了同样沉重的影响。"一项临时计划"这个词是指一种实施了整整十年的制度。安东·海因里希·施普林格说:"如果可能,人们可以对临时计划做随机变动。"另一位政治家说:"没有人信任政府。"能够补救这种不信任的唯一方法就是物质力量。

匈牙利王国是第一个遭受新专制主义之苦的国家。奥地利政府所做的一切就是要剥夺匈牙利王国的独立。奥地利帝国派一名代理官员前往佩斯;匈牙利王国被分成了五部分。公职首先安排给德意志人,德语成了行政机关、法院和学校的通用语言。冷酷无情的警察监视着市民；1854年以前，佩斯一直处于戒严状态，直到1857年，才慢慢解除戒严。之前被吞并的一些王国——特兰西瓦尼亚王国、克罗地亚王国和塞尔维亚王国再次脱离奥地利帝国获得独立。然而，摆脱了匈牙利人枷锁的斯拉夫人又落入德意志人的统治之下。在波希米亚和加利西亚，奥地利帝国采取了与在匈牙利一样的政策，尤其是在1852年施瓦岑贝格亲王费利克斯死后，亚历山大·冯·巴赫获得更大权力的那段时期。托梅克说："陪审团审判和公开审判的权力受到压制，市政机构的选举被暂停，波希米亚语和德语在学校中的平等问题被无视；警察专横跋扈，经常干涉普通法庭……一切与公共事务有关的新闻自由被完全扼杀，捷克语刊物甚至不允许出版。奥地利政府一心只想在德意志邦联扩大影响力，希望通过确保德意志人在帝国其他国家的统治地位来获得德意志人的同情。"

致力于专制主义的奥地利政府及时地看到，奥地利帝国可以通过与教会结盟提高自己的地位，而罗马教廷和主教都是其天然盟友。1849年，在一次维也纳举行的大会上，奥地利的高级教士强烈抗议民族运动。这些高级教士称"民族是异教和不同语言的遗物，是罪恶和人类堕落产生的结果"。大会决定根除规定国家凌驾于教会之上的约瑟夫主义，并在经过长时间谈判后与罗马教廷缔结了《1855年协约》。《1855年协约》宣布天主教为特权宗教，将私人和公共教育交给神职人员，并授权所有教皇文件的出版，只要不影响民事权利即可，同时禁止传播受神职人员谴责的书籍。主教被赋予实施体罚的权力，例如，监禁难以管教的神父；奥地利政府承诺帮主教执行判决。这些措施对1849年到1859年期间实施的中央集权专制产生了宗教偏见。所有的政治生活都停止了，知识文化发展缓慢是这段时期的标志，物质条件也每况愈下。1848年到1849年发生的一系列事件已经耗尽了本已一贫如洗的奥地利国库，接下来的几年，国家也没有获得任何救济。因此，尽管税收不断增加，每年的赤字也不断增加。为了应对财政危机，奥地利政府被迫发行折价纸币，实际上连面值降至五分的纸币也进入流通。

1848年到1860年这一时期初，奥地利帝国在国外的表现还过得去。在德意志邦联，人们认为施瓦岑贝格亲王费利克斯是一位出色的首相，因为他成功地维持了德意志邦联契约，使奥地利帝国在德意志邦联中占主导地位。一群机敏的德意志邦联诸侯聚集在弗朗茨·约瑟夫一世周围，组成了一个联盟，普鲁士王国则受这个联盟的制约。1850年11月，普鲁士王国不得不完全放弃自己的立场，不再支持黑森大公国的自由主义者反对他们愚蠢的大公路德维希三世。在奥洛穆茨举行的一次会议上，愚蠢的普鲁士王国首相奥托·特奥多尔·冯·曼

奥托·特奥多尔·冯·曼陀菲尔

陀菲尔①再次让自己的国家蒙受屈辱。施瓦岑贝格亲王费利克斯提出的大部分要求都获得认可,普鲁士王国表示同意合作,同意恢复黑森大公国选帝侯国的地位,同意只有在奥地利帝国的援助下才能在荷尔斯泰因采取行动,并同意参加在德累斯顿举行的会议,以讨论如何规划德意志的未来。正如奥地利帝国主张的那样,德累斯顿会议以在法兰克福重新建立旧联盟而告终。奥地利帝国唯一无法完成的计划就是确保所有意大利省和斯拉夫民族省属于奥地利帝国。1854年,弗朗茨·约瑟夫一世与巴伐利亚的伊丽莎白女公爵②联姻,进一步拉近了奥地利帝国与南部德意志诸侯的关系。

在近东问题上,奥地利帝国在这一时期的政策很消极。奥地利帝国的所有力量似乎都指向德意志和意大利。在受奥斯曼土耳其帝国统治的斯拉夫或罗马尼亚地区,奥地利帝国的干预有时可能会受欢迎,但当奥地利帝国努力粉碎自己国家的斯拉夫主义时,不可能支持巴尔干半岛的斯拉夫人的事业。因此,奥地利帝国的对外政策飘忽不定。由于无法对奥斯曼土耳其帝国施加控制性影响力,奥地利帝国只能通过对抗俄罗斯帝国产生影响力来满足自己。

对奥地利帝国来说,克里米亚战争③是一段痛苦的经历。尼古拉一世在匈牙利革命期间为奥地利帝国提供了帮助,毫无疑问,奥地利帝国欠俄罗斯帝国一份恩情。然而,施瓦岑贝格亲王费利克斯是对的。他说:"奥地利帝国会因它的忘恩负义而震惊全世界。"在欧洲东部,当尼古拉一世和土耳其宫廷之间首次出现冲突时,奥地利外交大臣卡尔·斐迪南·冯·布奥尔伯爵提议召开会议。卡尔·斐迪南·冯·布奥尔伯爵保证奥地利帝国会保持中立,但前提是

---

① 奥托·特奥多尔·冯·曼陀菲尔(1805—1882),普鲁士保守派政治家和首相。——译者注
② 伊丽莎白女公爵(1837—1898),又称"奥匈帝国的伊丽莎白"或"奥地利的伊丽莎白",是弗朗茨·约瑟夫一世之妻。她因其美貌和魅力征服了整个欧洲而被世人称为"世界上最美丽的皇后"。——译者注
③ 克里米亚战争,1853年到1856年,在欧洲爆发的一场战争。俄罗斯帝国与英、法为争夺小亚细亚地区权力而开战,战场在黑海沿岸的克里米亚半岛。一开始它被称为"第九次俄土战争",但因其最长和最重要的战役在克里米亚半岛上爆发,后来被称为"克里米亚战争"。克里米亚战争是俄罗斯人对抗欧洲的重要精神象征,最终以俄方求和及签订《巴黎和约》结束。——译者注

巴伐利亚的伊丽莎白女公爵

俄罗斯帝国需承诺尊重奥斯曼土耳其帝国的完整性。1853年8月，卡尔·斐迪南·冯·布奥尔伯爵要求将多瑙河公国置于五大国保护之下，应开放多瑙河航线，1841年的条约应由各缔约国修订，并且俄罗斯帝国应放弃对受苏丹统治的希腊基督教教徒的保护权。

当克里米亚战争开始时，维也纳内阁与法兰西帝国和英国结盟，以保卫多瑙河公国并抵御俄罗斯帝国。但维也纳召开的会议对维持和平毫无用处。奥地利帝国并不因俄罗斯帝国被削弱而感到遗憾，因为俄罗斯帝国并没有进行武装干预，并对在土耳其宫廷的同意下占领多瑙河公国非常满意。然而，一件突发事件使奥地利政治家深感焦虑。众所周知，皮埃蒙特由野心勃勃、聪明睿智的维克托·埃马纽埃尔二世统治。皮埃蒙特也加入了奥地利帝国、法兰西帝国和英国联军，并向克里米亚派遣了一支军队。虽说恐怖统治击垮了意大利，

签署《巴黎和约》

但这难道不是意大利觉醒的征兆吗？无论如何，这一新的事态发展是奥地利采取有力措施结束战争的信号。奥地利重申1855年8月8日的提议，要求俄罗斯帝国从比萨拉比亚撤军，并使黑海处于中立。奥地利甚至从圣彼得堡召回了大使。这样一来，俄罗斯帝国就不得不求和。1856年3月30日，奥地利帝国、俄罗斯帝国最终在巴黎大会上起草并签署了《巴黎和约》。黑海获得中立，多瑙河上允许自由航行，俄罗斯帝国宣布放弃对土耳其东正教希腊教会教徒的保护权，与东方问题有关的其他难题也都提交给了各大国。

巴黎大会上有一件事对奥地利帝国产生了非常严重的影响。加富尔伯爵卡米洛·本索[①]代表皮埃蒙特将意大利问题提出来供大家讨论。卡米洛·本索和亚历山大·科隆纳-瓦莱夫斯基[②]都提醒大家注意巴尔干半岛的异常情况及奥地利帝国所处的危险境地。一直隐匿于东方问题背后的意大利问题现在摆到了桌面上，并且解决问题的办法不久就会找到，这是必然的。

---

① 卡米洛·本索（1810—1861），意大利政治家，意大利统一运动的领军人物。——译者注
② 亚历山大·科隆纳-瓦莱夫斯基（1810—1868），波兰和法兰西的政治家和外交家。——译者注

从整体上看，对奥地利帝国来说，克里米亚战争的结果并不像最初看起来那么有利。奥地利帝国获得了多瑙河的自由航行权，但瓦拉几亚公国和摩尔达维亚公国联合起来形成了罗马尼亚公国，在奥地利帝国创造了一个吸引罗马尼亚人的中心。俄罗斯帝国的友情已经冷却，圣彼得堡甚至指责维也纳不忠。但更重要的是，皮埃蒙特加入欧洲协调，确信赢得了法兰西皇帝拿破仑三世①的支持，并做好了战争准备。1858年夏，卡米洛·本索与拿破仑三世结盟。拿破仑三世承诺交出伦巴第-威尼西亚王国全境，包括亚得里亚海地区，以换取萨伏依和尼斯，并答应让维克托·埃马纽埃尔二世的女儿萨伏依的玛丽亚·克罗蒂尔德和拿破仑·杰罗姆·波拿巴联姻。

卡米洛·本索还得到了考利勋爵的帮助，并通过考利勋爵的巧妙斡旋，要求奥地利政府为伦巴第-威尼西亚王国设立国家政府，放弃罗马尼亚公国，并在帕尔马公国、摩德纳公国和托斯卡纳公国建立立宪体制。此时，英国和俄罗斯帝国提议召开议会。不过，对意大利来说，幸运的是，在维也纳主战派的支持下，卡尔·斐迪南·冯·布奥尔伯爵的姿态咄咄逼人。1859年4月，卡尔·斐迪南·冯·布奥尔伯爵发出最后通牒，要求解除皮埃蒙特的武装，从而加快了战争步伐。1859年5月月初，法兰西帝国和撒丁王国向奥地利帝国正式宣战。奥地利帝国统辖下的臣民立刻逃离奥地利，而奥地利帝国新上任将军朱莱丝毫没有前任约瑟夫·拉德茨基·冯·拉德茨那种神勇之才。约瑟夫·拉德茨基·冯·拉德茨是位经验丰富的老将，于1858年战死沙场。朱莱既不知如何入侵皮埃蒙特，也不知如何切断都灵和热那亚之间的路线，因此，被赶回了伦巴第。在几次失败，尤其在马真塔战败后，奥地利人从整个伦巴第地区撤出，撤到了四角防线。1859年6月23日，奥地利军队在索尔费里诺再次被意大利人和法兰西人打败。然而，四角防线依然守护着威尼斯。拿破仑三世并不相信自己

---

① 拿破仑三世（1808—1873），即夏尔-路易-拿破仑·波拿巴或路易-拿破仑·波拿巴，出生时叫夏尔-路易·波拿巴，法兰西共和国唯一一位总统及法兰西帝国唯一一位皇帝，亦是拿破仑一世的侄子和继承人。——译者注

加富尔伯爵卡米洛·本索

亚历山大·科隆纳-瓦莱夫斯基

法兰西皇帝拿破仑三世

维克托·埃马纽埃尔二世

马真塔战役

索尔费里诺战役

能完成解放意大利的计划。他曾称要解放意大利"从阿尔卑斯山至亚得里亚海"的地区,但现在放弃了这个计划。拿破仑三世害怕德意志邦联,不敢利用匈牙利王国的欲望再次崛起,因为这意味着要与匈牙利王国结盟以发动革命来巩固自己的大业。1859年7月11日,拿破仑三世在比亚弗兰卡与弗朗茨·约瑟夫一世会晤。未经意大利人的同意,法奥双方就达成了和约。1859年11月10日,维克托·埃马纽埃尔二世被迫同意了《苏黎世条约》。根据该条约,弗朗茨·约瑟夫一世向拿破仑三世投降,拿破仑三世则将除曼托瓦和佩斯基耶拉要塞以外的伦巴第全境割让给撒丁王国;托斯卡纳和摩德纳的大公须回到各自的领地;意大利将组成一个联盟,奥地利帝国将因拥有威尼西亚而成为其中一员。然而,卡米洛·本索的奸诈之策很快就摧毁了这些梦幻般的设想。

第 32 章

奥地利的宪政尝试

（1860 年到 1867 年）

绝对中央集权体制最终导致奥地利帝国解体。在帝国解体过程中，奥地利帝国甚至都指望不上人民的忠诚。有些人公开为奥地利帝国遭受的不幸而欢欣鼓舞。波希米亚的农民称："如果我们被打败了，我们就会获得一部宪法，如果胜利了，得到的就是审判。"弗朗茨·约瑟夫一世最终意识到自己推行的错误政策后，便解雇了保守派内政大臣亚历山大·冯·巴赫，并在一番犹豫后采取了一系列改革措施，希望借此逐步建立一个宪政体制。1860年3月6日，弗朗茨·约瑟夫一世为扩大议会，增加了三十八名成员，随之也就成立了帝国议会。帝国议会的代表都是来自不同邦国的知名人士。然而，帝国议会毕竟只是一个没有任何主权的协商机构，远远不能满足人民的期望和要求。阿格诺尔·罗穆亚尔德·戈武霍夫斯基，一名并不与德意志人和匈牙利人同仇敌忾的加利西亚贵族，被任命为奥地利帝国内政大臣。1860年10月20日，在阿格诺尔·罗穆亚尔德·戈武霍夫斯基的协助下，内阁起草了一份公开文件。该公开文件提出以下改革措施：立法权掌握在皇帝和议会手中；帝国议会由来自议会的一百名代表组成，负责所有涉及公共利益的事务，如财政、贸易、通讯方式和战争；其他事项交由各代表所在议会裁定。在宗教、税收和服兵役方面，法律面前人人平等。内政部、司法部和公众礼拜部被废除。议会保留各阶层原有机构组织。

安东·冯·施梅林

后来，接任内政大臣的安东·冯·施梅林负责进一步完善和实施该公开文件的内容。1861年2月26日，安东·冯·施梅林颁布了《二月特许令》①。与亚历山大·冯·巴赫和克莱门斯·冯·梅特涅一样，安东·冯·施梅林的主要目的是确立德意志人的优势地位。此外，安东·冯·施梅林试图将仅适用于同一民族国家的代议制机制应用于奥地利帝国，但最终失败了。安东·冯·施梅林设立

---

① 《二月特许令》，又称《奥地利1861年宪法》。这是奥地利实施中央集权制的宪法。1860年《十月许可状》公布后，遭到资产阶级的抵制，内政大臣安东·冯·施梅林受命起草新宪法，并于1861年2月26日颁布了《二月特许令》。——译者注

了两个议院：上议院和下议院。上议院由诸侯、大地主、教士和一些由君主挑选的显要人物组成；下议院由省级议会选举产生，有三百四十三名议员。内政大臣、公众礼拜大臣和司法大臣的职位得以恢复，帝国议会的权力得到加强，但各省议会的利益受到了损害。《二月特许令》的颁布使1860年的《十月许可状》给联邦党人带来的希望破灭了。然而，匈牙利人竟然会轻易同意放弃自治权，并愿意与波希米亚人、斯洛文尼亚人和波兰人一起参加帝国议会以共商匈牙利王国的利益。各位代表达成一项协议，即只有商讨奥地利帝国的共同利益时，他们才会出席帝国议会。所有代表的出席赋予帝国议会以权力，但代表的缺席会限制帝国议会的权力，因为其他代表都在忙于处理各独立议会处理不了的问题。这样，主张中央集权制的内政大臣安东·冯·施梅林就避免了二元制。与此同时，安东·冯·施梅林将中央集权制模式应用于所有省级议会，但对选举程序的巧妙操纵，有效地压制了众多斯拉夫人。有三个阶层代表可以出席省级议会：大地主、城市中产阶层和农民。贵族大领主在帝国议会中享有特权。这些贵族都是君主的附庸；拥有大量德意志移民的城镇也享有特权。帝国议会对参加议会的代表人数的划分非常武断，比如，在波希米亚，斯拉夫城镇每一万二千零二十名选民中拥有一名代表，而德意志城镇每一万零三百一十五名选民中拥有一名代表；在农村，斯拉夫人每五万三千名居民中有一名代表，而德意志人每四万零八名居民中有一名代表。拥有一万九千名居民的德意志小镇赖兴贝格有三名代表，而拥有十五万三千名居民的斯拉夫城市布拉格只有十名代表。德意志的某些城镇变成了名不副实的选区。拥有五百名居民的德意志村庄帕尔钦有一名代表，而拥有八千名居民的斯拉夫城镇克拉德诺连一名代表都没有。简而言之，这种选举制度就是一种欺骗，自实施以来，非德意志人就从未停止要求将其废除，但几经修改，该制度至今依然没有被废除。只要这种制度依然存在，奥地利帝国就不可能成为一个真正的代议制政府。

1861年《二月特许令》颁布后，在是否接受宪法并向新帝国议会派出代表问题上，奥地利帝国的不同民族产生了分歧。威尼斯的意大利人、马扎尔人和克罗地亚人拒绝派代表出席帝国议会。未出席帝国议会的代表有一百四十名，比三百四十三名代表总数的三分之一还要多。"我们可以等。"安东·冯·施梅林骄傲地说。但面对匈牙利人在维护本国宪法方面的坚决态度，安东·冯·施梅林所有的外交努力都毫无成效。"我只知道匈牙利宪法，我只能以此为基础来解决问题。"面对维也纳政治家的主张，戴阿克·费伦茨永远都这样回答。1861年4月，匈牙利议会在佩斯召开会议，拒绝一切妥协。苛刻严谨的立法团队甚至因弗朗茨·约瑟夫一世未加冕而拒绝承认他为匈牙利国王。他们说，在一个享有古老权利的国家，加冕仪式不仅是一种宗教仪式，还是一项双边契约。君主要通过加冕仪式，宣誓承认王国拥有的古老权利。立法团队只希望通过一份法案，但戴阿克·费伦茨说服他们以投票方式通过法案。在这份以清晰和逻辑著称的《四月法案》中，戴阿克·费伦茨回顾了匈牙利王国享有的历史权利。戴阿克·费伦茨说："我们政治生活和民族独立的基本条件是我们这个国家的法律独立和自治。我们的首要职责是尽自己所能维持匈牙利王国的独立，并确保匈牙利王国的立宪权……我们郑重声明，不能为任何顾虑或任何利益而牺牲相关条约、法律、皇家文件或加冕誓言所赋予我们的权利。"1861年《四月法案》要求实施1848年《四月法案》和《国事诏书》。但维也纳政府认为自己实力强大，能用武力战胜匈牙利人，便解散了匈牙利议会。匈牙利各郡的议会也遭禁止，王室官员被顽固不化的行政长官代替。尽管如此，匈牙利人依然继续抵抗。

波希米亚王国不比匈牙利王国更乐意接受安东·冯·施梅林推行的选举制。波希米亚王国合理控诉安东·冯·施梅林推行的选举制，并确认王国所有权利得以保留后才派代表参加帝国议会。1863年后，波希米亚代表不再参加帝国议会的审议。安东·冯·施梅林赋予波希米亚人的唯一自由就是新闻自由，但斯拉夫人从中获益甚微。在三年时间里，十四家波希米亚报纸的老板和编辑被判监禁六十一个月，罚款总额达二万一千五百弗罗林——这多少有些严厉。

1863年的波兰起义在加利西亚引起了极大骚动，也使维也纳内阁陷入尴了两个议院：上议院和下议院。上议院由诸侯、大地主、教士和一些由君主挑选的显要人物组成；下议院由省级议会选举产生，有三百四十三名议员。内政大臣、公众礼拜大臣和司法大臣的职位得以恢复，帝国议会的权力得到加强，但各省议会的利益受到了损害。《二月特许令》的颁布使1860年的《十月许可状》给联邦党人带来的希望破灭了。然而，匈牙利人竟然会轻易同意放弃自治权，并愿意与波希米亚、斯洛文尼亚人和波兰人一起参加帝国议会以共商匈牙利王国的利益。各位代表达成一项协议，即只有商讨奥地利帝国的共同利益时，他们才会出席帝国议会。所有代表的出席赋予帝国议会以权力，但代表的缺席会限制帝国议会的权力，因为其他代表都在忙于处理各独立议会处理不了的问题。这样，主张中央集权制的内政大臣安东·冯·施梅林就避免了二元制。与此同时，安东·冯·施梅林将中央集权制模式应用于所有省级议会，但对选举程序的巧妙操纵，有效地压制了众多斯拉夫人。有三个阶层代表可以出席省级议会：大地主、城市中产阶层和农民。贵族大领主在帝国议会中享有特权。这些贵族都是君主的附庸；拥有大量德意志移民的城镇也享有特权。帝国议会对参加议会的代表人数的划分非常武断，比如，在波希米亚，斯拉夫城镇每一万二千零二十名选民中拥有一名代表，而德意志城镇每一万零三百一十五名选民中拥有一名代表；在农村，斯拉夫人每五万三千名居民中有一名代表，而德意志人每四万零八名居民中有一名代表。拥有一万九千名居民的德意志小镇赖兴贝格有三名代表，而拥有十五万三千名居民的斯拉夫城市布拉格只有十名代表。德意志的某些城镇变成了名不副实的选区。拥有五百名居民的德意志村庄帕尔钦有一名代表，而拥有八千名居民的斯拉夫城镇克拉德诺连一名代表都没有。简而言之，这种选举制度就是一种欺骗，自实施以来，非德意志人就从未停止要求将其废除，但几经修改，该制度至今依然没有被废除。只要这种制度依然存在，奥地利帝国就不可能成为一个真正的代议制政府。

1861年《二月特许令》颁布后，在是否接受宪法并向新帝国议会派出代表问题上，奥地利帝国的不同民族产生了分歧。威尼斯的意大利人、马扎尔人和克罗地亚人拒绝派代表出席帝国议会。未出席帝国议会的代表有一百四十名，比三百四十三名代表总数的三分之一还要多。"我们可以等。"安东·冯·施梅林骄傲地说。但面对匈牙利人在维护本国宪法方面的坚决态度，安东·冯·施梅林所有的外交努力都毫无成效。"我只知道匈牙利宪法，我只能以此为基础来解决问题。"面对维也纳政治家的主张，戴阿克·费伦茨永远都这样回答。1861年4月，匈牙利议会在佩斯召开会议，拒绝一切妥协。苛刻严谨的立法团队甚至因弗朗茨·约瑟夫一世未加冕而拒绝承认他为匈牙利国王。他们说，在一个享有古老权利的国家，加冕仪式不仅是一种宗教仪式，还是一项双边契约。君主要通过加冕仪式，宣誓承认王国拥有的古老权利。立法团队只希望通过一份法案，但戴阿克·费伦茨说服他们以投票方式通过法案。在这份以清晰和逻辑著称的《四月法案》中，戴阿克·费伦茨回顾了匈牙利王国享有的历史权利。戴阿克·费伦茨说："我们政治生活和民族独立的基本条件是我们这个国家的法律独立和自治。我们的首要职责是尽自己所能维持匈牙利王国的独立，并确保匈牙利王国的立宪权……我们郑重声明，不能为任何顾虑或任何利益而牺牲相关条约、法律、皇家文件或加冕誓言所赋予我们的权利。"1861年《四月法案》要求实施1848年《四月法案》和《国事诏书》。但维也纳政府认为自己实力强大，能用武力战胜匈牙利人，便解散了匈牙利议会。匈牙利各郡的议会也遭禁止，王室官员被顽固不化的行政长官代替。尽管如此，匈牙利人依然继续抵抗。

波希米亚王国不比匈牙利王国更乐意接受安东·冯·施梅林推行的选举制。波希米亚王国合理控诉安东·冯·施梅林推行的选举制，并确认王国所有权利得以保留后才派代表参加帝国议会。1863年后，波希米亚代表不再参加帝国议会的审议。安东·冯·施梅林赋予波希米亚人的唯一自由就是新闻自由，但斯拉夫人从中获益甚微。在三年时间里，十四家波希米亚报纸的老板和编辑被判监禁六十一个月，罚款总额达二万一千五百弗罗林——这多少有些严厉。

1863年的波兰起义在加利西亚引起了极大骚动，也使维也纳内阁陷入尴尴境地。维也纳内阁再次采取了一种模棱两可的政策。普鲁士王国与俄罗斯帝国达成了一项针对叛乱者的协议，从而巩固了两国的友谊。关于波兰起义问题，奥地利帝国听取了拿破仑三世的建议。拿破仑三世非常同情波兰人。拿破仑三世想帮维也纳内阁重新夺回西里西亚，并向其保证会以威尼斯换取多瑙河公国。这些计划并不受维也纳人的理解和欢迎。奥地利帝国非常高兴，向圣彼得堡发表外交照会，并宣布加利西亚进入戒严状态。奥地利帝国既同情波兰人又宣布加利西亚进入戒严状态的双重政策不仅激怒了波兰人，也激怒了波希米亚人和摩拉维亚人，他们更同情波兰革命者，而不是莫斯科独裁者。

安东·冯·施梅林的工作越来越不切实际。1865年，为了与匈牙利人和解，弗朗茨·约瑟夫一世前往佩斯，为匈牙利人任命了一名新首相。安东·冯·施梅林就此辞职。此时，鼓吹德意志精神的教条主义者开始抱怨，但一些地方，如布拉格、佩斯和伦贝格等城市的人，为此欣喜若狂，欢呼雀跃。弗朗茨·约瑟夫一世宣布暂停1861年《二月特许令》的立宪工作，并宣布中止帝国议会议程，直到匈牙利议会和克罗地亚议会就他们与帝国之间的关系进行表态为止。摩拉维亚人理查德·贝尔克雷迪伯爵①接替了安东·冯·施梅林的职位。两个较大的斯拉夫民族省的议会，即波希米亚议会和加利西亚议会赞同维也纳内阁的变动，并立即取消前内阁实施的德意志化措施。在加利西亚，波兰语被引入所有学校。1865年9月14日召开的匈牙利议会上，匈牙利反对派要求匈牙利王国要坚决执行1848年《四月法案》。在戴阿克·费伦茨的带领下，自由党拟订了一份方案。该方案试图使匈牙利人的实际需要与匈牙利王国享有的历史权利相协调。要做到这一点，就必须实施1848年《四月法案》，并任命一个责任内阁，只有该内阁才有权对方案做必要修改。关于法案的制定和实施，各党派一直争论不休，最后因1866年奥地利帝国与普鲁士王国和意大利王国的战争而中断。

---

① 理查德·贝尔克雷迪伯爵（1823—1902），奥地利帝国政治家。他以瑞士宪法为蓝本制定一部联邦宪法。他的"伯爵内阁"（1865—1867）是主张实行保守的联邦制的最后一届奥地利政府。——译者注

普鲁士王国没有忘记自己在奥洛穆茨遭受的耻辱。它不仅渴望复仇,并且准备在德意志树立自己的领导地位。必须承认,普鲁士王国比它的对手奥地利帝国更适合担当领导的角色,因为除了波森和西里西亚的部分地区,普鲁士王国已完全德意志化。1861年加冕的普鲁士国王威廉一世认为其首相奥托·冯·俾斯麦推行的政策不仅使普鲁士王国击溃了奥地利,而且使普鲁士王国在德意志获得了无可争议的领导地位。人们对自由主义的渴望与日俱增,奥地利帝国对此坚决反对。与此同时,奥地利帝国反对诸邦国成为一个独立而强大的国家,反对普鲁士王国和德意志关税同盟①。正如我们之前提到的,奥地利帝国在维也纳议会上推行的关于德意志的错误政策,以及此后在克莱门

普鲁士国王威廉一世加冕

① 德意志关税同盟,1834年由三十八个德意志邦联的邦国组成。在当时工业革命浪潮下,关税同盟的成立有助贸易往来、减少内部竞争。而关税同盟成立的主要倡导者是经济学家弗里德里希·李斯特。由于关税同盟充满贸易保护主义色彩,不容许奥地利帝国加入,这令奥地利帝国与普鲁士王国的竞争更加激烈。——译者注

斯·冯·梅特涅带领下推行的错误政策,再加上奥地利帝国在1848年革命后再次将无效的联邦制度强加给德意志诸邦国,都注定会让奥地利帝国统一大业走向失败。此外,在奥洛穆茨战役后的十年里,普鲁士王国的实力和威望迅速增加。普鲁士王国主导建立的德意志关税同盟为普鲁士王国提供了强大的经济后盾;德意志关税同盟取得的成功保障了普鲁士王国的领导地位。1860年,德意志关税同盟采取了非常低的关税,实际上就相当于将奥地利帝国排除在关税同盟之外。奥地利帝国坚守的旧保护制度无法使其成为德意志关税同盟的成员国。

然而,关于奥地利帝国在德意志地位问题的最终解决办法,要从一个完全不同的角度考虑。1848年到1849年这段麻烦岁月里,关于石勒苏益格-荷尔斯泰因①的归属问题成了重要问题。石勒苏益格-荷尔斯泰因的人口主要是德意志人;石勒苏益格和荷尔斯泰这两个公爵领地是通过共主联邦统一到丹麦的。从地理位置上看,石勒苏益格和荷尔斯泰因与普鲁士王国联系密切。1848年,丹麦试图将两地兼并,这自然会遭到抗议甚至武装干涉。1852年,有奥地利帝国和普鲁士王国参加的伦敦会议确立了丹麦统治下的石勒苏益格-荷尔斯泰因公国的半独立地位。1863年,丹麦国王克里斯蒂安九世违反规定,试图兼并石勒苏益格-荷尔斯泰因公国。随后的争端②使奥地利帝国和普鲁士王国在1864年1月共同干预在石勒苏益格-荷尔斯泰因发生的事。丹麦人原本寄望于外国援助,却遭蒙骗,轻而易举地被打败了。根据1864年10月30日签订的《维也纳条约》,克里斯蒂安九世把石勒苏益格-荷尔斯泰因和劳恩堡交给胜利者。

---

① 石勒苏益格-荷尔斯泰因是德国十六个州中最北面的一个州。这个州是在第二次世界大战后设立的,其州府为基尔。石勒苏益格-荷尔斯泰因北邻丹麦,南接德国的汉堡市、梅克伦堡-前波美拉尼亚和下萨克森三州。历史上石勒苏益格-荷尔斯泰因这个名字包括更大的区域,包括今天的石勒苏益格-荷尔斯泰因和丹麦的南部。——译者注
② 1863年丹麦颁发了一部新宪法,这部宪法打算在石勒苏益格推行。这样一来,丹麦打破了1850年的和约。普鲁士首相奥托·冯·俾斯麦乘机决定使用武力来解决石勒苏益问题。普鲁士和奥地利对丹麦下达了最后通牒,由于丹麦未在通牒时限内回应,普鲁士和奥地利对丹麦宣战,普丹战争爆发。1864年4月普鲁士和奥地利获胜。——译者注

奥地利帝国和普鲁士王国就这样获得了"战利品",但不久,两国就如何处理"战利品"问题出现了分歧。奥地利自然处于不利地位,因为它与被征服的领土在地理位置上是分隔的。最后,经过多次谈判,奥普双方于1865年8月14日签署了《加斯泰因条约》。根据该条约,奥地利帝国保留了荷尔斯泰因;普鲁士王国保留了石勒苏益格和劳恩堡,并保留在荷尔斯泰因的相关权力。

奥地利帝国和普鲁士王国在管理两个公爵领地的过程中,很快就出现了麻烦。普鲁士王国大力镇压一切自由主义和一切旨在把诸公国建立为德意志邦联独立国家的运动,而奥地利帝国在荷尔斯泰因鼓励这些运动。奥托·冯·俾斯麦对此提出抗议。因此,当奥地利帝国向法兰克福国民议会讲述

奥托·冯·俾斯麦

自己在管理荷尔斯泰因过程中碰到的麻烦时，奥托·冯·俾斯麦断然拒绝法兰克福国民议会做出的决定，并指责奥地利帝国违反《加斯泰因条约》。

两个大国都做好了战争准备。对普鲁士王国来说，这只是普鲁士王国进行战争的初步阶段。早在危机到来前，普鲁士军队和普鲁士王国的同盟就做好了准备。在赫尔穆特·卡尔·贝恩哈德·冯·毛奇[1]和阿尔布雷希特·冯·罗恩[2]的带领下，普鲁士军队已成长为世界上最完美的军事机器。普鲁士王国的同盟则很容易受奥托·冯·俾斯麦干练的外交手腕的影响。正如我们看到的，1863年，奥托·冯·俾斯麦对波兰起义采取的政策使普鲁士王国赢得了俄罗斯帝国的友谊，并顺利与意大利王国结盟。通过此次结盟，意大利王国获得了威尼斯。然而，从军事角度看，可怜并四分五裂的奥地利帝国还远未做好准备。直到最后一刻，弗朗茨·约瑟夫一世似乎还认为不可能与普鲁士王国开战。奥地利帝国显然也有重要的盟友。除少数几个诸侯之外，忌妒普鲁士王国的德意志诸侯都站在了奥地利帝国这边。拿破仑三世似乎对奥地利帝国有好感。

普奥战争一爆发，一些德意志小国家的独立部队便立即被普鲁士军队击败，它们的首都亦被占领。只有南部的三个德意志国家坚守了下来，这倒不是因为他们有什么特别的军事实力，而是因为他们还未与普鲁士军队作战。意大利王国把自己的舰队开进了亚得里亚海，率领军队守卫四角防线。虽然在陆地上被阿尔布雷希特·冯·罗恩在库斯托扎击败，在海上被海军少将威廉·冯·特格特雷夫在利萨岛[3]击败，但意大利军队依然帮一支强大的奥地利军队守卫了奥地利南部。此时，普鲁士军队正在奥地利北部发动闪电攻势。这是一场决定性战役，也是世界上著名的决定性战役之一。普鲁士军队进入汉诺威、黑森-卡塞尔和萨克森，并于1866年6月18日占领了德累斯顿。奥地利指挥

---

[1] 赫尔穆特·卡尔·贝恩哈德·冯·毛奇(1800—1891)，称"老毛奇"，普鲁士和德意志名将、军事家普鲁士和德意志总参谋长。——译者注
[2] 阿尔布雷希特·冯·罗恩(1803—1879)，普鲁士士兵和政治家，是19世纪60年代普鲁士的重要政治人物。——译者注
[3] 利萨岛，位于亚得里亚海(现南斯拉夫维斯岛)。——译者注

赫尔穆特·卡尔·贝恩哈德·冯·毛奇　　　　　　　阿尔布雷希特·冯·罗恩

库斯托扎战役

19世纪60年代的弗朗茨·约瑟夫一世

威廉·冯·特格特雷夫

利萨岛战役

官路德维希·冯·贝内德克犯了一个错误，没有援助萨克森人，而是在波希米亚等待普鲁士人。普鲁士军队兵分三路，一路向前，在波希米亚遇到了路德维希·冯·贝内德克。在取得两次小的胜利后，普鲁士军队又把路德维希·冯·贝内德克赶到了克尼格雷茨和萨多瓦村庄。在这里，路德维希·冯·贝内德克制订了作战计划。显然，这场战役的关键时刻已经到来。威廉一世、赫尔穆特·约翰内斯·路德维希·冯·毛奇和奥托·冯·俾斯麦都加入了普鲁士军队。1866年7月3日，萨多瓦战役打响。奥地利军队被彻底击败，通往维也纳的道路向普鲁士军队敞开。赫尔穆特·卡尔·贝恩哈德·冯·毛奇立即利用这次机会，借道摩拉维亚向南推进。普军取得了胜利，并继续深入奥地利，对此，奥地利军队束手无策。弗朗茨·约瑟夫一世立即接受了奥托·冯·俾斯麦向他提出的和平建议，而奥托·冯·俾斯麦急于在拿破仑三世有机会干预前与奥地利帝国和解。1866年7月26日，预备条约在尼科尔斯堡签署。1866年8月23日，双方在布

克尼格雷茨战役

普奥战争讽刺漫画：普鲁士君臣像一群瘦骨嶙峋的乞丐一样进入波希米亚，出来时却个个肚大腰圆，还带着《布拉格条约》和赔款

拉格签订了最终的《布拉格条约》。根据该条约，奥地利帝国同意解散德意志邦联，并不再干涉德意志事务；普鲁士王国通过在德意志北部的广泛兼并扩大和巩固了自身；在普鲁士王国的领导下成立一个北德意志邦联[①]；奥地利帝国向普鲁士王国支付战争赔款；由拿破仑三世把威尼斯交给意大利王国；奥地利帝国与意大利王国之间的关系将在1866年10月3日签订的另一项条约中进行特别规定。

---

① 北德意志邦联，名义虽称邦联，实际上是联邦制组织，是在普奥战争后，在1867年依据《八月条约》成立，由德意志北方二十二个邦国组成，以取代德意志邦联。它其实只是一个过渡组织，在1871年被德意志帝国取代。但它帮助普鲁士控制德意志北部，排除奥地利帝国与巴伐利亚王国的影响，并加强它对南德邦国的影响力，犹如关税同盟一样。——译者注

在短短七周的战争中,骄傲的哈布斯堡家族再次遭到老对手的严重羞辱。普鲁士王国不仅在德意志,也在欧洲取代了奥地利帝国。在同时代的人看来,松散的奥地利帝国似乎很难在这场灾难中幸存。半个世纪以来,奥地利帝国一直努力维持自己在意大利和德意志的霸主地位,结果却发现自己一无所获。奥地利帝国的军队士气低落,财政状况一塌糊涂,还要面对对自己不满的斯拉夫人和马扎尔人,更不用说要遭受当时最受欢迎的巴伐利亚选帝侯马西米连诺一世①的悲惨命运带来的悲伤和屈辱。马西米连诺一世是弗朗茨·约瑟夫一世的弟弟,却在墨西哥成了拿破仑三世野心和诡计的牺牲品。

---

① 马西米连诺一世(1832—1867),奥地利哈布斯堡王朝成员,曾任伦巴第-威尼西亚王国总督,1864年4月10日在法兰西皇帝拿破仑三世的怂恿下,接受了墨西哥皇位,称墨西哥皇帝马西米连诺一世。马西米连诺一世是弗朗茨·约瑟夫一世的弟弟。——译者注

第8部分　奥匈帝国的建立与发展

（1867年到1910年）

第 33 章

二元制的确立

（1867 年到 1871 年）

    重建奥地利帝国摇摇欲坠的大厦是一项危险而艰巨的任务。匈牙利人和波希米亚人正处于愤怒中。匈牙利人几乎都被"赶进了"普鲁士营地。普奥战争期间，匈牙利人曾骄傲地保持冷漠，而现在，在奥地利帝国战败后，他们将不会接受任何不承认其民族独立和匈牙利王国与奥地利帝国平等的方案。波希米亚人同样很少参与这场战争。实际上，奥地利政府已经拒绝他们用武力捍卫自己国家的请求，因为奥地利政府几乎不相信波希米亚人的忠诚。现在，奥地利政府不得不解决马扎尔和捷克这两个民族不满的问题。奥地利帝国既不能在德意志或意大利产生影响力，也不能指望通过建立大德意志帝国来统治斯拉夫和马扎尔民族了。为了解决上述问题，弗朗茨·约瑟夫一世从德累斯顿召集了萨克森政治家和奥托·冯·俾斯麦的对手弗里德里希·斐迪南·冯·波伊斯特[①]，并在其帮助下，签订了《奥地利-匈牙利折中方案》[②]，即奥地利帝国与匈牙利王国之间的双重协议。意识到匈牙利已经有了高度的

[①] 弗里德里希·斐迪南·冯·波伊斯特（1809—1886），德意志和奥地利的政治家。他反对奥托·冯·俾斯麦，试图在奥地利和普鲁士之间的德意志国家达成共同政策。——译者注

[②] 1867年《奥地利-匈牙利折中方案》建立了奥地利-匈牙利的二元君主制帝国，即奥匈帝国。这种方案重新建立了主权独立、不受奥地利帝国影响的匈牙利王国。由此，哈布斯堡王朝治下的奥地利帝国被奥地利-匈牙利二元君主制下的奥匈帝国取代。——译者注

弗里德里希·斐迪南·冯·波伊斯特

民族存在感,哈布斯堡王朝要实行中央集权是不可能的。弗里德里希·斐迪南·冯·波伊斯特同意将匈牙利王国分离出去,这样就有可能使匈牙利王国成为盟友,并在其帮助下抵制其他国家建立联邦国家的要求。因此,弗里德里希·斐迪南·冯·波伊斯特开启了同匈牙利议会的谈判,该议会由伟大的爱国主义者、法学家、"匈牙利的智者"——戴阿克·费伦茨担任主席。

1867年年初,在1849年遭流放的安德拉西·久洛的带领下,匈牙利王国同意通过成立单独内阁来保障匈牙利王国的政治独立。1867年6月8日,弗朗茨·约瑟夫一世在布达加冕,从而保障了匈牙利的历史权利。这样一来,一种成为今日奥匈帝国政府的基本体制就建立了。在哈布斯堡王朝的领地上,一个二元制国家得以建立,该国由两个完全平等的国家组成,每个国家都有自己的政府,但由一个君主统治。该国的官方名称就是人们所知的奥匈帝国。匈牙利王国由在过去构成圣斯蒂芬王冠领地的省组成,即匈牙利本土、克罗地亚、斯拉沃尼亚、特兰西瓦尼亚、塞尔维亚和军事边界。奥地利帝国包括其余的十七个省。匈牙利被称为外莱塔尼亚,奥地利被称为内莱塔尼亚。内莱塔尼亚的名字来源于莱塔河,莱塔河成了奥地利和匈牙利的边界。

《奥地利-匈牙利折中方案》规定了匈牙利王国的一般权力。弗朗茨·约瑟夫一世的加冕仪式和加冕宣言就体现了这些权力。弗朗茨·约瑟夫一世辩解

弗朗茨·约瑟夫一世加冕为匈牙利国王

说,"由于局势所迫",自己没能提前加冕,并重申了前任君主对匈牙利宪法、独立、特权和领土完整做出的承诺。弗朗茨·约瑟夫一世承诺将亲自行使行政权,废除巴拉丁伯爵的职位。如果匈牙利议会因预算表决被解散,新议会将在一年内召开。国防是匈牙利王国与奥地利帝国的共同事务,正如外交事务是整个奥匈帝国的共同事务一样。匈牙利议会只负责匈牙利事务。财政、军队和外交事务是奥地利和匈牙利的共同事业。双方的金融负债则需进行特别商议。匈牙利王国只能同立宪政府国家建立联盟,因此,其他立宪政府国家也必须在立法议会中享有合法席位。奥地利帝国与匈牙利王国会设立一个特别部门来处理整个奥匈帝国的共同事务。来自奥匈帝国两个议院的代表团将负责安排与"其他国家"议会代表团对所有共同事务进行谈判。奥地利帝国和匈牙利王国的代表团成员数量相同,分别在佩斯和维也纳召开议会。双方讨论公共事务时,都要使用最合适的文字和语言。共同内阁由两个代表团管理,两个代表团主要职责是讨论共同预算问题。两个代表团可行使自己的主权,如果两个议会中任何一个议会遭到解散,那么其代表团事实上也就被解散了。匈牙利王国不对未经其议会同意而签订的债务负责,但愿意承担共同债务的部分份额(百分之三十)。匈牙利王国接受奥地利的关税制度,并将收入用于奥匈帝国的共同防御事业。奥地利帝国与匈牙利王国统一货币,但匈牙利王国在铸币上保留使用本国语言的权利。

总的来说,戴阿克·费伦茨的坚持是明智的,正是这种坚持迫使双方达成了折中方案。这位正直的公民,其名字与其民族历史上最重要的法案之一有着不可磨灭的联系。戴阿克·费伦茨既不接受荣誉也不接受财富,甚至拒绝在新成立的匈牙利内阁任职。只要能成为议会中温和自由派的领袖,戴阿克·费伦茨就心满意足了。温和自由派维护了匈牙利王国的特权、哈布斯堡王朝的尊严和奥匈帝国的完整性。戴阿克·费伦茨的伟大同胞拉约什·科苏特依然自愿流亡国外,拒绝接受大赦的恩泽,直到最后还在抗议一项无视匈牙利王国独立的折中方案。然而,浸染着自由主义思想的欧洲对戴阿克·费伦茨的工作表示欢迎，从未想过匈牙利开始实施马扎尔化政策，使其他民族受到压制。马扎尔人习惯以自我为中心，只考虑自己，很少顾及其他民族。事实上，靠折中方案组建起来的奥匈帝国分别给奥地利和匈牙利确定了一个统治民族，即德意志人统治内莱塔尼亚，马扎尔人则统治外莱塔尼亚。为了让匈牙利的顽固分子顺从，马扎尔人采取了完全不合法的措施。马扎尔人利用自己的胜利优势，把严苛的法律强加给罗马尼亚人、塞尔维亚人和斯洛伐克人，而这些人遭受的不幸通常会通过新闻媒介传到西欧。除了克罗地亚人仗着自己享有的古老权利成功获得在当地自治政府应享有的权力，并在佩斯成立了一个特殊内阁，而非马扎尔民族一直处于被奴役状态中。为了使这些人一直处于这种受奴役状态，匈牙利人必须支持奥地利的德意志人。他们知道，如果解放了波希米亚、卡林西亚和卡尼奥拉的斯拉夫人，就必然会从道义上支持匈牙利的塞尔维亚人和斯洛伐克人发起反抗。

立宪政府的建立标志着两个君主政体国家之间的相互妥协。在匈牙利，1848年宪法得到修改，国王有了选择首相的权力。内阁具有行政权，对议会负责，议会由两个议院——贵族议院和代表议院组成。前者主要由世袭贵族组成，1867年时有八百多名成员，而后者由普选产生，比较民主。在奥地利，1867年的《基本法》在1861年宪法的基础上做了修改，从而使宪法变得真正具有开明性。宪法宣布法律面前人人平等，承认个人、宗教和政治自由，并通过宣布民族和语言平等来安抚奥地利帝国的非德意志民族。"国内所有民族都享有平等的权利，每个民族享有的国籍权和说本族语的权利神圣不可侵犯。国家承认在学校、办公场所和公共生活中使用的所有语言地位平等。在有不同民族存在的国家，公共教育应当是每个公民都可获得的义务性教育，而不必学习第二语言。"在法兰西帝国或意大利王国这种国家，这种规定没有意义，但在多语言国家，如内莱塔尼亚，该规定就是人民享有的必要权利的表达。然而，这一规定从未付诸实施。波希米亚的捷克人，卡林西亚、卡尼奥拉、伊斯特里亚的斯洛文尼亚人都抱怨说，他们的小学和中学都由德意志或意大利校长掌控。

帝国议会由两院组成，内阁对其负责，但保留自己的主权。下议院由十七个省议会选举产生。帝国议会和省议会之间的权力得到了详细分配，以便在很大程度上把控制权交给中央政府，甚至确保中央政府对新闻、公共会议、协会、"信仰自由"、教育、刑事司法、公民和商业权利及法院和行政机关组织的管控。正如我们所见，是否拥有选举权主要取决于阶层和财产数量。国家根据经济状况确定了四个阶层的选民，这些选民有：大地主、商会人士、市民和农民。每个阶层都要选举自己的代表。至于宪法的修改，"只有获得三分之二的投票才能生效"。因此，正如夏尔·塞尼奥博斯[①]所说，"奥地利帝国形成了一个自由的君主立宪政体，几乎形成了一个议会代议制政府，这一过程又分为三个阶段——十七个省中，每个省议会都要对该省的法律和预算表决；帝国议会负责奥地利的法律和预算表决；所有代表团负责整个奥匈帝国的法律和预算表决"。

然而，这种体制还远远不能使奥地利帝国的非德意志民族满意。也不应认为，由于匈牙利王国和奥地利帝国君主在和解过程中没有遇到什么困难，"国王陛下统领的其他国家"的议会与佩斯议会同时召开，但在奥地利帝国君主和奥匈帝国内其他国家关系问题上，这些"国王陛下统领的其他国家"的议会并没有被征求意见。他们只是被邀请派代表参加在维也纳召开的帝国议会，而帝国议会在此之前就已做出决议。马扎尔人不允许自己被一个中央集权君主政体同化；斯拉夫人同样有权利抗议这个以二元制形式呈现的高度集权的政府。德意志人自然会支持一种满足其虚荣心的体制；多亏安东·冯·施梅林推行的选举制度，才使这种体制能确保他们在帝国大部分地区占据统治地位。在其他民族中，只有波兰人不具有任何历史权利。在目睹同胞在普鲁士和俄罗斯的悲惨遭遇后，波兰人希望自己能获得好的待遇。如果支持弗里德里希·斐迪南·冯·波伊斯特的方案，他们就可以派代表去维也纳。与此同时，波希米亚

[①] 夏尔·塞尼奥博斯（1854—1942），国史学学者和历史学家，专门研究法兰西共和国的历史，是人权联盟的成员。——译者注

弗朗齐歇克·拉吉斯拉夫·里格尔

和摩拉维亚的捷克人及卡尼奥拉的斯洛文尼亚人坚称自己拥有独立权，并拒绝参加新帝国议会。

在波希米亚议会上，弗朗齐歇克·拉吉斯拉夫·里格尔[①]竭力指出二元制和德意志化政策具有的危险性。1863年发生的一系列事件使波希米亚人对波兰人充满同情，然而，加利西亚人对弗里德里希·斐迪南·冯·波伊斯特政策的拥护从实质上打消了波希米亚人对波兰人的同情。由于害怕德意志人的政策获得胜利，波希米亚和其他斯拉夫地区的一些杰出人物便把目光投向俄罗斯帝国，并将俄罗斯帝国视为保护者，以便有可能对抗德意志人的贪婪。许多斯拉夫人在民族志展览期间前往莫斯科，在波希米亚和欧洲西部引起了诸多流

[①] 弗朗齐歇克·拉吉斯拉夫·里格尔（1818—1903），捷克政治家，因领导早期捷克民族主义运动而闻名。——译者注

言蜚语。关于帝国议会，波希米亚的斯拉夫人和摩拉维亚人采取了消极抵抗政策，坚决拒绝派代表参加奥地利的帝国议会。

与此同时，在弗里德里希·斐迪南·冯·波伊斯特的主持下，内阁尽管忽视斯拉夫人提出的一些主张，但还是开始采取一系列自由主义措施，并赢得整个欧洲的好评。外国人只听说过自由主义措施，但并不了解实施这些措施的条件，甚至也不了解奥匈帝国有如此多的民族。1867年12月21日颁布的《基本法》常常被认为是自由主义立法的典范。

1867年12月，在奥尔施佩格的阿道夫亲王的主持下，第一个内莱塔尼亚议会内阁成立。该内阁由八名德意志人和一名波兰人即阿尔弗雷德·约瑟夫·波托茨基组成。议会内阁的第一个任务就是把奥地利帝国从1855年以来遭受的宗教和教皇绝对权力的束缚中解救出来。《1855年协约》被修改。一项新的婚姻法规定，如果神父拒绝主持婚礼，公民可在民事当局前订立婚约，并且所有

阿尔弗雷德·约瑟夫·波托茨基

婚姻纠纷的审判必须在普通法院进行。后来，议会内阁又出台了一项关于教育的重要法律，该法律要将教育从教会监管中解脱出来。然而，由于这项法律侵犯了省议会的自治权，因此，该项法律的实施遭遇阻碍，波兰人、斯洛文尼亚人和蒂罗尔人退出了帝国议会。不过，由于安东·冯·施梅林推行的选举制度，德意志代表依然人数众多，因此，能确保大会继续进行审议工作。此外，一项旨在调节异族婚姻关系的法律获得了通过。罗马法院和几位奥地利高级神职人员对这些措施提出抗议，但奥地利政府坚持要求实施这些措施，甚至还传唤了一些主教，这些主教曾在信中鼓动其教徒不要遵守民事法庭法律。在教会事务上采取这些积极措施的同时，议会内阁也改革了司法、财政和军队。陪审团审判制度尽管被反对二元制的各民族巧妙地废除，但最终得以重新确立，甚至在涉及新闻自由的案件中发挥了作用。奥地利政治家鲁道夫·布雷斯特尔提

鲁道夫·布雷斯特尔

出的一项财政措施统一了国家债务。息票税①因此提高了百分之二十，严重损害了奥地利帝国在海外的信用。根据普鲁士制度制定的新军事法规重组了军队，使奥地利帝国能在和平时期提供一支二十五万五千人的军队，并能在战争时期提供八十万人的大军。军队招募了一批服役一年的志愿军，并通过引进后膛步枪，提高了作战能力。1870年和1871年，总参谋部和战地办公室分别重组。

然而，我们决不能因这些有益的改革而忽视非德意志民族为防止受维也纳新中央政府的侵犯和为保障自己的权利与自治进行的长期斗争。正如前文中提到的，波希米亚王国拒绝派代表前往维也纳。一旦维也纳宣布允许进行公众集会，波希米亚人就会组织声势浩大的群众集会，并会在大会上提出自己应享有的权利，同时主张实现自己的权利。1868年，弗朗茨·约瑟夫一世访问布拉格，但他与民族主义领袖弗兰基谢克·帕拉茨基、弗朗齐歇克·拉吉斯拉夫·里格尔和克拉姆·马丁尼茨的会晤并没能解决波希米亚人要求获得权利的

克拉姆·马丁尼茨

---

① 息票税，息票原指旧时的债券票面的一部分，债券持有人可将之剪下，在债券付息日携至债券发行人处要求兑付当期利息。息票缴纳的税称为息票税。——译者注

问题。议会内阁继续压制波希米亚人的言论。由于法律规定审判须有陪审团参加，于是出现了一种奇怪的情况。在波希米亚诸城镇，陪审团向来都可以为其同胞进行辩护，现在奥地利政府把一些记者派到德意志城镇一并参加陪审团审判工作。然而，在这些德意志城镇，人们甚至无法用自己的语言读出这些定罪条例。当省议会召开时，那些因安东·冯·施梅林的选举制度规定只有少数代表的波希米亚人拒绝参加议会，并发表了一份称为《宣言》的公告。这份《宣言》至今仍是最能表达捷克人主张的宣言。

1868年8月22日，波希米亚代表发表了这份《宣言》，有七条内容，可概括如下：第一，波希米亚与君主之间存在着共同权利和对双方均具有约束力的条款。第二，奥匈帝国不是一个不可分割的国家；波希米亚王国仅通过共主联邦与帝国其他省建立联系。第三，除非波希米亚王国和哈布斯堡王朝之间缔结新条约，否则禁止改变波希米亚王国与奥匈帝国之间的关系。第四，波希米亚议会以外的任何议会、帝国议会或下议院都不能将帝国的债务或其他任何公共负担强加给波希米亚王国。第五，涉及自身利益而非波希米亚利益方面，匈牙利人有权与君主交涉。第六，内莱塔尼亚是一个没有历史根基的国家的分支，没有义务派代表参加内莱塔尼亚议会。第七，目前的立宪问题将由君主和波希米亚民族在"公正选举法和诚实选举基础上"达成的共同协议加以解决。

不久，摩拉维亚议会的斯拉夫代表发表了类似声明。斯拉夫人宣布，帝国议会无权决定各民族拥有的权利，也无权决定各民族彼此间基于这些权利建立的关系。斯拉夫人说："二元制既不是建立在历史权利的基础上，也不是建立在政治权利的基础上；摩拉维亚的任何一位代表都无权以本国在帝国议会中拥有席位为借口而讨论各民族拥有的权利（这显然是在暗示德意志代表），也没有权力把摩拉维亚议会的立法权和政治权利交给另一个国家的代表。帝国议会立宪权的确立显然有违传统法律，因此，它做出的决议无效。除非这种决议建立在我们的历史权利基础之上，并由君主与我们合法选举产生和组成的议会达成，否则，任何决议都不会长久有效。"根据这份宣言，波希米亚王国的摩拉维亚代表拒绝出席布尔诺议会，因为他们认为这不是一个"合法选举产生和组成"的议会。

1868年7月，扬·胡斯诞辰五百周年之际，波希米亚人借机举行了一次大规模示威活动。反对派非常疯狂，政府不得不宣布布拉格进入戒严状态，而这一状态直到1869年4月29日才被解除。在后来的议会选举中，那些曾签署《宣言》的人在波希米亚和摩拉维亚再次当选帝国议会代表，然而，他们拒绝前往维也纳。因此，政府不得不制订了一项计划，由选民而不是由议会直接选举帝国议会代表，但随后实践证明这项计划根本行不通。在维也纳，连续几届内阁向全国党派领导人提出，要在现有宪法基础上解决帝国议会的代表问题，此建议一直遭到波希米亚人的拒绝，因为波希米亚人不能接受现有宪法。波希米亚人坚持要求按照之前的《宣言》条款实施宪法，该情况一直持续到法德战争[①]。

在加利西亚，奥地利哈布斯堡王朝中那些没有任何历史权利的波兰人和罗塞尼亚人并没有与奥地利哈布斯堡王朝缔结任何条约，因此，他们的态度比较温和。斯莫尔卡领导的政党想与波希米亚王国建立友好联盟。尽管遭到斯莫尔卡政党的反对，但伦贝格议会还是投票决定向帝国议会派遣代表。通过向帝国议会派遣代表，波兰人和罗塞尼亚人承认了新宪法。大多数波兰人认为自己只是暂时受奥地利哈布斯堡王朝统治，因此，很少关注其他省或民族的利益。波兰人在等待更好的时机，并努力为自己争取最好的条件，以使加利西亚成为他们恢复波兰大业的基石。然而，1868年9月，加利西亚的一个联邦民主党公布了一项类似于波希米亚《宣言》的决议。决议包括：只有加利西亚议会才能选出帝国议会的代表，中央政府无权下令进行直接选举，加利西亚的代表只有在涉及加利西亚和内莱塔尼亚其他地方的共同问题时才能参加帝国议会的审议；只有加利西亚议会才有权处理加利西亚诸如商业、财政、公民权、外国

---

① 法德战争，1870年的法德战争又称普法战争，是普鲁士为了统一德意志，并与法兰西争夺欧洲大陆霸权而爆发的战争。战争由法兰西发动，以普鲁士大获全胜、建立德意志帝国告终。——译者注

人的地位、教育、司法和行政问题。该决议要求为加利西亚设立一个最高法院，并要求由一个独立的行政部门负责加利西亚议会。毋庸置疑，这些要求一开始遭到帝国议会的拒绝。1869年，当再次被提交给帝国议会时，这些要求受到了重视。然而，这些要求遭到了罗塞尼亚代表的反对，因为他们对波兰人的统治表示担忧，他们希望得到一个强大中央政权的支持。在奥地利西南地区，斯洛文尼亚人在议会中无数次提出要建立一个独立王国，即斯洛文尼亚王国或伊利里亚王国，该王国应包括的里雅斯特、伊斯特里亚、戈里察、格拉迪斯卡、卡尼奥拉、南卡林西亚和南施蒂里亚。达尔马提亚对建立独立王国的要求同样强烈。萨拉议会上发生了一场激烈的冲突。在政府的支持下，一直对斯拉夫人充满敌意的意大利少数民族和塞尔维亚-克罗地亚的代表发生了冲突。1869年年底，科托尔湾爆发了一场起义，尽管这场起义的起因是为了反对当地好战的塞尔维亚人试图引入的有关后备军的新法律。这些好战的塞尔维亚人说，他们愿意保卫自己的山区，但不愿加入正规军，变成国民军。这次起义被镇压了，与其说是靠武力镇压，倒不如说是靠说服和大赦镇压的。然而，如果这种不满情绪在二元君主国中的奥地利帝国或者说内莱塔尼亚普遍存在，那么外莱塔尼亚的情况也好不到哪儿去。据说，当奥地利帝国和匈牙利王国之间最终达成协议时，弗里德里希·斐迪南·冯·波伊斯特对戴阿克·费伦茨说："现在照顾好你们的野蛮民族，我们也会照顾好我们的野蛮民族。"当然，野蛮民族是指非德意志人和非马扎尔人。我们已经阐明在内莱塔尼亚执行这一协议遭遇的困难，以后还会看到，德意志人使其他民族德意志化并对其加以限制的努力完全失败了。至于匈牙利人，由于可能出现的种种原因，在使非马扎尔人马扎尔化方面要成功得多。在德意志人和马扎尔人达成协议时，马扎尔人绝对算不上是匈牙利人数最多的民族。1867年，匈牙利王国全国人口总数为一千六百万，而马扎尔人人数不过六百万多一点。但马扎尔人的优势在于，他们是一个紧密团结的群体，具有贵族气质，习惯于统治，而其他民族，除了分散的德意志人和犹太人，主要是由没有强烈政治抱负的广大农民组成。在奥匈帝国西南部克罗地亚-斯拉沃尼亚王国的克罗地亚人有一个全国性的组织。克罗地亚人一直对马扎尔人强加给他们的条件非常不满。1866年,克罗地亚议会宣布克罗地亚不会放弃自治权利,不会再派代表参加匈牙利议会,而是直接与君主交涉。结果,马扎尔人两次解散阿格拉姆议会。后来,克罗地亚反对派的灵魂人物,即因在梵蒂冈议会中扮演重要角色而声名显赫的约瑟普·尤拉伊·斯特罗斯梅尔[①]主教遭到流放,另一个名声不好的人被任命为克罗地亚的代理总督。尽管克罗地亚人抗议匈牙利王国吞并阜姆港,但抗议无效。最后,匈牙利政府采取了一种类似于安东·冯·施梅林曾使用的权宜之计。匈牙利王国修改了选举法,从而确保有一个能随时听命于自己实行大王国计划的议会。克罗地亚的许多古老权利都被议会废弃。但马扎尔人觉得自己不够强大,不能完全忽视匈牙利王国的要求,因此便在1868年与克罗地亚缔结了一项折中方案。这样,克罗地亚-斯拉沃尼亚王国就有了自己的总督、议会、司法制度、教育、宗教、官方民族语言和盾徽。共同事务,如外交、金融、商业和通讯均由匈牙利议会和内阁控制。在匈牙利议会和内阁中,有四十名克罗地亚代表和一名克罗地亚部长。在财政方面,克罗地亚则需缴纳百分之四十五的税款。

然而,如果连克罗地亚人对自己的经历都有所抱怨,那么匈牙利王国其他民族就更不用说了,他们的情况更糟糕。东南部的塞尔维亚人根本就未得到匈牙利王国的认可,特兰西瓦尼亚的罗马尼亚人发现自己被完全并入匈牙利王国,并被剥夺了议会和独立政权。自己的王国被划分为不同的区并拥有佩斯议会的代表席位。但即使在这少得可怜的代表席位中,他们也没有多少份额。同时,根据选举法中按财产资质拥有代表席位的规定,马扎尔人和他们的萨克森盟友——在特兰西瓦尼亚的一小群(大约有二十万人)一直保持团结的德意志人小群体,即使在乡村地区也获得了自己的代表席位。

---

① 约瑟普·尤拉伊·斯特罗斯梅尔(1815—1905),克罗地亚罗马天主教主教,他鼓舞并领导了斯拉夫民族主义运动。——译者注

第 34 章

争取联邦制的议会之争

（1871 年到 1878 年）

鉴于上一章中的所述情况，几乎不能指望1867年签订的《奥地利-匈牙利折中方案》能使除马扎尔人和德意志人之外的任何一个奥地利民族满意。加利西亚的波兰人接受了该方案，但只是想竭尽全力将之服务于自己的未来规划而已，其他民族则毫不掩饰地表达了自己的不满。奥地利内阁处境非常艰难。很快，奥匈帝国各部门相继成立。帝国议会召开的会议上争执激烈，导致蒂罗尔、加利西亚和斯拉沃尼亚的代表相继退出议会。阿尔弗雷德·约瑟夫·波托茨基内阁试图制订一项计划，以保留1867年宪法，同时对联邦党人提出的要求做出一些让步。按照这个计划，上议院由各省议会选举产生的议员组成，而帝国议会成员则由直接选举产生。然而，法德战争使局势变得复杂，阿尔弗雷德·约瑟夫·波托茨基内阁的良好计划并未得到实施。从军事角度看，奥地利帝国还不具备援助法兰西帝国或为了萨多瓦而报复普鲁士王国的条件。此外，奥地利政府由德意志人掌控。德意志人此时正为普鲁士王国取得的成功而欢呼，并在报纸上刊登来自柏林的相关消息，大肆颂扬新德意志帝国的荣耀。从很大程度上说，马扎尔人也在为普鲁士王国取得的胜利欢呼雀跃，因为他们相信，如果内莱塔尼亚一旦被德意志帝国吞并，他们就可以自由实现本国完全独立的梦想了。

当时的情况的确如此。1871年2月，弗朗茨·约瑟夫一世认为自己有义务任命一个内阁来执行联邦主义政策。奥地利首相，即上奥地利州长查尔斯·霍恩瓦特向波希米亚人提供了两个内阁职位，这本身就表明了新内阁的态度。但新内阁的任务很艰巨，要取得对德意志人的成功，就必须剥夺德意志人享有的至高无上的权利，毕竟选举制度确实从法律上保障了德意志人至高无上的权利。因此，要做到这一点，就必须压制国内外德意志人的反对。代表德意志人的一位议员在帝国议会上称："如果向波希米亚妥协，那就像在加利西亚一样，会把两百万德意志人的地位降低到与罗塞尼亚人的地位一样。我们不能忘记，这些德意志人与我们的近邻普鲁士人有血缘关系。"另一位议员说："我们征服色当①，不是为了成为波希米亚的农奴。"有些报纸则把波希米亚的情况与石勒苏益格的情况做比较，这显然是在暗示普鲁士王国作为解放者发挥的作用。

尽管如此，查尔斯·霍恩瓦特还是无所畏惧地展开了工作。查尔斯·霍恩瓦特与波希米亚领导人弗朗齐歇克·拉吉斯拉夫·里格尔和弗兰基谢克·帕拉茨基进行了谈判，并向帝国议会呈上了一项新法律。该法律增加了各省议会的职能，并赋予其立法权，但查尔斯·霍恩瓦特的提议遭到了拒绝。不久，查尔斯·霍恩瓦特为加利西亚制订了一项特别计划，明确了加利西亚的"决议"要点。关于是否采取类似措施管制其他省的权利，在一段补充文件中，查尔斯·霍恩瓦特坦率地公开了自己的方案。查尔斯·霍恩瓦特说，如果波希米亚满意他为加利西亚做出的让步，他就会毫不犹豫地执行此方案。这是方案得以全面实施的信号。帝国议会中的德意志人通过了一项动议，该动议表明德意志人对查尔斯·霍恩瓦特的不信任。帝国议会解散后，各省议会于1871年9月召开了会议。与此同时，维也纳和布拉格进行了谈判。弗朗齐歇克·拉吉斯拉夫·里格尔在波希米亚王国的地位与戴阿克·费伦茨在匈牙利王国的地位大致相同。弗朗齐歇克·拉吉斯拉夫·里格尔与克拉姆·马丁尼茨合作制订了一份计划，波希米亚王国与中央政府的最终和解就基于这份计划。弗朗茨·约瑟夫一

---

① 色当，位于法国东北部，靠近比利时边境，是阿登都会区的两个核心之一，因普法战争时期的色当战役而闻名。——译者注

世和查尔斯·霍恩瓦特表示愿意做出重大让步。1871年9月12日，波希米亚召开议会。这次，缺席已久的波希米亚各代表再次出现。多亏了新选举制度，波希米亚政府第一次没有篡改选举结果。尽管有安东·冯·施梅林的选举法，波希米亚人还是赢得了多数席位。波希米亚人要求议会向公众公开如何在王国和其他王朝之间建立友好关系。弗朗茨·约瑟夫一世在演讲中承诺承认波希米亚王国的权利。弗朗茨·约瑟夫一世说："要认识到波希米亚王冠的重要性，并回想王冠授予前任君主的荣耀，我们要感谢波希米亚民族对王位的忠诚，我们愿意承认波希米亚王国的权利，并通过加冕仪式来重申这种认可。"虽然弗朗茨·约瑟夫一世的演讲赢得波希米亚人、摩拉维亚人和卡尼奥拉人的一片欢呼，却激起德意志人的愤怒。一项新选举法方案和另一项关于各民族的选举法方案已提交布拉格议会审议。德意志代表立即反对并要求布拉格议会撤回方案。弗朗茨·约瑟夫一世在演讲中呼吁任命一个委员会以制订一个明确的选举方案，而波希米亚王国与奥匈帝国其他成员国的关系应建立在该方案基础之上。该计划由议会中的斯拉夫代表起草并投票通过，被称为《基本条款》。《基本条款》被送到维也纳，议会休会，以待弗朗茨·约瑟夫一世答复。

按照《基本条款》，波希米亚与匈牙利的情况一样，波希米亚代表团由布拉格议会而非帝国议会任命，可以参与奥匈帝国的所有共同事务的处理。波希米亚可以通过这些代表同内莱塔尼亚的其他王国或领地谈判。波希米亚的自治必须得到保证，只有涉及战争、外交和商业才能被视为奥匈帝国的共同事务。参议院由弗朗茨·约瑟夫一世任命的议员组成，负责处理不同王国或省之间可能出现的分歧。最后，议会中城镇和农村的代表人数将大幅增加，此举将确保波希米亚民族获得优势地位。对此，波希米亚王国称，不管从人口还是从历史权利来说，这种优势地位属于波希米亚。摩拉维亚议会接受了《基本条款》，同时要求为圣瓦茨拉夫王冠各领地重建一个特别法院。奥匈帝国的斯拉夫人热切期盼能制定一项成功的政策，并希望该政策在引领奥地利帝国走向联邦制的过程中，能终结德意志帝国和匈牙利王国的霸权。

因此，由弗朗齐歇克·拉吉斯拉夫·里格尔和克拉姆·马丁尼茨精心策划的关于斯拉夫人的计划让德意志人和匈牙利人充满敌意，也就不足为奇了。关于为什么马扎尔人惧怕斯拉夫主义，我们早已说明。对奥地利德意志人来说，很少有人能将弗朗茨二世那句名言"公正是奥地利奉行的根本原则"付诸实践。此外，他们中的许多人都渴望建立一个更大的德意志帝国，并急于摧毁波希米亚，因为它非常顽固地夹在维也纳和柏林之间，就像人们经常说的那样，波希米亚是德意志帝国的眼中钉。

然而，对波希米亚人的梦想来说，联邦主义的这些敌人（德意志人）太过强大，导致波希米亚人的计划再次失败。根据《布拉格条约》，如果奥地利帝国不放弃干涉德意志帝国内政，那么德意志帝国在奥地利问题上也绝不会遵守同样的规则。柏林的政治家忌妒地继续关注易北河上游和多瑙河的同胞，就像他们从前关注石勒苏益格和阿尔萨斯的同胞一样。这些政治家不断影响维也纳舆论。德意志帝国皇帝威廉一世和弗朗茨·约瑟夫一世进行了多次会谈。他们借加施泰因河谷沐浴洗礼之机进行了交流，二人皆认为德意志帝国不像奥地利帝国那样会经常牺牲自己的利益。1871年夏，这种会谈特别频繁，两位皇帝有时还会会见奥托·冯·俾斯麦、弗里德里希·斐迪南·冯·波伊斯特和尤利乌斯·格拉夫·冯·安德拉西。德意志人和马扎尔人的所有势力联合起来想要消灭波希米亚人。弗朗茨·约瑟夫一世认为自己不得不向德意志人和马扎尔人这股联合势力屈服。当内阁宣布《基本条款》会提交给即将召开的帝国议会时，德意志人和马扎尔人开始妥协。对所有了解此次会议性质的人来说，德意志人和马扎尔人的妥协毋庸置疑。弗朗齐歇克·拉吉斯拉夫·里格尔访问维也纳期间，做了最后的努力，劝说弗朗茨·约瑟夫一世履行诺言。但弗朗齐歇克·拉吉斯拉夫·里格尔没有戴阿克·费伦茨幸运，他的劝说失败了。当弗朗齐歇克·拉吉斯拉夫·里格尔回到布拉格时，却意外受到了人们的热烈欢迎。接下来事态的发展非常令人好奇。1871年10月30日，查尔斯·霍恩瓦特辞职；不久，弗里德里希·斐迪南·冯·波伊斯特也被解除职务，并被调到伦敦的大使馆，而安德拉西·久洛被任命负责外交事务,这确保了马扎尔人的势力在奥匈帝国占主导地位。

新奥地利内阁完全由德意志人组成,由奥尔施佩格的阿道夫亲王主持。奥尔施佩格的阿道夫亲王温和地邀请布拉格议会派代表参加帝国议会。奥地利帝国对斯拉夫舆论的迫害再次开始了,警察公开销毁了波希米亚王国《宣言》的副本,这在其他国家从未发生。波希米亚议会拒绝与任何未得到法律承认的国王谈判。因此,如1871年11月其他省议会的解散一样,波希米亚议会也解散了。人们呼吁再次召开帝国议会,在联邦党人缺席的情况下,仍有很多支持宪法的人响应这一呼吁,从而确保了一场合法会议的召开。二元制再次得到充分肯定,波希米亚王国对自己在帝国议会中的地位问题已经不抱希望了。

1872年到1878年,奥匈帝国各部门首脑都大力支持宪法改革。1873年,一项重要的选举法被提出并最终通过。该选举法增加了帝国议会的代表人数,确立了直接选举而不是议会选举的原则。帝国议会代表人数被确立为三百五十三人,其中土地所有者代表八十五人,城市和商会代表一百三十九人,农村代表一百二十九人。代表权的不平等在新的选举法中依然存在,并仍使德意志人在议院中占多数。1878年,奥匈帝国的德意志人有二百二十名议员,波希米亚有一百一十五名议员,意大利有十五名议员。反教权政策继续推行。1874年,《五月法》[①]废除了《1855年协约》。非天主教团体被授权可成立宗教社团,主教要向民事当局报告教会的所有空缺职位和提名。

在匈牙利实施《奥地利-匈牙利折中方案》和吞并波斯尼亚和黑塞哥维那的那几年,奥匈帝国在政治上风平浪静。马扎尔人没有受任何质疑就掌握了控制权,其他二等民族在佩斯议会拥有的代表人数少得可怜。非马扎尔民族在奥匈帝国的地位已引起人们的注意。因此,是选举政策问题而非民族和国家争端问题导致了派别分裂。戴阿克·费伦茨政党成了内阁自由党,并遭到左翼政

---

① 1873年,普鲁士文化大臣阿达尔贝特·法尔克颁布了《五月法》,对宗教培训、甚至教会内部的教会任命实行严格的国家控制。——译者注

党、民主党和与奥地利帝国不共戴天的对手拉约什·科苏特信徒的反对。匈牙利政府则忙着改革军队、行政体制和金融体系。国民军或者说民兵被重组成一支纯粹的匈牙利军队,而现役军队仍然归整个奥匈帝国所有,并仍用德语作为指挥语言。在行政体制改革中,那些古老的郡议会在代表的指挥下依然实行自治。这些代表中,有一半由选举产生,另一半则由纳税最多的人任命。在国家与教会的关系问题上,由于担心失去天主教教徒的支持,匈牙利政府并未采取任何激进措施。这种对失去天主教支持的恐惧并非没有道理,因为1875年,大部分左翼人士在蒂萨·卡尔曼①的领导下发起的全面变革才使匈牙利政府免于惨败。蒂萨·卡尔曼宣布放弃共主联邦政策,号召大家团结起来支持戴

蒂萨·卡尔曼

① 蒂萨·卡尔曼(1830—1902),匈牙利首相(1875—1890)。蒂萨·卡尔曼建立了一个统一的马扎尔政府,奠定了新自由党的基础,并进行了重大的经济改革,这些改革既能拯救国家,又能最终产生一个拥有民众支持的政府。他是匈牙利历史上任期第二长的政府首脑。——译者注

阿克·费伦茨。1875年8月,蒂萨·卡尔曼成为内阁自由党领袖,并一直担任此职十五年。

然而,这段时期并未能确保斯拉夫人一向坚持的权利得到认可,并且由于奥匈帝国的大部分民族未能成功实现他们追求的政治理想,依然存在着引起争端和冲突的痛苦而令人恼火的原因。除了建立二元制和选举改革,这段时期还见证了社会经济的改革与进步。许多铁路线路得以建立;维也纳、佩斯和布拉格与奥匈帝国最遥远的地方及包括君士坦丁堡在内的外国首都都建立了联系。奥匈帝国与法兰西共和国、英国和俄罗斯帝国均签订了贸易条约。各省的工业也迅速发展,1873年在维也纳举行的国际博览会就很好地证明了这一点。此次国际博览会是当时最有趣的国际博览会之一。然而,此次博览会与奥匈帝国金融灾难同时发生,因此,它所能产生的良好效应也就大打折扣。这场给公共信贷造成破坏的金融灾难,从很大程度上说,是由于财政部的失误政策和过度投机所致。1815年以后,维也纳成了银行投资和投机活动的中心。彩票业迅速发展,民间兴起了一股投机和炒股风气。毫无节制的投机活动在1873年著名的克拉克①金融灾难中才终止。在一百四十七家股份制银行中,有九十六家在三年内倒闭,数百个家庭遭遇破产。

然而,尽管克拉克金融灾难带来的结果很不幸,但弗朗茨·约瑟夫一世统治的这段时期是大城市恢复、重建、扩张和美化点缀的时期。维也纳在城市重建和美化方面树立了榜样,并通过必要、彻底又明智的改革,激励其他城市不断改进,使佩斯、布拉格和其他首府城市改造为现代化城市。对每个城市来说,城市的重建和美化都成了实现该城市代表的特定民族自豪感和爱国主义的方式。德意志奥地利人缔造了一个新的维也纳。在精致的街道、宏伟的建筑和卓越的市政规划方面,维也纳甚至可以媲美巴黎。

---

① 此处指1873年维也纳股市大跌,当时在德语报纸上首次出现"borsenkrach(崩盘)"这个字眼,"krach"念做"喀来喀",这是媒体创造的形音字,听起来仿佛有屋顶塌落碎成千片万片的声势。因此,投资股市的小股民一听"krach"就知道,裂了、崩了、完了。——译者注

19世纪70年代的维也纳

直到18世纪中期之前,维也纳很多方面看起来都还是欧洲最糟糕的城市之一。维也纳带着它那纯朴的中世纪风格,被封闭在用来抵御土耳其人的厚厚的城墙后,人们拥挤在狭窄、弯曲又肮脏的街道,简直惨不忍睹。在环绕城市的防御工事周围,聚集了一座座破败的村庄。由于道路状况恶劣和路障处的交通堵塞,来往城镇非常困难。1857年,经过慎重考虑,中央政府下令拆毁这些防御工事。防御工事周围的这片土地极其广阔,除了固有的城墙和护城河,还有一大片开阔的空地,被称为"缓冲地区"。这样一来,收回的空地加起来比市内面积还要大。防御工事的拆除按照一项系统计划进行。在执行该计划时,维也纳、下奥地利议会,尤其是中央政府进行了积极配合。计划的主要亮点在于沿防御工事的路线修筑一条大约六十码宽的环城大道。在这条宽阔而修筑良好的大道两侧有许多公园、花园、空地和大型公共建筑。整个地区大约只有五分之一的土地被出售给私人买主,而私人买主在使用土地、建造建筑物的方式和风格方面自然会受到限制。继环城大道改造后,紧接着就是内城的改造。城市通过法律法规来鼓励私营企业,免除新建和改造建筑物的税。这种豁免权通常长达十二年到三十年，这对维也纳这样的城市来说具有很大的诱惑力，因为维也纳的税非常高。关于其他城市的发展，我们就不在这里详细介绍了。在匈牙利民族复兴过程中，佩斯的转变意义不言而喻。多瑙河和蒂萨河的航线已受到更严格的管制，从而为人们进行贸易提供了更快的航速和更好的设施。随着城市的现代化，建筑和绘画自然蓬勃发展。维也纳、佩斯、布拉格和克拉科夫都出现了大师，其中不少人值得后人铭记。维也纳画派领袖汉斯·马卡特擅长建筑的内部装潢。在加利西亚，扬·马特伊科的宏伟作品创造了波兰历史上更辉煌的篇章。波希米亚出现了专门描绘南方斯拉夫人的画家采尔马克和致力于中世纪和文艺复兴主题的瓦茨拉夫·布罗克克；匈牙利有米哈伊·穆卡切尔沃、久洛·本楚尔和米哈利·齐希①。在雕塑方面也出现了类似的复兴，许多社团组织起来鼓励人文艺术的发展，并每年举办展览。

  各首都进行的大量公共工程建设使建筑艺术迅速发展。正如我们看到的，维也纳已经焕然一新，在那破旧不堪的旧址上已经立起了一座新城市，这个城市有宽阔的街道、广场和宏伟的建筑物，并用纪念碑和艺术品加以装饰。在这一时期的许多杰出建筑中，特别值得一提的有：爱德华·范德尔·努勒和奥古斯特·锡卡尔·冯·里卡斯堡设计的新歌剧院、美术学院、帝国议会大楼、交易所、施密特的音乐学院；海因里希·冯·费斯特尔设计的带有优雅哥特式塔楼的教堂、改编为世俗用途的最佳哥特式建筑之一的市政厅建筑，以及德意志文艺复兴时期创建的维也纳司法宫。由于政府与这些艺术家的合作，环城大道变成了一条世上少有的富丽堂皇的大街，这种将品味和技艺融为一体的政府杰作值得称道，维也纳处处都可见到这种高雅之作。

  在音乐方面，奥地利在这一时期并没有产生像弗朗茨·约瑟夫·海顿、沃尔夫冈·阿玛多伊斯·莫扎特或路德维希·凡·贝多芬这样的罕见天才。但在维也纳、布拉格、佩斯和佛罗伦萨等地许多有趣的音乐流派繁盛起来，作品百花

---

① 米哈利·齐希（1827—1906），匈牙利画家和平面艺术家。他被认为是匈牙利浪漫主义绘画的杰出代表，一生主要在圣彼得堡和巴黎生活和工作。——译者注

汉斯·马卡特

扬·马特伊科

瓦茨拉夫·布罗齐克

久洛·本楚尔

米哈利·齐希

爱德华·范德尔·努勒

奥古斯特·锡卡尔·冯·里卡斯堡

海因里希·冯·费斯特尔

齐放。全世界都知道弗朗茨·李斯特的《匈牙利狂想曲》和施特劳斯①那令人振奋的华尔兹音乐。尽管安东宁·德沃夏克和贝德里赫·斯美塔那有一定的知名度，波希米亚学派也拥有优秀的作品，但这些作品鲜为人知。

智力的发展，特别是公共教育的发展，与整个社会的繁荣进步是分不开的。学校不再受控于神职人员，教育更加自由。1874年，阿格拉姆建立了两所

弗朗茨·李斯特

---

① 被称为"圆舞曲王朝"的施特劳斯家族共包括老约翰·施特劳斯（1804—1849）和他的三个儿子：小约翰·施特劳斯（1825—1899）、约瑟夫·施特劳斯（1827—1870）及爱德华·施特劳斯（1835—1916）。——译者注

新的大学，一所注定会成为北方斯拉夫人的学术中心，另一所则是在1876年布科维纳被吞并六十周年之际成立的切尔诺维茨大学。克罗地亚可以用自己的语言进行高等自然学科教学，但布科维纳就没那么幸运；布科维纳的大学属于德意志帝国，是最后一个位于俄罗斯帝国边境的德意志文明。当时，同时成立了两所学院，一所成立于阿格拉姆，迅速成为南斯拉夫人的"雅典"，另一所则于1871年成立于克拉科夫。克拉科夫学院的存在要归功于教育部部长康斯坦丁·伊雷切克付出的大量心血，该学院已经成为波兰人伟大的文学和科学中心。在维也纳，新教神学学院、美术学院和理工学院都进行了改革；在佩斯，马扎尔人的国立大学也进行改造和提升，并与其他国家签订了保护作者及出版商的版权协议。

如果奥地利由讲同种语言的民族组成，那么我们在这里就可以谈论奥地利的文学。然而，正如奥地利的历史所呈现的那样，奥地利根本没有所谓的统一，因此，不存在也不可能存在奥地利文学。各种语言都取得了程度不等的进步，并以截然不同的方式展现着自己具有的天赋。德意志帝国文学在维也纳、布拉格，甚至佩斯等地蓬勃发展，但不过是德意志帝国文学的一个分支。此外，匈牙利文学植根于佩斯，就如著名小说家约考伊·莫尔的作品充分阐述的那样，匈牙利文学是马扎尔土壤和马扎尔思想的本土产物。然而，斯拉夫文学诸流派间尽管有着共同的起源，却远没有遵循同样的文学发展趋势；斯拉夫文学诸流派之间只有很少的交叉，并且通常会遵循不同的文学发展路径。加利西亚的波兰人和罗塞尼亚人的灵感来自不同甚至相反的传统。在斯拉夫人中，捷克人具有无可争辩的智力优势，但无法把自己的语言强加给斯洛伐克人，而斯洛伐克人没有能力对抗马扎尔人；克罗地亚人发现自己因宗教差异而与天主教斯洛文尼亚人和东正教塞尔维亚人有隔阂。在奥匈帝国的所有省级中心，人们仍进行着最积极的文学创作活动，民族文学的发展为保持地方独立精神做出很大贡献。

在外交事务方面，1866年以后，奥地利帝国在军事和财政上的劣势使自己完全失去了先前的优势地位。1870年，普鲁士人出其不意地成功阻止了奥地利帝国向自己复仇（即便奥地利帝国曾有复仇想法），并通过促使奥地利帝国与法兰西共和国结盟而确立了自己在德意志帝国的领导地位。认识到普鲁士王国在莱茵河具有的优势，奥地利帝国就将目光转向多瑙河和东方。导致奥地利帝国与普鲁士王国之间产生争端的一些原有因素被消除。1871年，奥匈帝国和德意志帝国之间的友好关系得到巩固，两国皇帝和外交官频繁会晤。1872年，沙皇亚历山大二世与奥匈帝国和德意志帝国联合建立了所谓的"三帝同盟"。意大利王国对天主教教会的活动和法兰西共和国在突尼斯的侵略政策感到震

沙皇亚历山大二世

惊，便逐渐依附于"三帝联盟"。因此，中欧和东欧似乎是为了奉行和平政策而紧密地团结在一起。但奥斯曼土耳其帝国各民族之间的麻烦很快就表明，奥匈帝国和俄罗斯帝国在这些地区的利益并不完全相同。

1875年，由于奥斯曼土耳其帝国的残暴统治和滥用职权，黑塞哥维那的斯拉夫人爆发叛乱。此时的奥地利帝国并没有勇敢地站在基督教教徒一边充当被压迫人民的捍卫者和救助者，而是由于国内动乱和俄罗斯帝国反对其在多瑙河下游实行的强硬政策而变得束手无策。

波斯尼亚和黑塞哥维那的叛乱从一开始就给奥地利帝国带来了大麻烦。奥地利帝国不仅要与不怀好意的马扎尔人斗争，还要与无休止的忌妒它的盟友斗争。匈牙利人不希望看到已经过于庞大的二元君主政体中的斯拉夫民族因新领土的增加而人数大增，因为有朝一日，这些新增加的领土可能会使匈牙利人处于人口占多数的斯拉夫人的统治之下。俄罗斯帝国和普鲁士王国不允许盟友扩大边疆并利用两省的好战民族来扩充军队，这也符合俄罗斯帝国和普鲁士王国的利益。结果，1875年以后，奥地利帝国采取了一项自相矛盾的政策。有那么一段时间，奥地利帝国允许土耳其人肆无忌惮地糟蹋自己的领地，甚至随意调整克罗地亚的边界；而另一段时间，即便土耳其人在自己的领地克莱克放下武器，奥地利帝国也不允许。在君士坦丁堡，奥地利帝国大使和俄罗斯帝国将军尼古拉·帕夫洛维奇·伊格纳季耶夫[①]共同获得土耳其宫廷的允许，可以进行一些著名改革，但这些总是让人充满希望的改革从未有任何进展，而提出这些改革的外交家都十分清楚，这些改革不可能完成。1875年12月，安德拉西·久洛在照会上就改革表达了文明欧洲的愿望："从理论和实践上来说，基督教应该和伊斯兰教站在同样的立场上……农业税收应该被永久废除……改革的实施应留给基督教教徒和穆斯林的共同委员会。"但1876年12月在君士坦丁堡召开的会议再次暴露奥斯曼土耳其帝国外交的无能为力及土耳其宫廷不

---

① 尼古拉·帕夫洛维奇·伊格纳季耶夫（1832—1908），俄罗斯政治家和外交家，以支持俄罗斯帝国主义侵略性扩张而闻名。——译者注

阿卜杜勒·克里姆帕夏

可救药的固执。与此同时,塞尔维亚和黑山支持在波斯尼亚和黑塞哥维那受压迫的本民族的事业,并对奥斯曼土耳其帝国宣战。这使奥地利帝国的情况更加雪上加霜。奥匈帝国的斯拉夫人呼吁政府参与这场冲突,并在这场英勇但完全不平等的斗争的每个阶段表现极度狂热。匈牙利人不放过任何机会来表达他们对塞尔维亚人的仇恨和对土耳其人的同情。阿卜杜勒·克里姆帕夏赢得了对塞尔维亚人的久尼西斯之战后,有人向他献上一把剑来庆祝他获得的胜利。匈牙利代表团前往君士坦丁堡,向宗教活动者或穆斯林学生表达匈牙利王国的友好之情。匈牙利将军克洛普卡,即"科莫恩的老保卫者"曾帮助普鲁士王国对抗奥地利帝国,现在又向土耳其宫廷提供自己的军事作战经验。一段时间后,穆斯林学生去佩斯慰问了他们的马扎尔同胞。为了向匈牙利人表示感激,苏丹穆拉德五世把由马蒂亚斯·科菲努斯建立但遭土耳其人抢掠的图书馆的一些残余书籍送给弗朗茨·约瑟夫一世。这些行为本身就很幼稚,尤其是对俄罗斯帝国来说。对俄罗斯帝国在1849年推行的政策,匈牙利人从未原谅。但匈牙利人深深地冒犯了斯拉夫人,因为斯拉夫人认为塞尔维亚人和保加利亚人的事业就是他们自己的事业。为了纪念俄罗斯帝国上校米哈伊·切尔尼亚耶夫①,布拉格举行了反示威活动,但遭到奥地利警方的大力镇压。在佩斯,尤利乌斯·格拉夫·冯·安德拉西试图制止示威同胞,并使他们明白街头示威

米哈伊·切尔尼亚耶夫

---

① 米哈伊·切尔尼亚耶夫(1828—1898),俄罗斯帝国将军,他与康斯坦丁·考夫曼和米哈伊·斯科别列夫在亚历山大二世统治期间指挥俄罗斯军队完成了对中亚的征服。——译者注

并不会影响政府政策的执行,但此举没有起任何作用。另外,尤利乌斯·格拉夫·冯·安德拉西逮捕了斯特拉提米洛维奇。斯特拉提米洛维奇是曾参与1848年革命的一位塞尔维亚英雄,后者曾把宝剑献给了米兰·奥布列诺维奇[①]。尤利乌斯·格拉夫·冯·安德拉西把记者代表斯韦托扎尔·米莱蒂奇关进监狱,指控他支持同胞并为同胞筹集资金。为了证明这些杰出举措具有的合法性,尤利乌斯·格拉夫·冯·安德拉西援引以前的法律,宣布所有向土耳其人或其他"异教徒"提供武器的人都犯有叛国罪。

因此,奥匈帝国内部四分五裂,只能痛苦地跟随着两个强大盟友的步伐。尽管斯拉夫人满腔热血,马扎尔人亦是义愤填膺,但弗朗茨·约瑟夫一世只能眼睁睁看着俄罗斯帝国取得胜利。在普列文沦陷后,俄罗斯帝国把胜利大军推向君士坦丁堡大门。奥地利帝国也不可能强迫俄罗斯帝国修改俄罗斯帝国于1878年强加给奥斯曼土耳其帝国的《圣斯特凡诺条约》[②]。对奥地利帝国来说,幸运的是,亚历山大二世提出的条件符合俄罗斯帝国的利益,并且几乎摧毁了土耳其的权力,从而能让欧洲列强联合起来要求俄罗斯帝国修改条约,并将近东问题提交给欧洲议会处理。在柏林会议上,罗马尼亚王国、塞尔维亚公国和黑山公国这三个基督教国家均得以扩大并宣布独立,而保加利亚被大大削弱。柏林会议允许奥匈帝国无限期占领波斯尼亚和黑塞哥维那诸省。

---

① 米兰·奥布列诺维奇(1854—1901),塞尔维亚统治者(1868—1889)。——译者注
② 《圣斯特凡诺条约》,1878年3月3日,俄罗斯帝国与奥斯曼土耳其帝国在俄土战争结束后,在圣斯特凡诺(即今土耳其伊斯坦布尔西部的耶西勒廓伊)签署的条约。——译者注

第 35 章

奥匈帝国兼并波斯尼亚与黑塞哥维那

（1878 年到 1894 年）

　　为了让奥地利帝国保持中立友好，俄罗斯帝国战前与奥匈帝国达成了秘密协定，会给奥地利帝国一些补偿。我们已经看到，奥匈帝国得到的补偿就是占领波斯尼亚与黑塞哥维那诸省。波斯尼亚与黑塞哥维那诸省发起反抗奥斯曼土耳其帝国的战争直接导致了巴尔干战争[①]，并让俄罗斯帝国成功介入战争。既然奥斯曼土耳其帝国已经被征服，波斯尼亚和黑塞哥维那诸省就很可能希望自己能像保加利亚一样成为独立公国，或者被允许成为邻近斯拉夫国家塞尔维亚公国或黑山公国的一部分——它们在种族和宗教上与这些国家联系密切。《圣斯特凡诺条约》起初只是宣布："君士坦丁堡会议提出的改进建议，以及奥斯曼土耳其帝国、俄罗斯帝国和奥匈帝国同意达成的修改建议，都可以适用于波斯尼亚和黑塞哥维那。"紧接着，1878 年 7 月 13 日，欧洲列强代表在柏林会议上签署了《柏林条约》。该条约决定："波斯尼亚和黑塞哥维那诸省由奥匈帝国占领和治理。因为奥匈帝国政府不愿承担桑贾克地区新帕扎尔的行政管理工作，所以该行政工作继续由土耳其政府负责。桑贾克地区位于塞维利亚和黑山的东南部，并一直延伸到米特罗维察。然而，为了维持新的政治局势，并保

[①] 巴尔干战争，指 1912 年到 1913 年，在南欧巴尔干半岛上发生的第一次巴尔干战争和第二次巴尔干战争。——译者注

1878年的柏林会议

持通信手段的自由和安全，奥匈帝国保留在新帕扎尔驻军的权利，并保留在波斯尼亚旧省拥有军事和商业路线的权利。"

最后一个条款非常重要。"桑贾克的新帕扎尔"是波斯尼亚将塞尔维亚和黑山分开的那部分地区。维也纳政府凭借实际军事控制权，孤立了塞尔维亚公国和黑山公国，并随时阻止它们对奥斯曼土耳其帝国或对自己采取联合行动。奥匈帝国进一步控制了这两个公国：通过控制科托尔湾来控制黑山公国，通过控制多瑙河来控制塞尔维亚公国。因此，奥匈帝国对波斯尼亚和黑塞哥维那的占领完全摧毁了塞尔维亚公国和黑山公国爱国者的希望，这群爱国者曾梦想重建古老的沙皇杜尚帝国[①]，并使之成为一个更大的斯拉夫国家的中心。奥匈帝国从一开始就粉碎了塞尔维亚爱国者的希望，避免了一场巨大的危险。但在贝尔格莱德和采蒂涅，爱国人士非常失望。他们甚至表示，如果能重建战前局势，愿意牺牲《柏林条约》赋予塞尔维亚公国和黑山公国的一切优势。如果波

[①] 即塞尔维亚帝国。1346年起，斯特凡·杜尚（1308—1355）自领沙皇称号，建立了强大的塞尔维亚帝国。在帝国极盛时期，塞尔维亚版图占了巴尔干半岛面积的三分之二。1371年，塞尔维亚帝国在斯特凡·杜尚儿子手中消亡了。——译者注

斯尼亚和黑塞哥维那还属于奥斯曼土耳其帝国,那么其他斯拉夫国家就绝不会缺少借口干预波斯尼亚和黑塞哥维那的事务。然而,随着奥匈帝国对波斯尼亚和黑塞哥维那的统治及宗教宽容、民族平等和欧洲管理原则的引入,寻找借口干预波斯尼亚和黑塞哥维那的事务的机会就都消失了。

除对塞尔维亚和黑山,或许还对波斯尼亚和黑塞哥维那的居民利益造成影响之外,《柏林条约》的条款可能还对巴尔干半岛未来局势和欧洲和平产生严重影响。1878年,瓜分土耳其过程中没有一个欧洲列强获得太多份额。只有塞尔维亚人、希腊人、罗马尼亚人和保加利亚人从本省的革命中有所获益。即便是俄罗斯帝国,在抵达君士坦丁堡后,为了补偿自己的牺牲,也仅仅带着一些无足轻重的利益撤退了。柏林会议似乎确立了一项新原则,大概是奥斯曼土耳其帝国的各省随时都可能成为欧洲列强的战利品。如果奥匈帝国在波斯尼亚和黑塞哥维那确立了自己的地位,那为什么意大利王国不在达尔马提亚、俄罗斯帝国不在巴尔干半岛、英国不在君士坦丁堡也确立自己的地位呢?这是一个非常严肃的问题,到目前为止并未有明确的答案。总有一天,这一问题必将会再次浮出水面,并会给正义与和平带来严重威胁。解决东方问题的唯一公平方案是,确保奥斯曼土耳其帝国枷锁下的每个民族都能和平并完整地拥有历史和民族权利赋予他们的土地。

此外,《柏林条约》第二十九条让人们非常忧虑。为了使奥匈帝国获得在桑贾克的新帕扎尔地区掌控铁路和经由瓦尔达尔河①从米特罗维察延伸至塞萨洛尼基②的军事路线的主导权,并能使维也纳的政治家有朝一日掌握这条商业和军事路线,并通过这条最佳途径进入爱琴海和东方,《柏林条约》为奥匈帝国提供了方便。

等柏林会议签署《柏林条约》后,奥匈帝国就开始行动起来。1878年夏,奥匈帝国军队越过萨瓦河,进入刚刚获得的各省。这一占领本不会带来任何

---

① 瓦达尔河,欧洲巴尔干半岛河流,干流流经北马其顿、希腊。——译者注
② 塞萨洛尼基,希腊第二大城市和重要海港。萨洛尼卡州的首府。——译者注

严重问题，但毫无预料的麻烦还是出现了。波斯尼亚的穆斯林，即这里的上层阶级，无法若无其事地目睹自己与君士坦丁堡的同教者分离，也无法若无其事地目睹一个几个世纪以来养育自己的故土遭到破坏。希腊东正教因与塞尔维亚公国结盟的希望破灭而哀伤。只有天主教教徒支持奥匈帝国的占领行动。土耳其政府没有正式拒绝服从欧洲的命令，但已经向波斯尼亚和黑塞哥维那秘密地运送武器和弹药。萨拉热窝爆发了起义。波斯尼亚和黑塞哥维那组建了临时政府以抵御奥匈帝国的占领。"这片土地的第一个爱国者"、勇敢又狂热的哈吉·洛亚①将军率领大军进行抵抗，在山间峡径进行的第一次抵抗获得了成功。在马格拉伊和格拉达茨，奥匈帝国军队被击退，他们不仅遭到几支仓促组

哈吉·洛亚

① 哈吉·洛亚（1834—1887），19世纪70年代萨拉热窝的波斯尼亚领导人，在1872年因反对东正教教堂建设而声名鹊起。——译者注

建的民兵部队的狙击,还遭到配有大炮、组织精良的土耳其新军的狙击。奥匈帝国军队所处形势更加严峻。结果,波斯尼亚和黑塞哥维那的居民全部撤离城镇,躲在防御工事后寻求庇护,这给奥匈帝国军队造成了重大损失。直到1878年8月19日,奥匈帝国军队才抵达波斯尼亚和黑塞哥维那首府萨拉热窝。此后,敌对行动并没有停止。1878年9月,奥匈帝国军队才完全占领黑塞哥维那,而一个月后完全占领波斯尼亚。奥匈帝国军队派出三支大军才完成对各公国的占领,并付出高达六千二百万弗罗林的经济代价。

尽管奥斯曼土耳其帝国的苏丹从名义上讲依然是波斯尼亚和黑塞哥维那的统治者,但奥匈帝国对波斯尼亚和黑塞哥维那的暂时占领,显然已被明确视为了永久占领。只有奥匈帝国才能对波斯尼亚和黑塞哥维那实施行政管理,奥匈帝国当然无意放弃这种权力。如前所述,奥匈帝国获得的领土为自己打开了通往塞萨洛尼基的道路,为其商业发展提供了广阔的空间,同时,确保匈牙利和达尔马提亚之间安全又便捷的交流。简而言之,奥匈帝国对波斯尼亚和黑塞哥维那的占领弥补了失去威尼斯的损失。波斯尼亚和黑塞哥维那的面积为二万三千六十二平方英里。到1895年,波斯尼亚和黑塞哥维那拥有人口一百五十六万八千零九十二人,全部说塞尔维亚-克罗地亚语。根据不同宗教信仰,这些人可分为三个主要群体:穆斯林、希腊东正教教徒和天主教教徒,对应人口分别为五十四万八千六百三十二人、三十三万四千一百四十二人和六十七万三千二百四十六人。这三个群体维持着非常均衡的权力平衡,从而给奥匈帝国提供了一个极好的机会,使其能再次按照自己最喜欢的"分而治之"法则进行管理。

波斯尼亚和黑塞哥维那处于奥匈帝国皇帝的统治之下,并由奥匈帝国财政大臣创设的一个特别机构进行管理。穆斯林的大多数特权并没有受到干扰。波斯尼亚和黑塞哥维那的实体经济发展迅速,布罗德和萨拉热窝、加贝拉和科托尔、米特罗维察和萨拉热窝之间都修筑了铁路。萨拉热窝已逐渐欧洲化,经济状况也有了很大改善。1881年,义务兵役制被引入波斯尼亚和黑塞哥维那。其间，波斯尼亚和黑塞哥维那发生了一些叛乱，遭到了土耳其宫廷的镇压，很快，叛乱就平息了。

奥匈帝国吞并波斯尼亚和黑塞哥维那产生了诸多政治影响。一段时间内，这导致了奥匈帝国在塞尔维亚和黑山问题上对俄罗斯帝国产生了严重依赖。1882年，对塞尔维亚国王米兰一世的及时认可及随着奥匈帝国对塞尔维亚王国财政和经济利益的进一步控制，塞尔维亚王国与奥地利帝国建立了密切关系。很长一段时间内，黑山仍忠诚于保护者俄罗斯帝国，最近又通过与意大利王室联姻，拉近了与意大利王国的关系，从而使意大利王国成为奥匈帝国与巴尔干半岛国家关系中的一个利益相关方。

塞尔维亚国王米兰一世

这样一来，尽管意大利王国在巴尔干半岛问题上奉行和平政策，但它通过增加对巴尔干半岛基督教教徒的影响，为自己开辟通往塞萨洛尼基的贸易路线，自然就收获了塞尔维亚和黑山带来的好处。这就导致意大利王国与俄罗斯帝国之间竞争的加剧。与此同时，由于担心现有状况受到干扰，1879年，奥匈帝国与德意志帝国缔结了一项秘密条约，并于1888年公布，而当时的俄罗斯帝国似乎威胁到了奥匈帝国的利益。这份被称为《和平与共同防御联盟》的条约承诺两国将维持在柏林大会确立的诸国态势，特别是在维护与俄罗斯帝国的关系方面将保持政策不变。

奥匈帝国和德意志帝国就俄罗斯帝国和奥匈帝国在巴尔干半岛的利益分歧达成一致意见，这是成为此后众所周知的"三国同盟"[①]的第一步。意大利王国对法兰西共和国占领突尼斯的行为感到震惊和愤怒，便加入了中欧两大强国的联盟。1881年，意大利国王翁贝托一世访问维也纳，为一年后形成的正式同盟铺平道路。"三国同盟"的目标是由奥匈帝国、德意志帝国和意大利王国三个核心大国组成的联盟来维护欧洲的和平。为履行"三国同盟"强加的条约，奥地利帝国和匈牙利王国不得不提高军事作战能力。1886年，奥地利帝国和匈牙利王国通过了一项新法律来组建国民军。这支部队是否会被用来对付普鲁士王国很让人怀疑。奥地利帝国完全忘记了曾在库斯托扎和萨多瓦发生的事，它对新德意志帝国展现的友好态度有时让世界惊讶。尽管奥匈帝国与意大利王国已结盟，但维也纳和罗马的关系并没有那么友好。意大利人对特伦特姆和伊斯特利亚宣称主权并煽动民族统一主义运动，不时地引发骚乱。每当奥地利政府试图为伊斯特利亚省的斯拉夫人伸张正义时，这里的意大利人总会进行暴力抗议。对此，意大利王国的爱国者表示极力支持。总之，弗朗茨·约瑟夫一世不得不等待曾在1848年发动革命的马扎尔人的支持，同时，等待曾在1866年与奥地利帝国作战的普鲁士王国和意大利王国的支持。

---

① 三国同盟，是由德意志帝国、奥匈帝国和意大利王国组成的一个军事联盟。三国同意当任何一国被其他两个或更多国家攻击时协助对方。——译者注

我们已经看到，奥匈帝国军队占领波斯尼亚和黑塞哥维那后产生了巨额开支；民族冲突的进一步复杂化引发了一场危机。奥地利议会和匈牙利议会都不满奥匈帝国占领波斯尼亚和黑塞哥维那。奥地利议会和匈牙利议会称，《柏林条约》中凡涉及奥匈帝国的条款都应交由他们进行商议。最后，匈牙利议会投票通过了拨款事宜，但在维也纳举行的帝国议会上，德意志立宪派则坚决反对匈牙利议会通过的拨款事宜。与马扎尔人一样，他们也担心奥匈帝国的斯拉夫人口会进一步增加。弗朗茨·约瑟夫一世向捷克人、贵族联邦主义者和教皇绝对权力主义者求助。联邦党代表爱德华·塔弗取代了奥尔施佩格的阿道夫亲王。爱德华·塔弗宣布所有民族一律平等。爱德华·塔弗的任命实际上是击败了那些旨在维持德意志帝国在内莱塔尼亚全境影响力的党派。爱德华·塔弗

爱德华·塔弗

成功说服捷克人再次参加奥地利帝国议会。捷克人称，他们参加奥地利帝国议会并不等于在维护波希米亚权利方面放弃了自己的原则，只是毫不犹豫地参加了新内阁工作而已。摩拉维亚代表普拉扎克，也是波希米亚政治领袖的朋友，被任命为内阁部长，但他没有实权，后来又成了司法部部长。加利西亚的两名波兰人被任命为内阁成员。这个由捷克人、波兰人、极端德意志天主教教徒和贵族组成的团体保证了大多数民族参与新内阁的组成。1879年的内阁选举使一百四十五位立宪主义者（九十四位自由派和五十一位进步派）重返内阁；一百六十八名联邦党人被分为三组：捷克人五十四名，波兰人五十七名，德意志联邦党人、斯洛文尼亚人、达尔马提亚人和克罗地亚人共五十七名；还有四十名未公开身份的代表。爱德华·塔弗巧妙地利用这些代表来实现权力平衡。爱德华·塔弗内阁实施了温和的联邦主义政策，该政策一直持续到1893年，共持续了十四年。该政策虽然维护宪法，但不惜以牺牲德意志人和世俗权力为代价不断向斯拉夫人和天主教神职人员妥协。

特别是捷克人，他们利用自己对奥地利政府的支持，获得了一个又一个特权。1882年，布拉格大学被分为两所大学，一所是德意志大学，另一所是捷克大学，从而确保捷克人有自己的一所国立大学。1886年，捷克人付出了很大努力才使捷克语获得了一定地位。因此，司法部部长颁布一项法令要求所有公职人员要使用捷克语或德语回复各种问题。该法令显然为不会说捷克语的德意志人提供了便利。布拉格建了一座大型国家剧院，由私人捐款和一个学校基金会或者说学校设立的校委员会赞助，以使捷克学校能同德意志学校抗衡，并能促进边远地区的继续教育。公民行使选举权的财产资格有所降低，选区进行了重新划分，从而使捷克人能在布拉格议会中获得多数席位。如果关于捷克代表人数的某些干扰因素被清除，捷克人的议会席位仍将会继续增加。德意志人要求将波希米亚王国分成两个行政区——德意志行政区和捷克行政区，但德意志人最终拒绝参加布拉格议会的审议工作。

总的来说，波希米亚的斯拉夫人都应该感谢爱德华·塔弗。爱德华·塔弗尽其所能帮助斯拉夫人，并常常在最困难的情况下，也能按照古老格言行事：
"公正是奥地利奉行的根本原则。"捷克人非常有耐心，会把精力集中在切实可行的事情上，不时为自己的语言和民族争取尽可能多的特权。自1887年以来，捷克人被划分为两派：年轻派和老派。年轻派捷克人比较激进，他们要求普选权、新闻自由、公众集会和学校宗教自由；老派捷克人代表贵族和神职人员的利益，他们更温和，更倾向于向政府妥协。年轻派捷克人积极开展群众集会、示威和抗议活动，以支持自己坚守的原则，并猛烈抨击老派捷克领导人弗朗齐歇克·拉吉斯拉夫·里格尔，从而很快赢得国家的支持。老派捷克人惊恐万分，向德意志人求助。这些德意志人同意帮老派捷克人恢复在波希米亚议会中的席位，并于1890年1月与老派捷克人达成一项契约。1890年5月，德意志人和老派捷克人在波希米亚召开了一次折中方案会议，并达成了一项协议。根据该协议，波希米亚王国被划分为多个区；各区只能承认一种语言，官员同时说两种语言的规定须废除；议会分为德意志议会和捷克议会，行政当局的主要机构如法院和教育委员会也会按照德意志和捷克两个民族进行划分。这一计划遭到年轻派捷克人的强烈反对，他们认为该计划使国家未来自治的所有希望破灭了。因此，这一计划宣告失败。后来，爱德华·塔弗要求弗朗茨·约瑟夫一世解散帝国议会。他的要求没有得到选民的支持，尤其是在波希米亚，因为这里的年轻派捷克人占据四分之三以上的议会席位。帝国议会召开后，爱德华·塔弗不得不承认自己没有获得多数人的支持；他只得将议会民族代表问题往后拖延，一直到1892年与意大利王国、德意志帝国和瑞士签订商业条约后再解决。与此同时，他与俄罗斯帝国、罗马尼亚王国进行了类似协议的谈判。在波希米亚，捷克人造成的骚乱迫使奥地利政府再次将注意力集中在其要求上：规范税收和货币的措施已经通过，而其他法案悬而未决。波希米亚议会上的腥风血雨后，布拉格街头发生了骚乱和示威活动，奥地利政府不得不宣布对布拉格进行戒严，同时严查民族主义和社会民主党报刊并解散了一些捷克人的协会，尤其是拥有年轻派捷克代表的国家自由俱乐部。

后来，爱德华·塔弗伯爵决定妥协，并提出一项选举法改革方案，从实质上建立普选，将选民人数从一百五十万增加到四百五十万。爱德华·塔弗这一举动使保守党非常震惊。弗朗茨·约瑟夫一世对年轻派捷克人和社会民主党派持反对态度。在其支持下，保守党联合起来反对爱德华·塔弗，迫使他卸任。爱德华·塔弗卸任后，其自1879年上任以来奉行的联邦制政策至少在一段时间内算是结束了。1893年11月，阿尔弗雷德·坎迪杜斯·费迪南成立了临时内阁，但新内阁仅持续了两年。

与此同时，自1878年以来，奥匈帝国的外莱塔尼亚或者说匈牙利一直在迅速发展。占领波斯尼亚和黑塞哥维那虽然给奥匈帝国的事务带来了危机，但并没有给佩斯政府政策带来任何重大变化。自由内阁党在匈牙利议会保留了多数席位，蒂萨·卡尔曼继续掌控事务大权。蒂萨·卡尔曼对奥地利或匈牙利的少数民族的妥协遭到人们的反对。然而，新获得的省给克罗地亚人带来了新希望，他们开始梦想建立一个更大的独立于匈牙利的克罗地亚，并仅通过共主联邦形式统一到奥匈帝国。克罗地亚人提出此要求并获得了批准，可以将军事边界并入克罗地亚，但并没有获得达尔马提亚和阜姆。1883年，克罗地亚人对马扎尔人的坚决反对演变成公开的暴力行动。财政大臣挂在门上的一件新军大衣被一群暴徒扯下来撕烂了。1885年，阿格拉姆的档案文件被强行移至佩斯，引起匈牙利议会的混乱，导致几名激进的议会代表遭到逮捕和监禁。然而，人们依然反对马扎尔化，并支持大克罗地亚。1895年，弗朗茨·约瑟夫一世访问克罗地亚时，克罗地亚学生公开焚烧了一面马扎尔旗。由于没有政治组织，克罗地亚人没有渠道可讲述自己蒙受的冤屈。然而，尽管没有渠道可以申冤，这些克罗地亚人的抗议还是经常能被听到。北部的斯洛伐克人试图支持其同胞捷克人争取议会代表权，结果却发现自己成了奥地利政府和路德派神职人员的攻击对象。斯洛伐克的所有神职人员和教父都被禁止参加斯拉夫人的传教活动。罗马尼亚人的一个政党想与罗马尼亚政府寻求合作。该政党派了一个领袖带着一封信件去见弗朗茨·约瑟夫一世，要求为特兰西瓦尼亚建立独立政府，结果遭到逮捕和监禁。在选举法中受到优待的萨克森人偶尔会反对奥地利政府的政策，但总的来说，他们支持马扎尔人。1884年，塞尔维亚人为重新获得选举自己大主教的特权，以及获得管理学校和教堂事务的特权而发动暴乱，但并未给奥地利政府造成多大困扰。

在经济和社会事务方面，这一时期的标志性事件就是奥匈帝国出台了一项影响深远的政策。匈牙利政府通过能源和信贷收购了匈牙利铁路。1889年，公共工程部部长巴罗萨引进了区域票价制度。车票价格大幅降低，匈牙利的客运量在一年内增长了两倍。匈牙利与奥地利之间交流的日益增多给政府大力鼓励的新型产业也带来了很大好处。随着工商业重要性的日益提高，旧地主贵族的影响力逐渐减弱；犹太人的影响力在不断增加。试图让犹太人与其他民族处于平等地位的努力同样遭遇强烈的种族偏见。蒂萨·卡尔曼提出的允许犹太人和基督教教徒通婚的法案在匈牙利下议院获得通过，但遭到大贵族组成的上议院的否决。这导致上议院进行改革，大大减少了贵族数量。与此同时，上议院代表的任期从三年增加到五年。

1890年，像独裁者一样统治匈牙利十四年的蒂萨·卡尔曼卸任了。蒂萨·卡尔曼甚至也在自己的政党中丧失了立足之地，在他统治的最后几年，政治腐败不堪。1889年，匈牙利议会中的反对派开始骚动不安。1890年，蒂萨·卡尔曼发现自己因采取措施要废除驱逐拉约什·科苏特的法律而被同僚抛弃，于是递交了辞呈。蒂萨·卡尔曼的职位由绍帕里·久洛接任。然而，绍帕里·久洛无法承受这场由各郡议会试图发起的改革，以及教会与匈牙利关于通婚问题的争端所引起的狂风暴雨。1890年年底前，能干的金融家韦克勒·尚多尔被任命接替绍帕里·久洛的职位。韦克勒·尚多尔的上任意义重大，因为他是第一位来自中产阶层的首相，也因为他的上任标志着匈牙利教会与国家之间冲突的正式开始。

韦克勒·尚多尔立即着手改革工作，尽管遭到神职人员和保守贵族的疯狂攻击，但还是确保自己的方案在下议院获得通过。该方案包含五点：第一，

绍帕里·久洛

韦克勒·尚多尔

匈牙利所有宗教团体的宗教信仰自由；第二，出生、婚姻和死亡都要进行民事登记；第三，承认犹太教；第四，允许异族通婚；第五，也是最重要的，即强制公证婚姻。贵族拒绝有关公证婚姻的方案，但该法律受到全国人民的支持。在匈牙利民众支持的鼓舞下，韦克勒·尚多尔第二次向下议院提交方案，再次以绝大多数投票获得通过。然而，贵族再次拒绝这项方案。人们一直怀疑弗朗茨·约瑟夫一世在担忧实施这样的法律会对奥地利产生不利影响。确实，弗朗茨·约瑟夫一世在私底下是反对这项方案的，因此，他拒绝让大量新贵族参与执行这项方案。因此，韦克勒·尚多尔首相辞职了。1894年，韦克勒·尚多尔卸任之际，流亡的匈牙利著名爱国人士拉约什·科苏特去世。举国哀悼。

第 36 章

近代奥匈帝国

（1894 年到 1910 年）

过去的十二年里，奥匈帝国的历史以持续、暴力的民族竞争和奥地利帝国、匈牙利王国两个君主政体国家都曾出现的令人困惑的议会僵局为标志。与此同时，这一时期的知识和民族发展领域出现了重大变革。奥地利帝国和匈牙利王国之间的政治关系没有发生任何实质性改变。然而，近十年，1867年签订的《奥地利-匈牙利折中方案》这一可行性方案一直都没有获得议会的认可，而奥地利帝国和匈牙利王国双方协议的延续最终要建立在该方案基础之上。少数民族的态度虽已改变，但改变甚少；如果有什么不同，那就是他们的要求比以往更坚决，比前几年更有条理性。经济发展已经取得了很大的进展，但就像外交事务一样，没有和谐的政治环境和一个强大中央政府的支持，经济发展速度就会受到一定阻碍。奥匈帝国昔日的威望和人们对弗朗茨·约瑟夫一世的忠诚在很大程度上有助于减轻当时糟糕的政治形势给人带来的罪恶感，但这个二元君主国国内的情况实在令人失望。

爱德华·塔弗因其自由选举改革计划遭到反对而被迫辞职。爱德华·塔弗的继任者阿尔弗雷德·坎迪杜斯·费迪南被任命只是权宜之计。阿尔弗雷德·坎迪杜斯·费迪南发现人们对改革措施的反对绝不会因改革发起者的退出而减弱。此外，人数迅速增加的社会民主党、捷克人和德意志自由党继续鼓动普选。阿尔弗雷德·坎迪杜斯·费迪南决定妥协，并提议在现有四个选举团的基础上增设第五个选举团。第五个选举团由城镇工人和所有已缴纳两年直接税的奥地利人组成。阿尔弗雷德·坎迪杜斯·费迪南的提议无法使任何一个自由派分子满意，而社会民主党更是猛烈抨击阿尔弗雷德·坎迪杜斯·费迪南的提议。此时，斯拉夫人和德意志人之间再次爆发民族冲突，起因是奥地利政府提议在施蒂里亚的齐利的高中用斯洛文尼亚语授课。德意志人各党派撤回对内阁的支持。阿尔弗雷德·坎迪杜斯·费迪南因提出的选举法案没有获得通过而不得不辞职。1895年9月，在埃里希·基尔曼斯埃格伯爵短暂临时统治期间，著名的巴德尼机会主义政府成立。

卡西米尔·费利克斯·巴德尼，一个来自加利西亚的波兰人，有着丰富的从政经验。卡西米尔·费利克斯·巴德尼现在组织成立了内阁，内阁诸代表成

埃里希·基尔曼斯埃格伯爵

卡西米尔·费利克斯·巴德尼

员持有各种不同的观点。卡西米尔·费利克斯·巴德尼认为政府要能指导而不是追随议院。在确信自己会得到波兰人、神职人员、保守派和最高法院支持的情况下,他宣布了一项计划,希望能得到全体德意志人的支持。卡西米尔·费利克斯·巴德尼说,他支持德意志人,但会充分考虑各民族的正当要求。卡西米尔·费利克斯·巴德尼将更新1867年签订的《奥地利-匈牙利折中方案》,并实行选举改革。所有政党都被要求支持这一方案。卡西米尔·费利克斯·巴德尼也不无忧虑地暗示,这一方案体现了弗朗茨·约瑟夫一世在立宪政府方面做出的最后努力。如果方案失败,奥地利帝国将重返专制主义。

1896年年初,新选举法案被提交给帝国议会。该法案与爱德华·塔弗提出的改革方案相差甚远。事实上,这次选举改革可以说是一种权宜之计。就像阿尔弗雷德·坎迪杜斯·费迪南的提议一样,新选举法案要求增设第五个选举团。该选举团由所有年满二十四岁以上的奥地利人组成,其成员不包括曾在奥地利帝国居住了六个月的其他四个选举团的成员。第五个选举团将包括超过五百五十万的选民,在帝国议会中占有七十二个席位,而其他四个选举团,只有一百七十万选民,仍保留他们的三百五十三个席位,或者说保留有占代表总数百分之八十三的席位。因此,对广大工人和农民来说,新选举法案赋予他们七十二名代表,可以和其他四个阶层一起参加选举;新选举法案分别赋予大地主八十五名代表、商会人士二十一名代表、城镇居民一百一十八名代表、乡村居民一百二十九名代表。这显然是最好的保障。在德意志自由主义者和年轻派捷克人的支持下,该选举法案于1896年6月通过。

1897年3月,根据新选举方案进行的选举非常混乱,政府对此很失望。有不少于二十八个政党和十二个国家代表团参加帝国议会。由于无法将曾经团结一致的工人阶级聚在一起,卡西米尔·费利克斯·巴德尼递交了辞呈,但弗朗茨·约瑟夫一世拒绝接受辞呈,并宣布"国家的整体利益"高于党派利益。因此,卡西米尔·费利克斯·巴德尼继续担任首相,并于1897年4月颁布了著名的《语言法令》,使捷克语在波希米亚和摩拉维亚与德语处于同等地位。1907年,所有官员都掌握了捷克语和德语。在法院,根据案件当事人的意愿,可随意使用这两种语言中的任何一种语言。

《语言法令》的颁布让德意志人勃然大怒,此后就是著名的《语言法令》阻挠政策的开始。后来,奥地利帝国和匈牙利帝国的反对党也开始采取《语言法令》阻挠政策。《语言法令》阻挠政策成了奥匈帝国议会、政府经常讨论的内容。卡西米尔·费利克斯·巴德尼的《语言法令》可以说标志着奥地利帝国进入十年非立宪时期。"宪法不再有效。"法兰西人恰如其分地形容了该时期。

德意志人反对《语言法令》。一个关乎国家利益的问题显然是立法的主题,不能靠帝国法令来解决。德意志人强烈要求改革这项不适当和不公平的法令。对捷克人来说,学习德语既容易又有益,因为德语是中欧广大人民使用的语言;而德意志官员学习捷克语不仅非常困难,也无利可图。因此,德意志官员认为掌握捷克语没有任何商业价值。关于在波希米亚使用何种语言,德意志官员认为可以有三种规定:一种是单独使用捷克语,第二种是同时使用捷克语

奥托·莱歇尔

和德语,第三种是专门使用德语。为了迫使政府调整《语言法令》,这些官员连最不体面的策略都用上了。奥托·莱歇尔一连进行了十二个小时的冗长演讲,演讲不断被打断,有人跺脚、摔桌子,甚至攻击反对派成员。这种扰乱议会的行为也不局限于帝国议会。在市镇和乡村议会及省议会中,只要有可能,人们都会发起《语言法令》抗议运动,以妨碍行政工作。弹劾卡西米尔·费利克斯·巴德尼的动议一项接一项地提出。只要卡西米尔·费利克斯·巴德尼不下台,众议院就拒绝给各代表团选举投票。泛德意志主义党内一个叫赫尔·沃尔夫的成员指控卡西米尔·费利克斯·巴德尼,并与之进行决斗。西米尔·费利克斯·巴德尼在这场决斗中受伤。最后,在泛德意志主义党代表进行了不止一场激烈的争辩后,内阁只得采取一项警署措施,即《法金汉法令》①。这又导致维也纳出

---

① 《法金汉法令》,1897年由帝国议会修订的一项议会法,以解决奥地利议会中断带来的一些问题,该法令以其提出者即当时奥地利的农业部长朱利叶斯·法金汉的名字命名。——译者注

保罗·高奇·冯·弗兰肯图尔恩

现了反对内阁的示威游行活动。1897年12月,弗朗茨·约瑟夫一世最终同意卡西米尔·费利克斯·巴德尼卸任。

保罗·高奇·冯·弗兰肯图尔恩①继任首相,组建内阁。尽管其内阁成员全部从德意志人中选出,但德意志人宣布,他们将继续抗议《语言法令》,直到它和1867年《奥地利-匈牙利折中方案》得以修改和更新。奥匈帝国政府最重视

---

① 保罗·高奇·冯·弗兰肯图尔恩(1850—1918),奥地利政治家,曾三次担任内莱塔尼亚首相。——译者注

《奥地利-匈牙利折中方案》的修改，佩斯议会也已同意对《奥地利-匈牙利折中方案》进行再次修订，但该方案尚未得到执行。根据宪法第十四条的规定，《奥地利-匈牙利折中方案》的执行可通过王室法令暂时延续。内阁关于捷克语问题的折中方案同样遭到拒绝。1898年3月，保罗·高奇·冯·弗兰肯图尔恩被图恩和霍恩施泰因亲王弗朗茨①取代。

图恩和霍恩施泰因亲王弗朗茨

---

① 霍恩施泰因亲王弗朗茨（1847—1916），奥匈帝国政治家，奥地利第15任首相。——译者注

新首相图恩和霍恩施泰因亲王弗朗茨处境艰难。关于语言使用的争论仍在继续，帝国议会中有代表抗议《语言法令》，此种抗议已转移至各省议会。奥地利帝国与匈牙利王国的《奥地利-匈牙利折中方案》仍未得到确定，奥地利帝国变得越来越不耐烦。图恩和霍恩施泰因亲王弗朗茨在阐述自己的政策时，语气非常柔和。他以奥地利帝国的名义呼吁所有党派帮助奥匈帝国政府保障所有民族的正义，并进行必要的社会改革和经济改革。尽管如此，《语言法令》抗议运动仍在继续，但并未有任何进展。因此，内阁不得不再次求助于宪法第十四条授予政府的权力。《奥地利-匈牙利折中方案》的执行期限再次延长。某些税种如烈酒税、糖税和赠品税的执行也被无限期拖延。在庆祝弗朗茨·约瑟夫一世登基五十周年之际，皇室发布了一则帝国诏令，感谢各省议会的忠诚，并承诺会让议会发挥更大作用。这激怒了德意志人，因为他们从中看到的只是奥匈帝国在向斯拉夫人卑躬屈膝。极端分子决心继续进行针对《语言法令》抗议运动，这种抗议运动在1899年持续了整整一年。当政府提出为国家存在而制定必要措施——如每年增加新兵招募的法案——时，他们则回答说："没有什么比撤销《语言法令》更有必要的了。"帝国议会上再次出现了反抗《语言法令》的暴力场面，议会暂时中止。宪法中最适用于普通立法事项的第十四条遭到整个奥匈帝国的强烈反对。极端分子开始举行各种集会和示威游行活动，几十个自治区、商会和其他公共机构组织也都加入了这场骚乱，图恩和霍恩施泰因亲王弗朗茨被迫于1899年9月下台。

曼弗雷德·冯·克拉里-阿尔德林根伯爵继任首相显示弗朗茨·约瑟夫一世想采取一种对德意志人更有利的政策。曼弗雷德·冯·克拉里-阿尔德林根伯爵颁布的第一批法案中有一条法案就是要撤销《语言法令》。德意志人最终获得胜利。然而，法令的撤销绝没有恢复奥匈帝国的政治秩序。现在，捷克人取代德意志人开始阻止立法。不久，捷克人就开始控诉宪法第十四条赋予皇帝的权力。曼弗雷德·冯·克拉里-阿尔德林根伯爵拒绝答应捷克人的任何要求，不久便辞职了。

恩斯特·冯·克贝尔

1900年1月，恩斯特·冯·克贝尔①成立了新内阁。恩斯特·冯·克贝尔确保了代表团的选举权，但由于其他措施没有得到很好落实，他便要求弗朗茨·约瑟夫一世解散帝国议会。不久，弗朗茨·约瑟夫一世宣布，此次帝国议会的召开将是立宪工作努力结束危机的最后一次尝试，并称赞波兰人是唯一一个没有受《语言法令》抵抗运动影响又顾及奥匈帝国利益的民族。选举是在阴郁的气氛中进行的，维也纳的媒体也极其沮丧。选举的结果并没有让人觉得立宪工作有多大改善。政府一贯的支持者，即神职人员，在选举中惨败；反犹太主义者遭受同样打击，而选举的福利则落入了造成这一僵局的极端分子手中。由于

---

① 恩斯特·冯·克贝尔（1850—1919），是奥地利自由主义政治家，在1900年到1904年和1916年在奥匈帝国担任奥地利首相。——译者注

奥匈帝国物质利益在很大程度上受到日益严重的损害，再加上恩斯特·冯·克贝尔对政治的操纵，历时四年之久的临时性立法工作最终陷入瘫痪。

捷克和激进党同意中止对语言和民族权利的争议，并采取了对国家具有重大意义的有利措施。帝国议会紧锣密鼓地进行着，许多重要法案都得以通过。通过的法案有：合并铁路，修筑新航线，修筑连接多瑙河、易北河和莫尔道河的内河延伸系统，改善工业条件和废除一些令人厌恶的关税等。但帝国议会只通过了一项临时预算，因此，捷克人和德意志人之间的竞争再次变得激烈，帝国议会的工作不得不暂时中止。1901年，第二届帝国议会不得不在预算没有通过的情况下休会。与此同时，关于《奥地利-匈牙利折中方案》，奥地利帝国明显表现出一种针对匈牙利王国所提要求的反抗情绪。1896年的《奥地利-匈牙利折中方案》的临时决议受到谴责，恩斯特·冯·克贝尔正式宣布，政府决心为奥地利帝国创造更好的条件，或终止与匈牙利王国达成的所有现有商业协议。

然而，对匈牙利王国的不满丝毫没有缓解帝国议会各民族之间的矛盾。捷克议员继续阻挠立法工作，并于1903年11月发表了一份宣言，对波希米亚王国的各项要求进行了完整陈述。该宣言要求实行联邦制君主政体，在波希米亚王冠领地上奉行捷克语和德语双语平等的原则，在西里西亚建立捷克专业院校、中学和小学，在下奥地利建立捷克公立学校，特别是在维也纳要为捷克人开办学校，保护少数民族，进行选举改革，并允许军队有使用捷克语的权利，与赋予马扎尔人使用捷克语的权利相同。在奥匈帝国采取措施满足这些要求前，捷克议员威胁要阻止众议院的工作。波希米亚王国的预算和其他紧急措施无法获得通过，到1903年年底，一些重大问题再次被提交到帝国议会进行决议。

1904年，波希米亚王国提出的各项要求没有得到任何满足。事实上，波希米亚王国的情况变得更糟了，因为除加利西亚之外，帝国议会在大多数省议会重新颁布了那些烦人的诉讼程序。对此，布拉格议会反应强烈，不得不在第二天暂时中止。奥匈帝国的民族对立日益加剧。城市、城镇和村庄也都各自为营。布拉格的德意志人遭到围攻；捷克人在维也纳和其他地方受到虐待。与此同时，奥地利的意大利人不断制造麻烦。1904年11月，在因斯布鲁克，德意志人和意大利学生因为意大利人建立一所学院的事而发生冲突。奥地利政府对德意志人和意大利学生冲突事件的解决方式受到德意志人的严厉抨击，此事最终导致恩斯特·冯·克贝尔内阁的解散。

保罗·高奇·冯·弗兰肯图尔恩继任首相。1905年，民族冲突再加上与匈牙利王国的紧张关系使帝国议会的一切有效行动陷入瘫痪。在一份长篇声明中，保罗·高奇·冯·弗兰肯图尔恩严厉谴责匈牙利王国，认为匈牙利王国必须履行其承诺并接受商业协议，并宣布奥地利帝国不会做出任何让步。如果匈牙利王国不能在1906年3月1日前履行其承诺并接受商业协议，奥地利帝国将采取独立行动。1905年5月，帝国议会通过《奥地利-匈牙利折中方案》。按照该方案，奥地利帝国将与德意志帝国、意大利王国、俄罗斯帝国、比利时王国和瑞士王国签订的商业条约，但匈牙利王国议会不愿通过该方案。奥地利人对匈牙利王国的反对情绪越来越高涨，帝国议会的泛德意志代表大胆要求与匈牙利王国断绝关系，以换取与德意志帝国的经济关系。

近年来，在奥地利，与民族冲突和与匈牙利王国的紧张关系相比，社会主义力量的增强成为同等甚至更具重要意义的事。1895年，帝国议会议员德意志人赫尔·倍倍尔使奥地利社会主义者同其他国家的社会主义者联系更密切，并通过积极宣传，在这些人中促成了一个党派组织。这一工作取得的成果从党派的稳步发展就可以看出。1905年，对旧选举制度的支持者来说，该组织的规模已经达到令人震惊的程度。奥地利所有主要城镇举行要求平等选举权的会议和示威活动。1905年11月，帝国议会召开之时，有二十万到三十万工人举着红旗在维也纳议会大厦前举行了一场声势浩大的示威游行。奥地利政府承诺最迟不超过1906年2月就会向议会提交一项基于普选原则的选举权改革法案。

1906年2月23日，这一重要法案被提交给帝国议会。该法案彻底废除了旧的选举制度，并按团体或阶层划分选区，使所有选举人都处于平等地位，出于民族考虑需要特别安排的除外。凡年满二十四岁并已在选区居住一年的男性公民，除因法律鉴定的残疾人之外，均享有选举权。该法案废除了多元投票制，并进一步规定选区的划分。德意志人有二百零五名代表，斯拉夫人，包括捷克人、波兰人、斯洛文尼亚人等共有二百二十九名代表，意大利人有十七名代表，罗马尼亚人有四名代表。由于对帝国议会和省议会中的多数代表表示担忧，一些德意志党派非常反对这项措施。1906年3月23日，该法案在帝国议会通过初审。

从1894年韦克勒·尚多尔辞去首相职务到1906年夏又被联合反对派召集到政府组成内阁为止，匈牙利王国的政治发展就呈现出君主国中的奥地利帝国在这一历史时期具有的许多特征。同奥地利帝国一样，匈牙利王国在议会程序、《语言法令》阻挠政策和《奥地利-匈牙利折中方案》方面都遇到了困难，在民族对立和选举改革进展方面也遭遇挫折，尽管表现得不太明显。此外，越来越多的匈牙利人要求在除君主之外的所有事务上脱离奥地利帝国。近年来，这一诉求表现得越来越强烈，并受到了匈牙利议会多数代表的支持。

1895年，韦克勒·尚多尔卸任后，弗朗茨·约瑟夫一世发现不可能找到一个保持中立的内阁，便要求班菲·德索继续担任韦克勒·尚多尔的工作并执行之前的政策。自由党人非常高兴，并积极成功通过了韦克勒·尚多尔提倡的一些重要措施。人们将会记住，在这些措施中，建立强制性公证婚姻和为异族婚姻子女提供教育自由的法律最重要。弗朗茨·约瑟夫一世尽管慰问性访问了匈牙利王国，但没有消除神职人员和由年轻的费伦茨·科苏特领导的分离主义分子或者说独立党派的敌对情绪。如果帝国议会和匈牙利议会在1898年5月之前没有达成永久协议，匈牙利内阁将提出一项完全以匈牙利王国利益为基础的解决方案，并且不会通过将《奥地利-匈牙利折中方案》继续维持一年的方案。其他政府法案也没有获得通过，无论是预算，还是海关、银行或征募新兵的规定都没有获得批准。1897年，匈牙利众议院只通过了一项重要法案，该法

班菲·德索

费伦茨·科苏特

案严格规定了农业劳动力。在接下来的一年，语言法令抵抗运动依然存在，匈牙利政府被迫采用英国的秩序规则，并执行必要的法令来保证预算、《奥地利-匈牙利折中方案》和其他必不可少的措施的实施，而不需要参考帝国议会意见。这种严厉政策疏远了许多自由党人，但班菲·德索依然坚定不移。因此，到1898年，一些皇家特权法案的通过必须由维也纳议会和佩斯议会多数成员共同批准，但法案常常不会获得通过。

最后，少数派成功迫使班菲·德索卸任。阿尔贝特·奥波尼，一个马扎尔人代表，也不再支持班菲·德索。1899年2月，戴阿克·费伦茨的追随者塞尔·卡尔曼成了匈牙利首相。塞尔·卡尔曼承诺实行宪制政府统治，而因班菲·德索实施的严厉措施退出内阁的自由党重新回来支持匈牙利内阁。《语言法令》抵抗运动停止了。《奥地利-匈牙利折中方案》中对银行的规定稍做修改，此后该

阿尔贝特·奥波尼

塞尔·卡尔曼

方案一直不断修订,直到1907年才得以通过。但维也纳议会不愿合作,拒绝批准该方案。接下来的一年里,塞尔·卡尔曼发表了一些令人不悦的言论,称如果证实奥地利帝国无法履行承诺,他将全面准备"维护匈牙利及其独立的权利"。"与此同时,让我们守护我们的力量,保持火药干燥。"由于大家都认为塞尔·卡尔曼言语一向谨慎,这些醒目的字眼就更没什么好兆头了。

1900年年末,在波斯尼亚铁路的延伸问题上,奥地利帝国与匈牙利王国因相互忌妒而触发危机。为了让匈牙利王国继续垄断通往波斯尼亚的铁路运输,奥地利帝国做出耻辱的牺牲。1901年夏,政府合同丑闻被揭露,许多议会议员都与工商企业有关联,并且这些企业持有大量与国家签订的合同。为了防止今后议会议员与工商企业进行私下交易造成政府腐败,奥地利帝国提出并通过了一项不相容法案,该法案明确规定从事哪些职业或具有哪些条件的人不能拥有议会席位。

1901年选举结果显示，匈牙利独立党获得显著胜利。1902年，费伦茨·科苏特及其追随者不失时机地主张马扎尔主义，并要求匈牙利完全独立。这极其过分，连经验丰富的小说家和爱国者约考伊·莫尔也愤怒地呼吁匈牙利人反对费伦茨·科苏特及其追随者。塞尔·卡尔曼继续执行《奥地利-匈牙利折中方案》的政策，并答复费伦茨·科苏特说，《奥地利-匈牙利折中方案》存在的政治特征，如君主政体、王位继承、共同的陆军和海军、外交服务机构和代表等都不可改变并不容修改。关于纳税额、关税、其他商业和经济问题，塞尔·卡尔曼希望能尽快与奥地利帝国达成一项令人满意的协定。显然，匈牙利王国要与奥地利帝国达成一项令人满意的协定，操作起来要比之前困难得多。

奥地利帝国和匈牙利王国第一次重新签订《奥地利-匈牙利折中方案》时，为了达成一项令人满意的协定，历经重重困难。匈牙利人要求成立匈牙利国家银行，并修改关税和商业关系。经过两年多的谈判，奥地利帝国和匈牙利王国终于在1878年6月缔结了一项协定。一个建立在二元制基础上的国家银行得以成立，匈牙利王国保留了限额或者说奥匈帝国共同费用的百分之三十一点四，而奥地利帝国则保留百分之六十八点六，这是奥地利帝国趁匈牙利王国增加军事边界之际对原始协定的一种修改。由于十年后再续协定没有遇到任何困难，因此《奥地利-匈牙利折中方案》仍然有效，有效期达二十年之久。《奥地利-匈牙利折中方案》在1897年有效期结束前，君主政体两成员国的政治家用整整两年时间为《奥地利-匈牙利折中方案》的续签做准备。奥地利帝国与匈牙利王国召开准备会议，并成立了特别议会。起初，双方在配额问题上出现了争执，奥地利帝国要求匈牙利王国支付更大的份额，而匈牙利王国虽然起初同意原有协定，但后来要求对《奥地利-匈牙利折中方案》条款进行彻底修改。匈牙利王国的经济利益主要依靠农业，有利于奥地利帝国工业的保护制度自然对它不利。人们已经看到，维也纳和佩斯政府在续签《奥地利-匈牙利折中方案》方面所做的努力并不算成功。随着独立党逐渐成长，这种成功的可能性又进一步降低，因为独立党要求完全废除折中方案。

1897年以后，就匈牙利王国而言，这种折中方案在一种被称为《塞尔方案》的临时协定下得以维持。根据该临时协定，奥地利帝国与匈牙利王国同意，如果在1902年年底前无法达成明确的协定，双方可在1904年自由解散关税同盟。《奥地利-匈牙利折中方案》尽管遭到帝国议会反对，但在弗朗茨·约瑟夫一世的亲自干预和塞尔·卡尔曼成功政策的帮助下，还是得以续签。1903年1月，奥地利政府与匈牙利政府同时向各自议会提交了《奥地利-匈牙利折中方案》续签的详细方案。然而，阻挠分子再次进行干预，导致方案没有获得议会表决通过。

然而，因为出现了新问题，法案的通过比以往更困难。出现的第一个问题与一项法案有关，该法案规定军队新兵人数从十万三千一百人增加到十二万五千人。这种增加只不过是随人口的增加而调整了军队的规模，在正常情况下不应引起人们的强烈反对，但马扎尔人，特别是独立党，却借机攻击公共军队制度和《奥地利-匈牙利折中方案》。

库恩-海代尔瓦里·卡罗伊

塞尔·卡尔曼未能战胜反对派，于1903年6月辞职，接替他的是克罗地亚前总督库恩-海代尔瓦里·卡罗伊。库恩-海代尔瓦里·卡罗伊和塞尔·卡尔曼一样善于管理政府事务，拉约什·科苏特派继续阻挠议会事务。他们要求匈牙利各部队使用匈牙利语指挥，将所有匈牙利军官调派到这些部队，而后附加一些其他要求，最终旨在建立一支独立的匈牙利军队。匈牙利众议院的大多数党派都支持这些要求，匈牙利政府则不知所措。弗朗茨·约瑟夫一世称，妥协是不可能的，因为共有军队是君主政体的堡垒之一。此外，奥地利德意志人强烈反对匈牙利王国提出的改革方案。根据1899年的协定，如果匈牙利王国获得了军队分遣队的控制权，那么奥地利帝国就不应再支付百分之六十五的军队养护费，因为奥地利帝国招募的新兵仅占百分之五十六。德意志人还认为，如果军队用语按照匈牙利王国所提要求使用匈牙利语，将会导致捷克、波兰和其他民族提出类似要求，不仅奥地利军队会提出要求，匈牙利王国也会提出要求。为了消除匈牙利提出的语言政策所产生的不利影响，同时弥补因匈牙利人拒绝投票通过征兵法案而造成的损失，政府颁布了一项法令，对即将刑满释放的男子延期拘留。通常情况下，这些人是可以恢复公民生活的，但现在不知道要被拘留多长时间。

1903年夏末，在加利西亚军事演习期间，弗朗茨·约瑟夫一世义正词严地宣布，要决心维持军队及其现有组织的团结统一。奥地利首相恩斯特·冯·克贝尔宣布，在影响王室军队的问题上，奥地利帝国有权干预。然而，一段时间后，这种坚定有力的措辞产生的效果在很大程度上被弗朗茨·约瑟夫一世的解释性文件破坏了，因为弗朗茨·约瑟夫一世文件字里行间充斥着一种尴尬的歉意。库恩-海代尔瓦里·卡罗伊在匈牙利众议院为恩斯特·冯·克贝尔的观点辩护时，引起了人们的强烈抗议，最终被迫辞职。

1903年10月，匈牙利前首相蒂萨·卡尔曼之子蒂萨·伊什特万接替了库恩-海代尔瓦里·卡罗伊的首相职位。蒂萨·伊什特万与弗朗茨·约瑟夫一世就拟议的军队改革和王室特权达成一项令大多数人满意的协议。该协议包括：在匈牙利境内，所有属于奥地利的军事建筑都要使用匈牙利旗帜和军徽；匈牙利军官要使用匈牙利语，为匈牙利士兵学员提供更多的教育设施以确保培养足够数量的匈牙利军官；匈牙利军官服役期限从三年缩短为两年，所有匈牙利军官都被调到匈牙利军队，并且军官和士兵都要说匈牙利语。但反对派不接受该协议。阿尔贝特·奥波尼称，关于匈牙利军官教育问题，该协议还未给出好的解决办法。为了解决匈牙利军官教育问题，匈牙利议会每天要召开两次会议。确实，议会中各党派之间发生了激烈冲突，但最终还是达成了一项折中方案。独立党同意不再进一步阻挠议会，条件是废除《奥地利-匈牙利折中方案》，并要求议会宣布："在匈牙利，每一项权利及在军队中与服役和指挥语言有关的权利都是通过立法机构进行的国家意志的表达。"

1904年年初，蒂萨·伊什特万提出了一项极其严厉的新规则，以迫使反对派撤回其他法案。事实证明，这种威胁很有效。征召法案、赔偿法案和与克罗地亚的临时协议都被允许撤回。蒂萨·伊什特万议会政府在此次迫使反对派撤回法案取得胜利的同时，成功压制了由反对派煽动的国营铁路工人大罢工运动。这只会使众议院内部的冲突更激烈。大多数人支持费伦茨·科苏特和阿尔贝特·奥波尼，反对蒂萨·伊什特万提出的关于现有秩序规则的修改建议。蒂萨·伊什特万对局势的控制似乎有所减弱。然而，蒂萨·伊什特万能召集支持者来支持自己，并通过恢复《议会辩论期限》或现在称为《丹尼尔法》的法条来应对阻挠法案者。《丹尼尔法》是由丹尼尔男爵提出的。这项措施的通过引起反对党的激烈反对。他们向弗朗茨·约瑟夫一世和匈牙利人控告蒂萨·伊什特万提出的措施，并组织了公众集会和示威游行，还仔细研究蒂萨·伊什特万提出的所有关于折中方案的建议。1904年12月，匈牙利议会开幕，匈牙利人早早进入众议院，对守卫这里的警察发动袭击，并破坏了众议院内的桌椅等设施。有人拍下了这些混乱的场面。费伦茨·科苏特称赞这一行为是"马扎尔人政治成熟的象征，因为他们在维护自己的权利时，并没有使用暴力"。

蒂萨·伊什特万最终决定向匈牙利人妥协，并宣布于1905年2月召开选举大会，同时要求众议院投票决定今年的物资供应。但《丹尼尔法》不废止，反对派就拒绝同意这一要求。他们还宣称，即便众议院对物资供应进行投票表决，但根据1848年宪法，解散议会是非法的，因此表决也是无效的。蒂萨·伊什特万回应说，1867年法律赋予国王随时解散议会的权力，只要内阁及时召集新议会表决预算即可。蒂萨·伊什特万对国王解散议会问题已经阐释得非常清晰了，最后反对党都站在费伦茨·科苏特一边支持1848年宪法，这实际上宣告了费伦茨·科苏特一边支持1848年宪法。

尽管匈牙利政府怀着极大的热情和激情呼吁人民，但选举最终以它的绝对失败告终。匈牙利议会只选出了一百五十二名代表，而费伦茨·科苏特派有一百六十三名代表，宗教社会党人有二十三名代表，班菲·德索党有十一名代表，尤利乌斯·格拉夫·冯·安德拉西党有二十三名代表，非马扎尔民族有八名代表。匈牙利政局已经很明朗，蒂萨·伊什特万立即递交辞呈。自二元君主政

费耶尔瓦里·盖佐

体建立以来，匈牙利反对派有史以来第一次获得多数席位。弗朗茨·约瑟夫一世派人去找费伦茨·科苏特。

费伦茨·科苏特的观点与君主政体两成员国之间现存的政治关系的发展趋势完全不符。弗朗茨·约瑟夫一世无法与他达成任何协议。因此，很有必要尝试让少数民族组成一个内阁。1905年6月，费耶尔瓦里·盖佐被任命为首相。与此同时，议院以绝大多数投票通过了一份对王室发表的讲话：要求王室任命一个得到多数人支持的责任政府；改革议会和选举制度；要求匈牙利王国的商业和财政独立，以及通过引入匈牙利语和国徽使匈牙利军队成为匈牙利王国的国家军队。议会正式投票表决，同意审查蒂萨·伊什特万，并于1905年7月18日发表了一份宣言，宣布费耶尔瓦里·盖佐内阁违宪，并敦促内阁停止一切公共服务。官员们将这些信息理解为，费耶尔瓦里·盖佐内阁可能拒绝在税收和招募新兵方面进行合作，一旦内阁被解散，其成员便获得赔偿。这有可能使迄今为止只限于政府立法部门的僵局态势延伸到行政部门。

然而，这种威胁无济于事。1905年9月，弗朗茨·约瑟夫一世通知反对派领袖，说他会将匈牙利政权交给他们，但条件如下：第一，不同意他们对军队指挥用语和士兵用语的要求；第二，在军队和外国事务方面，奥地利帝国与匈牙利王国继续保持务实联合不受影响；第三，只有通过与奥地利帝国谈判，并经王室批准，匈牙利王国才能修订它与奥地利帝国的经济关系；第四，依据宪法，制定规定匈牙利政府行为的必要协议措施，如招募法案、商业条约和匈牙利代表团选举法案；第五，匈牙利议会有义务对最后一批代表团投票表决的军事和海军改革所需物资进行表决。这些条款都有违反对派在1905年4月的文件精神，反对派领袖拒绝接受这些条件。由此造成的僵局似乎可能会持续一段时间。然而，就在此时民众的思想开始发生了细微的新变化。

在匈牙利，正如在奥地利一样，这些年，民众的政治思想正在缓慢发生变革。1905年9月，一场社会主义运动在佩斯爆发，并迅速蔓延至全国各地。人们对匈牙利王国与奥地利帝国的关系及匈牙利王位问题逐渐失去兴趣，并开始呼吁获得选举权。对匈牙利政府来说，新事态如何发展非常重要，政府在这些要求中看到了一股新势力，可以用来有效地对付反对派。匈牙利领导人不惜一切代价要继续保持马扎尔人的统治地位，用赫尔·倍倍尔的话说，这意味着贵族、大地主、神职人员和资产阶级将继续统治匈牙利。因此，匈牙利领导人自然会反对扩大选举权，因为这将使伟大的农业无产阶级和手工业无产阶级获得选举权，并使非马扎尔人在代表团中享有一定比例的份额。意识到这一点后，费耶尔瓦里·盖佐把"为保卫国家和民族利益提供适当保障"的普选作为其政治纲领的主要内容。费耶尔瓦里·盖佐的政治纲领还包括其他进步建议，但这些建议完全被普选这个非常重要的内容掩盖了。在写给匈牙利社会主义者的信中，赫尔·倍倍尔坚决支持匈牙利政府的提议。赫尔·倍倍尔猛烈抨击统治阶级，因为他们对违反议会法律条文的行为表现出伪善的恐惧，又阻止国家的大多数人行使其自然代表权。赫尔·倍倍尔先生称："我完全赞同费耶尔瓦里·盖佐首相对匈牙利议会制度的评判——死气沉沉和一事无成。我只希望费耶尔瓦里·盖佐首相能执行他的方案，使尚未成为现代化国家的匈牙利王国能成为现代化国家。"

无论赫尔·倍倍尔的观点是否正确，但毫无疑问，反对派感受到了这场争论的力量，除非他们认同这场普选运动，否则他们无法确保在众议院的多数席位。犹豫一番后，在一封公开信中，费伦茨·科苏特表示愿意接受将普选纳入政党政策。与此同时，匈牙利人对政府的消极抵抗仍在继续。反对派代表团没资格参加内阁选举，县政府也不能"为一个违宪政府开征税款或征召新兵"。匈牙利王国的财政混乱进一步加剧，伴随着这种财政混乱，内阁也遇到了种种困难。费耶尔瓦里·盖佐辞职了，但弗朗茨·约瑟夫一世拒绝接受他辞职，并下令解散匈牙利议会。1906年2月19日，王室谕令传到匈牙利众议院，但众议院不接受这份谕令。紧接着，一名军官进入众议院宣读谕令。众议院的代表先是口头抗议，接着就不得不清空议会厅，强行解散了议会。议会解散时，场面秩序良好，没有出现暴力行为，出乎人们的意料。

谕令宣布:"尽管我们一再发出命令,但在不违反我们受法律保障的王室权利的前提下,由议院联合党派组成的多数派一再拒绝在可接受的基础上接管政府。不过,令我们遗憾的是,我们并不能指望议会的活动有利于人民的利益。因此,根据匈牙利内阁的建议,宣布解散1905年2月15日的议会,并保留尽快召开新议会的权利。"政治僵局似乎已经酿成了一场政治危机。好在1905年4月月初,由于担心专制主义,反对派最终同意达成一项折中方案,并在此基础上接受以韦克勒·尚多尔为首相的内阁。与韦克勒·尚多尔保持联系的反对派领袖有费伦茨·科苏、阿尔贝特·奥波尼、尤利乌斯·格拉夫·冯·安德拉西和米哈利·冯·齐希。韦克勒·尚多尔向反对派承诺会通过预算、新的商业条

阿格诺尔·马里亚·戈武霍夫斯基

约和一项有关普选、平等和直接选举的法案，而弗朗茨·约瑟夫一世同意基于旧法律进行选举，并于1905年5月召开议会。

这段时期，奥匈帝国的外交事务，包括陆军和海军及与一般开支有关的财政事务，都由近年来最能干的外交官之一阿格诺尔·马里亚·戈武霍夫斯基负责。1895年5月，阿格诺尔·马里亚·戈武霍夫斯基担任外交大臣，始终与弗朗茨·约瑟夫一世步调一致，从根本上讲，他想维持一个完整的哈布斯堡王朝。哈布斯堡王朝的基本使命是维护中欧三国同盟，在不改变现有国家制度的情况下，和平解决巴尔干半岛难题，并增加君主的商业利益。

早在1879年，奥匈帝国与德意志帝国结盟对抗俄罗斯帝国时，奥地利帝国的近东政策就有了雏形，后来意大利王国的加入又使这种政策进一步发展。1896年，阿格诺尔·马里亚·戈武霍夫斯基的宣言更明确地表明了奥地利帝国的近东政策。阿格诺尔·马里亚·戈武霍夫斯基在宣言中称，必须维护奥斯曼土耳其帝国的完整和自由，警告希腊人不要向克里特人提供援助，并与俄罗斯帝国达成协议以制裁代表亚美尼亚人利益的英国。在沙皇尼古拉二世访问维也纳期间，奥匈帝国和俄罗斯帝国达成一致意见，双方一致同意，巴尔干半岛地区发生的任何事都不应影响奥匈帝国与俄罗斯帝国的友好关系。1897年，弗朗茨·约瑟夫一世说："与沙皇的多次会晤使我确信，我们的观点是一致的，我们两国之间建立了一种相互信任的关系，这种关系的巩固将给未来带来美好的愿景。"在详细解读新政策时，阿格诺尔·马里亚·戈武霍夫斯基解释说，奥匈帝国和英国在近东问题上的分歧为奥匈帝国同俄罗斯帝国"修好"提供了机会。奥俄双方起草了一份关于阿格诺尔·马里亚·戈武霍夫斯基所称的"东欧热点"的行动纲领。阿格诺尔·马里亚·戈武霍夫斯基后来宣布，该纲领最大的优势在于遵循不干涉巴尔干半岛内政的原则，以及保证奥斯曼土耳其帝国的现有领土疆界不受影响。

由于俄罗斯帝国代表在保加利亚和罗马尼亚的积极宣传、泛斯拉夫主义运动的觉醒及尼古拉二世向黑山国王赠送武器，奥匈帝国与俄罗斯帝国之间达成的联盟关系似乎要破裂，但最终这种局面终止后，并未对两个大国之间的关系造成严重影响。事实上，通过在马其顿的联合行动，这两个大国的联盟阵线很快就得到了加强。奥匈帝国和俄罗斯帝国之间达成了一项《奥俄改革方案》，要求欧洲各列强加以实施。此后，这两个大国一直在共同监督宪兵队的改组，并关注新公共权力在相关地区的发展。1903年，阿格诺尔·马里亚·戈武霍夫斯基警告奥斯曼土耳其帝国，"如果奥斯曼土耳其帝国想继续存在，就必须做出改变"，奥斯曼土耳其帝国不得抵制《奥俄改革方案》。1904年，阿格诺尔·马里亚·戈武霍夫斯基宣布，《奥俄改革方案》得不到实施，奥匈帝国和俄罗斯帝国就绝不会罢休。1906年夏，阿格诺尔·马里亚·戈武霍夫斯基回顾奥匈帝国对外关系问题时补充说，要坚决维护三国同盟政策，以使"奥匈帝国与俄罗斯帝国在有关近东问题的处理方面达成一致意见"。

然而，近年来，对欧洲三个核心大国之间联盟关系的维持在奥匈帝国引起诸多批评和反对。在很大程度上，由于德意志帝国的高关税及非德意志民族对泛德意志宣传的反感，三国同盟逐渐不受欢迎。1902年，三国同盟的再次成立，引起了人们极大不满。匈牙利一家核心报刊称："除巨大的物质牺牲和无利可图之外，我们的君主国和意大利王国没有从联盟中得到任何好处。"反对派批评奥地利帝国没有必要与意大利王国建立同盟关系。意大利王国与黑山王室之间的密切关系提升了意大利王国在阿尔巴尼亚的利益，而阿尔巴尼亚的利益与奥地利帝国的利益显然相互对立。在蒂罗尔南部和亚得里亚海沿岸，讲意大利语的奥地利臣民及"民族统一主义者"要将这些地区并入意大利王国的要求，妨碍了奥地利人与意大利人的友好关系。特别是在1902年阿尔巴尼亚运动[①]和的里雅斯特运动[②]期间，"民族统一主义者"曾多次威胁要制造

---

① 此处指阿尔巴尼亚的民族解放运动。塞尔维亚打算夺取阿尔巴尼亚领土，在伊斯梅尔·捷马利的带领下，阿尔巴尼亚民族解放者争取民族统一。——译者注
② 的里雅斯特和特伦托都是意大利民族统一运动的主要基地，该运动旨在将所有由意大利人居住的地方统一成一个意大利国家。此处指的里雅斯特民族解放者争取民族统一而发起的运动。——译者注

威廉二世

大麻烦。1906年,意大利国王维克托·埃马纽埃尔三世在对诸国进行的一轮访问中,奥地利帝国被排除在外,这也进一步激怒了奥地利帝国。然而,奥地利政府坚持自己的政策。阿格诺尔·马里亚·戈武霍夫斯基在各代表团的发言中特别强调三国同盟的价值,认为它能提供真正的和平保障,能让同盟成员在照顾其自身利益的同时享有充分的自由,而不必担心来自国外的危险。阿格诺尔·马里亚·戈武霍夫斯基说,"民族统一主义者的示威活动,是某些政客和狂热煽动者的胡作非为",目的是让意大利政府难堪。弗朗茨·约瑟夫一世和威廉二世就三国同盟问题做了联合声明。直到1906年6月,在评论意大利国王维克托·埃马纽埃尔三世对此做出的诚恳答复时,阿格诺尔·马里亚·戈武霍夫斯基宣布三国同盟像以往一样坚不可摧。"这是已经存在了超过四分之一个世纪的政治制度的基石,三国同盟的存在充分保障了整个欧洲大陆的和平。"

这一时期早期，奥地利帝国与梵蒂冈的密切关系备受干扰。匈牙利王国的民事婚姻法问题及奥地利帝国推翻宗教影响势力"远离罗马"[①]运动的问题都遇到了种种困难。梵蒂冈积极参与这两宗问题的解决。迄今为止，除了维也纳和梵蒂冈之间的密切关系受到了轻微影响，事态并没有进一步恶化。

关于规范不断扩大的移民潮并敦促政府尽其所能弥补这种情况造成的生产力损失，阿格诺尔·马里亚·戈武霍夫斯基给出了温和又明智的建议。阿格诺尔·马里亚·戈武霍夫斯基的政策包括大力促进外国贸易。在扩大奥匈帝国贸易的计划中，阿格诺尔·马里亚·戈武霍夫斯基坦率地承认奥匈帝国没有能力获得或统治殖民地，但为改善跨洋贸易制订了完善的计划。政府鼓励商人和制造商在海外国家建立商行，组织大型辛迪加[②]，并创建学校培育有能力的行商。奥匈帝国应扩大海军建设。那些"耗尽整个国家精力，拖延了国家最紧迫的事务"，以及对"君主政体的外交关系产生了最不利影响"的可耻的民族纷争应该停止。

奥匈帝国同欧洲其他强国之间的商业关系具有特别重要的意义。当时，奥匈帝国正同许多欧洲国家就新的商业条约进行谈判。事实上，一段时间以来，实施一种符合拟议条约的关税政策似乎不太可能。1906年春，由于匈牙利王国国内不接受新关税政策，关税政策的实施变得比以往更艰难。但在与德意志帝国、意大利王国、俄罗斯帝国、比利时和瑞士谈判的新条约于1906年3月1日生效前，奥地利政府克服困难实施了新关税政策。这些历时十二年得以制定的条约规定了奥地利帝国与条约强国商品贸易的常规关税，即一般关税，在某些情况下由最惠国条款规定，并适用于其他情况。奥匈帝国与塞尔维亚王国、保

---

① "远离罗马"，是指1897年德意志出现的政治和宗教运动。其组织者号召人们脱离天主教国家奥地利帝国而忠于新教国家普鲁士王国。这一口号后来泛指19世纪所有试图脱离天主教控制的活动。——译者注

② 辛迪加，是指由多个实体建立的组织形态，属于低级垄断形式，虽然不会垄断整个市场，但会造成局部垄断与规模经济。这个单词在法语中，是工人组成的工会的意思，是一种自我组织的团体，由个人、公司或实体组成，以处理某些特定的业务、追求或促进共同的利益。在大多数情况下，成立集团的目的是扩大利润。——译者注

加利亚王国和罗马尼亚王国确立互惠税率的谈判也在进行。奥匈帝国和塞尔维亚王国存在非常大的摩擦，人们希望奥匈帝国通过减少对活畜和农产品的征税能在很大程度上消除这些摩擦。

然而，如果奥匈帝国因对奥地利帝国的外交关系产生了不利影响而有强有力的理由来停止政治斗争，那么在这一时期，它便能找到更多有力的理由来说明奥匈帝国对奥地利帝国经济发展产生的影响。1900年，在一次会议上，维也纳商会指出，在经历三年的发展后，奥地利帝国的政治和议会现状对国内政治事务及奥匈帝国的经济状况产生了不利影响。因此，奥地利帝国已经不可能同匈牙利王国建立宪政并维持稳定的关系。奥地利政府那些能促进本国商业、工业和贸易的措施无法付诸实施。维也纳商会认识到，为了使国家事务变得井然有序并纠正普遍存在的经济弊病，奥地利帝国的民族问题有必要得到明确解决。从某种意义上说，解决民族问题可以确保奥地利帝国免受一些不法思想和不法行为的侵害。此外，还需制定明确有力的经济政策。就在前一年，维也纳一些主要丝绸生产厂商和波希米亚王国的一些主要纺织业生产厂商将工厂迁往匈牙利王国，奥地利帝国的产品产量几年内出现明显下滑。

近年来，匈牙利王国的经济收益有了显著增加。从很大程度上说，匈牙利王国从一个农业国，逐渐变成了工业国。1897年，当匈牙利王国的农业法案出台时，有三分之二的下议院议员和所有上议院议员是土地所有者。现在，许多议员都代表工商业者的利益。匈牙利王国关于经济问题的立法，总的来说还算开明和进步，因为没有哪项法案能比得上1897年通过的《农业雇主法案》和《工人法案》对劳动者进行的严苛规定。匈牙利王国关于经济问题的立法，总的来说还算开明和进步。关于匈牙利王国近年来的社会和经济进步，最好的说明莫过于1905年10月出台的政府方案的第三部分。该法案第三部分宣布：必须扩大和强化过去几年实行的农业和工业政策，大力发展公共工程，特别是运河和其他水道工程；儿童和工人必须受到法律保护；必须对疾病、意外事故和养老问题找到更好的解决措施；必须在大城市为劳动者建造住宅，为工人阶级建造医院和卫生机构；必须实现司法现代化，修改刑法和商法典，以保证食品纯净，从而保护消费者；必须修改扣押财产和放高利贷的法律，并通过引入累进所得税和规定强制性的教会会费及降低主要食品的关税来改革税收；必须普及小学教育，实现义务教育和免费教育；在小学，必须教授匈牙利语，并提高教师的经济地位；必须为维持天主教神父的生活提供适当的经费；必须提高官员的薪酬，扩大中央对地方的行政管理权。这些方案与国家最具影响力的公共思想完全一致。

奥地利帝国首都维也纳和匈牙利王国首都布达佩斯的显著改善和现代化已在前一章说明。这两个城市的市政管理非常好，尽管这两个城市还在以团体或阶级为基础的选举制度造成的麻烦中苦苦挣扎。维也纳对市政体系进行了大规模改进。自1903年以来，除市政燃气和电力工厂外，维也纳拥有和经营着世界上最大的市政街道铁路系统。公共垄断的广泛市政化在很大程度上是一场政治运动的结果，而政治运动在国家问题中只占很小的比例。这场运动就是

卡尔·卢埃格尔

著名的"基督教社会主义"①运动。该运动在维也纳有一位具有卓越组织能力的领袖——卡尔·卢埃格尔。"基督教社会主义"运动是宗教的、社会主义的和强烈反犹太主义的运动。自1897年以来,卡尔·卢埃格尔一直控制着维也纳,他之所以成功当选维也纳市长,是因为他对犹太人日益增长的影响力和成功对抗犹太人,以及反对小商人和店主对抗垄断行业和资本家。

奥匈帝国永无休止又至关重要的民族冲突已经永久地成为君主国历史的一部分,并成奥匈帝国诸多问题的根源。因此,我们需要特别关注一些更重要的阶段。当然,在语言和国籍问题上不断发生的冲突,只不过是某些民族为权力进行斗争的外在表现,另一些民族则为生存而斗争。在奥地利,民族斗争带来的实际结果比以往更"混乱",如果这种"混乱"是指非德意志语言获得的与日俱增的地位。与马扎尔盟友相比,奥地利帝国的德意志人没那么幸运,他们完全没有把奥地利帝国的各个民族德意志化。这些德意志人被迫妥协,接受其他语言的存在,即便是最狂热的斯拉夫主义者在1867年也不会料到这一点。

1897年,捷克人使捷克语和德语一起成为波希米亚王国的官方语言,这种暂时成功显示了语言斗争的激烈程度。迄今为止,对奥地利帝国占统治地位的民族来说,帝国议会中十二个界限分明的民族群体的存在说明其融合政策不成功。

匈牙利王国的情况则截然不同。自从建立了二元君主政体,马扎尔人就一心要使全国马扎尔化并实现民族统一。由于马扎尔民族团结一致,有着卓越的文明及强烈的爱国主义精神,他们在吸引大批非马扎尔民族加入自己和粉碎这些民族的民族愿望方面取得了显著成就。如果我们把犹太人排除在外,这些非马扎尔民族有萨克森人、克罗地亚人和其他斯拉夫人及罗马尼亚人。1867年以前,只有克罗地亚人拥有一定程度的国家组织,因此,他们也是唯一能抵制马扎尔民族影响力的民族。

---

① 基督教社会主义,又称"僧侣社会主义",开始于19世纪中期欧洲,是教会人士把基督教的社会原则运用到现代工业生活的思潮或运动。——译者注

然而，对克罗地亚的妥协可以使马扎尔人再次充满精力地自由处理本民族与其他民族的关系。马扎尔人发起了一场强有力的宣传运动；匈牙利政府则采取了严厉措施以奠定匈牙利语的地位，不仅将匈牙利语作为政府和大学的使用语言，还将其作为中学教育、行政、法院和财政部门的使用语言。铁路员工必须学习匈牙利语；匈牙利的地名都要用匈牙利语命名。根据精心制定的选举法，非马扎尔人实际上被排除在匈牙利政府之外，市政当局仅把选举权留给马扎尔人。在剧院和咖啡馆的表演中，不允许人们使用德语。1896年，在佩斯举办的千年展览上，匈牙利政府规定给展览物品做标签时只能使用匈牙利语，尽管对大多数参观者来说，这些语言标签难以理解。非匈牙利语学校成了特别的攻击对象，这些学校只能使用匈牙利语教学，不能使用其他语言。1867年，匈牙利还存在大量德语学校，到1910年就只剩下几所。

特奥多尔·蒙森

对其他民族来说，匈牙利政府实施的每个措施都是为了让他们忘记自己的民族和语言而成为马扎尔人。匈牙利政府已经颁布特别法律以促进马扎尔化进程；人们只需要很少的钱即五十硬币，便可获得一个匈牙利名字。结果，成千上万的犹太人、斯拉夫人和德意志人，不管是出于需要还是兴趣，都把原来的名字换成了匈牙利名字。历史学家特奥多尔·蒙森的经历家喻户晓。特奥多尔·蒙森说他前往佩斯的旅途中见过三个真正的马扎尔人——艾尔迪、马特拉伊和托尔迪。然而，当得知这三个马扎尔人原来的名字分别是吕策尔巴赫、罗斯克雷布斯和舍德尔后，特奥多尔·蒙森非常震惊。"著名艺术家米哈伊·穆

米哈伊·穆卡切沃

卡切沃是德意志血统。"然而，尽管马扎尔化成功了，但人们很难接受费伦茨·科苏特关于匈牙利王国不存在民族问题的说法。令人震惊的是，在经历了近四十年的二元君主政体统治后，奥地利帝国与匈牙利王国仍是多语种国家。即便在匈牙利王国，克罗地亚人也小心翼翼地守护着自己的民族习惯和民族特权。在最近的选举中，一个罗马尼亚民族政党将"罗马尼亚支持匈牙利的罗马尼亚公民得到匈牙利承认"作为其首要纲领。

这一阶段，在奥匈帝国的发展历史中，这种多语言存在情况给国家政治和工业生活带来的不便已经很明显，但最严重的民族问题呈现的特征没那么明显，而是隐藏得更深。奥匈帝国各民族常常混居。每个民族居住的领地上也都存在着其他民族居住区。数百个城镇和村庄都由两个或三个对立民族组成，彼此间或多或少相互排斥。问题的严重性就在这里。

由于各民族缺乏善意和信任，不能并不愿意了解彼此，再加上缺乏共同的交流媒介，各民族间进行交流就非常浪费时间和精力。同一社区的诸多社会和经济关系中使用不同语言造成混乱和不信任。在奥匈帝国许多地方，法官可能完全听不懂证人的话，需要一名或多名陪审员进行翻译，而案件的一方当事人可能会说一种足以考验反方律师语言能力的方言。到处需要官方翻译。奥地利帝国是世界上语言最多的国家之一，它比任何一个国家都更强烈地要求公众和官方使用特定语言。在奥匈帝国统治的各个角落，处处可见生活在一起的敌对民族，各省、首都及其他各民族生活的中心区域都体现着这种民族对立。

毫无疑问，这种混乱和纷争逐渐削弱了人们对奥匈帝国的忠诚，尽管人们依然深爱仁慈的老皇帝弗朗茨·约瑟夫一世。弗朗茨·约瑟夫一世生于1830年8月，现已八十一岁①。1848年，弗朗茨·约瑟夫一世的叔叔斐迪南一世退位，奥地利帝国广泛镇压国内发生的革命运动。此时，十八岁的弗朗茨·约瑟夫一世继承奥地利帝国皇位。在他长期统治期间，奥地利帝国发生了一系列灾难性事

---

① 指1911年。——译者注

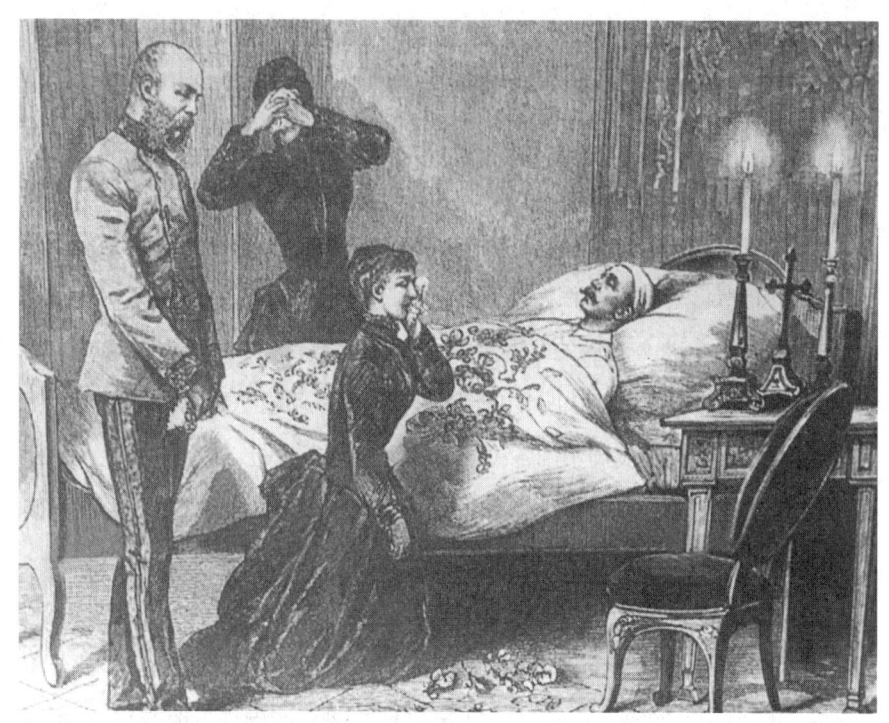
弗朗茨·约瑟夫一世来到儿子奥地利王储鲁道夫的遗体旁

件，而他的家庭生活充满深深的忧伤和失望。奥地利帝国损失了意大利王国各省、在普鲁士王国手中惨败及后来必须向马扎尔人屈服，如果这给弗朗茨·约瑟夫一世带来的伤痛还不够，那么他会因失去三个最亲近的人和自己希望的破灭而更具悲剧色彩。

弗朗茨·约瑟夫一世最喜欢的弟弟墨西哥皇帝马克西米利安一世在墨西哥的不幸遭遇广为人知。1899年，弗朗茨·约瑟夫一世唯一的继承人、儿子奥地利帝国皇储鲁道夫和玛莉·维特塞拉男爵夫人死在维也纳附近的迈尔林狩猎小屋。这场神秘悲剧引起人们的议论。奥匈帝国的民众对这位广受欢迎的年轻王储的英年早逝深切哀悼。对弗朗茨·约瑟夫一世来说，这简直是致命一击。弗朗茨·约瑟夫一世对蒂萨·卡尔曼说："除了对我的子民的责任，我已一无所有。"大约在同一时间，弗朗茨·约瑟夫一世对帝国议会主席说："我非常感谢我亲爱的妻子,感谢她在这段可怕的艰难时期给予我的巨大支持,我无法用语言来形容或表达我的感激之情。"

关于这些话,美丽的伊丽莎白皇后受之无愧。伊丽莎白皇后在匈牙利王国特别受欢迎,几年后,她在瑞士日内瓦被暗杀身亡。人们对她的惨死非常哀痛。此后,弗朗茨·约瑟夫一世就一直很孤独。弗朗茨·约瑟夫一世广受民众欢迎和爱戴;民众对弗朗茨·约瑟夫一世的忠诚成了抵御今日奥匈帝国走向瓦解的一个强有力的因素。

奥地利的卡尔·路德维希大公

奥地利帝国皇储鲁道夫去世后,王位传给了弗朗茨·约瑟夫一世的弟弟——奥地利的卡尔·路德维希大公。奥地利的卡尔·路德维希大公又将王位传给长子,即现任皇储弗朗茨·斐迪南大公。但弗朗茨·斐迪南大公似乎对哈布斯堡王朝的古老权杖不以为然。1900年,弗朗茨·斐迪南大公以贵族身份娶霍恩贝格女公爵苏菲为妻。通过这次结合,弗朗茨·斐迪南大公正式宣布放弃未来孩子对奥地利帝国和匈牙利王国王位的继承权。弗朗茨·斐迪南大公不受欢迎,被怀疑同情神职人员和捷克人。

回顾奥匈帝国这一时期的历史,有几个特征非常鲜明。内莱塔尼亚和外莱

弗朗茨·斐迪南大公

塔尼亚的敌对民族都曾因自己的权利和主张发生同样的动乱和冲突，但有一点不同，那就是在匈牙利，人们一直致力于发展匈牙利语，并使之成为民族语言；而在奥地利，德语在很大程度上丧失了统治地位，因为其他语言，尤其是捷克语，都想在奥地利占有一席之地。在维也纳和佩斯，议会进程都因语言问题受到阻碍，让整个议会体系陷入瘫痪，极少数情况除外。这段时期的大部分时间，"二元主义"名存实亡。在匈牙利，独立党在每次选举中都会实力大增。1905年，独立党获得了多数席位的控制权。

1906年是奥匈帝国历史上重要的一年，因为这一年，奥匈帝国已经立宪，人民被授予许多额外特权。1906年5月27日，关税问题得以明确解决。在1907年1月6日举行的共同部长会议上，会议决定开启与罗马尼亚和保加利亚的谈判，寻求与它们缔结条约。1907年12月21日，深受人民爱戴的弗朗茨·约瑟夫一世病重后首次公开露面，受到人民的热烈欢迎，他感觉到了自己在臣民心中的崇高地位。1908年5月21日，八万五千名学生聚集在维也纳附近的申布伦宫，庆祝弗朗茨·约瑟夫一世登基六十周年。1908年，奥匈帝国面临的问题之一就是奥斯曼土耳其帝国的债务问题。对于奥斯曼土耳其帝国的债务问题，奥地利政府于1908年11月11日申明自己的立场并警告塞尔维亚王国，自己不会承担任何责任，要求塞尔维亚王国必须停止敌对行动。遵照这一要求，1908年11月17日，塞尔维亚王国撤回了奥地利边境的特别卫队，并将储备部队遣送回国。因此，1908年11月21日，当奥地利政府获悉一些奥地利人遭到了塞尔维亚军射击时，甚感惊讶。这导致奥地利帝国增加了在塞尔维亚边界的巡逻人数。1908年11月22日，奥地利军队击败一群穿越波斯尼亚边界的塞尔维亚人。这场战斗中，有二十人阵亡。1908年12月2日，弗朗茨·约瑟夫一世登基六十周年钻石庆典在维也纳隆重举行，算是敌对行动和外交事务中令人愉快的小插曲。接下来的几周，事态混乱。因此，1909年2月10日，奥地利首相保罗·高奇·冯·弗兰肯图尔恩认为建议内阁恢复帝国和平是明智的。1909年2月26日，奥匈帝国和奥斯曼土耳其帝国签署了一项重要协定书，最终解决关于兼并波斯尼亚和黑塞哥维那的补偿问题。与此同时，奥匈帝国和塞尔维亚王国之间的争端已经激化到法兰西共和国愿意充当调停者的地步。1909年3月18日，各大国同意法兰西共和国对奥地利帝国和塞尔维亚王国进行调停。英国、法兰西共和国和俄罗斯帝国呼吁并敦促塞尔维亚与奥地利进行和平谈判。1909年3月31日，应这些大国要求，塞尔维亚王国向奥地利帝国发出一份照会。奥地利帝国接受了该照会，从而结束了两国的紧张关系，尽管奥地利帝国于1909年4月1日向塞尔维亚王国发出最后照会，宣布接受这些条件是为避免巴尔干半岛发生战争。当月晚些时候，弗朗茨·约瑟夫一世的七万名臣民心怀感激，在维也纳公开感谢弗朗茨·约瑟夫一世为维护和平所做的努力。1909年6月28日，弗朗茨·约瑟夫一世要求前任财

拉迪斯劳斯·冯·卢卡奇

20世纪初的弗朗茨·约瑟夫一世

政大臣卢策博士与费伦茨·科苏特进行谈判,目的是组建新匈牙利内阁。弗朗茨·约瑟夫一世相信弗兰西斯·科苏特是能成功实现这一任务的最佳人选。弗朗茨·约瑟夫一世在位时所做的最后一件事是在1909年12月23日任命拉迪斯劳斯·冯·卢卡奇为匈牙利首相。拉迪斯劳斯·冯·卢卡奇组建了内阁,但没有得到弗朗茨·约瑟夫一世的批准。弗朗茨·约瑟夫一世指示克努恩·库恩-海代尔瓦里·卡罗伊组建一个与自己观点更一致的内阁。1910年1月17日,克努恩·库恩-海代尔瓦里·卡罗伊成功组建了内阁。

教会在政治上的影响同样存在于奥地利帝国与匈牙利王国。除了旧的教士团体,一个新政党——基督教社会主义党登上政治舞台。该党希望通过联合自己与人民的权利并仇视犹太人来扭转局势,因为这种局势威胁教会在哈布斯堡王朝长期存在的影响力和权力。到目前为止,奥匈帝国的每个成员国在这一时期共有的最重要的发展是社会主义的快速持续发展。社会主义的发展要求废除无效的选举制度，并将选举团按团体或阶层进行划分，这一要求最终得到人们的认可。关于自由、平等和普选的立法方面，奥地利与匈牙利的议会不仅做了承诺，而且正在履行这些承诺。

在民族、政治、教会和社会的斗争中，无数相互对立的利益纵横交叉，结果会是什么呢？目前的二元君主政体是继续存在，还是不可避免地遭遇解体？如果解体，组成奥匈帝国的成员国又该怎么办呢？泛德意志民族的愿望能否实现？整个德意志奥地利是否能成为大德意志帝国的一部分，从北海一直延伸到亚得里亚海呢？匈牙利王国和波希米亚王国会成为独立的国家吗？还是会成为大德意志帝国的附庸，并在近东和小亚细亚寻求新的势力范围？马扎尔人是否会领导一个位于多瑙河中下游的帝国组织？或者有另一种可能性，一种许多亲斯拉夫人梦想的可能性，即把这些地区的所有斯拉夫民族联合成一个伟大的斯拉夫王国？根据奥匈帝国内部运作的历史力量，至少在不久的将来，更有可能发生的事是将目前的二元君主国转变为一个联邦国家，在这个国家，不同民族团体的地方自治都将得到尊重和承认。但无论结果如何，有一点显而易见，即在解决上述错综复杂的问题之前，我们将听到新奥匈帝国的声音。奥地利帝国与匈牙利王国建立普选权和由此产生的议会代表权，使人们不再对议会权威提出任何质疑，这将大大有助于改善国家的无政府状态，并在不同的民族之间设立一种新的可行性方案。

考据1 神圣罗马帝国历代皇帝

神圣罗马皇帝,中世纪时正式名称为罗马人民的国王,近代早期称为德意志-罗马皇帝,是神圣罗马帝国的统治者和国家元首。罗马天主教教会认为神圣罗马帝国是中世纪和近代早期罗马帝国的唯一合法继承者。从8世纪到16世纪,神圣罗马帝国皇帝同时会加冕为意大利国王;从12世纪到18世纪,神圣罗马帝国皇帝同时会加冕为德意志国王。

从名义上和外交层面讲,神圣罗马帝国皇帝被认为是至高无上的君主,是欧洲罗马天主教君主中地位最高的君主。实际上,一个皇帝的强大取决于他的军队实力和包括联姻在内的联盟情况。

从加洛林时代(800—924)专制政体开始,到13世纪,神圣罗马帝国皇帝这一头衔的获得方式逐渐演变成一种君主选举制,即皇帝由选帝侯选举产生。不同时期的欧洲各王室成了神圣罗马帝国皇帝头衔的世袭持有者,特别是奥托王朝(962—1024)和萨利安王朝(1027—1125)。在中世纪后期的政权危机后,哈布斯堡家族从1440年到1740年一直拥有神圣罗马帝国皇帝之位。1765年到1806年,神圣罗马帝国的最后几位皇帝均来自哈布斯堡-洛林王朝。在奥斯特利茨战役中,弗朗茨二世被拿破仑·波拿巴打败,宣告神圣罗马帝国终结。

神圣罗马帝国皇帝的统治被普遍认为是君权神授,尽管神圣罗马帝国皇帝经常与教皇产生矛盾,甚至立场相对,尤其是在皇位继承问题上。尽管像赛

神圣罗马帝国盾形徽章（1450—1806）

奥法诺和玛丽亚·特蕾莎这样的女性在神圣罗马帝国史上产生了巨大的影响力，但神圣罗马帝国从未由女皇进行统治。在整个神圣罗马帝国历史上，神圣罗马帝国皇帝被视为罗马天主教信仰的捍卫者。直到1508年，皇帝当选人马克西米利安一世被要求经由教皇加冕才能获得皇帝头衔。1530年，查理五世是最后一位由教皇加冕的君主。即使在宗教改革后，当选的皇帝也一直是罗马天主教教徒。在历史上，曾有那么一段时期，选帝侯主要是新教教徒，他们常常都会出于自己的政治利益来选举君主。

从君士坦丁一世（306—337）开始，除极少数个例外，罗马皇帝都扮演了基督教倡导者和保卫者的角色。君士坦丁一世的统治奠定了基督教皇帝在教会中的地位。基督教皇帝认为自己有义务向臣民进行精神传道。自君士坦丁一世之后,基督教皇帝就承担起帮助教会定义正统并维护正统的责任。基督教皇帝的任务是执行基督教教义,根除"异端",维护教会统一。除了1204年到1261年这段时期,整个中世纪东罗马帝国一直采用皇帝的头衔,皇帝与教会之间也一直有联系。5世纪到8世纪的普世会议都是由东罗马皇帝召开的。

在西欧,480年尤利乌斯·尼波斯驾崩后,罗马帝国皇帝的头衔就不复存在了,尽管蛮族王国的统治者直到6世纪还承认东罗马帝国皇帝名义上的权威。797年,东罗马帝国皇帝君士坦丁六世被废黜,由其母伊琳娜取而代之。在伊琳娜即位前,教皇一直承认罗马皇帝是君士坦丁堡的统治者,但在伊琳娜即位后,他们则认为皇位是空的,因为在他们看来,女性不能统治帝国。

因此,根据帝国继承原则,教皇利奥三世将法兰克国王和意大利国王查理曼加冕为罗马人民的国王,作为君士坦丁六世的继承人。查理曼在其头像硬币上使用的名称和头衔是"卡尔大帝奥古斯都",在文件中的署名为"皇帝奥古斯都,罗马帝国皇帝"和"由上帝加冕的最祥和的奥古斯都,统治罗马帝国的伟大皇帝"。东罗马帝国最终妥协,承认查理曼及其继任者为皇帝,但称他们为"法兰克人"和"德意志人",并没有把他们称为罗马人,因为罗马人是东罗马帝国用来指称本国人民的。

在西罗马帝国,皇帝的头衔必须得到教皇的认可。随着中世纪教皇权力的增长,教皇和皇帝在教会管理方面发生了冲突。其中最著名、最激烈的冲突是11世纪亨利四世和教皇格列高利七世之间的主教叙任权之争。

查理曼加冕后,他的继任者一直保有罗马人民的国王这一头衔,直到924年,意大利国王贝伦加尔一世去世。从924年到962年奥托一世加冕为神圣罗马帝国皇帝这段相对短暂的大空位期被认为是法兰克王国向神圣罗马帝国的过渡时期。在奥托家族的统治下,前加洛林王朝的大部分东法兰克王国领地归属于神圣罗马帝国。

自911年以来，各德意志诸侯都从其贵族中选出了德意志国王。随后，德意志国王将按查理曼开创的先例由教皇加冕为神圣罗马帝国皇帝。查理五世是最后一位由教皇加冕的皇帝，其继任者斐迪南一世在1558年仅仅采用了"当选的皇帝"的头衔。最后一位神圣罗马帝国的当选皇帝弗朗茨二世在1806年拿破仑战争期间退位，见证了神圣罗马帝国的最终解体。

术语sacrum，即"神圣的"，与神圣罗马帝国有关，于1157年腓特烈一世统治时期首次使用。

神圣罗马帝国皇帝的标准名称是"罗马人民的皇帝奥古斯都"。当查理曼于800年加冕时，他被封为"由上帝加冕的最祥和的奥古斯都，统治罗马帝国的伟大皇帝"。因此，在神圣罗马帝国皇帝这一头衔中便有了"神圣"和"罗马"这样的字眼。

"罗马"一词反映了帝国的直接传承，即认为神圣罗马帝国皇帝是西罗马帝国皇帝的承继，尽管东罗马帝国当时并未消亡。

在德语史料中，"Römisch-deutscher Kaiser"——罗马-德意志皇帝——一词是用来区别罗马皇帝和德意志皇帝的。英语术语"Holy Roman Emperor"是"神圣罗马帝国皇帝"的现代简写，并不与相关历史或名称相对应，即形容词"Holy"并不用来修饰"Emperor"；英语术语"神圣罗马皇帝"是在两次世界大战期间开始流行起来的；之前，"神圣罗马皇帝"在英语中被译成了"德意志-罗马皇帝"。

神圣罗马帝国的君主选举制可以追溯到10世纪初。当时，加洛林王朝的最后一位统治者"童子路易"死后没有留下子嗣，德意志的康拉德一世在911年的大选中获胜，成为东法兰克国王。选举制意味着神圣罗马帝国的王权只是部分世袭。这与法兰克王国不同，在法兰克王国，即便没有男性继承人，王权也经常会在同一家族中传承。在选举神圣罗马帝国皇帝的过程中，候选诸侯必须做出让步，通过让步可以获得选帝侯的支持，这就是众所周知的"Wahlkapitulationen"，即"选举让步"。

康拉德一世是由德意志的公爵选举产生的，目前我们还不太清楚七大选帝侯制度是何时建立的。针对泽林根公爵贝特霍尔德五世，教皇因诺森特三世颁布的《韦内拉比林法案》奠定了王国诸侯选举程序，为教皇保留了批准选帝侯候选人的权力。在1256年的争议性选举和随后的大空位时期，教皇乌尔班四世在一封信中建议，按照"古老的习俗"，七大选帝侯拥有选举罗马人民的国王和未来皇帝的权力。1356年颁布的《金玺诏书》中明确规定了七大选帝侯：美因茨大主教、特里尔大主教、科隆大主教、波希米亚国王、莱茵-普法尔茨伯爵、萨克森公爵和勃兰登堡侯爵。

1438年以后，除维特尔斯巴赫家族的查理七世短暂地成为神圣罗马帝国皇帝之外，皇帝之位一直都属于哈布斯堡王朝和哈布斯堡-洛林王朝。马克西米利安一世和继任者不再前往罗马接受教皇的加冕。因此，1508年，马克西米利安一世经教皇尤利乌斯二世批准将自己称为"当选的罗马皇帝"。马克西米利安一世之后的所有未被加冕的继任者都在使用"当选的罗马皇帝"这个称号。在所有继任者中，只有查理五世，也就是他的直接继承人，得到了教皇的加冕。

1621年，普法尔茨选帝侯席位被授予巴伐利亚公爵，但在1648年，即三十年战争后，普法尔茨公爵的选帝侯席位又得以恢复，成为第八位选帝侯。1692年，汉诺威公爵成为第九个选帝侯。1803年，整个选帝侯选举团被重新调整，总共有十个选帝侯。然而，仅仅三年之后，神圣罗马帝国就解体了。

一、皇帝列表

这份列表包括了800年到1806年从查理曼加冕到神圣罗马帝国解体前的所有四十七位德意志君主。

有几位统治者被加冕为罗马人民的国王，即德意志国王，但不是神圣罗马帝国皇帝，尽管这些国王自称为皇帝。这些国王包括：10世纪的康拉德一世和

"捕鸟者亨利",以及13世纪后期大空位时期的康拉德四世、鲁道夫一世、阿道夫一世和阿尔布雷希特一世。

传统的史学认为加洛林王朝和神圣罗马帝国之间的连续性,而现代的惯例以962年奥托一世的加冕为神圣罗马帝国的起点,尽管"神圣罗马帝国"一词在13世纪之前未被使用过。

1. 法兰克王国皇帝

800年到915年,在西欧加冕为罗马皇帝的统治者如下:

(1) 加洛林王朝(800—888)

名字/生卒年	统治时间	与前任关系	其他头衔
查理曼大帝 (742—814)	800年12月25日— 814年1月28日		法兰克国王 伦巴第国王
路易一世,即"虔诚者路易" (778—840)	813年9月11日— 840年6月20日	查理一世之子	法兰克国王 意大利国王 阿基坦国王
洛泰尔一世 (795—855)	823年4月5日— 855年9月29日	路易一世之子	意大利国王 中法兰克国王
路易二世(825—875)	855年9月29日— 875年8月12日	洛泰尔一世之子	意大利国王
查理二世,即"秃头查理" (823—877)	875年12月29日— 877年10月6日	路易一世之子	西法兰克国王 意大利国王
查理三世,即"胖子查理" (839—888)	881年2月12日— 888年1月13日	路易一世之孙	西法兰克国王 东法兰克国王 意大利国王

(2) 圭多王朝(891—898)

名字/生卒年	统治时间	与前任关系	其他头衔
圭多一世 (?—894)	891年—894年12月12日	查理一世之玄孙	意大利国王 斯波莱托公爵
斯波莱托的兰贝托 (880—898)	892年4月30日— 898年10月15日	圭多一世之子	意大利国王 斯波莱托公爵

(3) 加洛林王朝 (896—899)

名字/生卒年	统治时间	与前任关系	其他头衔
阿努尔夫 （850—899）	896年2月22日— 899年12月8日	查理三世之侄	意大利国王 东法兰克国王

(4) 博索尼德王朝 (901—905)

名字/生卒年	统治时间	与前任关系	其他头衔
路易三世，即"盲人路易" （880—928）	901年2月22日— 905年7月21日	路易二世的外孙	

(5) 安罗奇王朝 (915—924)

名字/生卒年	统治时间	与前任关系	其他头衔
贝伦加尔一世 （845—924）	915年12月— 924年4月7日	路易一世的外孙	意大利国王 弗留利侯爵

2. 神圣罗马皇帝（924年到962年无西罗马帝国皇帝）

虽然早期的德意志国王和意大利国王被加冕为罗马皇帝，但神圣罗马帝国通常被认为始于萨克森公爵奥托一世的加冕。神圣罗马帝国的皇位要通过正式选举才能获得，尽管皇位有时会在家族中传承，特别是在11世纪皇位在萨利安王朝进行了四代传承。从萨利安王朝末期到15世纪中叶，神圣罗马帝国皇帝大都产生于各德意志王朝，很少有父子之间传承的情况。然而，随着奥地利哈布斯堡家族获得皇位以来，情况就发生了变化。18世纪之前，皇位一直掌握在哈布斯堡家族手中。后来，哈布斯堡家族的一个分支哈布斯堡-洛林家族将皇位直接从父辈传给子辈，这种情况一直持续到1806年帝国终结为止。值得注意的是，哈布斯堡王朝废除了皇帝在登基前必须由教皇进行加冕的规定。从斐迪南一世开始，历代皇帝都放弃了传统的加冕仪式。

(1) 奥托王朝（962—1024）

名字／生卒年	国王	皇帝	结束时间	与前任关系	其他头衔
奥托一世，即奥托大帝（912—973）	936年8月7日	962年2月2日	973年5月7日		意大利国王 神圣罗马帝国皇帝 萨克森公爵
奥托二世，即"红奥托"（955—983）	961年5月26日	967年12月25日	983年12月7日	奥托一世之子	意大利国王 神圣罗马帝国皇帝
奥托三世（980—1002）	983年12月25日	996年5月21日	1002年1月23日	奥托二世之子	意大利国王 神圣罗马帝国皇帝
亨利二世（973—1024）	1002年7月7日	1014年2月14日	1024年7月13日	奥托三世的堂哥	意大利国王 神圣罗马帝国皇帝 巴伐利亚公爵 克恩滕公爵

(2) 萨利安王朝（1027—1125）

名字／生卒年	国王	皇帝	结束时间	与前任关系	其他头衔
康拉德二世，即"长者康拉德"（990—1039）	1024年9月8日	1027年3月26日	1039年6月4日	奥托一世之玄孙	勃艮第国王 意大利国王 神圣罗马帝国皇帝
亨利三世，即"黑亨利"（1017—1056）	1028年4月14日	1046年12月25日	1056年10月5日	康拉德二世之子	勃艮第国王 意大利国王 神圣罗马帝国皇帝 巴伐利亚公爵 士瓦本公爵 克恩滕公爵 梅森侯爵
亨利四世（1050—1106）	1054年7月17日	1056年10月5日	1106年8月7日	亨利三世之子	勃艮第国王 意大利国王 神圣罗马帝国皇帝 巴伐利亚公爵
亨利五世（1086—1125）	1099年1月6日	1111年4月13日	1125年5月23日	亨利四世之子	意大利国王 神圣罗马帝国皇帝 勃艮第国王

(3) 苏普林堡王朝 (1133—1137)

名字／生卒年	国王	皇帝	结束时间	与前任关系	其他头衔
洛泰尔二世 （1075—1137）	1125年8月30日	1133年6月4日	1137年12月4日	奥托一世之第六代辈侄孙	意大利国王 神圣罗马帝国皇帝 勃艮第国王 萨克森公爵

(4) 霍亨斯陶芬王朝 (1155—1197)

名字／生卒年	国王	皇帝	结束时间	与前任关系	其他头衔
腓特烈一世，即巴巴罗萨 （1122—1190）	1152年3月4日	1155年6月18日	1190年6月10日	亨利四世的曾外孙	神圣罗马帝国皇帝 意大利国王 勃艮第国王
亨利六世 （1165—1197）	1169年8月15日	1191年4月14日	1197年9月28日	腓特烈一世之子	神圣罗马帝国皇帝 意大利国王 勃艮第国王 西西里国王

(5) 韦尔夫王朝 (1198—1215)

名字／生卒年	国王	皇帝	结束时间	与前任关系	其他头衔
奥托四世 （1175—1218）	1198年6月9日	1209年10月21日	1215年	洛泰尔二世之曾外孙	神圣罗马帝国皇帝 意大利国王 勃艮第国王

(6) 霍亨斯陶芬王朝 (1220—1250)

名字／生卒年	国王	皇帝	结束时间	与前任关系	其他头衔
腓特烈二世，即"世之奇人腓特烈" （1194—1250）	1212年12月5日	1220年11月22日	1250年12月13日	亨利六世之子	神圣罗马帝国皇帝 意大利国王 西西里国王 耶路撒冷国王

神圣罗马帝国的大空位时期是从教皇因诺森特四世1245年废黜腓特烈二世起一直持续到德意志国王鲁道夫一世1273年当选神圣罗马帝国皇帝，另一种说法是从腓特烈二世1250年驾崩或康拉德四世1254年驾崩后算起。鲁道夫一

世没有被教皇加冕为皇帝，其继任者阿道夫一世和阿尔布雷希特一世也未得到教皇加冕。神圣罗马帝国的下一任皇帝是亨利七世。亨利七世于1312年6月29日由教皇克莱门特五世加冕。

（7）卢森堡王朝（1312—1313）

名字 / 生卒年	国王	皇帝	结束时间	与前任关系	其他头衔
亨利七世（1273—1313）	1308年11月27日	1312年6月29日	1313年8月24日	查理二世的后裔	神圣罗马帝国皇帝 意大利国王 卢森堡伯爵

（8）维特尔斯巴赫王朝（1314—1347）

名字 / 生卒年	国王	皇帝	结束时间	与前任关系	其他头衔
巴伐利亚的路易四世（1282—1347）	1314年10月20日	1328年1月17日	1347年10月11日	亨利四世的后裔，洛泰尔二世之第四代曾外孙	神圣罗马帝国皇帝 意大利国王 巴伐利亚伯爵

（9）卢森堡王朝（1346—1437）

名字 / 生卒年	国王	皇帝	结束时间	与前任关系	其他头衔
查理四世（1316—1378）	1346年7月11日	1355年4月5日	1378年11月29日	亨利七世之孙	神圣罗马帝国皇帝 意大利国王 波希米亚国王 勃艮第国王 卢森堡伯爵 伦巴第国王
西吉斯蒙德（1368—1437）	1410年9月10日 /1411年7月21日	1433年5月31日	1437年12月9日	查理四世之子	神圣罗马帝国皇帝 意大利国王 波希米亚国王 匈牙利国王 克罗地亚国王

1508年，教皇尤利乌斯二世允许马克西米利安一世不在罗马加冕就可以使用皇帝头衔，尽管这个头衔被称为"当选的罗马皇帝"。当马克西米利安一世的继任者成为神圣罗马帝国的唯一统治者时，也通常会采用"当选的罗马皇

帝"这一称号。马克西米利安一世的继承人查理五世是最后一个在罗马被教皇加冕为皇帝的君主。

(10) 哈布斯堡王朝（1440—1740）

名字／生卒年	国王	皇帝	结束时间	与前任关系	其他头衔
（宁静的）腓特烈三世 （1415—1493）	1440年 2月2日	1452年 3月16日	1493年 8月19日	神圣罗马帝国皇帝阿尔布雷希特二世的表弟	神圣罗马帝国皇帝 意大利国王 奥地利大公
马克西米利安一世 （1459—1519）	1486年 2月16日	1508年 2月4日	1519年 1月12日	腓特烈三世之子	神圣罗马帝国皇帝 奥地利大公
查理五世 （1500—1558）	1519年 6月28日	1519年 6月28日	1556年 8月27日	马克西米利安一世之孙	神圣罗马帝国皇帝 意大利国王 奥地利大公 西班牙国王尼德兰领主和勃艮第公爵
斐迪南一世 （1503—1564）	1531年 1月5日	1556年 8月27日	1564年 7月25日	查理五世之弟	神圣罗马帝国皇帝 波希米亚国王 匈牙利国王 克罗地亚国王 奥地利大公
马克西米利安二世 （1527—1576）	1562年 11月22日	1564年 7月25日	1576年 10月12日	斐迪南一世之子	神圣罗马帝国皇帝 波希米亚国王 匈牙利国王 克罗地亚国王 奥地利大公
鲁道夫二世 （1552—1612）	1575年 10月27日	1576年 10月12日	1612年 1月20日	马克西米利安二世之子	神圣罗马帝国皇帝 波希米亚国王 匈牙利国王 克罗地亚国王 奥地利大公
马蒂亚斯（1557—1619）	1612年 6月13日	1612年 6月13日	1619年 3月20日	鲁道夫二世之弟	神圣罗马帝国皇帝 波希米亚国王 匈牙利国王 克罗地亚国王 奥地利大公
斐迪南二世 （1557—1637）	1619年 8月28日	1619年 8月28日	1637年 2月15日	马蒂亚斯堂弟	神圣罗马帝国皇帝 波希米亚国王 匈牙利国王 克罗地亚国王 奥地利大公

名字/生卒年	国王	皇帝	结束时间	与前任关系	其他头衔
斐迪南三世 （1600—1657）	1636年 12月22日	1637年 2月15日	1657年 4月2日	斐迪南二世之子	神圣罗马帝国皇帝 波希米亚国王 匈牙利国王 克罗地亚国王 奥地利大公
利奥波德一世 （1640—1705）	1658年 7月18日	1658年 7月18日	1705年 5月5日	斐迪南三世之子	神圣罗马帝国皇帝 波希米亚国王 匈牙利国王 克罗地亚国王 奥地利大公
约瑟夫一世 （1678—1711）	1690年 1月23日	1705年 5月5日	1711年 4月17日	利奥波德一世之子	神圣罗马帝国皇帝 波希米亚国王 匈牙利国王 克罗地亚国王 奥地利大公
查理六世 （1685—1740）	1711年 10月12日	1711年 10月12日	1740年 10月20日	约瑟夫一世之弟	神圣罗马帝国皇帝 波希米亚国王 匈牙利国王 克罗地亚国王 奥地利大公 那不勒斯国王 西西里王国国王 撒丁王国国王 卢森堡公爵 泰申公爵 帕尔马和皮亚琴察公爵 佛兰德伯爵

(11) 维特尔斯巴赫王朝（1742—1745）

名字/生卒年	国王	皇帝	结束时间	与前任关系	其他头衔
查理七世 （1697—1745）	1742年 1月24日	1742年 1月24日	1745年 1月20日	斐迪南二世的玄孙，约瑟夫一世的女婿	波希米亚国王 巴伐利亚选帝侯

(12) 洛林王朝（1745-1765）

名字/生卒年	国王	皇帝	结束时间	与前任关系	其他头衔
弗朗茨一世 （1708—1765）	1745年 9月13日	1745年 9月13日	1765年 8月18日	斐迪南三世的曾孙，查理六世的女婿	神圣罗马帝国皇帝 奥地利大公 托斯卡纳大公 洛林公爵

(11) 哈布斯堡-洛林王朝（1765-1806）

名字/生卒年	国王	皇帝	结束时间	与前任关系	其他头衔
约瑟夫二世 （1741—1790）	1764年 3月27日	1765年 8月18日	1790年 2月20日	玛丽亚·特蕾莎与弗朗茨一世之子	神圣罗马帝国皇帝 波希米亚国王 匈牙利国王和克罗地亚国王 奥地利大公
利奥波德二世 （1747—1792）	1790年 9月30日	1790年 9月30日	1792年 3月1日	玛丽亚·特蕾莎与弗朗茨一世之子	神圣罗马帝国皇帝 波希米亚国王 匈牙利国王和克罗地亚国王 奥地利大公 托斯卡纳大公
弗朗茨二世 （1768—1835）	1792年 7月5日	1792年 7月5日	1806年 8月6日	利奥波德二世之子	神圣罗马帝国皇帝 波希米亚国王 匈牙利国王和克罗地亚国王 奥地利大公 奥地利皇帝

二、加冕

传统上，神圣罗马帝国皇帝由教皇在罗马举行特殊仪式进行加冕。如果不举行加冕礼，任何国王，即便拥有所有权力，也不能自称为皇帝。

皇帝	加冕日期	加冕人	加冕地点
查理一世	800年12月25日	教皇利奥三世	意大利罗马
路易一世	816年10月5日	教皇斯蒂芬四世	法国兰斯

皇帝	加冕日期	加冕人	加冕地点
洛泰尔一世	823 年 4 月 5 日	教皇帕斯加尔一世	意大利罗马
路易二世	844 年 6 月 15 日	教皇利奥四世	意大利罗马
查理二世	875 年 12 月 29 日	教皇约翰八世	意大利罗马
查理三世	881 年 2 月 12 日		意大利罗马
圭多一世	891 年 2 月 21 日	教皇斯蒂芬五世	意大利罗马
斯波莱托的兰贝托	892 年 4 月 30 日	教皇福尔摩苏斯	意大利拉韦纳
阿尔努夫	896 年 2 月 22 日		意大利罗马
路易三世	901 年 2 月 15 日或 22 日	教皇本笃四世	意大利罗马
贝伦加尔	915 年 12 月	教皇约翰十世	意大利罗马
奥托一世	962 年 2 月 2 日	教皇约翰十二世	意大利罗马
奥托二世	967 年 12 月 25 日	教皇约翰十三世	意大利罗马
奥托三世	996 年 5 月 21 日	教皇格列高利五世	意大利蒙扎
亨利二世	1014 年 2 月 14 日	教皇本笃八世	意大利罗马
康拉德二世	1027 年 3 月 26 日	教皇约翰十九世	意大利罗马
亨利三世	1046 年 12 月 25 日	教皇克莱门特二世	意大利罗马
亨利四世	1084 年 3 月 31 日	教皇克莱门特三世	意大利罗马
亨利五世	1111 年 4 月 13 日	教皇帕斯加尔二世	意大利罗马
洛泰尔三世	1133 年 6 月 4 日	教皇因诺森特二世	意大利罗马
腓特烈一世	1155 年 6 月 18 日	教皇阿德里安四世	意大利罗马
亨利六世	1191 年 4 月 14 日	教皇切莱斯廷三世	意大利罗马
奥托四世	1209 年 10 月 4 日	教皇因诺森特三世	意大利罗马
腓特烈二世	1220 年 11 月 22 日	教皇洪诺留三世	意大利罗马
亨利七世	1312 年 6 月 29 日	吉伯林派枢机主教	意大利罗马
路易四世	1328 年 1 月 17 日	夏拉·科隆纳	意大利罗马
查理四世	1355 年 4 月 5 日	教皇因诺森特六世的枢机主教	意大利罗马
西吉斯蒙德	1433 年 5 月 31 日	教皇尤金四世	意大利罗马
腓特烈三世	1452 年 3 月 19 日	教皇尼古拉五世	意大利罗马
查理五世	1530 年 2 月 24 日	教皇克莱门特七世	意大利博洛尼亚

考据 2　法国历代君主

从843年西法兰克王国建立一直到1870年法兰西帝国覆灭，法兰西君主一直统治着法兰西，尽管其间有过几次中断。从843年"秃头查理"即位到1792年路易十六退位，法国共有四十五位国王，再加上法国大革命后出现的七位未受争议的国王，法国共有五十二位国王。

843年8月的《凡尔登条约》将法兰克王国一分为三：西法兰克王国（843—987）、中法兰克王国（843—855）和东法兰克王国（843—962）。中法兰克王国存在时间不长；西法兰克逐渐演变成法兰西王国，而东法兰克逐渐演变成后来的德意志王国。此时，法兰克王国的东部和西部已经拥有了各自不同的语言和文化。

于格·卡佩开启的卡佩王朝的男性后裔从腓力二世（1180年到1223年在位）时起就采用了"法兰西国王"的头衔。从987年开始到1792年，卡佩家族一直统治着法兰西，后于1814年到1848年再次统治法国。1328年以后统治法兰西的卡佩王朝的两个分支，通常被称为瓦卢瓦王朝（直到1589年）和波旁王朝（从1589年起）。

在1791年《法国宪法》短暂生效期间（1791—1792）及1830年七月革命后，"法兰西国王"的头衔被"法兰西人的国王"所取代。这是一种宪法上的创新，被称为君主立宪制，它将君主的头衔与法兰西人而非法兰西领土相联系。

有"法兰西人的皇帝"头衔的波拿巴王朝在1804年到1814年、1815年和1852年到1870年统治着19世纪的法国。

一、法兰克王朝

1.加洛林王朝（843—888）

加洛林王朝起源于7世纪的阿努芬和皮皮尼德家族。这个家族在8世纪扩大了自己的权力，最终成为宫相和法兰西世袭公爵，成为墨洛温国王背后真正具有实权的人。加洛林王朝的名称来自一位宫相查理·马特。在教皇和贵族的支持下，查理·马特的儿子"矮子丕平"于751年推翻了墨洛温王朝，并被加冕为法兰克国王。843年，"矮子丕平"的曾孙"秃头查理"与其兄弟签订了《凡尔登条约》，获得了西法兰克王国。

名称	统治开始时间	统治结束时间	与前任君主关系	头衔
"秃头查理"	843年8月	877年10月6日	"虔诚者路易"之子	法兰克国王 罗马皇帝 （875—877）
"口吃者路易"	877年10月6日	879年4月10日	"秃头查理"之子	法兰克国王
路易三世	879年4月10日	882年8月5日	"口吃者路易"之子	法兰克国王
卡洛曼二世	882年8月5日	884年12月6日	"口吃者路易"之子 路易三世的弟弟	法兰克国王
"胖子查理"	884年12月12日	888年1月13日	"德意志人路易"之子 路易三世和卡洛曼二世的王叔 "虔诚者路易"之孙	法兰克国王 罗马皇帝 （881—888）

2.罗贝尔王朝（888—898）

罗贝尔家族是效忠于加洛林王朝的法兰克贵族，也是后来卡佩王朝的祖先。巴黎伯爵厄德在"胖子查理"被废后被西法兰克人选为国王。他于888年2月在贡比涅被桑斯大主教瓦尔特加冕。

名称	统治开始时间	统治结束时间	与前任君主关系	头衔
巴黎的厄德	888年2月29日	898年1月1日	"强者罗贝尔"之子与查理三世对立的当选国王	法兰克国王

3. 加洛林王朝（898—922）

路易二世的遗腹子查理三世是罗贝尔王朝的厄德的对立国王，尽管他是在厄德于898年驾崩后才获得了有效王位。后来，查理三世遭到废除并在囚禁中死去。

名称	统治开始时间	统治结束时间	与前任君主关系	头衔
（"糊涂王"）查理三世	898年1月1日	922年6月30日	路易二世之遗腹子，路易三世与卡洛曼二世的同父异母弟弟	法兰克国王

4. 罗贝尔王朝（922—923）

名称	统治开始时间	统治结束时间	与前任君主关系	头衔
罗贝尔一世	922年6月30日	923年6月15日	"强者罗贝尔"之子厄德的弟弟	法兰克国王

5. 博索尼德王朝（923—936）

博索尼德王朝是一个贵族家庭，是"长者博索"的后裔。他们的一个成员鲁道夫（拉乌尔）在公元923年被选为"法兰克人的国王"。

名称	统治开始时间	统治结束时间	与前任君主关系	头衔
鲁道夫（拉乌尔）	923年7月13日	936年1月15日	勃艮第（博索尼德）公爵理查之子，罗贝尔一世的女婿	法兰克国王

6.加洛林王朝(936—987)

名称	统治开始时间	统治结束时间	与前任君主关系	头衔
("海外归来者")路易四世	936年6月19日	954年9月10日	("糊涂王")查理三世之子	法兰克国王
洛泰尔	954年9月10日	986年3月2日	路易四世之子	法兰克国王
路易五世	986年6月8日	987年5月22日	洛泰尔之子	法兰克国王

二、卡佩王朝

路易五世驾崩后,罗贝尔一世的孙子及"伟大的于格"的儿子于格·卡佩被贵族选为法兰西国王。卡佩王朝,即于格·卡佩的男系后代从987年开始统治法国直到1792年,后于1814年到1848年再次统治法国。于格·卡佩的男系后代都是罗贝尔一世的直系后代。

下面列表中没有列出的有:罗贝尔二世的长子于格·马格努斯和路易六世的长子法兰西的腓力。于格·马格努斯和法兰西的腓力都与父亲进行共治(按照卡佩王朝早期的惯例,国王在生前可以加冕后代并与之共治),但两人都先他们的父亲而亡。由于于格·马格努斯和法兰西的腓力在有生之年都不是唯一的或年长的国王,因此,按照惯例,二人并未被列为法国的国王,也并未被列为顺序继承人。

根据1420年的《特鲁瓦条约》,英格兰国王亨利六世,即瓦卢瓦王朝凯瑟琳的儿子,在其外祖父查理六世死后成为有名无实的法兰西国王。然而,人们对此很有争议;亨利六世法兰西国王的合法地位也备受质疑。英格兰对法兰西王位的诉求实际上可以追溯到1328年,当时英格兰国王爱德华三世在法兰西国王查理四世驾崩后宣布继承法兰西王位。除亨利六世之外,没有哪位国王对法兰西王位的主张得到过任何条约的支持,因此,亨利六世的头衔在1429年查理七世加冕为法兰西国王后开始受到质疑。1431年,亨利六世被加冕为法兰西国王,尽管那时他才十岁,还没有成年。百年战争的最后阶段成了英格兰和法

卡斯蒂永战役

兰西相互竞争争取法兰西统治权的各派系之间的战争，结果是1453年瓦卢瓦王朝在卡斯蒂永战役中取得了胜利，结束了英格兰君主对法兰西王位的任何主权宣称，尽管英格兰及后来的英国君主在1801年前一直都在使用"法兰西国王"这个头衔。

从1793年1月21日到1795年6月8日，路易十六的儿子路易十七（路易-夏尔）成了法兰西名义上的国王。然而，事实上，在这段时间里，他一直被关押在坦

被关押的路易十七

普尔,权力掌握在法兰西共和国的首脑手中。路易十七死后,他的叔叔(路易十六的弟弟)路易·斯坦尼斯拉斯·格扎维埃,即路易十八宣布即位,但直到1814年路易十八才真正成为法兰西国王。

1.卡佩王朝(987—1328)

卡佩家族于1328年绝嗣,当时的继承危机造成了"百年战争"。虽然很多人都声称要继承王位,但成功获得王位的两个家族便是瓦卢瓦家族和金雀花家族,后来兰开斯特家族也成功获得王位。

名称	统治开始时间	统治结束时间	与前任君主关系	头衔
于格·卡佩	987年7月3日	996年10月24日	罗贝尔一世之孙	法兰克国王
("虔诚者")罗贝尔二世	996年10月24日	1031年7月20日	于格·卡佩之子	
亨利一世	1031年7月20日	1060年8月4日	罗贝尔二世之子	
("多情者")腓力一世	1060年8月4日	1108年7月29日	亨利一世之子	
("胖子王")路易六世	1108年7月29日	1137年8月1日	腓力一世之子	
("年轻者")路易七世	1137年8月1日	1180年9月18日	路易六世之子	
腓力二世·奥古斯特	1180年9月18日	1223年7月14日	路易七世之子	法兰克国王 法兰西国王
("狮子王")路易八世	1223年7月14日	1226年11月8日	腓力二世·奥古斯特之子	法兰西国王
("圣路易")路易九世	1226年11月8日	1270年8月25日	路易八世之子	
("勇敢者")腓力三世	1270年8月25日	1285年10月5日	路易九世之子	
("美男子""铁王")腓力四世	1285年10月5日	1314年11月29日	腓力三世之子	
("吵架王")路易十世	1314年11月29日	1316年6月5日	腓力四世之子	法兰西和纳瓦拉国王
("遗腹子")约翰一世	1316年11月15日	1316年11月20日	路易十世之子	
("高大者")腓力五世	1316年11月20日	1322年1月3日	腓力四世之子,路易十世之弟	
("美男子")查理四世	1322年1月3日	1328年2月1日	腓力四世之子,路易十世和腓力五世之弟	

2.瓦卢瓦王朝(1328—1422)

查理四世的死引发了瓦卢瓦家族和金雀花家族之间的百年战争,后来兰开斯特家族得到了法兰西王位。瓦卢瓦家族因与一位法兰西国王存有最近的血缘关系而声称按照男性长子继承制拥有王位继承权。他们称自己是腓力三

法兰西的伊莎贝拉

世的第三个儿子瓦卢瓦伯爵查理的后裔。金雀花王朝的依据则是他们与法兰西国王有更近的血缘关系：英格兰国王爱德华三世的母亲法兰西的伊莎贝拉是腓力四世的女儿。瓦卢瓦王朝和金雀花王朝通过战争以维护自己的权力；瓦卢瓦王朝最终取得了成功，法国史学也将其国王视为合法的国王。然而，根据《特鲁瓦条约》，金雀花王朝的一位成员，英格兰国王亨利六世从法律上讲的确可以拥有法兰西王位。《特鲁瓦条约》为英格兰在19世纪前继续拥有法兰西王位奠定了基础。瓦卢瓦王朝一直统治着法国直到1589年。当时,正值法国宗教战争。由于纳瓦拉没有男性长子继承传统,纳瓦拉的君主制与法兰西截然不同。路易十世的女儿胡安娜二世继承了纳瓦拉王位。

名称	统治开始时间	统治结束时间	与前任君主关系	头衔
("幸运王")腓力六世	1328年4月1日	1350年8月22日	腓力三世之孙	法兰西国王
("好人")约翰二世	1350年8月22日	1364年4月8日	腓力六世之子	法兰西国王
("英明王")查理五世	1364年4月8日	1380年9月16日	约翰二世之子	法兰西国王
("疯子王")查理六世	1380年9月16日	1422年10月21日	查理五世之子	法兰西国王

3. 兰开斯特王朝(1422—1453)(存有争议)

从1340年到1801年,英格兰和大不列颠的国王都声称拥有法兰西国王的头衔。根据1420年的《特鲁瓦条约》,查理六世承认女婿英格兰国王亨利五世为法兰西的摄政者和继承人。然而,亨利五世先查理六世驾崩。因此,亨利五世的儿子亨利六世继承外祖父查理六世的法兰西王位。直到1435年,法兰西北部大部分地区都在英格兰人的控制之下,但到1453年,除加来和海峡群岛之外,英格兰人已经被驱逐出法兰西。1558年,加来落入英格兰人手中。然而,直到1801年,大不列颠和爱尔兰联合王国成立前,英格兰人和当时的大不列颠君主一直声称自己拥有法兰西国王的头衔。

名称	统治开始时间	统治结束时间	与前任君主关系	头衔
英格兰国王亨利六世	1422年10月21日	1453年10月19日	法兰西国王查理六世的外孙	法兰西国王

4. 瓦卢瓦王朝（复辟，1422—1589）

名称	统治开始时间	统治结束时间	与前任君主关系	头衔
（"胜利王"）查理七世	1422年10月21日	1461年7月22日	查理六世之子	法兰西国王
（"谨慎者""狡猾者"）路易十一	1461年7月22日	1483年8月30日	查理七世之子	法兰西国王
（"和蔼者"）查理八世	1483年8月30日	1498年4月7日	路易十一之子	法兰西国王
（"人民之父"）路易十二	1498年4月7日	1515年1月1日	查理五世之曾孙	法兰西国王
（"文艺之父和复兴者"）弗朗索瓦一世	1515年1月1日	1547年3月31日	查理五世之玄孙	法兰西国王
亨利二世	1547年3月31日	1559年7月10日	弗朗索瓦一世之子	法兰西国王
弗朗索瓦二世	1559年7月10日	1560年12月5日	亨利二世之子	法兰西国王
查理九世	1560年12月5日	1574年5月30日	亨利二世之子	法兰西国王
亨利三世	1574年5月30日	1589年8月2日	亨利二世之子	法兰西国王 波兰国王和立陶宛大公（1573—1575）

5. 波旁王朝（1589—1792）

亨利二世驾崩后留下了四位男性继承人，因此，瓦卢瓦家族依然实力强大。亨利二世的长子弗朗索瓦二世还未成年就去世了。亨利二世的次子查理九世没有合法的儿子可以继承王位。在亨利二世的第三个儿子，即无子的亨利三世遭到暗杀、第四个儿子埃居尔·弗朗索瓦夭折后，法兰西陷入了一场继承危机。此时，最有资格继承法兰西王位的是纳瓦拉国王亨利三世，但他是一位新教徒，不受法兰西贵族的认可。最终，在为捍卫自己主权而赢得无数次战役后，亨利三世皈依天主教，并被加冕为法兰西国王，建立了波旁王朝。这标志着因不同的继承法而在百年战争中分道扬镳的纳瓦拉和波旁王朝再次统一在一个君主的统治下。波旁王朝在法国大革命期间被推翻，取而代之的是一个短命的共和国。

名称	统治开始时间	统治结束时间	与前任君主关系	头衔
（"伟大的、贤明的好国王"）亨利四世	1589年8月2日	1610年5月14日	路易九世第十代男性后裔	法兰西和纳瓦拉国王
（"公正王"）路易十三	1610年5月14日	1643年5月14日	亨利四世之子	法兰西和纳瓦拉国王
（"太阳王"）路易十四	1643年5月14日	1715年9月1日	路易十三之子	法兰西和纳瓦拉国王
（"被喜爱者"）路易十五	1715年9月1日	1774年5月10日	路易十四之曾孙	法兰西和纳瓦拉国王
（"法兰西自由的恢复者"）路易十六	1774年5月10日	1792年9月21日	路易十五之孙	法兰西和纳瓦拉国王（1774—1791）法兰西人的国王（1791—1792）

三、波拿巴王朝，法兰西帝国（1804—1814）

法兰西共和国从1792年存续到1804年。之后，受人民爱戴的第一执政官拿破仑·波拿巴决定让法国再次成为君主制国家。为避免法兰西王国使用过的头衔，他采用广受民众欢迎的"法兰西人的皇帝"的头衔来取代"法兰西和纳瓦拉国王"或"法兰西人的国王"。

名称	统治开始时间	统治结束时间	与前任君主关系	头衔
拿破仑一世	1804年5月18日	1814年4月11日	波拿巴王朝创建者	法兰西人的皇帝

四、卡佩王朝（1814—1815）

在拿破仑·波拿巴战败并被流放到厄尔巴岛后，波旁王朝复辟。路易十六的弟弟路易·斯坦尼斯拉斯·格扎维埃被加冕为路易十八。路易十六的儿子被君主主义者（保王派）认为是路易十七，但从未被加冕，在死前也从未统治过法国。因此，路易十七通常不在法国君主之列，而大多数传统的法国君主列表则将路易十七列了出来。1815年,拿破仑·波拿巴的百日王朝短暂控制法国。滑铁卢战役失败后,拿破仑·波拿巴试图退位给儿子,但波旁王朝再次复辟,并继续统治法国。直到1830年七月革命爆发,波旁王朝被推翻,由奥尔良王朝支系取而代之。

波旁王朝,首次复辟(1814—1815)

名称	统治开始时间	统治结束时间	与前任君主关系	头衔
("渴求者")路易十八	1814年4月11日	1815年3月20日	路易十五之孙,路易十六之弟	法兰西和纳瓦拉国王

五、波拿巴王朝,法兰西帝国:百日王朝(1815年)

名称	统治开始时间	统治结束时间	与前任君主关系	头衔
拿破仑一世	1815年3月20日	1815年6月22日	波拿巴王朝创建者	法兰西人的皇帝
("雏鹰")拿破仑二世	1815年6月22日	1815年7月7日	拿破仑一世之子	(有争议)法兰西人的皇帝

六、卡佩王朝

1. 波旁王朝,二次复辟(1815—1830)

名称	统治开始时间	统治结束时间	与前任君主关系	头衔
("渴求者")路易十八	1815年7月7日	1824年9月16日	路易十五之孙,路易十六之弟	法兰西和纳瓦拉国王
查理十世	1824年9月16日	1830年8月2日	路易十五之孙,路易十六和路易十八之弟	法兰西和纳瓦拉国王
路易十九	1830年8月2日	1830年8月2日(只在位20分钟)	查理十世之子	(有争议)法兰西和纳瓦拉国王
亨利五世	1830年8月2日	1830年8月9日(只在位7天)	查理十世之孙	(有争议)法兰西和纳瓦拉国王

1830年，七月革命使复辟的波旁王朝的统治结束，查理十世被罢黜。取而代之的是有着更加开明政治思想的查理十世的远房表亲路易·菲利普一世。路易十九在与父亲查理十世争吵了二十分钟后便签署了一份文件，宣布放弃自己的王位继承权。路易十九从未加冕，因此，他的法国国王的身份备受争议。同样，路易十九的侄子亨利五世的国王地位存有争议。

2. 奥尔良王朝，七月王朝（1830—1848）

在路易·菲利普一世的统治下，法国的君主立宪制改变了旧政权的风格和形式，取而代之的是更加民粹主义的政权形式，如用"法兰西人的国王"取代"法兰西国王"。

名称	统治开始时间	统治结束时间	与前任君主关系	头衔
（"公民国王"）路易·菲利普一世	1830年8月9日	1848年2月24日	路易十三的第六代男性后裔	法兰西人的国王

长期统治以来，路易·菲利普变得越来越保守。1848年二月革命爆发后，他逃往英国，留下他的孙子巴黎伯爵菲利普亲王担任法兰西人的国王。1848年2月25日，法兰西共和国宣布成立。菲利普亲王从未被宣布为法兰西人的国王，这使得他作为法兰西真正君主的身份备受争议。

七、波拿巴王朝，法兰西帝国（1852—1870）

法兰西共和国从1848年存续到1852年，其总统路易-拿破仑·波拿巴后来被称为"法兰西人的皇帝"。他开始了法兰西帝国的统治，使波拿巴王朝和帝制再次复辟。

后来，拿破仑三世在普法战争中被推翻，是最后一位统治法国的君主。

名称	统治开始时间	统治结束时间	与前任君主关系	头衔
拿破仑三世	1852年12月2日	1870年9月4日	拿破仑·波拿巴的侄子	法兰西人的皇帝

八、法兰西王位觊觎者

来自历史上法国君主后裔的各个觊觎者都声称自己才是法国的正统君主，拒绝承认法国总统和其他法国国家元首。这些觊觎者分属不同的家族派别，包括：

1.觊觎法国王位的正统派：自1792年到1814年、1815年及1830年起，波旁王室的后裔拒绝承认所有法国国家元首；1883年后，联合派开始认同奥尔良党的王位觊觎者。

2.觊觎法国王位的安茹王朝的正统派：路易十四的后裔称按照长子继承权，他们优先于奥尔良王朝继承王位。

3.觊觎法国王位的奥尔良派：路易-菲利普一世的后裔；自1848年起，他们拒绝承认所有法国国家元首。

4.觊觎法国王位的波拿巴派：拿破仑·波拿巴和他兄弟的后裔，拒绝承认1815年到1852年及1870年以后的所有法国国家元首。

5.觊觎法国王位的英国君主：英格兰国王及后来的大不列颠国王（1800年，汉诺威国王乔治三世在大不列颠与爱尔兰联合时放弃法国王位）。

6.觊觎法国王位的詹姆斯党：英格兰国王爱德华三世的继承人要求继承法兰西王位，还要求继承英格兰、苏格兰和爱尔兰的王位。

考据3　俄罗斯历代君主

这是俄罗斯历史上所有在位君主列表。该列表列出人物包括：诺夫哥罗德大公、基辅大公、弗拉基米尔大公、莫斯科大公、俄罗斯沙皇和俄罗斯帝国皇帝。该列表从9世纪中期的半神话式人物诺夫哥罗德大公留里克作为第一位君主开始，到最后一位君主——1917年退位、1918年与家人一起被处决的俄罗斯帝国沙皇尼古拉二世为止。

今日被称为俄罗斯的这片广袤领土，在历史上因各种不同的名称而被世人所知，这些名称包括罗斯、基辅罗斯、莫斯科大公国、俄罗斯沙皇国和俄罗斯帝国。作为国家统治者，各时期君主在统治期间使用了诸多头衔。一些早期头衔包括"Kniaz"和"Velikiy Kniaz"，分别指"君主"和"大公"，但在西方文学中通常被翻译为"公爵"和"大公爵"。然后就是"沙皇"这个头衔，意思是"恺撒"。"沙皇"是否相当于国王或皇帝，目前还存在争议。最后就是"皇帝"这个最高头衔。根据1906年《俄罗斯宪法》第五十九条，俄罗斯沙皇拥有几十个头衔，每个头衔代表君主统治的一个地区。

莫斯科主教是俄罗斯东正教的领袖，也时常在政治动荡期担任俄罗斯的领导人，如在波兰占领莫斯科期间和1610年到1613年的大空位期担任领导人。

一、俄罗斯大公（862—1547）

9世纪以前，在今天被称为俄罗斯的部分地区就居住着各东斯拉夫民族。第一批统治该地区的人是罗斯人。罗斯人是北欧瓦良格人的一个分支，在9世纪进入现代俄罗斯占领的这片地区，并在大约830年率先建立了罗斯汗国等一系列国家。如今，人们只知道罗斯汗国在历史上存在过，对罗斯汗国的领土范围及任何一位可汗或其他都知之甚少。

1.诺夫哥罗德大公

传统上，罗斯公国的建立可追溯至留里克。留里克是霍姆加德，即诺夫哥罗德——现代的大诺夫哥罗德——的统治者。

名称	生卒年	统治开始时间	统治结束时间	备注	王朝
留里克	830—879	862年	879年	留里克王朝创建者	留里克王朝
诺夫哥罗德的奥列格	845？—912	879年	882年	留里克的亲戚，留里克儿子伊戈尔大公的摄政	留里克王朝

2.基辅大公

留里克的继任者诺夫哥罗德的奥列格将首都迁到了基辅——现在的乌克兰，建立了基辅罗斯。接下来的几个世纪里，最重要的君主头衔是基辅大公和诺夫哥罗德大公的头衔。这两个头衔的持有者通常是同一个人，可以统治基辅罗斯。

名称	生卒年	统治开始时间	统治结束时间	备注	王朝
阿斯科尔德和基尔	9世纪	842年	882年	罗斯部落首领，留里克军队士兵	阿斯科尔德王朝

名称	生卒年	统治开始时间	统治结束时间	备注	王朝
诺夫哥罗德的奥列格	855—912	882年	912年秋	阿斯科尔德和基尔的继任者,留里克儿子伊戈尔大公的摄政王	留里克王朝
伊戈尔一世（伊戈尔·留里科维奇）	878—945	913年	945年秋	留里克之子	留里克王朝
基辅的奥尔加（"智者奥尔加""圣奥尔加"）	890—969	945年	962年	伊戈尔一世之妻,斯维亚托斯拉夫一世的摄政	留里克王朝
斯维亚托斯拉夫一世（斯维亚托斯拉夫·伊戈列维奇）	942？—972	945年秋	972年3月	伊戈尔一世和基辅的奥尔加之子	留里克王朝
亚罗波尔克一世（亚罗波尔克·斯维亚托斯拉维奇）	952—978	972年3月	978年6月11日	斯维亚托斯拉夫一世和普列季斯拉娃之子	留里克王朝
弗拉基米尔一世（弗拉基米尔·斯维亚托斯拉维奇、弗拉基米尔大帝）	958—1015	980年6月11日	1015年7月15日	斯维亚托斯拉夫一世和玛露莎之子,亚罗波尔克一世之弟	留里克王朝
斯维亚托波尔克一世（斯维亚托波尔克·弗拉基米罗维奇、"恶棍斯维亚托波尔克"）	980—1019	1015年7月15日	1016年秋	弗拉基米尔一世或亚罗波尔克一世之子,在其统治期间,基辅罗斯被波兰占领	留里克王朝
雅罗斯拉夫一世（雅罗斯拉夫·弗拉基米罗维奇、"智者雅罗斯拉夫"）	978—1054	1016年秋	1018年夏	弗拉基米尔一世和波洛茨克的罗格涅达之子	留里克王朝
斯维亚托波尔克（斯维亚托波尔克·弗拉基米罗维奇、"恶棍斯维亚托波尔克"）	980—1019	1018年8月14日	1019年7月27日	复位	留里克王朝
雅罗斯拉夫一世（雅罗斯拉夫·弗拉基米罗维奇、"智者雅罗斯拉夫"）	978—1054	1019年7月27日	1054年2月20日	复位	留里克王朝
伊贾斯拉夫一世（伊贾斯拉夫·雅罗斯拉维奇）	1024—1078	1054年2月20日	1068年9月15日	雅罗斯拉夫一世长子	留里克王朝
弗谢斯拉夫·布里亚奇斯拉维奇（"预言者弗谢斯拉夫"）	1039—1101	1068年9月15日	1069年4月29日	弗拉基米尔一世曾孙,篡夺了基辅政权	留里克王朝
伊贾斯拉夫一世（伊贾斯拉夫·雅罗斯拉维奇）	1024—1078	1069年5月2日	1073年3月22日	复位	留里克王朝

名称	生卒年	统治开始时间	统治结束时间	备注	王朝
弗谢沃洛德一世（弗谢沃洛德·雅罗斯拉维奇）	1030—1093	1077年1月1日	1077年7月15日	雅罗斯拉夫一世的第四子	留里克王朝
伊贾斯拉夫一世（伊贾斯拉夫·雅罗斯拉维奇）	1024—1078	1077年7月15日	1078年10月3日	复位	留里克王朝
弗谢沃洛德一世（弗谢沃洛德·雅罗斯拉维奇）	1030—1093	1078年10月3日	1093年4月13日	复位	留里克王朝
斯维亚托斯拉夫一世（斯维亚托斯拉夫·伊戈列维奇）	942？—972	945年秋	972年3月	伊戈尔一世和基辅的奥尔加之子	留里克王朝
斯维亚托波尔克二世（斯维亚托波尔克·伊贾斯拉维奇）	1050—1113	1093年4月24日	1113年4月16日	伊贾斯拉夫一世之子	留里克王朝
弗拉基米尔二世（弗拉基米尔·弗谢沃洛多维奇、弗拉基米尔·莫诺马赫）	1053—1125	1113年4月20日	1125年5月19日	弗谢沃洛德一世和拜占庭公主阿纳斯塔西娅之子	留里克王朝
姆斯季斯拉夫一世（姆斯季斯拉夫·弗拉基米罗维奇、姆斯季斯拉夫大帝）	1076—1132	1125年5月20日	1132年4月15日	弗拉基米尔二世和威塞克斯的吉莎之子	留里克王朝
亚罗波尔克二世（亚罗波尔克·弗拉基米罗维奇）	1082—1139	1132年4月17日	1139年2月18日	弗拉基米尔二世和威塞克斯的吉莎之子，姆斯季斯拉夫一世之弟	留里克王朝
维亚切斯拉夫一世（维亚切斯拉夫·弗拉基米罗维奇）	1083—1154	1139年2月22日	1139年3月4日	弗拉基米尔二世和威塞克斯的吉莎之子，姆斯季斯拉夫一世和亚罗波尔克二世之弟	留里克王朝
弗谢沃洛德二世（弗谢沃洛德·奥利戈维奇）	1084—1146	1139年3月5日	1146年7月30日	斯维亚托斯拉夫二世之孙	留里克王朝
伊戈尔二世（伊戈尔·奥利戈维奇）	1096—1146年9月19日	1146年8月1日	1146年8月13日	斯维亚托斯拉夫二世之孙，弗谢沃洛德二世之弟	留里克王朝
伊贾斯拉夫二世（伊贾斯拉夫·姆斯季斯拉维奇）	1097—1154	1146年8月13日	1149年8月23日	姆斯季斯拉夫一世	留里克王朝
尤里一世（尤里·多尔戈鲁基、"长手尤里"）	1099—1157	1149年8月28日	1150年	弗拉基米尔二世和威塞克斯的吉莎之子，姆斯季斯拉夫一世、亚罗波尔克二世和维亚切斯拉夫一世之弟	留里克王朝

名称	生卒年	统治开始时间	统治结束时间	备注	王朝
维亚切斯拉夫一世与伊贾斯拉夫二世共治	1030—1093	1150年夏	1150年夏	复位	留里克王朝
尤里一世（尤里·多尔戈鲁基、"长手尤里"）	1099—1157	1150年8月	1151年冬	复位	留里克王朝
维亚切斯拉夫一世与伊贾斯拉夫二世共治	1030—1093	1151年	1154年	复位	留里克王朝
罗斯季斯拉夫一世（罗斯季斯拉夫·姆斯季斯拉维奇）	1110—1167	1154年	1154年	姆斯季斯拉夫一世和瑞典公主克里蒂娜·英格尔斯多德之子，伊贾斯拉夫二世之弟	留里克王朝
伊贾斯拉夫三世（伊贾斯拉夫·达维多维奇）	1115？—1162	1155年1月	1155年	斯维亚托斯拉夫二世之孙	留里克王朝
尤里一世（尤里·多尔戈鲁基、"长手尤里"）	1099—1157	1155年3月20日	1155年3月15日	复位	留里克王朝
伊贾斯拉夫三世（伊贾斯拉夫·达维多维奇）	1115—1162	1157年5月19日	1158年12月	复位	留里克王朝
姆斯季斯拉夫二世（姆斯季斯拉夫·伊贾斯拉维奇）	1125—1170	1158年12月22日	1159年春	伊贾斯拉夫二世之子	留里克王朝
罗斯季斯拉夫一世（罗斯季斯拉夫·姆斯季斯拉维奇）	1110—1167	1159年4月12日	1161年2月8日	复位	留里克王朝
伊贾斯拉夫三世（伊贾斯拉夫·达维多维奇）	1115—1162	1161年2月12日	1161年3月6日	复位	留里克王朝
罗斯季斯拉夫一世（罗斯季斯拉夫·姆斯季斯拉维奇）	1110—1167	1161年3月	1167年3月14日	复位	留里克王朝
姆斯季斯拉夫二世（姆斯季斯拉夫·伊贾斯拉维奇）	1125—1170	1167年3月19日	1169年3月12日	复位	留里克王朝
格列布一世（格列布·尤里耶维奇）	？—1171	1169年	1170年	尤里一世之子	留里克王朝
姆斯季斯拉夫二世（姆斯季斯拉夫·伊贾斯拉维奇）	1125—1170	1170年3月	1170年4月	复位	留里克王朝
格列布一世（格列布·尤里耶维奇）	？—1171	1170年	1171年	复位	留里克王朝
弗拉基米尔·姆斯季斯拉维奇	1132—1171	1171年	1171年	姆斯季斯拉夫一世之子，伊贾斯拉夫二世和罗斯季斯拉夫一世之弟	留里克王朝

2.弗拉基米尔大公

11世纪早期,罗斯分裂成一系列小公国,这些公国之间不断发生战争。1097年,柳别奇议会正式确定了罗斯的大封建土地所有制。到12世纪,弗拉基米尔-苏兹达尔大公国成为罗斯占统治地位的公国,与诺夫哥罗德公国和基辅公国地位相当,并在亚历山大·涅夫斯基的统治下国力最强盛。1169年,弗拉基米尔-苏兹达尔的军队攻占基辅。此后,基辅这座城市逐渐丧失其重要性。

名称	生卒年	统治开始时间	统治结束时间	备注	王朝
安德烈一世(安德烈·博戈柳布斯基、安德烈·尤里耶维奇、"虔诚者安德烈")	1111—1174	1157年5月15日	1174年6月29日	尤里一世之子,被刺杀	留里克王朝
米哈伊尔一世(米哈伊尔·尤里耶维奇)	?—1176	1174年	1174年9月	尤里一世之子,安德烈一世之弟	留里克王朝
亚罗波尔克三世(亚罗波尔克·罗斯季斯拉维奇)	?—1182?	1174年	1175年6月15日	尤里一世之孙	留里克王朝
米哈伊尔一世(米哈伊尔·尤里耶维奇)	?—1176	1175年6月15日	1176年6月20日	复位	留里克王朝
弗谢沃洛德三世(弗谢沃洛德·尤里耶维奇、大窝弗谢沃洛德)	1154—1212	1176年6月	1212年4月15日	尤里一世之子,安德烈一世和米哈伊尔一世之弟	留里克王朝
尤里二世(尤里·弗谢沃洛多维奇)	1189—1238	1212年	1216年4月27日	弗谢沃洛德三世之子	留里克王朝
罗斯托夫的康斯坦丁(康斯坦丁·弗谢沃洛多维奇)	1186—1218	1216年春	1218年2月2日	弗谢沃洛德三世之子,尤里二世之兄	留里克王朝
尤里二世(尤里·弗谢沃洛多维奇)	1189—1238	1218年2月	1238年3月4日	复位	留里克王朝
雅罗斯拉夫二世(雅罗斯拉夫·弗谢沃洛多维奇)	1191—1246	1238年	1246年9月30日	弗谢沃洛德三世之子,尤里二世和罗斯托夫的康斯坦丁之弟	留里克王朝
斯维亚托斯拉夫三世(斯维亚托斯拉夫·弗谢沃洛多维奇)	1196—1252	1246年	1248年	弗谢沃洛德三世之子,尤里二世、罗斯托夫的康斯坦丁和雅罗斯拉夫二世之弟	留里克王朝

名称	生卒年	统治开始时间	统治结束时间	备注	王朝
米哈伊尔·雅罗斯拉维奇（米哈伊尔·雅罗斯拉维奇·霍罗布里特）	1229？—1248	1248年	1248年1月15日	雅罗斯拉夫二世·弗谢沃洛多维奇之子	留里克王朝
斯维亚托斯拉夫三世（斯维亚托斯拉夫·弗谢沃洛多维奇）	1196—1252	1248年	1249年	复位	留里克王朝
安德烈二世（安德烈·雅罗斯拉维奇）	1222—1264	1249年12月	1252年7月24日	雅罗斯拉夫二世·弗谢沃洛多维奇之子，米哈伊尔·雅罗斯拉维奇之兄	留里克王朝
亚历山大·涅夫斯基（亚历山大·雅罗斯拉维奇）	1221—1263	1252年	1263年11月14日	雅罗斯拉夫二世·弗谢沃洛多维奇之子，米哈伊尔·雅罗斯拉维奇和安德烈二世之兄	留里克王朝
雅罗斯拉夫三世·雅罗斯拉维奇	1230—1271	1264年	1271年	雅罗斯拉夫二世·弗谢沃洛多维奇之子，亚历山大·涅夫斯基、安德烈二世和米哈伊尔·雅罗斯拉维奇之弟	留里克王朝
瓦西里·雅罗斯拉维奇（公正者瓦西里）	1241—1276	1272年	1276年	雅罗斯拉夫二世·弗谢沃洛多维奇之幼子	留里克王朝
胜利者德米特里（德米特里·亚历山德罗维奇）	1250—1294	1277年	1281年	亚历山大·涅夫斯基之子	留里克王朝
安德烈三世·亚历山德罗维奇	1255—1304	1281年	1283年12月	亚历山大·涅夫斯基之子，胜利者德米特里之弟	留里克王朝
胜利者德米特里（德米特里·亚历山德罗维奇）	1250—1294	1283年12月	1293年	复位	留里克王朝
安德烈三世·亚历山德罗维奇	1255—1304	1293年	1304年	复位	留里克王朝
米哈伊尔·雅罗斯拉维奇（特维尔的米哈伊尔）	1271—1318	1305年	1318年11月22日	雅罗斯拉夫三世·雅罗斯拉维奇之子	留里克王朝
尤里·丹尼洛维奇	1281—1325	1318年	1322年11月2日	亚历山大·涅夫斯基之孙	留里克王朝

名称	生卒年	统治开始时间	统治结束时间	备注	王朝
德米特里·米哈伊洛维奇（"恐怖双眼德米特里"）	1299—1326	1322 年	1326 年 9 月 15 日	米哈伊尔·雅罗斯拉维奇之子	留里克王朝
亚历山大·米哈伊洛维奇	1301—1339	1326 年	1327 年	米哈伊尔·雅罗斯拉维奇之子，德米特里·米哈伊洛维奇之弟	留里克王朝
亚历山大·瓦西里耶维奇	1300—1331	1328 年	1331 年	安德烈二世之孙	留里克王朝
伊凡一世（伊凡一世·丹尼洛维奇）	1288—1340	1332 年	1340 年 3 月 31 日	亚历山大·涅夫斯基之孙，尤里·丹尼洛维奇之弟	留里克王朝

3.莫斯科大公

亚历山大·涅夫斯基之后，亚历山大·涅夫斯基最小的儿子丹尼尔·亚历山德罗维奇在15世纪建立的莫斯科大公国巩固了罗斯对整个俄罗斯领土的控制，并开启了俄罗斯的历史。尽管如此，罗斯还是逐渐分裂为诸多公国。13世纪，蒙古人攻入俄罗斯，使俄罗斯所有公国成为金帐汗国的附庸，并要求所有公国进贡。随后的一段时间里，俄罗斯人开始挣脱蒙古人的统治，争取独立。独立运动最终以莫斯科的伊凡大帝停止向金帐汗国进贡而达到高潮，从实际上宣布了莫斯科公国的独立。16世纪20年代，消灭最后几个独立公国后，伊凡大帝的儿子瓦西里三世统一了整个俄罗斯。

名称	生卒年	统治开始时间	统治结束时间	备注	王朝
丹尼尔·亚历山德罗维奇	1261—1303	1272 年	1303 年 3 月 4 日	亚历山大·涅夫斯基之子	留里克王朝
尤里·丹尼洛维奇	1281—1325	1303 年 3 月 4 日	1325 年 11 月 25 日	丹尼尔·亚历山德罗维奇之子	留里克王朝
伊凡一世（伊凡一世·丹尼洛维奇）	1288—1340	1325 年 11 月 25 日	1340 年 3 月 31 日	丹尼尔·亚历山德罗维奇之子，尤里·丹尼洛维奇之弟	留里克王朝

名称	生卒年	统治开始时间	统治结束时间	备注	王朝
谢苗一世·伊万诺维奇（"骄傲的谢苗"）	1316—1353	1340年3月31日	1353年4月27日	伊凡一世之子	留里克王朝
伊凡二世（伊凡·伊凡诺维奇、"美男子伊凡"）	1326—1359	1353年4月27日	1359年11月13日	伊凡一世之子，谢苗一世·伊万诺维奇之弟	留里克王朝
德米特里·伊凡诺维奇（德米特里·顿斯科伊）	1350—1389	1359年11月13日	1389年5月19日	伊凡二世之子	留里克王朝
瓦西里一世·德米特里耶维奇	1371—1425	1389年5月19日	1425年2月27日	德米特里·伊凡诺维奇之子	留里克王朝
瓦西里二世（瓦西里·瓦西里耶维奇）	1415—1462	1425年2月27日	1434年3月30日	瓦西里一世之子	留里克王朝
尤里·德米特里耶维奇	1374—1434	1434年3月31日	1434年6月5日	德米特里·伊凡诺维奇之子，瓦西里一世之弟	留里克王朝
瓦西里·科索伊（瓦西里·尤里耶维奇）	1421—1448	1434年6月5日	1435年	尤里·德米特里耶维奇之子	留里克王朝
瓦西里二世（瓦西里·瓦西里耶维奇）	1415—1462	1435年	1446年	复位	留里克王朝
德米特里·舍米亚卡（德米特里·尤里耶维奇）	？—1453	1446年	1447年3月26日	尤里·德米特里耶维奇之子	留里克王朝
瓦西里二世（瓦西里·瓦西里耶维奇）	1415—1462	1447年2月27日	1462年3月27日	复位	留里克王朝
伊凡大帝（伊凡三世·瓦西里耶维奇）	1440—1505	1462年4月5日	1505年11月6日	瓦西里二世之子	留里克王朝
瓦西里三世（瓦西里·伊凡诺维奇）	1479—1533	1505年11月6日	1533年12月13日	伊凡大帝之子	留里克王朝
伊凡四世（伊凡四世·瓦西里耶维奇、"恐怖"伊凡）	1530—1584	1533年12月13日	1547年1月26日	瓦西里三世之子	留里克王朝

二、俄罗斯沙皇（1547—1721）

1547年，瓦西里三世的儿子"恐怖"伊凡（伊凡四世）获得了"全罗斯沙皇"的头衔，正式创立了俄罗斯沙皇国。

名称	生卒年	统治开始时间	统治结束时间	备注	王朝
伊凡四世（伊凡四世·瓦西里耶维奇、"恐怖"伊凡）	1530—1584	1547年1月26日	1584年3月28日	瓦西里三世之子	留里克王朝
谢苗·别克布拉托维奇（萨因—布拉特）	16世纪—1616年1月5日	1575年	1576年	卡西姆汗国可汗，1575年被封为全罗斯大公并于同年退位	卡西姆王朝
费奥多尔一世·伊凡诺维奇	1557—1598	1584年3月28日	1598年1月17日	伊凡四世之子	留里克王朝

"恐怖"伊凡的儿子、留里克王朝最后一位继承人费奥多尔一世去世后，俄罗斯陷入一场被称为"混乱时期"的继承危机。由于费奥多尔一世没有留下男性继承人，俄罗斯缙绅会议（领地议会）选举费奥多尔一世的内兄鲍里

"恐怖"伊凡

斯·戈杜诺夫为沙皇。由于赶上饥荒年代，鲍里斯·戈杜诺夫统治时期，国家陷入一片混乱。接着，一些"伪德米特里"出现了。这些"伪德米特里"都自称是费奥多尔一世已故已久的弟弟德米特里·伊万诺维奇。然而，这些冒充者中只有一个获得了沙皇的合法头衔。留里克王朝的远房表亲瓦西里·舒伊斯基也曾掌权一段时间。在此期间，在包括西吉斯蒙德三世·瓦萨及其儿子瓦迪斯瓦夫四世·瓦萨在内的瑞典和波兰-立陶宛的君主的领导下，外国势力不断干预俄罗斯政治。瓦迪斯瓦夫四世·瓦萨年幼时，就由七位波耶贵族选为沙皇。然而，在正式登基前，他受到父亲的阻止。人们认为，随着米哈伊尔·罗曼诺夫当选为沙皇，俄罗斯的"混乱时期"也结束了。直到1917年二月革命前，米哈伊尔·罗曼诺夫建立的罗曼诺夫王朝都一直统治着俄罗斯。

名称	生卒年	统治开始时间	统治结束时间	备注	王朝
鲍里斯·戈杜诺夫	1551—1605	1598年2月21日	1605年4月13日	费奥多尔一世的内兄，由缙绅会议选为沙皇	戈杜诺夫王朝
费奥多尔二世（费奥多尔·鲍里索维奇·戈杜诺夫）	1589—1605	1605年4月13日	1605年4月10日	鲍里斯·戈杜诺夫之子	戈杜诺夫王朝
伪德米特里一世	1582—1606	1605年6月10日	1606年6月17日	声称是伊凡四世之子，是唯一一个坐上皇位的伪德米特里	留里克王朝
瓦西里四世（瓦西里·舒伊斯基）	1552—1612	1606年6月19日	1610年7月17日（被废黜）	安德烈二世的第九代男嗣	舒伊斯基王朝
瓦迪斯瓦夫四世·瓦萨	1595—1648	1610年9月6日	1612年11月（被废黜）1634年6月14日（退位）	1632年起为波兰国王，西吉斯蒙德三世·瓦萨之子，由七位波耶贵族选为沙皇，但从未登上皇位	瓦萨王朝

随着1613年米哈伊尔·罗曼诺夫当选为俄罗斯沙皇，俄罗斯的"混乱时期"也结束了。起初，俄罗斯政权掌握在米哈伊尔·罗曼诺夫父亲，即菲拉列特

牧首费奥多尔·尼基季奇·罗曼诺夫（1633年去世）手中。米哈伊尔·罗曼诺夫的后代一直统治着俄罗斯，直到1917年二月革命爆发。米哈伊尔·罗曼诺夫的孙子彼得大帝参照西方模式对俄罗斯进行了全面改革，并于1721年建立了俄罗斯帝国。

名称	生卒年	统治开始时间	统治结束时间	备注	王朝
米哈伊尔一世（米哈伊尔·罗曼诺夫）	1596—1645	1613年7月26日	1645年7月12日	罗曼诺夫王朝创立者，费奥多尔一世的远房亲戚	罗曼诺夫王朝
阿列克谢·米哈伊洛维奇	1629—1676	1645年7月12日	1676年1月29日	米哈伊尔一世之子	罗曼诺夫王朝
费奥多尔三世（费奥多尔·阿列克谢维奇）	1661—1682	1676年1月29日	1682年5月7日	阿列克谢·米哈伊洛维奇之子	罗曼诺夫王朝
索菲娅·阿列克谢耶芙娜	1657—1704	1682年5月17日	1689年8月27日	阿列克谢·米哈伊洛维奇之女，费奥多尔三世的姐姐，在伊凡五世和彼得一世统治时期担任摄政	罗曼诺夫王朝
伊凡五世（伊凡五世·阿列克谢维奇·罗曼诺夫）	1666—1696	1682年6月2日	1696年2月8日	阿列克谢·米哈伊洛维奇之子，索菲娅·阿列克谢耶芙娜和费奥多尔三世之弟，与彼得一世共治，并无实权	罗曼诺夫王朝
彼得大帝（彼得一世）	1672—1725	1682年6月2日	1721年11月2日	阿列克谢·米哈伊洛维奇之子，索菲娅·阿列克谢耶芙娜、费奥多尔三世与伊凡五世之弟，与伊凡五世共治，被誉为"最伟大的俄罗斯君主之一"	罗曼诺夫王朝

三、俄罗斯帝国皇帝（1721—1917）：俄罗斯帝国皇帝时期亦是芬兰大公时期（1809—1917）和波兰国王时期（1815—1917）

1721年，彼得大帝宣布建立俄罗斯帝国。1730年，米哈伊尔·罗曼诺夫的直系男性后裔随着俄罗斯帝国彼得大帝的孙子彼得二世的驾崩而终结。俄罗斯帝国的皇位传给了彼得大帝的侄女安娜·伊凡诺芙娜。安娜·伊凡诺芙娜的外甥女安娜·利奥波多芙娜之子伊凡六世进行了短暂统治后，俄罗斯皇位又被彼得大帝的女儿伊丽莎白夺去。伊丽莎白是最后一个统治俄罗斯帝国的罗曼

彼得大帝

诺夫家族直系后裔。伊丽莎白宣布她的外甥彼得为继承人。彼得（后来以彼得三世的身份统治）几乎不会说俄语，在抵达俄罗斯接受皇帝头衔之前，曾是荷尔斯泰因-戈托普家族的德意志亲王。彼得和德意志妻子索菲娅在继承皇位后改名为罗曼诺夫。彼得三世不受人待见，登基六个月后，在妻子策划的一场政变中被暗杀。彼得三世的妻子成为女皇，以叶卡捷琳娜二世的身份进行统治（彼得三世和叶卡捷琳娜二世都是留里克家族的后裔）。后来，叶卡捷琳娜二世的儿子保罗一世制定了明确的继承法，规定皇位实行长子继承制。

名称	生卒年	统治开始时间	统治结束时间	备注	王朝
彼得大帝（彼得一世）	1672—1725	1721年11月2日	1725年2月8日	阿列克谢·米哈伊洛维奇之子之子，索菲娅·阿列克谢耶芙娜、费奥多尔三世与伊凡五世之弟	罗曼诺夫王朝
叶卡捷琳娜一世	1684—1727	1725年2月8日	1727年5月17日	彼得大帝之妻	斯卡乌龙斯卡娅王朝
彼得二世（彼得二世·阿列克谢耶维奇）	1715—1730	1727年5月18日	1730年1月30日	彼得大帝之孙，父亲阿列克谢·彼得罗维奇被谋杀，罗曼诺夫最后一个男嗣	罗曼诺夫王朝
安娜·伊凡诺芙娜	1693—1740	1730年2月13日	1740年10月28日	伊凡五世之女	罗曼诺夫王朝
伊凡六世（伊凡·安东诺维奇）	1740—1764	1740年10月28日	1741年12月6日	伊凡五世之曾外孙，后被谋杀	不伦瑞克-贝沃恩王朝
安娜·利奥波多芙娜	1718—1746	1740年12月6日	1741年12月6日	儿子伊凡六世的摄政，被伊丽莎白女皇废黜并囚禁	梅克伦堡-施威林王朝
伊丽莎白·彼得罗夫娜	1709—1762	1741年12月6日	1762年1月5日	彼得大帝和叶卡捷琳娜一世之女	罗曼诺夫王朝
彼得三世（彼得三世·费奥多罗维奇）	1728—1762	1762年1月9日	1762年7月5日	彼得大帝外孙，伊丽莎白·彼得罗夫娜的外甥，后被谋杀	荷尔斯泰因-戈托普；罗曼诺夫王朝

名称	生卒年	统治开始时间	统治结束时间	备注	王朝
叶卡捷琳娜二世	1729—1796	1762年7月5日	1796年11月17日	彼得三世之妻	具有留里克家族血统
保罗一世（保罗一世·彼得罗维奇）	1754—1801	1796年11月17日	1801年3月23日	彼得三世和叶卡捷琳娜二世之子，被暗杀	荷尔斯泰因-戈托普，罗曼诺夫王朝
亚历山大一世（亚历山大一世·帕夫洛维奇）	1777—1825	1801年3月23日	1825年12月1日	保罗一世之子，波兰会议王国首任罗曼诺夫国王，芬兰大公国大公	荷尔斯泰因-戈托普，罗曼诺夫王朝
康斯坦丁·帕夫洛维奇	1779—1831	1825年12月1日	1825年12月26日	保罗一世之子，亚历山大一世之弟，未加冕（退位）	荷尔斯泰因-戈托普，罗曼诺夫王朝
尼古拉一世（尼古拉一世·帕夫洛维奇）	1796—1855	1825年12月26日	1855年3月2日	保罗一世之子，亚历山大一世和康斯坦丁·帕夫洛维奇之弟	荷尔斯泰因-戈托普，罗曼诺夫王朝
亚历山大二世（亚历山大二世·尼古拉耶维奇）	1818—1881	1855年3月2日	1881年3月13日	尼古拉一世之子，亚历山大一世之侄，被暗杀	荷尔斯泰因-戈托普，罗曼诺夫王朝
亚历山大三世（亚历山大三世·亚历山德罗维奇）	1845—1894	1881年3月13日	1894年11月1日	亚历山大二世之子	荷尔斯泰因-戈托普，罗曼诺夫王朝
尼古拉二世（尼古拉·亚历山德罗维奇·罗曼诺夫）	1868—1918	1894年11月1日	1917年3月15日	亚历山大三世之子，在1917年二月革命中退位，被布尔什维克谋杀	荷尔斯泰因-戈托普，罗曼诺夫王朝

四、尼古拉二世之后的皇位觊觎者

名称	生卒年	统治开始时间	统治结束时间	备注	王朝
米哈伊尔·亚历山德罗维奇	1878—1918	1917年3月15日	1917年3月16日	亚历山大三世之子	荷尔斯泰因-戈托普，罗曼诺夫王朝

名称	生卒年	统治开始时间	统治结束时间	备注	王朝
尼古拉·尼古拉耶维奇	1856—1929	1922年8月8日	1922年10月25日	尼古拉一世之孙，被临时政府缙绅会议任命为俄罗斯帝国皇帝，共产主义者推翻临时政府后，结束了名义上的统治	荷尔斯泰因-戈托普，罗曼诺夫王朝
基里尔·弗拉基米洛维奇	1876—1938	1924年8月31日	1938年10月12日	亚历山大二世之孙，流亡期间自称全俄罗斯皇帝	荷尔斯泰因-戈托普，罗曼诺夫王朝

考据4 历代教皇

此表是以时间顺序排列的教皇列表,参照《宗座年鉴》中的《罗马最高主教》章节,不包括那些明显被认定为对立教皇的教皇。《宗座年鉴》每年由罗马教廷出版。由于无法断定各时代正统教皇,《宗座年鉴》中未注明教皇任数。2001年版《宗座年鉴》对圣彼得至约翰·保罗二世的教皇传记进行了近二百处修订,修订内容主要集中于前两个世纪,包括日期、出生地及一名教皇的姓氏。

教皇一词,直译为"父亲"。在某些教堂被用来指他们的最高精神领袖。教皇这一头衔在英语中通常指天主教领袖。根据传统,天主教教皇使用诸多头衔,包括"最高教长"及"天主众仆之仆"等。每个头衔都来自特定的历史事件。和其他教皇特权不同,头衔无法修改。

赫曼努斯·坎特拉图斯可能是首位对教皇进行排序的史学家,其排序的列表终于1049年,最后一位教皇利奥九世排在第一百五十四位。20世纪,教皇列表几经修改。很长一段时间里,对立教皇克里斯托弗被认为是一位正统教皇。当选教皇斯蒂芬曾被列为斯蒂芬二世,但在1961年后的列表中被去除。1963年,在对西方教会大分裂进行重新解读的过程中,比萨宗教会议(1409年)做出的决议被推翻,从而将格列高利十二世的教皇任期延长到1415年,并将亚历山大五世和约翰二十三世列为对立教皇。

许多教皇被封为圣人。列表中前五十位教皇中的就有四十八位被封为圣人。前三十一位教皇中，二十八位均为殉教者。

一、1千纪

1.1世纪

任数	任期	称号	出生日期和出生地	备注
1	33年到67年	圣彼得	1年，罗马帝国加利利伯赛大	犹太人，第一任教皇，耶稣使徒之一，根据《马太福音》（16:18—19），由其处获得天国的钥匙。倒钉十字架而死。天主教教会承认其为基督任命的首位罗马主教。亦被东方基督教尊为圣人，庆日6月29日。梵蒂冈圣彼得大教堂以其名命名
2	67年到76年	圣利努斯	10年，罗马帝国意大利沃尔泰拉	第一任罗马教皇，庆日9月23日。亦被东方基督教尊为圣人，庆日6月7日
3	76年到88年	圣亚纳格肋多（克雷）	25年，罗马帝国希腊雅典	第一任希腊教皇，庆日4月26日。曾被误分为克雷和亚纳格肋多二人
4	88年到99年	圣克莱门特一世	35年，罗马帝国意大利罗马	罗马人，庆日11月23日。《克莱门特一书》据称确立了神职人员的使徒权。亦被东方基督教尊为圣人，庆日11月25日。被人绑在锚上抛入海中而殉教
5	99年到107年	圣埃瓦里斯图斯	44年，罗马帝国犹太行省伯利恒	希腊犹太人，据称，将罗马划分为教区，并分配神职人员。庆日10月26日

2.2世纪

任数	任期	称号	出生日期和出生地	备注
6	107年到115年	圣亚历山大一世	75年，罗马帝国意大利罗马	罗马人，创立以圣水祝圣的传统。亦被东方基督教尊为圣人，庆日3月18日
7	115年到124年	圣西克斯图斯一世	42年，罗马帝国意大利罗马	希腊人，庆日4月6日。亦被东方基督教尊为圣人，庆日8月10日
8	126年到137年	圣忒勒斯福罗斯	出生日期不详，罗马帝国意大利特拉诺瓦－达锡巴里	希腊人，庆日1月5日。亦被东方基督教尊为圣人，庆日2月22日。教父圣艾雷尼厄斯称其为"大殉教者"

任数	任期	称号	出生日期和出生地	备注
9	138年到142年	圣西吉诺斯	出生日期不详，罗马帝国希腊雅典	希腊人，根据传统为殉教者，庆日1月11日
10	142年或146年到157年或161年	圣庇护一世	1世纪晚期，罗马帝国意大利阿奎莱亚	罗马人，殉教者，死于剑下，庆日7月11日。下令复活节仅于周日庆祝
11	157年到168年	圣阿尼塞图斯	约1世纪，罗马帝国叙利亚埃米萨	希腊叙利亚人，第一任叙利亚教皇。根据传统为殉教者，庆日4月17日。下令神职人员不得留长发
12	168年到174年	圣索泰尔	出生日期不详，罗马帝国意大利丰迪	希腊人，根据传统为殉教者，庆日4月22日。宣布在得到神父祝福后婚姻方可有效。正式将复活节设立为罗马年度节日
13	174年到189年	圣埃留提利乌斯	出生日期不详，罗马帝国伊庇鲁斯尼哥波利	希腊人，根据传统为殉教者，庆日5月6日
14	189年到199年	圣维克托一世	出生日期不详，罗马帝国阿非利加	罗马贝尔贝人，第一个生于非洲的罗马教皇。将拜占庭的狄奥多图斯绝罚
15	199年到217年	圣泽菲利努斯	出生日期不详，罗马帝国意大利罗马	罗马人。同拜占庭的狄奥多图斯信徒宣扬的异端学说进行斗争。尽管未直接殉教，但由于其承受的苦痛而被称为"殉教者"
-	199年到200年	纳塔利乌斯	罗马帝国意大利罗马	罗马人，圣则斐琳的对立教皇，后和解

3.3世纪

任数	任期	称号	出生日期和出生地	备注
16	218年到约222年	圣加里斯都一世	出生日期不详，罗马帝国意大利罗马	希腊人，殉教者，庆日10月14日
-	217年到235年	圣希波吕托斯	170年，罗马帝国小亚细亚	希腊人，圣加里斯都一世、乌尔班一世和蓬蒂安的对立教皇。后与教皇庞提安和解
17	222年到230年	圣乌尔班一世	175年，罗马帝国意大利罗马	罗马人，亦被东方基督教尊为圣人，庆日5月25日
18	230年到235年	圣庞提安	出生日期不详，罗马帝国意大利罗马	罗马人，被罗马帝国皇帝马克西米努斯放逐至撒丁岛，首位逊位教皇。《利比里亚目录》记载其过世为235年9月28日，此为教皇相关记录最初的精确日期

任数	任期	称号	出生日期和出生地	备注
19	235年到236年	圣安特鲁斯	出生日期不详，罗马帝国意大利佩蒂利亚波利卡斯特罗	希腊人，庆日1月3日。亦被东方基督教尊为圣人，庆日8月5日
20	236年到250年	圣法比安	出生日期不详，罗马帝国意大利罗马	罗马人，将罗马分为七个区，每区由一执事领衔，庆日1月20日。亦被东方基督教尊为圣人，庆日8月5日
21	251年到253年	圣科尔内留斯	出生日期不详，罗马帝国意大利罗马	罗马人，经受苦役后殉教，庆日9月16日
—	251年到258年	诺瓦蒂安	约公元200年，罗马帝国意大利罗马	罗马人，诺瓦蒂安主义创始人。圣科尔内留斯、卢修斯一世、斯蒂芬一世和西克斯图斯二世的对立教皇
22	253年到254年	圣卢修斯一世	出生日期不详，罗马帝国意大利罗马	罗马人，庆日3月5日
23	254年到257年	圣斯蒂芬一世	出生日期不详，罗马帝国意大利罗马	希腊人，殉教者，死于斩首，庆日8月2日。亦被东方基督教尊为圣人，庆日相同
24	257年到258年	圣西克斯图斯二世	出生日期不详，罗马帝国希腊雅典	希腊人，殉教者，死于斩首。亦被东方基督教尊为圣人，庆日8月10日
25	259年到268年	圣狄奥尼修斯	出生日期不详，罗马帝国意大利特拉诺瓦－达锡巴里	希腊人，庆日12月26日
26	269年到274年	圣费利克斯一世	出生日期不详，罗马帝国意大利罗马	罗马人
27	275年到283年	圣欧蒂基安	出生日期不详，罗马帝国意大利卢纳	罗马人
28	283年到296年	圣卡尤斯	出生日期不详，罗马帝国达尔马提亚萨罗纳	罗马人，殉教者，死于斩首，庆日4月22日。亦被东方基督教尊为圣人，庆日8月11日
29	296年到304年	圣马色林努	出生日期不详，罗马帝国意大利罗马	罗马人，庆日4月26日。亦被东方基督教尊为圣人，庆日6月7日

4.4世纪

任数	任期	称号	出生日期和出生地	备注
30	308年到309年	圣马塞勒斯一世	255年，罗马帝国意大利罗马	罗马人，309年被罗马帝国皇帝马克森提乌斯放逐

任数	任期	称号	出生日期和出生地	备注
31	310年	圣尤西比乌斯	出生日期不详，罗马帝国撒丁岛	希腊人，为罗马帝国皇帝马克森提乌斯放逐，并死于途中
32	311年到314年	圣米尔提亚德斯	出生日期不详，罗马帝国阿非利加	罗马贝尔贝人，君士坦丁大帝颁布《米兰敕令》停止迫害基督教教徒后的首位教皇
33	314年到335年	圣西尔维斯特一世	出生日期不详，罗马帝国圣安杰洛阿斯卡拉	罗马人，庆日12月31日。亦被东方基督教尊为圣人，庆日1月2日。在其任内兴建拉特兰圣约翰大殿、耶路撒冷圣十字圣殿及老圣彼得大殿
34	336年	圣马克	出生日期不详，罗马帝国意大利罗马	罗马人，圣马可组织编纂了其生前殉教者及主教的传记
35	337年到352年	圣尤利乌斯一世	出生日期不详，罗马帝国意大利罗马	罗马人，卷入阿里乌教派之争。将基督诞生分为两个节日，主显节为原日期1月6日，圣诞节则为12月25日
36	352年到366	利伯乌斯	出生日期不详，罗马帝国意大利罗马	罗马人，首位未被罗马天主教会封圣的教皇。被东方基督教尊为圣人，庆日8月27日
-	355年到365年	费利克斯二世	出生日期不详，罗马帝国意大利罗马	罗马人，利伯乌斯的对立教皇
37	366年到384年	圣达马苏一世	305年，罗马帝国意大利罗马	罗马人，现代葡萄牙的第一任教皇。负责翻译拉丁语版圣经。主持了第一次君士坦丁堡宗教会议和第二次全基督教大会
-	366年到367年	乌尔西努斯	罗马帝国意大利罗马	罗马人，达马苏一世的对立教皇。两大教派之争后被皇帝瓦伦提尼安二世流放到高卢
38	384年到399年	圣西利修斯	334年，罗马帝国意大利罗马	罗马人，其教令为现存最早，内容涉及宗教纪律、施洗、献祭、授任、忏悔和节欲。其386年颁布的教令首次要求神职人员禁欲
39	399年到401年	圣阿纳斯塔修斯一世	出生日期不详，罗马帝国意大利罗马	罗马人，要求神职人员在诵读福音书时站立并鞠躬

5.5世纪

任数	任期	称号	出生日期和出生地	备注
40	401年到417年	圣因诺森特一世	出生日期不详，罗马帝国阿尔巴诺拉齐亚莱	罗马人

任数	任期	称号	出生日期和出生地	备注
41	417年到418年	圣索西穆斯	出生日期不详，罗马帝国梅索拉卡	希腊人
-	418年到419年	攸拉利乌	出生日期不详，罗马帝国意大利罗马	罗马人，教皇卜尼法斯一世的对立教皇。卜尼法斯一世当选前夕，他当选为教皇。起初受惠于洪诺留皇帝，后很快失去支持。流亡于坎帕尼亚，于423年去世
42	418年到422年	圣卜尼法斯一世	出生日期不详，罗马帝国意大利罗马	罗马人
43	422年到432年	圣塞莱斯廷一世	出生日期不详，罗马帝国坎帕尼亚	罗马人，亦被东方基督教尊为圣人，庆日4月8日。在第三次全基督教大会上，被天主教、东正教和东方东正教教会承认
44	432年到440年	圣西克斯图斯三世	390年，罗马帝国意大利罗马	罗马人
45	440年到461年	圣利奥一世	400年，罗马帝国意大利伊特鲁里亚	罗马人，说服匈人阿提拉停止对意大利的入侵。对451年的卡尔西登宗教会议影响重大，创立位格合一论，庆日11月10日。亦被东方基督教尊为圣人，庆日2月18日
46	461年到468年	圣希拉	出生日期不详，西罗马帝国意大利罗马意大利撒丁岛	罗马人
47	468年到483年	圣辛普利修斯	出生日期不详，西罗马帝国意大利提布尔	罗马人，在西罗马帝国覆灭和随后奥多亚塞占领罗马和意大利期间担任教皇
48	483年到492年	圣费利克斯三世	出生日期不详，西罗马帝国意大利罗马	罗马人，教皇格列高利一世的高祖父
49	492年到496年	圣格修一世	出生日期不详，西罗马帝国阿非利加卡比利亚	罗马贝尔贝人，最后一位生于非洲大陆的教皇。首位称"基督代理人"的教皇
50	496年到498年	阿纳斯塔修斯二世	出生日期不详，西罗马帝国意大利罗马	希腊人，试图终止阿卡西乌分裂，但反倒导致劳伦修斯分裂教会
51	498年到514年	圣西玛库斯	出生日期不详，西罗马帝国意大利撒丁岛	罗马人
-	498年到506年	劳伦修斯	公元460年西罗马帝国意大利罗马	罗马人，西玛库斯的对立教皇，与西玛库斯在同一天被选为教皇。501年控制罗马，并一直担任教皇至506年去世

6.6 世纪

任数	任期	称号	出生日期和出生地	备注
52	514年到523年	圣贺密斯达	450年,西罗马帝国意大利弗罗西诺内	罗马人,教皇西尔维留斯之父
53	523年到526年	圣约翰一世	出生日期不详,西罗马帝国伊特鲁里亚塞纳	罗马人
54	526年到530年	圣费利克斯四世	出生日期不详,东哥特王国萨莫奈	罗马人,有时称费利克斯三世。兴建圣科斯马和达米亚诺教堂
55	530年到532年	卜尼法斯二世	出生日期不详,东哥特王国罗马	东哥特人,第一位德意志教皇。将儒略历纪年法由罗马建城纪年改为基督纪年
—	530年	狄奥斯克鲁斯	东罗马帝国亚历山德里亚	希腊人,卜尼法斯二世的对立教皇。拜占庭教会候选人,由大多数枢机主教选举为教皇,并得到君士坦丁堡的承认,当选后不到一个月就去世了
56	533年到535年	约翰二世	出生日期不详,西罗马帝国罗马	罗马人,首位未使用其本名的教皇
57	535年到536年	圣阿加皮图斯一世	出生日期不详,东哥特王国罗马	罗马人,庆日4月22日和9月20日。亦被东方基督教尊为圣人,庆日4月17日
58	536年到537年	圣西尔维留斯	480年东哥特王国切卡诺	罗马人,被放逐,庆日6月20日。教皇贺密斯达之子
59	537年到555年	维吉里	出生日期不详,东哥特王国罗马	罗马人,在第二次君士坦丁堡公宗教会议和第五次全基督教大会得到天主教和东正教认可
60	556年到561年	贝拉基一世	出生日期不详,东哥特王国罗马	罗马人,兴建十二宗徒圣殿
61	561年到574年	约翰三世	出生日期不详,东哥特王国罗马	罗马人
62	575年到579年	本笃一世	出生日期不详,东哥特王国罗马	罗马人
63	579年到590年	贝拉基二世	520年,东哥特王国罗马	罗马人,下令兴建城外圣洛伦佐教堂
64	590年到604年	圣格列高利一世	540年,东罗马帝国罗马	最后一任罗马帝国教皇。高祖父是费利克斯三世。首位正式使用"天主众仆之仆"及"大祭司"头衔的教皇,创格列高利圣咏。庆日9月3日。亦被东方基督教尊为圣人,庆日3月12日。被称为"基督教教会之父"。东正教教会称其为"对话者圣格列高利"

7.7世纪

任数	任期	称号	出生日期和出生地	备注
65	604年到606年	萨比尼昂	530年，东罗马帝国布莱拉	罗马人，接下来的两个世纪，罗马教皇都被拜占庭帝国控制
66	607年	卜尼法斯三世	出生日期不详，东罗马帝国罗马	希腊人
67	608年到615年	圣卜尼法斯四世	550年，东罗马帝国马尔西卡	罗马人，首位与前任教皇使用同名的教皇。本笃会成员
68	615年到618年	圣狄乌迪弟一世	570年，东罗马帝国罗马	罗马人，有时称狄达笃，首位在教皇文件上使用铅封者。后来，教皇文件被称为教皇诏书
69	619年到625年	卜尼法斯五世	出生日期不详，东罗马帝国那不勒斯	罗马人
70	625年到638年	洪诺留一世	出生日期不详，东罗马帝国坎帕尼亚	罗马人，680年，被第三次君士坦丁堡宗教会议定为异端并除籍
71	640年	塞维里努斯	585年，东罗马帝国罗马	罗马人
72	640年到642年	约翰四世	587年，达尔马提亚亚德拉	罗马人
73	642年到649年	狄奥多尔一世	出生日期不详，东罗马帝国耶路撒冷	希腊人，最后一位来自巴勒斯坦地区的教皇。筹备召开649年拉特兰宗教会议，但在会议召开前去世
74	649年到655年	圣马丁一世	约590年，东罗马帝国翁布里亚托迪附近	罗马人，最后一位被承认为殉教者的教皇，庆日11月12日。亦被东方基督教尊为圣人，庆日4月14日
75	654年到657年	圣尤金一世	出生日期不详，东罗马帝国罗马	罗马人
76	657年到672年	圣维塔利安	出生日期不详，东罗马帝国塞尼	罗马人
77	672年到676年	阿得奥达多斯二世	出生日期不详，东罗马帝国罗马	罗马人。有时称阿得奥达多斯，有时称狄达笃。本笃会成员
78	676年到678年	多努斯	出生日期不详，东罗马帝国罗马	罗马人
79	678年到681年	圣阿加托	出生日期不详，东罗马帝国西西里巴勒莫	希腊人，亦被东方基督教尊为圣人，庆日2月20日。第六次全体基督教大会被天主教教会和东正教教会接受

任数	任期	称号	出生日期和出生地	备注
80	682年到683年	圣利奥二世	611年，东罗马帝国西西里阿伊多内	希腊人，庆日7月3日
81	684年到685年	本尼狄克二世	出生日期不详，东罗马帝国罗马	罗马人，庆日5月7日
82	685年到686年	约翰五世	出生日期不详，东罗马帝国安条克	希腊人
83	686年到687年	科农	出生日期不详，东罗马帝国色雷斯	希腊人
84	687年到701年	圣塞尔吉乌斯一世	650年，东罗马帝国西西里巴勒莫	希腊叙利亚人，开创在弥撒时演唱《上帝的羔羊》的传统

8.8世纪

任数	任期	称号	出生日期和出生地	备注
85	701年到705年	约翰六世	655年，东罗马帝国以弗所	亚细亚人，唯一一位来自小亚细亚的教皇
86	705年到707年	约翰七世	650年，东罗马帝国罗萨诺	希腊人，第二位与其前任使用同名的教皇
87	708年	西辛尼乌斯	650年，正统哈里发时期叙利亚	叙利亚人
88	708年到715年	康斯坦丁	664年，倭马亚王朝叙利亚	叙利亚人，在2001年教皇约翰保罗二世上任前，是最后一位在任时造访希腊的教皇
89	715年到731年	圣格列高利二世	669年，东罗马帝国罗马	罗马人，庆日2月11日。721年，召开罗马宗教会议
90	731年到741年	圣格列高利三世	出生日期不详，倭马亚王朝叙利亚	叙利亚人，最后一位来自叙利亚的教皇。第三位与其前任使用同一名字的教皇。在2013年教皇弗朗西斯就任前，是最后一位生于欧洲外的教皇
91	741年到752年	扎卡里	679年，东罗马帝国卡拉布里圣塞韦里纳	罗马人，庆日3月15日。兴建圣母堂
—	752年	斯蒂芬	出生日期不详，东罗马帝国罗马	罗马人，之前称斯蒂芬二世。当选后三日即过世，未进行主教祝圣仪式。一些教皇列表仍将其包括在内

任数	任期	称号	出生日期和出生地	备注
92	752年到757年	斯蒂芬二世	714年，东罗马帝国罗马	罗马人，有时称斯蒂芬三世。丕平献土。教皇保罗一世之弟
93	757年到767年	圣保罗一世	700年，东罗马帝国罗马	罗马人
94	768年到772年	斯蒂芬三世	出生日期不详，东罗马帝国锡拉丘兹	希腊人，有时称斯蒂芬四世。769年，召开拉特兰宗教会议
95	772年到795年	阿德里安一世	出生日期不详，东罗马帝国塞尼	罗马人，第二次尼西亚宗教会议期间的教皇，第七次全体基督教大会被天主教教会和东正教教会认可
96	795年到816年	圣利奥三世	750年，东罗马帝国罗马	罗马人，800年圣诞节将查理曼加冕为皇帝，由此开创神圣罗马皇帝这一头衔，该头衔需得到教皇承认

9.9世纪

任数	任期	称号	出生日期和出生地	备注
97	816年到817年	斯蒂芬四世	770年，教皇国罗马	罗马人，罗马帝国分裂后第一位生于罗马的教皇。有时称斯蒂芬五世
98	817年到824年	圣帕斯卡尔一世	出生日期不详，教皇国罗马	意大利人，博诺苏斯和埃皮斯科帕·泰奥多拉之子。于教皇加里斯都墓窟中发现圣则利亚遗骸。在特拉斯泰韦修建圣则利亚圣殿，在多姆妮卡修建大圣母玛丽亚殿
99	824年到827年	尤金二世	出生日期不详，教皇国罗马	意大利人
100	827年	瓦伦丁	出生日期不详，教皇国罗马	意大利人
101	827年到844年	格列高利四世	出生日期不详，教皇国罗马	意大利人，重建圣彼得大殿并将教皇格列高利一世遗骸迁入
102	844年到847年	塞尔吉乌斯二世	出生日期不详，教皇国罗马	意大利人
103	847年到855年	圣利奥四世	790年，教皇国罗马	伦巴第人，本笃会成员
104	855年到858年	本尼狄克三世	出生日期不详，教皇国罗马	意大利人

任数	任期	称号	出生日期和出生地	备注
105	858年到867年	圣尼古拉一世	800年，教皇国罗马	意大利人。鼓励传教活动
106	867年到872年	阿德里安二世	792年，教皇国罗马	意大利人，召开第四次君士坦丁堡宗教会议
107	872年到882年	约翰八世	出生日期不详，教皇国罗马	意大利人，首位被暗杀的教皇
108	882年到884年	马里纳斯一世	830年，教皇国加莱塞	意大利人
109	884年到885年	圣阿德里安三世	出生日期不详，教皇国罗马	意大利人，庆日7月8日。阿德里安一世可能是其祖先
110	885年到891年	斯蒂芬五世	出生日期不详，教皇国罗马	意大利人。有时称为斯蒂芬六世
111	891年到896年	福尔摩苏斯	约816年，教皇国奥斯蒂亚	意大利人，僵尸审判后被戮尸。公元897年获基督教荣誉，尸体被重新入葬
112	896年	卜尼法斯六世	806年，教皇国罗马	意大利人
113	896年到897年	斯蒂芬六世	出生日期不详，教皇国罗马	意大利人。有时称斯蒂芬七世。召开臭名昭著的僵尸审判
114	897年	罗马努斯	出生日期不详，教皇国加莱塞	意大利人
115	897年	狄奥多尔二世	840年，教皇国罗马	希腊人
116	898年到900年	约翰九世	出生日期不详，教皇国蒂沃利	伦巴第人。本笃会成员
117	900年到903年	本笃四世	出生日期不详，教皇国罗马	意大利人

10. 10世纪

任数	任期	称号	出生日期和出生地	备注
118	903年	利奥五世	出生日期不详，教皇国阿尔代亚	意大利人，被废黜，被谋杀
—	903年到904年	克里斯托弗	教皇国罗马	意大利人，利奥五世的对立教皇

任数	任期	称号	出生日期和出生地	备注
119	904年到911年	塞尔吉乌斯三世	出生日期不详，教皇国罗马	意大利人，首位加三重冕的教皇
120	911年到913年	阿纳斯塔修斯三世	出生日期不详，教皇国罗马	意大利人
121	913年到914年	兰多	出生日期不详，教皇国萨比纳	意大利人
122	914年到928年	约翰十世	出生日期不详，教皇国托西尼亚诺	意大利人
123	928年到929年	利奥六世	880年，教皇国罗马	意大利人
124	929年到931年	斯蒂芬七世	出生日期不详，教皇国罗马	意大利人，有时称为斯蒂芬八世
125	931年到935年	约翰十一世	出生日期不详，教皇国罗马	意大利人，根据《教皇史书》和历史学家克雷莫纳的柳特普兰德的记载，约翰十一世是教皇塞尔吉乌斯三世之子，而非斯波尔托公爵阿尔伯里克一世之子
126	936年到939年	利奥七世	出生日期不详，教皇国罗马	意大利人，本笃会成员
127	939年到942年	斯蒂芬八世	出生日期不详，教皇国罗马	意大利人，有时称斯蒂芬九世
128	942年到946年	马里纳斯二世	出生日期不详，教皇国罗马	意大利人
129	946年到955年	阿加皮图斯二世	出生日期不详，教皇国罗马	意大利人
130	955年到963年	约翰十二世	930年或937年，教皇国罗马	意大利人，第三位不使用本名的教皇。963年被神圣罗马帝国皇帝奥托一世非法罢黜
—	963年到964年	利奥八世	915年，教皇国罗马	意大利人，963年被神圣罗马帝国皇帝奥托一世立为对立教皇，以与约翰十二世及本笃五世相抗衡
130	964年	约翰十二世	930年或937年，教皇国罗马	复位，964年被谋杀
131	964年	本笃五世	出生日期不详，教皇国罗马	意大利人，由罗马人民选举，以同奥托一世选任的对立教皇利奥八世相抗衡。964年被废黜，利奥八世成为唯一教皇
132	963年到964年	利奥八世	915年，教皇国罗马	今日天主教会认为其963年到964年教皇任期不合法。奥托一世的加冕者

任数	任期	称号	出生日期和出生地	备注
133	965年到972年	约翰十三世	出生日期不详，教皇国罗马	意大利人
134	973年到974年	本笃六世	出生日期不详，教皇国罗马	意大利人。被废黜并杀
—	974年	卜尼法斯七世	教皇国罗马	意大利人，本笃六世和本笃七世的对立教皇
135	974年到983年	本笃七世	出生日期不详，教皇国罗马	意大利人
136	983年984年	约翰十四世	出生日期不详，神圣罗马帝国意大利王国帕维亚	意大利人，第四位未使用本名的教皇
—	984年到985年	卜尼法斯七世	教皇国罗马	意大利人。约翰十四世和约翰十五世的对立教皇
137	985年到996年	约翰十五世	出生日期不详，教皇国罗马	首位正式封圣的教皇
138	996年到999年	格列高利五世	972年，神圣罗马帝国克恩滕公国施泰纳赫	首位德意志教皇，第五位不使用本名的教皇。此举成为未来教皇之传统
—	997年到998年	约翰十六世	945年，东罗马帝国意大利卡拉布里亚罗萨诺	希腊人，格列高利五世的对立教皇
139	999年到1003年	西尔维斯特二世	约946年，法兰西贝里亚克	首位法兰西教皇

二、2千纪

1.11世纪

任数	任期	称号	出生日期和出生地	备注
140	1003年	约翰十七世	出生日期不详，教皇国罗马	意大利人
141	1003年到1009年	约翰十八世	出生日期不详，教皇国拉帕尼亚诺	意大利人

任数	任期	称号	出生日期和出生地	备注
142	1009年到1012年	塞尔吉乌斯四世	出生日期不详，教皇国罗马	意大利人
—	1012年	格列高利六世	教皇国罗马	意大利人，本笃八世之对立教皇
143	1012年到1024年	本笃八世	980年，教皇国罗马	意大利人
144	1024年到1032年	约翰十九世	出生日期不详，教皇国罗马	意大利人，本笃八世之弟
145	1032年到1044年	本笃九世	1012年，教皇国罗马	意大利人，第一次上任
146	1045年	西尔维斯特三世	1000年，教皇国罗马	意大利人，选举有效性受到质疑。有时被认为是对立教皇，苏特里宗教会议后被罢黜
147	1045年	本笃九世	1012年，教皇国罗马	意大利人，第二次上任；苏特里宗教会议后被罢黜
148	1045年到1046年	格列高利六世	出生日期不详，教皇国罗马	意大利人，苏特里宗教会议后被罢黜
149	1046年到1047年	克莱门特二世	出生日期不详，神圣罗马帝国萨克森公国霍恩堡	德意志人，苏特里宗教会议中被亨利三世任命。加冕亨利三世为神圣罗马帝国皇帝
150	1047年到1048年	本笃九世	1012年，教皇国罗马	意大利人，第三次上任。被废黜并绝罚
151	1048年	达马苏二世	出生日期不详，神圣罗马帝国巴伐利亚公国皮尔德瑙	德意志人
152	1049年到1054年	圣利奥九世	1002年，神圣罗马帝国士瓦本公国阿尔萨斯	德意志人，1054年，利奥九世和君士坦丁堡普世牧首米哈伊尔一世相互绝罚，东西教会大分裂正式开始。1965年保罗六世和阿忒纳哥拉牧首取消了这一决定
153	1055年到1057年	维克托二世	1018年，神圣罗马帝国士瓦本公国	德意志人
154	1057年到1058年	斯蒂芬九世	1020年，神圣罗马帝国洛林公国	德意志人，有时称斯蒂芬十世。本笃会成员
—	1058年到1059年	本笃十世	教皇国罗马	意大利人，尼古拉二世之对立教皇
155	1059年到1061年	尼古拉二世	约990年，神圣罗马帝国萨伏伊伯国梅屈里雪佛龙城堡	法兰西人，1059年其诏书《以神之名》指定枢机团为唯一选举教皇机构

任数	任期	称号	出生日期和出生地	备注
—	1061年到1072年	洪诺留二世	1010年，神圣罗马帝国维罗纳	意大利人，教皇亚历山大二世之对立教皇
156	1061年到1073年	亚历山大二世	约1010年，神圣罗马帝国米兰	意大利人，准许1066年诺曼征服英格兰
157	1073年到1085年	圣格列高利七世	1015年，神圣罗马帝国托斯卡纳侯爵领地索瓦纳	伦巴第人，推动格列高利改革。限定教皇头衔仅能为罗马主教使用。本笃会成员。同神圣罗马帝国皇帝亨利四世进行政治斗争，导致后者被迫前往卡诺萨
—	1080年到1100年	克莱门特三世	1029年，神圣罗马帝国维罗纳	意大利人，为教皇格列高利七世、维克托三世、乌尔班二世和帕斯卡尔二世的对立教皇
158	1086年5月24日–1087年9月16日（1年115天）	真福维克托三世	1026年，贝内文托公国贝内文托	伦巴第人，本笃会成员。1087年，召开贝内文托宗教会议
159	1088年到1099年	真福乌尔班二世	1035年，法兰西香槟伯国马恩河畔沙蒂隆	法兰西人，推动并发起了第一次十字军东征。本笃会成员
160	1099年到1118年	帕斯卡尔二世	约1050年，神圣罗马帝国托斯卡纳侯爵领地布莱达	伦巴第人，本笃会成员。下令兴建四殉道堂
—	1100年到1101年	狄奥多里克	出生日期不详，教皇国罗马	伦巴第人，教皇帕斯卡尔二世的对立教皇

2.12世纪

任数	任期	称号	出生日期和出生地	备注
—	1101年	阿达尔贝特	出生日期不详，教皇国	伦巴第人，教皇帕斯卡尔二世的对立教皇
—	1105年到1111年	西尔维斯特四世	出生日期不详，教皇国	德意志人，教皇帕斯卡尔二世的对立教皇
161	1118年到1119年	格拉修二世	约1060年，加埃塔公国	意大利人
—	1118年到1121年	格列高利八世	出生日期不详，法兰西奥西塔尼亚	法兰西人。教皇格拉修二世和加里斯都二世的对立教皇
162	1119年到1124年	加里斯都二世	1065年，弗朗什-孔泰坎热	法兰西人，1123年，召开第一次拉特兰宗教会议

任数	任期	称号	出生日期和出生地	备注
—	1124年	塞莱斯廷二世	出生日期不详，教皇国罗马	法兰西人。洪诺留二世的对立教皇
163	1124年到1130年	洪诺留二世	1060年，教皇国菲亚尼亚诺	意大利人，圣雷诺圣母玛丽亚修会修士。1128年批准圣殿骑士团成立
164	1130年到1143年	因诺森特二世	出生日期不详，教皇国罗马	意大利人，拉特兰修会修士。1139年召开第二次拉特兰宗教会议
—	1130年到1138年	阿纳克雷图斯二世	出生日期不详，教皇国罗马	意大利人，因诺森特二世的对立教皇
—	1138年	维克托四世	出生日期不详，教皇国罗马	意大利人，因诺森特二世的对立教皇
165	1143年到1144年	塞莱斯廷二世	出生日期不详，教皇国卡斯泰洛城	意大利人
166	1144年到1145年	卢修斯二世	出生日期不详，神圣罗马帝国博洛尼亚	意大利人，卢卡圣弗雷迪亚诺修会修士
167	1145年到1153年	真福尤金三世	1080年，比萨共和国蒙泰马尼奥	意大利人，熙笃会成员，宣布第二次十字军东征开始
168	1153年到1154年	阿纳斯塔修斯四世	1073年，教皇国罗马	意大利人
169	1154年到1159年	阿德里安四世	1100年，英格兰王国赫特福德郡阿博茨兰利	首位和唯一一位英格兰教皇。将爱尔兰划归予英格兰国王亨利二世。圣鲁弗斯修会修士
170	1159年到1181年	亚历山大三世	约1100年，教皇国锡耶纳	意大利人，1179年召开第三次拉特兰宗教会议
—	1159年到1164年	维克托四世	出生日期不详，教皇国罗马	意大利人，亚历山大三世的对立教皇
—	1164年到1168年	帕斯卡尔三世	1110年，教皇国罗马	意大利人，亚历山大三世的对立教皇
—	1168年到1178年	加里斯都三世	出生日期不详，教皇国罗马	意大利人，亚历山大三世的对立教皇
—	1179年到1180年	因诺森特三世	出生日期不详，教皇国兰佐	意大利人，亚历山大三世的对立教皇
171	1181年到1185年	卢修斯三世	1097年，神圣罗马帝国托斯卡纳侯爵领地卢卡	意大利人
172	1185年到1187年	乌尔班三世	1120年，神圣罗马帝国库焦诺	意大利人

任数	任期	称号	出生日期和出生地	备注
173	1187年	格列高利八世	约1100年，教皇国贝内文托	意大利人，律修会修士，推动第三次十字军东征
174	1187年到1191年	克莱门特三世	1130年，教皇国罗马	意大利人
175	1191年到1198年	塞莱斯廷三世	1106年，教皇国罗马	箴言："走自己的路。"意大利人
176	1198年到1216年	因诺森特三世	约1161年，教皇国加维纳诺	意大利人，1215年召开第四次拉特兰宗教会议，推动第四次十字军东征，但在意识到其领袖无意征服圣地而仅欲劫掠基督教城市后与十字军决裂，并威胁绝罚其参与者。批准方济各会成立

3.13世纪

任数	任期	称号	出生日期和出生地	备注
177	1216年到1227年	洪诺留三世	1150年，教皇国罗马	意大利人，发动第五次十字军东征。批准建立数个修道会
178	1227年到1241年	格列高利九世	1145到1170年，教皇国阿纳尼	意大利人，发动法兰西宗教审判及北方十字军入侵
179	1241年	塞莱斯廷四世	出生日期不详，神圣罗马帝国意大利米兰	意大利人，加冕前过世
180	1243年到1254年	因诺森特四世	1195年，神圣罗马帝国热那亚共和国热那亚	意大利人，1245年召开第一次里昂宗教会议。1252年颁布《根绝》教令，允许以苛刑对待异端
181	1254年到1261年	亚历山大四世	1185年或1199，教皇国维泰博	意大利人，在法兰西建立宗教裁判所
182	1261年到1264年	乌尔班四世	1195年，法兰西香槟伯国特鲁瓦	法兰西人，1264年创立基督圣体圣血节
183	1265年到1268年	克莱门特四世	1190，法兰西朗格多克圣吉勒	法兰西人
—	1268年到1271年	（宗座从缺）		由于枢机团无法达成一致，在近三年内没有选举教皇
184	1271年到1276年	真福格列高利十世	1210年，神圣罗马帝国意大利皮亚琴察	意大利人，1274年召开第二次里昂宗教会议。制订选举规则，到20世纪前均适行

任数	任期	称号	出生日期和出生地	备注
185	1276年	真福因诺森特五世	1225年,神圣罗马帝国萨伏伊伯国	法兰西人,道明会成员
186	1276年	阿德里安五世	1210年到1220年,神圣罗马帝国热那亚共和国热那亚	意大利人,废除格列高利十世制订的选举规则
187	1276年到1277年	约翰二十一世	1215年,葡萄牙里斯本	葡萄牙人。由于13世纪对"约翰"一名的教皇计数存有争议,便不存在约翰二十世
188	1277年到1280年	尼古拉三世	1225年,教皇国罗马	意大利人,谋划西西里晚祷起事
189	1281年到1285年	马丁四世	1210年到1220年,法兰西图赖讷	法兰西人
190	1285年到1287年	洪诺留四世	1210年,教皇国罗马	意大利人
191	1288年到1292年	尼古拉四世	1227年,那不勒斯王国利夏诺	意大利人,方济各会成员
—	1292年到1294年	(宗座从缺)		由于枢机团无法达成一致,在两年内没有选举产生教皇
192	1294年	圣塞莱斯廷五世	1215年,西西里王国圣安杰洛利莫萨诺	意大利人,主动去职。本笃会成员。创建塞莱斯廷修会。据传,卸任后被卜尼法斯八世派人暗杀
193	1294年到1303年	卜尼法斯八世	1230年,教皇国阿纳尼	意大利人,1300年正式创立禧年传统。1302年,颁布《一圣教谕》,宣称教皇权力至上

4.14世纪

任数	任期	称号	出生日期和出生地	备注
194	1303年到1304年	真福本笃十一世	1240年,意大利特雷维索	箴言:"请用你的圣容光照你的仆人。"意大利人,道明会成员。废除卜尼法斯八世的《一圣教谕》
195	1305年到1314年	克莱门特五世	1264年,法兰西加斯科涅维朗德罗	法兰西人。阿维尼翁教廷教皇。1311年到1312年召开维埃纳宗教会议。在法兰西国王腓力四世要挟下,开始迫害圣殿骑士团
—	1314年到1316年	(宗座从缺)		由于枢机团无法达成一致,在两年内没有选举产生教皇

任数	任期	称号	出生日期和出生地	备注
196	1316年到1334年	约翰二十二世	1244年，法兰西凯尔西卡奥尔	法兰西人。阿维尼翁教廷教皇。其"荣福直观"论受到争议
—	1328年到1330年	尼古拉五世	1258年，教皇国科尔瓦罗	意大利人，约翰二十二世的对立教皇
197	1334年到1342年	本笃十二世	1285年，法兰西萨韦尔丹	法兰西人，阿维尼翁教廷教皇。熙笃会成员。1336年，颁布宗座宪令《本笃圣令》
198	1342年到1352年	克莱门特六世	1291年，法兰西利穆赞莫蒙	法兰西人，阿维尼翁教廷教皇。黑死病盛行期间在任，赦免因黑死病而死的人的罪
199	1352年到1362年	因诺森特六世	1282年，法兰西利穆赞勒蒙	法兰西人，阿维尼翁教廷教皇。在任期间，推动了1360年《布勒丁尼条约》的签署
200	1362年到1370年	真福乌尔班五世	1310年，法兰西朗格多克格里扎克	法兰西人，阿维尼翁教廷教皇。本笃会成员。推动教育改革及欧洲和亚洲各地的传教活动。在任期间，见证了亚历山大十字军及萨伏伊十字军运动
201	1370年到1378年	格列高利十一世	1329年，法兰西利穆赞莫蒙	法兰西人，阿维尼翁教廷教皇，后返回罗马。最后一位法兰西教皇
202	1378年到1389年	乌尔班六世	1318年，那不勒斯王国那不勒斯	意大利人，天主教教会大分裂时期教皇，最后一位未经枢机会议选举产生的教皇
—	1378年到1394年	克莱门特七世	1342年，神圣罗马帝国萨伏伊伯国阿讷西城堡	法兰西人，乌尔班六世和卜尼法斯九世的对立教皇
—	1394年到1423年	本笃十三世	1328年，阿拉贡伊柳埃卡	西班牙人，卜尼法斯九世、因诺森特七世、格列高利十二世、马丁五世的对立教皇；比萨对立教皇亚历山大五世和约翰二十三世的对立教皇
203	1389年到1404年	卜尼法斯九世	1350年，那不勒斯王国那不勒斯	具有希腊血统的伊萨里人，天主教教会大分裂时期教皇

5.15世纪

任数	任期	称号	出生日期和出生地	备注
204	1404年到1406年	因诺森特七世	1339年，那不勒斯王国苏尔莫纳	意大利人，天主教教会大分裂期间在任
205	1406年到1415年	格列高利十二世	1326年或1327年，威尼斯共和国威尼斯	意大利人，天主教教会大分裂期间在任

任数	任期	称号	出生日期和出生地	备注
—	1409 到 1410 年	亚历山大五世	1339 年，希腊克里特岛	希腊人，天主教教会大分裂期间在任。格列高利十二世对立教皇
—	1410 年到 1415 年	约翰二十三世	1365 年，那不勒斯王国普罗奇达	意大利人，天主教教会大分裂期间在任。格列高利十二世对立教皇
—	1415 年到 1417 年	（宗座从缺）		两年内未选举产生教皇。康斯坦斯宗教会议要求三位教皇退出，只有格列高利七世和约翰二十三世退出
206	1417 年到 1431 年	马丁五世	1369 年，教皇国杰纳扎诺	意大利人，1431 年召开巴塞尔宗教会议。胡斯战争开始
—	1423 年到 1429 年	克莱门特八世	1369 年，阿拉贡特鲁埃尔	意大利人，马丁五世的对立教皇
207	1431 年到 1447 年	尤金四世	1383 年，威尼斯共和国威尼斯	意大利人，奥斯定会成员。1433 年，在罗马加冕西吉斯蒙德为神圣罗马帝国皇帝。将巴塞尔宗教会议会址转移到费拉拉，但由于腺鼠疫盛行，会址再次转移到佛罗伦萨
—	1439 年到 1449 年	费利克斯五世	1383 年 9 月 4 日，法兰西尚贝里	法兰西人，尤金四世和尼古拉五世的对立教皇，亦是萨伏伊伯爵
208	1447 年到 1455 年	尼古拉五世	1397 年 11 与 13 日，热那亚共和国萨尔扎纳	意大利人，道明会成员。1452 年，在罗马加冕腓特烈三世为神圣罗马帝国皇帝。1452 年，颁布诏书授权葡萄牙征服和奴役撒拉逊人及异教徒。在梵蒂冈建立梵蒂冈宗座图书馆
209	1455 年到 1458 年	加里斯都三世	1378 年 12 月 31 日，阿拉贡联合王国巴伦西亚王国卡纳尔斯	首位正统西班牙教皇。宣布 8 月 6 日为显圣节，下令重审圣女贞德，并最终宣布其无罪
210	1458 年到 1464 年	庇护二世	1405 年 10 月 8 日，锡耶纳共和国科尼亚诺	意大利人，对城市建设很感兴趣。1462 年在锡耶纳附近建立皮恩扎。因《圣经阐释》而闻名
211	1464 年到 1471 年	保罗二世	1417 年 2 月 23 日，威尼斯共和国威尼斯	意大利人，兴建圣马可宫，今威尼斯宫。准许印刷术引入教皇国
212	1471 年到 1484 年	西克斯图斯四世	1414 年 7 月 21 日，热那亚共和国切莱利古雷	意大利人，方济各会成员。发起兴建西斯廷礼拜堂。在西班牙卡斯蒂尔女王伊莎贝拉一世及丈夫斐迪南五世要求下，准许宗教裁判所迫害犹太裔基督教教徒
213	1484 年到 1492 年	因诺森特八世	1432 年，热那亚共和国热那亚	意大利人，任命宗教裁判所大法官托马斯·德·托尔克马达。1484 年，颁布《深忧之求》诏书，支持打击巫术
214	1492 年到 1503 年	亚历山大六世	1431 年 1 月 1 日，阿拉贡联合王国巴伦西亚王国哈蒂瓦	西班牙人，1493 年，颁布诏书《亚历山大六世教皇训令》，将欧洲外的世界分归予西班牙和葡萄牙

6.16世纪

任数	任期	称号	出生日期和出生地	备注
215	1503年	庇护三世	1439年5月9日,锡耶纳共和国锡耶纳	意大利人,在锡耶纳主教座堂侧建立皮科洛米尼图书馆
216	1503年到1513年	尤利乌斯二世	1443年12月5日,热那亚共和国阿尔比索拉	意大利人,1512年召开第五次拉特兰宗教会议。首位完全掌控教皇国的教皇。雇佣米开朗基罗在西斯廷礼拜堂大厅天顶进行创作,提出圣彼得大殿重建方案
217	1513年到1521年	利奥十世	1475年12月11日,佛罗伦萨共和国佛罗伦萨	意大利人,洛伦佐·德·美第奇之子。宣告第五次拉特兰宗教会议结束。向资助圣彼得大殿者颁发赎罪券。1521年,绝罚马丁·路德。将西班牙宗教裁判所拓展至葡萄牙
218	1522年到1523年	阿德里安六世	1459年3月2日,神圣罗马帝国乌得勒支主教区	箴言:"尊重和等待。"唯一来自荷兰的教皇。1978年约翰·保罗二世之前的最后一位非意大利裔教皇。神圣罗马皇帝查理五世之师
219	1523年到1534年	克莱门特七世	1478年5月26日,佛罗伦萨共和国佛罗伦萨	箴言:"坦荡无私。"意大利人,禁止英格兰国王亨利八世离婚。1530年,在博洛尼亚加冕查理五世为神圣罗马帝国皇帝。其堂侄孙女许配给法兰西国王亨利二世。雇佣米开朗基罗在西斯廷礼拜堂作《最后的审判》
220	1534年到1549年	保罗三世	1468年2月9日,教皇国拉齐奥卡尼诺	意大利人,1545年召开特伦托宗教会议。第二次绝罚英格兰国王亨利八世。1546年任命米开朗基罗统筹圣彼得大殿的建设。承认耶稣会
221	1550年到1555年	尤利乌斯三世	1487年9月10日,托斯卡纳蒙泰圣萨维诺	意大利人,1552年建立宗座德国学院。重新召开特伦托宗教会议
222	1555年	马塞勒斯二世	1501年5月6日,教皇国马尔凯蒙特法诺	意大利人,最后一位使用其本名的教皇。创作《教皇玛切尔弥撒》
223	1555年到1559年	保罗四世	1476年6月28日,那不勒斯王国卡普里利亚伊尔皮纳	箴言:"上帝助我。"意大利人,戴蒂尼会成员。1555年颁布诏书建立罗马犹太区,颁布《禁书目录》,并下令米开朗基罗重作《最后的审判》以使其庄重得体
224	1559年到1565年	庇护四世	1499年3月31日,米兰公国米兰	意大利人,重新召开并终结特伦托宗教会议。下令提升罗马供水质量。颁布《脱利腾信经》
225	1566年到1572年	圣庇护五世	1504年1月17日,米兰公国皮埃蒙特博斯科	箴言:"我来指示你,你要遵守自己的典章。"意大利人,道明会成员。1570年绝罚英格兰女王伊丽莎白一世。颁布《玫瑰经》和《罗马弥撒》

任数	任期	称号	出生日期和出生地	备注
226	1572年到1585年	格列高利十三世	1502年1月7日，教皇国博洛尼亚	箴言："开合有度。"意大利人，1582年改革历法。在梵蒂冈兴建格列高利礼拜堂。1579年以圣母无染原罪祝福菲律宾群岛。同亚洲国家加强外交联系
227	1585年到1590年	西克斯图斯五世	1521年12月13日，教皇国格罗塔马雷	意大利人，方济各住院会成员。命人修缮罗马特级宗座圣殿。限定枢机团人数不超七十人
228	1590年	乌尔班七世	1521年8月4日，教皇国罗马	意大利人，受西班牙势力支持。任期最短的教皇，加冕前过世。订立世界首个禁烟令，禁止在所有教堂及附近吸烟
229	1590年到1591年	格列高利十四世	1535年2月11日，米兰公国伦巴第索姆马隆巴尔多	意大利人，1591年修改西克斯图斯五世宪令，由此在胎儿开始活动后堕胎将受处罚。宣布以教皇选举结果为赌注者将受绝罚
230	1591年	因诺森特九世	1519年7月20日，教皇国博洛尼亚	意大利人，在法兰西宗教战争中支持西班牙国王腓力二世及天主教同盟。禁止让渡教会财产
231	1592年到1605年	克莱门特八世	1536年2月24日，教皇国马尔凯法诺	意大利人，1595年联络各欧洲基督教国家同奥斯曼土耳其帝国开战。召开神圣救援会议，调停道明会及耶稣会间对自由意志及神圣恩典的理念冲突

7.17世纪

任数	任期	称号	出生日期和出生地	备注
232	1605年	利奥十一世	1535年6月2日，佛罗伦萨公国佛罗伦萨	意大利人，由于其任期之短被称为"闪电教皇"
233	1605年到1621年	保罗五世	1550年9月17日，教皇国罗马	箴言："上帝之荣耀只与你共在。"意大利人，兴建工程诸多，包括圣彼得大殿正面。1605年建立圣灵银行。修复图拉真水道桥
234	1621年到1623年	格列高利十五世	1554年1月9日教皇国博洛尼亚	意大利人，1622年建立传布信仰圣部。1621年颁布诏书《永恒之父通谕》，宣布教皇选举应采用秘密投票。1623年颁布宪令，批判魔术师和巫师
235	1623年到1644年	乌尔班八世	1568年4月5日，佛罗伦萨公国佛罗伦萨	意大利人，审判了伽利略·加利莱伊。最后一位通过武力扩张领土的教皇。1624年颁布诏书，宣布在圣地吸食烟草者将受绝罚

任数	任期	称号	出生日期和出生地	备注
236	1644年到1655年	因诺森特十世	1574年5月6日，教皇国罗马	箴言："地球之水。"意大利人，在纳沃纳广场建立四河喷泉。1653年颁布宪令，称詹森主义五点主张为异端
237	1655年到1667年	亚历山大七世	1559年2月13日，托斯卡纳大公国锡耶纳	意大利人，筹建圣彼得广场。订立圣母无染原罪原则
238	1667年到1669年	克莱门特九世	1600年1月28日，托斯卡纳大公国皮斯托亚	箴言："严于律己，宽以待人。"意大利人，筹建圣彼得广场列柱。1668年，参与推动《亚琛和约》签署
239	1670年到1676年	克莱门特十世	1590年7月13日，教皇国罗马	意大利人，1671年为首位来自美洲的圣人利马的圣罗撒。在圣天使城堡桥上安置十尊天使像，在圣彼得广场安置两个喷泉。颁布关于自陵墓中迁移圣髑
240	1676年到1689年	因诺森特十一世	1611年5月16日，米兰公国伦巴第科莫	箴言："贪婪者，欲无穷。"意大利人，建立神圣联盟。1684年将圣母圣名节定为全教会节日。在口授经文教理方面做出重要贡献
241	1689年到1691年	亚历山大八世	1610年4月22日，威尼斯共和国威尼斯	意大利人，1690年谴责所谓"哲学罪"
242	1691年到1700年	因诺森特十二世	1615年3月13日，那不勒斯王国普利亚斯皮纳佐拉	意大利人，1692年颁布《宜乎罗马教皇》诏书，谴责裙带关系。建立多个慈善及教育机构

8.18世纪

任数	任期	称号	出生日期和出生地	备注
243	1700年到1721年	克莱门特十一世	1649年7月23日，教皇国乌尔比诺	意大利人，首次对殉道者墓窟进行考古发掘，并使圣母无染原罪节成为全教会节
244	1721年到1724年	因诺森特十三世	1655年5月13日，教皇国拉齐奥波利。	意大利人，禁止耶稣会在中国进行传教活动，并禁止耶稣会进一步招纳成员。1724年发布教皇诏书《宗座献祭》，旨在复兴西班牙教会纪律
245	1724年到1730年	天主之仆本笃十三世	1649年2月2日，那不勒斯王国巴里普利亚格拉维纳	意大利人，道明会成员。最后一名来自奥尔西尼家族的教皇。由于先前的对立教皇，一开始被称本笃十四世，但后改为本笃十三世。废除乌尔班七世和乌尔班八世的禁烟令

任数	任期	称号	出生日期和出生地	备注
246	1730年	克莱门特十二世	1652年4月7日，托斯卡纳大公国佛罗伦萨	箴言："你应区分善良和邪恶。"意大利人，1735年拉特兰圣彼得大殿正面完工。1732年筹建特雷维喷泉。1738年颁布《著名使徒》诏书，谴责共济会
247	1740年到1758年	本笃十四世	1675年3月31日，教皇国博洛尼亚	箴言："一切皆可治愈。"意大利人，改革司铎教育系统及圣人历。在任期间，特雷维喷泉建成。肯定了神学家托马斯·阿奎那的思想。建立艺术、宗教及科学院
248	1758年到1769年	克莱门特十三世	1693年3月7日，威尼斯共和国威尼斯	意大利人，在梵蒂冈裸体男像上置遮羞布。1765年颁布诏书支持耶稣会
249	1769年到1774年	克莱门特十四世	1705年10月31日，教皇国圣阿尔坎杰洛-迪罗马涅	意大利人，方济各住院会成员。1773年颁布诏书《吾主救世主》，取缔耶稣会
250	1775年到1799年	庇护六世	1717年12月25日，教皇国切塞纳	箴言："愿正义在圣殿中绽放。"意大利人，谴责法兰西大革命。1798年被法兰西军队自教皇国驱逐。最后一位支持文艺复兴艺术的教皇
—	1799年到1800年	（宗座从缺）		由于枢机团无法达成一致意见及其他一系列问题（包括上任教皇被囚禁及枢机会议位于威尼斯），在六个月内没有选举产生教皇

9.19世纪

任数	任期	称号	出生日期和出生地	备注
251	1800年到1823年	"天主之仆"庇护七世	1742年8月14日，教皇国切塞纳	意大利人，本笃会成员。在拿破仑·波拿巴加冕为法兰西人的皇帝时在场。1809年到1814年被驱逐出教皇国
252	1823年到1829年	利奥十二世	1760年8月22日，教皇国马尔凯真加	意大利人，1824年颁布诏书《圣学》，将天主教教育系统归于耶稣会管辖。谴责圣经公会
253	1829年到1830年	庇护八世	1761年11月20日，教皇国钦戈利	意大利人，接受路易·菲利普一世为法兰西国王。在1830年简本《上言》中，谴责共济会和现代《圣经》译本
254	1831年到1846年	格列高利十六世	1765年9月18日，威尼斯共和国贝卢诺	意大利人，卡马尔多利会成员。最后一位当选教皇的非主教。反对教皇国民主化和现代化改革

任数	任期	称号	出生日期和出生地	备注
255	1846年到1878年	真福庇护九世	1792年5月13日,教皇国塞尼加利亚	意大利人,召开梵蒂冈第一届宗教会议。确立圣母无染原罪及教皇无谬误原则。颁布《谬说要录》。在位时间第二长的教皇,仅次于圣保罗
256	1878年到1903年	利奥十三世	1810年3月2日,拉齐奥卡皮内托罗马诺	意大利人,颁布《新事通谕》。支持基督教民主,反对共产主义。在位时间第四长的教皇。推行玫瑰珠及肩羽,并批准两款新的圣母肩羽。首位完全承认玛丽亚女仲裁者的教皇

10. 20世纪

任数	任期	称号	出生日期和出生地	备注
257	1903年到1914年	圣庇护十世	1835年6月2日,伦巴第–威尼西亚王国特雷维索里泽	箴言:"在基督里复兴万物。"意大利人,推广圣餐礼。抵制教会现代主义。推行格列高利圣咏并改革每日祈祷
258	1914年到1922年	本笃十五世	1854年11月21日,皮埃蒙特–撒丁尼亚王国热那亚	箴言:"耶和华啊,我信任你。"意大利人,请不要使我迷惑。在第一次世界大战中试图进行和平调解。颁布《1917年教会法法典》。支持传教
259	1922年到1939年	庇护十一世	1857年5月31日,伦巴第–威尼西亚王国代西奥	意大利人,1929年同意大利签订《拉特兰条约》,主权国家梵蒂冈建立。建立梵蒂冈广播电台,重建教廷科学院,设立基督普世君王节。反对共产主义及纳粹主义
260	1939年到1958年	庇护十二世	1876年3月2日,意大利王国罗马	箴言:"正义的目的是和平。"意大利人,在其颁布的《广赐恩宠天主》宪令中重申教皇无谬误。定圣母蒙召升天为教义。意大利籍主教不再占枢机团多数。在第二次世界大战中试图进行和平调解。其在犹太人大屠杀中所扮演的角色受到争议
261	1958年到1963年	圣约翰二十三世	1881年11月25日,意大利王国索托伊尔蒙泰	箴言:"服从与和平。"意大利人,召开第二次梵蒂冈宗教会议。1963年颁布《和平于世》,宣扬和平及无核化。1962年古巴导弹危机中试图进行和平调解
262	1963年到1978年	圣保罗六世	1897年9月26日,意大利王国布雷西亚孔切肖	箴言:"与主同在圣山上。"意大利人,最后一位加三重冕的教皇。首位造访美国和澳大利亚的教皇,亦是自1809年来首位离境意大利的教皇。宣布第二次梵蒂冈宗教会议结束。1968年颁布《关于人之生命》,反对人工节育。1969年修订《罗马弥撒》

任数	任期	称号	出生日期和出生地	备注
263	1978年	约翰·保罗一世	1912年10月7日，意大利王国卡纳莱达戈尔多	箴言："谦逊。"意大利人，废除教皇就职中的加冕环节。首位于其教名中正式使用"一世"的教皇，亦首次使用前两任教皇名。最后一位使用教皇御轿者
264	1978年到2005年	圣约翰·保罗二世	1920年5月18日，波兰第二共和国瓦多维采	箴言："完全属于你。"波兰人，首位来自波兰的教皇，亦是自教皇阿德里安六世以来首位非意大利裔教皇。任内造访129个国家。在位时间第三长的教皇。1984年创立世界青年日。封圣多于任何前任教皇。自庇护九世（1846）以来上任时最年轻的教皇

三、3千纪

1. 21世纪

任数	任期	称号	出生日期和出生地	备注
265	2005年到2013年	本笃十六世	1927年4月16日，德国巴伐利亚因河畔马克特尔	箴言："真理的合作者。"德国人，自克莱门特十二世以来最年长的当选教皇。提升脱利腾弥撒的地位，并推广使用拉丁语。开始重新使用一些弃用的教皇服饰。建立安立甘宗特别主教辖区。自塞莱斯廷五世以来首位主动放弃教皇职位者，保留其称号并加"荣休教皇"头衔。有记录以来，寿命最长的教皇
266	2013年至今	方济各	1936年12月17日，阿根廷布宜诺斯艾利斯	箴言："虽然渺小，却被选中。"阿根廷人，自格列高利三世以来首位生于欧洲外的教皇，亦是首位来自美洲及南半球的教皇。自格列高利十六世来首位出身于修会的教皇，首位耶稣会教皇。自兰多以来首位使用全新、非融合教名的教皇。首位拜访阿拉伯半岛并于在此进行弥撒庆祝的教皇

四、宗教教派

宗教教派中含五十一名教皇和六名对立教皇，非宗教教派有十二名成员。见下表：

派系	派别	序数	占比	教皇	总计	占比
奥古斯丁会	圣奥古斯丁会	1	1.75%	尤金四世	6	10.53%
	律修会	4	7.02%	洪诺留二世，因诺森特二世，卢修斯二世，阿德里安四世		
	普利孟特瑞会	1	1.75%	格列高利八世		
本笃会	圣本笃会	22	38.6%	格列高利一世，卜尼法斯四世，阿得奥达多斯二世，利奥四世，约翰九世，利奥七世，约翰十六世，西尔维斯特二世，	23	40.35%
	嘉玛道理会	1	1.75%	格列高利十六世		
熙笃会		2	3.51%	尤金三世，本笃十二世	2	3.51%
道明会		7	12.28%	因诺森特五世，本笃十一世，尼古拉五世，庇护五世，本笃十三世，本笃十五世，庇护十二世，塞维吉乌斯四世，斯蒂芬九世，格列高利七世，维克托三世，乌尔班二世，帕斯卡尔二世，阿达尔贝特，格拉修二世，阿纳克雷图斯二世，加里斯都三世，塞莱斯廷五世，克莱门特六世，乌尔班五世，庇护七世	7	12.28%
方济各	方济各会	5	8.77%	尼古拉四世，尼古拉五世，亚历山大五世，西克斯图斯四世，尤利乌斯二世	17	29.82%
	方济各会修道院	2	3.51%	西克斯图斯五世，克莱门特十四世		
	世俗方济各会	10	17.54%	格列高利九世，格列高利十世，马丁五世，因诺森特十二世，克莱门特十二世，庇护九世，利奥十三世，庇护十世，庇护十一世，约翰二十三世		
戴蒂尼会		1	1.75%	保罗四世	1	1.75%
耶稣会		1	1.75%	弗朗西斯	1	1.75%
总计		57			57	

五、教皇序数

在任教皇序数遵循欧洲君主排列惯例。拥有唯一名字的教皇不能用序数来标识。对立教皇被视为伪教皇,其序数为正统教会重复使用。然而,教皇数目记录经常有误。人们对教皇记录常出现理解偏差,导致中世纪的教皇数目有所增加。有几位对立教皇也被排在了序列中,要么是因记录有误,要么是因这些教皇在之前曾被认为是正统教皇。

1.亚历山大。对立教皇亚历山大五世在《宗座年鉴》中在20世纪前都被列为正统教皇,而比萨教皇则被列为对立教皇。到20世纪,已经出现了三个对立教皇,因此现在的教皇序数会有偏差。

2.多努斯。多努斯一名仅被一位教皇使用过。多努斯二世一名存有争议,主要因"多努斯"一名与拉丁语词汇"dominus"——上帝——易产生混淆。

3.费利克斯。对立教皇费利克斯二世被留在教皇序数列表中。

4.约翰。对"约翰"一名的排序非常混乱。在现代教皇序数中,"约翰"教皇根据该教皇在任期时使用的序数来识别。

5.到了16世纪,教皇序数因一位传说中的女教皇琼而出现了混乱。有些作者将琼称为约翰八世。教皇琼从未被列入《宗座年鉴》中。

6.20世纪前,对立教皇约翰二十三世在《宗座年鉴》中被列为正统教皇。当约翰二十三世开始再次使用"约翰二十三世"这个名字时,援引"毫无疑问,已经存在二十二个约翰"来证明自己可以使用"约翰二十三世"这个名字。

7.教皇马丁一世之后是马丁四世,由于拉丁名"Marinus"和"Martinus"之间的相似性,马里纳斯一世和马里纳斯二世被误作马丁二世和马丁三世。

8.当选教皇斯蒂芬于封圣前去世。他曾被称为斯蒂芬二世,但梵蒂冈在1961年将他从官方教皇名单中删除。其余"斯蒂芬"现在被排序为教皇斯蒂芬二世和教皇斯蒂芬九世。

持有宗座缺出论的人称,自庇护十二世或约翰二十三世以来,不存在合法教皇,这主要是因为他们认为自第二次梵蒂冈宗教会议以来的所有教皇都是异教徒。

译名对照表

Aargau	阿尔高
Aba Samuel	奥鲍·萨穆埃尔
Abdul Kerim Pasha	阿卜杜勒·克里姆帕夏
Academia Corviniana	科尔文纳学院
Achmed II	艾哈迈德二世
Acre	阿卡
Adalbert	阿达尔伯特
Adam Albert von Neipperg	亚当·阿尔贝·冯·内佩格
Adam Müller	亚当·米勒
Adam of Sternberg	施滕贝格的亚当
Adamites	亚当派
Adda	阿达河
Adelaide	阿德莱德
Adige	阿迪杰河
Adolf Jellinek	阿道夫·耶利内克
Adrianople	哈德良堡
Adriatic	亚得里亚海
Afensberg	阿芬斯堡
Agamemnon	阿伽门农
Agenor Maria Goluchowski	阿格诺尔·马里亚·戈武霍夫斯基
Agenor Romuald Gołuchowski	阿格诺尔·罗穆亚尔德·戈武霍夫斯基

Agnes of Bohemia	波希米亚的阿格内斯
Agnes of Waiblingen	魏布林根的阿格内斯
Agram	阿格拉姆
Agron	阿格隆
Ahmed III	艾哈迈德三世
Aix	艾克斯
Alamannia	阿勒曼尼亚
Albert Apponyi	阿尔贝特·奥波尼
Albert I	阿尔布雷希特一世
Albert II	阿尔布雷希特二世
Albert III with the Plaited Hair	编发的阿尔布雷希特三世
Albert the Bear	"熊"阿尔布雷希特
Albert VI	阿尔布雷希特六世
Albert VII	阿尔布雷希特七世
Alboin	阿尔博因
Albrecht von Roon	阿尔布雷希特·冯·罗恩
Albrecht von Wallenstein	阿尔布雷希特·冯·瓦伦斯坦
Alemanni	阿勒曼尼人
Aleppo	阿勒颇
Alessandria	亚历山德里亚
Alexander I	亚历山大一世
Alexander Leopold	亚历山大·利奥波德
Alexander Suvorov	亚历山大·苏沃罗夫
Alexander the Great	亚历山大大帝
Alexander Ypsilanti	亚历山大·伊普西兰蒂
Alexandre Colonna-Walewski	亚历山大·科隆纳－瓦莱夫斯基
Alfred Candidus Ferdinand	阿尔弗雷德·坎迪杜斯·斐迪南
Alfred József Potocki	阿尔弗雷德·约瑟夫·波托茨基
Alfred Julius Becher	阿尔弗雷德·尤利乌斯·贝歇尔
Almas	阿尔马什河
Almos	阿尔莫什
Alsace	阿尔萨斯

Altaic	阿尔泰语
Ambras	安布拉斯
Ambrones	阿姆布昂人
Anabaptists	再洗礼派
Anco	安科
Ancona	安科纳
André Masséna	安德烈·马塞纳
Andreas Höfer	安德烈亚斯·霍费尔
Andrew	安德烈
Andrew Batory	安德鲁·巴托里
Andrew de Cesky Broda	安德烈·德·切斯基·布罗达
Andrew I	安德烈一世
Andrew II	安德烈二世
Andrew III	安德烈三世
Andronicus	安德罗尼柯
Annals of Fulda	《富尔达年代记》
Anne of Bohemia	波希米亚的安妮
Anton Heinrich Springer	安东·海因里希·施普林格
Anton von Schmerling	安东·冯·施梅林
Antonín Dvořák	安东宁·德沃夏克
Antonio Caldara	安东尼诺·卡尔达拉
Antonio Canova	安东尼奥·卡诺瓦
Antonio Salieri	安东尼奥·萨列里
Antonio von Caraffa	安东尼奥·冯·卡拉法
Aquileia	阿奎莱亚
Arad	阿拉德
Arcadius	阿卡迪乌斯
Archbishop Zbynek	兹比涅克大主教
Archduchess Anna of Austria	奥地利的女大公安娜
Archduke Ferdinand III	托斯卡纳大公斐迪南三世
Archduke Franz Ferdinand	弗朗茨·斐迪南大公
Archduke Franz Karl of Austria	奥地利的弗朗茨·卡尔大公

Archduke John of Austria	奥地利的约翰大公
Archduke Joseph	约瑟夫大公
Archduke Karl Ludwig of Austria	奥地利的卡尔·路德维希大公
Archduke Louis of Austria	奥地利的路易大公
Archduke of Austria	奥地利大公
Archduke of Austria-Este	奥地利－埃斯特大公
Archduke Stephen	斯蒂芬大公
Arcola	阿科拉
Arius	阿利乌派
Armand-Augustin-Louis de Caulaincourt	阿尔芒－奥古斯丁－路易·德·科兰古
Armenians	亚美尼亚人
Arminius	阿米尼乌斯
Arnulf of Carinthia	潘诺尼亚的阿努尔夫
Árpád	阿尔帕德
Arthur Wellesley	阿瑟·韦尔斯利
Artúr Görgey	格尔盖伊·阿尔图尔
Aryans	雅利安人
Aschaffenburg	阿沙芬堡
Ashdod	阿什杜德
Aspern	阿斯佩恩
Athos	阿索斯山
Attila	阿提拉
Augsburg	奥格斯堡
Augsburg Gazette	《奥格斯堡公报》
August Sicard von Sicardsburg	奥古斯特·锡卡尔·冯·里卡斯堡
Auguste Himly	奥古斯特·伊姆利
Augustines	奥斯定会
Augustus III	奥古斯都三世
Aurora	《曙光》
Auschwitz	奥斯威辛
Aussig	奥西希
Austerlitz	奥斯特利茨

Austrian Lloyd	奥地利劳埃德
Avars	阿瓦尔人
Avignon	阿维尼翁
Baba	巴巴
Babenberg	巴本堡
Bačka	巴奇卡
Bacsanyi Janos	亚诺什·鲍恰尼
Badeni	巴德尼
Bag	拜格
Balogh	巴洛格
Bamberg	班贝格
Bandaria	班德里亚
Banner	班纳
Baptiste Pierre Bisson	巴蒂斯特·皮埃尔·比松
Barings Bank	巴林银行
Barnabites	班纳拜门派
Barnabo Visconti	巴纳博·维斯孔蒂
Baron Alexander von Bach	亚历山大·冯·巴赫男爵
Baron Daniel	丹尼尔男爵
Baron Franz von der Trenck	弗朗茨·冯·德尔·特伦克男爵
Baron Franz von Pillersdorf	弗朗茨·冯·皮勒斯多夫男爵
Baroness Marie Vetsera	玛莉·维特塞拉男爵夫人
Barossa	巴罗萨
Baróti Szabó Dávid	鲍罗蒂·绍博·达维德
Basil II	巴西尔二世
Bassano	巴萨诺
Battle of Fleurus	弗勒吕斯战役
Battle of Hanau	哈瑙战役
Battle of Jemappes	热马普战役
Battle of Körmend	克尔门德战役
Battle of Lechfeld	莱希费尔德战役
Battle of Marengo	马伦戈战役

Battle of Navarino	纳瓦里诺海战
Battle of Sempach	森帕赫战役
Battle of St. Gothard	圣戈特哈德战役
Battle of the Nations	诸国会战
Battle of Wagram	瓦格拉姆战役
Battle on the Marchfeld	马希费尔德战役
Batu	拔都
Bautzen	包岑
Bavaria	巴伐利亚
Bayan I	伯颜一世
Bayezid II	巴耶济德二世
Beatrice of Naples	那不勒斯的贝亚特丽斯
Bedrich Smetana	贝德里赫·斯美塔那
Begging Friar	托钵修会
Béla I	贝拉一世
Bela II the Blind	"盲人贝拉二世"
Bela III	贝拉三世
Bela IV	贝拉四世
Belgiojoso	贝尔吉奥索
Belgrade	贝尔格莱德
Benedictines	本笃会
Berbeck Hill	伯克贝克·希尔
Beroun	贝龙
Berthold	贝特霍尔德
Bessarabia	比萨拉比亚
Beszeredy	贝瑟里迪
Bethlehem	伯利恒
Biesi	恶神
Bistrice	比斯特里察
Black Forest	黑林山
Blasendorf	布拉森多夫
Bocche de Cattaro	科托尔湾

Bochnia	博赫尼亚
Bohemian Brothers	波希米亚兄弟会
Boii	波伊人
Boldenyi	博尔德尼
Boleslaus I	波列斯拉夫一世
Boleslav	博莱斯拉夫
Boleslav I	波列斯拉夫一世
Boleslav II	波列斯拉夫二世
Boleslav III	波列斯拉夫三世
Bolesław I	波列斯瓦夫一世
Bologna	博洛尼亚
Bořivoj I	博日沃伊一世
Borut	博鲁特
Bosnia	波斯尼亚
Boyars	波雅尔
Bozetech	博泽特
Bozi	善神
Bracislav	布拉西斯拉夫
Braclav	布拉科拉夫
Brandenburg	勃兰登堡
Bregenz	布雷根茨
Breisgau	布赖斯高
Breslau	布雷斯劳
Brest	布雷斯特
Bretislaus I	布热季斯拉夫一世
Bretislaus II	布热季斯拉夫二世
Břevnov	布雷诺夫
Brod	布罗德
Brother Gregory	格列高利兄弟
Brown	布朗
Bruges	布鲁日
Brünn	布尔诺

Brunswick	不伦瑞克
Brux	布吕克斯
Buda	布达
Budweiss	布德韦斯
Bug	布格河
Bukowina	布科维纳
Burebista	布雷比斯塔
Burgundians	勃艮第人
Byzantium	拜占庭
Cahera	卡赫拉
Cains	该隐
Calixtins	圣杯派
Camillo Benso	卡米洛·本索
Campo Formio	坎波福尔米奥
Capuchins	嘉布遣会
Cardinal Herzan	枢机主教赫尔赞
Carinthia	卡林西亚
Carlists	卡洛斯派
Carlos III	卡洛斯三世
Carlovingians	加洛林王朝
Carmelites	加尔默罗会
Carniola	卡尼奥拉
Caroline Augusta of Bavaria	巴伐利亚的卡罗琳·奥古丝塔
Carpatians	喀尔巴阡山脉
Caslav	恰斯拉夫
Castaldo	卡斯塔尔多
Catherin of Russia	叶卡捷琳娜大帝
Catherine of Bohemia	波希米亚的凯瑟琳
Catherine of Brandenburg	勃兰登堡的凯瑟琳
Cech	切赫
Cettinje	采蒂涅
Champagne	香槟

Charles Albert	卡洛・阿尔贝托
Charles Bonaventure de Longueval	夏尔・博纳旺蒂尔・德・隆格瓦勒
Charles Emmanuel I	卡洛・埃马努埃莱一世
Charles François L'Homond	夏尔・弗朗索瓦・洛蒙德
Charles Havlicek	查尔斯・哈夫利切克
Charles Hohenwart	查尔斯・霍恩瓦特
Charles IV	查理四世
Charles Louis Auguste Fouquet	夏尔・路易・奥古斯特・富凯
Charles Maurice de Talleyrand-Périgord	夏尔・莫里斯・德・塔列朗 – 佩里戈尔
Charles Nodier	夏尔・诺迪埃
Charles of Durazzo	杜拉佐的查理
Charles of Zerotin	泽罗丁的查尔斯
Charles Robert	查理・罗贝尔
Charles Seignobos	夏尔・塞尼奥博斯
Charles Stanhope	普查尔斯・斯坦厄普
Charles the Fat	胖子查理
Charles the Great	查理曼大帝
Charles VI	查理六世
Charles VII	查理七世
Charles, Duke of Orléans	奥尔良公爵查理
Charles-Joseph	夏尔 – 约瑟夫
Château of Rodosto	罗多斯托城堡
Châtillon-sur-Seine	塞纳河畔沙蒂永
Chlumec	赫卢梅茨
Chotek	霍泰克
Chotimir	舒蒂米尔
Christian Graf von Haugwitz	克里斯蒂安・格拉夫・冯・豪格维茨
Christian IV	克里斯蒂安四世
Christian IX	克里斯蒂安九世
Chronical of Dalemil	《达利米尔编年史》
Chronicle of Fredegar	《弗雷德加尔编年史》
Cincinnatus	辛辛纳图斯

Cisalpine republic	奇萨尔皮纳共和国
Cisleithania	内莱塔尼亚
Cistercians	熙笃会
Clam Martinitz	克拉姆·马丁尼茨
Claudia de'Medici	克劳迪娅·德·美第奇
Clement XI	克莱门特十一世
Clotilde	克洛蒂尔德
Coena Domini	《主的晚餐》
Col de Tarvis	特拉维斯村
Collatin	科拉廷
Collin	科林
Colloredos	科洛雷多家族
Cologne	科洛涅
Committee of Petitions	请愿委员会
Commodus	康茂德
Concordat of 1855	《1855年协约》
Confession of Augsburg	《奥格斯堡信条》
Conrad Celtes	康拉德·策尔蒂斯
Conrad III	康拉德三世
Conrad Waldhauser	康拉德·瓦尔德豪泽
Constance	康斯坦茨
Constance of Hungary	匈牙利的康斯坦丝
Constantine the Great	君士坦丁大帝
Constantine VII	君士坦丁七世
Constantinople	君士坦丁堡
Constantius II	君士坦提乌斯二世
Constitutio criminalis Theresina	《特蕾莎刑法典》
Corinth	科林斯
Corps Législatif	立法团
Corpus Christi	圣体圣血节
Corsica	科西嘉
Corvina	科尔文纳

Cosma of Prague	布拉格的科斯马
Cosmos	科斯莫斯
Cossacks	哥萨克人
Council of Regency	摄政议会
Council of State	国务议会
Council of Trent	特伦特宗教会议
Council of War	战争委员会
Count Chotek	霍泰克伯爵
Count Ernst Rüdiger von Starhemberg	恩斯特·吕迪格·冯·施塔尔亨贝格伯爵
Count Franz Philipp von Lamberg	弗朗茨·菲利普·冯·兰贝格伯爵
Count Kinsky	金斯基伯爵
Count Manfred von Clary-Aldringen	曼弗雷德·冯·克拉里-阿尔德林根伯爵
Count Mathias	马蒂亚斯伯爵
Count of Bucquoy	比夸伯爵
Count of Cavour	加富尔伯爵
Count of Celje	采列伯爵
Count of Merveldt Maximilian	默费尔特伯爵马克西米利安
Count of Tilly	蒂利伯爵
Count of Wallis Olivier	瓦利斯伯爵奥利维尔
Count Richard Belcredi	理查德·贝尔克雷迪伯爵
Court Chamber	法院审判庭
Cracow	克拉科夫
Cressennbrunn	克雷桑布鲁恩
Cretans	克里特人
Crimea	克里米亚
Croatian Gazette	《克罗地亚公报》
Croatia-Slavonia	克罗地亚-斯拉沃尼亚
Csanad	乔纳德
Cumania	大库曼尼亚
Cumans	库曼人
Custozza	库斯托扎
Cymburgis	琴巴布尔加

Cyril	西里尔
Czapek of San	桑河的恰克
Czenstochowa	琴斯托霍瓦
Czermak	采尔马克
Czernowitz	切尔诺维茨
Cziraki	齐拉基
Dacians	达契亚人
Dagobert I	达戈贝尔特一世
Dagobert Sigmund von Wurmser	达戈贝特·西蒙德·冯·武姆泽
Dalmatia	达尔马提亚
Damietta	达米埃塔
Daniel Berzsenyi	丹尼尔·拜尔热尼
Danzig	但泽
Dardania	达达尼亚
Dauphiny	多芬尼
De Cesy	德塞西
De Stribro	德·斯特里布罗
Debreczen	德布勒森
Decebalus	戴凯巴路斯
Declaration of Pilnitz	《皮尔尼茨宣言》
Delibab	德利巴布
Demetetrius Chalcondylas	德米特里奥斯·查尔康迪拉斯
Demetrius Zvonimir of Croatia	狄米塔·兹沃尼米尔
Deserta Boiorum	荒芜之地
Desiderius Erasmus	西德里乌斯·伊拉斯谟
Deva	代瓦
Dezső Bánffy	班菲·德索
Diepold of Lobkovitz	洛布科维茨的迪波尔德
Diepolt	迪波尔特
Diocletian	戴克里先
Djunis	久尼西斯
Dnieper	第聂伯河

Dniester	德涅斯特河
Dominicans	道明会
Domitian	图密善
Don	顿河
Donaugau	多纳古
Dositej Obradović	多西特基·奥布拉多维奇
Doubravka	多布拉瓦
Dr. Lucaes	卢策博士
Drang nach Osten	东进
Dresden	德累斯顿
Drevlianes	德雷夫利安人
Drin	德林河
Ducats	达克特
Duchy of Franconia	弗兰科尼亚公爵
Duke of Austria	奥地利大公
Duke of Bavaria	巴伐利亚公爵
Duke of Bavaria and Saxony	巴伐利亚兼萨克森公爵
Duke of Bohemia	波希米亚公爵
Duke of Lorraine	洛林公爵
Duke of Parma Ferdinand	帕尔玛公爵斐迪南
Duke of Savoy	萨伏依公爵
Duke of Swabia	士瓦本公爵
Duke of Wellington	威灵顿公爵
Dulebes	杜利比人
Đurađ Branković	杜拉德·布兰科维奇
Durrenstein	杜伦施坦
Eberhardt	埃伯哈特
Edict of Nantes	《南特敕令》
Edouard Sayous	爱德华·萨尤
Eduard Taaffe	爱德华·塔弗
Eduard van der Nüll	爱德华·范德尔·努勒
Edward Augustus Freeman	爱德华·奥古斯塔斯·弗里曼教授

Eger	埃格尔
Egilbert	埃吉尔伯特
Einhard	艾因哈德
Ekmühl	埃克穆尔
Elbe	易北河
Electress of Saxony	萨克森女选帝侯
Elements of French grammar	《法语语法》
Élisée Reclus	埃利泽·勒克吕
Elizabeth of Bohemia	波希米亚的伊丽莎白
Elizabeth of Luxembourg	卢森堡的伊丽莎白
Elizabeth of Sicily	西西里的伊丽莎白
Emeric Thököly	伊姆雷·特克伊
Emerich	埃默里希
Ems	埃姆斯河
Eneas Sylvius	埃尼亚斯·西尔维厄斯
Enns	恩斯
Eperies	埃佩里斯
Erdoesi	厄多西
Erdy	艾尔迪
Erfurt	爱尔福特
Erich Kielmansegg	埃里希·基尔曼斯埃格
Ernest	恩斯特
Ernest I	恩斯特一世
Ernest the Valiant	勇敢的恩斯特
Ernest von Koerber	恩斯特·冯·克贝尔
Ernest von Mansfeld	恩斯特·冯·曼斯费尔德
Ernst Gideon von Laudon	恩斯特·吉迪恩·冯·劳登
Ernst Moritz Arndt	恩斯特·莫里茨·阿恩特
Essek	埃塞克
Esslingen	埃斯灵
Ethico	埃蒂科
Etzel	艾策尔

Eugène de Beauharnais	欧仁·德·博阿尔内
Falieri	法利埃罗
Fantisek Ladislav Celakovsky	弗朗基谢克·拉吉斯拉夫·切拉科夫斯基
Father Carafa	卡拉法神父
Father Joachim	"红胡子约阿希姆"
Ferdinand I	斐迪南一世
Ferdinand I of the Two Sicilies	两西西里国王斐迪南一世
Ferdinand II	斐迪南二世
Ferdinand Karl	斐迪南·卡尔
Ferdinand Karl Joseph	斐迪南·卡尔·约瑟夫
Ferenc Kölcsey	克尔切伊·费伦茨
Ferenc Kossuth	费伦茨·科苏特
Ferrara	费拉拉
Finns	芬兰人
Fiume	阜姆
Flemish	弗兰芒
Florimond Claude	弗洛里蒙·克劳德
Ford	福特
Forest Cantons	森林州
Fran Krsto Frankopan	弗兰·克尔斯托·弗兰科潘
Francesco Scarlatti	弗朗切斯科·斯卡拉蒂
Franche Comté	弗朗什-孔泰
Francis Deak	戴阿克·费伦茨
Francis I	弗朗索瓦一世
Francis II Rákóczi	拉科齐·费伦茨二世
Francis IV	弗朗西斯四世
Francis Joseph von Saurau	弗朗西斯·约瑟夫·冯·索劳
Francis Stephen	弗朗茨·斯蒂芬
François Joseph Lefebvre	弗朗索瓦·约瑟夫·勒菲弗尔
François-Eugène	弗朗索瓦-尤金亲王
Frangipani	弗兰吉斯帕内
Frank Prochaska	弗兰克·普罗查斯卡

Franke	弗兰克
Frankfort-on-the-Oder	奥得河畔法兰克福
František Ladislav Rieger	弗朗齐歇克·拉吉斯拉夫·里格尔
František Palacký	弗兰基谢克·帕拉茨基
Franz George Karl	弗朗斯·乔治·卡尔
Franz Grillparzer	弗朗茨·格里帕泽
Franz Joseph Haydn	弗朗茨·约瑟夫·海顿
Franz Joseph	弗朗茨·约瑟夫
Franz Liszt	弗朗茨·李斯特
Franz Stadion	弗朗茨·施塔迪翁
Franz von Dietrichstein	弗朗茨·冯·迪特里希施泰因
Fred Donner	弗雷德·唐纳
Frederick I	腓特烈一世
Frederick II	腓特烈二世
Frederick IV	腓特烈四世
Frederick Schlegel	弗雷德里克·施莱格尔
Frederick the Great	腓特烈大帝
Frederick the Handsome	"美男子"腓特烈
Frederick von Gentz	弗雷德里克·冯·根茨
Friar Georges	乔治修士
Friedland	弗里德兰公国
Friedrich Ferdinand von Beust	弗里德里希·斐迪南·冯·波伊斯特
Friedrich Schiller	弗里德里希·席勒
Friedrich Wilhelm II	腓特烈·威廉二世
Friuli	弗留利
Fünfkirchen	芬夫基兴
Furnes	弗尔讷
Fürstenbund	诸侯联盟
Fyodor Dostoevsky	费奥多尔·陀思妥耶夫斯基
Gabela	加贝拉
Gabriel Batory	加布里埃尔·巴托里
Gabriel Bethlen	加布里埃尔·拜特伦

Galicia	加利西亚
Gallas	加拉家族
Gaspar Heltai	加什帕尔·海尔陶伊
Gebhard Leberecht von Blücher	格布哈特·莱贝雷希特·冯·布吕歇尔
Gebizon	盖比森
Geiza II	盖萨二世
Genoa	热那亚
Genoese	杰诺埃塞
Gentius	根修斯
George I Rákóczi	拉科齐·捷尔吉一世
George II Rákóczi	拉科齐·捷尔吉二世
George of Poděbrady	波杰布拉德的伊日
George Podiebrad	伊日·波杰布拉德
George Zápolya	扎波尧伊·伊日
Gepids	格皮德人
Gerhard van Swieten	格哈德·范·斯威登
Gerhard von Scharnhorst	格哈德·冯·沙恩霍斯特
German liberal	德意志自由党
Germanic Confederation	德意志邦联
Gertrude of Austria	奥地利的格特鲁德
Gertrude of Meran	梅兰的格特鲁德
Gertrude of Süpplingenburg	叙普林根堡的格特鲁德
Géza Fejérváry	费耶尔瓦里·盖佐
Ghent	根特
Gilbert du Motier	吉尔贝·迪·莫提耶
Giorgio Basta	乔吉·巴斯塔
Giulay	朱莱
Glarus	格拉鲁斯
Glück	格吕克
Gnesen	格涅兹诺
Godfrey of Bouillon	布永的戈弗雷
Golden Bull	《金玺诏书》

Gorica	戈里察
Gorlitz	格尔利茨
Gradac	格拉达茨
Gradiška	格拉迪斯卡
Gran	格兰
grand duke of Lithuania Vytautas	立陶宛大公维陶塔斯
Gratz	格拉茨
Great Varadin	大瓦拉丁
Greater Germany	大德意志
Gregory X	格列高利十世
Grigore III Ghica	吉卡·格里戈雷三世
Grobnik	格罗布尼克
Grundrechte	基本权利宪章
Grunzvittiga	格林兹韦蒂亚
Guastalla	瓜斯塔拉
Guido	圭多
Gül Baba	居尔·巴巴
Gustav II Adolf	古斯塔夫二世·阿道夫
György Bessenyei	拜谢涅伊·捷尔吉
György Dózsa	捷尔吉·多萨
György Martinuzzi	尔吉·马丁努齐
György Thurzó	捷尔吉·图尔佐
Gyula	久洛
Gyula Andrássy	安德拉西·久洛
Gyula Benczur	久洛·本楚尔
Gyula Szapáry	绍帕里·久洛
Hadži Loja	哈吉·洛亚
Hagenau	哈格瑙
Hague	海牙
Hannover	汉诺威
Hans Makart	汉斯·马卡特
Hapsburg-Lorraine	哈布斯堡－洛林家族

Hartmann	哈特曼
Hector Berlioz	埃克托尔·柏辽兹
Heiligenkreuz	海利根克罗伊茨
Heinrich Heine	海因里希·海涅
Heinrich von Ferstel	海因里希·冯·费斯特尔
Heinrich von Ofterdingen	海因里希·冯·奥夫特丁根
Helmuth Karl Bernhard von Moltke	赫尔穆特·卡尔·贝恩哈德·冯·毛奇
Helvetian	赫尔维蒂
Henri de la Tour d'Auvergne	亨利·德·拉图尔·奥弗涅
Henry II	亨利二世
Henry III	亨利三世
Henry IV	亨利四世
Henry IV of Breslau	布雷斯劳的亨利四世
Henry of Aoyta	奥伊塔的亨利
Henry of Dampierre	丹皮尔的亨利
Henry of Freiburg	弗赖堡的亨利
Henry of Heimburg	海姆堡的亨利
Henry of Langenstein	朗根施泰因的亨利
Henry of Schweinfurt	施韦因富特的亨利
Henry of Thuringia	图林根的亨利
Henry the Fowler	捕鸟者亨利
Henry the Lion	狮子亨利
Henry VII	亨利七世
Henry X	亨利十世
Heraclius	希拉克略
Hermann of Luxemburg	卢森堡的赫尔曼
Hermannstadt	赫曼施塔特
Hermunduri	赫蒙杜里人
Herr Bebel	赫尔·倍倍尔
Heruli	赫鲁利人
Herzegovina	黑塞哥维那
Hesse-Darmstadt	黑森－达姆施塔特

Hesse-Kassel	黑森－卡塞尔
Hesse-Rheinsfeld	黑森－莱茵菲尔斯
Hippolytus a Lapide	希波里图斯·拉皮德
Hluboka	赫卢博卡
Hochkirch	霍赫基希
Hohenlinden	霍恩林登
Hohenstaufen	霍亨斯陶芬王朝
Hohenzollern	霍亨索伦家族
Holstein	荷尔斯泰因
Holyck	霍利克
Holzer	霍尔策
Homburg-on-the-Saale	萨勒河畔洪堡镇
Honorius	霍诺留
Honorius III	洪诺留三世
Honveds	国民军
Horatio Nelson	霍拉肖·纳尔逊
Horazdovce	霍拉日焦维采
House of Anjou	安茹王朝
House of Burgundy	勃艮第王朝
Houth	豪特郡
Hradcany	赫拉德坎尼
Hradic	赫拉迪克
Hrvati	赫瓦提
Hüber	胡贝尔
Hugues-Bernard Maret	于格－贝尔纳·马雷
Huningue	于南格
Huns	匈人
Husinec	胡西内茨
Hyder Ali	海德·阿里
I mici Prigioni	《我在监狱的日子》
Iasomirgot	亚索米尔戈特
Iberians	伊比利亚人

Iglau	伊格劳镇
Illyria	伊利里亚
Illyrian Gazette	《伊利里亚公报》
Illyrian Telegraph	《伊利里亚电讯报》
Ilona Zrínyi	伊洛娜·兹林斯基
Ingolstadt	英戈尔施塔特
Inn	因河
Innocent III	因诺森特三世
Innocent IV	因诺森特四世
Innocent XI	因诺森特十一世
Innsbrück	因斯布鲁克
Ionian	伊奥尼亚
Isonzo	伊松佐河
Isten	伊什泰恩
Istria	伊斯特里亚半岛
Istvan Szechenyi	塞切尼·伊什特万
István Tisza	蒂萨·伊什特万
István Werbőczy	伊什特万·沃博茨
Ivan Paskievitch	伊万·帕斯基耶维奇
Jakoubek Steibrsky	亚库贝克·斯泰布尔斯基
Jan Długosz	扬·德乌戈什
Jan Erazim Vocel	扬·埃拉齐姆·沃采尔
Jan Huss	扬·胡斯
Jan III Sobieski	扬三世·索别斯基
Ján Kollár	扬·科拉尔
Jan Matejkore	扬·马特伊科
Jan Zizka	扬·杰式卡
János Kemény	凯梅尼·亚诺什
János Pálffy	约翰·帕尔菲
Jaroslav Bořita of Martinice	马丁尼兹的雅罗斯拉夫·博尔齐塔
Jazyges	雅济吉斯人
Jean Lannes	让·拉纳

Jean Rapp	让·拉普
Jean Victor Marie Moreau	让·维克多·马里·莫罗
Jean-Baptiste Bernadotte	让－巴蒂斯特·贝尔纳多特
Jensenius	延森纽斯
Jerome of Prague	布拉格的杰罗姆
Jezdibaby	杰兹迪芭茈
Jiciu	济祖
Joachim Murat	若阿基姆·缪拉
Joanna I	乔安娜一世
Joanna the Insane	疯女胡安娜
Jobst of Moravia	摩拉维亚的约布斯特
Johann Amadeus von Thugut	约翰·阿马德乌斯·冯·图格特
Johann Georg I	约翰·乔治一世
Johann Ignaz von Felbiger	约翰·伊格纳茨·冯·费尔宾格
Johann Philipp	约翰·菲利普
Johann Philipp Stadion	约翰·菲利普·施塔迪翁
Johann Rudolf	约翰·鲁道夫
Johann Simon Haspinger	约翰·西蒙·哈斯平格
Johann Tserclaes	约翰·塞克拉斯
Johannes de Thurocz	约翰内斯·德·图罗齐
Johannes Honter	约翰内斯·洪特
Johannes Lucius	约翰内斯·卢修斯
Johannes Sylvester Pannonicus	约翰内斯·西尔维斯特·潘诺尼库斯
John Amos Comenius	约翰·阿莫斯·夸美纽斯
John Calvin	约翰·加尔文
John Corvinus Hunyady	匈雅提·科菲努斯·亚诺什
John George I	约翰·乔治一世
John Hont-Pázmány	约翰·洪特·帕兹马尼
John Hunyady	匈雅提·亚诺什
John I	亚诺什一世
John I Albert	扬一世·阿尔布雷赫特
John Jiskra of Brandyse	布兰迪斯的扬·伊斯克拉

John King of England	英格兰国王约翰
John of Capistrano	卡皮斯特拉诺的约翰
John of Görlitz	格尔利茨的约翰
John of Nepomuk	内波穆克的约翰
John of Rokycana	罗基卡纳的约翰
John of Zeliv	热利夫的约翰神父
John Sigismund Zápolya	扎波尧伊·亚诺什·齐格蒙特
John Szapolyai	扎波尧伊·亚诺什
John V Paleologus	约翰五世·帕莱奥洛古斯
John Wiclif	约翰·威克里夫
Josef Speckbacher	约瑟夫·施佩巴赫
Joseph Bonaparte	约瑟夫·波拿巴
Joseph Desseffvy	约瑟夫·德塞夫维
Joseph Fouché	约瑟夫·富歇
Joseph Hormayr	约瑟夫·霍迈尔
Joseph I	约瑟夫一世
Joseph II	约瑟夫二世
Joseph Radetzky von Radetz	约瑟夫·拉德茨基·冯·拉德茨
Joseph von Sonnenfels	约瑟夫·冯·索尼费尔斯
Josephinism	约瑟夫主义
Josephstadt	约瑟夫堡
Josip Jelačić	约瑟普·耶拉契希
Josip Juraj Strossmayer	约瑟普·尤拉伊·斯特罗斯梅尔
Jozef Bem	约瑟夫·贝姆
Jozef Miloslav Hurban	约瑟夫·米洛斯拉夫·胡尔班
Józef Poniatowski	约泽夫·波尼亚托夫斯基
József Alvinczi	约瑟夫·奥尔温齐
József Eötvös	厄特沃什·约瑟夫
Juan Carvajal	胡安·卡瓦哈尔
Judith of Habsburg	哈布斯堡的尤迪特
Juhasz	尤哈斯
Julian Cesarini	胡利安·塞萨里尼

Julius Jacob von Haynau	尤利乌斯·雅各布·冯·海瑙
Justinian I	查士丁尼一世
Kahlenberg	卡伦山
Kálmán Széll	塞尔·卡尔曼
Kálmán Tisza	蒂萨·卡尔曼
Kalosca	考洛乔
Kanisza	卡尼萨
Kara Mustafa Pasha	卡拉·穆斯塔法帕夏
Karadjitches	卡拉季茨
Karat	卡拉特
Karl August von Hardenberg	卡尔·奥古斯都·冯·哈登贝格
Karl Ferdinand von Buol	卡尔·斐迪南·冯·布奥尔
Karl Ludwig von Ficquelmont	卡尔·路德维希·冯·菲克尔蒙特
Karl Lueger	卡尔·卢埃格尔
Karl Mack von Leiberich	卡尔·马克·冯·莱贝里希
Karl Nesselrode	卡尔·涅谢尔罗迭
Karl Philipp	卡尔·菲利普
Karl Theodor	卡尔·特奥多尔
Karlovac	卡尔洛瓦茨
Karlowitz	卡洛维茨
Karlsbad	卡尔斯巴德
Karlstadt	卡尔施塔特
Karlstein	卡尔施泰因
Karoly	卡罗伊
Károly Khuen-Hédervády	库恩－海代尔瓦里·卡罗伊
Károly Kisfaludy	卡罗伊·基什福卢迪
Kaschau	卡邵
Kasimir Felix Badeni	卡西米尔·费利克斯·巴德尼
Kaspar Maria von Sternberg	卡什帕·马里亚·冯·施特恩贝格
Kassa	卡萨
Kazimir III	卡齐米尔三世
Khazars	哈扎尔人

Kiev	基辅
King Dobre	友善国王
Kingdom of Illyria	伊利里亚王国
Kingdom of Lombardy–Venetia	伦巴第-威尼西亚王国
Kirschner	基施纳
Kisfaludy Károly	卡罗伊·基什法卢迪
Kitzbühel	基茨比尔
Kladno	克拉德诺
Klagenfurt	克拉根福
Klapka	克洛普卡
Klausenburg	克劳森堡
Klek	克莱克
Klemens von Metternich	克莱门斯·冯·梅特涅
Klosterneuburg	克洛斯特新堡
Kocel	科采尔
Kolezey	科莱泽
Koller	科勒
Komorn	科莫恩
Königgratz	克尼格雷茨
Konstantin Jireček	康斯坦丁·伊雷切克
Konstantin Josef Jireček	康斯坦丁·约瑟夫·伊雷克
Koppany	科帕尼
Köprülüzade Fazıl Ahmed Pasha	科普鲁律·法兹勒·艾哈迈德帕夏
Köprülüzade Fazıl Mustafa Pasha	科普鲁律·法兹勒·穆斯塔法帕夏
Kornel Ujejski	科内尔·乌耶斯基
Kosovo	科索沃
Kostcher	科斯特奇尔
Kotor	科托尔
Krach	克拉克
Kralove-Hradec	赫拉德茨克拉洛韦
Kremmunster	克雷姆斯明斯特
Krems	克雷姆斯

Kremsier	克雷姆西尔
Krones	克朗斯
Kronigsberg	柯尼斯堡
Krushevats	克鲁舍瓦茨
Kulpa	库利帕
Kulturkampf	文化斗争
Kunersdorf	库纳斯多夫
Kunigunda of Halych	加利奇的库妮贡达
Kunigunde of Swabia	士瓦本的库妮贡达
Kunwald	孔瓦德兄弟会
Kurucz	库科兹
Kutná Hora	库特纳霍拉
Kuttenberg	库滕贝格
Laboucheres	拉布谢尔银行
Lacy	莱西
Lada	拉达
Ladislas I	拉斯洛一世
Ladislas IV	拉斯洛四世
Ladislaus Garai	拉迪斯劳斯·高劳伊
Ladislaus Hunyadi	匈雅提·拉迪斯劳斯
Ladislaus I	拉斯洛一世
Ladislaus the Posthumous	"遗腹子"拉斯洛五世
Ladislaus von Lukacs	拉迪斯劳斯·冯·卢卡奇
Laibach	莱巴赫
Lajos Batthyány	包贾尼·拉约什
Lanzon	兰松
Laon	拉昂
Lauenberg	劳恩堡
Laxenburg	拉克森堡
League of Cambray	康布雷同盟
Lech	莱赫
Leda	勒达

Leitha	莱塔河
Leitmeritz	利特梅里茨
Lemberg	伦贝格
Lennart Torstenson	伦纳特·托尔斯滕松
Leopold I	利奥波德一世
Leopold II	利奥波德二世
Leopold III	利奥波德三世
Leopold IV	利奥波德四世
Leopold Joseph von Daun	利奥波德·约瑟夫·冯·道恩
Leopold Philip von Heister	利奥波德·菲力·冯·海斯特
Leopold V	利奥波德五世
Leopold William	利奥波德·威廉
les Paques Veronaises	威尼斯复活
Leszno	莱什诺
Leuthen	洛伊滕
Leyden	莱顿
Libussa	莉布丝
Lichtenburg	利希滕堡
Liguria	利古里亚
Lipany	利帕尼
Lippa	利帕
Lissa	利萨岛
Lithuania	立陶宛
Little Russia	小俄罗斯
Livonians	利沃尼亚人
Ljudevit	柳代维特
Llex Daniel	丹尼尔法
Lobau	洛博岛
Lodi	洛迪
Lodomeria	洛多梅利亚
Lombards	伦巴第人
Lombardy	伦巴第

Lorch	洛尔希
Lord Cowley	考利勋爵
Loretto	洛雷托
Los von Rom	远离罗马
Lothair III	洛泰尔三世
Louis Gaj	路易斯·加伊
Louis I of Hungary	匈牙利国王拉约什一世
Louis II	拉约什二世
Louis Kossuth	拉约什·科苏特
Louis of Baden	巴登的路易
Louis the Child	"童子路易"
Louis the German	"德意志人路易"
Louis the Pious	"虔诚者路易"
Louis VII	路易七世
Louis-Alexandre Berthier	路易-亚历山大·贝尔捷
Louis-Nicholas Davout	路易-尼古拉·达武
Lublin	卢布林
Ludovico Antonio Muratori	卢多维科·安东尼奥·穆拉托里
Ľudovít Štúr	卢德维特·什图尔
Ludwig van Beethoven	路德维希·凡·贝多芬
Ludwig von Benedek	路德维希·冯·贝内德克
Ludwig von Cobenzl	路德维希·冯·科本茨尔
Luneville	吕纳维尔
Lusatia	卢萨蒂亚
Lützen	吕岑
Lutzenbacher	吕策尔巴赫
Macedonia	马其顿
Madame de Pompadour	蓬帕杜尔夫人
Madeleine	马德莱娜
Maestricht	马斯特里赫特
Magdeburg	马格德堡
Magenta	马真塔

Maglaj	马格拉伊
Magna Charta of Hungry	《匈牙利大宪章》
Main	美因河
Mainz	美因茨
Mannheim	曼海姆
Mano	马诺
Mantua	曼图阿
Manuel II	曼努埃尔二世
Manuscript of Kralove-Dvor	《克拉洛韦－德沃尔的手稿》
Marbach	马尔巴赫
Marchegg	马尔谢格
Marcomanni	马科曼尼人
Marcus Aemilius Scaurus	马库斯·埃米利乌斯·斯卡鲁斯
Marcus Aurelius	马可·奥勒留
Margaret Maultasche	"大嘴玛格丽特"
Margaret of Austria	奥地利的玛格丽特
Margaret of France	法兰西的玛格丽特
Margrave Burkhard	布克哈德骑士领主
Margrave of Austria	奥地利骑士领主
Margrave of Brandenburg	勃兰登堡侯爵
Maria Antonia	玛丽亚·安东妮亚
Maria Beatrice	玛丽亚·比阿特丽丝
Maria Caroline	玛丽亚·卡罗琳
Maria Christina	玛丽亚·克里斯蒂娜
Maria Ernestine von Starhemberg	玛丽亚·欧内斯廷·冯·施塔恩伯格
Maria Kazimiera d'Arquien	玛丽亚·卡齐米埃拉·达尔昆
Maria Ludovika	玛丽亚·卢多维卡
Maria Theresa	玛丽亚·特蕾莎
Marie Amelia	玛丽亚·阿马利娅
Marie Antoinette	玛丽·安托瓦内特
Marie Louise	玛丽·路易丝
Maritsa	马里查河

Maroboduus	马罗博杜斯
Maros	穆列什河
Marshal de Belle-Isle	贝尔岛公爵
Martin Luther	马丁·路德
Masovia	马佐夫舍
Mastino II della Scala	马斯蒂诺二世·德拉斯卡拉
Matice Ceska	捷克之母
Matrai	马特拉伊
Matthäus Casimir von Collin	马修斯·卡齐米尔·冯·科林
Matthew Csak of Trencin	特伦钦的马修·恰克
Matthias Corvinus	马蒂亚斯·科菲努斯
Matthias of Arras	阿拉斯的马蒂亚斯
Matthias of Janov	亚诺夫的马蒂亚斯
Matyás Dévay Bíró	马蒂亚斯·德沃伊·比罗
Maurice	莫里斯
Mauthausen	毛特豪森
Maxen	马克森
Maximilian I Joseph	马克西米利安一世·约瑟夫
Maximilian III	马克西米利安三世
Maximiliano I	马西米连诺一世
May Laws	《五月法》
Mazovia	马佐夫舍
Mecklenburg	梅克伦堡
Medici	美第奇家族
Medlich	梅德利希
Meinhard III	迈因哈德三世
Melchior Klesl	克梅尔希奥·克莱斯尔
Melius	米柳斯
Melk	梅尔克
Merovingians	墨洛温王朝
Messsen	迈森
Methodius	美多迪乌

Metternich	梅特涅
Michael III	米哈伊洛三世
Michael I Apafy	阿帕费·米哈伊一世
Michael Szilágyi	西拉吉·米哈利
Michael Von Mélas	米歇尔·冯·梅拉斯
Michal Miloslav Hodža	米哈尔·米洛斯拉夫·霍贾
Michel Ney	米歇尔·内伊
Mieszko I	梅什科一世
Mieszko I of Poland	波兰公爵梅什科一世
Mihaly Csokonai	米哈伊·乔科瑙伊
Mihaly Munkacsy	米哈伊·穆卡切沃
Mihály Zichy	米哈利·齐希
Mikhail Chernyayev	米哈伊·切尔尼亚耶夫
Miklós Perczel	米克洛什·派采尔
Miklós Zrínyi	米克洛什·兹林斯基
Milan	米兰
Milan I of Serbia	塞尔维亚国王米兰一世
Milan Obrenovic	米兰·奥布列诺维奇
Milic of Moravia	摩拉维亚的米利克
Millesimo	米莱西莫
Milosh Obrenovitch	米洛什·奥布雷诺维奇
Mincio	明桥河
Misnians	米斯尼昂人
Mitrovitza	米特罗维察
Modena and Reggio	雷焦公国
Moesia	默西亚
Mohammed II	穆罕默德二世
Mojmir I	莫伊米尔一世
Mojmir II	莫伊米尔二世
Moldau	莫尔道河
Molvitz	莫尔维茨
Mongols	蒙古人

Montefalcone	蒙特法尔科内郡
Montenegro	黑山
Montenotte	蒙特诺特
Montesquieu	孟德斯鸠
Montferrat	蒙费拉
Moors	摩尔人
Morana	莫拉纳
Morava	摩拉瓦
Moravian Brothers	摩拉维亚兄弟会
Mount Zobor	佐博山
Mt. Vitkov	维科山
Muhammad Ali	穆罕默德·阿里
Mühlberg	米尔贝格
Mühldorf	米尔多夫
Mukachevo	穆卡切沃
Muller	穆勒
Münchengrätz	慕尼黑城堡
Munkacs	蒙卡奇
Mur	穆尔河
Murad I	穆拉德一世
Murad II	穆拉德二世
Mustafa II	穆斯塔法二世
Mutimir	穆蒂米尔
Muzio Clementi	穆齐奥·克莱门蒂
Myerling	迈尔林
Nachod	纳霍德
Namur	那慕尔
Napoléon Bonaparte	拿破仑·波拿巴
Napoléon III	拿破仑三世
Napoléon-Jérôme Bonaparte	拿破仑·杰罗姆·波拿巴
Nav	纳夫
Neerwinden	尼尔温登

Nehemiah	尼希米
Neidhard	奈德哈德
Neisse	尼斯
Nessing	纳辛
Neue Burg	霍夫堡皇宫
Neuhaus	诺伊豪斯
Niccolò Machiavelli	尼可罗·马基亚维利
Nice	尼斯
Nicholas Batory	尼古拉·巴托里
Nicholas Esterhazy	尼古拉·埃斯泰尔哈吉
Nicholas Huss	尼古拉·胡斯
Nicholas I	尼古拉一世
Nicobar Islands	尼科巴群岛
Nicomedia	尼科米底亚
Nicopolis	尼科波利斯
Nidhart von Reuenthal	奈德哈特·冯·罗伊恩塔尔
Nikola Šubić Zrinski	尼古拉·舒比奇·兹林斯基
Nikolai Georgievitch Obradnovitches	尼古拉·乔治维奇·奥布拉德诺维奇
Nikolaus Zinzendorf	尼古劳斯·青岑多夫
Nikolay Pavlovich Ignatyev	尼古拉·帕夫洛维奇·伊格纳季耶夫
Nikolsburg	尼科尔斯堡
Niš	尼什
Nitra	尼特拉
Nordgau	诺德高
Noreia	诺雷亚
Noricum	诺里库姆
Novara	诺瓦拉
Novgorod	诺夫哥罗德
Novibazar	新帕扎尔
Nuremberg	纽伦堡
Octavius	屋大维
Oder	奥得河

Odoacer	奥多亚塞
Oesterreich	奥斯特里茨
Oglio	奥廖河
Olmutz	奥洛穆茨
Onod	欧诺德
Oppela	奥波莱
Order of St. Stephen	圣斯蒂芬骑士团
Ordog	厄尔德格
Orsova	奥尔绍瓦
Ostend	奥斯坦德
Osterspiel	复活节
Ostrogoths	东哥特人
Otto III	奥托三世
Otto IV	奥托四世
Otto Lecher	奥托·莱歇尔
Otto of Freising	弗赖辛的奥托
Otto Theodor Von Manteuffel	奥托·特奥多尔·冯·曼陀菲尔
Otto von Bismarck	奥托·冯·俾斯麦
Otto Wilhelm von Königsmarck	奥托·威廉·冯·柯尼斯马克
Ottokar IV	奥托卡四世
Ottone Orseolo	欧托内·奥赛欧罗
Ousti	乌斯提
Padua	帕多瓦
Pal Kiniszy	帕尔·基尼日
Pál Tomori	帕尔·托莫里
Palace of Justice	维也纳司法宫
Palatine Ludwig	巴拉丁伯爵路德维希
Palffy	帕尔菲
Pandours	潘杜尔
Pannonians	潘诺尼亚人
Pantheon	万神庙
Parchen	帕尔钦

Parishes	教区银行
Parma	帕尔马
Passau	帕绍
Passeier	帕塞尔
Patarin	帕特里派
Patriarch of Aquileia	阿奎莱亚族长菲利普
Paul Gautsch von Frankenthurn	保罗·高奇·冯·弗兰肯图尔恩
Paul Kray	保罗·克赖
Paul Louis Léger	保罗·路易·莱热
Paul Nagy	保罗·纳吉
Pavel Josef Safarik	帕维尔·约瑟夫·萨伐里克
Pazin	帕津
Peace of Belgrade	《贝尔格莱德和约》
Peace of Hubertsburg	《胡贝图斯堡和约》
Peace of Linz	《林茨和约》
Peace of Nikolsburg	《尼科尔斯堡和约》
Peace of Utrecht	《乌得勒支和约》
Peace of Vienna	《维也纳和约》
Peace of Westphalia	《威斯特伐利亚和约》
Pechenegs	佩切涅格人
Pelcel	佩塞尔
Peloponnesus	伯罗奔尼撒半岛
Peozely	佩奥泽利
Pepin the Short	"矮子丕平"
Perseus of Macedon	马其顿国王珀尔修斯
Peschiera	佩斯基耶拉
Pesth	佩斯
Pesth Gazette	《佩斯公报》
Petar Zrinski	佩塔尔·兹林斯基
Peter de Vinea	彼得·德·维内亚
Peter III	彼得三世
Peter Kresimir	佩塔尔·克雷希米尔四世

Peter of Mladenovic	姆拉代诺瓦茨的彼得
Peter Orseolo	奥尔塞奥罗·彼得
Peter Pereny	彼得·派雷尼
Peter the Great	彼得大帝
Peterwardein	彼得罗瓦拉丁
Philip Chemnitz	菲利普·开姆尼茨
Philip Fabricius	菲利普·法布里丘斯
Philip of Hohenstaufen	霍亨斯陶芬的腓力
Philip of Swabia	士瓦本的菲利普
Philip of Valois	瓦卢瓦的腓力
Philip the Handsome	"美男子腓力"
Philipp Melanchthon	菲利普·梅兰希通
Piacenza	皮亚琴察
Piarists	皮亚尔会
Piasts	皮亚斯特
Picard	皮卡尔
Picards	皮卡尔人
Piccolomini	皮科罗米尼家族
Piedmont	皮埃蒙特
Pietro Metastasio	彼得罗·梅塔斯塔西奥
Pilgrim	皮尔格林
Pilsen	比尔森
Pindars	品达
Pipa the Florentine	弗罗伦萨人皮帕
Pirna	皮尔纳
Pius II	庇护二世
Plevna	列文
Po	波河
Podlachia	波德拉契亚
Podolia	波多利亚
Pomerania	波美拉尼亚
Pope Adrian II	教皇阿德里安二世

Pope Benedict IX	教皇本笃九世
Pope Benedict VI	教皇本笃六世
Pope Boniface VIII	教皇卜尼法斯八世
Pope Clement VI	教皇克莱门特六世
Pope Eugenius IV	教皇尤金四世
Pope Gregory IX	教皇格列高利九世
Pope Gregory VII	教皇格列高利七世
Pope Gregory X	教皇格列高利十世
Pope Gregory XVI	教皇格列高利十六世
Pope John IX	教皇约翰九世
Pope John VIII	教皇约翰八世
Pope John XXIII	教皇约翰二十三世
Pope Julius III	教皇尤利乌斯三世
Pope Martin V	教皇马丁五世
Pope Nicholas II	教皇尼古拉二世
Pope Pius IV	教皇庇护四世
Pope Pius VI	教皇庇护六世
Pope Sylvester II	教皇西尔维斯特二世
Pope Urban V	教皇乌尔班五世
Poppo	珀波
Posen	波森
Prazak	普拉扎克
Premysl of Stadice	斯塔迪斯的普热米斯尔
Premysl Otokar I	普热米斯尔·奥托卡一世
Premysl Otokar II	普热米斯尔·奥托卡二世
Presburg	普雷斯堡
Primus Truber	普里穆斯·特鲁贝尔
Prince Adolf of Auersperg	奥尔施佩格的阿道夫亲王
Prince de Ligne	德利涅亲王
Prince Felix of Schwarzenberg	施瓦岑贝格亲王费利克斯
Prince Jaromir	亚罗米尔公爵
Prince of Schwarzenberg	施瓦岑贝格亲王

Prince of Thun and Hohenstein Franz	霍恩施泰因亲王弗朗茨
Prince of Windisch-Grätz	温迪施格雷茨亲王
Prince Otto of Olmiitz	奥洛穆茨的奥托二世公爵
Prince-elector of Bavaria	巴伐利亚选帝侯
Princess Gisella	吉塞拉公主
Princess Maria Clotilde of Savoy	萨伏依的玛丽亚·克罗蒂尔德
Procopius	普罗科匹厄斯
Procopius the Shaven	剃须的普罗科普
Provence	普罗旺斯
Ptolemy	托勒密
Pustertal	普斯特山谷
Pusterthal	普斯特塔尔
Pyrenees	比利牛斯山脉
Quadi	夸迪人
Quadrilateral	四角防线
Raab	拉布
Rabi	拉比
Ragusa	拉古萨
Raimondo Montecuccoli	拉依蒙多·蒙特库科利
Rakos	拉科斯
Rastislav	拉斯蒂斯拉夫
Rastiz	拉斯蒂斯
Rathhaus	市政厅
Ratibor	拉斯堡
Ratisbon	雷根斯堡
Rausimond	劳西蒙德
Ravenna	拉韦纳
Regensburg	雷根斯堡
Regino of Prüm	普吕姆的雷吉诺
Reichenbach	赖兴巴赫
Reichenberg	赖兴贝格
Reichsverweser	摄政王

Reinmar von Hagenau	赖因马尔·冯·哈格瑙
Reinmar von Zweter	赖因马尔·冯·兹韦特
Residenzstadt	王宫之城
Rhaeti	雷蒂人
Rhaetia	雷蒂亚
Rheims	兰斯
Rhenish	莱茵
Richard I	理查一世
Richard II	理查二世
Richard of Cornwall	康沃尔的理查
Riesengebirge	克尔科诺谢山
Rietchanes	里耶卡人
Rijeka	里耶卡
Rimini	里米尼
River Aar	阿勒河
Rivoli	里沃利
Robert Blum	罗伯特·布卢姆
Robert Stewart	罗伯特·斯图尔特
Robert the Pious	"虔诚者罗贝尔"
Romagna	博洛尼亚
Romanians	罗马尼亚人
Rossbach	罗斯巴赫
Rostislav Mikhailovich	罗斯季斯拉夫·米哈伊洛维奇
Rothcrebs	罗斯克雷布斯
Rothschilds	罗斯柴尔德家族
Rottenberg	拉滕堡
Roudnici	劳德尼茨
Rous	罗斯
Rudolf Brestel	鲁道夫·布雷斯特尔
Rudolf II	鲁道夫二世
Rudolf IV	鲁道夫四世
Rudolf of Hapsburg	哈布斯堡的鲁道夫

Rudolf van Stadek	鲁道夫·范·施塔德克
Rudolf, Crown Prince of Austria	奥地利王储鲁道夫
Rupert	鲁珀特
Ruthenians	罗塞尼亚人
Saale	萨勒河
Saatz	萨茨
Sacrifice of Iphegenia	《祭献伊菲革涅亚》
Sadducees	撒都该人
Sadowa	萨多瓦
Sadsko	萨兹科
Sajo	绍约河
Salic dynasty	萨利安王朝
Salonica	塞萨洛尼基
Salza	萨尔察河
Samo the Merchant	商人萨莫
Samuel von Pufendorf	塞缪尔·冯·普芬多夫
Sandomierz	桑多梅日
Sándor Petöfi	裴多菲·山多尔
Sándor Wekerle	韦克勒·尚多尔
Sardinia	撒丁岛
Sarmatians	萨尔马特人
Sarmizegethusa	萨米泽盖图萨
Sarolta Amália	绍罗尔陶·阿姆利亚
Saros	萨罗斯
Saxony	萨克森
Sazava	萨扎瓦
Schaedel	舍德尔
Schehadeddin	舍哈德丁
Scheldt	斯海尔德河
Schleswig-Holstein	石勒苏益格－荷尔斯泰因
Schlick	施利克
Schmalkaldic	施马尔卡尔登

Schmidt	施密特
Schönbrunn	申布伦
School of Cadets	军官学校
Scordisci	斯科迪斯奇人
Scourge of God	上帝之鞭
Scutari	斯库台
Scythian	斯基台民族
Sea of Azov	亚速海
Sea of Marmora	马尔马拉海
Secret Conference	秘密会议
Sedan	色当
Selim II	塞利姆二世
Semendria	塞门德里亚
Serajevo	萨拉热窝
Serbi	塞尔比
Serbo-Croatians	塞尔维亚-克罗地亚人
Servia	塞尔维亚
Severus	西弗勒斯
Shabats	沙巴茨
Sibiu	锡比乌
Sicarius	西卡里乌斯
Sickingen	西金根
Sigismund	西吉斯蒙德
Sigismund I	齐格蒙特一世
Sigismund III Vasa	齐格蒙特三世·瓦萨
Sigismund Kęstutaitis	西吉斯蒙德·科里布托维茨
Sigismund Rakoczy	拉科奇·日格蒙德
Sigismund, Archduke of Austria	奥地利大公西吉斯蒙德
Sigovesius	西格维苏斯
Silahdar Damat Ali Pasha	西拉达尔·达马特·阿里帕夏
Silesia	西里西亚
Silvio Pellico	西尔维奥·佩利科

Sima Milutinović Sarajlija	西玛·米卢蒂诺维奇·萨拉伊利亚
Sirmia	斯雷姆
Sirmium	锡尔米乌姆
Sisca	西斯卡
Sisek	锡萨克
Siva	西瓦
Sixtus IV	西克斯图斯四世
Slav Antiquities	《斯拉夫文物》
Slavo-Italian Dalmatia	斯拉夫-意大利达尔马提亚
Slazburg	萨尔茨堡
Slovenes	斯洛文尼亚人
Smolka	斯莫尔卡
Soběslav I	索别斯拉夫一世
Social Democrats	社会民主党
Sodalitas Danubiana	多瑙河社团联盟
Sokollu Mehmed Pasha	索库鲁·穆罕默德帕夏
Solentino	索伦蒂诺
Solferino	索尔费里诺
Solomon	所罗门
Sophia	索菲亚
Sophie, Duchess of Hohenberg	霍恩贝格女公爵苏菲
Sorabes	索拉比人
Spalato	斯帕拉托
Spire	斯皮尔
Spytihnev I	斯皮季赫涅夫一世
Spytihnev II	斯皮季赫涅夫二世
St. Adalbert	圣阿达尔贝特
St. Bartholomew	圣巴塞洛缪
St. Catherine	圣凯瑟琳
St. Clement	圣克莱门特
St. Dorothy	圣多萝西
St. Emeran of Poitiers	普瓦捷的圣埃默兰

St. Florian	圣弗洛里安
St. Hermagoras	圣赫曼戈拉斯
St. Jerome	圣杰罗姆
St. John Nepomucen	圣约翰·内波穆克
St. Louis	圣路易
St. Luke	圣路加
St. Mark	圣马可
St. Polten	圣珀尔滕
St. Stephen	圣斯蒂芬
St.Adalbert	圣阿达尔贝特
St.Vacslav	圣瓦茨拉夫
Stahrenberg	施塔恩伯格
Stanislas Leszczynski	斯坦尼斯瓦夫·莱什琴斯基
Stein	施泰因
Steinberg	施泰因堡
Steinbrück	施泰因布吕克
Stephen	斯蒂芬
Stephen Báthory	斯特凡·巴托里
Stephen Bocskai	伊什特万·博奇考伊
Stephen II	斯蒂芬二世
Stephen III	斯特凡三世
Stephen Lazarevic	斯特凡·拉扎列维奇
Stephen Szapolyai	扎波尧伊·伊什特万
Stjepan Drzislav	斯捷潘·德尔日斯拉夫
Straits of Dardanelles	达达尼尔海峡
Strassburg	斯特拉斯堡
Stratimirovic	斯特拉提米洛维奇
Strauss	施特劳斯
Straznice	斯特拉日尼采
Stribog	斯特里博格
Strohbach	施特罗巴赫
Stuhlweissenburg	施图尔韦森堡

Styria	施蒂里亚
Suevi	苏维汇人
Suger	叙热
Suleiman	苏莱曼一世
Sutorina	苏托里纳
Svarog	斯瓦罗格
Svarozici	斯瓦罗基茨
Svatopluk I	斯瓦托普卢克
Svatova	斯瓦托娃
Svetozar Miletić	斯韦托扎尔·米莱蒂奇
Svinimir	沙维尼米尔
Swabians	士瓦本人
Switzerland	瑞士
Synod of Debreczen	德布勒森教会会议
Szabolcs	索博尔奇
Szeged	塞格德
Szeklers	塞凯伊人
Tabor	塔波尔
Tachov	塔霍夫
Tacitus	塔西佗
Tagliamento	塔利亚门托河
Tamás Bakócz	托马斯·巴科茨
Tamás Nádasdy	陶马什·纳道什迪
Tannhaüser	汤豪舍
Tarnow	塔尔诺
Tatra	塔特拉山
Taurisci	陶里斯克人
Telli Hasan Pasha	泰利·哈桑帕夏
Temesvar	泰梅什堡
Ternopil	捷尔诺波尔
Teschen	泰申
Teuta	特塔

Teutons	条顿人
The Committee of Fifty	五十人委员会
The Czech chronicle of Dalemil	《达莱米尔捷克纪事》
The Edict of Toleration	《宽容法令》
The Interrupted Dance	《被打断的舞蹈》
Theiss	泰斯
Theoderic the Great	狄奥多里克大帝
Theodor Franz	特奥多尔·弗朗茨
Theodor Körner	特奥多尔·克尔纳
Theodor Mommsen	特奥多尔·蒙森
Theodore Beza	泰奥多尔·贝扎
Theodosius I	狄奥多西一世
Theodosius II	狄奥多西二世
Theresianum	特蕾莎军事学院
Theresienstadt	特蕾莎堡
Thessalonica	塞萨洛尼基
Thietmar of Merseburg	梅泽堡的蒂特马尔
Thorn	托伦
Thrace	色雷斯
Thuringia	图林根
Tiberius	提比略
Ticino	提契诺河
Timis	蒂米什河
Titel	蒂泰尔
Titus	提多
Tiziano Vecelli	提香·韦切利奥
Tokay	托考伊
Toldy	托尔迪
Tomek	托梅克
Trafalgar	特拉法尔加
Trajan	图拉真
Transleithania	外莱塔尼亚

Transylvania	特兰西瓦尼亚
Tras	都赖
Traungau	特劳恩高
Treaty of Adrianople	《亚德里亚堡条约》
Treaty of Aix-la-Chapelle	《第二亚琛和约》
Treaty of Berlin	《柏林条约》
Treaty of Breslau	《布雷斯劳条约》
Treaty of Campo Formio	《坎波福尔米奥条约》
Treaty of Chateau-Cambresis	《卡托－坎布雷西斯条约》
Treaty of Chaumont	《肖蒙条约》
Treaty of Fontainebleau	《枫丹白露条约》
Treaty of Forcheim	《福希海姆条约》
Treaty of Füssen	《菲森条约》
Treaty of Gastein	《加斯泰因条约》
Treaty of Hagenau	《阿格诺条约》
Treaty of Karlowitz	《卡洛维茨条约》
Treaty of Kutchuk Kainardji	《库楚克开纳吉条约》
Treaty of Libno	《利比诺条约》
Treaty of Nymphenburg	《宁芬堡条约》
Treaty of Passarovitz	《帕萨罗维茨条约》
Treaty of Rastatt	《拉施塔特条约》
Treaty of Reichenbach	《赖兴巴赫条约》
Treaty of San Stefano	《圣斯特凡诺条约》
Treaty of Sistova	《锡斯托夫条约》
Treaty of Szathmar	《萨特马条约》
Treaty of Teplitz	《泰普利茨条约》
Treaty of Teschen	《泰申条约》
Treaty of Vervins	《韦尔万条约》
Treaty of Voszice	《沃斯西斯条约》
Treaty of Zürich	《苏黎世条约》
Treaty of Nagyvárad	《纳吉瓦拉德条约》
Trentham	特伦特姆

Triple Alliance	三国同盟
Tripoli	的黎波里
Trocnov	特罗奇诺夫
Troppau	特罗保
Troppau Jägerndorf	特罗波公国
Tubingen	蒂宾根
Tulln	图尔恩
Tünder	雷神
Tunis	突尼斯
Turanian	突雷尼族
Turin	都灵
Tuscany	托斯卡纳
Tycho Brahe	第谷·布拉赫
Tyn	泰恩
Ujlaky	乌耶拉基
Ulemas	乌理玛
Ulm	乌尔姆
Ulric III	乌尔里希三世
Ulric von Hutten	乌尔里希·冯·胡腾
Ulrich II	乌尔里希二世
Ulrich of Rosenberk	罗森伯克的乌尔里希
Ulrich von Hutten	乌尔里希·冯·胡腾
Ulrich von Liechtenstein	乌尔里希·冯·利希滕施泰因
Umberto I	翁贝托一世
Uniate	东仪天主教教徒
Unigenitus	《独生子》
University of Innsbruck	因斯布鲁克大学
University of Königsberg	柯尼斯堡大学
Unna	翁纳
Unstrut	温斯特鲁特河
Upper Elbe	上易北河
Utiesenovic	乌蒂塞诺维奇

Václav Brozík	瓦茨拉夫·布罗齐克
Václav Hanka	瓦茨拉夫·汉卡
Vacslav III	瓦茨拉夫三世
Vah	瓦赫河
Valens	瓦伦斯
Valentin Vodnik	瓦伦丁·沃德尼克
Valentinian I	瓦伦提尼安一世
Vandals	汪达尔人
Varad	瓦拉德
Varna	瓦尔纳
Vasvár	沃什瓦尔
Vasvary	沃什瓦里
Vaudois	沃多
Vazul the bald	秃子瓦祖尔
Velehrad	韦莱赫拉德城
Veles	韦莱斯
Venetia	威尼西亚
Vercelli	韦尔切利
Verona	维罗纳
Verseghy Ferenc	韦尔谢吉·费伦茨
Vesna	韦斯纳
Vespasian	韦斯巴芗
Veszprim	维斯普雷姆
Vicomte de Turenne	蒂雷纳子爵
Victor Emmanuel	维克托·埃马纽埃尔
Victor, Duke of Münsterberg	明斯特堡公爵维克托
Vicus Teutonicorum	条顿区
Vigevano	维杰瓦诺
Vilagos	维拉戈斯
Vilas	维拉斯
Vilemov	维莱莫夫
Villach	菲拉赫

Villafranca	比亚弗兰卡
Villard de Hannecourt	维拉尔·德·奥内库尔
Vincent	文森特
Vindelici	温德利奇人
Vindex	温德克斯
Vindobona	文多博纳
Virgil	维尔吉尔
Viridis Visconti	维里迪斯·维斯孔蒂
Virtuous	贤者
Visegrad	维谢格拉德
Visigoths	西哥特人
Vistula	维斯瓦河
Vitek	维特克
Vítkovci	维特科维奇
Vjedi	维吉迪
Vladimir the Great	弗拉基米尔大帝
Vladislas Teleki	弗拉迪斯拉斯·泰莱基
Vladislaus II	弗拉迪斯拉夫二世
Vladislav-Heinrich	弗拉迪斯拉夫－海因里希
Vladivoj	弗拉迪沃伊
Vojtech	沃伊捷赫
Volhynia	沃里尼亚
Voltaire	伏尔泰
Vorarlberg	福拉尔贝格
Vratislaus I	弗拉季斯拉夫一世
Vratislav II	弗拉季斯拉夫二世
Wagram	瓦格拉姆
Waizen	魏岑
Wallachia	瓦拉几亚
Wallis	瓦利斯家族
Walloons	瓦隆人
Walter von der Vogelweide	瓦尔特·冯·德·福格尔魏德

Wartburg	瓦尔特堡
wehrgeld	刑事赔偿
Weimar	魏玛
Weinsberg	魏恩斯贝格
Weiss konig	《白色的国王》
Welf	韦尔夫
Wels	韦尔斯
Wenceslaus I	瓦茨拉夫一世
Wends	文德人
Wenzel Anton	文策尔·安东
Wenzel Messenhauser	文策尔·梅森豪泽
Werner I	维尔纳一世
Wieliczka	维利奇卡
Wilhelm Grav Slavata	官威廉·格拉夫·斯拉瓦塔
Wilhelm von Roggendorf	威廉·冯·罗根多夫
Wilhelm von Tegetthoff	威廉·冯·特格特雷夫
William	威廉
William Ezra Lingelbach	威廉·埃兹拉·林格尔巴克
William I	威廉一世
William IV	威廉四世
William of Bavaria	巴伐利亚的威廉
William of Lobkovitz	洛布科维茨的威廉
Windisch	温迪施
Wittelsbach	维特尔斯巴赫
Wittenberg	维滕贝格
Władysław I	瓦迪斯瓦夫一世
Władysław II Jagiełło	瓦迪斯瓦夫二世·雅盖隆
Władysław III	瓦迪斯瓦夫三世
Wogastiburg	沃加斯蒂堡
Wolfgan Schiefer	沃尔夫冈·席费尔